大学入試シリーズ

17

東北大学

理系-前期日程
理・医・歯・薬・工・農・経済〈理系〉学部

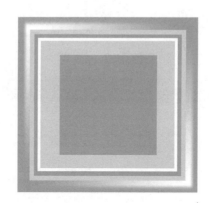

教学社

は し が き

　入力した質問に対して，まるで人間が答えているかのような自然な文章で，しかも人間よりもはるかに速いスピードで回答することができるという，自然言語による対話型の AI（人工知能）の登場は，社会に大きな衝撃を与えました。回答の内容の信憑性については依然として課題があると言われるものの，AI 技術の目覚ましい進歩に驚かされ，人間の活動を助けるさまざまな可能性が期待される一方で，悪用される危険性や，将来人間を脅かす存在になるのではないかという危惧を覚える人もいるのではないでしょうか。

　大学教育においても，本来は学生本人が作成すべきレポートや論文などが，AI のみに頼って作成されることが懸念されており，AI の使用についての注意点などを発表している大学もあります。たとえば東京大学では，「回答を批判的に確認し，適宜修正することが必要」，「人間自身が勉強や研究を怠ることはできない」といったことが述べられています。

　16 ～ 17 世紀のイギリスの哲学者フランシス・ベーコンは，『随筆集』の中で，「悪賢い人は勉強を軽蔑し，単純な人は勉強を称賛し，賢い人は勉強を利用する」と記しています。これは勉強や学問に取り組む姿勢について述べたものですが，このような新たな技術に対しても，侮ったり，反対に盲信したりするのではなく，その利点と欠点を十分に検討し，特性をよく理解した上で賢く利用していくことが必要といえるでしょう。

　受験勉強においても，単にテクニックを覚えるのではなく，基礎的な知識を習得することを目指して正攻法で取り組み，大学で教養や専門知識を学ぶための確固とした土台を作り，こうした大きな変革の時代にあっても自分を見失わず，揺るぎない力を身につけてほしいと願っています。

＊　　　＊　　　＊

　本書刊行に際しまして，入試問題や資料をご提供いただいた大学関係者各位，掲載許可をいただいた著作権者の皆様，各科目の解答や対策の執筆にあたられた先生方に，心より御礼を申し上げます。

編者しるす

赤本の使い方

そもそも赤本とは…

受験生のための大学入試の過去問題集！

60年以上の歴史を誇る赤本は，600点を超える刊行点数で全都道府県の370大学以上を網羅しており，過去問の代名詞として受験生の必須アイテムとなっています。

Q. なぜ受験に過去問が必要なの？

A. 大学入試は大学によって問題形式や頻出分野が大きく異なるからです。

マーク式か記述式か，試験時間に対する問題量はどうか，基本問題中心か応用問題中心か，論述問題や計算問題は出るのか——これらの出題形式や頻出分野などの傾向は大学によって違うので，とるべき対策も大学によって違ってきます。
出題傾向をつかみ，その大学にあわせた対策をとるために過去問が必要なのです。

赤本で志望校を研究しよう！

赤本の掲載内容

傾向と対策

これまでの出題内容から，問題の **「傾向」** を分析し，来年度の入試にむけて具体的な **「対策」** の方法を紹介しています。

問題編・解答編

年度ごとに問題とその解答を掲載しています。
「問題編」 ではその年度の試験概要を確認したうえで，実際に出題された過去問に取り組むことができます。
「解答編」 には高校・予備校の先生方による解答が載っています。

ページの見方

ページの上部に年度や日程，科目などを示しています。見たいコンテンツを探すときは，この部分に注目してください。

ギュッ
ホンを…
大事に…

- 日程・方式などの試験区分
- 各学部・学科で課された試験科目や配点が確認できます。
- 試験時間は各科目の冒頭に示しています。
- 問題編冒頭
- 各科目の問題

他にも赤本によって，大学の基本情報や，先輩受験生の合格体験記，在学生からのメッセージなどが載っています。

● 掲載内容について ●

著作権上の理由やその他編集上の都合により問題や解答の一部を割愛している場合があります。なお，指定校推薦入試，社会人入試，編入学試験，帰国生入試などの特別入試，英語以外の外国語科目，商業・工業科目は，原則として掲載しておりません。また試験科目は変更される場合がありますので，あらかじめご了承ください。

赤本の使い方

受験勉強は過去問に始まり，過去問に終わる。

STEP 1 まずは解いてみる
なにはともあれ

過去問をいつから解いたらいいか悩むかもしれませんが，まずは一度，**できるだけ早いうちに解いてみましょう。実際に解くことで，出題の傾向，問題のレベル，今の自分の実力がつかめます。**
赤本の「傾向と対策」にも，詳しい傾向分析が載っています。必ず目を通しましょう。

STEP 2 弱点を分析する
じっくり具体的に

解いた後は，ノートなどを使って自己分析をしましょう。**間違いは自分の弱点を教えてくれる貴重な情報源です。**
弱点を分析することで，今の自分に足りない力や苦手な分野などが見えてくるはずです。合格点を取るためには，こうした弱点をなくしていくのが近道です。

合格者があかす赤本の使い方

傾向と対策を熟読
（Fさん／国立大合格）

大学の出題傾向を調べることが大事だと思ったので，赤本に載っている「傾向と対策」を熟読しました。解答・解説もすべて目を通し，自分と違う解き方を学びました。

目標点を決める
（Yさん／私立大合格）

赤本によっては合格者最低点が載っているものもあるので，まずその点数を超えられるように目標を決めるのもいいかもしれません。

時間配分を確認
（Kさん／公立大合格）

過去問を本番の試験と同様の時間内に解くことで，どのような時間配分にするか，どの設問から解くかを決めました。

過去問を解いてみて，まずは自分のレベルとのギャップを知りましょう。
それを克服できるように学習計画を立て，苦手分野の対策をします。
そして，また過去問を解いてみる，というサイクルを繰り返すことで効果的に学習ができます。

STEP 3 重点対策をする（志望校にあわせて）

分析した結果をもとに，参考書や問題集を活用して**苦手な分野の重点対策**をしていきます。赤本を指針にして，何をどんな方法で強化すればよいかを考え，**具体的な学習計画を立てましょう**。
「傾向と対策」のアドバイスも参考にしてください。

STEP 1▶2▶3… 実践を繰り返す（サイクルが大事！）

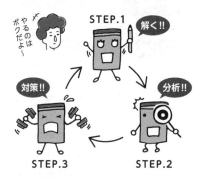

ステップ1～3を繰り返し，足りない知識の補強や，よりよい解き方を研究して，実力アップにつなげましょう。
繰り返し解いて**出題形式に慣れること**や，試験時間に合わせて**実戦演習を行うこと**も大切です。

添削してもらう
(Sさん／国立大合格)

記述式の問題は自分で採点しにくいので，先生に添削してもらうとよいです。人に見てもらうことで自分の弱点に気づきやすくなると思います。

繰り返し解く
(Tさん／国立大合格)

1周目は問題のレベル確認程度に使い，2周目は復習兼頻出事項の見極めとして，3周目はしっかり得点できる状態を目指して使いました。

他学部の過去問も活用
(Kさん／私立大合格)

自分の志望学部の問題はもちろん，同じ大学の他の学部の過去問も解くようにしました。同じ大学であれば，傾向が似ていることが多いので，これはオススメです。

東北大-理系前期◀目次▶

目　次

大 学 情 報 ……………………………………………………… 1

◆ 在学生メッセージ　19
◆ 合格体験記　24

傾向と対策 …………………………………………………… 41

解 答 編　※問題編は別冊

2023年度　■前期日程

英　　語 ……………………………………… 3
数　　学 ……………………………………… 26
物　　理 ……………………………………… 61
化　　学 ……………………………………… 72
生　　物 ……………………………………… 82
地　　学 ……………………………………… 94

※解答用紙は赤本ウェブサイト（akahon.net）に掲載しています。

2022年度　■前期日程

英　　語 ……………………………………… 3
数　　学 ……………………………………… 23
物　　理 ……………………………………… 60
化　　学 ……………………………………… 72
生　　物 ……………………………………… 84
地　　学 ……………………………………… 94

※解答用紙は赤本ウェブサイト（akahon.net）に掲載しています。

東北大-理系前期 ◀目次▶

2021年度 ■前期日程

英　語 ……………………………………… 3
数　学 ……………………………………… 25
物　理 ……………………………………… 56
化　学 ……………………………………… 67
生　物 ……………………………………… 77
地　学 ……………………………………… 87

※解答用紙は赤本ウェブサイト（akahon.net）に掲載しています。

2020年度 ■前期日程

英　語 ……………………………………… 3
数　学 ……………………………………… 24
物　理 ……………………………………… 58
化　学 ……………………………………… 68
生　物 ……………………………………… 80
地　学 ……………………………………… 92

※解答用紙は赤本ウェブサイト（akahon.net）に掲載しています。

2019年度 ■前期日程

英　語 ……………………………………… 3
数　学 ……………………………………… 24
物　理 ……………………………………… 65
化　学 ……………………………………… 75
生　物 ……………………………………… 84
地　学 ……………………………………… 96

※解答用紙は赤本ウェブサイト（akahon.net）に掲載しています。

University Guide

大学情報

大学の基本情報

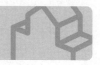

沿革

1907（明治 40）	東北帝国大学創立	
1911（明治 44）	理科大学開設	
	✎1913（大正 2）理科大学で女子の入学を認める（日本初の女子学生）	
1915（大正 4）	医科大学開設	
1919（大正 8）	理科大学が理学部，医科大学が医学部となる。工学部設置	
1922（大正 11）	法文学部設置	
1947（昭和 22）	農学部設置。東北帝国大学は東北大学となる	
1949（昭和 24）	法文学部は法学部・経済学部・文学部に分立。学制改革に伴い，新制東北大学へ改組（教育学部が新設され，文・教育・法・経済・理・医・工・農の 8 学部設置）	
1965（昭和 40）	歯学部設置	
1972（昭和 47）	薬学部設置	
2004（平成 16）	国立大学法人東北大学となる	

学章

学章は，創立 100 周年を機に，東北大学の歴史と伝統を再確認し，ユニバーシティ・アイデンティティを明確にするため，平成 19 年に制定されました。"creativity" "global" "tradition" をキーコンセプトに，昔から宮城野や仙台を象徴する植物とされている「萩」をモチーフとして，品格を持って，世界に大きく広がっていく動きを表現しています。

学部・学科の構成

大　学

文学部　川内キャンパス
　人文社会学科（専修：現代日本学，日本思想史，日本語学，日本語教育学，日本文学，日本史，考古学，文化人類学，宗教学，インド学仏教史，中国文学，中国思想，東洋史，英文学，英語学，ドイツ文学，フランス文学，西洋史，哲学，倫理学，東洋・日本美術史，美学・西洋美術史，心理学，言語学，社会学，行動科学）

教育学部　川内キャンパス
　教育科学科（教育学コース，教育心理学コース）

法学部　川内キャンパス
　法学科

経済学部　川内キャンパス
　経済学科
　経営学科

理学部　青葉山キャンパス
　数学科
　物理学科
　宇宙地球物理学科（天文学コース，地球物理学コース）
　化学科
　地圏環境科学科（地圏進化学コース，環境地理学コース）
　地球惑星物質科学科
　生物学科

医学部　星陵キャンパス
　医学科〔6年制〕
　保健学科〔4年制〕（看護学専攻，放射線技術科学専攻，検査技術科学専攻）

歯学部　星陵キャンパス
　歯学科〔6年制〕

4 東北大／大学情報

薬学部 青葉山キャンパス

薬学科〔6年制〕

創薬科学科〔4年制〕

工学部 青葉山キャンパス

機械知能・航空工学科（機械システムコース，ファインメカニクスコース，ロボティクスコース，航空宇宙コース，量子サイエンスコース，エネルギー環境コース，機械・医工学コース，国際機械工学コース）

電気情報物理工学科（電気工学コース，通信工学コース，電子工学コース，応用物理学コース，情報工学コース，バイオ・医工学コース）

化学・バイオ工学科（応用化学コース，化学工学コース，バイオ工学コース）

材料科学総合学科（金属フロンティア工学コース，知能デバイス材料学コース，材料システム工学コース，材料環境学コース）

建築・社会環境工学科（社会基盤デザインコース，水環境デザインコース，都市システム計画コース，都市・建築デザインコース，都市・建築学コース）

農学部 青葉山新キャンパス

生物生産科学科（植物生命科学コース，農業経済学コース，動物生命科学コース，海洋生物科学コース）

応用生物化学科（生物化学コース，生命化学コース）

（備考）
● 学科・コース・専修等に分属する年次はそれぞれで異なる。
● 1・2年生は主に川内キャンパスにおいて全学教育科目の講義を受講する。

大学院

文学研究科／教育学研究科／法学研究科／経済学研究科／理学研究科／医学系研究科／歯学研究科／薬学研究科／工学研究科／農学研究科／国際文化研究科／情報科学研究科／生命科学研究科／環境科学研究科／医工学研究科

〈専門職大学院〉法科大学院／公共政策大学院／会計大学院

大学所在地

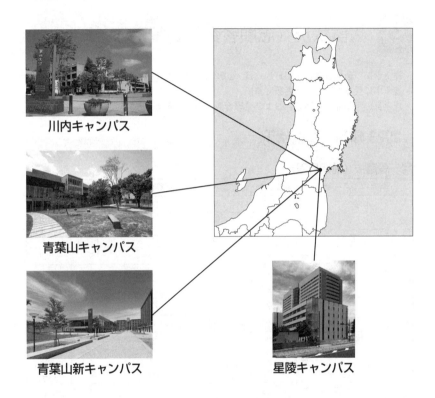

川内キャンパス	〒980-8576	仙台市青葉区川内 27-1
青葉山キャンパス		
〔理・薬学部〕	〒980-8578	仙台市青葉区荒巻字青葉 6-3
〔工学部〕	〒980-8579	仙台市青葉区荒巻字青葉 6-6
青葉山新キャンパス	〒980-8572	仙台市青葉区荒巻字青葉 468-1
星陵キャンパス		
〔医学部〕	〒980-8575	仙台市青葉区星陵町 2-1
〔歯学部〕	〒980-8575	仙台市青葉区星陵町 4-1

写真提供：東北大学

入試データ

入試状況（志願者数・競争率など）

- 経済学部（前期日程・後期日程）は，2020年度より理系入試を実施。
- 競争率は受験者数÷合格者数で算出。
- 理学部，工学部の志願者数および受験者数はいずれも第1志望による。

2023年度 入試状況

■一般選抜（前期日程）

学部・学科・系等	募集人員	志願者数	受験者数	合格者数	競争率
文	147	348	303	162	1.9
教育	49	163	152	53	2.9
法	112	285	262	123	2.1
経済 文系	147	360	302	163	1.9
経済 理系	10	32	27	13	2.1
理 数学	27	79	79	30	2.6
理 物理	74	231	220	80	2.8
理 化学	40	88	78	43	1.8
理 地球科学	29	61	55	29	1.9
理 生物	26	54	47	26	1.8
医 医	77	237	208	85	2.4
医 保健 看護学	48	100	80	49	1.6
医 保健 放射線技術科学	25	52	44	26	1.7
医 保健 検査技術科学	25	80	63	29	2.2
歯	37	148	126	37	3.4
薬	56	179	154	61	2.5
工 機械知能・航空工	164	420	386	170	2.3
工 電気情報物理工	170	495	458	175	2.6
工 化学・バイオ工	79	149	134	86	1.6
工 材料科学総合	79	147	129	81	1.6
工 建築・社会環境工	75	177	164	78	2.1
農	105	354	323	111	2.9
合計	1,601	4,239	3,794	1,710	—

東北大／大学情報　7

（備考）
- 医学部医学科では第1段階選抜が行われ，合格者は231名であった。
- 医学部保健学科検査技術科学専攻では第1段階選抜が行われ，合格者は75名であった。
- 歯学部では第1段階選抜が行われ，合格者は146名であった。

■■一般選抜（後期日程）

（　）内は女子内数

学部・系		募集人員	志願者数	受験者数	合格者数	競争率
経済	文　　　　　系	25	353	114	29	3.9
	理　　　　　系	10	66	30	15	2.0
理	数　　　　　学	8	101	27	10	2.7
	物　　　　　理	20	272	109	26	4.2
	化　　　　　学	13	127	44	16	2.8
	地　球　科　学	10	46	26	14	1.9
	生　　　　　物	4	42	16	5	3.2
合　　　　　計		90	1,007	366	115	—

（備考）第1段階選抜は実施なし。

2022年度 入試状況

■■一般選抜（前期日程）

（　）内は女子内数

学部・学科・系等			募集人員	志願者数	受験者数	合格者数	競争率
文			147	426(211)	386(193)	163(79)	2.4
教	育		49	127(65)	118(59)	52(25)	2.3
法			112	311(92)	283(86)	123(46)	2.3
経済	文 系		147	379(79)	327(66)	163(34)	2.0
	理 系		10	46(9)	34(6)	15(2)	2.3
理	数 学		27	82(5)	80(5)	27(0)	3.0
	物 理		74	241(30)	232(29)	83(7)	2.8
	化 学		40	85(20)	74(18)	40(7)	1.9
	地 球 科 学		29	62(9)	56(8)	32(4)	1.8
	生 物		26	66(14)	58(10)	26(3)	2.2
医	医		77	242(54)	212(44)	81(11)	2.6
	保健	看 護 学	50	134(120)	116(104)	55(48)	2.1
		放射線技術科学	25	47(19)	39(15)	27(12)	1.4
		検査技術科学	25	85(57)	66(41)	33(19)	2.0
歯			37	75(30)	66(27)	43(18)	1.5
薬			56	163(49)	136(39)	59(15)	2.3
工	機械知能・航空工		164	432(34)	400(32)	171(12)	2.3
	電気情報物理工		170	544(46)	501(40)	179(7)	2.8
	化学・バイオ工		79	211(40)	195(34)	86(9)	2.3
	材料科学総合		79	181(22)	161(21)	83(10)	1.9
	建築・社会環境工		75	192(39)	176(34)	80(14)	2.2
農			105	261(123)	232(109)	112(47)	2.1
合 計			1,603	4,392(1,167)	3,948(1,020)	1,733(429)	—

（備考）

- 経済学部理系入試では第1段階選抜が行われ，合格者は42(8)名であった。
- 医学部医学科では第1段階選抜が行われ，合格者は231(49)名であった。
- 医学部保健学科検査技術科学専攻では第1段階選抜が行われ，合格者は76(51)名であった。

東北大／大学情報　9

▓▓▓一般選抜（後期日程）

（　）内は女子内数

学部・系		募集人員	志願者数	受験者数	合格者数	競争率
経済	文　　　　　系	25	453(93)	101(19)	34(8)	3.0
	理　　　　　系	10	77(6)	35(5)	12(0)	2.9
理	数　　　　　学	8	128(3)	20(0)	11(0)	1.8
	物　　　　　理	20	362(21)	78(5)	26(2)	3.0
	化　　　　　学	13	194(28)	38(6)	17(0)	2.2
	地　球　科　学	10	67(13)	9(1)	13(0)	—
	生　　　　　物	4	51(12)	4(1)	4(1)	1.0
合　　　　　　　計		90	1,332(176)	285(37)	117(11)	—

（備考）

- 経済学部文系入試では第1段階選抜が行われ，合格者は356(66)名であった。
- 理学部では第1段階選抜が行われ，数学系の合格者は90(2)名，物理系の合格者は265(12)名，化学系の合格者は137(19)名，地球科学系の合格者は28(5)名，生物系の合格者は30(8)名であった。

10　東北大／大学情報

2021年度 入試状況

■■一般選抜（前期日程）

（　）内は女子内数

学部・学科・系等			募集人員	志願者数	受験者数	合格者数	競争率
文			147	395(177)	351(156)	167(74)	2.1
教		育	49	130(62)	119(56)	52(24)	2.3
法			112	331(103)	302(91)	124(46)	2.4
経済	文	系	147	421(74)	363(55)	156(21)	2.3
	理	系	10	36(2)	30(1)	18(1)	1.7
理	数	学	27	68(5)	67(5)	29(3)	2.3
	物	理	72	212(34)	194(28)	75(8)	2.6
	化	学	40	91(17)	76(13)	40(6)	1.9
	地 球 科 学		29	61(9)	52(7)	31(2)	1.7
	生	物	25	64(19)	56(15)	26(7)	2.2
医	医		77	243(51)	210(45)	81(16)	2.6
	保健	看 護 学	50	91(82)	77(68)	52(48)	1.5
		放射線技術科学	25	77(35)	64(31)	28(14)	2.3
		検査技術科学	25	80(53)	67(42)	28(20)	2.4
歯			37	115(53)	95(45)	45(22)	2.1
薬			56	209(74)	181(64)	61(17)	3.0
工	機械知能・航空工		164	473(43)	443(40)	170(9)	2.6
	電気情報物理工		170	559(30)	522(27)	175(10)	3.0
	化学・バイオ工		79	180(35)	163(27)	87(13)	1.9
	材料科学総合		79	183(23)	164(23)	81(8)	2.0
	建築・社会環境工		75	185(39)	165(29)	77(9)	2.1
農			105	295(122)	269(107)	111(45)	2.4
合 計			1,600	4,499(1,142)	4,030(975)	1,714(423)	—

（備考）医学部医学科では第1段階選抜が行われ，合格者は231(48)名であった。

東北大／大学情報　11

■■一般選抜（後期日程）

（　）内は女子内数

学部・系		募集人員	志願者数	受験者数	合格者数	競争率
経済	文　　　　系	25	450(65)	115(17)	41(5)	2.8
	理　　　　系	10	89(14)	37(7)	12(2)	3.1
理	数　　　　学	8	110(6)	28(1)	8(0)	3.5
	物　　　　理	20	338(31)	77(9)	21(0)	3.7
	化　　　　学	13	154(29)	40(5)	15(1)	2.7
	地　球　科　学	10	53(11)	13(2)	11(0)	1.2
	生　　　　物	7	55(13)	16(2)	8(0)	2.0
合　　　　　計		93	1,249(169)	326(43)	116(8)	―

（備考）

- 経済学部文系入試では第1段階選抜が行われ，合格者は379(50)名であった。
- 理学部では第1段階選抜が行われ，数学系の合格者は93(4)名，物理系の合格者は275(24)名，化学系の合格者は129(26)名，地球科学系の合格者は40(6)名，生物系の合格者は46(11)名であった。

12　東北大／大学情報

2020年度 入試状況

■■一般入試（前期日程）

（　）内は女子内数

学部・学科・系等			募集人員	志願者数	受験者数	合格者数	競争率
文			170	451(218)	425(210)	188(94)	2.3
教		育	60	173(70)	162(63)	64(27)	2.5
法			118	366(103)	338(93)	130(37)	2.6
経済	文	系	155	341(49)	294(45)	166(21)	1.8
	理	系	10	31(5)	24(5)	15(1)	1.6
理	数	学	27	75(4)	74(4)	27(1)	2.7
	物	理	72	233(30)	220(28)	75(11)	2.9
	化	学	40	96(12)	84(10)	40(2)	2.1
	地 球 科 学		29	59(12)	51(10)	30(7)	1.7
	生	物	25	68(19)	62(18)	25(8)	2.5
医	医		77	251(50)	209(39)	79(15)	2.6
	保健	看 護 学	50	121(108)	107(94)	57(54)	1.9
		放 射 線 技 術 科 学	29	46(18)	41(16)	30(12)	1.4
		検 査 技 術 科 学	29	58(40)	44(30)	30(21)	1.5
歯			37	124(45)	105(41)	40(17)	2.6
薬			56	185(61)	156(57)	59(16)	2.6
工	機 械 知 能・航 空 工		164	461(52)	430(50)	170(12)	2.5
	電 気 情 報 物 理 工		170	477(41)	438(33)	176(9)	2.5
	化 学・バ イ オ 工		79	157(34)	142(27)	83(12)	1.7
	材 料 科 学 総 合		79	166(15)	147(12)	82(3)	1.8
	建 築・社 会 環 境 工		75	169(30)	152(25)	78(6)	1.9
農			112	273(96)	253(88)	115(35)	2.2
合 計			1,663	4,384(1,112)	3,958(998)	1,759(421)	—

（備考）医学部医学科では第1段階選抜が行われ，合格者は235(46)名であった。

東北大／大学情報　13

▓▓▓一般入試（後期日程）

（　）内は女子内数

学部・系			募集人員	志願者数	受験者数	合格者数	競争率
経済	文	系	30	427(63)	175(32)	43(8)	4.1
	理	系	10	58(6)	24(5)	10(2)	2.4
理	数	学	8	124(6)	54(2)	9(0)	6.0
	物	理	20	417(33)	180(18)	22(0)	8.2
	化	学	13	163(26)	66(17)	17(2)	3.9
	地球科学		10	79(13)	50(8)	11(2)	4.5
	生	物	7	85(21)	43(10)	9(1)	4.8
合　計			98	1,354(168)	592(92)	121(15)	―

2019年度 入試状況

■一般入試（前期日程）

( )内は女子内数

学部・学科・系等		募集人員	志願者数	受験者数	合格者数	競争率
文		170	404(188)	381(177)	183(89)	2.1
教 育		60	260(122)	230(108)	65(27)	3.5
法		118	324(83)	295(70)	130(36)	2.3
経 済		185	446(87)	403(72)	206(30)	2.0
理	数 学	27	67(5)	66(5)	27(3)	2.4
	物 理	75	205(27)	189(25)	79(5)	2.4
	化 学	43	112(14)	101(11)	43(4)	2.3
	地 球 科 学	29	60(17)	53(14)	31(5)	1.7
	生 物	25	54(17)	45(13)	27(7)	1.7
医	医	105	354(68)	306(54)	109(16)	2.8
	保健 看 護 学	50	118(104)	103(90)	52(48)	2.0
	保健 放射線技術科学	29	69(29)	57(24)	31(14)	1.8
	保健 検 査 技 術 科 学	29	78(54)	70(46)	33(22)	2.1
歯		37	186(79)	129(56)	42(18)	3.1
薬		60	202(68)	175(56)	65(20)	2.7
工	機 械 知 能・航 空 工	164	503(51)	467(43)	169(8)	2.8
	電 気 情 報 物 理 工	170	468(36)	424(32)	176(8)	2.4
	化 学・バ イ オ 工	79	160(29)	147(27)	87(13)	1.7
	材 料 科 学 総 合	79	191(21)	172(18)	86(9)	2.0
	建 築・社 会 環 境 工	75	235(55)	219(50)	78(13)	2.8
農		112	316(104)	288(94)	114(31)	2.5
合 計		1,721	4,812(1,258)	4,320(1,085)	1,833(426)	―

（備考）
- 教育学部では第1段階選抜が行われ，合格者は245(116)名であった。
- 医学部医学科では第1段階選抜が行われ，合格者は330(61)名であった。
- 歯学部では第1段階選抜が行われ，合格者は148(68)名であった。

東北大／大学情報　15

■■一般入試（後期日程）

（　）内は女子内数

学部・系		募集人員	志願者数	受験者数	合格者数	競争率
経済		30	463(65)	190(30)	36(5)	5.3
理	数学	8	157(7)	74(2)	10(1)	7.4
	物理	20	450(41)	199(22)	31(1)	6.4
	化学	13	201(36)	93(16)	17(2)	5.5
	地球科学	10	81(10)	54(6)	11(2)	4.9
	生物	7	87(21)	52(12)	9(2)	5.8
合計		88	1,439(180)	662(88)	114(13)	―

合格者平均点（一般選抜）

- 合格者平均点は，大学入学共通テストと個別学力試験の総得点の平均点を表す。

■前期日程

学部・学科等			満点	合格者平均点				
				2023年度	2022年度	2021年度	2020年度	2019年度
文			1,600	1,094.25	1,064.37	1,061.99	1,082.71	1,061.92
教育			1,250	846.77	798.98	799.08	815.59	802.81
法			1,350	936.92	877.69	895.82	895.88	874.17
経済	文系		1,550*1	1,072.12	1,024.74	1,041.54	830.97	831.46
	理系		1,550*2	1,079.91	1,009.96	1,020.66	852.19	
理			1,250	886.87	800.34	836.24	859.57	845.37
医	医		1,200	971.74	903.98	917.23	952.72	940.93
	保健	看護学	1,250	788.04	752.42	758.91	766.19	800.07
		放射線技術科学	1,250	836.20	752.30	796.50	801.21	841.38
		検査技術科学	1,250	819.97	757.77	790.06	767.27	838.80
歯			1,300*3	832.88	723.28	792.20	669.72	678.84
薬			1,550	1,074.61	930.66	1,010.56	1,025.83	1,022.89
工			1,250	883.99	783.91	837.42	858.50	861.53
農			1,350	918.82	806.91	828.81	861.70	896.48

（備考）
*1：経済学部文系入試の2019・2020年度の満点は1,200点。
*2：経済学部理系入試の2020年度の満点は1,200点。
*3：歯学部の2019・2020年度の満点は1,050点。

■後期日程

学部		満点	合格者平均点				
			2023年度	2022年度	2021年度	2020年度	2019年度
経済	文系	900	664.91	684.32	582.81	714.10	627.94
	理系	900	685.46	676.03	684.92	709.58	
理		1,100	828.37	802.68	806.37	876.32	757.57

募集要項（出願書類）の入手方法

　東北大学では，一般選抜入学試験はインターネット出願が導入されており，学生募集要項（出願書類を含む）は入試センターウェブサイトでの公表となります。冊子の作成はありませんので，入試センターウェブサイトで確認してください。

問い合わせ先
　〒980-8576　仙台市青葉区川内28
　東北大学　教育・学生支援部入試課
　TEL　022-795-4800（一般選抜）
　　　　022-795-4802（AO入試等）

ホームページ
　https://www.tohoku.ac.jp/
　（入試センター　https://www.tnc.tohoku.ac.jp/）

東北大学のテレメールによる資料請求方法

| スマートフォンから | QRコードからアクセスしガイダンスに従ってご請求ください。 |
| パソコンから | 教学社 赤本ウェブサイト(akahon.net)から請求できます。 |

合格体験記 募集

　2024 年春に入学される方を対象に，本大学の「合格体験記」を募集します。お寄せいただいた合格体験記は，編集部で選考の上，小社刊行物やウェブサイト等に掲載いたします。お寄せいただいた方には小社規定の謝礼を進呈いたしますので，ふるってご応募ください。

応募方法

下記 URL または QR コードより応募サイトにアクセスできます。
ウェブフォームに必要事項をご記入の上，ご応募ください。
折り返し執筆要領をメールにてお送りします。
（※入学が決まっている一大学のみ応募できます）

⇨ http://akahon.net/exp/

応募の締め切り

総合型選抜・学校推薦型選抜	2024 年 2 月 23 日
私立大学の一般選抜	2024 年 3 月 10 日
国公立大学の一般選抜	2024 年 3 月 24 日

受験川柳 募集

受験にまつわる川柳を募集します。
入選者には賞品を進呈！　ふるってご応募ください。

応募方法

http://akahon.net/senryu/ にアクセス！

在学生メッセージ

大学ってどんなところ？ 大学生活ってどんな感じ？ちょっと気になることを，在学生に聞いてみました。

（注）以下の内容は 2020〜2022 年度入学生のアンケート回答に基づくものです。ここで触れられている内容は今後変更となる場合もありますのでご注意ください。

 大学生になったと実感！

　一人暮らしを始めたことです。自炊，洗濯，ゴミ出し，名前のない家事等のいろいろなことを自分自身でやらなければいけない点が高校生の頃までとは変わりました。 また，家に帰っても誰もいない寂しさというのも大学生になって知りました。(Y. K. さん)

　朝，決まった時間に起きなくてもいいことが大学生になって大きく変わったところだと思います。また，時間割次第では午前中で大学から家に帰ることもできるので，家で過ごす時間がかなり長くなりました。日中に家にいることが多くなるので，料理をしたりバイトをしたりできます。(K. T. さん)

　お金の自由がきくようになったこと。バイトをしはじめたことにより，ある程度まとまった金額をやり取りするようになった。この点では大学生になったなぁと感じた。単位を意識するようになったことも大きい。今までは単位を取らねばならないと思うことはまずなかったが，卒業に必要な単位を考えたりするようになった点は今までにはなかったことである。(中村さん)

——メッセージを書いてくれた先輩方——
《工学部》Y. K. さん／K. T. さん／中村弦さん／H. N. さん
《医学部》Y. I. さん

大学生活に必要なもの

　大学生活のうち，授業という観点から考えると最も必要なのはパソコンです。オンライン授業がある場合はもちろんのこと，対面授業でも，出席確認，最終レポートの提出など，パソコン上で行うことが多いです。スマホで代用できないこともないですが，不便ではあると思いますので，パソコンは買っておくことをおすすめします。(Y. K. さん)

　自分が何をしたいのかをしっかりもつことだと思います。大学の4年間で自分が何をしたいのかをしっかりと決めてから大学に入ることを強く勧めます。大学生のうちは自由な時間が多くあるため，それを何に使うのかが非常に重要だと思います。部活動に所属して練習に時間を使うもよし，良い成績を取るために勉強するもよし，アルバイトをたくさん詰め込むもよし。何をするにしても，4年間の時間を無駄にしないためにしっかりと自分が何をしたいのかを決めて生活をするとよいと思います。(K. T. さん)

この授業がおもしろい！

　歴史学の授業です。なかでも中川学先生の歴史学が最も興味深かったです。授業は東北大学の歴史についてで，創立に至った経緯や学生運動など，様々な出来事を学びます。授業の一環で，東北大学の史料館に実際に行って歴史的に貴重な展示物を見ました。東北大学についてあまり知識のない1年生が受けるには最適な授業だと思います。(Y. K. さん)

　数学物理学演習という授業です。この授業は，理工系に進むために必要な数学と物理学の知識をどんどん先取りして習得していく授業で，演習形式で進んでいくため友達と話しながら理解を深めることができます。また，1年生のうちから2，3年生の内容に触れられるため，ついていくのは大変ですが新鮮味があっておもしろい授業です。(H. N. さん)

大学の学びで困ったこと&対処法

　高校までと違い自分でしなくてはならないことが増えたことです。大学では自分で必要な科目を履修する必要があるし，課題を出し忘れていないかなども自分で確認する必要があります。たとえ何かを忘れていて留年をすることになっても誰も助けてくれないため，学業に関しては細心の注意を払って情報の見逃しがないようにしています。(H. N. さん)

　理系科目の難度が非常に高いということです。高い難度であるのに対して教科書の書き方も難しいものが多く，自力で学習を進めるのが難しいことが非常に悩ましい点です。また，高校時代の勉強と違い，市販の問題集が少なく，思ったように自学によって学習を進めることが困難です。対策としては友達と協力して理解を深めたり，大学の先輩に勉強を聞くシステムがあるのでそれを活用したりすることが大切だと思います。(K. T. さん)

　高校のテストで良くない点数をとると先生方が生徒をフォローしてくれますが，大学の場合はフォローなどありません。再試があるだけです。日頃勉強をしなさすぎると，テスト前に痛い目にあいます。(Y. I. さん)

部活・サークル活動

　スカッシュと国際交流サッカーのサークルに所属しています。スカッシュのサークルでは毎週の練習に自由に参加しています。大会で好成績を残せるように頑張る人，イベントのみ参加する人など，いろいろな人がいるのが大学のサークルらしいなと感じています。国際交流サッカーのサークルでは，留学生たちと英語で会話をしながらサッカーをしています。高校までの部活と違い，ゆるく楽しめる点が個人的には気に入っています。(H. N. さん)

　私は男子ラクロス部に所属しています。男子ラクロス部は学生日本一を目標にしている部活動です。活動時間は週5日の朝練がメインです。ラクロスというスポーツは大学から始める人がほとんどで，高校でしていた部活の特性を活かしつつ成長できるのは非常に楽しいです。競技人口が少ないスポーツなので，遠征先の他の大学の人達とも仲良くなることができます。また，部員同士の仲も良く，オフの日にはチームメイトと旅行したり温泉に行ったりと，非常に楽しい大学生活を送ることができています。(K. T. さん)

交友関係は？

　あまり交友関係が広いタイプではないですが，授業や部活で知り合うことが多いです。ペアワークのある授業や対面授業，活動の多い部活を選ぶと多くの人と出会う機会に恵まれそうです。学部が違う人とは授業で知り合うことが非常に難しいため，他学部の人と関わりたい人は部活・サークルに入ることを検討しましょう。（Y. K. さん）

　大学では高校までと違い授業ごとに授業を一緒に受けるメンバーが異なることが多いため，交友関係は主にサークルで築きました。毎週何回かコンスタントに活動するサークルや部活であれば，参加しているだけで自然と友人・先輩との交友関係が築けると思います。（H. N. さん）

いま「これ」を頑張っています

　漫画を描くことです。漫画研究会に所属してから描くようになりました。道具を揃えたり，作品を完成させたりすることは大変ですが，ほかの部員に作品を読んでもらう機会は貴重でよいインスピレーションがもらえるので楽しいです。また，漫画はいつでも描けるものなので，卒業しても暇があったら続けていきたいです。（Y. K. さん）

　英語の学習に力を入れています。理由としては，留学生と交流する機会が大学生になってから急激に増え，自分の英会話力のなさを痛感したからです。現在はTOEIC® などの学習をしつつ，留学生と積極的に会話をすることで脳が英語に慣れるようにしています。（H. N. さん）

普段の生活で気をつけていることや心掛けていること

　早寝早起きをすることです。大学から一人暮らしを始めて，それまで日常生活を管理してくれていた家族と離れてしまったので，最低限の生活リズムを保つことを目標にしています。部活やサークルの飲み会があったり，バイトで夜遅くまで働いたりすることもあるかと思いますが，私生活が乱れすぎないように気をつけることも大学生の使命だと思います。（Y. K. さん）

おススメ・お気に入りスポット

　青葉山新キャンパスにある東北大学附属図書館の農学分館です。ここは主に農学部の学生向けですが他学部の学生でも利用でき，なにより学内の施設の中でも新しくてきれいです。また東北大学には農学分館以外にも図書館の分館がいくつかあり，それぞれに特色があるので行ってみるとおもしろいです。(H. N. さん)

　川内グラウンドは全面人工芝でできており，部活動の自主練をするには最高の環境です。平日の授業時間であっても，授業で使用していなければ自由に使うことができます。天気のよい日にはこの芝に座ったり寝そべったりするだけでとても気持ちよくなります。この素晴らしいグラウンドが私のお気に入りスポットです。(K. T. さん)

 ## 入学してよかった！

　勉強や学校生活のサポートが充実している点です。まず，勉強面では，数学，物理，化学，英語には SLA という東北大生の団体によるサポートがあります。公式に活動しており，川内キャンパス内のマルチメディア教育研究棟で教えています。わからない問題や宿題，レポートなど幅広く教えてくれるので勉強に不安がある人にはおすすめです。また，生活面では，学生相談が無料で行われていて，気軽に相談できる環境なので安心して暮らせます。(Y. K. さん)

　大学のキャンパスから仙台の中心部へのアクセスがいいところです。地下鉄に乗ればすぐに中心街に出ることができます。(H. N. さん)

 ## 高校生のときに「これ」をやっておけばよかった

　まず，勉強面では英語です。単語や文法をひたすら暗記していましたが，合格がわかってからはまったく勉強しなくなり，TOEFL® のテストで苦労しました。大学生になっても英語は必須なので，継続的に勉強しましょう。また，生活面では家事です。一人暮らしを始めて，自分で家事をするようになって大変さがわかりました。特に料理の練習をしておくとよいでしょう。(Y. K. さん)

合格体験記

　みごと合格を手にした先輩に，入試突破のためのカギを伺いました。入試までの限られた時間を有効に活用するために，ぜひ役立ててください。

（注）ここでの内容は，先輩が受験された当時のものです。2024年度入試では当てはまらないこともありますのでご注意ください。

アドバイスをお寄せいただいた先輩

Y. N. さん　工学部（機械知能・航空工学科）
前期日程 2023 年度合格，埼玉県出身

　しっかりと学校に通って生活習慣を整えて，友達とコミュニケーションをとることがとても大事だと思います。ストレスをためすぎないで頑張ってください！

その他の合格大学　早稲田大（先進理工），東京理科大（工），明治大（理工）

清水麦彦さん　工学部（材料科学総合学科）
前期日程 2023 年度合格，小山台高校（東京）出身

　なかなかいい判定が出ず，行きたい大学が自分の身の丈に合っていないのではないかと常に不安に思いながら勉強していたが，なんとか合格することができたので，判定や成績が奮わなくても諦めずに頑張ってほしい。

その他の合格大学　明治大（理工）

K. M. さん 医学部（医学科）
前期日程 2022 年度合格，東京都出身

共通テストで点を取れても気を抜かずに最後まで常に危機感をもって取り組めたことが合格のポイント。東北大の医学部は面接もかなり配点が大きいので，最後の最後まで諦めず真剣に取り組んでほしい。

その他の合格大学 日本医科大（医）

Y. K. さん 工学部（機械知能・航空工学科）
前期日程 2022 年度合格，愛知県出身

私は 2 年生の冬に志望校を決めました。それから入試までずっと変えずに目指してきました。模試での判定は，3 年生の 1 年間ほとんどが C 判定だったと思います。共通テストが終わって，最後の記述模試の判定も C だったので本当に受けるべきか考えましたが，ずっと目指してきた大学だったので受けることにしました。その結果，第 1 志望の大学かつ学科に入れたので，変えなくてよかったと心底思いました。初志貫徹することが大切です。

その他の合格大学 同志社大（理工），関西学院大（工），関西大（システム理工）

H. N. さん 工学部（機械知能・航空工学科）
前期日程 2022 年度合格，千葉県出身

合格のポイントは，直前まで諦めずに弱点をつぶし続けたこと。特に現役生は理科の対策が遅れがちとなりますが，僕の場合は先生方の言うことを信じて「理解→演習」というサイクルを回し続けた結果，共通テスト後に急激に学力が伸びました。絶対に諦めないでください！！

その他の合格大学 慶應義塾大（理工），早稲田大（創造理工），東京理科大（理工〈共通テスト利用〉）

G. N. さん 工学部（機械知能・航空工学科）
前期日程 2020 年度合格，静岡県出身

　合格のポイントは，合格のその先を見据えること。「この大学で学びたい！」「この大学でキャンパスライフを送りたい！」という気持ちが君の望む未来への原動力となる。

その他の合格大学　東京理科大（理），法政大（理工）

入試なんでもQ＆A

　受験生のみなさんからよく寄せられる，入試に関する疑問・質問に答えていただきました。

Q 「赤本」の効果的な使い方を教えてください。

　A　夏に赤本の最初の合格体験記や入学後の雰囲気，合格平均点などを見て，どの学部や学科がいいかを決め，問題の形式を確認し，秋からは実際に問題を解いていって，出題形式に慣れていくのがいいと思います。問題を解くときは，ただひたすらに解いていくのではなく，1年分解いて，よくできなかった分野を問題集と参考書で補強してから，またもう1年分，という感じで過去問に取り組んでいくのが効果的な手順だと思いました。
（Y. N. さん／工）

　A　10月～11月から問題集と並行して赤本を解き始めた。このときは時間を計ってきちんと解くというよりは，問題に慣れる程度に解いていた。『東北大の理系数学15カ年』（教学社）は，まだ実力が足りないと思ったので，まずはレベルAの問題からやる方法で進めていた。共通テスト後からはひたすら過去問を時間を計って解いた。共通テスト前にやっていた問題も予想以上にすっかり忘れてしまっていたので，それらももう一度解いた。数学は学校の先生に添削してもらった。特別な色のペンを決めて，その色のペンで，なぜ間違えたか，これがわかっていれば解ける，などのポイントをノートに書き込んでおくと，直前はその色の部分だけを見れば要点を押さえられるので役に立ったと思う。
（清水さん／工）

Q 1年間の学習スケジュールはどのようなものでしたか？

　A　夏休みまでは学校の問題集で基礎固めをしていき，苦手分野をつぶしていきました。そして，過去問を見て，冠模試を受けて，出題傾向・形式を確認しました。9月・10月は応用的な問題集で演習をして，できなかった分野を基本問題集でやり直す，ということを続けました。11月は

28 東北大-理系前期／合格体験記

冠模試を受けたり，私立大学を含めた過去問を解き始めました。12月は共通テストの勉強に集中し，1月は共通テストが終わり次第，東北大学の赤本を解きました。2月は私立大学の赤本を解いて，私立大学の入試が終わり次第，また東北大学の赤本を解いて，できなかった分野を問題集で復習しました。　　　　　　　　　　　　　　　　　　　（Y. N. さん／工）

　A　高校3年生の夏休み前までは数学，理科の未習範囲を学校の授業に合わせて予習，復習していた。数Ⅲはこの時期にたくさんやったので，これより後に集中して演習するという必要がなくなってよかった。夏休みは問題集で数学，理科の演習をひたすら積んだ。化学の高分子，物理の原子分野は未習で，当初は夏休み中に予習を終わらせようと考えていたが，理科の他分野や数学の演習量が足りておらず，そちらのほうが先決だと判断し，未習範囲は2学期に学校の授業に合わせて進めた。10月・11月は問題集と過去問を併用し，問題形式に慣れた。共通テストに不安があったので，12月は参考書や予想問題集などで完全に共通テストのみの対策をした。共通テスト後は，記述形式の問題を問題集で思い出しつつ，過去問をひたすら解いた。私立の過去問は3年分ずつ解いた。　　　（清水さん／工）

> **Q**　共通テストと個別試験（二次試験）とでは，それぞれの対策の仕方や勉強の時間配分をどのようにしましたか？

　A　11月までは100%個別試験に向けて問題集などを使って演習をしていました。12月と1月の共通テストまでは共通テストの勉強だけに専念して，学校で買ったテキストや共通テストの赤本をやりました。共通テストが終わったら，東北大学や私立大学の赤本を解きました。このように，僕の場合はメリハリをつけた勉強をしていました。この方法は共通テスト，個別試験それぞれに集中して対策できますが，両方の対策を両立してやるのがいいという人もいるので，自分に合う方法をおすすめします。

　　　　　　　　　　　　　　　　　　　　　　　　　　　（Y. N. さん／工）

　A　数学と英語は，共通テストが処理能力をみるテストなのに対し二次試験は記述力をみるテストであるため，12月までは二次試験の勉強をしつつ速読や計算練習にも取り組み，共通テスト直前期に予想問題をひたすら解くことでバランスよく勉強しました。理科は共通テストと二次試験で問われていることがほとんど同じため，二次試験の対策を中心としました。

社会や国語は学校の授業で出された課題をこなし，共通テスト直前期に過去問を解くことで8割程度は取ることができるようにして，後の時間はすべて理系科目に回しました。　　　　　　　　　　　　（H. N. さん／工）

Q どのように学習計画を立て，受験勉強を進めていましたか？

A 受験勉強の開始時に手帳に1年間の予定を書き出し，「夏休み前」「夏休み」「夏休み明けから12月まで」「直前期」に1年間を分けてそれぞれで終わらせたい参考書，問題集，分野などを書き出した後，それを月・週・日の順番に落とし込んで学習計画を立てました。この際，自分が1日に平均でどれくらいの時間集中して勉強できるかを計ってから計画を立て，1週間ごとに細かい修正をすることで計画が破綻することを防ぎ，1年間モチベーションを保ち続けました。　　　　　　　（H. N. さん／工）

Q 時間をうまく使うためにしていた工夫があれば，教えてください。

A 定番ではありますが，電車ではいつも英単語帳を見ていました。また，学校に登校後，授業前に毎日配られる英語のプリントをやっていました。電車に乗っている時間と朝の時間にちょっと勉強することを3年間続けるだけでかなりの差がつくし，短時間なので結構楽で続けやすいので，習慣化するとよいと思いました。でも，学校の休み時間は友達と楽しく会話するのがいいと思うので，勉強することをあまりすすめません。

（Y. N. さん／工）

A 自分は家では勉強が全くと言っていいほどできなかったので，高校1年生の頃から家の近くの図書館に放課後行っていた。3年生の途中から，よく使っていた図書館が改修工事に入ってしまい使えなくなってしまったので，予備校に入り毎日自習室が閉まるまで勉強していた。メリハリをつけることが効率を上げることに直結すると思ったので，自習室から帰ったあとは集中のできない家ではあまり勉強はしないと決め，早めに寝るようにしていた。　　　　　　　　　　　　　　　　　　（清水さん／工）

30 東北大-理系前期／合格体験記

Q 東北大学を攻略する上で，特に重要な科目は何ですか？
また，どのように勉強をしましたか？

A 東北大学を攻略する上で特に重要な科目は理科だと思う。数学は解法を思いつかないと大問1題分丸々点を落としてしまうが，東北大の理科は基本問題から始まっており，また理科自体，公式や解法が数学よりも少ないため，安定して得点しやすいと思うからだ。特に化学は他科目と比べて難易度が低いと個人的に思ったので，物理と化学で完全に半分ずつの時間やるのではなく，5分くらい化学の時間を多く取り，確実に高得点を取れるようにした。物理は基本問題から始まるとはいえ問題がつながっているため，ケアレスミスをしてしまうと一気に点を落としてしまうので，問題集などでもれなく十分に演習を積むようにした。人によって作戦は違うと思うので，たくさん過去問を解いて自分の能力が最大限発揮できるやり方を確立していってほしい。　　　　　　　　　　　　　（清水さん／工）

A 東北大において一番重要な科目は数学だと考える。二次試験において，単一科目での配点が高く，合格を左右することになるからだ。東北大の数学は大問6題であり，1題あたり25分かけられる計算になる。問題数はそれなりに多く，かけられる時間も短めである。だからこそ，本番において，完答するものと部分点をねらいにいくものとを見分けることが必要となる。そのために，過去問を6題セットで時間を計って解き，問題の難易度を見極め，取れる点数を取る能力を鍛えていくことが重要になる。
　　　　　　　　　　　　　　　　　　　　　　　（G. N. さん／工）

Q 苦手な科目はどのように克服しましたか？

A 自分は理系なのに数学と理科が苦手でしたが，どちらも教科書レベルからしっかりと復習して，学校で配られる問題集をやりこんで苦手な分野をつぶしていきました。ただ，それでもうまくいかないときは，基本的な参考書を買って使うのもありだと思います。たとえば，僕の場合は物理が特に苦手だったので，『物理のエッセンス』（河合出版）という参考書をやることで，物理の力が格段に上がりました。とにかく，自分に合う問題集，参考書，教科書で基本からやり直すことが大切だと思います。
　　　　　　　　　　　　　　　　　　　　　　　（Y. N. さん／工）

東北大-理系前期／合格体験記　31

Q スランプはありましたか？
また，どのように抜け出しましたか？

　A　入試１カ月前くらいに数学の点数が落ち込んでしまい焦りましたが，切り替えてもう一度苦手分野の『チャート式』（数研出版）を解き，夏に使っていた『オリジナル・スタンダード数学演習』（数研出版）などの慣れた問題集をざっとやることで感覚を取り戻し，スランプを抜け出しました。また，受験期はみんなストレスがたまるので，友達とコミュニケーションをとることがお互いにとっていいと思います。　　　（Y. N. さん／工）

　A　とにかく，「巻き返してやる」との思いで図書館，自習室にこもり勉強した。ただひたすら勉強するのも疲れるので，たまには 20 分くらい外をボーっと眺めていた。不安になったときは塾の先生や親に相談した。双方から「不安なのはみんないっしょ，逆に不安じゃないほうが普通はやばい」との言葉をいただき，心に留めておいた。ただ，受験直前期が一番不安で数学の過去問があまり解けず悩んでいた。本当にスランプから脱出するのは合格したときなのかもしれない。やはり抜け出すためには適度に休憩を入れてやるしかない。　　　　　　　　　　　　（K. M. さん／医）

Q 模試の上手な活用法を教えてください。

　A　模試ノートを作っていた。できなかった問題や不安な問題，他にスマートな解法がある問題などは，ノートに問題を貼って解答やポイントをまとめ，次の模試の直前に見直していた。模試当日は遅くなることも多いので，２日以内には復習してノートにまとめるようにしていた。受験直前は解法をじっくり読む余裕はないので，ポイントを色分けして書いておくと短い時間で模試の効果を多く得られると思う。また，自分はずっとＥ判定だったが，秋の冠模試でＣ判定を複数の模試でとれたことで自信になり，受かるかもしれないという気持ちから勉強が進められた。（清水さん／工）

Q 併願をする上で重視したことは何ですか？
また，注意すべき点があれば教えてください。

　A　私立の過去問は共通テストが終わってからやろうと思っていたが，共通テストの直後に出願締め切りの大学が多く，一度も問題を解かず難易

度のわからないまま出願校を決めることになってしまったので，共通テストの対策を始める前に受ける可能性のある大学の過去問は最低1年分解いておいたほうがよかったと思った。受験は情報が大事だが意外と学校で教えられないことも多いので，前々から自分で調べることが大事だと思う。また，当初は東北大と同レベルもしくはより高いレベルの私立大学を受けようと思っていたが，先生のアドバイスもあって，そこに費やす時間を東北大の対策に充てたほうがいいと思い，出願しなかった。共通テストの判定も二次試験の実力もギリギリだったので，この判断のおかげで合格できたのかなと思う。　　　　　　　　　　　　　　　　　　　　（清水さん／工）

A　私立大を併願するなら自分の実力を測れるような大学を受けるといいと思います。国公立大学が第1志望の人は予行練習にもなるので，うまくその機会を活用すべきです。また私立大の入試制度は多種多様なので，自分に最適な方式で受けましょう。私は英語が苦手なので数学や理科を重視する方式を選びました。自分の得意科目を戦力にすることは一つの作戦なので，存分に活かすことが大切です。また，自宅近くで受けられるかどうかも考慮すべきです。関西の大学でも，名古屋や東京で受けられる大学がたくさんあるので，事前にしっかり調べて決めましょう。

（Y. K. さん／工）

Q 医学部（医学科）の面接の内容はどのようなものでしたか？

A　面接試験は，まず1日目に「小作文」というのがあり，2ページに分かれていた。1ページ目は，出だしの言葉に続いて心に思い浮かんだことを書く形式だった。以下，その例――

- あなたの家族はあなたを
- あなたの友人はあなたを
- あなたの軽蔑する人は
- あなたの許せないことは
- 人生で一番の失敗は
- あなたの座右の銘は

　2ページ目ではSDGsに関することを聞かれ，「作る責任，使う責任」「全ての人に健康と福祉を」のそれぞれの問いについて，あなたと周りの

東北大-理系前期／合格体験記　33

人ができることとそれを進める上で障害となることについて問われた。

　2日目の「面接」は，1対1の面接を3回行う形式で，そのうち1回は小作文の1ページ目に関することを，別の1回では小作文の2ページ目に関することを聞かれた。

　1ページ目について聞かれた回では，「あなたが今一番興味のあることは」とフリップに書かれた文を見せられて，それに続けて答えさせられた。パッと思い浮かばず，「大学で医学を学ぶこと」と答えた。

　2ページ目に関することを聞かれた回では，「他にSDGsの項目を知っているか」と質問され，自分は知らず「勉強不足で存じ上げません」と答えた。また「天然資源の枯渇についてどのような対策があるか」という問いもあり，「再生可能エネルギー」について答えた。

　もう1つの回では，「東北大学医学部志望理由」「自分の長所・短所」について質問された。関東出身だったこともあるのか，「なぜ東北大医学部なのか」を特に聞かれたように思うが，「麻酔に興味があり，東北大医学部の麻酔教室の紹介動画を見て憧れたので」と答えた。

（K. M. さん／医）

Q どのような面接対策をしましたか？

　A　『医学部面接ノート』（日本入試センター）を用いて，聞かれるだろう質問の答えを箇条書きで考えておいた。文章で答えを考えると棒読みになったり忘れたとき焦るので，箇条書きでだいたいの内容を頭に入れることを意識した。質問に答えるだけでなく，最低限の身だしなみ（髪型，靴，第一ボタンなど）はしっかり整えた。そして，この本を用いて両親に面接の練習をしてもらった。また，塾で模擬面接をする機会があったのでそれも利用した。

（K. M. さん／医）

Q 試験当日の試験場の雰囲気はどのようなものでしたか？

　A　東北大学は多くの人が仙台駅周辺のホテルに泊まり，地下鉄で試験会場まで行くと思いますが，地下鉄は大混雑で場合によっては入場規制がかかり，予定より1，2本電車を遅らせることになることもあるので，か

なりの余裕をもって行動するべきです。また，キャンパスによっては山の上のようなところで寒いこともあるので，防寒対策はしっかりとしたほうがいいと思います。そして，試験会場では今までにまとめてきたノートを見返して緊張を和らげました。　　　　　　　　　　　　（Y. N. さん／工）

A　家や図書館，予備校の自習室では広い机でずっと勉強していたが，実際の試験場では思った以上に机が狭く，学校の机よりも小さいほどだったので戸惑った。解答用紙を広げて書くことができないため2つ折りにしたまま解かなければならなかったので，日常的に狭いスペースで勉強する必要はないと思うが，何回かは練習しておくといいと思う。また，試験が始まる直前に緊張からか目が部分的にぼやけて見えてきて，20分ほどその状態で問題を解くことになってしまった。ハプニングには対策できないので，何が起こっても平常心を保つことが大切だと思う。（清水さん／工）

> **Q** 普段の生活の中で気をつけていたことを教えてください。

A　睡眠は，自分でこれだけは必要と思う時間を見つけて取るべき（自分は6時間は必要だった）。睡眠時間を削って勉強すると，かえって効率は下がる。また，ご飯を食べるときはテレビを見て笑うなどリラックスしてもよいと思う。食事については脂っこいものは避けたほうがよい。また自分は，直前期は生ものを避けていた。受験期は体がなまるので，勉強の合間にスクワットや腕立て伏せなど軽い筋トレをやるとよいと思う（ただ腕立て伏せは腕を痛めないよう注意）。　　　　　　　　（K. M. さん／医）

> **Q** 受験生へアドバイスをお願いします。

A　高3は受験期であると同時に高校生活最後の1年でもあるので，後から振り返って，「あ，もっと○○しておけばよかった」と後悔しないように，学校の部活，行事，自分の趣味は勉強に支障が出ない範囲でやっておくべきだと思います。最後に，生活習慣はしっかりと乱さずに，受験が終わったときに「やりきった」と思えるような1年を送ってください。受験期はおそらくこれまでの人生で最もつらいと言えるほどだと思いますが，友人とともに頑張ってください！　　　　　　　　（Y. N. さん／工）

東北大-理系前期／合格体験記

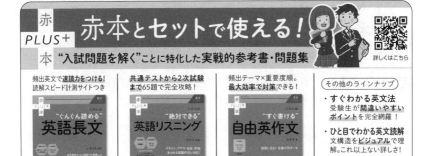

36　東北大-理系前期／合格体験記

科目別攻略アドバイス

　みごと入試を突破された先輩に，独自の攻略法やおすすめの参考書・問題集を，科目ごとに紹介していただきました。

■■英語

> 文章全体の雰囲気をつかみ，設問の解答の要素がどこにあるのかを見つけてまとめる力や，英文和訳の力を身につける。
>
> （Y. N. さん／工）

おすすめ参考書　『大学受験スーパーゼミ 徹底攻略 英文解釈の技術100』（ピアソン桐原）

> 東北大の英語は出題傾向に変化がみられるため，古い順に過去問をやるのではなく最近の過去問を中心にやるといいと思う。前期日程の過去問が一通り終わったら，傾向がほぼ同じ後期日程の過去問をやるのもいいと思う。また，自分は英語が得意だったので長文の問題集などはやらず，『DUO 3.0』で単語，熟語，和文英訳，英文和訳，リスニングすべての対策をしていた。　　　　　　　　（清水さん／工）

おすすめ参考書　『DUO 3.0』（アイシーピー）

> 東北大学の英語で鍵となるのは，和訳と英作文です。和訳では単語力が物を言うため鉄緑会の『鉄壁』を使用することで豊富なボキャブラリーをつけました。英作文では学校で配られた『入試必携英作文』という参考書の例文を覚えることで使える表現を増やしました。
>
> （H. N. さん／工）

おすすめ参考書　『鉄緑会東大英単語熟語 鉄壁』（KADOKAWA）

■■数学

典型問題の解法をしっかり身につけて，それを発展させる力を身に
つける。　　　　　　　　　　　　　　　　　　　　　（Y. N. さん／工）

> **おすすめ参考書**　『青チャート』（数研出版）

数学は学校の進度に合わせて基本的な演習を積み，ある程度基礎力
がついたら『理系数学 入試の核心 標準編』を使って最重要の典型問
題をキッチリできるようにした。東北大は基本的な問題が出やすく，
典型問題に穴があると周りと一気に差がついてしまうので気をつける
必要があると思った。直前期は『東北大の理系数学 15 カ年』を実際
の解答用紙をコピーして解き，学校の先生に添削してもらった。
　　　　　　　　　　　　　　　　　　　　　　　　　（清水さん／工）

> **おすすめ参考書**　『理系数学 入試の核心 標準編』（Z会）
> 　　　　　　　　　　『東北大の理系数学 15 カ年』（教学社）

標準問題，他の受験生が解ける問題をしっかり解けることが重要。
また，計算の正確さも要求される。自分は「1完3半」でも合格でき
たので，焦らないことも大事。また，普段から論理的でコンパクトな
答案づくりの練習をするとよい。東北大の解答用紙は教学社のホーム
ページでダウンロードできるので，過去問演習ではそちらも利用する
とよい。　　　　　　　　　　　　　　　　　　　　（K. M. さん／医）

> **おすすめ参考書**　『総合的研究 記述式答案の書き方 数学Ⅰ・A・Ⅱ・B』
> 　　　　　　　　　　（旺文社）

38　東北大-理系前期／合格体験記

■■物理

　自分は物理が苦手だったので，基本的な問題集を何周かしてから，
『実戦 物理重要問題集』を使って誘導に従って解法を適用していく
練習をたくさんした。また，記述にも慣れておく必要があるので，答
え合わせのとき解答とよく照らし合わせて，言い回しが適しているか
確認しながら演習した。　　　　　　　　　　　　　　（清水さん／工）

おすすめ参考書　『実戦 物理重要問題集 物理基礎・物理』（数研出版）

　問題文が長いので正確に読めるようにすることが第一歩。本質から
の理解を求められているように感じるので，上っ面の公式暗記のよう
な学習は通用しない。根本から押さえることが必要。また，大問の最
後の問題は難しいもの，計算が面倒なものも多いので，見切りをつけ
ることも必要。横長な解答スペースに考え方や計算過程の記述が求め
られるので，過去問演習の際は教学社のホームページから解答用紙を
ダウンロードして解くべき。　　　　　　　　　　（K. M. さん／医）

おすすめ参考書　『大学入試の得点源 物理』（文英堂）
　　　　　　　　『セミナー物理』（第一学習社）

■■化学

　　基礎を徹底して，有機化合物の構造決定は発展的な思考力を身につける。
　　　　　　　　　　　　　　　　　　　　　　　　　　　　（Y. N. さん／工）

おすすめ参考書　『リード α 化学基礎＋化学』（数研出版）

　　東北大はとにかく基本問題が出題されているので，基本事項にもれがないように気をつけた。暗記事項は，共通テスト対策で自分が忘れやすい事項をまとめたノートを，二次試験の直前にも見返していた。また，忘れやすい化学式を書かせる問題がほぼ毎年出題されていたが苦手だったので，メモ帳にまとめて待ち時間などに見ていた。

　　　　　　　　　　　　　　　　　　　　　　　　　　　　（清水さん／工）

おすすめ参考書　『実戦 化学重要問題集 化学基礎・化学』（数研出版）

　　東北大学の化学は基礎的な内容が多いため，まずは教科書傍用問題集を解きながら教科書の内容を完璧に暗記することをおすすめします。その後『実戦 化学重要問題集』を２周すれば，ほとんどの問題は初見ではなくなるはずです。　　　　　　　　　　（H. N. さん／工）

おすすめ参考書　『セミナー化学』（第一学習社）
　　　　　　　　　　『実戦 化学重要問題集 化学基礎・化学』（数研出版）

Trend & Steps

傾向と対策

傾向と対策を読む前に

科目ごとに問題の「傾向」を分析し，具体的にどのような「対策」をすればよいか紹介しています。まずは出題内容をまとめた分析表を見て，試験の概要を把握しましょう。

■注意

「傾向と対策」で示している，出題科目・出題範囲・試験時間等については，2023 年度までに実施された入試の内容に基づいています。2024 年度入試の選抜方法については，各大学が発表する学生募集要項を必ずご確認ください。

また，新型コロナウイルスの感染拡大の状況によっては，募集期間や選抜方法が変更される可能性もあります。各大学のホームページで最新の情報をご確認ください。

東北大-理系前期／傾向と対策　43

英　語

年度	番号	項　　目	内　　　　　容
2023	〔1〕	読　　解	内容説明，英文和訳，内容真偽
	〔2〕	読　　解	誤り指摘，内容説明，内容真偽，同意表現
	〔3〕	会話文・英作文	空所補充，テーマ英作文（80語）
	〔4〕	英作文	語句整序，和文英訳，内容真偽
2022	〔1〕	読　　解	内容説明，空所補充，内容真偽
	〔2〕	読　　解	空所補充，英文和訳，内容説明
	〔3〕	会話文・英作文	空所補充，テーマ英作文（80語）
	〔4〕	英作文	語句整序，和文英訳，内容真偽
2021	〔1〕	読　　解	英文和訳，内容説明，同意表現，内容真偽
	〔2〕	読　　解	内容説明，空所補充，英文和訳
	〔3〕	会話文・英作文	空所補充，テーマ英作文
	〔4〕	英作文	和文英訳
2020	〔1〕	読　　解	内容説明，英文和訳，同意表現
	〔2〕	読　　解	内容説明，文整序，空所補充，英文和訳，内容真偽
	〔3〕	会話文・英作文	同意表現，内容説明（70語2問）
	〔4〕	英作文	和文英訳
2019	〔1〕	読　　解	内容説明，英文和訳，要約文の完成
	〔2〕	読　　解	内容説明，英文和訳，空所補充，文整序
	〔3〕	会話文・英作文	内容真偽，テーマ英作文
	〔4〕	英作文	和文英訳

44　東北大-理系前期／傾向と対策

▶読解英文の主題

年度	番号	主　　　　　　　　題	語　数
2023	〔1〕	人間の脳と機械学習	約 1250 語
	〔2〕	男性美の基準に見られる変化	約 1040 語
2022	〔1〕	環境難民発生の原因と対応策	約 1010 語
	〔2〕	人類が持つ記号	約 620 語
2021	〔1〕	国民的料理の歴史と役割	約 1000 語
	〔2〕	思考，行動，発言の背後にある仕組み	約 990 語
2020	〔1〕	実証的研究とは	約 840 語
	〔2〕	IoT 時代の今後の可能性について	約 830 語
2019	〔1〕	直観に基づく意思決定	約 1040 語
	〔2〕	教育の場における遊びの重要性	約 850 語

傾　向　読解・英作文中心のオーソドックスな出題　日本語・英語両方の高い記述力が求められる

① 出題形式は？

＜問題構成＞　大問 4 題の出題で，試験時間は 100 分。会話文問題は，英作文（会話文に関連したテーマ英作文，内容説明など）を伴うものとなっている。

＜解答形式＞　空所補充，文整序・語句整序，同意表現，内容真偽などの選択式の問題も一部にみられるが，英文和訳，内容説明，和文英訳，英作文などの本格的な記述式の問題が中心である。内容説明では字数指定がなく，解答欄に収まる範囲で自由に書ける。また英作文では，和文英訳のほかに語数指定のないテーマ英作文が出題されることが多いが，2022・2023 年度は 80 語以上との指定があった。2020 年度は 50〜70 語の語数指定のある英文での内容説明問題であった。

＜解答用紙＞　B 4 サイズが 3 枚。解答用紙には下書きに利用できる部分はないが，問題冊子には白紙部分があるので，下書きにはそちらを利用しよう。

② 出題内容はどうか？

◀読解問題・会話文問題▶

　例年 2 題は，英文和訳，内容説明を軸に，空所補充，内容真偽，同意表現，文整序などの問題を配した長文読解総合問題となっている。会話

文問題は，以前は会話の流れや話題の展開などを汲み取って適切な発言を挿入する問題が中心であったが，近年は空所補充や内容真偽に加えて，テーマ英作文や英文での内容説明を含む問題となっている。

英文の量は年度によって差があり，1題800～1000語程度のものが中心であるが，中には1200語を超える長文もある。記述量も多いので，試験時間内にすべての問題をこなすには，スピードが必要である。

英文の内容は，機械学習や環境難民の問題，情報化時代の未来像など，今日的な話題を扱ったものから，言語，教育，文化に関する論説文，自伝的なエッセーなど，非常にバラエティーに富んでいる。2題のうちの1題は，科学論や進化など，理系の学術的な内容が多いのも特徴と言えよう。以下，主な設問形式を挙げる。

① 英文和訳

難解な語句はほとんどなく，あっても前後の文脈や語幹などから意味を推測できるものである。下線部のそれぞれにポイントとなる語句・文法のほか，仮定法，無生物主語，倒置，比較級などの重要構文が含まれていることが多く，和訳すべき箇所の前後の文脈をしっかり把握できているかを問う形の和訳が多いのも特徴である。

② 内容説明

選択式の問題も一部にみられるが，記述式がほとんどである。2020年度の会話文問題で，50～70語という語数指定のついた英作文形式の内容説明問題があったが，日本語で答えるものには字数制限はなく，解答欄の範囲内での記述が求められている。説明させるものは，指示語を含む語句の具体的内容，理由，全体的な筆者の意見，要約など，さまざまである。

③ 空所補充・文整序

空所補充は，文脈を把握して前置詞を入れるものや単語・語句・文を挿入するもの，イディオムの知識を試すものなどが出題されている。2019・2020年度には文整序が，2020～2023年度には文の空所補充問題が出題された。これらの問題では読むべき英文がかなりの量になるので，内容真偽問題とともに読み進むスピードが問われる問題ともなっている。

④ 内容真偽

過去には○か×で答える形式もあったが，近年は英文や和文の選択肢

から選ぶ形式となっている。選択肢から選ぶ場合は，必ずしも本文に出てくる順に並んでいるとは限らないので注意が必要。

⑤　同意表現

2020・2021・2023年度は本文中の語の意味を表す英語表現を選ぶ形式で出題されている。過去には本文中から探して答える形式でも出題されたことがある。語彙力に加えて本文中での意味を的確に判断する読解力も問われている。

◀英作文問題▶

①　和文英訳

全体的な構成としては，比較的シンプルに書けるのだが，逐語的に訳すことができない部分が多いので，和文の内容をいかに的確に把握して，構文や重要語句をうまく利用するかがポイントとなる。

②　テーマ英作文

テーマ英作文は，会話文などで与えられたテーマについて作文するもの，自分の意見を論述するものなど，さまざまな形で出題されている。2021年度までは解答欄の範囲内で書く形式であったが，2022・2023年度は80語以上の語数指定となっている。

3 　難易度は？

試験時間100分に対して大問4題で，読解問題，会話文問題，英作文問題と負担の大きい問題ばかりであり，時間的余裕はない。時間配分には特に注意が必要だろう。英文和訳や和文英訳などの設問はオーソドックスで標準的なものが多いが，英作文や内容説明では英文読解力に加えて，日本語・英語両面にわたる高度な記述力（要約力・表現力）が求められる。

対　策

■ 　読解問題・会話文問題

読解英文には，一部に難しい語も含まれているが，それらは前後の文脈などから意味を推測できるようになっており，換言すれば，推測できるような力が求められているとも言える。このような力をつけるためには，単語や熟語は基本的に英文の中で覚えていくべきである。文章の中

で覚えた語句を単語帳に書き出し，時間をおいてから再度その記憶を確認するなど，知識を確実に定着させる習慣をつけることも必要である。文脈における適切な訳を選ぶためには，『速読英単語 必修編』『速読英単語 上級編』（いずれも Z 会）のように，長文を読む中で単語を覚えていく形式の単語集を利用するのもよいだろう。

　実戦的な演習ということになると，何といっても過去の問題が最良のテキストである。『東北大の英語 15 カ年』（教学社）には，前期日程の過去 15 カ年分の問題が掲載されているので，英文のレベルや出題形式に慣れるのに利用するとよい。設問となっている箇所だけでなく，全文に詳しく目を通し，構文や語句を確認しておきたい。また，学術的な内容の英文も多いので，英文・和文を問わず，日頃から論理的な文章に慣れ，科学や時事問題に関する予備知識を得ておくことも，よい対策となるだろう。以下，主要な出題形式について，その対策を述べる。

❶　英文和訳

　ポイントとなっている文法や構文，イディオムを見落とすことがないよう，知識を確実にしておくことが大切である。文構造を丁寧に解説した『大学入試 ひと目でわかる英文読解』（教学社）などを使って精読の訓練をするのも効果的である。また，理解した英文をわかりやすい日本語にするには，英語の力とは別に日本語の表現力が必要であり，頭の中にとどめるだけではなく，実際に紙に訳文を書くという作業を怠らないことが重要である。

❷　内容説明

　増加傾向にあるこのタイプの問題の攻略は，前後にある該当箇所を的確にまとめられるかどうかにかかっている。長文を読む際，指示語が出てきたら，必ずその指示内容を確認する習慣をつけておくことが必要である。また，筆者の意見や文章全体の主旨を説明させるようなものの場合は，どの部分を核とするかを十分に考慮すること。重要な点を要領よくまとめる日本語の作文力が必要になる。

❸　同意表現・空所補充など

　語句の知識よりも文脈上での理解を求める設問もあり，決して容易ではないが，内容把握問題の一種ととらえて，英文の流れをたどることから解答するという習慣をつけておくとよい。

❹ 内容真偽

　複数の選択肢から正しいもの（誤っているもの）をいくつか選ぶ場合は，解答数が３つであっても，一読して３つとも見つかるとは限らない。２つしか見つけられず，本文を読み返しているうちに時間不足になる，ということはよくあることだろう。そういう事態を避けるには，選択肢に対する該当箇所を本文にマークしたうえで，選択肢を真・偽・保留の３つに分けておこう。後で保留の分だけ本文の該当箇所を読みなおし，解答数を調整すればよい。また，過去に出題された○か×で真偽の判断を表す形式の場合は，段落を読み終えるごとに選択肢を参照し，○か×かを判断し，まだわからない場合は次の段落へ進む，という解き方をすれば，全体を読み終えた後で該当箇所を探すよりも効率的である。

▣ 英作文問題

❶ 和文英訳

　工夫は必要だが，使用すべき構文もわかりやすく，標準的なレベルであるだけに，基本的な英文がいかに正確に身についているかがポイントとなる。『新・基本英文700選』（駿台文庫）などを利用して，まずは例文のマスターから始めること。その際には，ひたすら暗唱するのではなく，応用力をつけるため，その構成や和文から英文への転換の仕組みに注目しつつ覚えていくことが必要である。

　実戦的な演習では，必ず実際に自分で書いてみて，書いたものを解答例と見比べ，それをまねることも実力をつけるうえで非常に大切である。できれば先生に添削してもらうことが望ましい。

❷ テーマ英作文・意見論述など

　和文英訳の力がかなりあっても，限られた時間内で自分の考えを，自由に，しかもある程度の分量で述べる場合，書きたいことが出てこなくて苦しむことはある。実戦的な対策としては，たとえば〈主張→その主張に対する理由→具体的な例〉というように，英作文を書く手順をパターン化しておき，その手順に従って，書く内容を箇条書きにしてまとめてから清書する，というような練習を繰り返すとよい。『大学入試 すぐ書ける自由英作文』（教学社）などの頻出・重要テーマがカバーされた参考書なども参考になる。最後に，文法・語法的なケアレスミスをチェックし，できる限り減点を防ぐこと。同じ語句や構文の繰り返しを避け

るといった注意も大切である。

　会話文や長文内容についての英作文では，本文中の語彙や表現が利用できる場合があるので，本文をよく読んでうまく利用するとよい。ただし，安易に書き写すのでは，設問内容とかみあわなかったり，論理的矛盾が生じたりするので，自分なりに構成をよく考えて答案をまとめることが肝心である。

東北大「英語」対策に必須の参考書

→『速読英単語 必修編』（Z会）
→『速読英単語 上級編』（Z会）
→『東北大の英語 15カ年』（教学社）
→『大学入試 ひと目でわかる英文読解』（教学社）
→『新・基本英文 700 選』（駿台文庫）
→『大学入試 すぐ書ける自由英作文』（教学社）

赤本チャンネルで東北大特別講座を公開中！
実力派講師による傾向分析・解説・勉強法をチェック ➡

数　学

年　度	番号		項　目	内　　　容
2023	**A**	〔1〕	確　　率	非復元で袋から玉を取り出すゲームにおける確率
		〔2〕	三角関数，極限	三角方程式の解の個数に関する極限値
		〔3〕	数　　列	数列の漸化式，部分分数分解による数列の和
		〔4〕	複素数平面	1の5乗根の1つの極形式表示，式の値　⇨証明
		〔5〕	ベクトル	四面体の頂点から対面に下ろした垂線の足の位置ベクトル　⇨証明
		〔6〕	微・積分法	分数関数の接線，線分の通過領域の面積　⇨図示
	B	〔1〕	**A**の〔1〕に同じ。	
		〔2〕	図形と計量	円と接線，三角形の面積，内接円・外接円の半径
		〔3〕	2 次 関 数	軸の位置により分類する2次関数の最大・最小
		〔4〕	微・積分法	接線の方程式，線分の通過領域の面積
2022	**A**	〔1〕	場 合 の 数	和がKとなる3奇数の組の数NとKの大小
		〔2〕	微 分 法	4次関数の増減や最小値に関する考察　⇨証明
		〔3〕	微分法，極限	不等式の証明，数列の和の極限値　⇨証明
		〔4〕	図形と方程式，極限	x軸に接する外接2円の中心を結ぶ直線の傾き，半径の比，極限値
		〔5〕	ベクトル，数列，極限	ベクトルで表示された直線と直交条件，数列の漸化式，極限値　⇨証明
		〔6〕	積 分 法	直円柱の内部と球の内部の共通部分の体積
	B	〔1〕	**A**の〔1〕に同じ。	
		〔2〕	微・積分法	絶対値を含む関数の定積分，3次関数の増減
		〔3〕	図形と方程式	不等式の表す領域の図示，2変数の関数の最大値　⇨図示
		〔4〕	ベクトル	平面の法線ベクトル，点と平面の距離，四面体の体積

東北大-理系前期／傾向と対策　51

2021	**A**	〔1〕	2次関数, 図形と方程式	与えられた曲線が x 軸の正の部分と共有点をもたないための条件 ⇒図示
		〔2〕	図形の性質, 整数の性質	三角形の面積比, 2変数関数のとり得る値の範囲, 不定方程式
		〔3〕	場 合 の 数	正八角形の頂点を頂点とする三角形, 四角形の個数
		〔4〕	図形と方程式, 微・積分法	曲線と直線の2交点の中点の軌跡, 線分の通過領域の面積
		〔5〕	複素数平面, 微 分 法	複素数平面上の3点が二等辺三角形をなす条件と面積の最大値 ⇒図示
		〔6〕	積 分 法	定積分の漸化式と不等式による評価 ⇒証明
	B	〔1〕	Aの〔1〕に同じ。	
		〔2〕	Aの〔3〕に同じ。	
		〔3〕	図形と計量	余弦定理の応用, 2円の内部の共通部分の面積
		〔4〕	微・積分法	3次関数と2次関数のグラフの共通接線, 面積
2020	**A**	〔1〕	図形と計量, 2次関数	三角形の内部の点から各頂点までの距離の平方和の最小値
		〔2〕	図形と方程式	平行でない2直線と円の共有点の個数が3個となるための条件
		〔3〕	数列, 整数の性質	不等式の証明, 不等式・等式を満たす整数, 整数の組の列挙 ⇒証明
		〔4〕	確 率	玉の取り出しと硬貨投げに関する確率, 確率の最大値
		〔5〕	複素数平面	複素数の絶対値, 複素数平面上での点の軌跡 ⇒図示
		〔6〕	積 分 法	漸化式を利用する三角関数の定積分 ⇒証明
	B	〔1〕	微・積分法	2つの放物線と x 軸で囲まれる図形の面積の最大・最小
		〔2〕	Aの〔3〕に同じ。	
		〔3〕	Aの〔2〕に同じ。	
		〔4〕	ベクトル, 確率	ベクトルが与えられた条件を満たすときの確率
2019	**A**	〔1〕	微 分 法	正弦曲線における直交する2接線の交点の y 座標
		〔2〕	対 数 関 数	対数不等式が整数解をもつための必要十分条件
		〔3〕	数列, 極限	漸化式で定義された数列の極限 ⇒証明
		〔4〕	式 と 証 明	整式の割り算における余りの性質, 恒等式 ⇒証明
		〔5〕	積 分 法	定積分を含む等式を満たす関数の決定 ⇒証明
		〔6〕	確率, 数列	袋から玉を取り出すときの確率, 2項間の漸化式
	B	〔1〕	2 次 関 数	直線と放物線の相異なる2交点の決定
		〔2〕	Aの〔2〕に同じ。	
		〔3〕	数 列	漸化式で定まる数列の項の性質, 3項間の漸化式 ⇒証明
		〔4〕	確 率	裏が出た金貨は銀貨に替える n 枚の硬貨投げの確率

A 経済（理系）・理・医（医・保健〈放射線技術科学・検査技術科学〉）・歯・薬・工・農学部（経済学部の理系入試は2020年度より実施）

B 医（保健〈看護学〉）学部

52　東北大-理系前期／傾向と対策

傾　向　微・積分法は 2，3 題出題されることも

1　出題形式は？

＜問題構成＞　A（経済学部〈理系〉と，看護学専攻を除く理系学部で
出題）は，大問 6 題で，試験時間 150 分となっている。

　B（看護学専攻で出題）は，文系学部と共通問題。大問 4 題で試験時
間 100 分となっている。

＜解答形式・解答用紙＞　全問記述式。問題冊子とは別に解答用紙があ
る。B 4 判の大きさの用紙で，表裏各 1 面に 1 題ずつ解答を記入する箇
所（A 4 判大）が設けられている。解答は，「必ず解答用紙の指定され
た箇所に記入すること」と注意事項にあるので厳守すること。解答は結
果だけでなく，解答過程も記述しなければならないが，記述スペースは
適当な広さである。問題冊子の白紙のページや問題の余白は草案のため
に使用することができる。

2　出題内容はどうか？

＜出題範囲＞　出題範囲は，A が「数学 I・II・III・A・B（数列，ベ
クトル）」，B が「数学 I・II・A・B（数列，ベクトル）」である。

　ただし，2021 年度は「数学 III は発展的な内容『微分方程式』からは
出題しない」とされた。

＜頻出項目＞　A は，微・積分法が必出で，2020・2023 年度は 1 題の
みであったが，それ以外の年度は 2，3 題出題されている。微分法では，
関数値の変化への応用（最大・最小，方程式，不等式など），積分法で
は，面積・体積への応用が多いが，数列の和の極限値への応用，定積分
の計算の出題もある。次いで多い項目が，確率，複素数平面，数列，図
形と方程式などである。

　B は，例年 1，2 題が A と共通問題ないし類似問題となっている。
微・積分法，図形と方程式，確率，ベクトルが頻出である。次いで数列
がよく出題されている。微分法では関数の最大・最小への応用，積分法
では面積への応用が多い。

＜問題の内容＞　計算で解決できる問題が多い。証明問題がよく出題さ
れており，特に A では毎年出題されている。図示問題も，A では 2020・
2021・2023 年度で，B では 2021・2022 年度で出題されている。

東北大-理系前期／傾向と対策　53

3 難易度は？

　Aでは，標準レベルの素直な問題も多いが，考察の難しい問題，計算の容易でない問題が毎年みられる。これらにも対応できる応用力と計算力の養成が望まれる。

　Bでは，2019 年度のように，年度によってはやや難度の高いこともあるが，おおむね教科書の節末・章末問題レベルの標準的な問題が出題されている。

　A・Bのいずれも，各設問の難易を見きわめ，取り組みやすいものから手をつけるなど，時間配分に気を配るようにしたい。

対　策

1 問題集の演習

　教科書の学習よりさらに進んで，受験問題集による演習で，実力を養成しよう。問題集のレベルは標準程度でよい。問題集の解答を見るときは，基本事項の使い方を学ぶように心がけることが重要である。理解が不十分なところは，納得できるまで復習しておかなければならない。

2 計算力の増強

　計算力が弱いと，解法がわかっても，計算できないで挫折することがある。計算力が強いと，試算によって解法を探ったり，解法の正しさを計算で確かめたりすることができる。計算力と思考力とは相互に補強しあう関係にある。正確・迅速な計算力養成が重要である。また，解答結果の検算も重視し，検算方法を研究すべきである。

3 図の活用

　問題に対して適切な図が描けると，題意の理解，解法の発見，解答結果の検討などが容易になり，問題の本質を的確に把握できるようになる。適切な図を描く技量を養い，図を用いる力を高めるようにすることが望ましい。

4 頻出項目の強化学習

　出題範囲全般にわたって，ひととおり学習できたならば，頻出項目に対して特に強化学習を行うべきである。〔傾向〕で述べた頻出項目は重要項目でもあり，強化学習に値する。これらは，標準問題ならば確実に

正解できるという自信がつくまで，学習することが望ましい。

5 答案の作成練習

　数学の解答は数式を用いた作文とも考えられる。本書や教科書・参考書の解答例をよく分析して，簡潔で要領を得た答案を作る訓練をしてほしい。答案の記述力は，練習により体得する以外に養成方法はない。『東北大の理系数学15カ年』（教学社）などを利用して，週に1回程度は答案の作成練習を行うことが望ましい。

東北大-理系前期／傾向と対策　55

物　理

年度	番号	項　　目	内　　　　　容	
2023	〔1〕	力　　　学	万有引力，地球の中心を通るトンネル内の単振動	⇨論述
	〔2〕	電 磁 気	磁場を横切る導体棒，直流回路	
	〔3〕	熱 力 学	液体中に浮いたシリンダー内の気体の状態変化	⇨論述
2022	〔1〕	力　　　学	ゴムひもでつながれた物体の斜面上の運動	⇨論述
	〔2〕	電 磁 気 力　　　学	磁場中に置かれた導体棒を含む回路，単振動	
	〔3〕	波　　　動 原　　　子	複スリットによる光の干渉，結晶によるX線の干渉	
2021	〔1〕	力　　　学	静止・回転するリングに沿った小球の運動	⇨論述
	〔2〕	電 磁 気	電場・磁場中での荷電粒子の運動	⇨描図
	〔3〕	波　　　動	正弦波の反射，定常波，ドップラー効果	⇨描図
2020	〔1〕	力　　　学	落下した小球と斜面台との弾性衝突	
	〔2〕	電 磁 気	半導体の抵抗率，ホール効果	
	〔3〕	熱 力 学	排水・注水するシリンダー内の気体の状態変化	
2019	〔1〕	力　　　学	傾いて回転する棒に沿って運動する小球，単振動	
	〔2〕	電 磁 気 力　　　学	はしごコイルと磁石による電磁誘導，減衰振動	⇨論述
	〔3〕	熱 力 学	ばねのついたピストンで閉じ込められた気体の状態変化	

傾　向　誘導式で思考力を問う良問
計算力・記述力の強化を

1　出題形式は？

　<問題構成>　試験時間は理科2科目で150分であり，大問3題の出題が続いている。

　<解答形式>　ほぼ全問が，解答の結果だけでなく，考え方や計算の過程も記述する形式となっている。年度によっては論述問題の出題もみられる。また，解答用紙のグラフや図に記入する描図問題も出題されている。2019～2023年度はグラフを選択する問題が出題され，2019・2021～2023年度では，選択に至る考え方の記述も求められた。

　<解答用紙>　問題冊子とは別になっており，B4判（表裏両面使用）で，大問1題につき1枚となっている。結果だけでなく，考え方や計算

過程も記入する形式だが，十分なスペースがある。

2 **出題内容はどうか？**

　＜出題範囲＞　出題範囲は「物理基礎・物理」である。ただし，2021年度は「『物理学が築く未来』の分野の知識を前提とした出題はしない」とされた。

　＜頻出項目＞　力学と電磁気が出題の中心で，毎年それぞれ1題ずつ出題されている。残る1題は熱力学か波動であることが多いが，2022年度は原子も含まれていた。2023年度は熱力学から出題された。

　＜問題の内容＞　計算問題が中心で，文字式の計算が主であるが，数値計算が含まれることもある。また，計算問題に関連した描図問題や，論述問題の出題もみられる。

3 **難易度は？**

　はじめに基本的・標準的な設問があり，そこから掘り下げて考えていく形式が多い。比較的丁寧に誘導されているが，2019年度〔2〕の問(2)，2020年度〔1〕の問(2)，2022年度〔3〕の問(2)，2023年度〔2〕の問(3)のように，物理的なセンスや高度な応用力・思考力を要する問題もある。受験生があまり見かけないような目新しい設定や，一般的な題材を視点を変えて扱ったものもある。とはいえ，いずれもよく練られた良問というべきもので，全体的にはオーソドックスな問題が多い。1題あたり25分を目安に，難しい設問に時間をかけすぎないように取り組もう。

対　策

1 **教科書を中心とした基本事項の徹底的な理解**

　出題されている問題の難度は高くても，基本的・標準的な設問から誘導的に考えさせるようになっていることが多い。まず，標準問題がひととおり解けることが第一。そのためにも公式を導く過程や物理量の定義などに注意しながら教科書の事項をきちんと理解して，物理的なイメージを養っておくことが大切である。そして，それを確実にするための問題練習を積み重ねておきたい。

2 **目的をもった問題練習**

　基本事項の徹底を図るためには，教科書傍用や『体系物理』（教学社）

のような，定評のある少し難度が高めの問題集をこなすのがよいだろう。その上で，応用力や思考力を養うために，本書や『東北大の物理 15 カ年』（教学社），入試問題集などに取り組むとよいが，いたずらに数をこなすのではなく，計算結果のもつ意味を考えてみる，グラフ化する，別の方法で多角的に考えるなど，一歩踏み込んで掘り下げる積極的な勉強が必要である。応用力や数理的な思考力は一朝一夕に得られるものではなく，このような勉強の積み重ねによってつくものである。こうした着実な努力で，物理的なセンスも磨かれる。

　また，計算問題は考え方や計算の過程を示す記述式であり，選択問題であっても考え方や計算の過程の記述が求められる。これにあわせて，要点を的確に表現するような問題練習が必要である。筋道立てた答案作成力の養成は，受験のためだけでなく，大学で学ぶ際にも求められることであるから定着させておきたい。

3 計算力の養成

　頻出の近似計算では，ある程度の慣れがなければ，近似の条件の使用に戸惑うことが多い。教科書の計算例（単振り子，ヤングの実験，ニュートンリングなど）や本書の過去の問題などで，近似式の使い方をよく見ておき，近似計算が必要な問題が出てきたら，面倒がらずにやってみて慣れておくことが大切である。

4 グラフの読解と描図対策

　グラフの読解は慣れないと難しいものである。教科書にあるグラフや日常的に見かけるグラフで，その意味を考える習慣をつけておくこと。描図問題では，グラフの正確さで差がつくことが多いので，問題集や参考書の描図問題にも積極的に当たり自分で描いてみること。実際に描いてみることで，グラフのポイントがつかみやすくなり理解も深まる。また，グラフ選択問題などでも理由を明確に説明できるよう練習しておくとよい。

化　学

年度	番号	項　目	内　　容
2023	〔1〕	理　　論	純物質の状態図，凝固点降下，固体の溶解度，浸透圧 ⇨計算
	〔2〕	無機・理論	金属酸化物・非金属酸化物の性質と反応，ボルタ電池 ⇨計算
	〔3〕	有機・理論	芳香族化合物の構造決定，塩化ビニルとアクリロニトリルの共重合体 ⇨計算
2022	〔1〕	理　　論	理想気体と実在気体，蒸気圧曲線，気体の溶解度 ⇨計算
	〔2〕	無機・理論	アンモニアソーダ法，Cu の製錬 ⇨計算
	〔3〕	有機・理論	脂肪族化合物，芳香族化合物の構造決定 ⇨計算
2021	〔1〕	理　　論	水の性質，凝固点降下，溶解熱，酸化還元滴定（35字） ⇨計算・論述
	〔2〕	無機・理論	17族元素，遷移元素の性質と反応，金属イオンの系統的分離 ⇨計算
	〔3〕	有機・理論	エステルの加水分解，合成樹脂，アミノ酸の性質と構造決定 ⇨計算
2020	〔1〕	理　　論	空気の性質，H_2CO_3 の平衡，CO_2 と CO の平衡，炭化水素の燃焼反応 ⇨計算
	〔2〕	無機・理論	気体の実験室的製法，HF，金属元素の性質と反応（20字） ⇨計算・論述
	〔3〕	有機・理論	エステル結合をもつ脂肪族化合物の構造決定 ⇨計算
2019	〔1〕	理　　論	物質の三態変化とエネルギー，蒸気圧，固体の溶解度（60字） ⇨計算・論述
	〔2〕	無機・理論	硫黄単体・化合物の性質，チタン，酸化チタンの性質と反応（60字） ⇨計算・論述
	〔3〕	有機・理論	バイヤー・ビリガー酸化を用いた有機化合物の構造決定 ⇨計算

東北大-理系前期／傾向と対策　59

傾　向　理論は化学平衡，無機は総合的出題に注意
有機の構造決定問題はやや難

1 出題形式は？

＜問題構成＞　例年，大問3題の出題である。問題文は長めであり，大問1題につき10問前後の小問に分かれ，解答量も多い。試験時間は理科2科目で150分である。

＜解答形式＞　記述式・選択式の設問のほか，計算問題や論述問題も出題されている。計算問題は，結果だけを答えさせるものが中心だが，導出過程が求められるものが出されることもある。論述問題は，20～60字で字数が指定されており，簡潔で的確な表現が求められる。

＜解答用紙＞　B4判の用紙（表裏両面使用）で，1枚が大問1題に対応している。論述問題で字数指定があるものは，マス目が用意されている。また，計算過程が求められている場合，それぞれ用意された枠内に収まるように書かなければならない。

2 出題内容はどうか？

＜出題範囲＞　出題範囲は「化学基礎・化学」である。

理論・無機・有機全般にわたり，高校化学の習得度をみる問題と思考力を試す標準～応用問題からなる。

＜理論分野＞　すべての分野を網羅し，無機・有機との関連が重視されている。結晶格子，気体理論（蒸気圧を含む），中和・pH，熱化学，酸化還元，電気分解，化学平衡（電離定数・緩衝溶液などを含む）は計算を含んだ出題となっている。

＜無機分野＞　気体の製法・性質，金属・金属化合物，イオン反応の中からテーマを設定し，理論と組み合わせて出題されることが多い。

＜有機分野＞　脂肪族・芳香族化合物の反応・性質をベースに，反応生成物の構造，異性体，有機化合物の構造決定問題がよく出題されている。天然・合成高分子化合物は，構造の特徴と性質，生成反応，酵素などが中心となる。構造決定問題では，2019年度〔3〕のバイヤー・ビリガー酸化のように，高校では扱われない反応が出題されることもある。比較的解きやすい問題が多いが，例年，構造決定問題は，かなりの知識量と考察力が求められる。

60 東北大-理系前期／傾向と対策

3 難易度は？

　基本～標準的な問題に，やや難度の高い設問が含まれている。有機の構造決定問題に難度が高いものが含まれることが多いので，この種の問題に慣れていないとやや難しく感じるだろう。有機分野に時間をかけすぎないように注意して取り組みたい。

対　策

1 理論分野

❶ 重要項目のまとめと徹底理解

　原子の構造・化学結合・結晶格子，物質量・モル濃度，気体の理論（混合気体，蒸気圧を含む），溶液の理論（希薄溶液を含む），酸・塩基・塩，中和・pH，熱化学，酸化還元，電気化学，反応速度，化学平衡（電離定数・緩衝溶液を含む）など重要項目をまとめ，標準問題を中心に完全マスターをめざし，実戦的な演習を積んでおこう。特に，結晶格子，化学平衡，酸化還元に関連する問題は頻出である。また，身近な現象の化学的考察力を問う問題が出題されたこともあるので，日頃から「なぜ」という発想をもって学ぶ姿勢が大切である。このことは他の分野でも同様で，思考力をつけるために不可欠である。

❷ 計算過程の記述

　理論では計算問題が必出である。導出過程の記述が要求されるものもあるので，与えられた解答用紙の枠内に計算式を正しく立て，正確に速く計算する力を身につけよう。

2 無機分野

❶ 教科書中心に基本事項の整理と完全マスター

　気体の製法・性質，識別法，金属とその化合物，イオン反応，検出法，イオン分析についてまとめ，いろいろな化学反応を整理するとともに，問題演習により総合力を養おう。

❷ テーマ・総合問題

　窒素酸化物や硫黄酸化物など酸性雨に関連する物質，二酸化炭素などの地球温暖化の原因物質やオゾンなど，環境問題にかかわるテーマは今後も取り上げられる可能性が高い。また，総合的な判断力を要求する出

題が多いので，やや難度の高い問題にも積極的に取り組み，弱点のない学力を身につけることが大切である。

3 有機分野

❶ 構造決定問題対策

脂肪族・芳香族化合物の基礎的な構造・性質・反応，官能基の特性・検出法，化合物の関係を体系的にまとめ，この知識を応用できる力を養うことが必要である。今後も難度の高い構造決定問題が出題される可能性が高いので，『東北大の化学15カ年』（教学社）などを使用して，問題演習により実戦的なトレーニングを数多く積む必要がある。

❷ 天然・合成高分子化合物の基礎知識を整理

天然有機化合物では，主要な単糖・二糖・α-アミノ酸，多糖・タンパク質・酵素の構造・性質を，合成高分子化合物では，主要なモノマーとポリマーの構造・特性および重合反応に関する基礎知識を整理することが大切である。

生　物

年度	番号	項　目	内　　　　容
2023	〔1〕	細　胞, 動物の反応	細胞骨格と細胞接着, 興奮の伝導とその速度, 神経伝達物質の分泌　⇨計算・論述
	〔2〕	生殖・発生, 体 内 環 境	アポトーシス, がん細胞, 自然免疫　⇨論述
	〔3〕	動物の反応, 進化・系統, 生　　　態	共進化, 種間競争, 動物の行動　⇨論述
2022	〔1〕	総　　　合	植物の生殖, 植物ホルモン, 根の皮層がつくられるしくみ　⇨論述
	〔2〕	動物の反応	眼の構造, 遠近調節, 錐体細胞の特徴, 視交さ, 桿体細胞の膜電位　⇨論述
	〔3〕	体 内 環 境	免疫, マダニによる細菌の媒介　⇨論述
2021	〔1〕	代　　　謝	呼吸の経路, 脂肪の分解と呼吸商　⇨計算
	〔2〕	体内環境, 生殖・発生	ホルモンによる情報伝達, ヒトデの卵成熟と受精
	〔3〕	体内環境, 動物の反応	腎臓のはたらき, 血液循環, 心筋細胞の活動電位 (40・60字)　⇨論述・計算
2020	〔1〕	代　　　謝	窒素同化の反応過程, 根粒数の制御 (100字2問)　⇨計算・論述
	〔2〕	遺 伝 情 報	遺伝物質, PCRと組換え, DNAの欠失とスプライシング, 1塩基変異 (60字)　⇨計算・論述
	〔3〕	生殖・発生	両生類の背腹軸決定と中胚葉誘導, 上皮と間充織の関係, ホメオティック遺伝子のはたらき (25・30・35・40字)　⇨論述
2019	〔1〕	代　　　謝, 遺 伝 情 報	遺伝子の変異と酵素, 遺伝子頻度, 酵素反応と逆数プロット (60字)　⇨論述・計算
	〔2〕	体 内 環 境	免疫のしくみ (30・40・100字)　⇨論述・計算
	〔3〕	植物の反応	オーキシンの移動とはたらき, 植物ホルモンのはたらき (80字)　⇨論述

東北大-理系前期／傾向と対策　63

傾　向　実験・考察問題重視の傾向
知識論述問題も多数出題，論述力の強化を

① 出題形式は？

＜問題構成＞ 大問3題の出題が続いている。試験時間は理科2科目で150分。

＜解答形式＞ リード文の空所補充などの知識問題，短めの記述や指定行数の多い論述問題，計算問題，本格的な実験考察問題など多様である。

論述問題は，年度により出題数と1問当たりの論述量に変動がある。解答欄の枠内に記入するものと字数制限のあるものとがあり，2023年度では行数が指定された。論述問題の設問パターンは，知識をまとめさせるものや，実験結果から考察・推理させるものまで幅広い。

なお，年度によっては大問内で〔Ⅰ〕〔Ⅱ〕や〔Ⅰ〕〔Ⅱ〕〔Ⅲ〕〔Ⅳ〕といった中間に分けられていることもある。

＜解答用紙＞ B4判の用紙（表裏両面使用）で，1面（あるいは両面）が大問1題に対応している。

② 出題内容はどうか？

＜出題範囲・内容＞

出題範囲は「生物基礎・生物」である。

大問1題に1つのテーマが主流であるが，1つのテーマで複数の分野にまたがる内容を問うものが多く，代謝，遺伝情報，生殖・発生，体内環境が頻出である。教科書には載っていないような実験を題材にした問題がよく出題されている。実験結果の文章やグラフ・表などの資料について考察を求める問題が中心だが，仮説設定と検証実験の内容をすべて書かせる実験計画問題が出されることもある。実験・考察問題重視の傾向が強く，基本知識を軸とした応用的問題が多く出題されている。

＜頻出分野＞

① 動物の反応

ニューロンや神経系に関する基本的な知識問題や比較的易しい考察問題が多いが，近年では視交さに関する本格的な実験考察問題や，カイコガの行動に関するやや発展的な知識を必要とする論述問題が出題されている。

② 体内環境，代謝

　基本的な知識を問う問題もあるが，過去に出題された血しょう浸透圧と組織液量に関する問題のように，高校では深く学習しないような実験の考察問題や踏みこんだ内容が問われることもある。丁寧なリード文があるので知識がなくても解答は可能だが，高校で学習した知識を応用し，推理していく高い思考力が求められる。

③ 生殖・発生，これらに関するバイオテクノロジー

　器官形成に関わる遺伝子の発現調節，誘導に関する実験や組織培養，ABC モデルなど幅広く出題される。アフリカツメガエルの核移植実験に関する問題や，ES 細胞を用いたノックアウトマウス作成に関する問題が，過去に繰り返し出題されている。

＜要注意分野＞

① 遺伝情報

　遺伝子突然変異，オペロン説，スプライシング，遺伝子の選択的発現，調節タンパク質，ホメオティック遺伝子，バイオテクノロジーなど，遺伝情報とその発現に関する知識を前提とする考察問題や，遺伝子の修復，アポトーシスのしくみなど，やや発展的な知識を要求する問題も多くみられる。

② 進化・系統

　2023 年度では，共進化の概念について，データの読み取りと考察を伴う論述問題が出題された。教科書の知識をそのまま覚えるのではなく，知識を応用して論述できる力を養っておこう。また過去には，遺伝子頻度の変化を扱った問題も出題されたので，計算の訓練を積んでおきたい。

③ 細胞

　独立した大問で出されることはまれである。細胞の分化のしくみや，細胞接着，細胞小器官のはたらきなど，他分野と融合されて問いに含まれる場合がある。

③ 難易度は？

　思考力・理解力や，やや専門的な知識を必要とする問題と標準的な問題とがバランスよく出題されている。論述問題は，内容的には比較的論述しやすいものが多いが，年度によっては設問数・論述量ともに多く，試験時間内にまとめあげるのが難しいこともある。発展的な内容を含む

東北大-理系前期／傾向と対策　65

リード文や設問の意図を正しくとらえる理解力と，標準的な知識をもと
に筋道立てて考えられる考察力，計算力の有無で差がつくだろう。論述
問題や計算問題に時間をかけすぎないように，時間配分に注意して取り
組みたい。

対　策

１ 論述の練習

　論述問題の処理能力で点差がつくと考えてよい。次のような点に注意
して十分練習しておくこと。

①　初めに文章の構成を考え，字数制限のない場合は解答欄の大きさか
　らおおよその量を決め，できるだけ簡潔な文章にすること。枠からは
　み出したりすることは避ける。一般に，解答欄に収まりきらないほど
　の長文は設問の要求から外れていることが多い。必要な要素だけを解
　答に含めて記述できるよう，訓練を積んでほしい。

②　設問に沿った文章にすること。たとえば，「AとBの違いについて
　理由を記せ」という問題に対して，両者の違いをいくら説明してもむ
　だである。理由を的確に述べなければ点数にはならない。

③　1つの文が長すぎると，途中で主語が変わったり，内容がわかりに
　くくなる。短い簡潔な文を箇条書きにしてからまとめるとよい。時間
　に追われているときはなおさら，箇条書きをまとめる方法が答えやす
　い。

④　自分ではわかっているつもりでも，それが採点者に通じなければ意
　味がない。できれば，解答を先生に添削してもらうとよい。

２ 実験・考察問題対策

　実験結果の資料（グラフ・表）について考察する問題が多いので，
『生物 新・考える問題100選』（駿台文庫）などの問題集で実験・考察
問題にできるだけ多く当たっておくこと。まったく同じ形ではなくても
考え方に共通点があるものは多い。近い難易度の実験・考察問題がよく
出題される他大学（名古屋大学・大阪大学など）の過去問を解くのも有
効である。考察問題は，数多くの類題に挑戦し続けると，次第に解ける
ようになってくるものである。実験計画問題も，数多くの種類を解いて

おくと，やがてパターンが見えてくる。また，教科書や参考書に載っている典型的なグラフや模式図は自分で描けるようにしておくこと。

3　頻出分野の重点学習

〔傾向〕であげた＜頻出分野＞および＜要注意分野＞は十分に学習しておきたい。標準的な問題集を1冊こなしたあとは，過去問を後期日程も含めて解けるだけ解いてみて，わからないところや間違ったところはそのつど詳しい参考書や資料集で確認しておくこと。

4　過去問の研究

関連のある内容が，連続して，あるいは何年かのちに出題されることがある。また，後期日程の問題に類題がみられることもある。過去問研究の効用はきわめて高いと考えられる。

5　時事的な問題への対策

2022年度のマダニによる細菌の媒介，2023年度のがん細胞のアポトーシスに関する設問のように，時事的な内容やバイオテクノロジー関係の問題が出題されることもある。インターネットなどのメディアを活用して，最先端の研究について，知識を概念的に理解しておくことも大切である。

地　学

年度	番号	項　　目	内　　　　　容
2023	〔1〕	宇　　宙	太陽と恒星の放射エネルギー，白色矮星　　⇨計算・論述
	〔2〕	大　　気	雲の形成，氷晶雨　　⇨論述
	〔3〕	地　　球	プレートの運動，地球楕円体とジオイド，地磁気異常の縞模様　　⇨計算・論述
	〔4〕	地球，岩石	火成岩と主要造岩鉱物，固溶体，マグマの粘性と噴火様式　　⇨論述
	〔5〕	地　　史	地球史と生命の変遷，大量絶滅，南極周極流の誕生　　⇨論述
2022	〔1〕	宇　　宙	恒星の光度と等級，恒星の寿命，散開星団と球状星団　　⇨計算・論述
	〔2〕	地　　球	断層の種類と力，重力と重力異常　　⇨論述・描図
	〔3〕	地　　球	マグマの発生，マグマの分化，地震波トモグラフィー　　⇨論述
	〔4〕	地球，地史	気温変動と酸素同位体比，新生代の寒冷化，ミランコビッチサイクル　　⇨論述
	〔5〕	岩石，地質	岩石の分類，広域変成作用，日本列島の主要な断層　　⇨論述・描図
2021	〔1〕	宇　　宙	太陽の構造，恒星の明るさと放射エネルギー　　⇨計算・論述
	〔2〕	大　　気	オゾン層，大気圏の温度構造，空気塊の上昇と凝結高度　　⇨描図・論述
	〔3〕	地球，地史	年代測定，地学現象の時間スケール比較
	〔4〕	地球，岩石	地球の層構造，マグマの発生，輝石の結晶構造，固溶体　　⇨論述
	〔5〕	地　　質	地層の上下判定，生痕化石，混濁流堆積物，示準化石　　⇨論述
2020	〔1〕	宇　　宙	ケプラーの法則，スペクトル型，宇宙の加速膨張　　⇨計算・論述
	〔2〕	大　　気	太陽定数，地球の熱収支，熱の輸送　　⇨計算・論述
	〔3〕	宇宙，地球	星間雲，主系列星の誕生，初期地球　　⇨論述
	〔4〕	地球，岩石	マグマの発生と分化　　⇨論述
	〔5〕	地　　質	風化作用，侵食・運搬・堆積作用と地形　　⇨論述
2019	〔1〕	宇　　宙	恒星の一生と寿命，質量光度比　　⇨計算・論述
	〔2〕	地　　球	地震に伴う地殻変動と地形　　⇨計算・論述
	〔3〕	地球，岩石	地球の層構造，岩石や鉱物の化学組成　　⇨論述
	〔4〕	地　　球	地球の熱エネルギー，地殻熱流量，マントル内部の温度分布　　⇨論述・計算
	〔5〕	地　　球	ホットスポットとプレートの運動　　⇨論述・計算

68　東北大-理系前期／傾向と対策

傾　向　論述問題が主体，計算問題も要注意

1 出題形式は？

＜問題構成＞　例年，大問5題の出題で，各大問は3～6問程度の小問で構成されている。試験時間は理科2科目で150分。

＜解答形式＞　論述問題は，すべての大問で出題されている年度が多く，出題の主軸となっている。論述量は字数ではなく行数で指定されている。また，2021～2023年度のように使用語句を指定する論述問題が出題されることもある。2020年度には，現象名を選んで論述するという形式もみられた。いずれにせよ，単なる用語の暗記だけでは対応できない内容のものが多い。

　このほか，計算問題も毎年出題されており，特に宇宙分野での出題が多く，物理的・数学的センスが問われることも多い。描図問題も2021・2022年度に出題されている。

＜解答用紙＞　B4判の用紙（表裏両面使用）で，1面が大問1題に対応している。

2 出題内容はどうか？

　出題範囲は「地学基礎・地学」である。

　宇宙分野から必ず出題されているのが特色で，例年〔1〕は宇宙分野で定着している。次いで，地球分野も毎年出題されている。鉱物・岩石分野，地質分野，地史分野，大気分野もよく出題されている。なお，海洋分野からの出題は2019年度以降はみられないが，頻出分野以外の分野でも年度をおいて出題されることがあるので，手を抜かず全分野を学習しておく必要がある。

3 難易度は？

　論述問題や計算問題など，手ごわいものが少なくないが，全体的には基礎・基本を重視した出題が多く，教科書レベルを超える難問は，ほとんどみられない。時間配分を考えて，要領よく確実に得点できるところから手をつけること，ケアレスミスをなくすことが最重要課題となる。論述問題についても，油断せずしっかり対策を立てておけば，試験場で手も足も出ないということはない。指定された行数の範囲で，何を切り捨て何を残すか，要点を押さえた文章作成ができるかどうかがポイント

となるだろう。

対　策

1　基礎知識の充実

　記述・選択式の問題には特に基礎的なものが多い。各分野において地学図表などを最大限に活用し，教科書から得た知識を確実なものにして基本問題でミスをおかさない力を蓄えておくこと。単に重要語句・公式を暗記するにとどまらず，さまざまな現象の関連性や相違点，またそれらの探究方法までも重視しながら，総合的に整理しておくことが大切である。

2　論述対策

　基礎知識を充実させたら，次は論理を身につけることである。そのためには，一般向けの図書でよいから，できるだけ早い時期に，宇宙，地球，地史などに関するものを一読し，論理の展開方法を吸収しておきたい。新しい知見の吸収と日常生活との関連の理解のためにも，教科書・参考書プラスαがぜひ必要である。そして必ず自分の力で仮説・推論・検証・考察の過程をいくつか踏んでおくことである。

3　計算練習

　計算問題には，技術的な慣れがものをいう場合が多い。数式の処理や数値の取り扱い（近似計算や有効数字，指数）については十分に練習しておきたい。

4　宇　宙

　太陽を含む恒星の物理的諸量とその意味・応用法，各種の法則，恒星の進化などについて一般的理解はもとより，計算法，読図・描図法についても習熟しておく必要がある。特に恒星や銀河などは，系統的・総合的な見方が必要である。また，太陽系の惑星の性質・特徴，ケプラーの法則についても要注意と言える。宇宙分野全般について，最新の話題にも目を向けておきたい。

5　地　球

　4と同様の学習が必要である。特に地震・津波・火山活動など，自然災害に絡むものは社会的影響も非常に大きく，一般にも注目度が高い。

地球物理学的知識と論理は，今日の地学を学ぶ者にとって必須のものと言えよう。島弧-海溝系としての特徴を最も典型的にもっている東北日本の地元大学であるだけに，系統的に整理しておきたい。

6 鉱物・岩石，地史，地質

代表的な鉱物・岩石について，その成因・組成・構造・物理的性質についてしっかりまとめておくこと。また，マグマの分化や火山，地質，地球内部構造との関連についても注意しておくこと。地球史全般や日本列島の地質構造も含め，これらの分野は覚えておくべき項目が多いので早い時期からの整理が大切である。

7 大気，海洋

大気，海洋は地球環境問題に最も関係の深い分野でもあるので，最近の話題も含めて，ひととおりの理解はしておくこと。大気や海洋の構造，気象などの各分野だけでなく，大気と海洋の相互作用など，複数分野を含めた幅広い見方・学習も必要である。

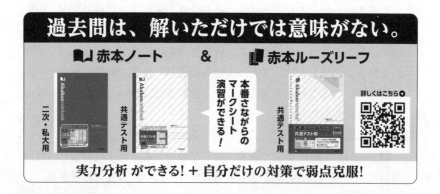

2023年度

解答編

東北大-理系前期   2023 年度　英語〈解答〉　3

解答編

英語

I **解答** 問1．(1)指示，情報，外部からの刺激といったデータを
取り込み，それに対処するという点。

(2)データを仕分けし，それを使って意識的，あるいは無意識のうちに決定
を下すという点。

(3)後で利用するために，取り込んだデータを分類し，優先順位に従って保
存するという点。

問2．全訳下線部参照。

問3．コンピュータのアルゴリズムは，膨大な量のデータを高速処理し，
傾向やパターンを特定する能力では信じがたいほど強力だが，意識的な思
考，直感，想像力など，機械とは一線を画する人間の脳の能力に比べれば，
極めて限定的なものだから。

問4．(イ)・(エ)・(オ)

問5．(イ)・(オ)

◆全　訳◆

≪人間の脳と機械学習≫

　「人をコード化することなんてできないわ，ミリー。それは本来不可能
なの」

　私は11歳で，姉と口論をしていた。「じゃ，私たちはみんなどうやって
考えているの？」

　それは，当時も本能的にはわかっていたが，何年もたって初めてきちん
とわかるようになること，つまり，私たちが人としてどうやって考えてい
るかは，コンピュータのプログラムが作動する仕組みと大差ないというこ
とだった。これを読んでいるあなた方はみな，今，思考を処理している。
コンピュータのアルゴリズムと全く同様に，私たちは指示，情報，外部か
らの刺激といったデータを取り込み，それに反応する。そのデータを仕分

けし，それを使って意識的，あるいは無意識のうちに決定を下す。さらに，優先順位に従って保存されている，コンピュータ内のディレクトリのように，後で利用するためにそのデータを分類している。人間の頭脳は非常に素晴らしい処理機であり，その驚異的な能力は，私たちの種の際立った特徴となっている。

　私たちはみな，頭の中にスーパーコンピュータを持ち歩いている。しかし，それにも関わらず，日々の決断でつまずく。（どんな服を着ようか，どんな言い方でメールしようか，その日の昼食は何にしようかと，悩んだ経験のない人などいるだろうか？）　私たちは，どう考えていいかわからないとか，身の周りにある情報や選択肢にどう対処していいかわからないと言う。

　私たちが，自分の思い通りになる脳と同じくらい強力な機械を手にしているなら，あまりそういうことにはならないはずだ。もし私たちが意思決定の方法を改善したいのであれば，まさにそれ専用の器官をもっと有効に活用する必要がある。

　機械は，創造性，適応性，感情的なレンズといったものを欠いているので，とても人間の脳の代わりにはならないかもしれないが，より効果的な思考や意思決定の方法について，私たちに多くのことを教えることができる。機械学習の科学を学ぶことで，情報を処理し，意思決定の方法を微調整するための様々な方法を理解することができるのだ。

　意思決定の方法について，コンピュータが私たちに教えられることは数も多く多様であり，私はそれらをこの章で詳しく調べていくことにする。しかし，そこには特異な，常識では理解しがたい教訓もある。意思決定がうまくなるには，どのようにして情報の処理に取りかかり，それを解釈するかという点で，私たちがもっと系統的，構造的，集中的である必要はない。機械学習が私たちをその方向に後押ししてくれるものと思うかもしれないが，実はその逆なのだ。これから説明することだが，アルゴリズムは構造化されていないこと，複雑で予測が不可能というなかでうまくやっていき，状況の変化に効果的に対応する能力が優れている。それとは対照的に，皮肉なことだが，機械ならデータ・セット全体のうちのまた別の部分として処理するにすぎない複雑な現実から逃れて，自分の思考の中に整合性やわかりやすいパターンを探し求めようとしがちなのが，私たち人間な

のだ。

　私たちは，そういう明晰な判断力をいくらか，そして決して単純明快ではない物事について，さらに複雑な考え方をしようとする意欲を高める必要がある。もう，コンピュータのほうが，あなたよりも楽々と型にはまらない考え方をするということを認めるときだ。とはいえ，いい知らせもある。コンピュータは私たちにどうすれば同じようにできるかを教えることもできるのだ。

機械学習：基礎編

機械学習は，よく話題になるまた別の2語——すなわち人工知能（AI）に関連して耳にしてきたかもしれない概念である。これは次にくるSFの悪夢として提示されることが多い。しかし，それは，人類が知る限り最も強力なコンピュータ，つまりあなたの頭の中にあるコンピュータという大海においてはただの一滴にすぎない。脳には意識的な思考力，直感力，想像力があり，これまで設計されてきたどのコンピュータ・プログラムとも一線を画している。アルゴリズムは，膨大な量のデータを高速処理し，見つけ出すようプログラムされている傾向やパターンを特定する能力では，信じがたいほど強力である。しかし，それは極めて限定的でもある。

　機械学習は人工知能の一分野である。概念としてはシンプルで，大量のデータをアルゴリズムに取り込むと，パターンを学習したり検出したりしては，それらを，今後出会う新たな情報に適用することができる。理論的には，入力するデータが多ければ多いほど，アルゴリズムは，将来提示される同じような状況を理解し，解釈する能力も高まる。

　機械学習は，コンピュータが猫と犬の違いを見分けたり，病気の性質を調べたり，ある家庭（いやそれどころか，ナショナル・グリッド全体）で一定期間内に必要となるエネルギーがどれくらいかを推定したりすることを可能にするものだ。チェスや囲碁のプロ棋士たちをその得意分野で凌駕した実績は言うに及ばずである。

　これらのアルゴリズムは，私たちの身の周りのいたるところにあって，信じられない量のデータを処理して，Netflix が次はどんな映画をあなたに勧めるかというようなことから，あなたがおそらく金をだまし取られていると銀行がいつ判断をするかとか，どのメールが迷惑メールのフォルダ

行きとなるかというようなことに至るまで，あらゆることを決定するのだ。

人間の脳と比べると取るに足らないものとはいえ，これらのより初歩的なコンピュータ・プログラムにも，私たちの脳内コンピュータをより一層効果的に使う方法について，何か私たちに教えてくれる点はある。その方法を理解するために，機械学習で最も一般的な2つの手法，「教師あり」と「教師なし」を見てみよう。

教師あり学習

教師あり機械学習は，特定の結果を念頭に置いたうえで，それを達成するためにアルゴリズムをプログラムするものだ。それは一部の数学の教科書にちょっと似ていて，巻末を見れば答えを調べることもできるにせよ，大変なのは，そこまでたどり着く方法を見つけ出すという部分だった。それが教師ありとなるのは，プログラマーであるあなたは，そうなるはずという答えを知っているからだ。あなたの課題は，いかにしてアルゴリズムに広範囲に及ぶ多様な入力候補から常に正しい答えに到達させるか，なのである。

たとえば，どうすれば自動運転の車に搭載されたアルゴリズムが確実に，交通信号機の赤と青の違いや，歩行者の見た目を常に認識するようにできるのだろう？　がん検診の診断に役立てるために使うアルゴリズムが，正しく腫瘍を識別できるよう，どうやって保証するのだろう？

これが，教師あり学習の主な用途の一つである分類で，そこであなたは基本的に，アルゴリズムに何かに正しくラベルを付けさせ，現実世界のありとあらゆる状況において確実にこれをするということを証明（さらには時間をかけて改善）しようとしているのだ。教師あり機械学習は，非常に効率的に機能し，あらゆる種類の応用ができるアルゴリズムを作り出しはするが，アルゴリズムは本質的に，使えば使うほど性能が向上する，非常に高速で選別しラベルを貼っていく機械にすぎない。

教師なし学習

それとは対照的に，教師なし学習は，結果はこうなるはずという概念などないところからスタートする。アルゴリズムがそれを追い求めるよう指示を受けている正解は一つもない。その代わり，それは，データにアプロー

東北大-理系前期   2023 年度　英語〈解答〉　7

チし，内在するパターンを特定するようにプログラムされている。たとえ
ば，もし手元に一定数の有権者とか顧客に関する特定のデータがあって，
その人たちの動機を理解したいと思えば，教師なし機械学習を使って，行
動を説明するのに役立つ傾向を見つけ出し，説明できるかもしれない。あ
る特定の年齢層の人たちは，どういう場所のどういう時間帯に買い物をす
るのだろう？　この地域でその政党に投票した人々に，どういう結びつき
があるのだろう？

　免疫系の細胞構造の研究が私自身の仕事だが，そこでは，細胞集団にあ
るパターンを特定するために教師なし機械学習を使っている。私はパター
ンを探しているのだが，それがどういうもので，どこにあるかがわからな
いので，教師なしの手法となる。

　これがクラスタ解析であって，先入観が入った方法でデータをＡ，Ｂ，
Ｃと分類しようとせず，共通する特徴やテーマに基づいてデータをグルー
プ分けするものだ。それは，探求したい広い領域はわかっているけれども，
そこへ到達する方法がわからないとか，手に入る大量のデータの中のどこ
に目をやればいいのかさえわからない場合には有効である。それはまた，
あらかじめ設定された結論を押し付けるのではなく，データそのものから
おのずと明らかになるようにしたい場合のためのものでもある。

━━━━━━━━━━◀解　説▶━━━━━━━━━━

▶問１．人間の思考とコンピュータ・プログラムの動作の類似点について
は，第３段第３～５文（Just like a … order of priority.）に述べられてい
るので，それぞれを２行の解答欄（１行14cm）に適切にまとめること。
⑴ingest「～を取り込む」　respond to ～「～に反応する，～に対処す
る」　ダッシュ以下には data の具体的な内容が列挙されている。
instruction「指示」　external stimuli「外部からの刺激」
⑵sort「～を分類する，～を仕分けする」　using 以下は分詞構文だが，
and use … と考えて，後に続ける方が自然な訳になる。同様に，to make
以下の to 不定詞は目的を表す用法と考えられるが，using it に続ける形
で訳してもよい。make decisions「決定を下す」　conscious「意識的な」
⑶categorize「～を分類する，～を類別する」　it は直前の文から，取り
込まれたデータを指すと判断できる。for later use「後で使用するため
に」　directory「ディレクトリ（階層構造を持ち，ファイルを保管する場

所の総称)」 stored 以下は形式上は directories を修飾する分詞句だが，like directories within a computer はわかりやすい説明として挿入された部分であり，解答としてはこの部分は省略して，categorize it and store it と考えて説明するとよいだろう。in order of priority「優先順位に従って」

▶問 2 . **By contrast, ironically, it is we humans who tend to seek conformity and straightforward patterns in our thinking,**

● By contrast「(それとは) 対照的に，それに反して」

● ironically「皮肉なことに，皮肉なことだが」 この語は後続文全体を修飾しているので，By contrast よりも先に訳してもよい。

● it is we humans who … は強調構文であり，「…なのは私たち人間だ」という語順で訳すとよい。

● tend to *do*「～しがちである，～する傾向がある」 seek「～を探し求める」の目的語は conformity「整合性」と straightforward patterns「わかりやすいパターン，単純な型」の 2 つ。

● in our thinking「自分たちの思考の中に」

hiding away from the complex realities which machines simply approach as another part of the overall data set.

● hiding 以下は分詞構文で，付帯状況を表す用法として，tend 以下の部分より先に訳してもよいし，and hide … と考えて，後に続ける形で訳してもよいだろう。hide away from ～「～から逃れる，～から目をそらす」

● which 以下は realities を先行詞とする関係代名詞節。approach はここでは「～の処理にとりかかる」という意味で用いられているが，コンピュータ関連で用いられる用語としてそのまま「～にアプローチする」という訳も可能であろう。

● the overall data set「データ・セット全体」 データ・セットはコンピュータ関連の用語で，何らかの目的で収集されたデータの集合を指す。

▶問 3 . この主張の根拠については第 9 段第 4 ～最終文（The brain's capacity … also painfully limited.）に述べられている。下線部の主語の it は形の上では，前文中の This，すなわち artificial intelligence「人工知能」を指すと考えられるが，人間の脳の比較対象となっているのは，第 9

段第5文（An algorithm is …）からわかるように，コンピュータのアルゴリズムと判断すべきであろう。人間の脳が持つ能力は，第4文でconscious thought「意識的な思考」，intuition「直感」，imagination「想像力」という3点が挙げられている。それに対して，コンピュータのアルゴリズムの能力については第5・最終文に述べられている。huge volumes of data「膨大な量のデータ」 it is programmed 以下は the trends and patterns を先行詞とする，目的格の関係代名詞が省かれた関係代名詞節。painfully「ひどく」 limited「限定的な，制限された」

▶問4．第17〜最終段（By contrast, unsupervised … imposing pre-set conclusions.）に述べられている内容と，選択肢とを照合することになる。第17段第1文には教師なし学習は，結果はこうなるはずという概念などないところからスタートすると述べられており，(オ)no outcome in mind「何の結果も念頭にない」がこの部分に相当する。同段第5文（Do people of …）に，買い物客に関わるデータについての記述があり，この部分が(イ)detecting trends in shopping「買い物における傾向を探し出すこと」に相当する。最終段第1文（This is clustering, …）に，教師なし学習の手法としてのクラスタ解析は，データを共通する特徴やテーマに基づいてグループ分けするものだと述べられており，これが(エ)grouping に相当する。したがって，(イ)・(エ)・(オ)が正解。

▶問5．(ア)「機械学習は，思考にわかりやすいパターンを探し求める傾向があるが，人間はそうではない」 第7段第6文，つまり下線部(B)の文中で，自分の思考の中に整合性やわかりやすいパターンを探し求めようとしがちなのが，私たち人間だと述べられており，不一致。
(イ)「機械学習は，アルゴリズムによって処理された大量のデータ・セットによるパターン検出に関わる人工知能のサブセットである」 第9・10段（Machine learning is … in the future.）に，機械学習に関する説明がなされており，第10段第1・2文（Machine learning is … information it encounters.）に，機械学習は人工知能の一分野で，大量のデータをアルゴリズムに取り込んで，パターンを検出すると述べられており，一致。
(ウ)「人間の脳は，初歩的なコンピュータと比べても，はるかに能力が劣る情報処理装置である」 第9段第3文，つまり下線部(C)（it is merely …）に，コンピュータがやれることは，人間の脳内のコンピュータと比較する

10 2023 年度 英語〈解答〉 東北大-理系前期

とごく一部だという内容が述べられており，第 13 段第 1 文（Although they pale …）にも，初歩的なコンピュータは人間の脳に比べると取るに足らないものだと述べられていることから，不一致。

㈑「機械学習によって，コンピュータはチェスのプロ棋士には勝てるが，碁のプロ棋士には勝てない」 第 11 段（Machine learning is …）には，機械学習の能力が述べられており，最終文（Not to mention …）に，チェスや囲碁のプロ棋士をその得意分野で凌駕したという点が述べられており，不一致。

㈒「私たちは機械学習を学ぶことで，より効果的に意思決定をする方法を学ぶことができる」 第 6 段第 1 文（Machines may be …）に，機械は私たちにより効果的な思考や意思決定の方法について教えることができると述べられており，一致。

◆━◆━◆━◆━ ●語句・構文● ━◆━◆━◆━◆

（第 1 段）code「～をコード化する」

（第 3 段）come to *do*「～するようになる」 algorithm「アルゴリズム」とは，問題を解決したり，正しい答えを求めたりするための計算方法や処理手順のこと。distinguishing「際立った」

（第 4 段）get tripped up over ～「～につまずく」 agonize「苦悩する，思い悩む」 outfit「服」

（第 5 段）at *one's* disposal「自分の思い通りになる，自由に使える」 make use of ～「～を利用する」 dedicated to ～「～専用の」

（第 6 段）substitute「代わりとなるもの，代用物」 adaptability「適応性，順応性」 fine-tune「～を微調整する」

（第 7 段）singular「特異な」 counter-intuitive「常識では理解しがたい，直感に反する」 the opposite is true「実際は逆だ」 randomness「でたらめさ，予測不能性」

（第 8 段）clear-sightedness「判断力の良さ，先見の明」 It's time to *do*「もう～するときだ」 think outside the box「型にはまらない考え方をする，既成概念にとらわれずに考える」

（第 9 段）engineer「～を設計する」

（第 10 段）the more data … 以下は，the ＋比較級～，the ＋比較級…「～すればするほど，ますます…」という構文。

東北大-理系前期　　　　　　　　　　　　　　　　　　2023 年度　英語〈解答〉　*11*

（第 11 段）National Grid「ナショナル・グリッド」はイギリスのロンドンに本拠地を置く，送電およびガスの供給事業者のこと。in a given period「一定期間内に」　not to mention 〜「〜は言うまでもなく」　at *one's* own game「自分の得意分野で」

（第 12 段）be destined for 〜「〜に行くことになっている」　junk folder「迷惑メールのフォルダ」

（第 13 段）supervised「教師ありの，監視下の」

（第 14 段）look up 〜「〜を調べる」　tricky「扱いにくい」　work out 〜「〜の答えを出す」　get *A* to *do*「*A* に〜させる」　potential input「入力候補」

（第 15 段）guarantee「〜を保証する」　tumour「腫瘍」

（第 16 段）over time「時間とともに，そのうちに」　at heart「本質的には」

（第 17 段）voter「有権者」　political party「政党」

（第 18 段）cell population「細胞集団」

（最終段）clustering「クラスタ解析，クラスタ分析」とはデータ解析手法の一つで，与えられたデータの中から類似したものを集め，自動的に分類する手法，またはそのアルゴリズムのこと。

II　解答

問 1．(エ)

問 2．従来の男性美についての考え方では，白人で目が青い，彫刻のような体つきをしているなど，限られた特徴のみをその基準としていたが，今では大柄であったり高齢であったりなどさまざまな個性を持つ男性がメディアに登場するようになり，美の基準が多様化しているということ。

問 3．(ア)

問 4．(イ)

問 5．高齢化が進んだことにより，歳をとるのはよくないことだという意識が薄れ，人々は自分たちと同じような高齢のモデルが活躍しているのを見たがるようになっているということ。

問 6．(1)—(ウ)　(2)—(エ)　(3)—(ア)　(4)—(ウ)

≪男性美の基準に見られる変化≫

　どういう男性がハンサム——あるいは美しいとされるのだろう？　こ
こ数十年間で，西洋の男性美を象徴する最も有名な人たちは，かなり限ら
れた集団になっていて，ブラッド=ピットやレオナルド=ディカプリオのよ
うな，青い眼の映画スターが思い浮かぶ。しかし，「完璧な」男性の見た
目についての考え方は，映画やファッション界がより多様性を受け入れ，
世界的なブランドが表現の重要性を理解するにつれ，進化を遂げている。

　世界中で，彫刻のような男性の体つきという理想化された基準は，平均
的な男性の体型を反映することはほぼなかった。しかしながら，TikTok
のようなソーシャルメディア・アプリは，以前ならプラットフォームを持
たなかったであろう男性たちをサイト上に公開することで，男性美の基準
を変えるのに一役買っている。イギリスのモデルで，ボディ・ポジティブ
の活動家，TikTok のスターでもあるベン=ジェームズは，大柄な男性に
対する私たちの見方を変えている。彼は 2019 年に，プラスサイズのモデ
ルとして，衣料品ブランドの Simply Be（シンプリー・ビー）の広告キャ
ンペーンに参加して，他の多様なモデルと一緒に登場し，Ted Baker（テ
ッド・ベーカー）や Asos（エイソス）とも仕事をしたことがある。ジェ
ームズは BBC Culture（BBC カルチャー）に，自分の仕事は「男の子に
も成人男性にも等しく心地よさと自信を与えます。私の仕事で，自分たち
は必要とされているし，自分たちには価値があるとわかるのです」と語っ
ている。

　リゾやモデルのアシュリー=グラハムといったプラスサイズの女性スタ
ーたちは，すでに広くその名が知られているけれども，彼女たちと同じタ
イプの男性となると，まだあまり脚光を浴びてはいない。しかし，最近で
は，リアーナのランジェリー・ブランド，Savage Fenty（サベージ・フ
ェンティ）が，大きめの男性たちを標準化し，彼らにプラットフォームを
与えるのに一役買った。これは男性美の民主化が進む兆しなのだろうか？
ベン=ジェームズが言うように，「私は，さまざまな体型が，これまでに見
たこともない方法で使われることで，業界が改善されるのを見たいと思う。
香水のキャンペーンや，映画の主役に『お父さん体型（ぽっちゃり型の男
性)』を採用したらどうだろう？　こういった，尋常でないやり方で獲得

した，俳優本人でさえ維持できないような体格から焦点を切り替える必要がありますよ」

エディンバラ大学の人類学の教授，アレクサンダー＝エドモンズは BBC カルチャーにこう語っている。「奴隷制度と植民地主義という遺産のせいで，西洋の美男のイメージは，これまでずっと非常に色白というもので，これまでこれを変えるための障壁は今より少なかったが，今，これが起きているのかもしれない」 タイソン＝ベックフォードやアルトン＝メイソンといった黒人のスーパーモデルたちが，いつものように『GQ』などの雑誌の表紙を飾り，ファッション界は徐々に一層多様化しつつあるが，それはおそらくある程度，ブラック・ライブズ・マター（人種差別抗議運動）といった世界的な社会の変化が，数々のブランドに多様性が必要であることを認識させたからだろう。

「型にはまった男性美と振る舞いは変化しています」とエドモンズは言う。「そういうのがもはや，若い人たちにとっての理想像ではないのです。Z 世代は両性具有性を擁護しています。これは東アジア，特に韓国の大衆文化で多く起きていることです」 韓国では，その鮮やかな髪や化粧で知られる BTS などの韓国のアイドルグループの台頭とともに，その理想像はますます女性的になっている。こういうタイプの美しさは伝統的な西洋の基準からすると異端とみなされるだろうが，今では大手マスメディアで広く求められ，大きな影響力を持っているのだ。

また，どの民族でも同じだが，東アジアの美しさの基準もまた多様である。米国出身の韓国人モデル，デイ＝ナはこう語る。「私が仕事を始めたころは，アジア人のモデルはほんの一握りでしたが，今では何人も目にします。業界がアジア人の買い手やアジアの市場にますます力を注ぐにつれて，指数関数的に，増えていったという感じでした」 アジアには超富裕層の人たちが大勢いるので，ブランドは消費者との接点を作るために，デイのようなモデルをキャンペーンの顔にしたいのだ。

（中略）

また，地中海沿岸住民の「長身で浅黒くハンサム」なタイプという従来の概念は，多様性が増しているにもかかわらず，依然として需要がある。この言い回しは 1900 年代初頭にヨーロッパで使われるようになり，1920 年代にはハリウッドでイタリアのスター，ルドルフ＝ヴァレンティノを表

現するためによく使われていた。それは頻繁に使われる慣用句として残っているが，それでも，「長身で浅黒くハンサム」という言い回しの正確な意味とそこから推し量る内容が今ではより綿密に吟味され，議論されてもいる。人類学者のシャフィー=ハッサンは，BBC カルチャーにこう語っている。「地中海沿岸の男性は眉毛が濃く，顔の毛も濃いのが非常に大きな利点となっています。豊かなヒゲをたくわえることだってできる…黒い髪は男らしさを連想させるのです」 こういう基準で美しいのが，イタリアの俳優，ミケーレ=モローネだ。彼は南イタリアのプーリア州出身で，昨年までローマで庭師として働きながら，役を取るためにオーディションを受けていた。彼の人生が一夜にして変わったのは，2020 年のプラットフォーム上で最も視聴された映画のひとつとなった，Netflix の映画『365日』の主役に抜擢されたときだ。彼は，多くのファンにとってはファンタジー的な人物である，感情を押し殺したマフィアのボス，マッシモを演じている。

　モローネは BBC カルチャーにこう語っている。「その役を得るに際して，自分の見た目が有利に働いたという点は私も否定できません。なにしろ私は，茶色い髪で背が高いというマッシモの特徴にぴったりですからね。でも，もし他の俳優を選んでいたら，同じようになるでしょうか？ そういう見た目にはなれても，もしあなたが踊り方を知らなければ…」 モローネによると，当初は自分の見た目のせいで，俳優の仕事をもらうのが難しかったそうだ。「イケメンが本格派俳優として仕事をもらうのがとても難しいのは，皆さんが俳優になるには，こんなハンサムではだめだと思っているからです。私にはなぜ人がこういう概念を持つのかわかりません。10 年間，毎週，キャスティングはあったんです。役はもらえませんでしたね」

　それでも，従来型のハンサムたちの成功は続いているのだが，男性美の基準に関する規範は広がりつつある。年配のモデルたちも人気が急上昇しているのが見られる。もちろん，私たちも，ピアース=ブロスナンやジョージ=クルーニーといった従来型のハンサムである「シルバー・フォックス（魅力的な白髪頭の中年）」がスクリーンを飾るのを見慣れているわけだが，今や年配の男性モデルが広告のキャンペーンやランウェイで頻繁に起用されており，その中にはアンソニー=ヴァレッキア，（「中国で一番ホ

ットなおじいちゃん」として知られるようになった）王徳順（ワン＝デシュン），ロン＝ジャック＝フォーリー，ロノ＝ブラジルなどがいる。87 歳のモデル，ルネ＝グレマレックは，86 歳の妻，マリー＝ルイーズと一緒に，孫のフロランタン＝グレマレックが作った性別にとらわれない服を着こんで，パリ・ファッション・ウィークに登場した。

　男性モデルのオーランド＝ホベチは最近，『ガーディアン』紙にこう語った。「4 年ほど前，私は年配のモデルを使うことが増えているのに気がつきました。突然，高齢者の物語に関心が集まっていたのです」　ホベチによると，寿命が延びたことで違いが生じているとのことだ。「年齢は，以前ほど人の興味をそぐものではありません。私たちはこの 30 年間で，かっこいい若者が年齢を重ねるのを見てきました――今や，年をとってもかっこいい人気者でいることができます…人々は自分と見た目が同じ人たちが代表として出ている姿を見たいのです」

━━━━━━━━ ◀解　説▶ ━━━━━━━━

▶問 1．㋑は gives に続く 2 語が gives の目的語と考えられるので，confident は confidence「自信」が正しい形であり，これが正解。

▶問 2．a growing democratisation of male beauty は直訳すると「高まりつつある男性美の民主化」だが，この現象を文章全体をふまえて説明するよう求められている。解答欄は 14cm×6 行あり，各段落から適切な語句を拾い上げる作業が必要。まず，従来の美男の基準を示し，その基準がごく一部の限られた人にしか当てはまらないという点を挙げること。さらに，その基準の変化により，太めの人や高齢者など，多様な人たちがモデルや俳優として活躍するようになったという点を押さえること。

▶問 3．They は直接的には前文中の Stereotypical male aesthetics and behaviours「型にはまった男性美と振る舞い」を指すが，これは第 4 段第 1 文のコロン以下（"Due to the …) 中の Western images of the beautiful man を言い換えたものと判断できる。したがって㋐ Western images of the beautiful man「西洋人の美しい男性のイメージ」が正解。

▶問 4．㋐「彼には南イタリアのマフィアのボスという実生活での経験があった」　第 7 段第 7 文（From Puglia, Southern …) に昨年までローマで庭師をしていたとあり，同段最終文（He plays the …) で，マフィアのボスというのは Netflix の映画の役柄だとわかるので，不一致。

(イ)「彼は地中海沿岸住民の『長身で浅黒くハンサム』なタイプに分類される」 第7段第6文（Beautiful by these …）に，この基準，すなわち，同段第1文（And the conventional …）にある，Mediterranean "tall, dark and handsome" type で美しい俳優としてミケーレ=モローネの名が挙がっており，一致。

(ウ)「彼は，自身のデビュー作，Netflix の映画『365日』で庭師の役を演じた」 第7段第7文（From Puglia, Southern …）で，彼が庭師として働いていたのは実生活での話だとわかるので，不一致。同段最終文で，この映画で演じた役はマフィアのボスだと述べられてもいる。

(エ)「彼は年配の俳優の一人だが，彼らの人気は上昇中である」 第7段第7・8文（From Puglia, Southern … platform of 2020.）から，彼の転機となった 2020 年の Netflix の映画『365日』の前年まで庭師として働いていたことや，第8段第7・8文（I had a casting … get the roles."）から，10年間俳優として芽が出なかったらしいということはわかるが，彼の年齢がはっきりわかる記述はないので，不一致。

▶問5．この問題は解答欄が 14cm×4 行であり，本文に即しての説明が求められていることから，単にこの部分を訳すのではなく，最終段（The male model …）全体の内容を検討し，その主旨に沿った説明をする必要がある。see A represented は「A が代表として出ているのを見る」という意味だが，この A にあたる people who look like themselves「自分たちと見た目が似ている人たち」は，最終段第1文のコロン以下（"About four years …）から，高齢のモデルを指すとわかる。そして同段第3・4文（Longer lifespans …）でホベチ氏は，高齢化が進んだことにより，歳をとることが以前ほどネガティブにとらえられなくなっていると述べていて，それが高齢のモデルが増えてきた背景であると考えられる。このようなポイントが押さえられればよい。

▶問6．(1) embrace は「～を抱きしめる」などの意味もあるが，「（主義や思想など）を受け入れる」があり，ここでは目的語が greater diversity「より多くの多様性」であることから，(ウ) accept が最も意味的に近い。(ア) enlist は「（人の支持や協力）を求める，得る」という意味。(エ) emerge「現れる」は基本的には自動詞として用いる。

(2) equivalents はここでは「同等のもの」という意味で，(エ) counterparts

東北大-理系前期　　　　　　　　　　　　　　2023 年度　英語〈解答〉　*17*

「同等のもの，対応するもの」が最も意味的に近い。(ア) connections「つ
ながり，関連」　(イ) celebrities「有名人」　(ウ) equalities「平等」

(3) legacy には「遺産，（先祖や過去からの）伝来のもの」という意味があ
り，選択肢の中では(ア) tradition「伝統，伝承」が最も意味的に近い。(エ)
revolt「反乱」

(4) scrutinized は scrutinize「～を詳しく調べる」の過去分詞で，(ウ)
examined「調べられて，検査されて」が最も意味的に近い。(ア) defined
「定義されて」　(イ) deduced「推測されて」　(エ) related「関連していて」

━━━━━━━━━●語句・構文●━━━━━━━━━━━

(第 1 段) icon「像，偶像」　cohort「集団」　come to mind「思い浮かぶ」
global brand「世界的ブランド」は，ここでは主にファッション業界の大
手企業を指す。

(第 2 段) apps「アプリ」　showcase「～を展示する，～を披露する」
platform「プラットフォーム」とは，あるサービスやシステム，ソフトウ
ェアを動作させる基盤となる機器やソフトウェア，ネットサービス，ある
いはそれらを組み合わせた動作環境のこと。body-positive「ボディ・ポジ
ティブ」とは，体の大きさ，形，肌の色，性別，身体能力などに関係なく，
すべての体を受け入れることに焦点を当てた社会運動を指す。activist
「活動家」　plus-sized「大きめのサイズの」　Simply Be「シンプリー・
ビー」はイギリスで創業した女性向けファッション・ブランド。Ted
Baker「テッド・ベーカー」はイギリスで紳士シャツ専門店としてスター
トしたファッション・ブランド。Asos「エイソス」もイギリスに本拠を
置く，服装やアクセサリー，ビューティ商品を扱うブランド。BBC
Culture「BBC カルチャー」は英国放送協会が母体で，芸術や文化面に特
化した部門。

(第 3 段) celebrated「世に知られて」　in the spotlight「脚光を浴びて」
As S puts it「S が言うように」　never-before-seen「これまで見たことの
ない」　dad bod（dad body の省略形）「お父さん体型，ぽっちゃりした
体型」　physique「体格」

(第 4 段) *GQ* はアメリカで創刊された，男性向けのファッション・カル
チャー雑誌。Black Lives Matter「ブラック・ライブズ・マター（黒人の
命は大切）」は白人警官による暴行で黒人が死亡した事件をきっかけにア

18 2023 年度 英語〈解答〉　　　　　　　　　　　　　　東北大-理系前期

メリカで始まった，人種差別抗議運動のこと。

（第5段）stereotypical「型にはまった」 aesthetics「美学」 deem「思う，みなす」 mainstream media「メディアの主流，大手マスメディア」

（第6段）as with ～「～と同様に」 exponentially「指数関数的に」 gear towards ～「～を対象とする，～に力を注ぐ」 high-net-worth「富裕層の」

（第7段）inference「推論」 anthropologist「人類学者」 have a huge advantage in ～「～で非常に有利である」 be associated with ～「～を連想させる，～と関連している」 smouldering「感情を押し殺した」

（第8段）serious actor「本格俳優」

（第9段）significant rise「大幅な上昇，急騰」 silver fox「シルバー・フォックス」とは魅力的な白髪の中年男性を指す言葉。Paris fashion week「パリ・ファッション・ウィーク」とは年に2回，国内外の人気ブランドの最新コレクションを紹介する場で，パリコレクションやパリコレとも呼ばれる。gender-neutral「性別にとらわれない」

（最終段）*The Guardian*「ガーディアン」紙はイギリスの大手一般新聞。make the difference「違いが生じる，重要である」

Ⅲ　解答

1）①—(C)　②—(A)　③—(C)　④—(D)

2）〈解答例1〉I would choose to work at the convenience store. First, I am an early riser and do not mind working early in the morning. In fact, working from 4 A.M. until 8 A.M. will allow me to make good use of my time later in the day. Of course, the high hourly wage for working early in the morning is another attractive point for me. In addition, the convenience store is within a 10-minute walk both from the university and from home, making it easy for me to commute to school and work without losing much time and any money.（100 words）

〈解答例2〉I would choose to work in the restaurant. Since I love to cook, the best part is that I can have one free meal per shift, not only because I can save money but because I can learn a lot from the dish. I also appreciate the fact that I can focus on my studies at university

東北大-理系前期　　　　　　　　　　　　　　　　2023 年度　英語〈解答〉　*19*

because I work only on Saturdays and Sundays, which will not conflict with my university classes. Lastly, it takes 20 minutes by train from my home to the restaurant, and I think I can make the most of that time by reading. (99 words)

〈解答例3〉I would like to work at the bookstore. First, being surrounded by books at work is very appealing to me because I am really a "bookworm." Although the hourly wage is lower than 1,000 yen, it is not a big problem for me because I can get 10 % store discount as well as transportation fee. In addition, the working hours from 6 P. M. until 10 P. M. are very suitable for me because I can focus on my studies at university during the day. Lastly, a 30-minute walk three days a week would be good exercise for me. (97 words)

━━━━━◆全　訳◆━━━━━

≪アルバイトに関する学生二人の会話≫

チャールズ（以下Ｃ）：やあ，レベッカ，一つお願いがあるんだけど。

レベッカ（以下Ｒ）：いいわよ，どんなこと？

Ｃ：君は学内のコーヒーショップで働いてるよね？　上司に採用の予定があるかどうか，聞いてもらえないかな？

Ｒ：いいわよ！　仕事を探してるの？　学費を払う助けにローンを組んでると思ってたわ。

Ｃ：それが，僕もローンを組めると思ってたんだけど，父の収入が多すぎて，その資格がないってわかったんだ。

Ｒ：あら，まあそれなら，お父さんに学費の一部を援助してくれるよう頼めないの？

Ｃ：僕もそう思うんだけど，弟もちょうど今，大学生になってるから，父には負担をかけたくないんだ。いずれにしても僕がアルバイトしたほうがいいと思ってさ。もし今，高いローンを組んだら，そのローンの利息をたくさん払うはめになるから，できれば，自分で学費を払いたいんだ。

Ｒ：へえ，それって確かにやる気満々ね。でも，どうしても働きすぎにならざるをえないし，勉強に集中できなくなるのが心配だわ。

Ｃ：君の言わんとすることはわかるよ，それに，最初はとても大変だとい

20 2023 年度 英語〈解答〉 東北大-理系前期

う点では君の言う通りだと思う。でも，最初の 1 年さえ乗り切れば，
僕は大丈夫だと思うんだ。1 年目は授業がたくさんあるけど，2 年目
はずっと少なくなるし，僕の学部では，3，4 年生は自由研究が多く
て，それって自分でスケジュールを決められるってことなんだ。

R：それはそうかもしれないけど，でも，自分でスケジュールを管理して
いるからと言って，やらなければいけない仕事が減るってことには
ならないわ。ほんとうに全部やる時間はあるって確信が持てるの？

C：そう思うよ！　もし僕が部活動には参加しないで，勉強と仕事だけに
集中したら，大丈夫なはずさ。

R：あなたは部活動は何もやらないつもり？　サッカー部からは，あなた
をチームのスタメンにするって申し出があったんじゃなかった？

C：そういう話だったけど，まだ返事はしてないんだ…

R：すぐに言ったほうがいいわよ。あなたは高校でプレーした経験がある
から，むこうもチームに入ってくれるのを期待してると思うし。

C：君の言うとおり，代わりの選手を見つける時間を確保するためにも，
僕が申し出を早く断ったほうがいいよね。

R：それがサッカー部にとっては一番いいことだと思うわ，でも…せめて
少しだけでも時間を割いて何か自分の好きなことをしたほうがいいと
は思わないの？

C：放課後ならそのための時間はたっぷりあるだろうし。

R：だとは思うけど…

━━━━━━━━━━━ ◀解　説▶ ━━━━━━━━━━━

▶1） 空所①〜④に入れるのに最も適切なものを選択する問題。

①授業料の支払いにローンを組むつもりだったが，結局，父親の収入が多
くてそれができなくなったという会話の流れであり，it turns out that S
V の形で「結局，S が V するとわかる」という構文だと会話の流れとし
て適切であり，(C)の turned out が正解。

②空所の直後の paying という語形に注目する。ローンを組めば，当然，
利子を支払うことになるので，wind up *doing* で「結局〜するはめになる，
〜する結果となる」というイディオムなら，会話の流れとして適切であり，
(A)の wind up が正解。

③アルバイトと学業との両立の難しさを指摘されたチャールズだが，授業

数の多い 1 年生の期間さえ乗り切れば大丈夫だと答えていると判断でき，get through ～ で「～を乗り切る」という意味のイディオムとなる(C)の get through が正解。

④サッカー部からスタメンにするという申し出があったのに，まだ返事をしていないという状況。チャールズはこの後，自分の代わりの選手を探すことに言及しており，サッカー部の申し出を断るつもりだとわかるので，turn down ～ で「～を断る」という意味のイディオムとなる(D)の turn down が正解。

▶2）設問の後に 3 つのアルバイト先について，時給，勤務時間帯と時間数，勤務日，特典，大学と自宅からの通勤時間に関する情報の一覧表が掲載されている。会話文の内容に基づいて，自分が大学 1 年でアルバイトをするとすればどこを選ぶかを，一覧表の情報に基づいて少なくとも 3 つの理由と，それぞれの理由の根拠となる個人的な話を少なくとも 1 つ挙げ，80 語以上で書くように指示されている。〔解答例〕はそれぞれ，「コンビニ」，「レストラン」，「書店」を選んでいる。80 語以上という語数指定と，解答欄が 13cm×11 行なので，90〜100 語程度で書くのがよいだろう。

〔解答例 1〕ではコンビニを選ぶ理由として，まず，自分は早起きは苦にならないから，早朝勤務も気にならないし，後の時間を有効活用できる，という点を挙げている。自分は早起きだという点が個人的な話ともなっている。他に，早朝勤務だと昼間よりも時給がよいということと，コンビニが大学からも自宅からも徒歩 10 分という好立地が理由となっている。early riser「早起きの人」 make good use of ～「～を有効活用する」〔解答例 2〕ではレストランを選ぶ理由として，まず賄い料理が食べられることを理由にしている。自分は料理好きというのが個人的な話となっている。他の理由としては，勤務日が週末で勉強に差しさわりがない点と，電車でレストランに通う時間を読書で有効活用できそうな点を挙げている。conflict with ～「～と競合する」〔解答例 3〕では書店を選ぶ理由として，まず本に囲まれて仕事をするという点を挙げ，自分は bookworm「本の虫（本が大好きな人）」だからというのが個人的な話となっている。他に，10％引きで本が買える点や，勤務時間が自分にとって都合がよいという点や，徒歩 30 分はいい運動になるという点を挙げている。

22 2023 年度　英語〈解答〉　　　　　　　　　　　　東北大-理系前期

～～～～～～ ●語句・構文● ～～～～～～～～～～～～～

（チャールズ（以下Ｃ）の第 1 発言）ask *A* a favor「*A*（人）に頼みごと
をする，*A*（人）にお願いごとをする」

（レベッカ（以下Ｒ）の第 1 発言）What can I do for you?「どんなご用
件ですか？　何をしたらいい？」

（Ｃの第 2 発言）Do you think you could *do* ～? は「～していただけませ
んか」という依頼を表す表現。

（Ｒの第 2 発言）get a loan「ローンを組む」　tuition「授業料」

（Ｃの第 3 発言）qualify「資格を得る」

（Ｃの第 4 発言）burden「～に負担をかける」　take out a loan「ローン
を組む」　interest「利子」

（Ｒの第 4 発言）focus on ～「～に重点を置く，～を重視する」

（Ｃの第 5 発言）independent research「自由研究」

（Ｒの第 5 発言）have control of ～「～を管理できる」

（Ｒの第 6 発言）starting player「先発出場選手，スタメン」

（Ｒの第 7 発言）You might want to *do*「～したほうがいい」

（Ｃの第 8 発言）replacement「後継者，代わりの人」

（Ｒの最終発言）I guess… は「だと思うけど…」と，程度の低い確信を
述べるときに用いる表現で，ここでは，チャールズは放課後なら時間はた
っぷりあると述べたのに対し，「あるとは思うけど…」と，いうように，
確信は持てていない，もしくはそんな時間はないのではと思っているとも
解釈できる。

Ⅳ　解答

問 1．　①―(ク)　②―(オ)　③―(カ)

問 2．〈解答例 1 〉Learning at university is not a
process of finding oneself in the prepared questions and answers, but
a process of discovering an unknown self in the unknown world.

〈解答例 2 〉Learning at university is about discovering the unknown
part〔parts〕of yourself in the unknown world, and not about finding
yourself in the questions and answers prepared in advance.

問 3．　(ア)

◀解　説▶

▶問1．完成英文：(We can easily obtain knowledge on the Internet) without having to (learn) from others or read books(.)

8カ所の空所に対し，選択肢は10語あるので，2語は余る。空所は問題文の「人に学ばなくても，本を読まなくても」という部分に相当している。まず，選択肢の中の，without という前置詞と，having という動名詞に注目し，2つの「～しなくても」という部分を「人に学ぶ必要も，本を読む必要もなく」と考えて，without having to *do* ～ or *do* … という語順がわかるかどうかがポイント。「人に学ぶ」は「他者から学ぶ」と考えると learn from others となる。したがって①は(ク) having，②は(オ) from，③は(カ) or が正解。

▶問2．英文全体の構造としては，「大学の学びとは」という主部に対し，「～する（作業）ではなく，…する作業なのだ」という述部からなる SVC の形の英文となる。「*A* ではなく *B*」という部分は，not *A* but *B* という形が一般的だが，*B*, not *A* という形で表現することもできる。

● 「大学での学び」は「大学で学ぶということ」と考えて，learning at (the) university とする。learning の代わりに studying とすることも可能だが，これは「勉強すること」という意味合いが強くなるので，「知識を身につける」という意味でもある learning のほうがよいだろう。

● 「～する作業」という部分は，この作業を文字通りに捉えて task や work とするより，学びの本質を考えて，「～するプロセス」と解釈し，a process of *doing* ～ とするほうが適切であろう。述部を「*A* の本質は～することだ」と考えると，*A* is about *doing* ～ という表現を利用することができる。「*A* とは～するという意味だ」と考えて，*A* means *doing* ～ とすることも可能。

● 「用意された問いと答えの中に」はそのまま，in the prepared questions and answers とするか，「用意された」の部分を「与えられた，既存の」と考えて，given を用いるとよい。また，「前もって用意された問いと答えの中に」と考えて，in the questions and answers prepared in advance のように後ろから修飾する形でもよいだろう。

● 「自分を見つける」の「自分」は oneself, yourself, themselves など，

いずれも可能。「見つける」は後半では「発見する」となっているので，ここでは find，後半では discover という動詞を使えばよいだろう。

● 「未知の世界」は the unknown world だが，「未知の自分」は an〔one's〕unknown self とするか，the unknown part〔parts〕of yourself のように表現してもよいだろう。

問3．下線部(C)の筆者の考えの中心は，大学の教員の仕事は学生に未知の答えに至る方法を教え，未知の自分を見つけるよう後押しすること，という点であり，これとほぼ同じ内容の(ア)「大学の教員は未解決の疑問に対する答えの出し方を教えることで学生を支援し，彼らが未知の自分を発見するように導くことが求められている」が正解。

❖講　評

　2023年度は，読解問題2題，会話文問題1題，英作文問題1題という構成で，小問9問を除き，すべて記述式である。会話文の設問にテーマ英作文が出題されているのも例年通りで，2022年度に続き，80語以上という語数指定がついている。解答の記述量は例年と変わらず多く，課題文の英文量が2022年度から600語以上の大幅な増加となったため，メリハリのある読み方をしないと時間不足となっただろう。設問レベルは例年並みで，試験時間は100分。

　Ⅰ　人間の脳と機械学習の比較がテーマの約1250語の長文であり，専門用語や内容が理解しにくい用語が多いだけでなく，解答についても記述量が多いので，この問題にかけた時間が後に大きく影響したかもしれない。設問は内容説明2問と英文和訳1問が記述式，内容真偽2問が選択式。内容説明の2問は該当箇所が特定しやすい問題と，数行の英文をわかりやすくまとめる国語力が必要な問題の組み合わせとなった。選択式の内容真偽はいずれも例年に比べると平易。

　Ⅱ　男性美に関する基準の変化という，比較的わかりやすいテーマの英文であるが，固有名詞の多さにやや戸惑ったかもしれない。設問は内容説明2問が記述式，誤りを含む語句指摘，指示内容，内容真偽，同意語，それぞれ1問ずつが選択式。内容説明に「文章全体をふまえて」や「本文に即して」という条件が付いており，説明の範囲に迷うかもしれない。特に問5は設問文をどう解釈するかで，解答が分かれる問題とも

いえる。

Ⅲ 2023年度は二人の大学生が学業とアルバイトとの両立をめぐって語り合うという設定の会話文で，設問は選択式の空所補充が1問とテーマ英作文1問という構成。2020年度以降，設問も英文になったこともあって，全体の英文量はかなり多いが，量的には2020年度以降，少しずつ減少している。空所補充は比較的平易。テーマ英作文は2022年度に続いて80語以上という語数指定で，さまざまな条件を比較した一覧表があり，それを参考にしつつ理由を3つ挙げ，個人的経験も盛り込むなど，条件が多くどこまでそれに対応できるかがポイント。

Ⅳ 設問3問のうち，2問は選択式の語句整序と同意文で，和文英訳は1問のみ。内容的にも比較的書きやすい問題であった。

全体としては，本文の総語数が2022年度より大幅に増加したものの，設問のレベルとしては標準的なものが多かった。例年通り，内容把握力と英語の表現力を問う姿勢が明確で，2016年度以降，高い表現力が必要なやや難度の高い問題が続いている。

数学

◀経済(理系)・理・医(医・保健〈放射線技術科学・
　　検査技術科学〉)・歯・薬・工・農学部▶

1

◇発想◇ 取り出した玉は袋の中に戻さないので，袋の中の玉数
は1個ずつ減っていき，最大9個までしか取り出せない。

(1) 引き分けとなる場合の玉の取り出し方を書き出してみよう。
これは簡単にわかる。そのことが起こる確率を計算すればよい。
袋の中の玉の個数は変化するので注意深く計算しよう。あるいは，
9個の玉の並び方として考えることもできるだろう。

(2) Aが最初に赤玉を取り出してしまえばAの勝ちで，そこでゲー
ムは終了する。Aが白玉を取り出し，次にBが赤玉を取り出し，
その次にAが赤玉を取り出してもAの勝ちである。このように考
えればよいので難しくない。

解答 (1) 問題のゲームが引き分けとなるのは，最初にAが白玉を取り
出し，次にBが赤玉を取り出し，その次にAが白玉を取り出し，
…と続いていく場合のみで，これを図にすると

A→B→A→B→A→B→A→B→A
白　赤　白　赤　白　赤　白　赤　白
4　4　3　3　2　2　1　1　0 …取り出す前の赤玉の個数
5　4　4　3　3　2　2　1　1 …取り出す前の白玉の個数

のようになる。よって，引き分けとなる確率は

$$\frac{5}{9}\times\frac{4}{8}\times\frac{4}{7}\times\frac{3}{6}\times\frac{3}{5}\times\frac{2}{4}\times\frac{2}{3}\times\frac{1}{2}\times\frac{1}{1}=\frac{1}{126} \quad\cdots\cdots(答)$$

である。

(2) 問題のゲームにAが勝つのは次の4つの場合のみである。

・最初にAが赤玉を取り出す場合で，その確率は

東北大-理系前期　　　　　　　　　　　　　　　2023 年度　数学〈解答〉　27

$$\frac{4}{9} \quad \cdots\cdots①$$

• A→B→A（白→赤→赤）となってAが勝つ場合で，その確率は

$$\frac{5}{9} \times \frac{4}{8} \times \frac{3}{7} = \frac{5}{42} \quad \cdots\cdots②$$

• A→B→A→B→A（白→赤→白→赤→赤）となる場合で，その確率は

$$\frac{5}{9} \times \frac{4}{8} \times \frac{4}{7} \times \frac{3}{6} \times \frac{2}{5} = \frac{2}{63} \quad \cdots\cdots③$$

• A→B→A→B→A→B→A（白→赤→白→赤→白→赤→赤）となる場合で，その確率は

$$\frac{5}{9} \times \frac{4}{8} \times \frac{4}{7} \times \frac{3}{6} \times \frac{3}{5} \times \frac{2}{4} \times \frac{1}{3} = \frac{1}{126} \quad \cdots\cdots④$$

（A→B→A→B→A→B→A→B→AとなってAが勝つことはない）

これらは互いに排反であるから，Aが勝つ確率は①～④の和で

$$\frac{4}{9} + \frac{5}{42} + \frac{2}{63} + \frac{1}{126} = \frac{56+15+4+1}{126} = \frac{76}{126} = \frac{38}{63} \quad \cdots\cdots（答）$$

である。

別解　＜順列の考え方を用いる方法＞

(1)　4個の赤玉を R_1, R_2, R_3, R_4 で表し，5個の白玉を W_1, W_2, W_3, W_4, W_5 で表す。これら9個の玉の並び方は9!通りあり，どの並び方も同様に確からしい。問題のゲームが引き分けとなるのは，白赤白赤白赤白赤白となる並び方が起こる場合で，それは，R_1, R_2, R_3, R_4 の並び方が4!通りあり，その1通りに対して W_1, W_2, W_3, W_4, W_5 の並び方が5!通りあるから，全部で4!×5!通りある。したがって，引き分けとなる確率は

$$\frac{4! \times 5!}{9!} = \frac{4 \times 3 \times 2 \times 1}{9 \times 8 \times 7 \times 6} = \frac{1}{126}$$

である。

(2)　Aが勝つ並び方は，＊が並ぶ部分は任意の並び方としたとき，次の(i)～(iv)の4通りの場合がある。

(i)　赤＊＊＊＊＊＊＊＊

(ii)　白赤赤＊＊＊＊＊＊

(iii)　白赤白赤赤＊＊＊＊

28 2023 年度 数学〈解答〉　　　　　　　　　　　　　　東北大-理系前期

(iv)　白赤白赤白赤赤＊＊

の 4 通りである。

(i)の起こる確率は，赤が R_1，R_2，R_3，R_4 の 4 通りあるから

$$\frac{4 \times 8!}{9!} = \frac{4}{9}$$

(ii)の起こる確率は，白赤赤が ${}_5P_1 \times {}_4P_2$ 通りあるから

$$\frac{{}_5P_1 \times {}_4P_2 \times 6!}{9!} = \frac{5 \times 4 \times 3}{9 \times 8 \times 7} = \frac{5}{42}$$

(iii)の起こる確率は，白赤白赤赤が ${}_5P_2 \times {}_4P_3$ 通りあるから

$$\frac{{}_5P_2 \times {}_4P_3 \times 4!}{9!} = \frac{5 \times 4 \times 4 \times 3 \times 2}{9 \times 8 \times 7 \times 6 \times 5} = \frac{2}{63}$$

(iv)の起こる確率は，白赤白赤白赤が ${}_5P_3 \times {}_4P_4$ 通りあるから

$$\frac{{}_5P_3 \times {}_4P_4 \times 2!}{9!} = \frac{5 \times 4 \times 3 \times 4 \times 3 \times 2 \times 1}{9 \times 8 \times 7 \times 6 \times 5 \times 4 \times 3} = \frac{1}{126}$$

したがって，求める確率は

$$\frac{4}{9} + \frac{5}{42} + \frac{2}{63} + \frac{1}{126} = \frac{38}{63}$$

である。

(注)　「同じものを含む順列」と考えると，赤玉 4 個，白玉 5 個の並び方は

$$\frac{9!}{4!5!} \quad (={}_9C_4) \text{ 通り}$$

ある。

(1)は，白赤白赤白赤白赤白の 1 通りであるから

$$\frac{1}{\dfrac{9!}{4!5!}} = \frac{4!5!}{9!} = \frac{1}{126}$$

となる。

(2)の(i)は，赤＊＊＊＊＊＊＊の＊＊＊＊＊＊＊＊の部分が赤玉 3 個，白玉 5 個であるので，$\dfrac{8!}{3!5!}$ （$={}_8C_3$）通りの並び方があることになり

$$\frac{\dfrac{8!}{3!5!}}{\dfrac{9!}{4!5!}} = \frac{8!4!5!}{9!3!5!} = \frac{4}{9}$$

と計算される。

(ii)の白赤赤＊＊＊＊＊＊は，＊＊…＊の部分が赤玉2個，白玉4個であるので，$\dfrac{6!}{2!4!}$（$=_6C_2$）通りの並び方があり

$$\frac{6!}{2!4!}\times\frac{4!5!}{9!}=\frac{5\times4\times3}{9\times8\times7}=\frac{5}{42}$$

となる。(iii)も(iv)も同様である。

━━━━━ ◀解　説▶ ━━━━━

≪非復元で袋から玉を取り出すゲームにおける確率≫

▶(1)　引き分けとなる玉の取り出し方は1通りしかない。〔解答〕のように計算するのが標準的であろう。〔別解〕のように9個の玉の並び方として考えることもできる。この場合は，（注）のように同じものを含む順列として考えるほうが計算は簡単になる。

▶(2)　Aが勝つ場合の玉の取り出し方は1通りではなく，場合分けが必要になるが，難しいものではない。〔別解〕の（注）の(2)(ii)で，白赤赤＊＊＊＊＊＊の並び方が書かれているが，図に示すと

$$\underbrace{白赤赤}_{1通り}\ \underbrace{＊＊＊＊＊＊}_{赤玉2個，白玉4個\cdots この並び方が\frac{6!}{2!4!}}$$
$$1\times\frac{6!}{2!4!}$$

のようになる。ここでの＊＊…＊の部分は，6つの場所から赤玉を置く2つの場所を選ぶ方法として，$_6C_2$としてもよい。(i)，(iii)，(iv)も同様である。

$\boxed{2}$　◆発想◆　(1)を解いて解の性質を捉えよう。

(1)　3倍角の公式を用いて積の形を作る。解は無数にある。

(2)　(1)の解の規則性を知れば，その解は整数nを用いて一般的に表せるし，正の整数mをnで評価できるであろう。同時に$p(m)$もnで表せる。はさみうちの原理を念頭において考えを進めたい。

$\boxed{解答}$　　$f(x)=\sin3x+\sin x$

(1)　3倍角の公式 $\sin3\alpha=3\sin\alpha-4\sin^3\alpha$ を用いると

$$f(x) = \sin 3x + \sin x = 3\sin x - 4\sin^3 x + \sin x$$
$$= 4\sin x(1 - \sin^2 x) = 4\sin x(1 + \sin x)(1 - \sin x)$$

となるから，$f(x) = 0$，すなわち

$$4\sin x(1 + \sin x)(1 - \sin x) = 0$$

を満たす x は，$\sin x = 0$，$\sin x = \pm 1$ より，整数 l を用いて

$\sin x = 0$ から　　$x = l\pi$

$\sin x = \pm 1$ から　　$x = l\pi + \dfrac{\pi}{2}$

と表せるので，あわせると

$$x = \frac{n}{2}\pi \quad (n \text{ は整数})$$

となる。したがって，$f(x) = 0$ を満たす正の実数 x のうち，最小のものは，$n = 1$ のときの

$$x = \frac{\pi}{2} \quad \cdots\cdots(\text{答})$$

である。

(2) $f(x) = 0$ を満たす正の実数 x を数直線上にとると

となる。これらは無理数であるから，2 以上の整数 m に対して

$$\frac{n\pi}{2} < m < \frac{(n+1)\pi}{2} \quad \cdots\cdots①$$

を満たす正の整数 n が存在する。このとき，$f(x) = 0$ を満たす正の実数 x のうち，m 以下のものの個数 $p(m)$ は

$$p(m) = n$$

となる。

①を n について解くと

$$\frac{2}{\pi}m - 1 < n < \frac{2m}{\pi}$$

となるから

$$\frac{2}{\pi}m - 1 < p(m) < \frac{2m}{\pi}$$

東北大-理系前期　　　　　　　　　　　　　　2023 年度　数学〈解答〉　31

であるので

$$\frac{2}{\pi} - \frac{1}{m} < \frac{p(m)}{m} < \frac{2}{\pi}$$

が成り立つ。ここで，$m \to \infty$ とすると，$\dfrac{2}{\pi} - \dfrac{1}{m} \to \dfrac{2}{\pi}$ であるから，はさみうちの原理により

$$\lim_{m \to \infty} \frac{p(m)}{m} = \frac{2}{\pi} \quad \cdots\cdots (答)$$

である。

(注)　$m \to \infty$ のとき $n \to \infty$ であることを認めれば，①を

$$\frac{2}{(n+1)\pi} < \frac{1}{m} < \frac{2}{n\pi}$$

と変形し，辺々に $p(m)\ (=n)$ をかけて

$$\frac{2n}{(n+1)\pi} < \frac{p(m)}{m} < \frac{2n}{n\pi}$$

すなわち　　$\dfrac{2}{\left(1 + \dfrac{1}{n}\right)\pi} < \dfrac{p(m)}{m} < \dfrac{2}{\pi}$

となるから，$\dfrac{2}{\left(1 + \dfrac{1}{n}\right)\pi} \to \dfrac{2}{\pi}\ (n \to \infty)$ より，はさみうちの原理を用いて

$$\lim_{m \to \infty} \frac{p(m)}{m} = \lim_{n \to \infty} \frac{p(m)}{m} = \frac{2}{\pi}$$

とできる。

◀解　説▶

≪三角方程式の解の個数に関する極限値≫

▶(1)　3倍角の公式を忘れてしまったならば，加法定理を用いて

$\sin 3x = \sin (2x + x) = \sin 2x \cos x + \cos 2x \sin x$

$\qquad = 2\sin x \cos^2 x + (1 - 2\sin^2 x)\sin x$ 　（2倍角の公式より）

$\qquad = 2\sin x (1 - \sin^2 x) + \sin x - 2\sin^3 x$ 　（$\sin^2 x + \cos^2 x = 1$ より）

$\qquad = 3\sin x - 4\sin^3 x$

とする。ここでは2倍角の公式 $\sin 2x = 2\sin x \cos x,\ \cos 2x = 1 - 2\sin^2 x$ を用いているが，これらも加法定理から導ける。$\cos 3x$ についても同様である。

32 2023 年度　数学〈解答〉　　　　　　　　　　　　　　　　　東北大-理系前期

▶(2)　$\dfrac{p(m)}{m}$ を不等式ではさみ込むことを目標とする。〔解答〕のように

数直線を描いてみれば，正の整数 m が不等式ではさみ込めることに気づ

くであろう。〔解答〕では，$m \geqq 2$ としてあるが，あとで $m \to \infty$ とするの

で，ここでは問題はない。$m \to \infty$ のとき $n \to \infty$ となることは明らかである

から，（注）のようにしてもよいだろう。

$\boxed{3}$　◆発想◆　(1)の漸化式が解けないと(2)を考えることはできないよ

うである。まずは(1)に集中しよう。

(1)　あまり見かけない形の漸化式である。漸化式をうまく変形し

なければならない。$a_{n+1} = a_n = \alpha$ とおいた式を辺々引いて定数項

を消去してみるか，両辺に $n+1$ をかけてみるか。あるいは，a_2,

a_3, a_4, … を実際に調べ，a_n を予想して数学的帰納法を用いて証

明するか。

(2)　(1)で得た結果を見てみると，部分分数分解を想起することで

あろう。

解答　　　$\{a_n\} : \begin{cases} a_1 = s \quad (s \text{ は実数}) & \cdots\cdots ① \\ (n+2) a_{n+1} = n a_n + 2 \quad (n=1, 2, 3, \cdots) & \cdots\cdots ② \end{cases}$

(1)　②は，$(n+2)(a_{n+1}-1) = n(a_n - 1)$ と変形できるから，$b_n = a_n - 1$ と

おくと

$$(n+2) b_{n+1} = n b_n$$

すなわち

$$b_{n+1} = \frac{n}{n+2} b_n \quad (n=1, 2, 3, \cdots)$$

①より　　　$b_1 = a_1 - 1 = s - 1$　　$\cdots\cdots ③$

また　　　$b_2 = \dfrac{1}{3} b_1 = \dfrac{1}{3}(s-1)$　　$\cdots\cdots ④$

となるので，$n \geqq 3$ のとき

$$b_n = \frac{n-1}{n+1} b_{n-1}$$

$$b_{n-1} = \frac{n-2}{n} b_{n-2}$$

東北大-理系前期　　　　　　　　　　　　　　2023 年度　数学〈解答〉　*33*

$$b_{n-2} = \frac{n-3}{n-1} b_{n-3}$$

$$\vdots$$

$$b_4 = \frac{3}{5} b_3$$

$$b_3 = \frac{2}{4} b_2$$

$$b_2 = \frac{1}{3} b_1$$

が得られ，辺々かけることによって

$$b_n = \frac{2 \times 1}{(n+1) n} b_1 = \frac{2}{n(n+1)} (s-1)$$

となる。③，④より，これは $n=1$, 2 のときも成り立つ。したがって

$$a_n = b_n + 1 = \frac{2(s-1)}{n(n+1)} + 1 \quad \cdots\cdots (\text{答})$$

である。

(2)　(1)の結果より

$$\sum_{n=1}^{m} a_n = \sum_{n=1}^{m} \left\{ \frac{2(s-1)}{n(n+1)} + 1 \right\}$$

$$= 2(s-1) \sum_{n=1}^{m} \frac{1}{n(n+1)} + \sum_{n=1}^{m} 1$$

$$= 2(s-1) \sum_{n=1}^{m} \left(\frac{1}{n} - \frac{1}{n+1} \right) + m$$

$$= 2(s-1) \left\{ \left(\frac{1}{1} - \frac{1}{2} \right) + \left(\frac{1}{2} - \frac{1}{3} \right) \right.$$

$$\left. + \cdots + \left(\frac{1}{m-1} - \frac{1}{m} \right) + \left(\frac{1}{m} - \frac{1}{m+1} \right) \right\} + m$$

$$= 2(s-1) \left(1 - \frac{1}{m+1} \right) + m$$

$$= \frac{2m(s-1)}{m+1} + m$$

となるから，$\sum_{n=1}^{m} a_n = 0$ となるのは

$$\frac{2m(s-1)}{m+1} + m = 0$$

のときで，これを s について解くと

$$2m(s-1) = -m(m+1)$$
$$m\{2(s-1)+(m+1)\} = 0$$
$$m\{2s+(m-1)\} = 0$$

$$\therefore \quad m=0, \quad s=\frac{1-m}{2}$$

が得られる。m は正の整数ゆえ $m \neq 0$ であるので

$$s = \frac{1-m}{2} \quad \cdots\cdots(答)$$

である。

別解 (1) ＜階差型に変形する方法＞

$$(n+2)a_{n+1} = na_n + 2 \quad (n=1, 2, 3, \cdots)$$

の両辺に $(n+1)$ をかけると

$$(n+1)(n+2)a_{n+1} = n(n+1)a_n + 2(n+1)$$

となる。$n(n+1)a_n = c_n$ とおくと，これは

$$c_{n+1} = c_n + 2(n+1) \quad すなわち \quad c_{n+1} - c_n = 2(n+1)$$

と表せる。これは，数列 $\{c_n\}$ の階差数列 $\{d_n\}$ が，$d_n = 2(n+1)$ ということなので，$n \geq 2$ のとき

$$c_n = c_1 + \sum_{k=1}^{n-1} d_k = c_1 + \sum_{k=1}^{n-1} 2(k+1)$$
$$= c_1 + 2(2+3+\cdots+n)$$
$$= c_1 + 2 \times \left\{\frac{1}{2}n(n+1) - 1\right\}$$
$$= c_1 + n(n+1) - 2$$
$$= c_1 + n^2 + n - 2$$
$$= c_1 + (n-1)(n+2)$$
$$= 2s + (n-1)(n+2) \quad (\because \quad c_1 = 1 \times 2 \times a_1 = 2s)$$

である。これは $n=1$ に対しても成り立つ。よって

$$a_n = \frac{c_n}{n(n+1)} = \frac{2s+(n-1)(n+2)}{n(n+1)}$$

である。

東北大-理系前期   2023 年度　数学〈解答〉　*35*

━━━━━━━ ◀解　説▶ ━━━━━━━

≪数列の漸化式，部分分数分解による数列の和≫

▶(1)　漸化式の変形においては，〔解答〕では，$a_{n+1}=a_n=\alpha$ とおいて $\alpha=1$ を得たから定数項を消去してみた。〔別解〕では，階差型になるように両辺に $n+1$ をかけた。うまく変形できないときには，a_1，a_2，… を調べてみる。漸化式に $n=1$，2，3，… を代入して

$$3a_2=a_1+2, \quad 4a_3=2a_2+2, \quad 5a_4=3a_3+2, \quad 6a_5=4a_4+2, \quad \cdots$$

となるから

$$a_2=\frac{a_1+2}{3}=\frac{s+2}{3}, \quad a_3=\frac{a_2+1}{2}=\frac{s+5}{6},$$

$$a_4=\frac{3a_3+2}{5}=\frac{s+9}{10}, \quad a_5=\frac{2a_4+1}{3}=\frac{s+14}{15}, \quad \cdots$$

が得られ

$$a_1=s=\frac{s+0}{1}$$

と見れば，a_1，a_2，a_3，a_4，a_5 の

　　　分母が，1，3，6，10，15　（階差数列が 2，3，4，5）

　　　分子が，$s+(\text{分母}-1)$

となっていることがわかる。

$n \geqq 2$ のとき

$$(a_n \text{の分母})=1+\sum_{k=1}^{n-1}(k+1)=1+(2+3+\cdots+n)$$

$$=\frac{1}{2}n(n+1) \quad (n=1 \text{のときも成り立つ})$$

より

$$a_n=\frac{s+\dfrac{1}{2}n(n+1)-1}{\dfrac{1}{2}n(n+1)}=\frac{2s+n^2+n-2}{n(n+1)}$$

$$=\frac{2s+(n-1)(n+2)}{n(n+1)} \quad \cdots\cdots(*)$$

が予想できる。これは，あくまで予想であるから，これが正しいことを，数学的帰納法を用いて証明しなければならない。概略は以下の通り。

〔Ⅰ〕　$n=1$ のとき，$(*)$ は $a_1=s$ となり正しい。

36　2023 年度　数学〈解答〉　　　　　　　　　　　　　　東北大-理系前期

[Ⅱ]　$a_k = \dfrac{2s + (k-1)(k+2)}{k(k+1)}$ を仮定して，$a_{k+1} = \dfrac{2s + k(k+3)}{(k+1)(k+2)}$ を導く。

与えられた漸化式より，$a_{k+1} = \dfrac{ka_k + 2}{k+2}$ であるから，あまり手間がかから

ずにできるだろう。

▶(2)　部分分数分解 $\dfrac{1}{n(n+1)} = \dfrac{1}{n} - \dfrac{1}{n+1}$ を用いる典型的な問題である。

$\boxed{4}$　◇発想◇　実数 a が満たすべき a についての有理数係数の 2 次方
程式を作っておくとよい。

(1)　実際に割り算を行うか，$f(x) = 0$ の解を用いて因数定理を利
用するかになろう。

(2)　1 の 5 乗根（$x^5 = 1$ の解）を想起したい。$f(x) = 0$ を実際に
解いてもよいが，$\arg a$ が問題になる。

(3)　(2)ができていれば対応できるであろう。ド・モアブルの定理
を用いてもよいし，$a^5 = 1$ を利用しても，混用してもよい。

$\boxed{\text{解答}}$　　　$f(x) = x^2 - ax + 1$，　$a = \dfrac{\sqrt{5} - 1}{2}$

(1)　整式 $x^4 + x^3 + x^2 + x + 1$ が $f(x)$ で割り切れることを示す。

実際に $x^4 + x^3 + x^2 + x + 1$ を $f(x) = x^2 - ax + 1$ で割ると

　　　商は　　$x^2 + (a+1)x + a(a+1)$

　　　余りは　　$a(a^2 + a - 1)x - (a^2 + a - 1)$　……①

となる。

$a = \dfrac{\sqrt{5} - 1}{2}$ は，$2a + 1 = \sqrt{5}$ を満たし，$(2a+1)^2 = 5$，すなわち

　　　$a^2 + a - 1 = 0$

を満たすから，余り①は 0 である。

したがって

　　　$x^4 + x^3 + x^2 + x + 1$ は $f(x)$ で割り切れる。　　　　　　（証明終）

(2)　方程式 $x^5 - 1 = 0$ を考察する。

(1)の結果を用いると

$$x^5 - 1 = (x-1)(x^4 + x^3 + x^2 + x + 1)$$
$$= (x-1)\{x^2 + (a+1)x + a(a+1)\}f(x) \quad \cdots\cdots ②$$

である。$x^5 - 1 = 0$ の解を

$$r(\cos\theta + i\sin\theta) \quad (r > 0)$$

とおくと，n を整数として

$$\{r(\cos\theta + i\sin\theta)\}^5 = 1$$
$$r^5(\cos 5\theta + i\sin 5\theta) = 1 \quad (\text{ド・モアブルの定理})$$

より，$r^5 = 1$，$5\theta = 2n\pi$（$\because \cos 5\theta = 1$，$\sin 5\theta = 0$）であるから

$$r = 1, \quad \theta = \frac{2n\pi}{5} \quad (n = 0, 1, 2, 3, 4)$$

となるので，$x^5 - 1 = 0$ の解は

$$1, \quad \cos\frac{2\pi}{5} + i\sin\frac{2\pi}{5}, \quad \cos\frac{4\pi}{5} + i\sin\frac{4\pi}{5},$$
$$\cos\frac{6\pi}{5} + i\sin\frac{6\pi}{5}, \quad \cos\frac{8\pi}{5} + i\sin\frac{8\pi}{5}$$

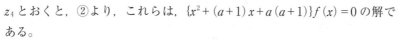

となる。このうち，虚数解を順に z_1，z_2，z_3，z_4 とおくと，②より，これらは，$\{x^2 + (a+1)x + a(a+1)\}f(x) = 0$ の解である。

$f(x) = x^2 - ax + 1 = 0$ において，$a = \dfrac{\sqrt{5} - 1}{2} > 0$ より，$f(x) = 0$ の解は，実部が正である（解の公式）ので，z_1 と z_4 であり，このうち，虚部が正のものは z_1 である。つまり，求める α は

$$\alpha = z_1 = \cos\frac{2\pi}{5} + i\sin\frac{2\pi}{5} \quad \cdots\cdots (\text{答})$$

である。ちなみに，$x^2 + (a+1)x + a(a+1) = 0$ の解は，$a + 1 = \dfrac{\sqrt{5} + 1}{2} > 0$ より，実部が負であることから，z_2 と z_3 である。

(3) このとき，$\dfrac{2\pi}{5} \times 2023 = 404 \times 2\pi + \dfrac{6}{5}\pi$ であるから

$$\alpha^{2023} + \alpha^{-2023} = \left(\cos\frac{2\pi}{5} + i\sin\frac{2\pi}{5}\right)^{2023} + \left(\cos\frac{2\pi}{5} + i\sin\frac{2\pi}{5}\right)^{-2023}$$
$$= \left(\cos\frac{6\pi}{5} + i\sin\frac{6\pi}{5}\right) + \left(\cos\frac{6\pi}{5} - i\sin\frac{6\pi}{5}\right)$$

$$= 2\cos\frac{6\pi}{5}$$

である。$\cos\dfrac{6\pi}{5}$ は z_3 の実部，すなわち，$x^2+(a+1)x+a(a+1)=0$ の解の実部であるので，解の公式を利用して

$$\cos\frac{6\pi}{5}=\frac{-(a+1)}{2}=\frac{-\left(\dfrac{\sqrt{5}-1}{2}+1\right)}{2}=\frac{-\dfrac{\sqrt{5}+1}{2}}{2}=-\frac{1+\sqrt{5}}{4}$$

である。したがって

$$\alpha^{2023}+\alpha^{-2023}=2\times\left(-\frac{1+\sqrt{5}}{4}\right)=-\frac{1+\sqrt{5}}{2} \quad\cdots\cdots(\text{答})$$

である。

別解 ＜共役な複素数の性質を利用する方法＞

(1) $a=\dfrac{\sqrt{5}-1}{2}$ (>0) より $\quad(2a+1)^2=(\sqrt{5})^2$

すなわち $\quad a^2+a-1=0$ $\quad\cdots\cdots$Ⓐが成り立つ。$a^2=1-a$ である。

実数係数の 2 次方程式 $f(x)=x^2-ax+1=0$ は

$$(\text{判別式})=(-a)^2-4=a^2-4=(1-a)-4=-a-3<0 \quad(\because\quad a>0)$$

であるから，2 つの虚数 $\alpha,\ \overline{\alpha}$ を解にもつ。すなわち

$$f(x)=(x-\alpha)(x-\overline{\alpha})$$

となる。$f(\alpha)=\alpha^2-a\alpha+1=0$ より $a=\alpha+\dfrac{1}{\alpha}$ であるから

$$g(x)=x^4+x^3+x^2+x+1$$

とおくと

$$g(\alpha)=\alpha^4+\alpha^3+\alpha^2+\alpha+1=\alpha^2\left(\alpha^2+\alpha+1+\frac{1}{\alpha}+\frac{1}{\alpha^2}\right)$$

$$=\alpha^2\left\{\left(\alpha+\frac{1}{\alpha}\right)^2-2+\left(\alpha+\frac{1}{\alpha}\right)+1\right\}$$

$$=\alpha^2(a^2+a-1)=0 \quad(\text{Ⓐより})$$

$$g(\overline{\alpha})=\overline{g(\alpha)}=0$$

が成り立ち，因数定理により，$g(x)$ は $x-\alpha,\ x-\overline{\alpha}$ を因数にもつことがわかる。したがって，$g(x)=x^4+x^3+x^2+x+1$ は $f(x)$ で割り切れる。

(注) $g(\alpha)=0$ を導くには，次のように，次数を落とす計算をしてもよい。

$\alpha^2 - a\alpha + 1 = 0$ より $\alpha^2 = a\alpha - 1$ であるから
$$\alpha^4 = a^2\alpha^2 - 2a\alpha + 1 = (1-a)\alpha^2 - 2a\alpha + 1 \quad (\because \text{Ⓐ}), \quad \alpha^3 = a\alpha^2 - \alpha$$
となることを用いて
$$\begin{aligned} g(\alpha) &= \alpha^4 + \alpha^3 + \alpha^2 + \alpha + 1 \\ &= \{(1-a)\alpha^2 - 2a\alpha + 1\} + (a\alpha^2 - \alpha) + \alpha^2 + \alpha + 1 \\ &= 2\alpha^2 - 2a\alpha + 2 \\ &= 2(\alpha^2 - a\alpha + 1) = 0 \end{aligned}$$

(2) (1)の α の虚部は正であるとする。
$f(x) = x^2 - ax + 1 = 0$ に解と係数の関係を用いると
$$\alpha + \bar{\alpha} = a, \quad \alpha\bar{\alpha} = 1$$
となり,これは
$$(\alpha \text{ の実部}) = \frac{a}{2} = \frac{\sqrt{5}-1}{4}, \quad |\alpha| = 1$$
を表している。右図より,$\arg\alpha = \theta$ とおくと

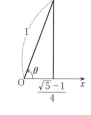

$$\begin{aligned} \cos\theta &= \frac{\sqrt{5}-1}{4} = \frac{4}{4(\sqrt{5}+1)} \\ &= \frac{1}{\sqrt{5}+1} \quad \left(0 < \theta < \frac{\pi}{2}\right) \quad \cdots\cdots \text{Ⓑ} \end{aligned}$$
である。

右図の三角形 ABC は,頂角 $A = 36°\left(\dfrac{\pi}{5}\right)$ の二等辺三角形である。
辺 BC の中点を M とし,辺 CA 上に点 D を $\angle\text{CBD} = 36°$ となるようにとると

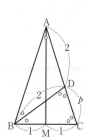

○は $36°\left(\dfrac{\pi}{5}\right)$ を表す

$$\triangle\text{ABC} \backsim \triangle\text{BCD}$$
となるから,CM $= 1$, CD $= p$ とすれば
$$\frac{\text{CA}}{\text{BC}} = \frac{\text{DB}}{\text{CD}} \quad \text{すなわち} \quad \frac{p+2}{2} = \frac{2}{p}$$
が成り立ち
$$p^2 + 2p - 4 = 0$$
$$\therefore \quad p = -1 + \sqrt{5} \quad (p > 0)$$
となるので

$$\cos\angle BCA = \cos 72° = \frac{CM}{CA} = \frac{1}{(-1+\sqrt{5})+2} = \frac{1}{\sqrt{5}+1}$$

となる。よって，⑧における θ は，$\theta = 72° = \dfrac{2\pi}{5}$ とわかる。

したがって，α を極形式で表すと

$$\alpha = \cos\frac{2\pi}{5} + i\sin\frac{2\pi}{5}$$

である。

(3) (2)の結果より

$$\alpha^5 = \left(\cos\frac{2\pi}{5} + i\sin\frac{2\pi}{5}\right)^5 = \cos 2\pi + i\sin 2\pi = 1$$

$$(\bar{\alpha})^5 = 1$$

である。$\alpha\bar{\alpha} = 1$ であることから，$\alpha^{-1} = \dfrac{1}{\alpha} = \bar{\alpha}$ であるので

$$\begin{aligned}
\alpha^{2023} + \alpha^{-2023} &= (\alpha^5)^{404} \times \alpha^3 + \{(\bar{\alpha})^5\}^{404} \times (\bar{\alpha})^3 \\
&= \alpha^3 + (\bar{\alpha})^3 \quad (\because\ \alpha^5 = 1,\ (\bar{\alpha})^5 = 1) \\
&= \alpha^{-2} + (\bar{\alpha})^{-2} = (\bar{\alpha})^2 + \alpha^2 \quad (\because\ (\bar{\alpha})^{-2} = (\alpha^{-1})^{-2} = \alpha^2) \\
&= (\alpha + \bar{\alpha})^2 - 2\alpha\bar{\alpha} \\
&= a^2 - 2 \times 1 = (1-a) - 2 \quad (\text{⑧より}) \\
&= -(a+1) = -\left(\frac{\sqrt{5}-1}{2} + 1\right) = -\frac{\sqrt{5}+1}{2}
\end{aligned}$$

である。

━━━━ ◀解　説▶ ━━━━

≪1の5乗根の1つの極形式表示，式の値≫

▶(1)　実際に割り算を実行する場合は，計算ミスをしないように慎重に行う。a が $a^2 + a - 1 = 0$ を満たすことをあらかじめ知っておきたい。〔別解〕のように因数定理を用いる方法もある。このときは，2つの条件，$a^2 + a - 1 = 0$ と $\alpha^2 - a\alpha + 1 = 0$ から $g(\alpha) = 0$ を導くのであるが，$\alpha \neq 0$ であるから，$a = \alpha + \dfrac{1}{\alpha}$ として $a^2 + a - 1 = 0$ に代入してみるとよい。

▶(2)　1の5乗根に関する問題であることに気づきたい。ド・モアブルの定理の応用でしっかり学習していることと思う。〔別解〕のような解法を

とる場合は, $\cos\theta = \dfrac{\sqrt{5}-1}{4}$ となる θ の値が問題になる。正五角形を描いて, 相似な三角形がたくさん出てくることに親しんでいれば気がつくことであろう。

▶(3) ド・モアブルの定理でいくか, $\alpha^5 = 1$ を利用するかである。後者のほうが簡単にできるようである。ド・モアブルの定理を利用するにしても, $\alpha^5 = 1$ を用いて $\alpha^{2023} + \alpha^{-2023}$ を簡単にしてからがよい。〔解答〕ではあえて複雑なままにしてある。

なお, 〔別解〕(1)の（注）から, $\alpha^5 = 1$ が導ける。

$$\alpha^5 = \alpha \times \alpha^4 = \alpha\{(1-a)\alpha^2 - 2a\alpha + 1\} = (1-a)\alpha^3 - 2a\alpha^2 + \alpha$$
$$= (1-a)(a\alpha^2 - \alpha) - 2a\alpha^2 + \alpha$$
$$= (a - a^2 - 2a)\alpha^2 + (-1 + a + 1)\alpha$$
$$= -(a^2 + a)\alpha^2 + a\alpha = -\alpha^2 + a\alpha = 1$$

5 ◆発想◆ よく経験するタイプの問題である。与えられた条件がたくさんあるので, 図を描いて, そこに書き込んでおこう。

(1) 内積を求める問題であるが, 定義に従えばよいものと, 条件をうまく使うものとがある。

(2) $\overrightarrow{OH} = l\overrightarrow{OA} + m\overrightarrow{OB}$ （l, m は実数）とおいて処理する。CH が平面 OAB に垂直なので, CH⊥OA かつ CH⊥OB である。

(3) $\overrightarrow{HK} = \overrightarrow{OK} - \overrightarrow{OH}$ で, $\overrightarrow{OH}$ は(2)で求めてあるから, $\overrightarrow{OK}$ を $\overrightarrow{OA}$, $\overrightarrow{OB}$, $\overrightarrow{OC}$ で表す。計算ミスがなければ, $\overrightarrow{HK}$ は $\overrightarrow{OC}$ の実数倍で表されるであろう。

解答 右図で, 点 H は平面 OAB 上にあり, 点 K は平面 ABC 上にある。さらに
∠AOB = 60°
$|\vec{a}| = 2$, $|\vec{b}| = 3$, $|\vec{c}| = \sqrt{6}$
$\vec{b} \cdot \vec{c} = 3$, OC⊥AB
CH⊥(平面 OAB), OK⊥(平面 ABC)
である。

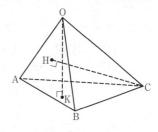

(1) $\vec{a} \cdot \vec{b} = |\vec{a}||\vec{b}|\cos\angle AOB = 2 \times 3 \times \cos 60° = 6 \times \dfrac{1}{2} = 3$

条件 OC⊥AB より，$\overrightarrow{OC} \cdot \overrightarrow{AB} = 0$ であるから

$\overrightarrow{OC} \cdot \overrightarrow{AB} = \overrightarrow{OC} \cdot (\overrightarrow{OB} - \overrightarrow{OA}) = \vec{c} \cdot (\vec{b} - \vec{a}) = \vec{c} \cdot \vec{b} - \vec{c} \cdot \vec{a} = 0$

となり，条件 $\vec{b} \cdot \vec{c} = 3$ より

$\vec{c} \cdot \vec{a} = \vec{c} \cdot \vec{b} = \vec{b} \cdot \vec{c} = 3$

である。

$\vec{a} \cdot \vec{b} = 3, \ \vec{c} \cdot \vec{a} = 3 \quad \cdots\cdots(\text{答})$

(2) 点 H は平面 OAB 上にあるから，$\overrightarrow{OH} = l\overrightarrow{OA} + m\overrightarrow{OB} = l\vec{a} + m\vec{b}$ となる実数 $l, \ m$ が存在する。

$\overrightarrow{CH} = \overrightarrow{OH} - \overrightarrow{OC} = l\vec{a} + m\vec{b} - \vec{c}$ であり，CH⊥（平面 OAB）であるから

CH⊥OA, CH⊥OB すなわち $\overrightarrow{CH} \cdot \overrightarrow{OA} = 0, \ \overrightarrow{CH} \cdot \overrightarrow{OB} = 0$

が成り立つので

$$\begin{cases} (l\vec{a} + m\vec{b} - \vec{c}) \cdot \vec{a} = l|\vec{a}|^2 + m\vec{a} \cdot \vec{b} - \vec{c} \cdot \vec{a} = 0 \\ (l\vec{a} + m\vec{b} - \vec{c}) \cdot \vec{b} = l\vec{a} \cdot \vec{b} + m|\vec{b}|^2 - \vec{b} \cdot \vec{c} = 0 \end{cases}$$

がいえて，$|\vec{a}| = 2, \ |\vec{b}| = 3, \ \vec{a} \cdot \vec{b} = 3, \ \vec{b} \cdot \vec{c} = 3, \ \vec{c} \cdot \vec{a} = 3$ を代入すると

$$\begin{cases} 4l + 3m - 3 = 0 \\ 3l + 9m - 3 = 0 \end{cases}$$

を得る。これを解けば，$l = \dfrac{2}{3}, \ m = \dfrac{1}{9}$ であるから

$$\overrightarrow{OH} = \dfrac{2}{3}\overrightarrow{OA} + \dfrac{1}{9}\overrightarrow{OB} = \dfrac{2}{3}\vec{a} + \dfrac{1}{9}\vec{b} \quad \cdots\cdots(\text{答})$$

である。

(3) 点 K は平面 ABC 上にあるから，$\overrightarrow{AK} = s\overrightarrow{AB} + t\overrightarrow{AC}$ となる実数 $s, \ t$ が存在する。このとき，$\overrightarrow{OK} = \overrightarrow{OA} + \overrightarrow{AK} = \overrightarrow{OA} + s\overrightarrow{AB} + t\overrightarrow{AC}$ であり，OK⊥（平面 ABC）より，OK⊥AB, OK⊥AC であるから

$\overrightarrow{OK} \cdot \overrightarrow{AB} = 0$ すなわち $(\overrightarrow{OA} + s\overrightarrow{AB} + t\overrightarrow{AC}) \cdot \overrightarrow{AB} = 0 \quad \cdots\cdots①$

$\overrightarrow{OK} \cdot \overrightarrow{AC} = 0$ すなわち $(\overrightarrow{OA} + s\overrightarrow{AB} + t\overrightarrow{AC}) \cdot \overrightarrow{AC} = 0 \quad \cdots\cdots②$

が成り立つ。条件 OC⊥AB より $\overrightarrow{OC} \cdot \overrightarrow{AB} = 0$ であることに注意すると，①は

$\{\vec{a} + s(\vec{b} - \vec{a}) + t(\overrightarrow{OC} - \vec{a})\} \cdot \overrightarrow{AB} = 0$

$\{(1 - s - t)\vec{a} + s\vec{b}\} \cdot (\vec{b} - \vec{a}) = 0 \quad (\because \ \overrightarrow{OC} \cdot \overrightarrow{AB} = 0)$

$$(1-2s-t)\,\vec{a}\cdot\vec{b}-(1-s-t)|\vec{a}|^2+s|\vec{b}|^2=0$$

$$(1-2s-t)\times 3-(1-s-t)\times 4+s\times 9=0$$

$$\therefore\quad 7s+t-1=0\quad\cdots\cdots③$$

となり，②は

$$\{\vec{a}+s(\vec{b}-\vec{a})+t(\vec{c}-\vec{a})\}\cdot(\vec{c}-\vec{a})=0$$

$$\{(1-s-t)\,\vec{a}+s\vec{b}+t\vec{c}\}\cdot(\vec{c}-\vec{a})=0$$

$$(1-s-t)\,\vec{a}\cdot\vec{c}-(1-s-t)|\vec{a}|^2+s\vec{b}\cdot\vec{c}-s\vec{b}\cdot\vec{a}+t|\vec{c}|^2-t\vec{c}\cdot\vec{a}=0$$

$$(1-s-t)\times 3-(1-s-t)\times 4+s\times 3-s\times 3+t\times 6-t\times 3=0$$

$$\therefore\quad s+4t-1=0\quad\cdots\cdots④$$

となる。③と④から，$s=\dfrac{1}{9}$，$t=\dfrac{2}{9}$ が得られるので

$$\overrightarrow{OK}=\overrightarrow{OA}+\frac{1}{9}\overrightarrow{AB}+\frac{2}{9}\overrightarrow{AC}$$

がわかり，(2)の結果を用いて

$$\overrightarrow{HK}=\overrightarrow{OK}-\overrightarrow{OH}$$

$$=\left(\overrightarrow{OA}+\frac{1}{9}\overrightarrow{AB}+\frac{2}{9}\overrightarrow{AC}\right)-\left(\frac{2}{3}\vec{a}+\frac{1}{9}\vec{b}\right)$$

$$=\vec{a}+\frac{1}{9}(\vec{b}-\vec{a})+\frac{2}{9}(\vec{c}-\vec{a})-\frac{2}{3}\vec{a}-\frac{1}{9}\vec{b}$$

$$=\frac{2}{9}\vec{c}$$

となる。$\overrightarrow{HK}=\dfrac{2}{9}\vec{c}$ は，ベクトル $\vec{c}$ とベクトル $\overrightarrow{HK}$ が平行であることを表している。　　　　　　　　　　　　　　　　　　　　　　（証明終）

(注)　$\overrightarrow{OK}=\overrightarrow{OA}+s\overrightarrow{AB}+t\overrightarrow{AC}$

$$=\vec{a}+s(\vec{b}-\vec{a})+t(\vec{c}-\vec{a})$$

$$=(1-s-t)\,\vec{a}+s\vec{b}+t\vec{c}$$

であるから，最初から

$$\overrightarrow{OK}=r\vec{a}+s\vec{b}+t\vec{c}\quad(r+s+t=1)$$

とおいてもよい。3文字使っているようであるが，$r+s+t=1$ があるので実質2文字（変数は2つ）である。

◀解　説▶

≪四面体の頂点から対面に下ろした垂線の足の位置ベクトル≫

▶(1)　$\vec{c}\cdot\vec{a}$ を求めるには，条件 $\vec{b}\cdot\vec{c}=3$ と OC⊥AB を用いなければならない。与えられた条件をよくチェックしよう。

▶(2)　ポイントは2つである。1つは，4点O，H，A，Bが同一平面上にあるから，$\overrightarrow{OH}$ が $\overrightarrow{OA}$ と $\overrightarrow{OB}$ の実数倍の和の形に表せること。もう1つは，CH⊥(平面OAB)と，CHが平面OAB上の任意の直線と垂直であることが同値であることである。この2つから

$$\overrightarrow{CH}=\overrightarrow{OH}-\overrightarrow{OC}=l\overrightarrow{OA}+m\overrightarrow{OB}-\overrightarrow{OC}\quad (l,\ m\ \text{は実数})$$
$$\overrightarrow{CH}\cdot\overrightarrow{OA}=0,\ \ \overrightarrow{CH}\cdot\overrightarrow{OB}=0$$

がいえて，未知数 $l,\ m$ が決まる。

▶(3)　目標は明確である。$\vec{c}/\!/\overrightarrow{HK}$ を示すには，$\overrightarrow{HK}$ が $\vec{c}$ の実数倍であることを示せばよい。$\overrightarrow{HK}=\overrightarrow{OK}-\overrightarrow{OH}$ であるから，$\overrightarrow{OK}$ を $\overrightarrow{OA}$，$\overrightarrow{OB}$，$\overrightarrow{OC}$ を用いて表すことになる（$\overrightarrow{OH}$ は(2)で求めてある）。$\overrightarrow{OK}$ は $\overrightarrow{OA}$，$\overrightarrow{OB}$，$\overrightarrow{OC}$ の実数倍の和の形に表せるのだから，多少時間はかかるものの，(2)と同様にすれば解決する。（注）のようにおいて始めると手早くできる。

$\boxed{6}$ 　◇発想◇　分数関数の微分，積分である。積分では対数関数が想起される。

(1)　$f'(x)=1$ を解いて接点の x 座標を確定する。接点の座標が $(a,\ f(a))$ である接線の方程式は $y-f(a)=f'(a)(x-a)$ である。

(2)　$0\leqq x\leqq 2$ で考えればよい。分母を0にする $x=-\dfrac{1}{6}$ は考慮する必要はない。この範囲の $y=f(x)$ のグラフが描ければ，図示問題にはおおむね答えられるであろう。増減表を作ることが基本である。面積計算は複雑になりそうであるから，計算力に自信がなければ，少しでも簡単になるよう工夫してみよう。

解答　　$f(x)=-\dfrac{1}{2}x-\dfrac{4}{6x+1}=-\dfrac{1}{2}x-4(6x+1)^{-1}$

(1)　$f'(x)=-\dfrac{1}{2}+4(6x+1)^{-2}\times 6=-\dfrac{1}{2}+\dfrac{24}{(6x+1)^2}$

東北大−理系前期 2023 年度　数学〈解答〉　45

$$= \frac{48 - (6x+1)^2}{2(6x+1)^2} = \frac{\{4\sqrt{3} + (6x+1)\}\{4\sqrt{3} - (6x+1)\}}{2(6x+1)^2}$$

$$= -\frac{(6x+1+4\sqrt{3})(6x+1-4\sqrt{3})}{2(6x+1)^2} \quad \cdots\cdots①$$

$f'(x) = 1$ を解くと

$$-\frac{1}{2} + \frac{24}{(6x+1)^2} = 1$$

$$\frac{24}{(6x+1)^2} = \frac{3}{2}$$

$$(6x+1)^2 = 16 \quad \left(x \neq -\frac{1}{6}\right)$$

$$6x+1 = \pm 4$$

$$\therefore \quad x = \frac{1}{2}, \ -\frac{5}{6}$$

となる。

曲線 $y = f(x)$ の接線で，傾きが 1 であり，かつ接点の x 座標が正であるものの方程式は，$f'\left(\dfrac{1}{2}\right) = 1$ $\left(f'\left(-\dfrac{5}{6}\right) = 1 \text{ は不適}\right)$ より

$$y - f\left(\frac{1}{2}\right) = f'\left(\frac{1}{2}\right)\left(x - \frac{1}{2}\right)$$

と書ける。

$$f\left(\frac{1}{2}\right) = -\frac{1}{2} \times \frac{1}{2} - \frac{4}{6 \times \frac{1}{2} + 1} = -\frac{1}{4} - 1 = -\frac{5}{4}$$

であるから，求める方程式は

$$y - \left(-\frac{5}{4}\right) = x - \frac{1}{2}$$

すなわち　　$y = x - \dfrac{7}{4}$ ……(答)

である。

(2)　①より，$0 \leq x \leq 2$ における $y = f(x)$ の増減表を作ると右のようになる。ただし

x	0	$\cdots$	$\dfrac{-1+4\sqrt{3}}{6}$	$\cdots$	2
$f'(x)$		$+$	0	$-$	
$f(x)$	-4	$\nearrow$	$f\left(\dfrac{-1+4\sqrt{3}}{6}\right)$	$\searrow$	$-\dfrac{17}{13}$

$$f\left(\frac{-1+4\sqrt{3}}{6}\right) = -\frac{1}{2} \times \frac{-1+4\sqrt{3}}{6} - \frac{4}{6 \times \frac{-1+4\sqrt{3}}{6}+1}$$

$$= \frac{1-4\sqrt{3}}{12} - \frac{4}{4\sqrt{3}}$$

$$= \frac{1-4\sqrt{3}}{12} - \frac{4\sqrt{3}}{12}$$

$$= \frac{1-8\sqrt{3}}{12}$$

である。

したがって，$y=f(x)$（$0\leqq x\leqq 2$）のグラフは下図のようになる。点 P$(x, f(x))$ はこのグラフ上を動くことになる。点 Q$(x+1, f(x)+1)$ は，点 P を x 軸方向に 1，y 軸方向に 1 平行移動した点であるから，点 Q が関数 $y=g(x)$ のグラフ上にあるとすると

$$y-1 = f(x-1)$$

$$y = -\frac{1}{2}(x-1) - \frac{4}{6(x-1)+1} + 1 = -\frac{1}{2}x + \frac{3}{2} - \frac{4}{6x-5}$$

より

$$y = g(x) = -\frac{1}{2}x + \frac{3}{2} - \frac{4}{6x-5} \quad (1\leqq x\leqq 3)$$

である。このグラフも下図に描かれている。

これらのことから，線分 PQ が通過してできる図形 S の概形は，下図の網かけ部分となる。

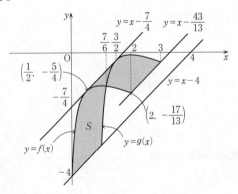

$y = f(x)$ と $y = g(x)$ の交点の x 座標を求めると

$$-\frac{1}{2}x - \frac{4}{6x+1} = -\frac{1}{2}x + \frac{3}{2} - \frac{4}{6x-5} \quad (1 \leqq x \leqq 2)$$

$$\frac{4}{6x-5} - \frac{4}{6x+1} = \frac{3}{2}$$

$$\frac{24}{(6x-5)(6x+1)} = \frac{3}{2}$$

$$36x^2 - 24x - 5 = 16$$

$$36x^2 - 24x - 21 = 0$$

$$12x^2 - 8x - 7 = 0$$

$$(2x+1)(6x-7) = 0$$

$1 \leqq x \leqq 2$ であるから $x = \dfrac{7}{6}$

となる。

S の面積を求める。

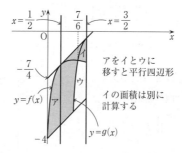

S の $0 \leqq x \leqq \dfrac{3}{2}$ の部分の面積は, 上図のように, 平行四辺形の面積を利用して

$$\left\{-\frac{7}{4} - (-4)\right\} \times \left(\frac{3}{2} - \frac{1}{2}\right) + \int_{\frac{7}{6}}^{\frac{3}{2}} \{g(x) - f(x)\} dx$$

$$= \frac{9}{4} \times 1 + \int_{\frac{7}{6}}^{\frac{3}{2}} \left(\frac{3}{2} - \frac{4}{6x-5} + \frac{4}{6x+1}\right) dx$$

$$= \frac{9}{4} + \left[\frac{3}{2}x - \frac{2}{3}\log|6x-5| + \frac{2}{3}\log|6x+1|\right]_{\frac{7}{6}}^{\frac{3}{2}}$$

$$= \frac{9}{4} + \left\{\frac{3}{2}\left(\frac{3}{2} - \frac{7}{6}\right) - \frac{2}{3}(\log 4 - \log 2) + \frac{2}{3}(\log 10 - \log 8)\right\}$$

$$= \frac{11}{4} - \frac{2}{3}\left(\log\frac{4}{2} - \log\frac{10}{8}\right)$$

$$= \frac{11}{4} - \frac{2}{3}\log\left(\frac{4}{2} \times \frac{8}{10}\right)$$

$$= \frac{11}{4} - \frac{2}{3}\log\frac{8}{5} \quad \cdots\cdots ②$$

となる。

$\frac{3}{2} \leqq x \leqq 2$ の部分の面積は

$$\int_{\frac{3}{2}}^{2}\{g(x)-f(x)\}dx = \left[\frac{3}{2}x - \frac{2}{3}\log|6x-5| + \frac{2}{3}\log|6x+1|\right]_{\frac{3}{2}}^{2}$$

$$= \frac{3}{2}\left(2-\frac{3}{2}\right) - \frac{2}{3}(\log 7 - \log 4) + \frac{2}{3}(\log 13 - \log 10)$$

$$= \frac{3}{4} - \frac{2}{3}\left(\log\frac{7}{4} - \log\frac{13}{10}\right)$$

$$= \frac{3}{4} - \frac{2}{3}\log\left(\frac{7}{4} \times \frac{10}{13}\right)$$

$$= \frac{3}{4} - \frac{2}{3}\log\frac{35}{26} \quad \cdots\cdots ③$$

$2 \leqq x \leqq 3$ の部分の面積は, 右図のように, 直角二等辺三角形の面積を利用して

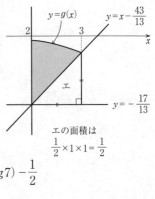

エの面積は
$\frac{1}{2} \times 1 \times 1 = \frac{1}{2}$

$$\int_{2}^{3}\left\{g(x) - \left(-\frac{17}{13}\right)\right\}dx - \frac{1}{2}$$

$$= \int_{2}^{3}\left(-\frac{1}{2}x + \frac{3}{2} - \frac{4}{6x-5} + \frac{17}{13}\right)dx - \frac{1}{2}$$

$$= \left[-\frac{1}{4}x^2 + \frac{73}{26}x - \frac{2}{3}\log|6x-5|\right]_{2}^{3} - \frac{1}{2}$$

$$= -\frac{1}{4}(9-4) + \frac{73}{26}(3-2) - \frac{2}{3}(\log 13 - \log 7) - \frac{1}{2}$$

$$= -\frac{5}{4} + \frac{73}{26} - \frac{1}{2} - \frac{2}{3}\log\frac{13}{7}$$

$$= \frac{55}{52} - \frac{2}{3}\log\frac{13}{7} \quad \cdots\cdots ④$$

S の面積 S_A は②と③と④の和であるから

東北大-理系前期   2023 年度　数学〈解答〉　*49*

$$S_A = \frac{11}{4} + \frac{3}{4} + \frac{55}{52} - \frac{2}{3}\left(\log\frac{8}{5} + \log\frac{35}{26} + \log\frac{13}{7}\right)$$

$$= \frac{237}{52} - \frac{2}{3}\log\left(\frac{8}{5} \times \frac{35}{26} \times \frac{13}{7}\right)$$

$$= \frac{237}{52} - \frac{2}{3}\log 4$$

$$= \frac{237}{52} - \frac{4}{3}\log 2 \quad \cdots\cdots (答)$$

である。

参考　平行四辺形や三角形の面積を利用しないで，地道に計算すると，S_A は次の 6 つの定積分の値の和となる。

$$\int_0^{\frac{1}{2}}\{f(x) - (x - 4)\}\,dx = \frac{29}{16} - \frac{2}{3}\log 4$$

$$\int_{\frac{1}{2}}^{1}\left\{\left(x - \frac{7}{4}\right) - (x - 4)\right\}dx = \frac{9}{8}$$

$$\int_1^{\frac{7}{6}}\left\{\left(x - \frac{7}{4}\right) - g(x)\right\}dx = -\frac{13}{48} + \frac{2}{3}\log 2$$

$$\int_{\frac{7}{6}}^{\frac{3}{2}}\left\{\left(x - \frac{7}{4}\right) - f(x)\right\}dx = \frac{1}{12} + \frac{2}{3}\log\frac{5}{4}$$

$$\int_{\frac{3}{2}}^{2}\{g(x) - f(x)\}\,dx = \frac{3}{4} - \frac{2}{3}\log\frac{35}{26}$$

$$\int_2^3\left\{g(x) - \left(x - \frac{43}{13}\right)\right\}dx = \frac{55}{52} - \frac{2}{3}\log\frac{13}{7}$$

したがって

$$S_A = \frac{29}{16} + \frac{9}{8} - \frac{13}{48} + \frac{1}{12} + \frac{3}{4} + \frac{55}{52}$$

$$- \frac{2}{3}\left(\log 4 - \log 2 - \log\frac{5}{4} + \log\frac{35}{26} + \log\frac{13}{7}\right)$$

$$= \frac{237}{52} - \frac{4}{3}\log 2$$

となる。実際に計算してみて，〔解答〕のような工夫を考えるか，地道に計算するか，自分なりの方法を確立しよう。

50 2023 年度 数学〈解答〉　　　　　　　　　　　　　　　　　　東北大-理系前期

■■■■ ◀解　説▶ ■■■■

≪分数関数の接線，線分の通過領域の面積≫

▶(1)　$f'(x) = 1$ を解くためなら①まで変形する必要はない。①は(2)で必要になる。本問は基本問題である。

▶(2)　$0 \leqq x \leqq 2$ における $y = f(x)$ のグラフを描くと，線分 PQ が通過してできる図形 S の概形は描けると思う。S の面積を求めるためには，図に点 Q の軌跡の方程式 $y = g(x)$ や接線とその方程式，$y = f(x)$ と $y = g(x)$ の交点の座標などの情報を書き込んでおくとよい。何も工夫せず〔参考〕のように計算することもできるが，〔解答〕のようにするといくらか計算が省けるであろう（まだ工夫の余地がありそうであるが）。

❖講　評

　2023 年度も例年同様，医（保健〈看護学〉）学部を除く理系全学部（経済〈理系〉学部を含む）で，大問数が 6 題，試験時間が 150 分であった。全問記述式で，証明問題を含む問題が 2 題，図示問題を含む問題が 1 題あった。１は医（保健〈看護学〉）学部の１と同一問題である。

　考え方の難しい問題はなく，一部を除いて計算量も多くない。全体的な難易度としては，2022 年度より易しくなっている。

　１　袋から玉を取り出す（取り出した玉は袋に戻さない）ゲームの確率の問題である。素直に考えればよい。１〜６の中では最も完答しやすい問題であり，ぜひ完答しておきたい。

　２　三角関数と極限を絡めた問題で，(1)は，3 倍角の公式を用いる三角方程式である。(2)は，正の整数 m 以下の正の解の個数と m の比の極限値を求めるもの。はさみうちの原理を想起する。

　３　数列の漸化式であるが，あまり見かけない形をしている。(1)はそれを解く問題，(2)はその数列の和が 0 になるときの初項の値を求めるものである。(1)が解けないと(2)に進めない。

　４　複素数平面からの問題である。(1)は簡単な証明問題，(2)は方程式の解を極形式で表す問題，(3)は式の値を求める問題である。1 の 5 乗根が題材になっている。正五角形と親しんでいれば解きやすい。

　５　空間ベクトルの問題。四面体の頂点から対面に下ろした垂線と面の交点をベクトルで表す典型的な問題である。(1)は内積を求める基本問

東北大-理系前期 2023 年度 数学〈解答〉 *51*

題，(3)はベクトルの平行を示す証明問題である。

⑥ 微・積分法からの出題で，分数関数が対象である。(1)は接線の方程式を求める基本問題，(2)は線分の通過領域の図示と面積計算である。この(2)が①〜⑥の中で最も完答しにくい問題である。

①，②(1)，④(1)，⑤，⑥(1)は無理なく解ける問題である。残りの問題は得意な分野の問題から解決していきたい。

◀医（保健〈看護学〉）学部▶

1 ◀経済（理系）・理・医（医・保健〈放射線技術科学・検査技術科学〉）・歯・薬・工・農学部▶ 1 に同じ。

2 ◇発想◇ 図を描いてよく観察する。幾何の問題として捉えるか，あるいは三角比（三角関数）を用いるか。

(1) 直角三角形がいくつか見え，三角形の相似が使えそうである。三角関数を用いる場合は，∠LOM＝θ とおくとよいだろう。

(2) 内接円の半径は，おなじみのように面積を利用する。外接円の半径は，「直径に立つ円周角は 90°」を想起するか，正弦定理であろう。

解答 円 C，4 点 O，L，M，N を図示すると下図のようになる。

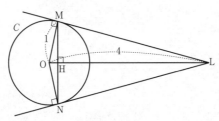

(1) 線分 OL と円 C の弦 MN の交点を H とする。直線 LM，LN はともに円 C の接線であるから，∠OML＝∠ONL＝90°，OM＝ON，OL 共通より △OLM≡△OLN である。よって，∠HOM＝∠HON であり，△OMH≡△ONH である。したがって，∠OHM＝∠OHN＝90° であり，△OMH ∽ △OLM である。

$$\frac{MH}{OM} = \frac{LM}{OL} = \frac{\sqrt{OL^2 - OM^2}}{OL} \quad （三平方の定理）$$

$$= \frac{\sqrt{4^2 - 1^2}}{4} = \frac{\sqrt{15}}{4}$$

が成り立つから，$MH = \frac{\sqrt{15}}{4} OM = \frac{\sqrt{15}}{4} \times 1 = \frac{\sqrt{15}}{4}$ である。

$$HL = \sqrt{LM^2 - MH^2} = \sqrt{(\sqrt{15})^2 - \left(\frac{\sqrt{15}}{4}\right)^2} = \sqrt{15}\sqrt{1 - \frac{1}{16}} = \frac{15}{4}$$

より，三角形 LMN の面積は

$$\frac{1}{2} \times MN \times HL = \frac{1}{2}(2MH) \times HL = MH \times HL$$

$$= \frac{\sqrt{15}}{4} \times \frac{15}{4} = \frac{15}{16}\sqrt{15} \quad \cdots\cdots(\text{答})$$

である。

(2) 三角形 LMN の内接円の中心（内心）を I とする。内接円の半径が r であるから

　　　　($\triangle$LMN の面積)

　　　$= (\triangle$IMN の面積$) + (\triangle$INL の面積$) + (\triangle$ILM の面積$)$

　　　$= \dfrac{1}{2} \times MN \times r + \dfrac{1}{2} \times NL \times r + \dfrac{1}{2} \times LM \times r$

　　　$= \dfrac{1}{2} r (MN + NL + LM)$

　　　$= \dfrac{1}{2} r \left(\dfrac{\sqrt{15}}{2} + \sqrt{15} + \sqrt{15}\right) = \dfrac{5}{4}\sqrt{15}\, r$

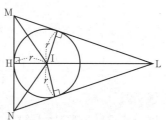

となるから，(1)の結果を用いて

$$\frac{15}{16}\sqrt{15} = \frac{5}{4}\sqrt{15}\, r$$

$$\therefore \quad r = \frac{3}{4} \quad \cdots\cdots(\text{答})$$

である。

三角形 LMN の外接円は，3 点 L，M，N を通る。∠MOL + ∠MLO = 90° より，∠MON + ∠MLN = 180° であるから，この円は点 O も通る。また，∠OML = 90° より，OL はこの外接円の直径である。したがって，三角形 LMN の外接円の半径 R は

$$R = \frac{OL}{2} = \frac{4}{2} = 2 \quad \cdots\cdots(\text{答})$$

である。

 ＜三角関数を用いる方法＞

(1) ∠LOM $= \theta$ とおくと，$\triangle$LOM $\equiv \triangle$LON より，∠LON $= \theta$ である。

$\mathrm{LM} = \sqrt{\mathrm{OL}^2 - \mathrm{OM}^2} = \sqrt{4^2 - 1^2} = \sqrt{15}$ であるから

$$\sin\theta = \frac{\mathrm{LM}}{\mathrm{OL}} = \frac{\sqrt{15}}{4}, \quad \cos\theta = \frac{\mathrm{OM}}{\mathrm{OL}} = \frac{1}{4}$$

である。三角形 LMN の面積 S は，$\mathrm{LM} = \mathrm{LN}$，$\angle\mathrm{OLM} = \angle\mathrm{OLN}$ に注意して

$$\begin{aligned}
S &= \frac{1}{2} \times \mathrm{LM} \times \mathrm{LN} \times \sin\angle\mathrm{MLN} \\
&= \frac{1}{2}\mathrm{LM}^2 \sin 2\angle\mathrm{OLM} \\
&= \frac{1}{2}\mathrm{LM}^2 \sin 2\left(\frac{\pi}{2} - \theta\right) \\
&= \frac{1}{2} \times 15 \times \sin(\pi - 2\theta) \\
&= \frac{15}{2}\sin 2\theta \\
&= \frac{15}{2} \times 2\sin\theta\cos\theta \quad (2\text{ 倍角の公式}) \\
&= \frac{15}{2} \times 2 \times \frac{\sqrt{15}}{4} \times \frac{1}{4} = \frac{15}{16}\sqrt{15}
\end{aligned}$$

である。

(2) r を求める部分は〔解答〕に同じ。

R については，正弦定理より

$$\frac{\mathrm{LN}}{\sin\angle\mathrm{NML}} = 2R$$

であるから，$\mathrm{LN} = \mathrm{LM} = \sqrt{15}$，$\sin\angle\mathrm{NML} = \sin\angle\mathrm{LOM} = \sin\theta = \dfrac{\sqrt{15}}{4}$ より

$$R = \frac{\mathrm{LN}}{2\sin\angle\mathrm{NML}} = \frac{\sqrt{15}}{2 \times \dfrac{\sqrt{15}}{4}} = 2$$

である。

◀ 解　説 ▶

≪円と接線，三角形の面積，内接円・外接円の半径≫

▶(1)　三角形の相似に着目して比例式を解くか，〔別解〕のように三角関数による三角形の面積の公式を用いるかである。後者のほうが答案記述は

楽かもしれない。2倍角の公式を使わなくてもできる。

▶(2) 内接円の半径については，面積を利用する方法が一般的である。外接円の半径のほうは，〔別解〕の正弦定理を先に思いつくかもしれない。しかし，2点O，Lを直径とする円周上にM，Nがあることに気づけば早い（∠OML＝∠ONL＝90°）。

---

3 ◇発想◇ よく見かけるタイプの問題である。下に凸の放物線の概形を描いて考えることが鉄則である。

(1) $y=f(x)$ の軸の位置が区間 $a≦x≦a+3$ の中央の左か右かで最大値をとる x の値が変わる。区間を表す文字 a が $f(x)$ の係数にも使われているので紛らわしいが，素直に考える。

(2) $a≦x≦a+3$ における $f(x)$ の最小値が $m(a)$ であるので，軸の位置がこの区間に含まれれば，$m(a)$ は $f(x)$ の最小値となる。

(3) $y=m(a)$ のグラフを描いてみるとよい。

解答

$$f(x)=x^2+2ax-3$$
$$=(x+a)^2-a^2-3 \quad (a≦x≦a+3) \quad \cdots\cdots(*)$$

(1) 2次関数(*)は下に凸の放物線で，軸の方程式は $x=-a$ であるから，$f(x)$ ($a≦x≦a+3$) の最大値 $M(a)$ は

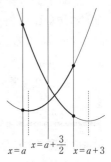

$-a<a+\dfrac{3}{2}$ すなわち $a>-\dfrac{3}{4}$ のとき

$$M(a)=f(a+3)=(2a+3)^2-a^2-3$$
$$=3a^2+12a+6$$

$a+\dfrac{3}{2}≦-a$ すなわち $a≦-\dfrac{3}{4}$ のとき

$$M(a)=f(a)=(2a)^2-a^2-3=3a^2-3$$

となる。まとめると次のようになる。

$$M(a)=\begin{cases} 3a^2-3 & \left(a≦-\dfrac{3}{4} \text{のとき}\right) \\ 3a^2+12a+6 & \left(a>-\dfrac{3}{4} \text{のとき}\right) \end{cases} \quad \cdots\cdots(答)$$

(2) $f(x)$ の最小値 $m(a)$ は

$-a < a$ すなわち $a > 0$ のとき
$$m(a) = f(a) = 3a^2 - 3$$

$a \leq -a < a+3$ すなわち $-\dfrac{3}{2} < a \leq 0$ のとき
$$m(a) = f(-a) = -a^2 - 3$$

$a + 3 \leq -a$ すなわち $a \leq -\dfrac{3}{2}$ のとき
$$m(a) = f(a+3) = 3a^2 + 12a + 6$$

となる。まとめると次のようになる。

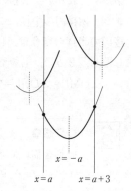

$$m(a) = \begin{cases} 3a^2 + 12a + 6 & \left(a \leq -\dfrac{3}{2} \text{ のとき}\right) \\ -a^2 - 3 & \left(-\dfrac{3}{2} < a \leq 0 \text{ のとき}\right) \\ 3a^2 - 3 & (0 < a \text{ のとき}) \end{cases}$$ ……(答)

(3) $3a^2 + 12a + 6 = 3(a^2 + 4a) + 6$
$= 3\{(a+2)^2 - 4\} + 6$
$= 3(a+2)^2 - 6$

$3a^2 - 3 = 3(a+1)(a-1)$

などに注意して、$y = m(a)$ のグラフを描くと右図の太実線になる。

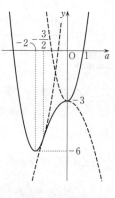

よって、$m(a)$ は
$a = -2$ で最小値 -6 ……(答)
をとる。

━━━━━━━━━◀ 解 説 ▶━━━━━━━━━

≪軸の位置により分類する2次関数の最大・最小≫

▶(1) $M(a)$ には $f(x)$ の最小値 $-a^2 - 3$ は関係しないので、$f(x)$ の軸の位置が区間 $a \leq x \leq a+3$ の中央 $a + \dfrac{3}{2}$ の左であるか、右であるかで分けて考えればよい。$f(a)$,$f(a+3)$ の値だけが問題となる。

▶(2) $m(a)$ は、$f(x)$ の軸の位置が、区間 $a \leq x \leq a+3$ の左にあるか、区間に含まれるか、区間の右にあるかで3つの場合に分けなければならない。$f(a)$,$f(-a)$,$f(a+3)$ の3つの値が必要になる。

▶(3) $m(a)$ のグラフを〔解答〕のように描いてみれば一目瞭然であるが

$a \leq -\dfrac{3}{2}$ のとき $\quad 3a^2+12a+6=3(a+2)^2-6 \geq -6 \quad (a=-2$ で等号成立$)$

$-\dfrac{3}{2} < a \leq 0$ のとき $\quad -a^2-3 > -\left(-\dfrac{3}{2}\right)^2-3 = -\dfrac{21}{4} \quad (>-6)$

$a>0$ のとき $\quad 3a^2-3 > 3 \times 0^2-3 = -3 \quad (>-6)$

より，$a=-2$ のとき $m(a)$ は最小値 -6 をとる，としてもよい。

なお，a の範囲に等号 $=$ を付けていないところがあるが

$$a \leq -\dfrac{3}{2}, \quad -\dfrac{3}{2} \leq a \leq 0, \quad a \geq 0$$

とすべてに $=$ を付しても問題ない。もれがなければよい。

4

◇発想◇ 点 Q は点 P を x 軸方向に 1，y 軸方向に 1 だけ平行移動した点である。

(1) 絶対値を含む 1 次関数である関数 $f(x)$ のグラフは折れ線になる。実際に図を描けば，おのずと Q の図も描けて，面積を求める領域がわかる。面積を求める計算方法はいろいろ考えられるだろう。

(2) $y=f(x)$ 上の点 $(a, f(a))$ における接線の方程式は，$y-f(a)=f'(a)(x-a)$ である。傾き 1 は，$f'(a)=1$ を意味する。

(3) (2)で得た情報を考えながら，(1)と同様にする。面積計算は定積分でいくか，何か工夫があるか。

解答 2点 $P(x, f(x))$，$Q(x+1, f(x)+1)$ を結ぶ線分 PQ $(0 \leq x \leq 2)$ が通過してできる図形の面積が S である。

(1) $f(x)=-2|x-1|+2$
$= \begin{cases} -2x+4 & (x \geq 1) \\ 2x & (x<1) \end{cases}$

のグラフの $0 \leq x \leq 2$ の部分を描くと右図のようになる。このグラフ上の点 P を，x 軸方向に 1，y 軸方向に 1 平行移動し

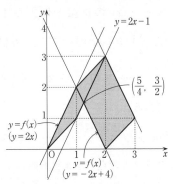

た点がQであるから，線分 PQ が通過してできる図形は上図の網かけ部分である。上図の2直線

$$y = -2x + 4, \quad y = 2x - 1$$

の交点の座標は $\left(\dfrac{5}{4}, \dfrac{3}{2}\right)$ である。

網かけ部分の $0 \leqq x \leqq 1$ に対応する三角形の面積は

$$\frac{1}{2} \times 1 \times 1 = \frac{1}{2} \quad \cdots\cdots①$$

3点 $(1, 1)$, $(1, 2)$, $(2, 3)$ を頂点とする三角形の面積は

$$\frac{1}{2} \times 1 \times 1 = \frac{1}{2} \quad \cdots\cdots②$$

3点 $\left(\dfrac{5}{4}, \dfrac{3}{2}\right)$, $(2, 0)$, $(2, 3)$ を頂点とする三角形の面積は

$$\frac{1}{2} \times 3 \times \frac{3}{4} = \frac{9}{8} \quad \cdots\cdots③$$

$2 \leqq x \leqq 3$ に対応する部分の三角形の面積は

$$\frac{1}{2} \times 3 \times 1 = \frac{3}{2} \quad \cdots\cdots④$$

であるから

$$S = ① + ② + ③ + ④ = \frac{1}{2} + \frac{1}{2} + \frac{9}{8} + \frac{3}{2} = \frac{29}{8} \quad \cdots\cdots(答)$$

である。

(2) $f(x) = \dfrac{1}{2}(x-1)^2 = \dfrac{1}{2}(x^2 - 2x + 1)$, $f'(x) = \dfrac{1}{2}(2x - 2) = x - 1$

より，$f'(x) = 1$ となる x は，$x - 1 = 1$ より $x = 2$ である。したがって，曲線 $y = f(x)$ の接線で傾きが1のものの接点は $(2, f(2))$，すなわち $\left(2, \dfrac{1}{2}\right)$ であるから，求める方程式は

$$y - \frac{1}{2} = 1 \times (x - 2) \quad より \quad y = x - \frac{3}{2} \quad \cdots\cdots(答)$$

である。

(3) $y = f(x) = \dfrac{1}{2}(x-1)^2 \ (0 \leqq x \leqq 2)$ のグラフは次図のようになる。このグラフ上の点Pを x 軸方向に1，y 軸方向に1平行移動した点Qが，関数

$y=g(x)$ 上にあるとすると

$$y-1=f(x-1)=\frac{1}{2}(x-2)^2$$

より

$$g(x)=\frac{1}{2}(x-2)^2+1 \quad (1\leqq x\leqq 3)$$

である。線分 PQ が通過してできる図形は右図の網かけ部分となる。この網かけ

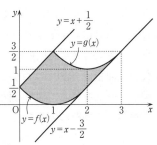

部分のうち，$0\leqq x\leqq 2$ かつ $0\leqq y\leqq \frac{1}{2}$ の部分を平行移動して，$1\leqq x\leqq 3$ かつ $1\leqq y\leqq \frac{3}{2}$ の空所に埋め込めば，求める面積は平行四辺形の面積となる。したがって

$$S=2\times 1=2 \quad \cdots\cdots(答)$$

である。

(注) 定積分を用いて次のように計算することもできる。

$$S=\int_0^1\left\{\left(x+\frac{1}{2}\right)-\frac{1}{2}(x-1)^2\right\}dx+\int_1^2\left\{\frac{1}{2}(x-2)^2+1-\frac{1}{2}(x-1)^2\right\}dx$$
$$+\int_2^3\left\{\frac{1}{2}(x-2)^2+1-\left(x-\frac{3}{2}\right)\right\}dx$$
$$=\int_0^1\left(-\frac{1}{2}x^2+2x\right)dx+\int_1^2\left(-x+\frac{5}{2}\right)dx+\int_2^3\left(\frac{1}{2}x^2-3x+\frac{9}{2}\right)dx$$
$$=\left[-\frac{x^3}{6}+x^2\right]_0^1+\left[-\frac{x^2}{2}+\frac{5}{2}x\right]_1^2+\left[\frac{x^3}{6}-\frac{3}{2}x^2+\frac{9}{2}x\right]_2^3$$
$$=-\frac{1}{6}+1-\frac{4-1}{2}+\frac{5}{2}(2-1)+\frac{27-8}{6}-\frac{3}{2}(9-4)+\frac{9}{2}(3-2)$$
$$=-\frac{1}{6}+1-\frac{3}{2}+\frac{5}{2}+\frac{19}{6}-\frac{15}{2}+\frac{9}{2}=2$$

◀解　説▶

≪接線の方程式，線分の通過領域の面積≫

▶(1) 絶対値の処理を正確に行おう。$a\geqq 0$ のとき $|a|=a$，$a<0$ のとき $|a|=-a$ である。Pが動く折れ線が描ければ，Qはすぐにわかり，線分 PQ の通過領域の図は難しくない。面積の求め方はいろいろあるだろうが，〔解答〕はその一例である。面積が計算しやすい三角形に分割してみた。

▶(2) 傾きが1の接線と $y=f(x)$ の接点の x 座標は $f'(x)=1$ の解である。よく練習する基本問題である。

▶(3) 点Pは $0≦x≦2$ の範囲の放物線の上にあり，その1つの点に対して，点Qは $1≦x≦3$ の範囲の同じ形の放物線の上にある。領域の図示は難しくない。面積は（注）のように定積分計算で求めることになるが，ここでは，図形の一部を移して簡単な図形（平行四辺形）にすることができるので，〔解答〕ではその方法をとった。

❖講 評

2023年度も例年同様，大問数が4題，試験時間が100分であった。すべて記述式である。証明問題も図示問題も出題されなかった。①〜④全問題が文系学部と共通問題で，そのうち①は他の理系と共通問題であった。

2023年度は，よく練習するタイプの問題が目立ち，計算量が多くなる問題もなかった。全体的に，2022年度に比べ易しくなっている。

① 袋から玉を取り出す（取り出した玉は袋に戻さない）ゲームの確率の問題である。素直に考えればよい。①〜④の中で最も完答しやすい問題であり，ぜひ完答しておきたい。

② 図形の問題である。三角関数を利用することもできる。円に1点から接線を2本引いたとき，その1点と2つの接点でできる三角形の面積，内接円の半径，外接円の半径を求める。

③ 軸の位置で場合分けする2次関数の最大・最小の問題で，定義域と2次関数の係数に同じ文字が含まれている。グラフの概形を描いて考える問題であるが，難しくはない。

④ 線分PQの通過領域の面積を求める問題である。Pがその上を動く図形が，(1)絶対値の付いた1次関数で表された折れ線，(3)放物線である。(2)では接線の方程式を求める。PとQの関係はわかりやすい。

苦手な分野があれば別だが，どの問題から始めてもよさそうである。特に，①を完答して余裕をもちたいものである。

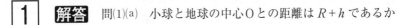

物理

1 解答

問(1)(a) 小球と地球の中心Oとの距離は$R+h$であるから

$$F_1 = G\frac{Mm}{(R+h)^2} \quad \cdots\cdots(答)$$

(b) 円運動の運動方程式より

$$m\frac{V^2}{R+h} = G\frac{Mm}{(R+h)^2}$$

$$\therefore \quad V = \sqrt{\frac{GM}{R+h}} \quad \cdots\cdots(答)$$

(c) 円軌道の1周の長さは$2\pi(R+h)$であるから

$$T_1 = \frac{2\pi(R+h)}{V} = 2\pi(R+h)\sqrt{\frac{R+h}{GM}} \quad \cdots\cdots(答)$$

問(2)(a) 地球の密度をρとすると

$$M = \frac{4}{3}\pi R^3 \cdot \rho, \quad M' = \frac{4}{3}\pi r^3 \cdot \rho$$

$$\therefore \quad M' = \frac{r^3}{R^3}M$$

(b) (a)のM'を用いて

$$F_2 = G\frac{M'm}{r^2} = \frac{GMm}{R^3}r \quad \cdots\cdots(答)$$

(c) 小球の加速度を,地球の中心Oから外向きを正としてaとすると,運動方程式より

$$ma = -\frac{GMm}{R^3}r \quad \therefore \quad a = -\frac{GM}{R^3}r$$

これは単振動の式で,角振動数をωとすると,$a = -\omega^2 r$より

$$\omega = \sqrt{\frac{GM}{R^3}}$$

よって,周期T_2は

$$T_2 = \frac{2\pi}{\omega} = 2\pi\sqrt{\frac{R^3}{GM}} \quad \cdots\cdots(答)$$

問(3)(a) 点Hと点Aでの万有引力の位置エネルギーをそれぞれ U_H, U_A とすると

$$U_H = -G\frac{Mm}{R+h}, \quad U_A = -G\frac{Mm}{R}$$

万有引力がする仕事 W_1 は位置エネルギーの減少に等しいから

$$W_1 = U_H - U_A = GMm\left(\frac{1}{R} - \frac{1}{R+h}\right) = \frac{GMmh}{R(R+h)} \quad \cdots\cdots(答)$$

(b) 点Aから点Oまでは，問(2)(c)より，ばね定数 $k = \dfrac{GMm}{R^3}$ のばねの振動と同じであるから，点Aでの位置エネルギーを $\dfrac{1}{2}kR^2$，点Oでの位置エネルギーを 0 として

$$W_2 = \frac{1}{2}kR^2 - 0 = \frac{GMm}{2R} \quad \cdots\cdots(答)$$

(c) 万有引力がした仕事だけ運動エネルギーが変化するから

$$\frac{1}{2}mv^2 = W_1 + W_2 = \frac{GMm}{R}\left(\frac{h}{R+h} + \frac{1}{2}\right) = \frac{GMm(R+3h)}{2R(R+h)}$$

$$\therefore \quad v = \sqrt{\frac{GM(R+3h)}{R(R+h)}} \quad \cdots\cdots(答)$$

(d) 点Oから距離 r と R の位置における位置エネルギーの差は，基準点のとり方によらないので

$$U - U_A = \frac{1}{2}kr^2 - \frac{1}{2}kR^2$$

$$U = U_A - \frac{1}{2}k(R^2 - r^2)$$

$$= -G\frac{Mm}{R} - \frac{GMm}{2R^3}(R^2 - r^2)$$

$$= \frac{GMm}{2R^3}(r^2 - 3R^2) \quad \cdots\cdots(答)$$

問(4) 小球1：(お)　小球2：(か)

理由：$0 \le t \le t_0$ までは，小球1は $r = R$ の等速円運動，小球2は $r = R$ の点A，$r = 0$ の点O，$r = R$ の点Bまで単振動の半周期分の運動をする。点Bで小球1と小球2は速度が入れ替わり，$t_0 \le t \le 2t_0$ で小球1は単振動，小球2は等速円運動をする。よって，小球1のグラフは(お)，小球2のグラフは(か)となる。

東北大-理系前期 　　　　　　　　　　　　　2023 年度　物理〈解答〉　*63*

◀解　説▶

≪万有引力，地球の中心を通るトンネル内の単振動≫

▶問(1)(a)　万有引力の法則である。

▶(b)　小球は万有引力を向心力として，半径 $R+h$，速さ V の等速円運動をする。

▶(c)　円周を速さで割れば周期が求まる。

▶問(2)(a)　球の体積は半径の 3 乗に比例するので，$M' = \dfrac{r^3}{R^3} M$ としてよい。

▶(b)　半径 r の球内の質量 M' が距離 r の位置の小球の万有引力に寄与することはニュートンによって示された。

▶(c)　F_2 が r に比例する引力であるから，ばねの弾性力と同じ形になることがわかる。よって，単振動になる。

▶問(3)(a)　小球が地球の中心 O から距離 r の位置にあるとき，小球にはたらく万有引力を外向きを正として F_r とおく。$r \geqq R$ のときは $F_r = -G\dfrac{Mm}{r^2}$ であるから

$$
\begin{aligned}
W_1 &= \int_{R+h}^{R} F_r \, dr = -GMm \int_{R+h}^{R} \frac{dr}{r^2} \\
&= GMm \left[\frac{1}{r} \right]_{R+h}^{R} \\
&= GMm \left(\frac{1}{R} - \frac{1}{R+h} \right)
\end{aligned}
$$

としてもよい。

▶(b)　点 A から点 O までは，$F_r = F_2 = -\dfrac{GMm}{R^3} r$ であるから

$$
W_2 = \int_{R}^{0} \left(-\frac{GMm}{R^3} r \right) dr = -\frac{GMm}{2R^3} \left[r^2 \right]_{R}^{0} = \frac{GMm}{2R}
$$

としてもよい。

▶(c)　点 H で静止していたから，運動エネルギーの変化は $\dfrac{1}{2} mv^2$ である。

▶(d)　小球がトンネル内にあるときは $F_r = -\dfrac{GMm}{R^3} r$，点 A から無限遠方までは $F_r = -\dfrac{GMm}{r^2}$ である。距離 r の位置での位置エネルギーは，F が r

から基準点（無限遠方）までにする仕事であるから

$$U = \int_r^R \left(-\frac{GMm}{R^3}r'\right)dr' + \int_R^\infty \left(-\frac{GMm}{r'^2}\right)dr'$$

$$= \left[-\frac{GMm}{2R^3}r'^2\right]_r^R + \left[\frac{GMm}{r'}\right]_R^\infty$$

$$= -\frac{GMm}{2R^3}(R^2 - r^2) - \frac{GMm}{R}$$

としてもよい。

（注）積分区間に∞を含む積分の数学的な扱い方は大学で学習するが，ここでは，$r' \to \infty$ のとき $\frac{1}{r'} \to 0$ であるから消えていると考えてよい。

▶問(4) 単振動は $r = R\cos\omega t$ の形であるが，縦軸が距離であるから，$r = R|\cos\omega t|$ の形になることに注意する。

2 解答

問(1)(a)(i) 導体棒1中の自由電子はローレンツ力を受けて下向きに移動し，正の電流を流すから誘導起電力 E は正である。よって

$$E = v_0 Bl \quad \cdots\cdots（答）$$

(ii) 導体棒1と抵抗Aを含む閉回路で，キルヒホッフの第二法則より

$$E = rI_1 + rI_1 = 2rI_1$$

$$\therefore \quad I_1 = \frac{E}{2r} = \frac{v_0 Bl}{2r} \quad \cdots\cdots（答）$$

(iii) 導体棒1が磁場から受ける力は，図1の左向きに $I_1 Bl$ であるから，導体棒1にはたらく力のつり合いより

$$F = I_1 Bl = \frac{v_0 B^2 l^2}{2r} \quad \cdots\cdots（答）$$

(b) スイッチを閉じたとき，図2は下図の回路と同じである。

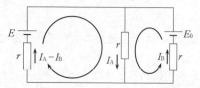

キルヒホッフの第二法則より

$$E_0 = rI_A + rI_B \quad \therefore \quad I_A + I_B = \frac{E_0}{r}$$

$$E = r(I_A - I_B) + rI_A$$
$$= r(2I_A - I_B)$$
$$\therefore \quad 2I_A - I_B = \frac{E}{r}$$

2式より
$$\left. \begin{array}{l} I_A = \dfrac{E_0 + E}{3r} \\[2mm] I_B = \dfrac{2E_0 - E}{3r} \end{array} \right\} \quad \cdots\cdots(\text{答})$$

問(2)(a) I_2 が0になったから，コンデンサーには導体棒1の誘導起電力 E がかかっている。よって
$$Q = CE = Cv_0Bl \quad \cdots\cdots(\text{答})$$

(b) $I_2 = 0$ になるまでに誘導起電力は QE の仕事をしコンデンサーに $\frac{1}{2}CE^2$ のエネルギーが蓄えられるから，発生したジュール熱は
$$QE - \frac{1}{2}CE^2 = CE^2 - \frac{1}{2}CE^2 = \frac{1}{2}CE^2 = \frac{1}{2}C(v_0Bl)^2$$

抵抗値 r と R の抵抗は直列であるから
$$J = \frac{R}{R+r} \cdot \frac{1}{2}C(v_0Bl)^2 = \frac{RC(v_0Bl)^2}{2(R+r)} \quad \cdots\cdots(\text{答})$$

問(3)(a)

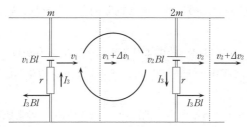

上図の回路でキルヒホッフの第二法則より
$$v_1Bl - v_2Bl = rI_3 + rI_3$$
$$\therefore \quad I_3 = \frac{(v_1 - v_2)Bl}{2r} \quad \cdots\cdots(\text{答})$$

(b) 受けた力積だけ運動量が変化するから

導体棒1： $m\Delta v_1 = -I_3Bl \cdot \Delta t \quad \therefore \quad \Delta v_1 = -\dfrac{I_3Bl}{m}\Delta t \quad \cdots\cdots(\text{答})$

導体棒2：$2m\Delta v_2 = I_3 Bl \cdot \Delta t$　　∴　$\Delta v_2 = \dfrac{I_3 Bl}{2m}\Delta t$　……(答)

(c) 十分時間がたつと $I_3 = 0$ となるので

$$V_1 Bl - V_2 Bl = 0 \quad ∴ \quad V_1 = V_2$$

運動量保存則より

$$mv_0 = mV_1 + 2mV_2 \quad ∴ \quad V_1 + 2V_2 = v_0$$

2式より

$$V_1 = \dfrac{1}{3}v_0, \quad V_2 = \dfrac{1}{3}v_0 \quad ……(答)$$

◀解　説▶

≪磁場を横切る導体棒，直流回路≫

▶問(1)(a)(i)　自由電子は右ねじの法則よりローレンツ力 $ev_0 B$（e は電気素量）を下向きに受けて移動し，下向きの電場 E' をつくる。この電場から上向きに受ける力 eE' と $ev_0 B$ がつり合い，$E' = v_0 B$ になると移動がやむ。このとき，誘導起電力は $E = E'l = v_0 Bl$ となる。

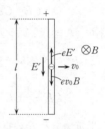

▶(ii)　導体棒1は起電力 $E = v_0 Bl$ の電池と抵抗値 r の抵抗の直列接続とみなしてよい。

▶(iii)　電流が磁場から受ける力は v_0 と逆向きで，ブレーキとなる。よって，v_0 を一定に保つためには，v_0 と同じ向きに力を加え続ける必要がある。

▶(b)　キルヒホッフの第一法則より $I_1 + I_B = I_A$ であるから，$I_1 = I_A - I_B$ となる。任意の2つの閉回路について，キルヒホッフの第二法則を用いればよい。

▶問(2)(a)　I_2 が0であるから，抵抗値 r，R の抵抗での電圧降下は0となり，コンデンサーに電圧 E がかかることになる。

▶(b)　導体棒1は起電力 E の電池とみなしてよいから，$QE = CE^2$ の仕事をする。このうちの半分 $\dfrac{1}{2}CE^2$ がコンデンサーに蓄えられ，残りの半分はジュール熱となる。これは抵抗値 r と R の抵抗のジュール熱の和であり，2つの抵抗の直列接続では，同時刻で流れる電流は等しいので，それ

ぞれジュール熱は抵抗値に比例することに注意する。

▶問(3)(a)　問(1)(a)と同様にして，導体棒1，導体棒2の誘導起電力はそれぞれ v_1Bl, v_2Bl となる。導体棒1の速度は v_0 から次第に減少し，導体棒2の速度は0から次第に増加する。よって，$v_1 > v_2$ としてよい。したがって，I_3 は図4の正の向きに流れる。

▶(b)　導体棒1には図4の左向きに，導体棒2は右向きに力積がはたらく。作用反作用の法則より，これらは同じ大きさとなる。

▶(c)　v_1 は次第に遅くなり v_2 は次第に速くなる。$V_1 = V_2$ になると I_3 が0となり導体棒1，導体棒2にはたらく力が0になるので，一定速度に達する。

3 解答　問(1)(a)　理想気体の状態方程式より

$$P_1 \cdot L_1 S = nRT_0 \qquad \therefore \quad L_1 = \frac{nRT_0}{P_1 S} \quad \cdots\cdots(答)$$

(b)　全体にはたらく浮力と重力のつり合いより

$$\rho \cdot Sd \cdot g = mg \qquad \therefore \quad d = \frac{m}{\rho S} \quad \cdots\cdots(答)$$

(c)　シリンダーにはたらく力のつり合いより

$$P_1 S = P_0 S + mg$$

$$\therefore \quad P_1 = P_0 + \frac{mg}{S} \quad \cdots\cdots(答)$$

問(2)(a)　気体の圧力は P_1 のまま一定であるから，シャルルの法則より

$$\frac{L_1 S}{T_0} = \frac{L_2 S}{T_2} \qquad \therefore \quad T_2 = \frac{L_2}{L_1} T_0 \quad \cdots\cdots(答)$$

(b)　圧力 P_1 で体積が $S(L_2 - L_1)$ 変化するから

$$W = P_1 S(L_2 - L_1) \quad \cdots\cdots(答)$$

(c)　内部エネルギーの変化 ΔU は

$$\Delta U = \frac{3}{2}(P_1 \cdot L_2 S - P_1 \cdot L_1 S) = \frac{3}{2} P_1 S(L_2 - L_1)$$

熱力学第一法則より

$$Q = \Delta U + W = \frac{5}{2} P_1 S(L_2 - L_1) \quad \cdots\cdots(答)$$

問(3)(a) 状態3の気体の圧力はP_0, 温度はT_0であるから, 状態1と比較して, ボイルの法則より

$$P_0 \cdot L_3 S = P_1 \cdot L_1 S \quad \therefore \quad L_3 = \frac{P_1}{P_0} L_1 \quad \cdots\cdots(答)$$

(b) ピストンの液面からの深さは$L - L_3$であるから

$$P_L = P_0 + \rho g(L - L_3) \quad \cdots\cdots(答)$$

(c) 気体の圧力と体積は右図のように変化するから

$$W' = \frac{1}{2}(P_0 + P_1)Sd \quad \cdots\cdots(答)$$

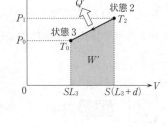

(d) 内部エネルギーの減少$\Delta U'$は

$$\Delta U' = \frac{3}{2}nR(T_2 - T_0)$$

$$= \frac{3}{2}(P_1 L_2 S - P_1 L_1 S)$$

$$= \frac{3}{2}P_1 S(L_2 - L_1) = \frac{3}{2}W$$

熱力学第一法則より

$$Q' = W' + \Delta U'$$

$$= W' + \frac{3}{2}W \quad \cdots\cdots(答)$$

問(4) 記号:(あ)

理由:状態3から状態4は断熱変化で圧力がP_0からP_1に増加し, 状態1より体積は大きくなる。よって, $L_4 > L_1$である。

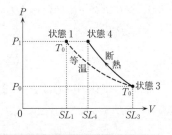

━━━━◀ 解 説 ▶━━━━

≪液体中に浮いたシリンダー内の気体の状態変化≫

▶問(1)(a) 圧力P_1, 温度T_0, 物質量n, 気体定数Rが与えられているので, 体積SL_1が求まる。

▶(b)・(c) ピストンにはたらく力のつり合い

$$P_1 S = (P_0 + \rho g d)S$$

と, シリンダーにはたらく力のつり合い

$$P_1 S = P_0 S + mg$$

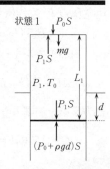

より，$\rho g d S = m g$ となるが，これはピストンとシリンダーを一体とみると，浮力と重力のつり合いとなる。

▶問(2)(a) シリンダーにはたらく力のつり合いより気体の圧力は P_1 のまま，ピストンにはたらく力のつり合いより d もそのままであることがわかる。すなわち，気体が膨張しても液面からピストンまでの距離は変わらず，液面からシリンダーの底面までの距離が変化する。よって，状態1から状態2は圧力 P_1 の定圧変化となる。

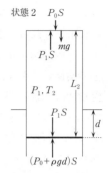

▶(b) 定圧変化であるから，(気体がした仕事) = (圧力)×(体積の増加) となる。

▶(c) 理想気体の圧力を P，体積を V，絶対温度を T とすると，内部エネルギー U は $U = \frac{3}{2}nRT = \frac{3}{2}PV$ となるので，P が一定のとき，温度と体積の変化量をそれぞれ ΔT, ΔV とすると，内部エネルギーの変化量 ΔU は

$$\Delta U = \frac{3}{2}nR\Delta T = \frac{3}{2}P\Delta V$$

である。$W = P\Delta V$ より

$$Q = \Delta U + W = \frac{5}{2}P\Delta V$$

となる。または，定圧モル比熱 $\frac{5}{2}R$ を用いて

$$Q = \frac{5}{2}nR\Delta T = \frac{5}{2}P\Delta V$$

としてもよい。

▶問(3)(a) 断熱板をはずすと気体の温度は大気と同じ T_0 となる。また，ピストンにはたらく力のつり合いより，気体の圧力は P_0 となる。
状態2から状態3までの過程でピストンが上昇した距離は，シリンダーの底面とピストンの距離の減少量に等しいので，$d = L_2 - L_3$ である。

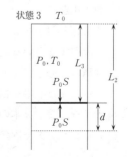

▶(b) P_L はピストンにはたらく力のつり合いから求まる。

▶(c) 状態 2 から状態 3 への P-V グラフを描けばわかりやすい。気体は圧縮されるから，外部から仕事をされる。よって，$W'>0$ である。

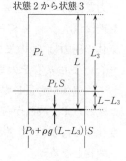

▶(d) 内部エネルギーの減少 $\Delta U'$ と問(2)(b)の W との関係がわかりにくいが，状態 1 から状態 2 で温度が T_0 から T_2，状態 2 から状態 3 で温度が T_2 から T_0 になることから関係がつく。

▶問(4) 断熱変化と等温変化の P-V グラフを比べればよい。

(注) 状態 1 → 状態 2 → 状態 3 → 状態 4 の P-V グラフは下図のようになる。

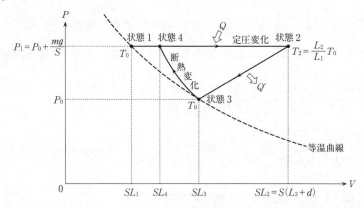

❖講　評

　2023 年度は 2022 年度同様，試験時間は理科 2 科目で 150 分，大問 3 題の出題であった。ほとんどが記述式で，考え方や計算の過程を書く形式も例年通りである。2022 年度同様，グラフや解答を選択しその理由を説明するという設問がみられた。①の力学は万有引力による円運動，地球の中心を貫くトンネル内の単振動という頻出のテーマであった。②の電磁気は磁場を横切る導体棒に生じる誘導起電力という，これも頻出のテーマで，2 本の導体棒の運動も類題が多い。③の熱力学は液体に浮いたシリンダー内の気体の状態変化というやや難しいテーマであった。

東北大−理系前期   2023 年度　物理〈解答〉　*71*

　　1　問(1)は万有引力による円運動の基本，問(2)はトンネル内の単振動の基本で，完答を要する。問(3)は地球の外と内での万有引力の位置エネルギーのつながり方が難しい。(c)・(d)で差がつくであろう。問(4)のグラフも r が距離であることに注意しないと間違える。

　　2　問(1)は磁場を横切る導体棒と直流回路の典型的な内容で，間違えるようではいけない。問(2)(b)は抵抗が抵抗値 r と R の２つあることをうっかりしそうである。問(3)の２本の導体棒の運動は難しいテーマの一つであるが，問題文に丁寧な誘導があるので，十分完答できる。類題を解いたことがあるかどうかで差がつくかもしれない。

　　3　液体に浮いたシリンダー内の気体は，受験生が苦手とするテーマの一つではないだろうか。気体は膨張や圧縮しても気体の圧力は変わらず，液面下の気体の体積は一定，すなわち浮力が一定であることを理解しないと，全く解けなくなるかもしれない。問(1)はシリンダーとピストンの力のつり合いを考えればよいが，結局，重力と浮力のつり合いとなる。問(2)は，浮力が常に一定であること，気体が定圧変化であることを理解しないと解けない。ここで差がつくであろう。問(3)は状態２から状態３で浮力が次第に減少し，気体の圧力も P_1 から P_0 に直線的に減少していくことがわかればよいが，難しい。問(4)は断熱変化を考えれば単独で解答できる。

　　全体として，2023 年度は3がやや難問であったが，1，2は解きやすい内容で，計算量は相変わらず多いものの，2022 年度に比べて，やや易化したと思われる。しかし，試験時間内に完答するのは大変で，過去問を十分に研究し，読解力や計算力をつけておく必要がある。

化学

1 解答

〔I〕問1．ア．三重点　イ．臨界点　ウ．超臨界流体
問2．(a)・(d)
問3．−0.77
問4．析出する $CaCl_2 \cdot 6H_2O$ を a〔g〕とすると，図1の溶解度曲線より，−20℃における溶解度は $50\,g/$水$100\,g$ であるから

$$\frac{50}{100+50} = \frac{40 - a \times \frac{111}{219}}{100 - a} \quad \therefore\ a = 38.4 \fallingdotseq 38\,〔g〕\ \cdots\cdots(答)$$

〔II〕問5．ア．水分子　イ．ファントホッフ
問6．(1) 9.8×10^2
(2) 図2の(b)におけるB室の水溶液の体積は

$$450 + 10.0 \times \frac{10}{2} = 500\,〔mL〕$$

よって，ファントホッフの法則より

$$\Pi \times \frac{500}{1000} = \frac{x \times 10^{-3}}{180} \times 8.31 \times 10^3 \times 300$$

$$\therefore\ \Pi = 27.7x \fallingdotseq 28x\,〔Pa〕\ \cdots\cdots(答)$$

(3) 35
問7．a)─(あ)　b)─(う)　c)─(い)

──◀解　説▶──

≪純物質の状態図，凝固点降下，固体の溶解度，浸透圧≫

◆〔I〕 ▶問1．水と二酸化炭素の状態図はそれぞれ下図のようになる。

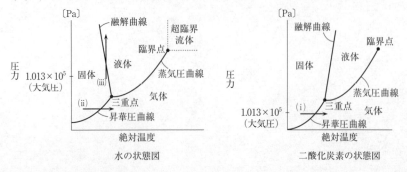

水の状態図　　　二酸化炭素の状態図

▶問 2. (a) 正文。水は，飽和蒸気圧が大気圧と等しくなる温度で沸騰する。

(b) 誤文。問 1 の〔解説〕にある図中の(i)，(ii)の矢印で示すように，二酸化炭素は大気圧下で昇華するが，三重点より低い圧力では，水も昇華することができる。

(c) 誤文。問 1 の〔解説〕にある水の状態図中の(iii)の矢印で示すように，ある温度下で圧力を上げると液体に変化する。

(d) 正文。(c)と同様にして，二酸化炭素の状態図より，温度一定で圧力を上げても，固体は液体や気体に変化しない。

▶問 3. $CaCl_2$（式量 111）は次のように完全に電離する。

$$CaCl_2 \longrightarrow Ca^{2+} + 2Cl^-$$

よって，質量モル濃度は

$$3 \times \frac{1.11}{111} \times \frac{1000}{100-28} = \frac{10}{24} \text{[mol/kg]}$$

したがって，凝固点降下度 Δt [K] は

$$\Delta t = 1.85 \times \frac{10}{24} = 0.770 \fallingdotseq 0.77 \text{[K]}$$

これより，求める温度は

$$0 - 0.77 = -0.77 \text{[℃]}$$

▶問 4. 25℃において，質量パーセント濃度 40％の水溶液を，水 100g あたりに溶けている $CaCl_2$ の質量（w_1 [g]）に換算すると

$$\underset{(CaCl_2 の質量)}{40} : \underset{(水の質量)}{60} = w_1 : 100$$

∴ $w_1 \fallingdotseq 66.6$ [g]

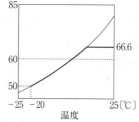

よって，25℃から -20℃ に冷却したときの変化は右図のようになり，-20℃ では飽和溶液である。

◆〔Ⅱ〕 ▶問 5. 半透膜を隔てて，異なる濃度の溶液（または純溶媒）が接しているとき，溶媒などの小さな分子が半透膜を通り，両溶液の濃度差をできるだけ小さくする現象を浸透という。特に，希薄溶液の場合，浸透する圧力（浸透圧 Π）は，両溶液の濃度差と温度の積に比例する。この方程式をファントホッフの式といい，次の式で表される。

$$\Pi = CRT$$

（Π：浸透圧，C：モル濃度，R：気体定数，T：絶対温度）

▶**問6．**(1) 水溶液の密度 $1.00\,\mathrm{g/cm^3}$ より，$10\,\mathrm{cm}$ の液柱の質量は

$$1.00 \times 10 \times 10.0 = 100\,[\mathrm{g}]$$

また，$10.0\,\mathrm{cm^2}$ は，$1.00 \times 10^{-3}\,\mathrm{m^2}$ であるから，求める圧力 $P\,[\mathrm{Pa}]$ は

$$P = \frac{0.100 \times 9.80}{1.00 \times 10^{-3}} = 9.80 \times 10^2\,[\mathrm{Pa}]$$

(2) 図2における(a)初期状態と(b)長時間放置後の状態におけるそれぞれの浸透圧 Π は異なる。

(3) (1)，(2)で求めた浸透圧の値より

$$9.80 \times 10^2 = 27.7x \qquad \therefore \quad x = 35.3 \fallingdotseq 35\,[\mathrm{mg}]$$

▶**問7．** a） U字管の左右の液面にかかる外気圧は同じなので，液面差は $10\,\mathrm{cm}$ である。

b） 温度を下げると，浸透圧は小さくなるので，液面差は $10\,\mathrm{cm}$ より小さくなる。

c） 同じ物質量のグルコースと NaCl を，それぞれ別の容器に溶かした同じ体積の水溶液を比較すると，総溶質粒子のモル濃度は，電解質である NaCl を溶かした水溶液が，非電解質のグルコースを溶かした水溶液の2倍になる。したがって，浸透圧は，グルコース水溶液より NaCl 水溶液のほうが大きくなる。よって，問7のc）の状態における NaCl 水溶液の液面差は $10\,\mathrm{cm}$ より大きくなる。

参考 グルコースは非電解質であるが，NaCl（式量58.5）は，水溶液で電離する。ここで，NaCl が完全に電離したとして，図2の(a)初期状態におけるグルコース水溶液のモル濃度を $c_1\,[\mathrm{mol/L}]$，NaCl 水溶液のモル濃度を $c_2\,[\mathrm{mol/L}]$ とすると

$$c_1 = \frac{x \times 10^{-3}}{180} \times \frac{1000}{450}\,[\mathrm{mol/L}]$$

$$c_2 = 2 \times \frac{x \times 10^{-3}}{58.5} \times \frac{1000}{450}\,[\mathrm{mol/L}]$$

よって，$c_1 < c_2$ より問7のc）の状態における NaCl 水溶液の液面差は $10\,\mathrm{cm}$ より大きくなる。

東北大−理系前期　　　　　　　　　　　　　　2023 年度　化学〈解答〉　75

2　**解答**　問1．ア．イオン　イ．共有
　　　　　　ウ．電解液（電解質溶液，電解質）

問2．①塩基　②酸

問3．①(あ)過塩素酸　(い)$HClO_4$　②(あ)次亜塩素酸　(い)$HClO$

問4．エ．イオン化傾向　オ．大き　カ．小さ　キ．電子　ク．酸化還元

問5．(1)①　$3Cu + 8HNO_3 \longrightarrow 3Cu(NO_3)_2 + 2NO + 4H_2O$

②　$Cu + 4HNO_3 \longrightarrow Cu(NO_3)_2 + 2NO_2 + 2H_2O$

(2)—(c)

問6．(1)—(c)　(2)　$Na_2CO_3 + H_2O \longrightarrow 2Na^+ + HCO_3^- + OH^-$

問7．(e)

問8．(1)　$Zn + 2NaOH + 2H_2O \longrightarrow Na_2[Zn(OH)_4] + H_2$

(2)　$Zn(OH)_2 + 4NH_3 \longrightarrow [Zn(NH_3)_4]^{2+} + 2OH^-$

問9．(1)—(b)　(2)①−0.122g　②+0.119g

━━━━■◀解　説▶■━━━━

≪金属酸化物，非金属酸化物の性質と反応，ボルタ電池≫

▶問1．一般に，金属と非金属の結合はイオン結合，非金属どうしの結合は共有結合であるものが多い。

▶問2．ブレンステッド・ローリーの酸と塩基の定義では，H^+ を与えるものが酸，H^+ を受け取るものが塩基である。①，②の反応は次のようになる。

①　$\underset{(酸)}{HCl} + \underset{(塩基)}{H_2O} \longrightarrow H_3O^+ + Cl^-$

②　$\underset{(塩基)}{NH_3} + \underset{(酸)}{H_2O} \longrightarrow NH_4^+ + OH^-$

▶問3．塩素のオキソ酸には次のようなものがあり，酸素原子を多く含む酸は，より強い酸である。

$\underset{(次亜塩素酸)}{HClO}$	$\underset{(亜塩素酸)}{HClO_2}$	$\underset{(塩素酸)}{HClO_3}$	$\underset{(過塩素酸)}{HClO_4}$

酸の強弱　　　弱　━━━━━━━━━━━━▶　強
酸化力　　　　強　◀━━━━━━━━━━━━　弱

▶問4．水素よりイオン化傾向が大きい亜鉛は，次のように濃塩酸と反応する。

　　　　$Zn \longrightarrow Zn^{2+} + 2e^-$　（還元剤）

$$2HCl \longrightarrow 2H^+ + 2Cl^-, \quad 2H^+ + 2e^- \longrightarrow H_2 \quad （酸化剤）$$

よって　　$Zn + 2HCl \longrightarrow ZnCl_2 + H_2$

一方，銅は水素よりイオン化傾向が小さいため，濃塩酸とは反応しない。

▶問5．(1)①　銅と希硝酸との反応は次のようになる。

$$Cu \longrightarrow Cu^{2+} + 2e^- \qquad\qquad \cdots\cdots(i)$$

$$HNO_3 + 3e^- + 3H^+ \longrightarrow NO + 2H_2O \quad \cdots\cdots(ii)$$

$(i) \times 3 + (ii) \times 2$ より

$$3Cu + 2HNO_3 + 6H^+ \longrightarrow 3Cu^{2+} + 2NO + 4H_2O$$

$$3Cu + 8HNO_3 \longrightarrow 3Cu(NO_3)_2 + 2NO + 4H_2O$$

②　銅と濃硝酸との反応は次のようになる。

$$Cu \longrightarrow Cu^{2+} + 2e^- \qquad\qquad \cdots\cdots(iii)$$

$$HNO_3 + e^- + H^+ \longrightarrow NO_2 + H_2O \quad \cdots\cdots(iv)$$

$(iii) + (iv) \times 2$ より

$$Cu + 2HNO_3 + 2H^+ \longrightarrow Cu^{2+} + 2NO_2 + 2H_2O$$

$$Cu + 4HNO_3 \longrightarrow Cu(NO_3)_2 + 2NO_2 + 2H_2O$$

▶問6．Na_2CO_3 は水溶液中で電離して，Na^+ と CO_3^{2-} になり，CO_3^{2-} は水と加水分解反応をし，塩基性を示す。

$$CO_3^{2-} + H_2O \rightleftharpoons HCO_3^- + OH^-$$

$$HCO_3^- + H_2O \rightleftharpoons H_2CO_3 + OH^-$$

▶問7．鉱石のボーキサイトの主成分は，$Al_2O_3 \cdot nH_2O$ で，不純物として，Fe_2O_3 などを含む。ボーキサイトに濃い $NaOH$ 水溶液を作用させると，次のように Al_2O_3 が反応する。

$$Al_2O_3 + 2NaOH + 3H_2O \longrightarrow 2Na[Al(OH)_4]$$

▶問8．亜鉛 Zn，ZnO，$Zn(OH)_2$ は $NaOH$ 水溶液と反応して，$Na_2[Zn(OH)_4]$ を生成する。また，Zn^{2+} は過剰の NH_3 水と反応し，$[Zn(NH_3)_4]^{2+}$ の正四面体構造の錯イオンをつくる。

▶問9．(1)　イオン化傾向の大きい金属が負極，小さいほうが正極となる。よって，イオン化傾向の大きい順に，$Zn > Fe > Sn > Cu$ であるから，金属Bは Zn である。

(2)　回路を流れた電子 e^- の物質量は

$$\frac{0.100 \times 3600}{9.65 \times 10^4} = 3.730 \times 10^{-3}（mol）$$

東北大-理系前期　　　　　　　　　　　　　　　2023 年度　化学〈解答〉　77

よって，Zn 板と Cu 板の質量変化は，それぞれ次のようになる。

① Zn $\longrightarrow$ Zn^{2+} + 2e$^-$ より，Zn 板の質量減少は

$$\frac{1}{2} \times 3.730 \times 10^{-3} \times 65.4 = 0.1219 \fallingdotseq 0.122 〔g〕$$

② Cu^{2+} + 2e$^-$ $\longrightarrow$ Cu より，Cu 板の質量増加は

$$\frac{1}{2} \times 3.730 \times 10^{-3} \times 63.6 = 0.1186 \fallingdotseq 0.119 〔g〕$$

$\boxed{3}$ 　**解答**　問 1．CH$_3$＿O＿CH$_3$
　　　　　　　　　　　　　CH$_2$　CH$_2$

問 2．CH$_3$＿C＿H
　　　　　　　‖
　　　　　　　O

問 3．CaC$_2$ + 2H$_2$O $\longrightarrow$ Ca(OH)$_2$ + C$_2$H$_2$

問 4．(1) ＋CH$_2$－CH＋CH$_2$－CH＋　(2)縮合
　　　　　　　｜　｜　　　｜
　　　　　　　Cl $_n$　　CN $_m$

(3)(あ) 2.00 × 10^2　(い) 1.00 × 10^2

問 5．HO＿C＿C*＿C*＿C*＿C*＿C＿OH
　　　　　　H Br H Br O
　　　　　　O Br H Br H

問 6．CH$_2$＿CH$_2$－C＝O
　　　　　　　　　　　｜
　　　　　　　　　　　O
　　　　　CH$_2$－C＝O

問 7．C$_{10}$H$_{14}$O

問 8．CH$_3$＿＿CH$_3$
　　　　CH$_3$＿＿CH$_2$－OH

問 9．O　　　O
　　　‖　　　‖
　　O＿C　　　C＿O
　　　O　　　O
　　O＿C　　　C＿O
　　　‖　　　‖
　　　O　　　O

問 10.

　または　

問 11.

■■■■ ◀解　説▶ ■■■■

≪芳香族化合物の構造決定，塩化ビニルとアクリロニトリルの共重合体≫

▶問 1．実験 2 より，グルコースに酵素チマーゼを作用させると，アルコール発酵により，エタノールが得られる。

$$C_6H_{12}O_6 \xrightarrow[\text{酵素}]{} 2C_2H_5OH + 2CO_2$$

また，エタノールに金属 Na を加えると，H_2 が発生し，濃硫酸を加え 130～140℃に加熱すると，ジエチルエーテルが得られる。

▶問 2・問 3．エタノールに硫酸酸性の $K_2Cr_2O_7$ 水溶液を加え，穏やかに加熱すると，還元性を示すアセトアルデヒドが得られる。また，化合物 G であるアセチレンに $HgSO_4$ などを触媒として，水を付加反応させると，次の反応によりアセトアルデヒドが生成する。

▶問 4．(2)　付加重合，縮合重合以外に開環重合などがある。

(3)　塩化ビニルである化合物 P の繰り返し単位，およびアクリロニトリルの繰り返し単位の式量は，それぞれ 62.5, 53 である。よって，アクリロニトリルに由来する構成単位の平均の個数を n とすると

$$1.78 \times 10^4 = 62.5 \times 2n + 53n$$

$$\therefore \quad n = 1.00 \times 10^2 \text{ 個}$$

したがって，(あ) 2.00×10^2, (い) 1.00×10^2 となる。

▶問 5．実験 4 より，化合物 C の不飽和度は

$$\frac{6 \times 2 + 2 - 6}{2} = 4$$

また，化合物 **C** は $NaHCO_3$ と反応して CO_2 を発生すること，化合物 **C** 1 mol に対し 2mol の NaOH と中和反応することから，2価カルボン酸である。よって，炭素骨格に対する条件と，実験5による H_2 の付加反応から，炭素－炭素二重結合が1分子中に2つある。このことから，化合物 **C** の構造は次のようになる。

$$\begin{array}{c}
\text{HO-}\underset{\text{O}}{\text{C}}\text{-}\underset{\text{H}}{\text{C}}\text{=}\underset{\text{H}}{\text{C}}\text{...}
\end{array}$$

$$\xrightarrow{Br_2}\quad \text{HO-}\underset{O}{C}\text{-}\underset{Br}{\overset{*}{C}H}\text{-}\underset{Br}{\overset{*}{C}H}\text{-}\underset{Br}{\overset{*}{C}H}\text{-}\underset{Br}{\overset{*}{C}H}\text{-}\underset{O}{C}\text{-OH}$$

▶問6．実験5より，化合物 **H** の構造は次のようになる。

$$\text{HO-}\underset{O}{C}\text{-}CH_2\text{-}CH_2\text{-}CH_2\text{-}CH_2\text{-}\underset{O}{C}\text{-OH}$$

実験6より，化合物 **J** は化合物 **H** よりメチレン基 $-CH_2-$ が1つ少ない化合物で，この化合物 **J** を加熱し分子内脱水反応すると次のようになる。

$$\text{HO-}\underset{O}{C}\text{-}CH_2\text{-}CH_2\text{-}CH_2\text{-}\underset{O}{C}\text{-OH}$$

化合物 **J**

$$\xrightarrow{\text{分子内脱水反応}}\quad \begin{array}{c}CH_2\text{-}C\overset{O}{\diagup}\\ CH_2\qquad O\\ CH_2\text{-}C\underset{O}{\diagdown}\end{array} + H_2O$$

化合物 **K**

▶問7．実験7より

$$\text{C の質量：}22.0 \times \frac{12.0}{44.0} = 6.0 \text{〔mg〕}$$

$$\text{H の質量：}6.3 \times \frac{2.0}{18.0} = 0.70 \text{〔mg〕}$$

$$\text{O の質量：}7.5 - 6.0 - 0.70 = 0.80 \text{〔mg〕}$$

よって，化合物 **D** の組成式は

$$\text{C：H：O} = \frac{6.0}{12.0} : \frac{0.70}{1.0} : \frac{0.80}{16.0} = 10 : 14 : 1$$

80 2023 年度 化学〈解答〉 東北大-理系前期

したがって，組成式 $C_{10}H_{14}O$（式量 150）となり，分子量 160 以下より，分子式は $C_{10}H_{14}O$ となる。

▶問 8・問 9．実験 8 から，化合物 D はフェノール性のヒドロキシ基をもたない。また，実験 9 の条件から，化合物 D の構造および，実験 9 における化学変化による生成物 L，M の構造は次のようになる。

▶問 10．実験 10 より，化合物 M 1 mol とアニリン 2 mol を反応させると，次の 2 つの化合物が得られる。

▶問 11．化合物 B，C，D は次のようになる。

東北大-理系前期

CH$_3$-CH$_2$-OH
化合物 B

HO-C-C=C-H
      H   H
(化合物 C structure)
          H
       H-C=C-C-OH
              O

化合物 C

CH$_3$ ― CH$_3$
CH$_3$ ― CH$_2$-OH
化合物 D

よって，これらの化合物がエステル結合したものが，化合物 **A** である。

❖講　評

　2023 年度も①理論分野，②無機分野，③有機分野の大問 3 題の出題であり，全体的な難易度は 2022 年度に比べ易化したと思われる。また 2022 年度同様，導出過程を記述させる問題が 2 問出題されたが，論述問題は出題されなかった。

　①は大きく〔Ⅰ〕と〔Ⅱ〕に分かれ，〔Ⅰ〕は純物質の状態図や凝固点降下，固体の溶解度に関する出題，〔Ⅱ〕は浸透圧に関する出題であり，いずれも標準的な問題であった。

　②は金属酸化物・非金属酸化物の性質や反応，ボルタ電池に関する出題であり，全体的に難度の高い問題もなく，教科書などにある化合物の性質や化学反応式などをしっかり整理しておくことで，十分対応できたと思われる。

　③は芳香族化合物の構造決定に関する問題を中心とし，設問中に塩化ビニルとアクリロニトリルの共重合体に関する計算問題があった。構造決定に関しては過年度において，難度の高い問題が出題されているが，2023 年度は各化合物の構造決定も比較的容易に推察できたと思われる。

　全体的に標準的な問題で構成されており，ミスのない解答が求められる内容であった。しかし，過年度には難度の高い問題も出題されており，基本から標準的な問題演習はもとより，やや難度の高い問題演習も行っておく必要があると思われる。

生物

1 **解答** 問(1) ア. 受動輸送（拡散） イ. 微小管 ウ. 中心体
エ. ATP オ. キネシン カ. ギャップ

問(2) (i) 174日（1.74×10^2日） (ii) 0.25秒（2.50×10^{-1}秒） (iii)—②
(iv) 活動電位が生じた直後の部位は，電位依存性ナトリウムチャネルが不活性化されることで，刺激に対して反応できない不応期となる。このため，直前まで興奮していた部位に興奮部から活動電流が流れてきても，その部位が再び興奮することはない。

(v)—②
問(3) (i) アセチルコリン
(ii) リンガー液のCa^{2+}濃度が大幅に減少することで，神経終末内部に流入するCa^{2+}が減少し，アセチルコリンを含むシナプス小胞のエキソサイトーシスが抑制され，アセチルコリンの分泌量が減少したから。
(iii) 微小な電位変化は少数のシナプス小胞に由来するアセチルコリンによって生じたものである。1つのシナプス小胞に由来するアセチルコリンによって生じる電位変化の振幅は約0.8mVであり，エキソサイトーシスされるシナプス小胞の数の増加に伴って電位変化の振幅が上昇するため，電位変化の振幅のピークが0.8mVの整数倍で観察された。

◀解　説▶

≪細胞骨格と細胞接着，興奮の伝導とその速度，神経伝達物質の分泌≫
▶問(1) ア. 物質の濃度が細胞の内外で異なる際，輸送タンパク質を介して物質が高濃度側から低濃度側へ濃度勾配にしたがって輸送される。これを受動輸送という。受動輸送は細胞膜を介した拡散であり，エネルギーは必要なく，濃度差がなくなるまで輸送が行われる。
イ〜オ. 中心体は微小管からなる2つの中心粒からなり，主に動物細胞，ほかにはコケ・シダなどの精子に存在する。中心体を起点として放射状に伸びる微小管は，チューブリンというタンパク質が重合して管状になったもので，紡錘糸や鞭毛・繊毛の中にみられる。微小管にはプラス端とマイナス端という方向性があり，中心体側（核の近く）がマイナス端，細胞の

東北大-理系前期　　　　　　　　　　　　　　　　　　　2023 年度　生物〈解答〉　*83*

辺縁側がプラス端である。また，微小管はダイニンやキネシンといったモータータンパク質と共同して，さまざまな物質を運ぶレールとなっている。ダイニン，キネシンは ATP の分解により得られるエネルギーを用いて微小管上を移動するが，ダイニンはプラス端側からマイナス端側に，キネシンはマイナス端側からプラス端側の方向にのみ移動する。

カ．隣接した細胞の細胞質はコネクソンと呼ばれる中空のタンパク質によってつながっており，この細胞間結合をギャップ結合という。ここを低分子の物質やイオンが移動する。

▶問(2)　(i)　$1〔m〕=1×10^6〔\mu m〕$ であることから，30.0 m の距離を $2.00\mu m$/秒の速度で移動したときにかかる時間（秒）は

$$30.0×10^6÷2.00=15×10^6 秒$$

であり，これを日数に換算すると

$$\frac{15×10^6}{60×60×24}=173.6≒174 日 （=1.74×10^2 日）$$

となる。

(ii)　30.0 m の距離を 120 m/秒の速度で移動したときにかかる時間（秒）は

$$30.0÷120=0.25 秒 （=2.50×10^{-1} 秒）$$

である。

(iii)　①不適。有髄神経繊維を活動電位が伝導する速さは $30\sim120$ m/秒であるが，電気ケーブルを電流が伝わる速さは光速とほぼ同じである。

②適切。軸索の一部に活動電位（興奮）が発生すると，興奮部と静止部の間で電位の高いほうから低いほうへ向かって活動電流が流れる。軸索の内部では，活動電流が刺激となって隣接する静止部に活動電位が発生し，直前まで興奮していた部位は不応期となる。この過程を繰り返すことで，活動電位が軸索中を伝わっていく。これらのことから，活動電位の振れ幅が距離に応じて減衰することはない。

③不適。有髄神経繊維では，髄鞘が電気的な絶縁体としてはたらくため，興奮は髄鞘の切れ目であるランビエ絞輪をとびとびに伝導していく。これを跳躍伝導という。これにより，有髄神経繊維（秒速 $30\sim120$ m）のほうが無髄神経繊維（秒速 $2\sim3$ m）に比べて伝導速度がはるかに大きい。

④不適。軸索が太い（断面積が大きい）ほど，活動電位の伝導速度が上が

る。

(iv) 軸索に電気刺激が加わると，わずかに膜電位が＋（正），つまり0側に近づく。これを脱分極という。この膜電位の上昇が閾値を超えると，電位依存性ナトリウムチャネルが開き，Na^+ が細胞内へ流入することで，細胞内が＋（正）に，外側が－（負）に帯電し，活動電位が生じる。活動電位が生じた後，電位依存性ナトリウムチャネルはすぐに閉じ，しばらく不活性化されるため，刺激を与えても Na^+ が細胞内に流入できなくなり，不応期が生じる。解答には「電位依存性ナトリウムチャネル」「不応期」という用語と「興奮部から直前まで興奮していた部位に活動電流が流れても，その部位が再び興奮することはない」という内容を含めて記述したい。

(v) 図2の一番上の図のように軸索の2カ所で同時に活動電位が発生した場合，2つの活動電位がそれぞれ軸索の両方向に伝わる。図1より，活動電位は t 秒で X〔m〕進むことから，活動電位が発生した2カ所から外側に進んだ2つの活動電位は，②の矢印の場所に位置することがわかる。また，活動電位が発生した2カ所から内側に進んだ2つの活動電位は衝突する。(iv)で示したとおり，直前まで興奮していた部位に活動電流が流れても，その部位が再び興奮することはないので，この活動電位は消失してしまう。したがって，②が正しい。

▶問(3) (i) 本問の実験では神経筋標本が用いられているため，運動神経から神経伝達物質としてアセチルコリンが分泌されている。リンガー液にクラーレを添加したところ，神経繊維への電気刺激による筋収縮がみられなくなったことから，クラーレはアセチルコリン受容体の阻害剤であると考えられる。

(ii) 活動電位が神経終末まで伝導すると，電位依存性カルシウムチャネルが開き，Ca^{2+} が神経終末内部に流入する。流入した Ca^{2+} のはたらきで，神経伝達物質を含むシナプス小胞がエキソサイトーシスされることにより，神経伝達物質がシナプス間隙に分泌される。細胞外液であるリンガー液の Ca^{2+} 濃度を大幅に減少させると，神経終末内部に流入する Ca^{2+} が減少し，アセチルコリンを含むシナプス小胞のエキソサイトーシスが抑制され，アセチルコリンの分泌量が減少する。このため，神経繊維への電気刺激に対する筋の膜電位の変化がほとんどみられなくなったと考えられる。

(iii) 図3C，図3D，図4の条件では，クラーレの添加によってシナプス

小胞のエキソサイトーシスが抑制されているため，シナプス間隙に分泌されるアセチルコリンは微量である。アセチルコリンの分泌量は1つのシナプス小胞に含まれる量が最小単位となるため，図3C，図3D，図4で観察された微小な電位変化は，少数のシナプス小胞に由来するアセチルコリンによって生じたものであると考えられる。また，図4より，電位変化の振幅のピークが0.8mVの整数倍で観察されていることがわかる。これは，1つのシナプス小胞に由来するアセチルコリンによって生じる電位変化の振幅が約0.8mVであり，エキソサイトーシスされるシナプス小胞の数の増加に伴って電位変化の振幅が上昇したためであると考えられる。

2 解答

問(1) ア．プログラム　イ．部位　ウ．基質特異性　エ．失活　オ．変性

問(2) ヒトやマウスの発生過程で，指と指の間の細胞が消失する。

問(3) ④・⑤

問(4) ペプシン，トリプシン，キモトリプシンなどから2つ

問(5) マクロファージはTLRと呼ばれる受容体で病原体を認識し，食作用を行う。食作用を行ったマクロファージはサイトカインを分泌し，炎症を引き起こす。炎症が起こると，血管の透過性が高まってマクロファージなどの食細胞が感染部位に集まりやすくなり，食作用が活性化される。

問(6) ②・④

問(7) (i)—③

(ii) 遺伝子Zがコードするタンパク質は，化合物Xの受容体タンパク質や，アポトーシスに関わる遺伝子の転写を促進する調節タンパク質などであり，細胞が化合物Xを受容してアポトーシスを起こす過程ではたらいていると考えられる。

(iii) 正常細胞は化合物Yよりも化合物Xに対する感受性が高く，がん細胞Dは化合物Yよりも化合物Xに対する感受性が低い。したがって，正常細胞に起こるアポトーシスの割合を低く抑え，がん細胞をより効率的に除去できる治療薬は化合物Yであると考えられる。

◀解　説▶

≪アポトーシス，がん細胞，自然免疫≫

▶問(1)　ア．ある段階で細胞が死ぬように予定されている細胞死をプログ

ラム細胞死という。プログラム細胞死の多くは，細胞膜や細胞小器官が正常な形態を保ったまま核が崩壊して DNA と細胞が断片化していく。これをアポトーシスと呼ぶ。

イ～オ．それぞれの酵素は特有の立体構造をもった活性部位（基質の結合部位）があり，その立体構造と合致する基質にしかはたらかない。このような性質を基質特異性という。酵素の本体はタンパク質であり，高温や酸，アルカリ，還元剤などによってタンパク質の正常な三次構造（立体構造）が壊れてしまうことをタンパク質の変性といい，これによって本来の機能を失ってしまうことを失活という。

▶問(2)　ヒトやマウス，ニワトリなどの指が形成される過程では，指と指の間の水かきにあたる部分が消失する。これはアポトーシスが起こっている具体例の一つである。水鳥の後肢では，指と指の間の細胞のアポトーシスが抑制されるため，水かきが残る。ほかに，アポトーシスが起こっている具体例として，オタマジャクシがカエルに変態する際の尾の細胞の消失などが挙げられる。

▶問(3)　問(1)のアの〔解説〕で説明したように，細胞膜や細胞小器官が正常な形態を保ったまま核が崩壊して DNA と細胞が断片化していくプログラム細胞死をアポトーシスと呼ぶ。なお，DNA の断片化の際には染色体の凝集を伴う。したがって，④と⑤が適切。

▶問(4)　食物として摂取されたタンパク質は，胃液中のペプシン，すい液中のトリプシン，キモトリプシンなどによりペプチドに断片化され，ペプチドはすい液中のペプチダーゼによってアミノ酸に分解される。本問はタンパク質分解酵素について問われているため，ペプチドを分解する酵素であるペプチダーゼは解答に含まれない。

▶問(5)　マクロファージなどの食細胞は，細菌の細胞壁の成分や鞭毛，ウイルスの RNA や DNA の一部を認識する TLR（Toll 様受容体）を何種類かもち，この受容体で病原体を認識し食作用を行う。食作用を行ったマクロファージはサイトカインと呼ばれる物質を分泌し，毛細血管を拡張させることで血流量を増やし，感染部位が局所的に熱をもつようになる炎症を引き起こす。炎症が起こると，血管の透過性が高まり，マクロファージなどの食細胞が感染部位に集まりやすくなる。なお，サイトカインには，免疫応答の活性化や炎症を引き起こすインターロイキンのほか，免疫細胞を

東北大-理系前期   2023 年度　生物〈解答〉　87

集合させるケモカイン，細胞にウイルスの増殖を抑制させるインターフェロンなどがある。

▶問(6)　①不適。アポトーシスは細胞自体が断片化する現象であるため，細胞をもたないウイルスにアポトーシスを引き起こすことはできない。

②・④適切。病原体に感染した細胞がアポトーシスを起こすことで，病原体が増殖して周囲の正常細胞に感染するのを防ぐことができる。

③・⑤不適。抗原を認識するT細胞受容体（TLR）を不活性化したり，免疫グロブリン（抗体）を分解したりしてしまうと，免疫応答が抑制されてしまうため，生体にとっての利点とならない。

▶問(7)　(i)　①正しい。図1・図2より，正常細胞においてアポトーシスを起こした細胞の割合は，化合物Xを投与した場合で約80％，化合物Yを投与した場合で約50％であることから，正常細胞は，化合物Yよりも化合物Xに対する感受性が高いと考えられる。

②正しい。図1より，化合物Xを投与した結果，アポトーシスを起こした細胞の割合は，正常細胞において約80％，がん細胞Aにおいて約40％であることから，がん細胞Aは正常細胞に比べ，化合物Xに対する感受性が低いと考えられる。

③誤り。図1より，化合物Xを投与した結果，アポトーシスを起こした細胞の割合は，がん細胞Aにおいて約40％，がん細胞Eにおいて約80％であることから，がん細胞Eはがん細胞Aに比べ，化合物Xに対する感受性が高いと考えられる。

④正しい。図1・図2より，がん細胞Dにおいてアポトーシスを起こした細胞の割合は，化合物Xを投与した場合で約10％，化合物Yを投与した場合で約90％であることから，がん細胞Dは，化合物Yよりも化合物Xに対する感受性が低いと考えられる。

⑤正しい。図1より，化合物Xを投与した結果，アポトーシスを起こした細胞の割合は，正常細胞において約80％，がん細胞Cにおいて約80％であることから，がん細胞Cは，化合物Xに対する感受性が正常細胞と同等であると考えられる。

(ii)　遺伝子Zのはたらきが弱まると化合物Xに対する感受性が低く（アポトーシスが起こりにくく）なり，遺伝子Zのはたらきを回復させると化合物Xに対する感受性が正常細胞と同等になった（アポトーシスが起こりや

すくなる）ことから，遺伝子Zがコードするタンパク質は，細胞が化合物Xを受容してアポトーシスを起こす過程のどこかではたらいていると考えられる。このため，遺伝子Zがコードするタンパク質の候補として，まず化合物Xの受容体タンパク質が考えられる。また，遺伝子Zがコードするタンパク質が，アポトーシスに関わる遺伝子の転写を促進する調節タンパク質であった場合でも，遺伝子Zのはたらきが弱まることでアポトーシスを起こしにくくなる。ほかにも，化合物Xの受容体からの情報伝達に関わるタンパク質など，さまざまな可能性が考えられる。解答には，「遺伝子Zがコードするタンパク質は，細胞が化合物Xを受容してアポトーシスを起こす過程ではたらいている」という内容と，タンパク質の候補として「化合物Xの受容体タンパク質」や「アポトーシスに関わる遺伝子の転写を促進する調節タンパク質」などを含めて記述したい。

(iii) (i)の①の〔解説〕で説明したように，正常細胞は，化合物Yよりも化合物Xに対する感受性が高い。また，(i)の④の〔解説〕で説明したように，がん細胞Dは，化合物Yよりも化合物Xに対する感受性が低い。したがって，正常細胞に起こるアポトーシスの割合を低く抑え，がん細胞をより効率的に除去できる治療薬は化合物Yであると考えられる。

3 解答

問(1) ア．受容器　イ．中枢（中枢神経系）
　　ウ．効果器　エ．神経系

問(2) 共進化

問(3) (i) 正の相関関係がある。（別解：ツバキの果実の果皮が厚くなると，ゾウムシの口吻が長くなるという関係。）

(ii) ゾウムシは口吻を長くすることで，ツバキの果実の分厚い果皮に穴を開けて果実内の種子に産卵することができる。ツバキは果実の果皮を分厚くすることで，ゾウムシからの種子への産卵を防ぐことができる。一方で，ゾウムシが口吻を長くすると飛翔しにくくなり天敵に捕食されやすくなる。また，ツバキが果実の果皮を分厚くすると果皮の形成に，より多くのエネルギーを消費する。したがって，各地におけるゾウムシの口吻の長さとツバキの果実の果皮の厚さは，互いに必要な長さと厚さにまでしか進化しない。

問(4) 種間競争を避けてその植物種を独占することができるため，生存率

や発育速度が上昇する。

問(5) (i) 雄は後翅の裏側で雌雄を識別している。

(ii) ・雄は嗅覚ではなく視覚で翅を認識して雌雄を識別している。

・雄による雌雄の識別には翅の形状は関係ない。

(iii) 雄のモンシロチョウは，ヒトが適刺激として受容できない 300 nm 以上の紫外線を認識することができる。雄による雌雄の識別には赤外線や可視光線は関係なく，雄は雌雄の後翅の裏側による紫外線の反射の程度の違いを認識して，雌雄を識別していると考えられる。

問(6) (i) オ．かぎ刺激　カ．固定的動作（定型的運動）　キ．走性

ク．中枢パターン

(ii) 空気中では性フェロモンの濃度が高い場所と低い場所があるため，性フェロモンを受容した雄のカイコガは，性フェロモンの濃度が高い場所へと直進するが，やがて性フェロモンの濃度が高い場所を通り過ぎる。性フェロモンが途切れると，雄のカイコガはジグザグターンや回転を行いながら性フェロモンの濃度がより高い場所を探索し，やがて雌のカイコガへとたどり着く。

(iii) 性フェロモンを受容する嗅細胞は毛状感覚子の内部に存在するため，毛状感覚子の側面に多くの小孔があることで，性フェロモンを毛状感覚子の内部の嗅細胞に運ぶことができる。

問(7) (i)—②　(ii)—④・⑥

■■■■■■■■　◀解　説▶　■■■■■■■■

≪共進化，種間競争，動物の行動≫

▶問(1)　光や音などの外界からの刺激は，眼の網膜や耳のコルチ器などの受容器で受け取られ，受容器の感覚細胞で生じた興奮が感覚神経を経て脳と脊髄からなる中枢神経系へ伝えられる。中枢神経系では多くのニューロンが網目状にネットワークを形成しており，このネットワーク上を興奮が伝導，伝達される際に視覚や聴覚といった感覚が生じ，それに応じた判断と命令が興奮として運動神経を経て筋肉などの効果器に伝えられ，刺激に対する反応が生じる。

▶問(2)　ガの一種であるキサントパンスズメガ（以下，ガ）は 30 cm もある長い口吻をもち，ランの一種であるセスキペダレ（以下，ラン）は奥に花蜜をためた非常に長い距をもっている。これらは，異なる生物種が互い

に影響を及ぼし合いながら進化する現象である共進化の結果，獲得された形質であると考えられている。ランはガによる盗蜜（吸蜜だけを行い，花粉をからだに付着させないこと）を防ぐために距を長くするように進化し，ガは花蜜を十分に吸えるように口吻をより長くするように進化する。このような両者の進化が繰り返されることにより，上述のように非常に長い口吻と距が進化したと考えられている。

▶問(3)　(i)　ツバキの果実の果皮の厚さが厚くなるほど，ゾウムシの口吻の長さが長くなるため，これらの間には正の相関関係があるといえる。

(ii)　ゾウムシは口吻を長くすることで，ツバキの果実の分厚い果皮に穴を開けて果実内の種子に産卵できるという利益を得るが，必要以上に口吻を長くしても，利益は増えない。ゾウムシが口吻を長くすると口吻の形成にエネルギーを消費したり，飛翔しにくくなり天敵に捕食されやすくなったりするなどのコスト（損失）が生じる。このため，ゾウムシの口吻の長さはツバキの種子に届くために必要な長さにまでしか進化しない。一方で，ツバキは果実の果皮を分厚くすることで，種子への産卵を防ぐことができるという利益を得るが，必要以上に果皮を分厚くしても利益は増えない。ツバキが果皮を分厚くすると果皮の形成にはより多くのエネルギーを消費するというコストが生じる。このため，ツバキの果皮の厚さはゾウムシの産卵を防ぐために必要な厚さにまでしか進化しない。したがって，日本の各地におけるゾウムシの口吻の長さとツバキの果実の果皮の厚さは，互いに必要な長さと厚さにまでしか進化しない。

▶問(4)　他の昆虫種が食物として利用できない植物種を利用すると，他の昆虫種との種間競争を避けてその植物種を独占することができる。このため，食物をめぐる競争は同種個体間でのみ起こり，種間競争が起こる場合と比べて，生存できる確率が上がると考えられる。

▶問(5)　(i)　2の実験結果から，雄は胴体ではなく翅で雌雄を認識していることがわかる。さらに4の実験結果から，雄は後翅の裏側で雌雄を認識していることがわかる。

(ii)　無色透明のラップフィルムで翅を密封すると，翅を視覚で認識することはできるが嗅覚で認識することはできなくなる。この条件においても雄が雌の翅にだけ集まったことから，雄は嗅覚ではなく視覚で翅を認識して雌雄を識別していることがわかる。また，違う形に切り取った雌の翅にも

雄が集まったことから，雄による雌雄の識別には翅の形状は関係ないことがわかる。

(iii) 1〜4の実験結果から，雄は雌雄の後翅の裏側をその形状に関係なく視覚で認識し，雌雄を識別していることがわかる。また5の実験結果では，雄が300 nm以上の光を適度に反射する白色の紙に集まった。300〜400 nmの波長の光はヒトが適刺激として受容できない紫外線であるため，雄は雌雄の後翅の裏側による紫外線の反射の程度の違いを認識して，雌雄を識別していると考えられる。さらに6の実験結果では，雌雄どちらの翅も赤外線を同じように反射していることがわかったこと，および雌雄の翅はヒトには同じように見えることから，赤外線や可視光線は雄による雌雄の識別には関係ないと考えられる。なお，モンシロチョウの成虫が花蜜を吸うとき，4枚の翅（前翅2枚，後翅2枚）が閉じた状態になる。この状態では，飛翔している雄にとって後翅の裏側のみが見えることになるため，後翅の裏側による紫外線の反射が雌雄の識別に利用されている。。

▶問(6) (i) 刺激源に対して一定の方向に移動する行動を走性といい，刺激源に向かう場合を正の走性，遠ざかる場合を負の走性という。本問で説明されているカイコガの行動や，トゲウオの攻撃行動や繁殖行動など，多くの走性や反射が複雑に組み合わさった行動を固定的動作（定型的運動）パターンと呼ぶ。固定的動作パターンは，外部からの刺激であるかぎ刺激によって引き起こされる。また，カイコガをはじめとする昆虫の多くは，翅を上げる筋肉（打ち上げ筋）と翅を下げる筋肉（打ち下ろし筋）が交互に収縮と弛緩を繰り返すことによって飛翔する。このような，固定的動作パターンの中にみられるリズミカルな筋収縮のパターンを生じさせる神経回路を，中枢パターン発生器と呼ぶ。

(ii) 雄のカイコガは，2本の触角で受容する性フェロモンの濃度が等しくなるように移動する。たとえば，右の触角で受容した性フェロモンの濃度が左の触角で受容した性フェロモンの濃度より高いとき，雄のカイコガは右へターンすることで2本の触角で受容する性フェロモンの濃度を等しくする。空気中では性フェロモンの濃度が高い場所と低い場所があるため，性フェロモンを受容した雄のカイコガは，性フェロモンの濃度が高い場所へと直進するが，やがて性フェロモンの濃度が高い場所を通り過ぎる。性フェロモンが途切れると，雄のカイコガは上述のしくみによりジグザグタ

ーンや回転を行いながら性フェロモンの濃度がより高い場所を探索し，やがて雌のカイコガへとたどり着く。

(ⅲ) 毛状感覚子の内部に存在する嗅細胞で受容された性フェロモンの情報は，触角神経により脳へと伝えられる。その後，脳内で形成された指令が介在ニューロンにより中枢パターン発生器へと伝えられ，羽ばたきや歩行などの固定的動作パターンが生じる。

▶問(7) (ⅰ) 一本のニューロンに注目すると，刺激の強さが閾値を超えると初めて興奮が発生するが，それ以上刺激を強くしても興奮の大きさは変化しない。これを全か無かの法則という。問題文に「この感覚毛において味物質Xに応答する細胞は1個とする」とあることから，物質Xに応答するニューロンでは全か無かの法則が成り立つ。したがって，味物質Xの濃度を高くしても，一つ一つの興奮の大きさは変化しない。また，ニューロンに持続した刺激を与えると，刺激を与えている間は一定の頻度で興奮が発生し，刺激を強くすると，刺激を与えている間の興奮の頻度が上昇する。したがって，味物質Xの濃度を高くすると，興奮の頻度が上昇する。

(ⅱ) (ⅰ)の〔解説〕で説明したように，味物質Xの濃度を高くしても，一つ一つの興奮の大きさは変化しないが，興奮の頻度は上昇する。このため，味物質Xの濃度を低くしても，一つ一つの興奮の大きさは変化しないが，興奮の頻度は低下する。また，味物質Xの濃度がニューロンの閾値を下回るほど低くなると，興奮が発生しない。

❖講 評

2022年度までは大問が〔Ⅰ〕〔Ⅱ〕や〔Ⅰ〕～〔Ⅲ〕に分けられていることもあったが，2023年度は分けられていない。2022年度と同様に論述問題に字数制限がなかったが，行数が指定されている。個々の問題の難易度は2022年度と変わらない一方で，論述量は大幅に増加した。また計算問題も出題されている。論述量が非常に多く，試験時間内にすべての問題を解き切るのは困難であり，2022年度に比べ，やや難化した。

1 細胞骨格と細胞接着，興奮の伝導とその速度，神経伝達物質の分泌を主題とした出題であった。問(1)の空所補充，問(2)の(ⅰ)・(ⅱ)の計算問題は易しく，問(2)の(ⅳ)の論述問題，(ⅴ)の考察問題はいずれも典型問題で

あるため，完答したい。問(2)の(ⅲ)は，生物の範囲外の知識を必要とする選択肢があったため，戸惑った受験生も多かったであろう。問(3)の(ⅰ)・(ⅱ)は知識問題であり難しくないが，(ⅲ)は類題を解いた経験があるかどうかで取り組みやすさに大きな差が出たであろう。初見で解くには，グラフのピークの値だけに着目し，シナプス小胞に含まれるアセチルコリンの量が最小単位であるという考察を導き出さなければならず，非常に難しい。問(3)の(ⅲ)で得点差がついたと思われる。

②　アポトーシス，がん細胞，自然免疫を主題とした出題であった。問(1)の空所補充は完答したいが，エとオを逆に解答してしまった受験生も多いであろう。問(2)・問(4)・問(5)は教科書レベルの知識問題であるが，教科書をしっかりと読まずにあいまいな知識で解答すると失点してしまう。問(3)の選択肢⑤はやや発展的な知識であるため，消去法で解答したい。問(6)と問(7)の(ⅰ)は考察問題としては易しい。問(7)の(ⅱ)・(ⅲ)は問題自体の難度はそれほど高くないが，論述量が非常に多く，時間がかかる。なお，(ⅲ)は(ⅰ)が誘導になっている。

③　共進化，種間競争，動物の行動を主題とした出題であった。問(1)・問(2)の知識問題は完答したい。問(3)の(ⅰ)は易しいが，(ⅱ)は指定行数が8行もあり，考えをまとめて記述するのに非常に時間がかかる。問(4)は「種間競争」という用語を含めて解答したい。問(5)の(ⅰ)・(ⅱ)は実験から読み取った情報をそのまま記述する問題であり易しい。(ⅲ)は指定行数が5行と長く，また紫外線，可視光線，赤外線の3つの光について正確に記述する必要があり，難しい。問(6)以降は問題文が長く，読解に時間がかかる。問(6)の(ⅰ)の空所補充のキとクは，教科書をしっかりと読んでいないと埋められないだろう。(ⅱ)・(ⅲ)は知識を用いる論述問題であるが，教科書を隅々まで読んでいないと完答できない。問(7)は教科書レベルの基礎知識を応用すれば解答でき，易しい。大問を通して特に論述量が多いため，全問を解き切ることのできた受験生はわずかであっただろう。

　指定行数の多い論述問題が多数出題されており，一部に難度の高い実験考察問題も出題される一方で，基礎知識を問う問題や典型問題も多いため，これらで確実に得点しておきたい。指定行数の多い論述問題については，問題文や図表から読み取った情報を速やかにまとめて記述する練習を積み重ねることで，十分に対策をしておいてほしい。

地学

$\boxed{1}$ **解答** 問1. ア. 太陽定数　イ. 赤色巨星　ウ. 惑星状星雲
問2. A. ウィーンの変位則

B. シュテファン・ボルツマンの法則

問3. 4.4×10^{-1} 倍

計算の過程：$\dfrac{1}{1.5^2} = \dfrac{1}{2.25} = 0.444 \fallingdotseq 4.4 \times 10^{-1}$ 倍

問4. (1) 1.1×10^{-2} 倍

計算の過程：白色矮星 X，太陽の半径をそれぞれ R_X, $R_\odot$ として

$$\left(\frac{R_X}{R_\odot}\right)^2 \times 3.0^4 = \frac{1}{100}$$

よって

$$\frac{R_X}{R_\odot} = \frac{1}{10} \times \frac{1}{3.0^2} = 0.0111 \fallingdotseq 1.1 \times 10^{-2}$$ 倍

(2) $3.5 \times 10^2 \, \mathrm{W/m^2}$

計算の過程：$1400 \times \dfrac{1}{100} \times \dfrac{1}{0.20^2} = 350 = 3.5 \times 10^2 \, [\mathrm{W/m^2}]$

問5. 白色矮星は核融合を起こしておらず，内部でエネルギーを生み出していない恒星であるため，放射によってエネルギーを失い，次第に表面温度が低下していくから。

━━━━━ ◀解　説▶ ━━━━━

≪太陽と恒星の放射エネルギー，白色矮星≫

▶問1. イ. 主系列星の末期には水素核融合がヘリウムの核の外側で起こるようになり，恒星は膨張する。この膨張に伴って表面温度が低下するため，太陽程度の質量をもつ恒星であれば，より低温のスペクトル型である赤色の恒星となる。この段階を赤色巨星という。恒星の光度は，表面温度に依存する単位面積あたりの放射エネルギーと恒星の表面積との積で求められ，赤色巨星は表面温度が低いが巨大なため高い光度となる。

▶問2. A. 恒星の表面温度 T〔K〕と恒星表面から最も強く放射される

光の波長 λ〔μm〕は反比例の関係にあり，$\lambda T = 2900$ で表される。これを
ウィーンの変位則という。

B．恒星の単位表面から毎秒放射される光のエネルギー E は恒星の表面
温度 T〔K〕の 4 乗に比例し，$E = \sigma T^4$ で表される。これをシュテファ
ン・ボルツマンの法則という。

その他の語句については以下の通りであり，当てはまらない。

- ハッブルの法則（ハッブル・ルメートルの法則）：銀河の後退速度とそ
  の銀河までの距離との間の比例関係を示す法則。
- 質量光度関係：主系列星の質量と明るさの関係。
- ケプラーの第 3 法則：惑星と太陽の平均距離の 3 乗が惑星の公転周期の
  2 乗に比例するという法則。

▶問 3．惑星が受け取ることができる太陽放射エネルギーは距離の 2 乗に
反比例するため，太陽からの距離が地球の 1.5 倍である火星では，受ける
太陽放射は地球と比べて $\dfrac{1}{1.5^2} \fallingdotseq 4.4 \times 10^{-1}$ 倍となる。

▶問 4．(1) 等級は小さいほど明るく，5 等級差で 100 倍の明るさである。
絶対等級が 9.8 等級の白色矮星Xは，4.8 等級の太陽よりも 5 等級大きい，
すなわち本来の明るさが太陽の $\dfrac{1}{100}$ であることが問題文から読み取れる。
問 1・問 2 で示した通り，恒星の明るさは表面温度の 4 乗と表面積，すな
わち半径の 2 乗に比例するため，白色矮星Xと太陽について，それぞれの
明るさを L_{X} と $L_{\odot}$，表面温度を T_{X} と $T_{\odot}$，半径を R_{X} と $R_{\odot}$ とおくと，
以下の式が成り立つ。

$$\frac{L_{\mathrm{X}}}{L_{\odot}} = \left(\frac{T_{\mathrm{X}}}{T_{\odot}}\right)^4 \times \left(\frac{R_{\mathrm{X}}}{R_{\odot}}\right)^2 = \frac{1}{100}$$

問題文より $\dfrac{T_{\mathrm{X}}}{T_{\odot}} = 3.0$ なので，$3.0^4 \times \left(\dfrac{R_{\mathrm{X}}}{R_{\odot}}\right)^2 = \dfrac{1}{100}$ を解いて $\dfrac{R_{\mathrm{X}}}{R_{\odot}}$ を求めれ
ばよい。

(2) 太陽定数が，太陽の放射エネルギーと太陽—地球間の距離によって決
まることから考えればよい。(1)より，白色矮星Xの放射エネルギー（光
度）は太陽の $\dfrac{1}{100}$ である。また，問題文より白色矮星Xから惑星までの
距離は 0.20 天文単位なので，問 3 で示したように，惑星が受ける放射エ

ネルギーは，1天文単位の場合と比べて$\dfrac{1}{0.20^2}$となる。これらのことから，惑星が白色矮星Xから受ける放射エネルギーは，太陽定数の$\dfrac{1}{100}\times\dfrac{1}{0.20^2}$倍であると判断でき，$1400\times\dfrac{1}{100}\times\dfrac{1}{0.20^2}=3.5\times10^2\,[\mathrm{W/m^2}]$となる。

▶問5．問題文で半径が変わらないことが示されていることから，放射エネルギーは表面温度によってのみ決まる点に着目すればよい。白色矮星は核融合を終えた恒星の中心部分が残され，余熱で輝いている天体なので，次第に表面温度が低下していくはずである。よって，光度も減少していくことになる。

２ 解答

問1．ア．凝結　イ．雲粒　ウ．氷晶雨（冷たい雨）

問2．高度に伴って周囲の気圧が低下し，空気塊が断熱膨張するから。

問3．(1)　周囲の大気の気温減率が空気塊の湿潤断熱減率よりも大きいこと。

(2)　空気塊の温度が周囲の気温と等しくなる高度で空気塊の上昇が停止するため，その高度が積乱雲の雲頂高度となる。

問4．氷晶と過冷却水滴では，表面における飽和水蒸気圧は氷晶のほうが小さい。そのため，過冷却水滴に対して不飽和，氷晶に対して飽和の条件下では，過冷却水滴が蒸発し，生じた水蒸気が氷晶の表面に昇華して氷晶を成長させるから。

◀解　説▶

≪雲の形成，氷晶雨≫

▶問1．ア．気体から液体への状態変化は一般に凝縮というが，地学の気象分野では凝結として扱われることが多い。

▶問2．空気塊の温度が低下するしくみは断熱膨張で説明できるが，高度上昇とともに膨張するのは，上空ほど周囲の気圧が低下するためである。

▶問3．(1)　大気の状態が不安定とは，空気塊の温度が周囲の温度よりも高く，上昇が続く状況のことである。雲の形成後は，空気塊は飽和した状態で上昇することになるため，空気塊の温度は湿潤断熱減率に従って低下

東北大-理系前期   2023 年度　地学〈解答〉　*97*

する。よって，空気塊の温度＞周囲の気温という関係が保たれるには，周囲の気温の変化（気温減率）が湿潤断熱減率よりも大きいという条件が必要となる。

(2)　積乱雲は空気塊が飽和した状態で上昇することによって発達し，上昇が停止するとそれ以上は発達できなくなるため，そこが雲頂高度となる。(1)に示した通り，空気塊の温度＞周囲の気温であれば空気塊は上昇するが，空気塊の温度が周囲の気温と等しくなると上昇は停止するため，その点について説明すればよい。なお，積乱雲の雲頂高度はたいてい対流圏界面付近であるが，これは，対流圏界面より上の成層圏では上空ほど温度が高いという絶対安定の温度構造となっており，空気塊が上昇できなくなるためである。問題文で積乱雲と指定されていることから，対流圏界面を境とする温度構造の観点での説明も考えられるが，この設問においては，雲頂高度がどのように決まるかについての説明が求められているため，積乱雲に限るものではないが，空気塊が上昇できる条件について述べるほうが適当だろう。

▶問 4．リード文で氷晶と過冷却水滴が共存していることが示されていることや，指定語句から，飽和水蒸気圧の違いによって過冷却水滴が蒸発して氷晶に昇華する，という氷晶の成長過程を示せばよいと判断できる。なお，固体から気体への状態変化を昇華，気体から固体への状態変化は凝華，と区別されるようになっているが，本問においては従来の教科書通り，気体から固体への状態変化を示すと考えればよい。

3　解答　問 1．ア．大きく　イ．トランスフォーム断層
　　　　　　問 2．5.0 cm/年

計算の過程：

$$2 \times 3.1 \times 6.4 \times 10^3 \times 10^5 \times \cos 60° \times \frac{3.6}{360} \div (4.0 \times 10^6)$$

$$= \frac{2 \times 3.1 \times 3.2 \times 10^8 \times 10^{-2}}{4.0 \times 10^6} = 4.96 \fallingdotseq 5.0 〔cm/年〕$$

問 3．地球の全表面を平均海水面で覆った仮想の面をジオイドといい，ジオイドの形に最も近い回転楕円体を地球楕円体という。

問 4．マントル深部からの大規模な上昇流であるプルームによって，ジオ

イドが隆起しているから。

問5．地磁気は逆転を繰り返しており，海洋底の岩石に記録された残留磁気が現在と同じ向きか逆向きかによって，地磁気の強弱が縞模様として観測される。海洋底の岩石は海嶺でつくられ，おおむね対称的に移動していくため，縞模様も対称的になる。

◀解　説▶

≪プレートの運動，地球楕円体とジオイド，地磁気異常の縞模様≫

▶問1．ア．回転運動においては，一定時間に回転する角度が同じであれば，その時間に移動する距離は回転軸から離れるほど大きく，運動速度も大きいことになる。

イ．プレートは回転軸に直交する向きに移動する。したがって，イに当てはまるものは，プレートの移動方向に平行な構造であり，トランスフォーム断層が当てはまる。

▶問2．下線部(a)と類似の方法とは，示されている通り，中心角と2地点間の弧の長さが比例することを使うということである。下図のように，北緯 60 度線は半径が $6400 \times \cos 60° = 3200$ [km] の円であり，その円周は $2 \times \pi \times 3200$ [km] である。このうち，$\dfrac{3.6°}{360°}$ の距離を 400 万年で移動した場合の運動速度が問われているので，距離の単位を cm にそろえて計算を行えばよい。図が与えられていない設問については，下図のように自ら描いて整理することも有効である。

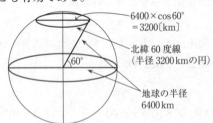

▶問3．それぞれについて1行程度ずつで示せばよいが，地球楕円体はジオイドに最も近い回転楕円体であるため，問題として並べられている順序にこだわらず，ジオイドを先に説明するほうが適当である。

▶問4．ジオイドの高低については，地下の密度分布と重力の方向などと関連して考えることができるが，ジオイド高に関する図や関連情報が示さ

れていない中では，判断が難しいところである。この設問においては，下線部(c)に「地球深部の活動の様子が推定できる」と述べられている点や，その後の段落で「マントル対流」について言及されていることから，アフリカの下のスーパープルームに関する知識が求められているものと推察される。

▶問5．磁気異常の縞模様は，海嶺軸に平行な帯状に観測される地磁気の強弱の分布であり，海洋底の岩石の残留磁気と現在の地磁気の向きによって生じるため，その成因として地磁気の逆転に触れる必要がある。また，残留磁気は海洋底の岩石（玄武岩）がつくられる際に記録されるため，縞模様が対称的になる理由として，海洋底が海嶺軸から対称的に移動していくことにも触れる必要がある。

4 解答

問1．ア．玄武岩　イ．流紋岩　ウ．固溶体
問2．A・B．Mg，Fe（順不同）

問3．SiO_4 四面体の4つの酸素がすべて隣の四面体と共有され，立体網目状につながった結晶構造となっている。

問4．(1)　溶岩ドーム（溶岩円頂丘）

(2)　マグマ中の SiO_2 成分は SiO_4 四面体に近い構造を保っており，その量が増加すると四面体の連結の度合いが増すから。

問5．マグマの上昇に伴って圧力が低下すると，マグマ中の水や二酸化炭素などの揮発性成分の溶解度が低下して，気泡が形成される。揮発性成分に富み，粘性が高いマグマでは，揮発性成分の気泡が抜けにくいため，減圧による気泡の体積膨張によってマグマの圧力が急激に高まることで，爆発的な噴火が引き起こされる。

━━━━━━━━◀解　説▶━━━━━━━━

≪火成岩と主要造岩鉱物，固溶体，マグマの粘性と噴火様式≫

▶問1．イ．ケイ長質岩のうち，SiO_2 の重量％が 63〜70％の火山岩がデイサイト，70％以上の火山岩が流紋岩と区分される。

▶問2．かんらん石は SiO_4 四面体が独立した結晶構造をもち，Mg_2SiO_4 と Fe_2SiO_4 の間で化学組成が連続的に変化するため，$(Mg,Fe)_2SiO_4$ と示される。

▶問3．石英の化学組成は SiO_2 であり，Si と O 以外の金属元素を含まず

に SiO_4 四面体が結合している。その結合の仕方については，長石と同様に，隣接する四面体で酸素が共有された立体網目状の構造であり，結晶構造の説明が求められていることから，その点を述べればよい。

▶問4．(1) ここではマグマの性質が挙げられていないため雲仙岳や昭和新山についての知識を問われている設問であるが，いずれも粘性が高い溶岩によって形成された溶岩ドーム（溶岩円頂丘）である。雲仙岳では，1991年に雲仙普賢岳で溶岩ドームが崩壊し火砕流が発生した。また，昭和新山は戦時中にその成長過程が記録された三松ダイヤグラムが有名である。

(2) マグマ中の成分の割合は基本的に酸化物の割合として表されるため SiO_2 の量とされているが，融解している状況においてはイオンとして存在する。そのため，SiO_4 四面体としての構造に触れ，その量が増えると連結しやすい点について述べればよい。

▶問5．マグマの噴火は発泡現象であり，マグマ中の揮発性成分の気泡が急激に膨張することで発生する。それに関連して，SiO_2 量が多く粘性の高いマグマでは揮発性成分が多い点や，粘性の高いマグマではその揮発性成分が抜け出しにくく圧力が高まる点を含めて述べればよい。減圧という語句の使用も求められていることから，マグマの上昇によって周囲の圧力が低下することで，マグマ中の揮発性成分が気泡となる点も含めればよいと考えられる。

5 **解答**　問1．ア．46　イ．2.5　ウ．0.66
　　　　　　問2．A．チェンジャン（澄江）　B．バージェス
C．鳥類
問3．その時代の赤道付近の地層にも氷河堆積物があること。
問4．顕生代で最大規模の大量絶滅は古生代末に起きたもので，大規模な火山活動による気候温暖化に伴って海洋の循環が滞り，海洋は長期間にわたって酸素欠乏状態に陥った。
問5．南極大陸が，アフリカ大陸，南米大陸，オーストラリア大陸と離れて独立したことで，南極周極流が誕生した。

東北大-理系前期　　　　　　　　　　　　　　　　　　　2023 年度　地学〈解答〉　*101*

■━━━━━◀解　説▶━━━━━■

≪地球史と生命の変遷，大量絶滅，南極周極流の誕生≫

▶問 1．イ・ウ．絶滅について示されていることから，古生代・中生代境界（P/T 境界）の 2.5 億年前と，中生代・新生代境界（K/Pg 境界）の 6600 万年前，すなわち 0.66 億年前が当てはまる。

▶問 2．A・B．カンブリア紀の代表的な動物群として挙げられるチェンジャン（澄江）動物群やバージェス動物群は，発見された地名（中国の澄江）や，地層名（カナダのバージェス頁岩層）から命名されている。

C．脊椎動物のうち，魚類は古生代の初めに出現し，デボン紀に両生類へと進化したと考えられている。石炭紀には両生類から進化した爬虫類と単弓類が出現し，三畳紀には単弓類から哺乳類へと進化した。脊椎動物として最後に出現したのが鳥類で，ジュラ紀に一部の恐竜から進化したとされる。

▶問 3．地球の気温は，高緯度と比べて低緯度ほど高いため，現在の地球では高緯度にのみ氷河が分布する。地球上で最も気温が高いのは赤道付近であり，そこに氷河の痕跡があれば，地球全体に氷河が発達していたと考えることができる。氷河の痕跡として，地表面であれば氷河が滑った跡（擦痕）などもあるが，原生代の痕跡となると地層中の堆積物と考えたほうがよい。1 行指定であることから，当時の赤道域の地層に氷河堆積物が残されていることのみを端的に述べればよい。

▶問 4．顕生代には 5 回の大量絶滅が起こっているが，最大規模のものは古生代・中生代境界（P/T 境界）の大量絶滅である。この時期の環境の激変の様子として，洪水玄武岩の存在や，酸素欠乏状態だったことを示す海洋の堆積物などの証拠から，大規模な火山活動による二酸化炭素の大量放出が気候温暖化を引き起こし，表層の海水の密度が低下して海洋の鉛直循環が起きにくくなったことで，長期にわたって海洋で酸素が欠乏する状態となったことなどが考えられている。ここでは海洋で起きた環境変化を問われているので，海洋の酸素欠乏状態について触れる必要があるが，時期を含めて 3 行以内で示す指定であるため，その原因となった火山活動についても含める余地がある。

▶問 5．南極は，パンゲアの南部において，南米やアフリカ，オーストラリア，インドと接していた。中生代後半にインド亜大陸は北上し，残った

大陸が分裂していく中で，独立した南極大陸のまわりで緯度に沿って周回する海流として誕生したのが南極周極流である。

❖講　評

　2023 年度も，例年通り大問 5 題の出題で，試験時間は理科 2 科目で 150 分であった。論述問題は 2022 年度と同じく行数指定で，語句指定もみられた。問題分量に大きな変化はないが，論述問題の指定行数が全体的に減少し，全体の難易度としては 2022 年度よりやや易化したといえる。

　①　太陽放射と恒星に関する出題。問 1 と問 2 は空所補充の基礎問題。問 3 と問 4 は計算問題だがオーソドックスな設問であり，難度は低い。問 5 は論述問題だが 3 行以内の指定であり，判断しやすい内容であった。

　②　雲と雨に関する出題。問 1 の空所補充以外は論述問題だが，問 2 と問 3 は 1 行と 2 行以内の指定，問 4 は 4 行以内の指定だが指定語句もあり，全体として基本事項の確認問題であった。

　③　プレートの運動やジオイドに関する出題。問 1 は空所補充の基礎問題。問 2 は計算問題だが基本的な内容である。問 3 の論述問題は教科書記載内容の確認問題。問 4 はやや判断に迷う論述問題であったが，プルームに関する知識で判断する内容であった。問 5 の論述問題もオーソドックスな内容であった。

　④　火成岩と造岩鉱物，マグマに関する出題。問 1 ～問 4 は空所補充，記述，2 行以内の論述問題で，いずれも基本事項の確認問題であった。問 5 の論述問題は 6 行以内の指定だったが，指定語句もあり判断しやすい内容であった。

　⑤　地球史に関する出題。問 1 と問 2 は空所補充の基礎問題。問 3 ～問 5 は論述問題だが，内容は知識の確認であり，指定行数も少なく，難度は高くなかった。

MEMO

MEMO

2022年度

解答編

解答編

英語

Ⅰ **解答** 問1．(1)世界各地で新たな難民となっている，紛争ではなく気候変動によって居住地を追われ，移住せざるを得なくなっている人々。

(2)過去40年間で湖の水位が上昇したことにより家に通じる道路が水没するなど，気候変動が原因で，住む家や学校，診療所，道路，教会といった社会基盤をすべて失ってしまい，居住地を離れ，どこか他の場所でそれらを見つけざるを得なくなるという状況。

問2．気候変動による環境難民が生じるのは，（二酸化）炭素排出国が排出量を抑制できないとか，貧しい国が十分な適応対策で自国民を守る能力がないことが原因だとする従来の見方から，今は，いくら社会基盤を整備しても海面上昇を食い止め，季節に応じて雨を再び降らせ，地球の気温を下げることができない段階になると，環境難民の都市への移住が適応戦略となるという見方へと変化してきているということ。

問3．無秩序に計画性もなく移住すると，移住先の都市で問題を引き起こし，その都市にとって重荷となりかねない環境難民を，都市の成長に必要な人的な資産にするための方法のこと。具体的には，インフラを整備し，公衆衛生から教育，医療に至るまでサービスを向上させるといった，移民を受け入れるための適切な準備のやり方を指す。

問4．① adaptation　② reduce　③ emissions

問5．(イ)・(ウ)

━━━━━◆全　訳◆━━━━━

≪環境難民発生の原因と対応策≫

[1]　現地の区の行政担当者の話では診療所や専門学校，5つの学校，7つの教会，48の店と1,250軒の家——人口のほぼ3分の1の人たちの住まい——が破壊されたという。リフトバレーの湖水地域の何千人もの人た

ちが住む家を追われている。その人たちは紛争ではなく，気候変動から逃れている難民という，新たな世界的な人の動きの一部なのだ。

② 「もし収入が途絶えるだけなら，ただそれだけですみます。なぜなら対応はできますからね。また別の仕事とか，別の分野もあります」とマイヤーホフは言う。「でも，ひとたびすべてを――つまり，家も学校も診療所も道路も教会も――失うと，もうお手上げという状況です。そういう施設をどこか他の場所で見つけなければならないので，環境難民になってしまうのです」 彼女は何も第三者的立場で傍観しているわけではない。ここ40年住んでいる自分の家も，バリンゴ湖の上昇を続ける水にのみ込まれるまであとほんの数インチしかないのだ。彼女はノートに，10代だった子供たちが自宅の庭の崖側の縁から40フィート（12m）下の湖に飛び込む写真を挟んでいる。今はその子たちも30代だが，同じ場所に座って，足を水につけてパチャパチャさせることもできただろう。子供たちは彼女に荷物をまとめてそこを離れるよう懇願している。そうするには，ボートを手に入れる必要があるだろう――彼女の家に通じる道路はすでに水没しているのだ。

③ 約2,400万人――武力紛争から逃れた人の数の3倍以上――が，毎年，洪水，干ばつ，ハリケーン，熱波，海面上昇といった環境災害によって住む場所を追われている，というのが，シドニーに本部を置くグローバルシンクタンクの経済平和研究所による2020年10月の分析である。もし温室効果ガスの排出がこのまま上昇軌道に乗ったままなら，とりわけ，生計をたてる手段が気象パターンの変化に最も影響を受けるような農業に依存している農村部において，地球温暖化を加速し，気候への影響を増幅することになり，今後30年間で，さらに約12億人が住む場所を追われる可能性があるだろう。

④ 長きにわたって，専門家たちはこういう類の移住を，貧しい政府が十分な適応策によって市民を守る能力がないことにあわせて，炭素排出国が自国の排出量を抑制できなかったことから生じるものであるとみなしてきた。しかし，その見方は変わりつつある。つまり，どれほど社会基盤を整備しても海を押し戻したり，季節に応じた雨を再び降らせたり，地球の気候を涼しくすることはできない段階がくる。その段階で，「移住が適応戦略に『なる』のです」と，包括的な都市移住計画を進展させるために都市

と協力し合うグローバル組織，市長移住評議会（MMC）事務局長のヴィットリア＝ザヌーゾは言う。こうした気候変動による移民の多くにとっては，都市や町が最終的に行きつく先となるだろう。

5 豊かな国々も対象外とはならない。シカゴ大学の『環境資源エコノミスト協会誌』で公表された2018年のある研究によると，気候変動によって，今後45年の間に，米国の南部と中西部の住民の12人に1人は北東部や北西部のそれほど影響を受けていない地域へ移動せざるを得なくなるだろうと予測している。「もはや気候変動による移住が起きようとしているのかどうかという問題ではなく，むしろ誰が，どのくらい，どこへ，いつ移住するかという問題なのです」と，英国に本拠を置く気候・移住連合のアレックス＝ランドールは言う。「これまでは，そもそも人々を移住させないことに焦点を当ててきました。今は，どうやって移民をその人たちが向かう場所にとっての重荷というよりむしろ財産にすればいいのかに焦点を当てる必要があるのです」

6 都市が成長するためには移民が必要だが，無秩序で無計画な移住は，まるで真水の湖に塩が流入するような問題を引き起こしかねない。ということは，社会基盤を整備し，公衆衛生から教育，医療に至るまでのサービスを向上させることで，町が新たな世代の気候変動による移民に対する準備をすることになる——が，それは往々にして金銭的に余裕のない地方自治体にとってはお金がかかりすぎる仕事である。ニューヨーク市の住民一人当たりの年間予算はおよそ9,500ドルなのに対し，ナイロビだとそれが約74ドルなのだ。

7 いくつかの都市は——オーランド，バングラデシュのダッカ，シエラレオネのフリータウンを含め——新たにやってくる人たちが安全な住居と公平な雇用の両方の機会が確実に得られるようにしつつ，気候変動に対する回復力を高める計画を立ち上げている。これらの計画は通常，自治体の財政支援によるものだが，計画を拡大するためには，さらなる投資が必要である。国際的な気候基金はもっと役割の多くを担うべきだとランドールは言う。「ひとたび皆さんが移動は適応の一形態だと認めるなら，私たちも将来的な可能性としては，気候への適応基金を使って，人々が安全に移動するのを支援したり，都市が急成長に対処するために必要な社会基盤を確実に持てるようにしたりすることも可能な段階に至るでしょう」

6 2022年度 英語〈解答〉　　　　　　　　　　　　　　東北大-理系前期

⑧　パリ協定に至った議論の一環として，富裕国は，貧しい国が気候変動に対処するのを支援するために，融資，助成金，現金，民間投資によって年間 1,000 億ドルを拠出することを誓約した。緑の気候基金として知られている基金は，気候変動への対処に充てられる世界最大の基金であるが，これまでのところ，世界全体の寄付金のわずか 20 ％しか気候変動への適応には振り分けられておらず，残りは概ね温室効果ガスの削減プロジェクトに向けられている——表明された目標では 50 対 50 の割合での配分となっているにもかかわらず，である（拠出国がプロジェクトへの融資に関する最終的な決定を下しているのだ）。

⑨　気候変動の危機に対して通常責任が軽い発展途上国にとって，それは実にひどい過ちである。「バングラデシュやケニアのような国となると，そもそも温室効果ガスの排出量はわずかなわけですから，その私たちに排出削減にお金を使えと言うのは理にかないません」とダッカに本拠を置く国際気候変動・開発センター（ICCCAD）所長のサリーマル=ハクは言う。「私たちは適応のための資金を必要としています。それが最優先事項のはずです」　市長移住評議会のザヌーゾは，都市への適応プロジェクトは——それによって都市は移民やその受け入れ先となる地域社会の繁栄を支援するようなやり方で移民を受け入れることが可能になるのだが——利用可能となっている適応基金のわずか 3 ％から 5 ％しか受け取っていないと推定している。

（中略）

⑩　最も重要なのは，農村からの移民が都会での暮らしに確実に移行できるようにすることだ。「私たちは牛飼いたちが，都会でうまくやっていく技能がないからといって，街角で物乞いをしている姿など見たくありません」とオウチョは言う。「気候変動による移民が都市の成長のプラス要因となれる唯一の方法は，彼らが適応し，生き残り，新たな機会を見つけることができるようにする再教育と技能伝承を受けられるかどうかなのです」

━━━━━━━◀解　説▶━━━━━━━

▶問 1．⑴ an environmental migrant「環境難民」とはどのような人々を指すかは，第 1 段最終文（They are part …）に，refugees fleeing not conflict but climate change と述べられており，この部分を訳すことにな

東北大-理系前期　　　　　　　　　　　　　　2022 年度　英語〈解答〉　7

る。解答欄は 14cm×2 行なので，a new, global movement の部分も含
めて訳すと，さらに具体的な説明となる。flee「～から逃れる」 conflict
「紛争」 climate change「気候変動」

(2)「環境難民」が生まれる状況については第 2 段第 3・4 文（"But once
you … some other place."）に具体的な説明がなされている。住む家や学
校を始めとするさまざまな社会基盤をなくすと，他のどこかでそれを見つ
けざるを得なくなる，という点を押さえたい。解答欄は 14cm×5 行なの
で，第 3 文と第 4 文後半部分だけでなく，同段第 5～8 文（She is no …
is already underwater.）に述べられている，社会基盤をなくす原因とな
る気候変動により湖の水位が上昇して，家に通じる道路が水没してしまっ
ている女性の状況についてもふれるとさらに具体的な説明となるだろう。
impossible situation とは自分の力ではどうすることもできない状況を指
す。those facilities「これらの施設」は具体的には第 3 文中の—（ダッシ
ュ）で挿入された your home … your church を指しており，自宅や社会
的基盤（インフラ）のことである。

▶問 2．従来の見方については第 4 段第 1 文（For a long …）に説明が
なされている。see A as B「A を B と考える，A を B と見なす」 flow
from ～「～により生じる」 carbon-spewing nations「炭素排出国」の
carbon とは carbon dioxide「二酸化炭素」を指す。along with ～「～と
ともに，～とあわせて」 adequate「適正な，十分な」 adaptation
measures「適応策」 さらに，どういう見方になってきたかについては，
同段第 2・3 文（But that view … urban-migration programs.）に述べ
られている。hold back the sea は「海を押し戻す」という意味だが，こ
こでは海面上昇を抑えるとか，海の侵食を食い止めるという意味だと判断
できる。同様に，bring back the seasonal rains は「季節性の雨を取り戻
す」という意味だが，季節に応じた雨をまた降らせるという意味だとわか
る。さらに cool the global climate「地球の気候を涼しくする」も，地球
の気温を下げるという説明が可能。adaptation strategy「適応戦略」

▶問 3．make them an asset 以下のことをするためのやり方を説明する
ことになるが，「第 6 段落の内容に即して」とあるので，他の段落にある
記述についてはあえてふれなくてもよいだろう。them は気候変動による
移民，すなわち環境難民を指す。asset「資産，資源」はここでは人的資

産のことだが，具体的には第6段第1文（Cities need migrants …）前半に述べられているように，都市の発展に必要な人的資産のことだとわかる。burden「重荷，負担」は，具体的には同段同文の but 以下に述べられているように disruptive「問題を引き起こす」という意味での「重荷」だとわかる。chaotic「無秩序な」や undirected「計画性のない」という語も説明に生かすとよい。やり方自体の具体的な説明については同段第2文（That means preparing …）に述べられている。sanitation「公衆衛生」health care「医療」

▶問4．下線部(D)の直前に，We need the money for adaptation と述べられており，①には adaptation が入る。第9段第2文（"When it comes …）の後半に telling us to use the money to reduce emissions とあり，それは理にかなわないと述べられていることから，②には reduce，③には emissions が入る。

▶問5．(ア)「マイヤーホフが暮らしていた農村部を出て行かなければならなくなったのは，単に自宅を失ったからだった」　第2段第5文（She is no …）に，彼女が40年住んでいる家が，バリンゴ湖にあと数インチでのみ込まれる状態であることが述べられているが，まだ水没したわけではなく，不一致。

(イ)「環境災害から逃れる人の数は武力紛争から逃れる人の数の3倍以上であり，今後30年間でさらに増える可能性があるだろう」　第3段第1文（Some 24 million …）に，環境災害によって移動せざるを得ない人の数は武力紛争から逃れる人の数の3倍以上だと述べられており，同段最終文（In the next …）に，今後30年間で，さらに約12億人が住む場所を追われる可能性があるとも述べられていることから，一致。

(ウ)「2018年のある研究では，米国の南部と中西部の住民の12人に1人が気候変動のために，今後45年の間に，より影響の少ない地域へ移動せざるを得ないだろうと示唆している」　第5段第2文（A 2018 study, …）に，2018年のある研究では，気候変動によって，今後45年の間に米国の南部と中西部の住民の12人に1人は北東部や北西部のそれほど影響を受けていない地域へ移動せざるを得なくなるだろうとの予測が述べられており，一致。

(エ)「ダッカ，オーランド，フリータウンといった都市では，国際的支援に

東北大-理系前期　　　　　　　　　　　　　　2022 年度　英語〈解答〉　*9*

よる豊富な資金のおかげで，気候への適応基金を使って人々が移動するの
を支援したり社会基盤を構築したりすることができている」　第 7 段
（Several cities—including …）には，オーランドやダッカやフリータウ
ンを含むいくつかの都市が，将来的な可能性としては，気候への適応基金
を使って，人々が安全に移動するのを支援したり，都市が急成長に対処す
るために必要な社会基盤を確実に持てるようにしたりすることも可能にな
るだろうと述べられているが，あくまでも将来の可能性の話であり，実際
には第 8 段第 2 文（The Green Climate …）に，適応のために使われて
いるのは豊富な基金のわずか 20％だけだと述べられており，不一致。

(オ)「著者によると，バングラデシュとケニアは町が環境難民に備えて準備
をするために基金を使うことに反対している」　第 9 段第 2・3 文
（"When it comes … be the priority."）には，バングラデシュやケニア
のような国の立場からすると，必要なのは適応のための資金だと述べられ
ており，不一致。

(カ)「オウチョは気候変動による移民はそこで暮らすための技能を持たずに
都市に流入すべきではないと言う」　第 10 段最終文（"The only way …）
にオウチョの発言として，気候変動による移民が都市の成長のプラス要因
となれる唯一の方法は，彼らが適応し，生き残り，新たな機会を見つける
ことができるようにする再教育と技能伝承を受けられるかどうかだとして
おり，移民はそういう技能を持たないことが前提なので，不一致。

◆━━━━━━━━━　●語句・構文●　━━━━━━━━━◆

(第 1 段) ward「区」　administrator「行政担当者」　health clinic「診療
所」　technical college「専門学校」　the Rift Valley「リフトバレー」は
アフリカ大陸を南北に縦断する大地溝帯を形成する巨大な谷の名称。be
forced from ～「～を追われる」

(第 2 段) detached「孤立した，第三者的立場の」　swallow「～を飲み込
む」　Baringo「バリンゴ湖」　cliffside「崖側，崖の側面」　pack up「荷
造りする，引っ越しをする」

(第 3 段) some「約」　displace「～を強制退去させる」　ecological
disaster「環境災害，生態学的災害」とは人間の活動に起因する，環境を
壊滅的に破壊する出来事のこと。drought「干ばつ」　heat wave「熱波」
the Institute for Economics and Peace「経済平和研究所」　think tank

10 2022 年度　英語〈解答〉　　　　　　　　　　　　　　　　東北大-理系前期

「頭脳集団，シンクタンク」 headquartered in 〜「〜に本拠を置く」 amplify「〜を増大する」 rural area「農村部，農村地域」

(第 4 段) at that point「その段階で，その時点で」 the Mayors Migration Council (MMC)「市長移住評議会」 comprehensive「包括的な」

(第 5 段) exempt「対象外の」 the Association of Environmental and Resource Economists「環境資源エコノミスト協会」 push *A* to *do*「*A* に無理やり〜させる」 U.K.-based「英国に本拠を置く」 up until now「これまでは」

(第 6 段) prepare *A* for *B*「*A* に *B* の準備をさせる」 pricey「高価な」 cash-strapped「厳しい財政運営の，金銭的余裕のない」 Nairobi's とは Nairobi's annual budget per resident のこと。

(第 7 段) launch「〜を開始する，〜を立ち上げる」 finance「基金，融資」 where 以下の文中では could や had でも仮定法の時制が用いられている。cope with 〜「〜に対処する」

(第 8 段) the Paris Agreement「パリ協定」 commit to *do*「〜することを誓約する」 loan「融資」 grant「助成金」 the Green Climate Fund「緑の気候基金」 dedicated to 〜「〜に充てられる」 address はここでは「〜に対処する，〜に取り組む」という意味。contribution「寄付金」 with the rest largely going … は付帯状況を表す with の用法。allocation「配分」 donor nation「拠出国」

(第 9 段) bear a responsibility for 〜「〜に対する責任を負う」 oversight「過失」 when it comes to 〜「〜に関して言えば，〜となると」 to start with「まず第一に，そもそも」 the International Centre for Climate Change and Development (ICCCAD)「気候変動と開発のための国際センター，国際気候変動開発センター」 adaptation funding「適応基金」

(第 10 段) Most important is … は主語と述部が倒置された形で「最も重要なのは〜だ」という意味。cattle herder「牛飼い」 thrive「うまくやる」 retraining「再教育」 skills transfer「技能伝承」

東北大-理系前期　　　　　　　　　　　　　　　2022 年度　英語〈解答〉　**11**

II 解答

問 1．①—(イ)　②—(ウ)　③—(ア)

問 2．全訳下線部参照。

問 3．syllabic systems（音節文字体系）は，数百の記号が発声された数百の音のそれぞれに対応している文字体系であるのに対し，alphabetic system（アルファベット文字体系）は，ごく少数の記号で人間の声が作り出せる基本的な音を表す，より単純な文字体系であるという違い。

問 4．(ア)

問 5．今や私たちは，自分たちの考えを絵文字で伝えるのに，大昔の祖先のように棒切れを使って砂の上に描くことはしておらず，宇宙という何もない空間そのものに向かって電波望遠鏡で電波を送信しているということ。

◆全　訳◆

≪人類が持つ記号≫

　何千年も前，丸太の上で黙って休息していた一人の男が手を伸ばして棒切れを拾い上げ，それで足元の砂をひっかき始めた。彼はその棒切れをゆっくりと上下左右に行きつ戻りつさせ，慎重にそれが曲線や直線の上を通るように動かしていった。彼は自分が描き上げたものをじっくり眺めると，その顔には穏やかな満足の表情が浮かんだ。

　他の人たちもこの男が砂の上に線を描いているのに気づいた。彼らはその男が描いた形をしげしげと眺め，すぐに魚や鳥や人といった見慣れたものの形だとわかったけれども，その男がこれらの見慣れた形をこういう特定の並べ方をすることで，何を伝えようとしていたのかがわかるには，もう少し時間が必要だった。彼がどういうことをしたのかがわかると，あとの連中もわかったというようにうなずいたり，微笑んだりした。

　この小さな一群の人間たちは，自分たちが何をやり始めているのかを自覚してはいなかった。この人たちが砂に残した絵はすぐに風に吹き消されることになっただろうが，彼らの新たな着想は徐々に広がっていくことになり，ついにはそれが人類を作り変えたのだった。この人たちは筆記というものを考え出していたのである。

　筆記は，原始人にもわかっただろうが，人間の記憶にとどめておけるよりはるかに多くの情報を，しかもより正確にとどめておくことができた。筆記によって，考えたことを単なる音では伝えられないほどはるか遠くまで——つまり，距離の面でも時間の面でもずっと先まで——伝えること

ができた。一人の人間の頭の中で生まれた深い考えが広まり，永続することができたのである。

　最初に筆記されたメッセージは，単に見慣れた物体を何らかの意味があるやり方でつなぎ合わせた絵にすぎなかった——それが絵文字である。しかし，人間の生活において重要な多くのことを表す像はなかった。例えば，悲しみや勇敢さを表す像とはどんなものだったのだろう。そこで，もっと抽象的な考えを表すために，人は絵文字から表意文字を作り出した。涙を流している目は悲しみを表すことができるだろうし，ライオンの頭を持つ男性は勇敢という意味になるかもしれない。

　次の飛躍的変化が起きたのは，その形が物や考えから切り離されて，発話音を表すようになったときである。書かれた形は自在に実際にある物体とのあらゆる類似点をなくしていった。数百の記号が発声された数百の音に対応している，音節文字体系を作り上げていった社会もあった。ごく少数の記号で人間の声が作り出せる基本的な音を表す，より単純なアルファベット文字体系をあみ出した社会もあった。

　最初は，考えは書いた場合の方が，発話によって出てきていた場合よりわずかに速く出てくるという程度だった。しかし，科学技術が発達するにつれ，人は自分の考えを新たな方法で形にするようになった。すなわち，印刷機，モールス信号，大気圏を通して跳ね返ってくる電磁波，さらにはコンピューターの二進法の言語といった方法で，である。

　今や，地球はあふれんばかりの思考のやりとりでおおいつくされ，私たちは自分たちの惑星の彼方の，宇宙にいる地球外知的生命体に向けて自分たちの考えを送信しようとさえしている。地球外へ自分たちの考えを送ろうという最初の試みは，太古の形式である，絵文字の形をとっている。その初のメッセージは，1972 年と 1973 年に打ち上げられた宇宙探査機パイオニア号に搭載された銘板の上に，男性と女性の二人の人間の単純な線画を中心として描かれており，男性は挨拶をする際の手の挙げ方をしている。二人の背後には宇宙探査機パイオニア号の外形が描かれていて，それから人間の大きさを判断できるようになっていた。銘板にはその二人の人間の姿の「住所」も含まれていたが，それが太陽系の絵で，宇宙探査機はその 3 番目の惑星から飛び立っている。宇宙生物学者の大半は，地球外の文明が私たちと交信しようとする際に，同様に絵を利用するだろうと考えてい

東北大-理系前期 2022 年度 英語〈解答〉 **13**

る。

　人間が初めて砂の上になぐり書きをして以来，成し遂げてきたことすべてが，私たちをスタート位置まで連れ戻している。書き言葉は，二人の人間がその記号が何を意味するかを知っていて初めて機能する。私たちにできるのは利用可能な最も単純な形の記号に立ち戻り，その段階から取り組むことだけだ。星と星との間の意思の疎通において，私たちは，自分たちの祖先が棒切れを使って砂の上に数個の単純な像をなぞったときと同じ段階にいるのである。

　私たちは今も手に祖先が持った棒切れを持ち，それで絵を描く。しかし，その棒切れはもはや木製ではない。長い時代をかけて，その木片は巨大な電波望遠鏡へと姿を変えた。そして私たちはもはや砂の上をなぞってはおらず，今や，自分たちの考えを宇宙という何もない空間そのものに向かって書き送っているのだ。

━━━━━━━ ◀解　説▶ ━━━━━━━

▶問 1 ．空所に入る英文の訳は以下の通り。

㋐「彼らの新たな着想は徐々に広がっていくことになり，ついにはそれが人類を作り変えたのだった」

㋑「丸太の上で黙って休息していた一人の男が手を伸ばして棒切れを拾い上げ，それで足元の砂をひっかき始めた」

㋒「彼らがその男がこれらの見慣れた形をこういう特定の並べ方をすることで，何を伝えようとしていたのかがわかるには，もう少し時間が必要だった」

①後続文で He が the stick を動かしたという文が続いていることから，この He と the stick の詳細がわかる㋑が正解。

②後続文の最初の Understanding what he had done に注目すると，彼のやった行為の詳しい内容が述べられている㋒が正解。

③後続文で，これらの人たちが考え出したのは writing「筆記」という行為だとわかるので，their new idea が主語となっている㋐が正解。

▶問 2 ．**It could carry thoughts much farther than mere sounds could**

●It は前文の主語である writing を指す。writing の訳としては「筆記，書くこと，書くという行為」などが考えられる。

●could という過去形は，英文が事実を伝えていることから，推量を表す用法ととらえず，単に「～できた」という訳でよい。carry はここでは thoughts「考え，考えたこと」が目的語なので「～を伝える」という意味。

●mere sounds could の後には carry thoughts が省略されている。

―**farther in distance and in time.**

●この部分は，その前にある much farther の farther の内容を詳しく説明したものであり，in distance「距離において」だけではなく in time「時間において」も遠くまで，という説明となっている。時間が絡むので farther の訳を「さらに遠く」から「ずっと先まで」とするとわかりやすい。この部分をさらに詳しく「距離という点でもさらに遠くまで，時間という点でもさらにずっと先の未来まで」という訳も考えられるが，設問ではその点は求められていない。

▶問3．下線部(B) syllabic systems「音節文字体系」と下線部(C) alphabetic system「アルファベット文字体系」の訳をすべきかを迷うところ。「前者」，「後者」とすることも可能だが，設問としては，下線部(B)はその直後，下線部(C)はその前後の英文をわかりやすく訳すことになるので，その説明にふさわしい訳をしておいた方が無難。correspond to ～「～に対応する」 spoken sound「発話音，発音された音」 a handful of ～「少数の～，ほんの一握りの～」 represent「～を表す」

▶問4．a very ancient form「太古の形式」を言い換えているので(ア) pictographs「絵文字，象形文字」が正解。(イ) ideograms「表意文字」は太古の形式ではないので不適。(ウ)と(エ)は文字体系のことなので不適。

▶問5．下線部(D)が接続詞 and で始まっていることから，最終段第1・2文（We still hold … massive radio telescope.）を受けた英文であることがわかる。そのため，説明としてはこの第1・2文の内容を踏まえて意味を補足することになる。emptiness は「空虚」という意味だが，ここでは「何もない空間」という訳が考えられる。

◆━◆━◆━◆━◆━ ●語句・構文● ━◆━◆━◆━◆━◆━◆

（第1段）back and forth「前後に，左右に」 up and down「上下に」

（第2段）in recognition「認めて，わかって」

（第3段）band「一群，集団」

東北大-理系前期   2022 年度　英語〈解答〉　*15*

（第 4 段）accurately「正確に」　endure「持続する，長持ちする」

（第 6 段）leap「飛躍」　figure「形状，形，姿」　independent of ～「～と無関係で，～から離れて」　stand for ～「～を表す」

（第 7 段）at first「最初は」　embody「～を具象化する」　printing press「印刷機」　electromagnetic wave「電磁波」　bounce「跳ね返る」

（第 8 段）swarming「群れをなす，大群の」　other minds とは，ここでは人間とは異なる心や知性の持ち主，すなわち「地球外知的生命体」のこと。spacecraft「宇宙探査機，宇宙船」　launch「～を打ち上げる」　feature「～を主役にする，～を特徴とする」

（第 9 段）scribble「なぐり書きをする」

（最終段）over the ages「長い年月にわたり」

Ⅲ　解答

1 ）①—(d)　②—(a)　③—(b)　④—(d)

2 ）〈解答例 1 〉I would like to choose the apartment. Although it is the most costly, I cannot imagine my life without enough privacy. That is because I feel uncomfortable with someone else around me, especially when I want to concentrate on something. Moreover, I need enough space for a basic set of furniture for cooking, washing, or studying, because I have my favorite cooking and eating utensils, many clothes, and books. Another positive aspect of the apartment is that the closest subway station is only within a five-minute walk. A 15-minute subway ride takes me to the university, which means I need not walk over a long distance every day. (108 words)

〈解答例 2 〉I would like to live in the dormitory. One of the nicest aspects of living in the dormitory is the lowest cost for my new life. I can save at least 10,000 yen or even more because I need not pay for electricity and water. Dormitory life will also provide me with more campus social opportunities. Since I am slightly withdrawn, I want to change myself to become a more sociable person by making friends with other boarding students. Even though it is slightly remote from the university, I can read books and study during the thirty-minute bus ride, and thus I can turn this disadvantage into an advantage. (109 words)

〈解答例3〉My choice would be the share-house. One of the reasons is that it is very close to the university. I need not take a bus or subway, which will save me a lot of money for commuting. Another reason is that I can use the Internet for free. Since I usually spend several hours surfing the Net, I think reliable and free Internet access is indispensable both for my studying and my private life. Moreover, I can have both my own bedroom and shared spaces, which means I can make the most of my private space just for studying and enjoying my life.（103 words）

◆全　訳◆

≪新学期と引っ越しについての学生二人の会話≫

ジョシュ（以下 J）：やあ，サブリナ，久しぶりだけど元気？

サブリナ（以下 S）：元気よ，聞いてくれてありがとう。あなたも新学期が始まるからわくわくしてるの？

J：それが……そうでもないんだ，正直に言うとね。

S：なんですって？　4月からスミス教授の研究室で自分の研究を始めるのをとっても楽しみにしてるんだと思ってた。

J：してたよ。っていうか，今もね。今度の研究室で楽しくやれるだろうって思うし，自分の研究を始められるのが待ち遠しいよ……。

S：じゃ，何が問題なの？

J：それが，問題ってのは……前の学期で基礎微分積分学の単位を落としちゃったから，今度再履修しなくちゃならなくてさ。

S：それって，そんなに大したことじゃないんじゃないの？　もう1つ，授業が増えるだけでしょ。

J：追加で授業やコースワークをとるのが問題なんじゃなくて――1年生用の授業って，今度の研究室とは違うキャンパスでやってるのが問題なんだよ。その一つの授業のためだけにわざわざ別のキャンパスまで行かなきゃならなくなるってことさ。

S：それならわかるわ，それはかなり厄介よね。でも，元気出して！　あなたならなんとかやっていけるわ。それってほんの1学期だけのこ

東北大-理系前期 2022 年度 英語〈解答〉 *17*

とでしょ。

J：たぶんね……そういえば，君はまだあの古いオートバイ持ってる？
　　ひょっとして，僕がもっと楽に行き来できるようにそれを貸してくれ
　　たりして。

S：それは無理！

J：ねえ，そんなこと言わないでさ，それがあれば通学するのも助かるし。
　　ほら，僕は引っ越したから。

S：あなたが引っ越してたなんて知らなかった。どうしてそんな気になっ
　　たの？

J：前のアパートの賃貸契約期間が切れちゃったから，どこか新しい所に
　　住んでみるのもいいかなと思ったんだ。

S：あなたはアパートを気に入ってたんじゃなかった？

J：アパートに問題はなかったんだよ，たぶん，でも，騒音がどうにもな
　　らなくてね。

S：ふ～ん，それは私も考えなかったことだわ。実は，私も引っ越しをし
　　ようかなと思ってて，何をしたらいいか相談にのってほしいんだけど。

J：まずは，住む場所で君にとって本当に重要なのは何かを考えることだ
　　と思うよ。例えば，僕は引っ越したとき，本当に勉強に集中できるよ
　　うに，どこか静かなところを探す必要があるってことはわかってたか
　　らね。

S：そうね，考慮すべきことはいっぱいあるように思うわ……広さでしょ，
　　設備でしょ，交通の便に，家賃……。

J：君が引っ越し先として考えてるところ全部に関して，重視してるポイ
　　ントのそれぞれのデータがついた一覧表を作ったらどう？　それがあ
　　ると選択をはっきりさせるのに役立つはずだよ。

S：わあ，それはいい考えね，ジョシュ，ありがとう！

■■■■■■■■　◀解　説▶　■■■■■■■■

▶1）空所①～④に入れるのに最も適切なものを選択する問題。

①ジョシュから単位を落とした話を聞いたあとだが，落としたのは1つだ
けだったので，かける言葉としては，That's not (such) a big deal. で
「（それほど）大したことではない」という意味になる，(d)の a big deal
が正解。

②ジョシュから1つの授業を受けるためだけに，わざわざ別の場所にあるキャンパスに通うのは大変だという話を聞いたあとなので，同情しつつも励ましていると考えられ，「なんとか切り抜ける，なんとかやっていく」という意味になる，(a)の make it through が正解。空所を含む発言の直前の chin up は「元気を出す」という意味の慣用表現。

③この発言の主語である lease は「賃貸期間，賃貸契約」という意味。引っ越すという状況は，この期限が切れたからと判断できる。run out には「（期限などが）切れる，（契約などが）満期になる」という意味があり，話の流れとして適切なので，(b)の ran out が正解。

④前のアパートから引っ越す理由についての発言であり，アパート自体には問題はなかったという発言のあとなので，他の理由を述べたはず。(d)の deal with であれば「〜に対処する」という意味であり，騒音を我慢できなかったという正当な理由になるので，これが正解。

▶2）設問の後に3つのタイプの部屋について，広さ，共有スペースの有無，無料で使える設備，通学時間（大学までの距離），最寄りの公共交通機関（駅またはバス停までの徒歩での所要時間），家賃に関する情報の一覧表が掲載されている。自分が選ぶとすればどのタイプの部屋かを，一覧表の情報に基づいて少なくとも3つの理由と，それぞれの理由の根拠となる個人的な話を最低1つ挙げ，少なくとも80語以上で書くように指示されている。〔解答例〕は，それぞれ「アパート」，「寮」，「シェアハウス」を選んでいる。少なくとも80語という語数指定であり，解答欄は14cm×10行なので，90〜100語程度で書くのがよいだろう。

　〔解答例1〕ではアパートを選ぶ理由として，プライバシーがほしいという点，十分なスペースがほしいという点，駅が近くにあるという点の3点を挙げており，個人的な話としては，集中するときにまわりに他の人がいると不快である，好みの持ち物がいっぱいある，毎日長距離を歩かなくてすむ，ということをそれぞれ挙げている。〔解答例2〕では寮を選ぶ理由として安さを一番に挙げ，水道と電気代で1万円以上節約できる点を補足している。また，人付き合いの機会が増えるという2つ目の理由と並行して，引っ込み思案な自分を変えたいという話を挙げている。3つ目の理由としてはバスでの通学も，読書などの時間に活かすことで利点になるとしている。〔解答例3〕ではシェアハウスを選ぶ理由として，大学の近く

東北大-理系前期   2022 年度　英語〈解答〉　**19**

にあるという点，インターネットが無料であるという点，共用部分がある
という点の3点を挙げており，個人的な話としては，通学にかかる交通費
の節約になる，インターネットをよく利用している，プライベート部分を
最大限に利用できるということをそれぞれ挙げている。

◆━━◆━◆━◆━◆━　●語句・構文●　━◆━◆━◆━◆━━◆

（ジョシュ（以下 J）の第1発言）How've you been? は久しぶりに会っ
た知人にかける言葉で「元気にしていましたか？　最近どう？」という意
味。
（サブリナ（以下 S）の第1発言）semester「（2学期制の）学期」
（Sの第2発言）look forward to *doing*「～するのを楽しみにしている」
（Jの第3発言）I was と I am のあとにはサブリナの第2発言にある
looking forward to 以下が省略されている。
（Jの第4発言）calculus「微分積分学」
（Jの第5発言）course work「コースワーク，教育用プログラム」とは，
カリキュラムに従い，学習課題，授業，実験，執筆などの幅広い活動から
なる教科課程のこと。all the way「わざわざ，はるばる」
（Jの第6発言）get back and forth「往復する」
（Sの第6発言）In your dreams!「それは無理！」
（Sの第7発言）prompt「～を促す」
（Sの第9発言）I could use some help *doing*「～するのを手伝ってほし
い」 could use は「～がほしい，～をもらえるとうれしいんだが」とい
う意味のアメリカ英語の口語表現。
（Jの第10発言）accommodation「宿泊設備，住む場所」

IV 解答

問1．①—(オ)　②—(ア)　③—(カ)

問2．〈解答例1〉in order to be original, you need to
be educated, but being original and being well-educated are often
contradictory. You can acquire knowledge by making efforts, but
originality is a kind of intuition.

〈解答例2〉being original requires enough knowledge, but knowledge
and originality often run counter to each other. You can be a learned
person if you make a sufficient effort, but originality is a sense ─

something you were born with.

問3．(エ)

━━━━━◀解　説▶━━━━━

▶問1．完成英文：Originality <u>refers</u> to distance <u>from</u> a set of known <u>information</u>.

8カ所の空所に対し，選択肢は9つあるので，1つは余る。(オ) refers に注目すると，refer to ～「～のことを言う」というイディオムに気がつくだろう。この点に気づけば余るのは(ウ)の indicates であり，主語の originality の後に refers to と続き，その後が distance だとわかる。「すでにある情報の集合に対する距離」を「すでにある情報の集合からの距離」と考えると distance の後に from が続く。「すでにある情報」が known information であるとわかれば，残った(エ) a set of が「～の集合」に相当し，known information の前に置けばよいとわかる。したがって①は(オ) refers，②は(ア) from，③は(カ) information が正解。

▶問2．下線部(B)は2文にわかれており，それぞれが前半部分と後半部分からなっている。いずれの文も主語を何にするかで迷うところだが，構造としてはいずれもシンプルな英文で書くことが可能である。

●「オリジナルであるためには教養が必要なのです」という部分は，you を主語にすると「あなたには教養が必要だ」が中心文となり，「オリジナルであるためには」という部分は目的を表す to 不定詞で表現することになる。「教養」は culture, education, knowledge などの語が考えられる。問題文を「オリジナルであることが教養を必要とする」と考えると，being original という動名詞句を主語として require を動詞にするとよいだろう。

●「教養とオリジナリティはしばしば相反することがあります」は「A と B は相反する」をそのまま A and B are contradictory（to each other）や A and B run counter to each other というように表現することも，「A と B は両立しない」と考えて，A and B are incompatible（with each other）というように表現することも可能。「A は B に反する」と考えて，A is contradictory to B のように表現してもよい。

●「しばしば～することがある」は動詞の前に副詞の often を置く。

●「教養を身につける」はそのまま acquire knowledge〔culture〕でよい

が，「教養のある人になる」と考えて，be learned や be a learned 〔well-educated〕 person のように表現できる。「努力する」は make efforts〔a sufficient effort〕という表現と by *doing*「～することで」という表現を組み合わせるか，そのまま条件節で表すとよい。

●「オリジナリティはセンスです」というのは，そのまま originality is a sense としたのでは不自然である。この「センスです」という部分を a kind of intuition「直観のようなもの」と別の言葉で言い換えたり，直前の「努力」との対比を考えて，something you were born with「何か，あなたが持って生まれたもの」のような追加的な表現を加えたりするとよいだろう。

▶問3．筆者は下線部(B)で，教養とオリジナリティはしばしば相反するものだと捉えていることを前提に，下線部(C)では，筆者はオリジナリティの方を優位に考えているという点が読み取れるので，(エ) It's preferable to have originality as opposed to "kyoyo."「『教養』と相反するものとしてのオリジナリティがある方が好ましい」が正解。

❖講　評

　2022年度は，読解問題2題，会話文問題1題，英作文問題1題という構成で，小問6問を除き，すべて記述式である。会話文の設問にテーマ英作文が出題されているのも例年通りだが，2021年度とは異なり，80語以上という語数指定がついた。解答の記述量は例年と変わらず多いが，課題文の英文量がやや減少し，設問も標準的なものとなった。試験時間は100分。

　Ⅰ　環境難民について，その状況と対応策について論じた英文。設問は内容説明3問と空所補充1問が記述式，内容真偽1問が選択式となっている。総語数は約1000語で，2021年度並み。2022年度は英文和訳が出題されず，記述式は内容説明のみとなったが，説明の範囲を解答欄の行数で判断しなければならないものがある点や，内容真偽の英文が大量で解答にかなり時間がかかる点は2021年度と同じである。

　Ⅱ　人類が考え出した「書く」という行為を歴史的に振り返り，その意義と未来像についても触れる内容で，やや難しい語彙が多く，内容的には理解できても，訳出に苦労したかもしれない。設問は内容説明2問

と英文和訳1問が記述式，空所補充2問（文と語句）が選択式となっている。内容説明の一つは，説明の仕方に迷う問題であった。

Ⅲ　近年，会話文をテーマ英作文の問題文として利用する形が続いている。2022年度は二人の大学生が新しい下宿先を選ぶ際に考慮すべき点について語り合うという設定の会話文で，設問は選択式の空所補充が1問とテーマ英作文1問という構成。2020年度以降，設問も英文になったこともあって，全体の英文量はかなり多いが，2021年度よりは減少している。空所補充は比較的平易。テーマ英作文は80語以上という語数指定となり，解答欄も2021年度より2行増えている。下宿先のさまざまな情報を比較した一覧表があり，それを参考にしつつ選択理由を3つ挙げ，それぞれの理由についても個人的経験を盛り込むなど，条件が多くどこまでそれに対応できるかがポイントとなった。

Ⅳ　設問3問のうち，2問は選択式の語句整序形式の和文英訳と日本文に対する内容真偽が出題された。記述式の和文英訳は1問のみで，しかも例年よりはかなり書きやすい問題であった。

　全体としては，本文の総語数が2021年度よりは減少し，設問もやや易化した感はあるが，例年通り，内容把握力と英語の表現力を問う姿勢が明確で，2016年度以降，高い表現力が必要なやや難度の高い問題が続いている。

数学

◀経済(理系)・理・医(医・保健〈放射線技術科学・
　　検査技術科学〉)・歯・薬・工・農学部▶

1

◇発想◇　場合の数の問題である。

(1)　奇数 l, m, n をそれぞれ自然数 a, b, c に対応させるとよい。$l=2a+1$ とおく場合は，a は 0 以上の整数とする。

(2)　a, b, c の中に同じ数がある場合の数え上げは，$a=b=c$ の場合，$a=b<c$ の場合，$a<b=c$ の場合に分けてみるとよい。

(3)　(1)がきちんとできれば，K を用いて N を表すことができるから，$N>K$ が解ける。しかし，本問では，「実験の精神」を発揮すれば(3)だけでも答えることができる。

解答　正の奇数 l, m, n を，正の整数 a, b, c を用いて

$$l=2a-1, \quad m=2b-1, \quad n=2c-1$$

と表す。$l+m+n=K$（K は 3 より大きな奇数）を満たす組 (l, m, n) の個数 N は

$$(2a-1)+(2b-1)+(2c-1)=K \iff a+b+c=\frac{K+3}{2}$$

を満たす組 (a, b, c) の個数に等しい。

(1)　$K=99$ のとき，$\dfrac{K+3}{2}=51$ であるから

$$a+b+c=51$$

を満たす正の整数 a, b, c の組の個数が N となる。

右図のように，51 個の○を横一列に並べ，○と○の「すき間」50 カ所のうち 2 つを選んで，そこに仕切り｜を入れる。｜で区分けされた 3 群それぞれの○の個数を数え，その数を左から順に a, b, c とすれば，それで組 (a, b, c) の 1 つが決まる。

組の個数は，仕切り｜の入れ方の数だけあるから，$K=99$ のとき

$$N={}_{50}C_2=\frac{50\times49}{2\times1}=1225 \quad \cdots\cdots(答)$$

である。

(2) (1)の組 $(a,\ b,\ c)$ のうち，同じ数を 2 つ以上含む組の個数を求める。

$a=b=c$ となるのは，$(17,\ 17,\ 17)$ の 1 個である。

$a=b<c$ となるのは

$$(1,\ 1,\ 49),\ (2,\ 2,\ 47),\ \cdots,\ (16,\ 16,\ 19)$$

の 16 個である。この各場合の数の並び方は 3 通りずつあるので，2 つが同じで，他の 1 つがそれより大きい組は，$16\times3=48$ 個である。

$a<b=c$ となるのは

$$(1,\ 25,\ 25),\ (3,\ 24,\ 24),\ \cdots,\ (15,\ 18,\ 18)$$

の 8 個である。よって，2 つが同じで，他の 1 つがそれより小さい組は，$8\times3=24$ 個である。

したがって，求める $(l,\ m,\ n)$ の個数，すなわち上の $(a,\ b,\ c)$ の個数は

$$1+48+24=73\ 個 \quad \cdots\cdots(答)$$

である。

(3) (1)と同様に考えれば，$\dfrac{K+3}{2}-1=\dfrac{K+1}{2}$ より

$$N={}_{\frac{K+1}{2}}C_2=\frac{1}{2}\times\frac{K+1}{2}\times\left(\frac{K+1}{2}-1\right)$$

$$=\frac{1}{8}(K+1)(K-1)=\frac{1}{8}(K^2-1)$$

であるから，$N>K$ を解くと

$$\frac{1}{8}(K^2-1)>K \qquad K^2-8K-1>0$$

$$K<4-\sqrt{17},\ 4+\sqrt{17}<K$$

となる。ここで，K は 3 より大であるから $K<4-\sqrt{17}$ は不適である。また，$4<\sqrt{17}<5$ より，$8<4+\sqrt{17}<9$ であるから，$N>K$ を満たす最小の K（3 より大きな奇数）は

$$K=9 \quad \cdots\cdots(答)$$

である。

東北大-理系前期   2022 年度　数学〈解答〉 25

（注）　$K=5$ のとき，$(l, m, n)=(1, 1, 3)$，$(1, 3, 1)$，$(3, 1, 1)$ より $N=3$ であるから，$N<K$ である。

$K=7$ のとき，$(l, m, n)=(1, 1, 5)$，$(1, 5, 1)$，$(5, 1, 1)$，
$(1, 3, 3)$，$(3, 1, 3)$，$(3, 3, 1)$ より $N=6$ で，$N<K$ である。

$K=9$ のとき，$(1, 1, 7)$ と並べ替えで 3 個，$(1, 3, 5)$ と並べ替えで $3!=6$ 個，$(3, 3, 3)$ の 1 個，計 10 個より $N=10$ である。よって，$N>K$ が成り立つ。求める最小の K は 9 である。

■━━━━　◀解　説▶　━━━━■

≪和が K となる 3 奇数の組の数 N と K の大小≫

▶(1)　(l, m, n) を (a, b, c) に置き換えると数えやすくなる。奇数のまま数え上げるのは神経がくたびれるし，ミスも出やすい。

$a+b+c=51$ を満たす正の整数 a, b, c が何組あるかは，〔解答〕の方法が定石であろう。ちなみに，a, b, c が 0 以上の整数であれば，2 個の | と 51 個の ○ の並べ方（同じものを含む順列）となり

$$\frac{53!}{2!51!}=\frac{53\times52}{2}=53\times26=1378$$

となる。

▶(2)　$a=b<c$ の場合，$3a<a+b+c=2a+c<3c$，すなわち $3a<51<3c$ が成り立ち，$a<17<c$ がいえる。a は 1，2，…，16 である。$a+b+c$ は奇数であり，$2a$ は偶数であるから，c は奇数となる。$a<b=c$ の場合も，$a<17<c$ であるが，$a+b+c=a+2c$ であるから，ここでは a が奇数となる。

数え上げるには，$a\leqq b\leqq c$ などと条件をつけて始めるとよいが，最後にその条件をはずさなければならない。$(1, 1, 49)$ は $a=b<c$ の条件のもとで求めたものであるから，$(1, 49, 1)$，$(49, 1, 1)$ を忘れないように。

▶(3)　N を K を用いて表さなくても，K は 3 より大きな奇数であるから，(注)のように $K=5$，7，9 と調べてみれば，割合はやく結果がわかる。

　(1)，(2)がうまくいかなくても，(3)だけは得点できる。

26 2022年度 数学〈解答〉　　　　　　　　　　　　　　東北大-理系前期

$\boxed{2}$　◇発想◇　4次関数についての問題。取り組みやすそうに見えるが，さてどうだろう。

(1)　結果は $x^2+3x+a\geqq a-\dfrac{9}{4}$ から何となくわかる気もするが，どう説明すればいいのか？　4次の係数が正であることを利用したい。

(2)　$f'(x)$ を求めてみる。$f'(x)=0$ の解には必ず $x=-1$ が含まれる。$a<2$ のとき，他にどのような解があるのか。-1 との大小が問題になる。増減表を作って考えよう。$f(\alpha_1)<f(\alpha_2)$ を示すには，計算力に頼るしか方法はないのか。

(3)　問題の意味を，(2)で作った増減表を見て確認しよう。a の値による場合分けが大変そうであるが，地道に増減表をもとに考えるしかない。時間がかかりそうである。

解答　　$f(x)=(x^2+3x+a)(x+1)^2$

(1)　$g(x)=x^2+3x+a$, $h(x)=(x+1)^2$ とおく。$f(x)=g(x)h(x)$ である。

$$g(x)=\left(x+\frac{3}{2}\right)^2+a-\frac{9}{4}\geqq a-\frac{9}{4}\quad\left(x=-\frac{3}{2}\text{ のとき等号成立}\right)$$

$$h(x)=(x+1)^2\geqq 0\quad(x=-1\text{ のとき等号成立})$$

であるから，$a-\dfrac{9}{4}\geqq 0$ とすると，$f(x)\geqq 0$ となり，$f(x)$ の最小値が負となることはない。よって，$f(x)$ の最小値が負となるためには $a-\dfrac{9}{4}<0$ すなわち $a<\dfrac{9}{4}$ であることが必要である。

$f(x)$ は4次の係数が正の4次関数であるから，$x\to\pm\infty$ のとき $f(x)\to\infty$ であり，$a<\dfrac{9}{4}$ のとき，$f\left(-\dfrac{3}{2}\right)=\left(a-\dfrac{9}{4}\right)\left(-\dfrac{3}{2}+1\right)^2=\dfrac{1}{4}\left(a-\dfrac{9}{4}\right)<0$ より，$f(x)<0$ となる区間が少なくとも1つ存在する。$f(x)$ はすべての実数で連続であるから，このとき $f(x)$ は負の最小値をもつ。

したがって，$f(x)$ の最小値が負となるような a のとりうる値の範囲は

$$a < \frac{9}{4} \quad \cdots\cdots (答)$$

である。

(2) $\quad f'(x) = g'(x)h(x) + g(x)h'(x)$
$\qquad\qquad = (2x+3)(x+1)^2 + (x^2+3x+a) \times 2(x+1)$
$\qquad\qquad = (x+1)\{(2x+3)(x+1) + 2(x^2+3x+a)\}$
$\qquad\qquad = (x+1)(4x^2+11x+3+2a)$

において，$k(x) = 4x^2+11x+3+2a$ とおく。$k(-1) = -4+2a$ であり

$$k(x) = 4\left(x^2+\frac{11}{4}x\right) + 2a+3 = 4\left\{\left(x+\frac{11}{8}\right)^2 - \frac{121}{64}\right\} + 2a+3$$
$$\qquad = 4\left(x+\frac{11}{8}\right)^2 + 2a - \frac{73}{16}$$

である。$a<2$ のとき，$2a-\frac{73}{16}<0$，$k(-1)<0$ で
あるので，右図より，$k(x)=0$ は異なる2つの実
数解 t_1，t_2 $(t_1<t_2)$ をもち，$t_1<-1<t_2$ が成り
立つ。

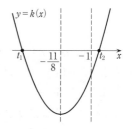

したがって，$f'(x)=0$ は3つの実数解 -1，t_1，t_2
をもち，$t_1<-1<t_2$ である。

このとき，$f(x)$ の増減表は次のようになるから，$f(x)$ は $x=t_1$，t_2 で極
小となることがわかる。

x	$\cdots$	t_1 (α_1)	$\cdots$	-1	$\cdots$	t_2 (α_2)	$\cdots$
$f'(x)$	$-$	0	$+$	0	$-$	0	$+$
$f(x)$	$\searrow$	極小 $f(\alpha_1)$	$\nearrow$	0	$\searrow$	極小 $f(\alpha_2)$	$\nearrow$

よって，題意の α_1，α_2 $(\alpha_1<\alpha_2)$ に関しては，$\alpha_1=t_1$，$\alpha_2=t_2$ となる。
上の増減表より，$f(\alpha_1)<0$，$f(\alpha_2)<0$ であるから

$\qquad g(\alpha_1)h(\alpha_1)<0$，$h(\alpha_1)=(\alpha_1+1)^2 \geqq 0$ より $g(\alpha_1)<0$
$\qquad g(\alpha_2)h(\alpha_2)<0$，$h(\alpha_2)=(\alpha_2+1)^2 \geqq 0$ より $g(\alpha_2)<0$

である。α_1，α_2 $(\alpha_1<\alpha_2)$ は $k(x)=4x^2+11x+3+2a=0$ の解であるから，
解と係数の関係より，$\alpha_1+\alpha_2 = -\frac{11}{4}$ であるので

$$g(\alpha_2) - g(\alpha_1) = (\alpha_2{}^2 + 3\alpha_2 + a) - (\alpha_1{}^2 + 3\alpha_1 + a)$$
$$= (\alpha_2{}^2 - \alpha_1{}^2) + 3(\alpha_2 - \alpha_1)$$
$$= (\alpha_2 - \alpha_1)(\alpha_2 + \alpha_1 + 3)$$
$$= (\alpha_2 - \alpha_1)\left(-\frac{11}{4} + 3\right)$$
$$= \frac{1}{4}(\alpha_2 - \alpha_1) > 0$$

$\therefore \quad g(\alpha_2) > g(\alpha_1) \quad \cdots\cdots\text{①}$

$$h(\alpha_2) - h(\alpha_1) = (\alpha_2 + 1)^2 - (\alpha_1 + 1)^2$$
$$= (\alpha_2 + 1 + \alpha_1 + 1)(\alpha_2 - \alpha_1)$$
$$= \left(-\frac{11}{4} + 2\right)(\alpha_2 - \alpha_1)$$
$$= -\frac{3}{4}(\alpha_2 - \alpha_1) < 0$$

$\therefore \quad h(\alpha_2) < h(\alpha_1) \quad \cdots\cdots\text{②}$

となり，$g(\alpha_1) < 0$，$g(\alpha_2) < 0$ であったから

①より　　$0 < -g(\alpha_2) < -g(\alpha_1)$

がいえて，かつ，②より $0 \leqq h(\alpha_2) < h(\alpha_1)$ であるから

$$-g(\alpha_2)h(\alpha_2) < -g(\alpha_2)h(\alpha_1) < -g(\alpha_1)h(\alpha_1)$$

が成り立つ。したがって

$$-f(\alpha_2) < -f(\alpha_1) \quad \text{ゆえに} \quad f(\alpha_1) < f(\alpha_2)$$

である。　　　　　　　　　　　　　　　　　　　　　（証明終）

(3)　$f(x)$ が $x < \beta$ で単調に減少し，

　　　かつ，$x = \beta$ において最小値をとる $\left.\phantom{\rule{0pt}{2em}}\right\}$ $\cdots\cdots(*)$

$a < 2$ のとき，(2)より $f(\alpha_1) < f(\alpha_2)$ であるから，(2)の増減表より $(*)$ は満たされる。$(\beta = \alpha_1)$

$k(x) = 4\left(x + \dfrac{11}{8}\right)^2 + 2a - \dfrac{73}{16}$ に着目すると，$2a - \dfrac{73}{16} > 0$ すなわち $a > \dfrac{73}{32}$ の

とき，$f'(x) = 0$ の解は $x = -1$ のみで，増減表は右のようになる。よって，$(*)$ は満たされる。

$(\beta = -1)$

x	$\cdots$	-1	$\cdots$
$f'(x)$	$-$	0	$+$
$f(x)$	$\searrow$	0	$\nearrow$

$2 \leqq a \leqq \dfrac{73}{32}$ の場合について考察する。

東北大-理系前期 2022 年度 数学〈解答〉 *29*

$a = 2$ のとき, $k(x) = 4x^2 + 11x + 7 = (x+1)(4x+7)$ より

$$f'(x) = (x+1)^2 (4x+7) = 0$$

の解は $x = -1$, $-\dfrac{7}{4}$ となり, $f(x)$ の増減表は次のようになるから, (＊)

は満たされる。$\left(\beta = -\dfrac{7}{4}\right)$

x	$\cdots$	$-\dfrac{7}{4}$	$\cdots$	-1	$\cdots$
$f'(x)$	$-$	0	$+$	0	$+$
$f(x)$	$\searrow$	$f\left(-\dfrac{7}{4}\right)$	$\nearrow$	0	$\nearrow$

$a = \dfrac{73}{32}$ のとき, $k(x) = 4\left(x + \dfrac{11}{8}\right)^2$ より

$$f'(x) = 4(x+1)\left(x + \dfrac{11}{8}\right)^2 = 0$$

の解は $x = -1$, $-\dfrac{11}{8}$ となり, $f(x)$ の増減表は次のようになるから,

(＊) は満たされる。$(\beta = -1)$

x	$\cdots$	$-\dfrac{11}{8}$	$\cdots$	-1	$\cdots$
$f'(x)$	$-$	0	$-$	0	$+$
$f(x)$	$\searrow$	$f\left(-\dfrac{11}{8}\right)$	$\searrow$	0	$\nearrow$

$2 < a < \dfrac{73}{32}$ のとき

$$k(x) = 4x^2 + 11x + 3 + 2a = 4\left(x + \dfrac{11}{8}\right)^2 + 2a - \dfrac{73}{16} = 0$$

は異なる 2 つの実数解 t_1, t_2 $(t_1 < t_2)$ をもち

$$f'(x) = 4(x+1)(x-t_1)(x-t_2)$$

となり, $k(-1) = 2a - 4 > 0$ ゆえ, (2)のグラフから

$$t_1 < t_2 < -1$$

となるので, $f(x)$ の増減表は次のようになる。

x	$\cdots$	t_1	$\cdots$	t_2	$\cdots$	-1	$\cdots$
$f'(x)$	$-$	0	$+$	0	$-$	0	$+$
$f(x)$	↘	$f(t_1)$	↗	$f(t_2)$	↘	0	↗

ここで，(1)の考察から，次のことがわかる。

$$\begin{cases} a>\dfrac{9}{4} \text{ のとき，} f(t_1)>0 \text{ であるから，}(*) \text{ は満たされない。} \\ a=\dfrac{9}{4} \text{ のとき，} f(t_1)=0 \text{ であるから } \left(f(x)=\left(x+\dfrac{3}{2}\right)^2(x+1)^2\right), \\ \quad (*) \text{ は満たされる。} \left(\beta=t_1=-\dfrac{3}{2}\right) \\ a<\dfrac{9}{4} \text{ のとき，} f(t_1)<0 \text{ であるから，}(*) \text{ は満たされる。} (\beta=t_1) \end{cases}$$

以上から，（∗）のとき，a のとりうる値の範囲は

$$a \leq \dfrac{9}{4} \quad \text{または} \quad \dfrac{73}{32} \leq a \quad \cdots\cdots(\text{答})$$

である。

別解 (2) ＜次数を落として計算する方法＞

$$f(x)=(x^2+3x+a)(x+1)^2$$
$$f'(x)=(x+1)(4x^2+11x+3+2a)$$

$4x^2+11x+3+2a=0$ を解くと

$$x=\dfrac{-11\pm\sqrt{73-32a}}{8}$$

となり，$a<2$ のとき，$73-32a>0$ であるから，この解は実数であり

$$\dfrac{-11-\sqrt{73-32a}}{8}<-1<\dfrac{-11+\sqrt{73-32a}}{8} \quad (73-32a>9 \text{ より})$$

である。

4次関数 $y=f(x)$ のグラフの概形（右図）より，$f(x)$ が極小となる x の値 α_1, α_2（$\alpha_1<\alpha_2$）は

$$\alpha_1=\dfrac{-11-\sqrt{73-32a}}{8}$$
$$\alpha_2=\dfrac{-11+\sqrt{73-32a}}{8}$$

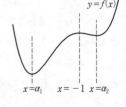

である。α_1（α_2 も）は $4x^2+11x+3+2a=0$ を満たすので

東北大-理系前期 2022 年度　数学〈解答〉　*31*

$$4\alpha_1{}^2 + 11\alpha_1 + 3 + 2a = 0 \quad \text{すなわち} \quad \alpha_1{}^2 = -\frac{11\alpha_1 + 3 + 2a}{4}$$

が成り立つから

$$\begin{aligned}
f(\alpha_1) &= (\alpha_1{}^2 + 3\alpha_1 + a)(\alpha_1 + 1)^2 \\
&= (\alpha_1{}^2 + 3\alpha_1 + a)(\alpha_1{}^2 + 2\alpha_1 + 1) \\
&= \left(-\frac{11\alpha_1 + 3 + 2a}{4} + 3\alpha_1 + a\right)\left(-\frac{11\alpha_1 + 3 + 2a}{4} + 2\alpha_1 + 1\right) \\
&= \frac{\alpha_1 - 3 + 2a}{4} \times \frac{-3\alpha_1 + 1 - 2a}{4} \\
&= \frac{1}{16}\{-3\alpha_1{}^2 + (10 - 8a)\alpha_1 - 4a^2 + 8a - 3\} \\
&= \frac{1}{16}\left\{(-3)\left(-\frac{11\alpha_1 + 3 + 2a}{4}\right) + (10 - 8a)\alpha_1 - 4a^2 + 8a - 3\right\} \\
&= \frac{1}{64}\{(73 - 32a)\alpha_1 - 16a^2 + 38a - 3\}
\end{aligned}$$

となり，同様に

$$f(\alpha_2) = \frac{1}{64}\{(73 - 32a)\alpha_2 - 16a^2 + 38a - 3\}$$

となる。よって

$$f(\alpha_2) - f(\alpha_1) = \frac{1}{64}(73 - 32a)(\alpha_2 - \alpha_1)$$

であり，$\alpha_1 < \alpha_2$ より $\alpha_2 - \alpha_1 > 0$，$a < 2$ より $73 - 32a > 0$ であるから

$$f(\alpha_2) - f(\alpha_1) > 0 \qquad \therefore \quad f(\alpha_1) < f(\alpha_2)$$

が成り立つ。

（注）　$f(\alpha_2) - f(\alpha_1)$ の計算は次のようにもできる。

$$\begin{aligned}
f(x) &= (x^2 + 3x + a)(x + 1)^2 \\
&= x^4 + 5x^3 + (a + 7)x^2 + (2a + 3)x + a
\end{aligned}$$

と展開して

$$\begin{aligned}
f(\alpha_2) - f(\alpha_1) &= (\alpha_2{}^4 - \alpha_1{}^4) + 5(\alpha_2{}^3 - \alpha_1{}^3) + (a + 7)(\alpha_2{}^2 - \alpha_1{}^2) \\
&\qquad\qquad + (2a + 3)(\alpha_2 - \alpha_1) \\
&= (\alpha_2 - \alpha_1)\{(\alpha_2 + \alpha_1)(\alpha_2{}^2 + \alpha_1{}^2) + 5(\alpha_2{}^2 + \alpha_2\alpha_1 + \alpha_1{}^2) \\
&\qquad\qquad + (a + 7)(\alpha_2 + \alpha_1) + (2a + 3)\}
\end{aligned}$$

α_1，α_2 は，$4x^2 + 11x + 3 + 2a = 0$ の解であるから，解と係数の関係により，

32 2022 年度 数学〈解答〉 東北大-理系前期

$\alpha_1 + \alpha_2 = -\dfrac{11}{4}$, $\alpha_1 \alpha_2 = \dfrac{3+2a}{4}$ であるので

$$\alpha_2{}^2 + \alpha_1{}^2 = (\alpha_1 + \alpha_2)^2 - 2\alpha_1\alpha_2 = \dfrac{121}{16} - \dfrac{3+2a}{2} = \dfrac{97-16a}{16}$$

$$\alpha_2{}^2 + \alpha_2\alpha_1 + \alpha_1{}^2 = (\alpha_1 + \alpha_2)^2 - \alpha_1\alpha_2 = \dfrac{121}{16} - \dfrac{3+2a}{4} = \dfrac{109-8a}{16}$$

となり

$$f(\alpha_2) - f(\alpha_1) = (\alpha_2 - \alpha_1)\left\{ -\dfrac{11}{4} \times \dfrac{97-16a}{16} + 5 \times \dfrac{109-8a}{16} \right.$$
$$\left. -\dfrac{11}{4}(a+7) + (2a+3) \right\}$$

$$= (\alpha_2 - \alpha_1)\left(-\dfrac{11}{4} \times \dfrac{209}{16} + \dfrac{593-8a}{16} \right)$$

$$= (\alpha_2 - \alpha_1) \times \dfrac{73-32a}{64}$$

──── ◀解 説▶ ────

≪4次関数の増減や最小値に関する考察≫

▶(1) 4次関数 $f(x)$ は連続関数であり, $\displaystyle\lim_{x \to \pm\infty} f(x) = \infty$ であるから, 最小値をもつ。その最小値が負であるためには, $f(x) < 0$ となる x が存在すればよい。$f(x)$ が負となる部分には, 中間値の定理により極小値が存在し, 極小値のなかに最小値がある。本問は説明に悩む問題である。

▶(2) 〔解答〕は思いつきにくいかもしれない。ふつう, 〔別解〕のように計算するであろう。(注) のようにするかもしれない。いずれにしても, 計算力を鍛えておく必要がある。

▶(3) $a \le 2$, $\dfrac{73}{32} \le a$ の場合は比較的調べやすいが, $2 < a < \dfrac{73}{32}$ のときさらに場合分けが生じる。最後まで解き切るには相当の根気が必要である。

3 ◆発想◆ (2)の解答の方針は立てやすい。(1)の不等式の x に $\dfrac{k}{n^2}$ を代入して, 各辺の和をとり, はさみうちの原理にもち込む。$\dfrac{k}{n^2}$ の形から区分求積法が想起される。

東北大-理系前期　　　　　　　　　　　　　　　　　　2022 年度　数学〈解答〉　33

(1)　微分法を用いるのが基本。証明すべき式を変形して，平方してみる方法もあるだろう。

(2)　(1)の不等式の最左辺の x に $\dfrac{k}{n^2}$ を代入した式は，そのままでは $k=1,\ 2,\ \cdots,\ n$ に対する和が計算できない。$k\leqq n$ であることに着目して，下から評価することを考える。つまり，$A\leqq B\leqq C$ のとき，$D\leqq A$ となるようなうまい D を考え出すのである。

解答　　$S_n=\displaystyle\sum_{k=1}^{n}\left(\sqrt{1+\dfrac{k}{n^2}}-1\right)$ ……（★）

(1)　　$\dfrac{x}{2+x}\leqq\sqrt{1+x}-1\leqq\dfrac{x}{2}$　$(x>0)$　……（＊）

が成り立つことを以下に示す。

$f(x)=\dfrac{x}{2}-(\sqrt{1+x}-1)$ とおくと

$$f'(x)=\dfrac{1}{2}-\dfrac{1}{2\sqrt{1+x}}=\dfrac{\sqrt{1+x}-1}{2\sqrt{1+x}}>0\quad(x>0\ \text{ゆえ}\quad\sqrt{1+x}>1)$$

であるから，$f(x)$ は $x>0$ で増加関数である。$f(0)=0$ であり，$f(x)$ は，$x\geqq0$ で連続であるから

$$f(x)\geqq0\quad\text{すなわち}\quad\sqrt{1+x}-1\leqq\dfrac{x}{2}$$

が示せた。

この不等式から，$\sqrt{1+x}\leqq\dfrac{x}{2}+1=\dfrac{x+2}{2}$ が成り立ち，両辺ともに正であるので，両辺逆数をとり，さらに両辺に $1+x\ (>0)$ をかけると

$$\dfrac{1}{\sqrt{1+x}}\geqq\dfrac{2}{x+2}$$

$$\dfrac{1+x}{\sqrt{1+x}}\geqq\dfrac{2(1+x)}{x+2}\quad\text{つまり}\quad\sqrt{1+x}\geqq\dfrac{2(1+x)}{x+2}$$

が成り立つ。したがって

$$(\sqrt{1+x}-1)-\dfrac{x}{2+x}\geqq\dfrac{2(1+x)}{x+2}-\dfrac{2+2x}{2+x}=0$$

が成り立ち

$$\frac{x}{2+x} \leqq \sqrt{1+x} - 1$$

が示せた。

以上より，（＊）が成り立つ。　　　　　　　　　　　　　（証明終）

（注）　$g(x) = (\sqrt{1+x} - 1) - \dfrac{x}{2+x}$ とおいて微分法を用いてもよい。

$$g'(x) = \frac{1}{2\sqrt{1+x}} - \frac{(2+x) - x}{(2+x)^2} = \frac{1}{2\sqrt{1+x}} - \frac{2}{(2+x)^2}$$

$$= \frac{(2+x)^2 - 4\sqrt{1+x}}{2(2+x)^2 \sqrt{1+x}}$$

この分母は正であるから，分子を $h(x) = (2+x)^2 - 4\sqrt{1+x}$ とおくと

$$h'(x) = 2(2+x) - 4 \times \frac{1}{2\sqrt{1+x}} = 2x + 4 - \frac{2}{\sqrt{1+x}}$$

$$= \frac{2(x+2)\sqrt{x+1} - 2}{\sqrt{x+1}} = \frac{2\{(x+2)\sqrt{x+1} - 1\}}{\sqrt{x+1}}$$

$$> 0 \quad \left(\begin{array}{l} x>0 \text{ ゆえ} \quad x+2>2, \ \sqrt{x+1}>1 \\ \text{よって} \quad (x+2)\sqrt{x+1} > 2 \times 1 = 2 \end{array} \right)$$

となる。よって，$h(x)$ は $x>0$ で増加関数である。$h(0)=0$ であり，$h(x)$ は $x \geqq 0$ で連続であるから，$x>0$ のとき $h(x)>0$ である。これで，$g'(x)>0$ $(x>0)$ が，すなわち，$g(x)$ が $x>0$ で増加関数であることがわかった。$g(0)=0$ であり，$g(x)$ は $x \geqq 0$ で連続であるから，$g(x) \geqq 0$ である。したがって，$\dfrac{x}{2+x} \leqq \sqrt{1+x} - 1$ が成り立つ。

（2）　$k=1, 2, \cdots, n$ に対して $\dfrac{k}{n^2} > 0$ であるから，不等式（＊）において，$x = \dfrac{k}{n^2}$ とおけて

$$\frac{\dfrac{k}{n^2}}{2 + \dfrac{k}{n^2}} \leqq \sqrt{1 + \frac{k}{n^2}} - 1 \leqq \frac{\dfrac{k}{n^2}}{2}$$

が成り立つ。各辺の $k=1, 2, \cdots, n$ に対する和をとると，（★）より

東北大-理系前期　　　　　　　　　　　　2022 年度　数学〈解答〉 35

$$\sum_{k=1}^{n}\frac{\dfrac{k}{n^2}}{2+\dfrac{k}{n^2}}\leq S_n\leq\sum_{k=1}^{n}\frac{\dfrac{k}{n^2}}{2}=\frac{1}{2n^2}\sum_{k=1}^{n}k=\frac{1}{2n^2}\times\frac{1}{2}n(n+1)$$

となり，各辺で $n\to\infty$ とすると

$$\lim_{n\to\infty}\sum_{k=1}^{n}\frac{\dfrac{k}{n^2}}{2+\dfrac{k}{n^2}}\leq\lim_{n\to\infty}S_n\leq\lim_{n\to\infty}\frac{1}{4}\left(1+\frac{1}{n}\right)=\frac{1}{4}\quad\cdots\cdots①$$

となる。①の最左辺は

$$（最左辺）\geq\lim_{n\to\infty}\sum_{k=1}^{n}\frac{\dfrac{k}{n^2}}{2+\dfrac{n}{n^2}}\quad(k\leq n)$$

$$=\lim_{n\to\infty}\frac{1}{n^2\left(2+\dfrac{1}{n}\right)}\sum_{k=1}^{n}k$$

$$=\lim_{n\to\infty}\frac{1}{n^2\left(2+\dfrac{1}{n}\right)}\times\frac{1}{2}n(n+1)$$

$$=\lim_{n\to\infty}\frac{1}{2\left(2+\dfrac{1}{n}\right)}\left(1+\frac{1}{n}\right)=\frac{1}{4}$$

となるから，①にはさみうちの原理を適用して

$$\lim_{n\to\infty}S_n=\frac{1}{4}\quad\cdots\cdots（答）$$

である。

（注）　区分求積法を用いると

$$\lim_{n\to\infty}\sum_{k=1}^{n}\frac{\dfrac{k}{n^2}}{2}=\frac{1}{2}\lim_{n\to\infty}\sum_{k=1}^{n}\frac{1}{n}\times\frac{k}{n}=\frac{1}{2}\int_{0}^{1}xdx=\frac{1}{2}\left[\frac{x^2}{2}\right]_{0}^{1}=\frac{1}{4}$$

$$\lim_{n\to\infty}\sum_{k=1}^{n}\frac{\dfrac{k}{n^2}}{2+\dfrac{n}{n^2}}=\lim_{n\to\infty}\frac{1}{\left(2+\dfrac{1}{n}\right)}\sum_{k=1}^{n}\frac{1}{n}\times\frac{k}{n}=\frac{1}{2}\int_{0}^{1}xdx=\frac{1}{4}$$

となる。

別解 (1) ＜平方して比較する方法＞

$$\frac{x}{2+x} \leq \sqrt{1+x}-1 \leq \frac{x}{2} \quad (x>0)$$

$$\Longleftrightarrow \frac{2+2x}{2+x} \leq \sqrt{1+x} \leq \frac{x+2}{2} \quad (x>0) \quad \cdots\cdots ⓐ$$

ⓐの各辺は正であるから，各辺を平方した式

$$\left(\frac{2+2x}{2+x}\right)^2 \leq 1+x \leq \left(\frac{x+2}{2}\right)^2 \quad (x>0) \quad \cdots\cdots ⓑ$$

を示せばよい。

$$\left(\frac{x+2}{2}\right)^2 - (1+x) = \frac{x^2+4x+4}{4} - \frac{4+4x}{4} = \frac{x^2}{4} > 0$$

$$(1+x) - \left(\frac{2+2x}{2+x}\right)^2 = (1+x) - \frac{(2+2x)^2}{(2+x)^2}$$

$$= \frac{(1+x)(2+x)^2 - 4(1+x)^2}{(2+x)^2}$$

$$= \frac{(1+x)(4+4x+x^2-4-4x)}{(2+x)^2}$$

$$= \frac{x^2(1+x)}{(2+x)^2} > 0$$

より，$\left(\dfrac{2+2x}{2+x}\right)^2 < 1+x < \left(\dfrac{x+2}{2}\right)^2$ が成り立ち，$[p<q \Longrightarrow p \leq q$ は真$]$ であるから，ⓑが成り立つ。よって，与式が成り立つ。

━━━━━◀解　説▶━━━━━

≪不等式の証明，数列の和の極限値≫

▶(1) 微分法の応用としての「不等式の証明」と捉えて解き進める人が多いことだろう。(注)のようにするとやや面倒になる。〔別解〕に気付けば「数学Ⅰ」レベルの問題となる。

▶(2) ポイントは $\dfrac{\dfrac{k}{n^2}}{2+\dfrac{k}{n^2}}$ の評価にある。$k \leq n$ であるから，$\dfrac{k}{n^2} \leq \dfrac{n}{n^2}$ となるので，これを分母のみに適用して

$$\frac{\dfrac{k}{n^2}}{2+\dfrac{k}{n^2}} \geqq \dfrac{\dfrac{k}{n^2}}{2+\dfrac{n}{n^2}} \ \text{とすると} \quad \sum_{k=1}^{n} \dfrac{\dfrac{k}{n^2}}{2+\dfrac{k}{n^2}} \geqq \sum_{k=1}^{n} \dfrac{\dfrac{k}{n^2}}{2+\dfrac{n}{n^2}}$$

が成り立つ。

区分求積法も想起されるが，数列の和が簡単に求まるので，それで十分であろう。$\sum_{k=1}^{n} k = 1+2+\cdots+n = \dfrac{1}{2}n(n+1)$ である。

4

◇発想◇　ていねいに図を描いて問題の設定を正しく理解する。

(1) 半径の異なる外接する2つの円はともにx軸に接し，かつ直線lに接するから，2円の中心を通る直線は，x軸とlのなす角の2等分線となる。解法はいろいろあるだろう。

(2) a, b, tの関係式を見出し，うまく式変形をする。$\dfrac{b}{a}$の2次方程式が得られるから，それを解けばよい。

(3) $m \to +0$とするとき，(1)の結果からtの極限値がわかる。(2)で$\dfrac{b}{a}$がtを用いて表されているから，あとは$\dfrac{1}{m}$のmが残る。不定形が現れないように工夫して式変形をしよう。

解答　問題の設定を図にすると次のようになる。

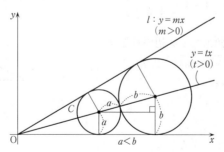

(1) 円Cの中心のx座標をXとすると，中心の座標は(X, a)とかける。この点と直線$l : mx - y = 0$までの距離が，x軸までの距離と等しいことから

$$\frac{|mX-a|}{\sqrt{m^2+(-1)^2}}=a$$

が成り立つ。点 (X, a) は領域 $0<y<mx$ に含まれるから，$a<mX$ であるので，X は

$$\frac{mX-a}{\sqrt{m^2+1}}=a \quad \therefore \quad X=\frac{a}{m}(1+\sqrt{m^2+1})$$

と表される。したがって，円 C の中心の座標は $\left(\dfrac{a}{m}(1+\sqrt{m^2+1}),\ a\right)$ である。この点と原点を通る直線が $y=tx$ であるから，傾き t は

$$t=\frac{a}{\dfrac{a}{m}(1+\sqrt{m^2+1})}=\frac{m}{1+\sqrt{m^2+1}}=\frac{m(1-\sqrt{m^2+1})}{1-(m^2+1)}$$

$$=-\frac{1}{m}(1-\sqrt{m^2+1})=\frac{\sqrt{m^2+1}-1}{m} \quad \cdots\cdots (答)$$

である。

(注) x 軸と直線 l のなす角の2等分線が $y=tx$ であるから，2直線からの距離が等しい点 (x, y) の軌跡として，$y=tx$ を求めてもよい。

$$\frac{|mx-y|}{\sqrt{m^2+(-1)^2}}=|y| \quad (0<y<mx)$$

より

$$y=\frac{m}{1+\sqrt{m^2+1}}x=\frac{m(1-\sqrt{m^2+1})}{-m^2}x=\frac{\sqrt{m^2+1}-1}{m}x\ (=tx)$$

ゆえに，$t=\dfrac{\sqrt{m^2+1}-1}{m}$ と求まる。

(2) 右の直角三角形で，底辺の長さは

$$\sqrt{(a+b)^2-(b-a)^2}=2\sqrt{ab}$$

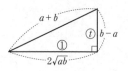

である。t の意味から

$$\frac{b-a}{2\sqrt{ab}}=t$$

であるので，両辺を平方して

$$\frac{b^2-2ab+a^2}{4ab}=t^2 \qquad \frac{\left(\dfrac{b}{a}\right)^2-2\left(\dfrac{b}{a}\right)+1}{4\left(\dfrac{b}{a}\right)}=t^2 \quad \begin{pmatrix}\text{分母・分子を}\\ a^2\text{で割った}\end{pmatrix}$$

$\dfrac{b}{a}=u$ とおくと

$$u^2-2u+1=4t^2u$$

すなわち

$$u^2-2(2t^2+1)u+1=0 \quad \cdots\cdots ①$$

となるから，解の公式より u が求まる。

$$u=2t^2+1\pm\sqrt{(2t^2+1)^2-1}=2t^2+1\pm\sqrt{4t^4+4t^2}$$
$$=2t^2+1\pm 2t\sqrt{t^2+1} \quad (t>0)$$

これが①の 2 つの実数解であるが，それらを $u_1,\ u_2\ (u_1<u_2)$ とすると，解と係数の関係より，$u_1+u_2=2(2t^2+1)>0,\ u_1u_2=1$ である。よって，$0<u_1<1<u_2$ であるので，$u=\dfrac{b}{a}>1\ (b>a>0)$ より

$$\dfrac{b}{a}=2t^2+1+2t\sqrt{t^2+1} \quad \cdots\cdots（答）$$

である。

(3) $m\to +0$ とすると，(1)より

$$t=\dfrac{\sqrt{m^2+1}-1}{m}=\dfrac{m^2}{m(\sqrt{m^2+1}+1)}=\dfrac{m}{\sqrt{m^2+1}+1}\to 0 \quad \cdots\cdots ②$$

である。(2)より

$$\dfrac{b}{a}-1=2t^2+2t\sqrt{t^2+1}=2t(t+\sqrt{t^2+1})$$

であるから

$$\lim_{m\to +0}\dfrac{1}{m}\left(\dfrac{b}{a}-1\right)=\lim_{m\to +0}\dfrac{1}{m}\times 2t(t+\sqrt{t^2+1})$$
$$=\lim_{m\to +0}\dfrac{2}{m}\times\dfrac{m}{\sqrt{m^2+1}+1}\times(t+\sqrt{t^2+1}) \quad （②より）$$
$$=\lim_{m\to +0}\dfrac{2}{\sqrt{m^2+1}+1}\times(t+\sqrt{t^2+1})$$
$$=\dfrac{2}{2}\times(0+1)=1 \quad \cdots\cdots（答）$$

である。

別解 (1)・(2) ＜三角関数を用いる方法＞

直線 $y=tx\ (t>0)$ の傾き t を，$t=\tan\theta\left(0<\theta<\dfrac{\pi}{2}\right)$ と表せば，直線

$l : y = mx$ の傾き m は，$m = \tan 2\theta$ である。2倍角の公式より

$$m = \tan 2\theta = \frac{2\tan\theta}{1-\tan^2\theta} = \frac{2t}{1-t^2} \quad (t>0)$$

が成り立つから，これを t について解けばよい。

$$m(1-t^2) = 2t \qquad mt^2 + 2t - m = 0 \quad (m>0)$$

$$t = \frac{-1 \pm \sqrt{1+m^2}}{m}$$

$t>0$ より，$t = \dfrac{-1 + \sqrt{1+m^2}}{m}$ である。

次に，公式 $\tan^2\theta = \dfrac{\sin^2\theta}{\cos^2\theta} = \dfrac{\sin^2\theta}{1-\sin^2\theta}$ を用いると，

右図より $\sin\theta = \dfrac{b-a}{a+b}$ であり，$\tan\theta = t$ であるから

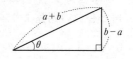

$$t^2 = \frac{\left(\dfrac{b-a}{a+b}\right)^2}{1-\left(\dfrac{b-a}{a+b}\right)^2} = \frac{(b-a)^2}{(a+b)^2 - (b-a)^2} \quad \begin{pmatrix}\text{分母・分子に}\\ (a+b)^2 \text{をかけた}\end{pmatrix}$$

$$= \frac{\left(\dfrac{b}{a}-1\right)^2}{\left(1+\dfrac{b}{a}\right)^2 - \left(\dfrac{b}{a}-1\right)^2} \quad \begin{pmatrix}\text{分母・分子を}\\ a^2 \text{で割った}\end{pmatrix}$$

$$= \frac{\left(\dfrac{b}{a}\right)^2 - 2\left(\dfrac{b}{a}\right) + 1}{4\left(\dfrac{b}{a}\right)}$$

この式を $\left(\dfrac{b}{a}\right)$ について解けばよい。

$$\left(\frac{b}{a}\right)^2 - 2(1+2t^2)\left(\frac{b}{a}\right) + 1 = 0$$

$$\frac{b}{a} = 1 + 2t^2 \pm \sqrt{(1+2t^2)^2 - 1}$$

$$= 1 + 2t^2 \pm \sqrt{4t^2 + 4t^4}$$

$$= 1 + 2t^2 \pm 2t\sqrt{1+t^2}$$

東北大-理系前期 2022 年度　数学〈解答〉　*41*

$2t^2 < 2t\sqrt{1+t^2}$ に注意すると，$\dfrac{b}{a} > 1$ より

$$\frac{b}{a} = 1 + 2t^2 + 2t\sqrt{1+t^2}$$

である。

━━━━━━━━ ◀解　説▶ ━━━━━━━━

≪*x* 軸に接する外接 2 円の中心を結ぶ直線の傾き，半径の比，極限値≫

▶(1)　図を描いていると〔解答〕の流れになりがちであるが，〔別解〕のように傾きをタンジェントで表し，2 倍角の公式を用いれば簡明である。

▶(2)　$\dfrac{b}{a} = 2t^2 + 1 \pm 2t\sqrt{t^2+1}$ の一方は不適である。〔解答〕と〔別解〕では不適となる理由を異なる方法で示してある。〔解答〕の方はわかりやすいと思うが，〔別解〕は，$2t\sqrt{1+t^2} = \sqrt{4t^2+4t^4} > \sqrt{4t^4} = 2t^2$ となるので，次図から了解できると思う。

▶(3)　$\dfrac{b}{a}$ は *t* で，*t* は *m* で表されているので，$\dfrac{1}{m}\left(\dfrac{b}{a} - 1\right)$ を *m* で表してみよう。

$$\frac{1}{m}\left(\frac{b}{a} - 1\right) = \frac{1}{m}(1 + 2t^2 + 2t\sqrt{1+t^2} - 1)$$

$$= \frac{2t}{m}(t + \sqrt{1+t^2})$$

$$= \frac{2}{m} \times \frac{m}{\sqrt{m^2+1}+1} \times \left\{ \frac{m}{\sqrt{m^2+1}+1} + \sqrt{1 + \left(\frac{m}{\sqrt{m^2+1}+1}\right)^2} \right\}$$

$$\left(t = \frac{\sqrt{m^2+1}-1}{m} = \frac{m}{\sqrt{m^2+1}+1} \right)$$

$$= \frac{2}{\sqrt{m^2+1}+1} \times \left\{ \frac{m}{\sqrt{m^2+1}+1} + \sqrt{1 + \left(\frac{m}{\sqrt{m^2+1}+1}\right)^2} \right\}$$

$$\to \frac{2}{\sqrt{0+1}+1} \times \left\{ \frac{0}{\sqrt{0+1}+1} + \sqrt{1 + \left(\frac{0}{\sqrt{0+1}+1}\right)^2} \right\}$$

$$= 1 \quad (m \to +0)$$

となり，やや煩雑である。

|5| ◆発想◆ 空間ベクトルと数列の漸化式が主題である。直線の表し方が見慣れない形であるからとまどうかもしれない。l 上の任意の点を表すベクトルを $\vec{p}$ とすれば，l は $\vec{p}=s\vec{a}$ と表される。これは直線のベクトル方程式である。l' についても同様。

(1) $\overrightarrow{A_nB_n}$ が方向ベクトルが $\vec{b}$ である直線 l' に垂直であるということは，$\overrightarrow{A_nB_n}\perp\vec{b}$ ということ。同様に $\overrightarrow{B_nA_{n+1}}\perp\vec{a}$ である。内積計算で式が2つ得られる。

(2) (1)の結果の漸化式を解けばよい。教科書で学習する範囲の2項間の漸化式で難しくない。

(3) $\overrightarrow{AB}\perp\vec{a}$，$\overrightarrow{AB}\perp\vec{b}$ を示せばよい。容易であろう。

解答
$l : s\vec{a}$ （s は実数，$\vec{a}=(1,\ 2,\ 1)$）
$l' : t\vec{b}+\vec{c}$ （t は実数，$\vec{b}=(1,\ 1,\ -1)$，$\vec{c}=(0,\ 0,\ 1)$）

問題の設定を図示すると次図のようになる。

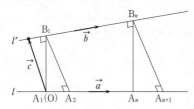

$A_1(\vec{0})$，$B_1(t_1\vec{b}+\vec{c})$，$A_2(s_2\vec{a})$
$A_n(s_n\vec{a})$，$B_n(t_n\vec{b}+\vec{c})$

である。

(1) $\overrightarrow{A_nB_n}\perp\vec{b}$，$\overrightarrow{B_nA_{n+1}}\perp\vec{a}$ であり
$\overrightarrow{A_nB_n}=\overrightarrow{OB_n}-\overrightarrow{OA_n}=(t_n\vec{b}+\vec{c})-s_n\vec{a}=-s_n\vec{a}+t_n\vec{b}+\vec{c}$
$\overrightarrow{B_nA_{n+1}}=\overrightarrow{OA_{n+1}}-\overrightarrow{OB_n}=s_{n+1}\vec{a}-(t_n\vec{b}+\vec{c})=s_{n+1}\vec{a}-t_n\vec{b}-\vec{c}$

であるから

$|\vec{a}|^2=1^2+2^2+1^2=6$
$|\vec{b}|^2=1^2+1^2+(-1)^2=3$
$\vec{a}\cdot\vec{b}=1\times 1+2\times 1+1\times(-1)=2$ ……(☆)
$\vec{b}\cdot\vec{c}=1\times 0+1\times 0+(-1)\times 1=-1$
$\vec{c}\cdot\vec{a}=0\times 1+0\times 2+1\times 1=1$

であることを用いると

東北大-理系前期 2022 年度 数学〈解答〉 *43*

$$\overrightarrow{A_nB_n} \cdot \vec{b} = (-s_n\vec{a} + t_n\vec{b} + \vec{c}) \cdot \vec{b}$$
$$= -s_n\vec{a} \cdot \vec{b} + t_n|\vec{b}|^2 + \vec{b} \cdot \vec{c}$$
$$= -2s_n + 3t_n - 1 = 0 \quad (\overrightarrow{A_nB_n} \perp \vec{b}) \quad \cdots\cdots①$$
$$\overrightarrow{B_nA_{n+1}} \cdot \vec{a} = (s_{n+1}\vec{a} - t_n\vec{b} - \vec{c}) \cdot \vec{a}$$
$$= s_{n+1}|\vec{a}|^2 - t_n\vec{a} \cdot \vec{b} - \vec{c} \cdot \vec{a}$$
$$= 6s_{n+1} - 2t_n - 1 = 0 \quad (\overrightarrow{B_nA_{n+1}} \perp \vec{a}) \quad \cdots\cdots②$$

が成り立つ。①と②から，t_n を消去すると

$$18s_{n+1} - 4s_n - 5 = 0$$

となるから，s_{n+1} を s_n を用いて表すと

$$s_{n+1} = \frac{2}{9}s_n + \frac{5}{18} \quad \cdots\cdots(答)$$

となる。

(2)　$s_{n+1} = \frac{2}{9}s_n + \frac{5}{18} \Longleftrightarrow s_{n+1} - \frac{5}{14} = \frac{2}{9}\left(s_n - \frac{5}{14}\right)$

であるから，数列 $\left\{s_n - \dfrac{5}{14}\right\}$ は公比を $\dfrac{2}{9}$ とする等比数列である。$s_1 = 0$ に

注意すると，初項は $s_1 - \dfrac{5}{14} = -\dfrac{5}{14}$ であるから

$$s_n - \frac{5}{14} = \left(-\frac{5}{14}\right) \times \left(\frac{2}{9}\right)^{n-1} \qquad \therefore \quad s_n = \frac{5}{14}\left\{1 - \left(\frac{2}{9}\right)^{n-1}\right\}$$

となる。したがって

$$S = \lim_{n\to\infty} s_n = \lim_{n\to\infty} \frac{5}{14}\left\{1 - \left(\frac{2}{9}\right)^{n-1}\right\} = \frac{5}{14} \quad \cdots\cdots(答)$$

である。①より，$t_n = \dfrac{2s_n + 1}{3}$ であるから

$$T = \lim_{n\to\infty} t_n = \lim_{n\to\infty}\left(\frac{2s_n + 1}{3}\right) = \frac{2}{3}\lim_{n\to\infty} s_n + \frac{1}{3}$$

$$= \frac{2}{3} \times \frac{5}{14} + \frac{1}{3} = \frac{4}{7} \quad \cdots\cdots(答)$$

である。

(3)　$A\left(\dfrac{5}{14}\vec{a}\right)$, $B\left(\dfrac{4}{7}\vec{b} + \vec{c}\right)$ のとき，$\overrightarrow{AB} = \overrightarrow{OB} - \overrightarrow{OA} = -\dfrac{5}{14}\vec{a} + \dfrac{4}{7}\vec{b} + \vec{c}$

である。

$$\overrightarrow{AB}\cdot\vec{a}=\left(-\frac{5}{14}\vec{a}+\frac{4}{7}\vec{b}+\vec{c}\right)\cdot\vec{a}=-\frac{5}{14}|\vec{a}|^{2}+\frac{4}{7}\vec{a}\cdot\vec{b}+\vec{c}\cdot\vec{a}$$

$$=-\frac{5}{14}\times6+\frac{4}{7}\times2+1=0\quad((\stackrel{\wedge}{\not\sim})\text{より})$$

$$\overrightarrow{AB}\cdot\vec{b}=\left(-\frac{5}{14}\vec{a}+\frac{4}{7}\vec{b}+\vec{c}\right)\cdot\vec{b}=-\frac{5}{14}\vec{a}\cdot\vec{b}+\frac{4}{7}|\vec{b}|^{2}+\vec{b}\cdot\vec{c}$$

$$=-\frac{5}{14}\times2+\frac{4}{7}\times3+(-1)=0\quad((\stackrel{\wedge}{\not\sim})\text{より})$$

したがって，$\overrightarrow{AB}\perp\vec{a}$，$\overrightarrow{AB}\perp\vec{b}$ であるから，直線 AB は 2 直線 l, l' の両方と直交する。　　　　　　　　　　　　　　　　　　　　　　　　（証明終）

■◀解　説▶■

≪ベクトルで表示された直線と直交条件，数列の漸化式，極限値≫

▶(1)　問題の意味がわかりさえすれば，内積計算で片がつく。〔解答〕のような図を作ると理解しやすくなるであろう。

▶(2)　ここでの漸化式は教科書で学習するタイプであり，すらすらできなければならない。また，$|r|<1$ のとき，$\lim_{n\to\infty}r^{n}=0$ も基本事項である。

▶(3)　何を示せばよいかがはっきりしている。$\overrightarrow{AB}\cdot\vec{a}=0$，$\overrightarrow{AB}\cdot\vec{b}=0$ がそれである。(2)の結果に誤りがあると，内積が 0 にならず，困ったことになる。

$\boxed{6}$ ◆発想◆　球の半径 r を小さくしたり大きくしたりして，横から見た図を作る。すぐに，いくつかの場合に分けなければならないことがわかる。円柱の高さが $\sqrt{3}$ であることに意味があることに，この段階で気がつく。球の半径が 1 より小さかったり，2 より大きかったりする場合は簡単である。体積の計算がしにくいのは，球が円柱をはみ出す場合であるが，横にはみ出す場合も，上にはみ出す場合も，球の一部の体積を求める必要にせまられる。工夫したいところである。

解答　半径 1 の円を底面とする高さが $\sqrt{3}$ の直円柱の内部 C と半径 r の球の内部 S の共通部分の体積 $V(r)$ は，S の中心が C の底面の中心に一致するから，次の(i)〜(iv)の場合に分けて計算する必要がある。

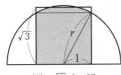
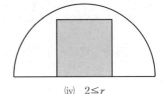

(i) 0<r≦1　　(ii) 1≦r≦√3

(iii) √3≦r≦2　　(iv) 2≦r

(i)　$V(r)$ は S の体積の $\dfrac{1}{2}$ であるので

$$V(r) = \dfrac{1}{2} \times \dfrac{4}{3}\pi r^3 = \dfrac{2}{3}\pi r^3$$

である。

(iv)　$V(r)$ は C の体積であるので
$$V(r) = (\pi \times 1^2) \times \sqrt{3} = \sqrt{3}\pi$$

である。

ここで，球の体積の一部を計算する公式を作る。

円 $x^2+y^2=r^2$ を x 軸のまわりに1回転してできる球の，$t \leqq x \leqq r$ の部分の体積 $F(t)$ は

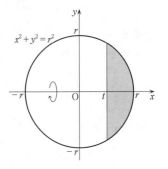

$$\begin{aligned}F(t) &= \int_t^r \pi y^2 dx = \pi \int_t^r (r^2-x^2)\,dx \\ &= \pi\left[r^2 x - \dfrac{x^3}{3}\right]_t^r \\ &= \pi\left\{\left(r^3-\dfrac{r^3}{3}\right) - \left(r^2 t - \dfrac{t^3}{3}\right)\right\} \\ &= \pi\left(\dfrac{2}{3}r^3 - r^2 t + \dfrac{t^3}{3}\right)\end{aligned}$$

である。

(ii)　$V(r)$ は高さが $\sqrt{r^2-1^2}$ の円柱の体積と，$F(\sqrt{r^2-1^2})$ の和であるか

ら

$$V(r) = (\pi \times 1^2) \times \sqrt{r^2-1} + \pi\left\{\frac{2}{3}r^3 - r^2\sqrt{r^2-1} + \frac{1}{3}(r^2-1)\sqrt{r^2-1}\right\}$$

$$= \frac{2}{3}\pi r^3 + \pi\sqrt{r^2-1}\left\{1 - r^2 + \frac{1}{3}(r^2-1)\right\}$$

$$= \frac{2}{3}\pi r^3 + \pi\sqrt{r^2-1}\left\{\frac{2}{3}(1-r^2)\right\}$$

$$= \frac{2}{3}\pi\left\{r^3 - (r^2-1)\sqrt{r^2-1}\right\}$$

である。

(iii) $V(r)$ は高さが $\sqrt{r^2-1^2}$ の円柱の体積と，$F(\sqrt{r^2-1^2}) - F(\sqrt{3})$ の和であるから，(ii)の計算を用いて

$$V(r) = \frac{2}{3}\pi r^3 - \frac{2}{3}\pi(r^2-1)\sqrt{r^2-1} - \pi\left(\frac{2}{3}r^3 - \sqrt{3}r^2 + \sqrt{3}\right)$$

$$= -\frac{2}{3}\pi(r^2-1)\sqrt{r^2-1} + \sqrt{3}\pi r^2 - \sqrt{3}\pi$$

$$= \pi(r^2-1)\left\{-\frac{2}{3}\sqrt{r^2-1} + \sqrt{3}\right\}$$

$$= \pi(r^2-1)\left(\sqrt{3} - \frac{2}{3}\sqrt{r^2-1}\right)$$

である。

以上をまとめると

$$V(r) = \begin{cases} \dfrac{2}{3}\pi r^3 & (0 < r \leqq 1) \\[2mm] \dfrac{2}{3}\pi\{r^3 - (r^2-1)\sqrt{r^2-1}\} & (1 \leqq r \leqq \sqrt{3}) \\[2mm] \pi(r^2-1)\left(\sqrt{3} - \dfrac{2}{3}\sqrt{r^2-1}\right) & (\sqrt{3} \leqq r \leqq 2) \\[2mm] \sqrt{3}\pi & (2 \leqq r) \end{cases} \quad \cdots\cdots(答)$$

となる。

◀解　説▶

≪直円柱の内部と球の内部の共通部分の体積≫

　実際に解いてみると，思ったほど難しくないと感じるであろう。共通部分が円板の積み重ねにすぎないからである。

(ii)の場合は，円柱 A と球の一部 B をあわせたもの。

(iii)の場合は，円柱 A と球の一部 B をあわせたものから，さらに球の一部 C を差し引いたものである。そこで，球を平面で切ったときの小さい方の体積を求める公式を作っておくとよいことに気がつくであろう。その公式は案外に簡単に作れる。

最終的な $V(r)$ の計算結果はまとまりのない複雑な形をしている。

❖講　評

2022 年度も例年同様，医（保健〈看護学〉）学部を除く理系全学部（経済〈理系〉学部を含む）で，大問数が 6 題，試験時間が 150 分であった。全問記述式で，証明問題を含む問題が 3 題あった。図示問題は出題されなかった。①は医（保健〈看護学〉）学部の①と同一問題である。

一部完答の難しい問題もあったが，短時間で解ける問題もあり，全体的な難度としては 2021 年度とそれほど変わりはないようである。

①　場合の数からの出題であった。和が K となる 3 つの奇数 l，m，n の組がいくつあるかという問題で，奇数と自然数をうまく 1 対 1 に対応させればよく練習する問題に変化する。

②　4 次関数の最小値，極小値，増減などを調べる問題である。見た目より難しい問題である。(1)は結果が直観できるが説明しにくい。(2)は 2 つある極小値の大小であるが，計算で示そうと考えると計算分量が多くなる。(3)は文字定数 a の分類が複雑で時間がかかってしまう。

③　(1)は不等式の証明であり，これは微分法で解決できる。(2)は(1)の不等式を利用する数列の和の極限値である。はさみうちの原理を使うことは予想できるが，一点越えなければならない峠がある。気付けば簡単である。

④　x 軸と原点を通る別の直線の両方に接する円が 2 つ外接している。円の中心を結ぶ直線の傾きを計算したり，半径の比をその傾きで表したりするが，最終的に極限値の計算となる。要領よく解ければ割合短い時間で済むだろう。

⑤　空間ベクトルと数列の漸化式の融合である。直線がベクトルで表

示されているのが目新しい。ここさえ理解できれば内積計算だけで進められ，漸化式も標準的なものであるから，解きやすい部類に入るだろう。

⑥　直円柱と球の共通部分の体積を球の半径の大きさで分類して求める問題である。後回しにしたくなるような問題であるが，実際に解き始めると意外に解きやすいことがわかる。

2022年度で注意すべき点は，②の取り組み方である。易しそうな印象を受ける問題であるだけに，止めるタイミングが難しい。

◀医(保健〈看護学〉)学部▶

1 ◀経済(理系)・理・医(医・保健〈放射線技術科学・検査技術科学〉)・歯・薬・工・農学部▶ 1 に同じ。

2 ◇発想◇ 見覚えのある問題であろう。練習を積んでいる人も多いと思われる。
(1) 定積分の区間 $0 \leq x \leq 1$ に対して, $0 \leq t \leq 1$ であるから, $0 \leq x \leq t$ の場合と $t \leq x \leq 1$ の場合に分けて絶対値をはずし, 定積分の性質を用いればよい。被積分関数のグラフを見ながら計算を進めるとよいだろう。
(2) 「$t \geq 0$ のとき」に注意しよう。$0 \leq t \leq 1$ の場合は(1)で調べてあるから, $t > 1$ の場合を調べる。3 次関数の増減は, 微分法を用いて増減表を作ればよい。

解答 $F(t) = \int_0^1 |x^2 - t^2| dx$

(1) $0 \leq t \leq 1$ のとき, $0 \leq t^2 \leq 1$ である。
$0 \leq x \leq t$ (≤ 1) であれば $x^2 - t^2 \leq 0$ となるので, $|x^2 - t^2| = -(x^2 - t^2)$ であり,
$(0 \leq)$ $t \leq x \leq 1$ であれば $x^2 - t^2 \geq 0$ となるので, $|x^2 - t^2| = x^2 - t^2$ である。よって

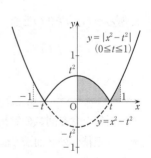

$$F(t) = \int_0^t (t^2 - x^2) dx + \int_t^1 (x^2 - t^2) dx$$

$$= \left[t^2 x - \frac{x^3}{3} \right]_0^t + \left[\frac{x^3}{3} - t^2 x \right]_t^1$$

$$= t^3 - \frac{t^3}{3} + \left(\frac{1}{3} - t^2 \right) - \left(\frac{t^3}{3} - t^3 \right)$$

$$= \frac{4}{3} t^3 - t^2 + \frac{1}{3} \quad \cdots\cdots(答)$$

である。
(2) $t > 1$ のとき, $0 \leq x \leq 1$ に対して, $x^2 - t^2 < 0$ であるから

$$F(t) = \int_0^1 (t^2 - x^2)\, dx = \left[t^2 x - \frac{x^3}{3} \right]_0^1 = t^2 - \frac{1}{3}$$

となるので，(1)の結果とあわせると

$$F(t) = \begin{cases} \dfrac{4}{3}t^3 - t^2 + \dfrac{1}{3} & (0 \leqq t \leqq 1) \\[2mm] t^2 - \dfrac{1}{3} & (t > 1) \end{cases}$$

である。

$0 \leqq t \leqq 1$ のとき，$F'(t) = 4t^2 - 2t = 2t(2t-1)$ であるから，$F(t)$ の $0 \leqq t \leqq 1$ における増減は右表のようになる。

極小値は

t	0	$\cdots$	$\dfrac{1}{2}$	$\cdots$	1
$F'(t)$		$-$	0	$+$	
$F(t)$	$\dfrac{1}{3}$	$\searrow$	$F\!\left(\dfrac{1}{2}\right)$	$\nearrow$	$\dfrac{2}{3}$

$$F\left(\frac{1}{2}\right) = \frac{4}{3}\left(\frac{1}{2}\right)^3 - \left(\frac{1}{2}\right)^2 + \frac{1}{3}$$
$$= \frac{1}{6} - \frac{1}{4} + \frac{1}{3} = \frac{3}{12} = \frac{1}{4}$$

である。

$t > 1$ のとき

$$F(t) = t^2 - \frac{1}{3} > 1 - \frac{1}{3} = \frac{2}{3} \quad \left(> \frac{1}{4} \right)$$

であるから，$t \geqq 0$ のとき，$F(t)$ を最小にする t の値 T と $F(T)$ の値は

$$T = \frac{1}{2}, \quad F(T) = \frac{1}{4} \quad \cdots\cdots(答)$$

である。

━━━━━ ◀解　説▶ ━━━━━

≪絶対値を含む関数の定積分，３次関数の増減≫

▶(1)　定積分の区間が $0 \leqq x \leqq 1$ であることに注意して絶対値をはずす。絶対値をはずすことでは

$$|a| = \begin{cases} a & (a \geqq 0 \text{ のとき}) \\ -a & (a < 0 \text{ のとき}) \end{cases}$$

が基本である。次に，定積分の性質

$$\int_a^b f(x)\, dx = \int_a^c f(x)\, dx + \int_c^b f(x)\, dx$$

を利用する。本問は定型的な計算問題である。グラフを描くことを習慣化

東北大-理系前期　　　　　　　　　　　　　　　　　　2022 年度　数学〈解答〉　51

するとよい。

▶(2)　ここでは「$t \geqq 0$ のとき」となっている。(1)で「$0 \leqq t \leqq 1$」のときを調べてあるから，$t>1$ のときを調べなくてはならない。$t>1$ のとき $F(t)$ は増加関数になるが，グラフで考えればすぐにわかることである。

$\boxed{3}$　　◆発想◆　直線 l の方程式が一般形で書かれているが，$a>0$，$b>0$ であるから変形は自由にできる。

(1)　問題を一読するとすぐに点と直線の距離の公式が想起されるであろう。$x=1$ のときの y の値が 2 以上であることも簡単に不等式で表せる。$a>0$，$b>0$ であるから，図示する際，境界に注意しよう。

(2)　教科書の「図形と方程式」で学ぶ内容（線形計画法ともよばれている）である。教科書の例題より難しいのは，問題の関数値（$3a+2b$ の値）が最大となるのが，領域内のどの点かはっきりしないことである。図をできるだけ正確に描いておかないと，早とちりしてしまうかもしれない。

解答　　$l : ax+by-2=0$　$(a>0,\ b>0)$

(1)　直線 l と原点の距離が 2 以上である　……①

このことは，点と直線の距離の公式を用いて

$$\frac{|0+0-2|}{\sqrt{a^2+b^2}} \geqq 2 \qquad \therefore\quad a^2+b^2 \leqq 1$$

と表される。

直線 l と直線 $x=1$ の交点の y 座標が 2 以上である　……②

このことは

$$y = \frac{2-a}{b} \geqq 2$$

$b>0$ より　　$a+2b-2 \leqq 0$

と表される。

したがって，①かつ②であるような点 $(a,\ b)$ のとりうる範囲 D は

$$D \begin{cases} a>0, \ b>0 \\ a^2+b^2 \leqq 1 \\ a+2b-2 \leqq 0 \end{cases} \quad \cdots\cdots(\text{答})$$

であり，これを ab 平面に図示すると右図の網かけ部分となる。境界は両軸を除いて含む。

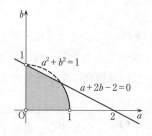

(2) $3a+2b=k \ (>0)$ とおく。すなわち，直線

$$b=-\frac{3}{2}a+\frac{k}{2} \quad \cdots\cdots ③$$

を考える。この，傾き $-\dfrac{3}{2}$ の直線が(1)で求めた範囲 D を通過するときの y 切片 $\dfrac{k}{2}$ の最大値を求めれば k の最大値が求まる。

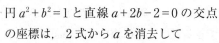

円 $a^2+b^2=1$ と直線 $a+2b-2=0$ の交点の座標は，2式から a を消去して

$$(2-2b)^2+b^2=1 \quad 5b^2-8b+3=0$$
$$(b-1)(5b-3)=0 \quad \therefore \quad b=1, \ \frac{3}{5}$$

が求まるから，$(0, \ 1)$，$\left(\dfrac{4}{5}, \ \dfrac{3}{5}\right)$ である。

点 $\left(\dfrac{4}{5}, \ \dfrac{3}{5}\right)$ における円 $a^2+b^2=1$ の接線の傾き m は

$$\dfrac{\dfrac{3}{5}}{\dfrac{4}{5}}\times m=-1 \ \text{より} \quad m=-\frac{4}{3}$$

で，$m>-\dfrac{3}{2}$ であるから，直線③の y 切片が最大になるのは，③が $\dfrac{4}{5}<a<1$ の範囲で円 $a^2+b^2=1$ に接するときである。それは

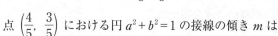

$$a^2+\left(-\frac{3}{2}a+\frac{k}{2}\right)^2=1 \quad \text{すなわち} \quad 13a^2-6ka+k^2-4=0$$

が重解をもつときで，判別式を D' とすると

東北大-理系前期　　　　　　　　　　　　　　　2022 年度　数学〈解答〉　53

$$\frac{D'}{4} = (-3k)^2 - 13(k^2 - 4) = -4k^2 + 52 = 0$$

$k > 0$ より　　$k = \sqrt{13}$

のときである。このときの重解は

$$a = -\frac{-3k}{13} = \frac{3}{13}k = \frac{3\sqrt{13}}{13}$$

であり，③より

$$b = -\frac{3}{2} \times \frac{3\sqrt{13}}{13} + \frac{\sqrt{13}}{2} = \frac{2\sqrt{13}}{13}$$

である。接点 $\left(\dfrac{3\sqrt{13}}{13},\ \dfrac{2\sqrt{13}}{13}\right)$ は，$\dfrac{4}{5} < \dfrac{3\sqrt{13}}{13} < 1$ であるから，範囲 D に

含まれる。したがって，$3a + 2b$ を最大にする a, b の値と，$3a + 2b$ の最大

値は

$$a = \frac{3\sqrt{13}}{13},\ b = \frac{2\sqrt{13}}{13},\ \text{最大値は} \sqrt{13} \quad \cdots\cdots (\text{答})$$

である。

別解　(2)　＜ベクトルを利用する方法＞

（直線③の y 切片が最大になるときを示すところまでは〔解答〕に同じ）

傾き $-\dfrac{3}{2}$ の直線が $\dfrac{4}{5} < a < 1$ の範囲で円 $a^2 + b^2 = 1$ に接するとき，接点を

Q とすると，接線の傾き $-\dfrac{3}{2}$ より，ベクトル $(3,\ 2)$ は法線ベクトルな

ので $\overrightarrow{OQ} = t(3,\ 2)$ とおけて

$$|\overrightarrow{OQ}| = 1 \text{ より}\quad |\overrightarrow{OQ}|^2 = 1 \quad t^2(3^2 + 2^2) = 1 \quad t^2 = \frac{1}{13}$$

$t > 0$ より　　$t = \dfrac{1}{\sqrt{13}}$　　∴　$Q\left(\dfrac{3}{\sqrt{13}},\ \dfrac{2}{\sqrt{13}}\right)$

よって，$3a + 2b$ を最大にする a, b の値と，$3a + 2b$ の最大値は

$$a = \frac{3\sqrt{13}}{13},\ b = \frac{2\sqrt{13}}{13},\ \text{最大値は} \sqrt{13}$$

（注）　円 の 接 線 の 公 式 に よ れ ば，円 $a^2 + b^2 = 1$ 上 の 点 $(a_0,\ b_0)$

$(a_0{}^2 + b_0{}^2 = 1)$ における接線の方程式は，$a_0 a + b_0 b = 1$ である。この接線の

傾きは，$a_0 > 0$, $b_0 > 0$ のとき，$-\dfrac{a_0}{b_0}$ であるから，この傾きが $-\dfrac{3}{2}$ であれ

ば $2a_0 = 3b_0$ が成り立つ。$a_0{}^2 + b_0{}^2 = 1$ と $2a_0 = 3b_0$ を連立させると

$$(a_0, \ b_0) = \left(\pm \frac{3}{\sqrt{13}}, \ \pm \frac{2}{\sqrt{13}} \right) \quad (複号同順)$$

を得る。$a_0 > 0$, $b_0 > 0$ より，$a_0 = \dfrac{3}{\sqrt{13}}$, $b_0 = \dfrac{2}{\sqrt{13}}$ である。直線③上にこの接点があるので

$$\frac{2}{\sqrt{13}} = -\frac{3}{2} \times \frac{3}{\sqrt{13}} + \frac{k}{2} \qquad \therefore \quad k = \sqrt{13}$$

が求まる。

あるいは，原点から直線③までの距離が 1 であることを，点と直線の距離の公式を用いて表し

$$\frac{|-k|}{\sqrt{3^2 + 2^2}} = 1 \qquad \therefore \quad k = \sqrt{13} \quad (k > 0)$$

とまず k の値を求め，③：$b = -\dfrac{3}{2}a + \dfrac{\sqrt{13}}{2}$ と $a^2 + b^2 = 1$ から $(a, \ b)$ を求めてもよい。

$$a^2 + \left(-\frac{3}{2}a + \frac{\sqrt{13}}{2} \right)^2 = 1 \qquad \frac{13}{4}a^2 - \frac{3\sqrt{13}}{2}a + \frac{9}{4} = 0$$

$$13a^2 - 6\sqrt{13}\,a + 9 = 0 \qquad (\sqrt{13}\,a - 3)^2 = 0 \qquad \therefore \quad a = \frac{3}{\sqrt{13}}$$

$$b = -\frac{3}{2} \times \frac{3}{\sqrt{13}} + \frac{\sqrt{13}}{2} = -\frac{9}{2\sqrt{13}} + \frac{13}{2\sqrt{13}} = \frac{4}{2\sqrt{13}} = \frac{2}{\sqrt{13}}$$

◀ 解　説 ▶

≪不等式の表す領域の図示，2 変数の関数の最大値≫

▶(1) 必須公式の「点と直線の距離の公式」を身につけていれば，本問は容易であろう。図示問題であるから，境界を含む・含まないを明確にしておかなければならない。

▶(2) 領域を通過する傾き $-\dfrac{3}{2}$ の直線の y 切片が，領域内のどこを通るとき最大になるか，この説明が肝心である。点 $\left(\dfrac{4}{5}, \dfrac{3}{5} \right)$ を通るとき $k = \dfrac{18}{5}$，点 $\left(\dfrac{3}{\sqrt{13}}, \dfrac{2}{\sqrt{13}} \right)$ で接するとき $k = \sqrt{13}$ であるから微妙である。

$\left(\dfrac{18}{5}\right)^2=\dfrac{324}{25}$,$(\sqrt{13})^2=\dfrac{325}{25}$ であるから,わずかに $\sqrt{13}$ の方が大きい。このように具体的に説明することもできるが,〔解答〕では点 $\left(\dfrac{4}{5},\ \dfrac{3}{5}\right)$ での円の接線の傾きを用いて説明した。k の最大値や接点の座標を求めるには,2次方程式の判別式を利用する方法(〔解答〕),ベクトルを利用する方法(〔別解〕),円の接線の公式((注)の前半)か点と直線の距離の公式((注)の後半)を利用する方法など,さまざまな解法が考えられる。

4

◇発想◇ 「3点 OAB を含む平面からの距離が1の点のうち,点 O に最も近い」の意味をよく考えよう。「平面」を「直線」に置き換えて考えてみるとよい。

(1) $\overrightarrow{\mathrm{OH}}$ は,$\overrightarrow{\mathrm{OA}}$,$\overrightarrow{\mathrm{OB}}$ の両方に垂直である。$|\overrightarrow{\mathrm{OH}}|=1$,H の x 座標が正,という条件を加えれば,H の座標は決まる。

(2) 点 C から平面 OAB に下ろした垂線を CT とすれば,CT∥OH である。すると,$\overrightarrow{\mathrm{OC}}=\overrightarrow{\mathrm{OT}}+\overrightarrow{\mathrm{TC}}=\overrightarrow{\mathrm{OT}}+t\overrightarrow{\mathrm{OH}}$ (t は実数)と表される。もう一歩である。

(3) 三角形 OAB の面積を計算し,(2)の結果を用いる。

解答 O$(0,\ 0,\ 0)$,A$(1,\ \sqrt{2},\ \sqrt{3})$,B$(-\sqrt{3},\ 0,\ 1)$,C$(\sqrt{6},\ -\sqrt{3},\ \sqrt{2})$

点 H の座標を $(a,\ b,\ c)$ とおく。

(1) 3点 OAB を含む平面からの距離が1の点のうち,点 O に最も近く,x 座標が正のものを H とするから

$a>0$ ……①

であり

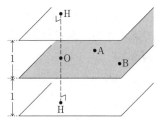

$|\overrightarrow{\mathrm{OH}}|=1$ すなわち $a^2+b^2+c^2=1$ ……②

である。$\overrightarrow{\mathrm{OH}}\perp\overrightarrow{\mathrm{OA}}$,$\overrightarrow{\mathrm{OH}}\perp\overrightarrow{\mathrm{OB}}$ であるから

$\overrightarrow{\mathrm{OH}}\cdot\overrightarrow{\mathrm{OA}}=(a,\ b,\ c)\cdot(1,\ \sqrt{2},\ \sqrt{3})=0$

∴ $a+\sqrt{2}b+\sqrt{3}c=0$ ……③

$\overrightarrow{\mathrm{OH}}\cdot\overrightarrow{\mathrm{OB}}=(a,\ b,\ c)\cdot(-\sqrt{3},\ 0,\ 1)=0$

∴ $-\sqrt{3}a+c=0$ ……④

が成り立つ。

④より $c=\sqrt{3}a$, これを③に代入して

$$a+\sqrt{2}b+\sqrt{3}\times\sqrt{3}a=0 \qquad \sqrt{2}b=-4a$$

すなわち, $b=-\dfrac{4}{\sqrt{2}}a$ となる。よって, ②より

$$a^2+\left(-\dfrac{4}{\sqrt{2}}a\right)^2+(\sqrt{3}a)^2=1 \qquad 12a^2=1$$

となるから, ①より

$$a=\sqrt{\dfrac{1}{12}}=\dfrac{1}{2\sqrt{3}}=\dfrac{\sqrt{3}}{6}$$

である。したがって

$$b=-\dfrac{4}{\sqrt{2}}a=-\dfrac{4}{\sqrt{2}}\times\dfrac{\sqrt{3}}{6}=-\dfrac{\sqrt{6}}{3}, \quad c=\sqrt{3}a=\sqrt{3}\times\dfrac{\sqrt{3}}{6}=\dfrac{1}{2}$$

となるので, Hの座標は

$$H\left(\dfrac{\sqrt{3}}{6}, -\dfrac{\sqrt{6}}{3}, \dfrac{1}{2}\right) \quad ……(答)$$

である。

(2) 点Cから3点OABを含む平面に下ろした垂線の足をTとすると, TC∥OHであるから, 実数 t を用いて, $\overrightarrow{TC}=t\overrightarrow{OH}$ とおける。

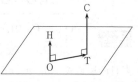

$$\overrightarrow{OC}=\overrightarrow{OT}+\overrightarrow{TC}=\overrightarrow{OT}+t\overrightarrow{OH}$$

であるから, 両辺 $\overrightarrow{OH}$ との内積をとると, $\overrightarrow{OT}\perp\overrightarrow{OH}$ より $\overrightarrow{OT}\cdot\overrightarrow{OH}=0$ であるから

$$\overrightarrow{OC}\cdot\overrightarrow{OH}=(\overrightarrow{OT}+t\overrightarrow{OH})\cdot\overrightarrow{OH}=\overrightarrow{OT}\cdot\overrightarrow{OH}+t\overrightarrow{OH}\cdot\overrightarrow{OH}$$
$$=t|\overrightarrow{OH}|^2=t \quad (|\overrightarrow{OH}|=1)$$

となる。よって

$$t=\overrightarrow{OC}\cdot\overrightarrow{OH}=(\sqrt{6}, -\sqrt{3}, \sqrt{2})\cdot\left(\dfrac{\sqrt{3}}{6}, -\dfrac{\sqrt{6}}{3}, \dfrac{1}{2}\right)$$
$$=\sqrt{6}\times\dfrac{\sqrt{3}}{6}+(-\sqrt{3})\times\left(-\dfrac{\sqrt{6}}{3}\right)+\sqrt{2}\times\dfrac{1}{2}$$
$$=\dfrac{\sqrt{2}}{2}+\sqrt{2}+\dfrac{\sqrt{2}}{2}=2\sqrt{2}$$

東北大-理系前期 　　　　　　　　　　　2022 年度　数学〈解答〉　57

が求まる。
$$|\overrightarrow{TC}| = |t\overrightarrow{OH}| = |t||\overrightarrow{OH}| = |t|$$
であるから，求める距離は　　$2\sqrt{2}$　……(答)
である。

(3)　四面体 OABC の体積を V，三角形 OAB の面積を S とする。
$$|\overrightarrow{OA}|^2 = 1^2 + (\sqrt{2})^2 + (\sqrt{3})^2 = 6$$
$$|\overrightarrow{OB}|^2 = (-\sqrt{3})^2 + 1^2 = 4$$
$$\overrightarrow{OA}\cdot\overrightarrow{OB} = 1\times(-\sqrt{3}) + \sqrt{2}\times 0 + \sqrt{3}\times 1 = 0$$

三角形 OAB は，$\angle AOB = \dfrac{\pi}{2}$ の直角三角形であるから

$$S = \frac{1}{2}\times OA\times OB = \frac{1}{2}|\overrightarrow{OA}||\overrightarrow{OB}| = \frac{1}{2}\times\sqrt{6}\times 2 = \sqrt{6}$$

である。したがって

$$V = \frac{1}{3}\times S\times TC = \frac{1}{3}\times\sqrt{6}\times 2\sqrt{2} = \frac{4\sqrt{3}}{3}\quad\text{……(答)}$$

である。

別解　(1)　＜簡便法＞
$\overrightarrow{OA} = (1,\ \sqrt{2},\ \sqrt{3})$，$\overrightarrow{OB} = (-\sqrt{3},\ 0,\ 1)$ の両方に垂直なベクトル $\vec{n}$ を求める。$\vec{n} = (1,\ l,\ m)$ とおけば
$$\overrightarrow{OA}\cdot\vec{n} = 1 + \sqrt{2}\,l + \sqrt{3}\,m = 0$$
$$\overrightarrow{OB}\cdot\vec{n} = -\sqrt{3} + m = 0$$

が成り立ち，$m = \sqrt{3}$，$l = -\dfrac{4}{\sqrt{2}}$ がわかる。$\vec{n} = \left(1,\ -\dfrac{4}{\sqrt{2}},\ \sqrt{3}\right)$ の大きさは

$$|\vec{n}| = \sqrt{1+8+3} = 2\sqrt{3}$$
である。$\overrightarrow{OH}\perp$(平面OAB)，$|\overrightarrow{OH}| = 1$ であるから

$$\overrightarrow{OH} = \frac{\vec{n}}{|\vec{n}|} = \frac{1}{2\sqrt{3}}\left(1,\ -\frac{4}{\sqrt{2}},\ \sqrt{3}\right) = \left(\frac{\sqrt{3}}{6},\ -\frac{\sqrt{6}}{3},\ \frac{1}{2}\right)$$

となり，H の座標は $\left(\dfrac{\sqrt{3}}{6},\ -\dfrac{\sqrt{6}}{3},\ \dfrac{1}{2}\right)$ である。

(2)　＜成分比較による方法＞
$\overrightarrow{OC} = p\overrightarrow{OA} + q\overrightarrow{OB} + r\overrightarrow{OH}$ となる実数 $p,\ q,\ r$ が存在する。これを成分で表

すと

$$(\sqrt{6},\ -\sqrt{3},\ \sqrt{2})=p\,(1,\ \sqrt{2},\ \sqrt{3})+q\,(-\sqrt{3},\ 0,\ 1)$$
$$+r\left(\frac{\sqrt{3}}{6},\ -\frac{\sqrt{6}}{3},\ \frac{1}{2}\right)$$

となるから，成分を比較すれば

$$\sqrt{6}=p-\sqrt{3}\,q+\frac{\sqrt{3}}{6}r \quad \cdots\cdots Ⓐ$$

$$-\sqrt{3}=\sqrt{2}\,p-\frac{\sqrt{6}}{3}r \quad \cdots\cdots Ⓑ$$

$$\sqrt{2}=\sqrt{3}\,p+q+\frac{1}{2}r \quad \cdots\cdots Ⓒ$$

が成り立ち，Ⓑより $p=\dfrac{\sqrt{3}}{3}r-\dfrac{\sqrt{6}}{2}$，これをⒶとⒸに代入して

$$\sqrt{6}=\frac{\sqrt{3}}{3}r-\frac{\sqrt{6}}{2}-\sqrt{3}\,q+\frac{\sqrt{3}}{6}r=\frac{\sqrt{3}}{2}r-\sqrt{3}\,q-\frac{\sqrt{6}}{2} \quad \cdots\cdots Ⓓ$$

$$\sqrt{2}=\sqrt{3}\left(\frac{\sqrt{3}}{3}r-\frac{\sqrt{6}}{2}\right)+q+\frac{1}{2}r=\frac{3}{2}r+q-\frac{3\sqrt{2}}{2} \quad \cdots\cdots Ⓔ$$

を得る。Ⓓ$+\sqrt{3}\times$Ⓔ より

$$\sqrt{6}+\sqrt{6}=2\sqrt{3}\,r-2\sqrt{6} \qquad \therefore \quad r=\frac{4\sqrt{6}}{2\sqrt{3}}=2\sqrt{2}$$

である。$r>0$ であるから，これが求める距離である。

━━━━━━━━━ ◀解　説▶ ━━━━━━━━━

《平面の法線ベクトル，点と平面の距離，四面体の体積》

▶(1)　直線 n と平面 α があり，α 上の任意の 2 直線 l_1, l_2 は $l_1 \not\parallel l_2$ とする。このとき，$n\perp\alpha \iff n\perp l_1$ かつ $n\perp l_2$ が成り立つ。

③と④だけでは a, b, c は決まらない。比がわかるだけである。それで〔別解〕の「簡便法」が成り立つ。a, b, c の 1 つを数値にしてしまえば，2 つの式から他の未知数は決まってしまう。あとからベクトルの大きさを調整すればよいというわけである。

▶(2)　〔解答〕の方法を理解すれば，点と平面の距離に強くなれるであろう。〔別解〕はベクトルの基本事項を用いている。空間内のどんなベクトルでも，$\vec{0}$ でない 3 つのベクトル（始点を一致させたとき同一平面上にない）の実数倍の和の形に表される。〔解答〕の $\overrightarrow{\mathrm{OT}}$ は実数 p, q を用いて

$\overrightarrow{\text{OT}}=p\overrightarrow{\text{OA}}+q\overrightarrow{\text{OB}}$ と表され，$\overrightarrow{\text{TC}}$ は $\overrightarrow{\text{OH}}$ と平行であるから実数 r を用いて $\overrightarrow{\text{TC}}=r\overrightarrow{\text{OH}}$ と表される。したがって，$\overrightarrow{\text{OC}}=\overrightarrow{\text{OT}}+\overrightarrow{\text{TC}}=p\overrightarrow{\text{OA}}+q\overrightarrow{\text{OB}}+r\overrightarrow{\text{OH}}$ となる（〔別解〕）。

▶(3) 三角形 OAB の面積 S については，次の公式

$$S=\frac{1}{2}|\overrightarrow{\text{OA}}||\overrightarrow{\text{OB}}|\sin\angle\text{AOB}=\frac{1}{2}\sqrt{|\overrightarrow{\text{OA}}|^2|\overrightarrow{\text{OB}}|^2-(\overrightarrow{\text{OA}}\cdot\overrightarrow{\text{OB}})^2}$$

があるが，ここでは三角形 OAB が直角三角形になるので，出番がない。

❖講　評

　2022 年度も例年同様，大問数が 4 題，試験時間は 100 分であった。すべて記述式で，図示問題の含まれた問題が 1 題あったが，証明問題は出題されなかった。①～④全問題が文系学部と共通問題で，そのうち①は他の理系学部と共通問題であった。

　2022 年度は，よく見かけるような問題が多く，取り組みやすい印象であった。計算量が多くなりそうな問題もあるが，全体的な難度としては，2021 年度と大きな変化はないようである。

　①　場合の数からの出題であった。和が K となる 3 つの奇数 l，m，n の組がいくつあるかという問題で，奇数と自然数をうまく 1 対 1 に対応させれば，よく練習する問題に変化する。

　②　絶対値を含む関数の定積分と，微分法を用いる 3 次関数の最小値を求める問題である。定型的な内容で，計算も面倒なものではない。本問は確実に得点したい問題であろう。

　③　2 変数 a，b の満たすべき条件を求め，それを ab 平面に図示する(1)と，(1)で求めた領域内を点 (a, b) が動くときの関数 $3a+2b$ の最大値を求める(2)よりなる。最大値を与える点がどこかが微妙である。

　④　空間ベクトルの問題である。問題文の表現にとまどう人もいたかもしれないが，問題自体はよく見るタイプである。平面の法線ベクトルを求め，点と平面の距離を計算し，四面体の体積を求めるという内容である。

　どの問題から始めてもよいが，まず②は解いておきたい。①は焦るとミスしそうな問題なので，じっくり時間をかけたい。

物理

1 **解答** 問(1)(a) 斜面に沿った向きの力のつり合いより

$$kx_0 = mg\sin\theta \quad \therefore \quad x_0 = \frac{mg\sin\theta}{k} \quad \cdots\cdots(\text{答})$$

(b) 力学的エネルギー保存則より

$$\frac{1}{2}mV^2 = mgl_0\sin\theta \quad \therefore \quad V = \sqrt{2gl_0\sin\theta} \quad \cdots\cdots(\text{答})$$

(c) $x = 0$ が重力の位置エネルギーの基準であることに注意すると

$$U = \frac{1}{2}kx^2 - mgx\sin\theta \quad \cdots\cdots(\text{答})$$

(d) $x = 0$ と $x = x_1$ とで力学的エネルギー保存則より

$$\frac{1}{2}mV^2 = \frac{1}{2}kx_1{}^2 - mgx_1\sin\theta$$

問(1)(a)の結果より，$mg\sin\theta = kx_0$ であるから

$$kx_0 l_0 = \frac{1}{2}kx_1{}^2 - kx_0 x_1$$

$$x_1{}^2 - 2x_0 x_1 - 2x_0 l_0 = 0$$

$x_1 > 0$ の解は

$$x_1 = x_0 + \sqrt{x_0{}^2 + 2x_0 l_0} \quad \cdots\cdots(\text{答})$$

問(2)(a) 可動台とともに動く人から見ると，物体にはたらく重力，ゴムの張力，慣性力がつり合うから，鉛直，水平方向の力のつり合いより

$$kd\sin\phi = mg \quad \therefore \quad d = \frac{mg}{k\sin\phi} \quad \cdots\cdots(\text{答})$$

$$kd\cos\phi = mA \quad \therefore \quad A = \frac{g}{\tan\phi} \quad \cdots\cdots(\text{答})$$

(b)—(う)

問(3)(a) 物体にはたらく動摩擦力が摩擦面の下向きであることに注意すると，運動方程式より

$$ma = mg\sin\theta + \mu mg\cos\theta$$

東北大-理系前期　　　　　　　　　　　　　　　　2022 年度　物理〈解答〉　*61*

∴　$a = g(\sin\theta + \mu\cos\theta)$　……(答)

(b)　$x = 0$ から最高点に達するまでの時間を t_1 とすると

$$-v_0 + at_1 = 0 \qquad \therefore \quad t_1 = \frac{v_0}{a}$$

よって

$$-l_1 = -v_0 t_1 + \frac{1}{2}at_1{}^2 = -\frac{v_0{}^2}{a} + \frac{v_0{}^2}{2a} = -\frac{v_0{}^2}{2a}$$

∴　$l_1 = \dfrac{v_0{}^2}{2a}$　……(答)

(c)　最高点から斜面を下るときの加速度を a' とすると，運動方程式より

$$ma' = mg\sin\theta - \mu mg\cos\theta$$

∴　$a' = g(\sin\theta - \mu\cos\theta)$

$x > 0$ では物体に非保存力がはたらかないため，力学的エネルギー保存則より，$x = 0$ を下向きに通過する速さと再び上向きに通過する速さは等しい。問 3 (a)，(b)の結果を用いると，等加速度運動の公式より

$$v_1{}^2 = 2a'l_1 = \frac{a'}{a}v_0{}^2$$

∴　$v_1 = v_0\sqrt{\dfrac{a'}{a}} = v_0\sqrt{\dfrac{\sin\theta - \mu\cos\theta}{\sin\theta + \mu\cos\theta}}$　……(答)

(d)　$N-1$ 回目に $x = 0$ を上向きに速さ v_{N-1} で通過したとき，最高点までの距離を l_N とすると，問 3 (c)と同様にして

$$v_{N-1}{}^2 = 2al_N, \quad v_N{}^2 = 2a'l_N$$

∴　$\dfrac{v_N}{v_{N-1}} = \sqrt{\dfrac{a'}{a}} = \dfrac{v_1}{v_0}$

よって，v_N は初項 v_0，公比 $\dfrac{v_1}{v_0}$ の等比数列になるから

$$v_N = v_0\left(\frac{v_1}{v_0}\right)^N \quad \text{……(答)}$$

(e)—(ア)

理由：十分時間がたつと物体は動摩擦力によって運動エネルギーを失い，$x = 0$ を通過するときの速さは 0 となり，$x = x_0$ を振動中心，振幅が x_0 の単振動となる。よって，グラフは(ア)である。

◀ 解　説 ▶

≪ゴムひもでつながれた物体の斜面上の運動≫

▶問(1)(a)　物体には斜面下向きに重力の成分 $mg\sin\theta$、斜面上向きにゴムひもの弾性力 kx_0 がはたらいている。

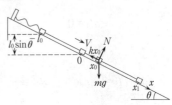

▶(b)　$x=0$ と $x=-l_0$ の位置の高さの差は $l_0\sin\theta$ である。

▶(c)　$x\geq 0$ の位置は $x=0$ の位置より $x\sin\theta$ 低いので、重力による位置エネルギーは、$-mgx\sin\theta$ である。

▶(d)　問(1)(a)・(b)の結果より、$x=0$ を通過するときの力学的エネルギーは、g を含まない形に表すと

$$\frac{1}{2}mV^2 = mg\sin\theta \cdot l_0 = kx_0 \cdot l_0$$

となる。ゴムひもの弾性力がはたらいている、$x\geq 0$ のとき、物体は $x=x_0$ を振動中心とし、振幅が $x_1-x_0=\sqrt{x_0^2+2x_0l_0}$ の単振動をすることがわかる。

▶問(2)(a)　次図のように3力がつり合って見えるから

$$\tan\phi = \frac{mg}{mA} \quad \therefore \quad A = \frac{g}{\tan\phi}$$

としてもよい。

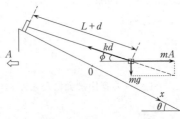

▶(b)　ゴムひもを切ると、可動台とともに動く人から見たとき、重力と慣性力の合力の向きに動くから、床となす角 ϕ の向きとなり、(う)である。可動台から見たときの加速度の大きさを a とすると、運動方程式より

$$ma = \sqrt{(mg)^2+(mA)^2} = m\sqrt{g^2+A^2} \quad \therefore \quad a = \sqrt{g^2+A^2}$$

よって、角 ϕ の向きに加速度 a の等加速度運動をするように見える。

▶問(3)(a)　物体が摩擦面を上向きに上るときの加速度については、斜面

下向きを正とするので，符号に注意しなければならない。垂直抗力の大きさが $N=mg\cos\theta$ であるから，動摩擦力の大きさは，$\mu N=\mu mg\cos\theta$ となり，その向きは物体が斜面上向きにすべっているので，斜面下向きである。

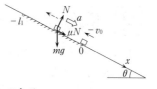

▶(b) 等加速度運動の公式を用いて

$$0^2-(-v_0)^2=2a\cdot(-l_1)$$

$$v_0{}^2=2al_1 \quad \therefore \quad l_1=\frac{v_0{}^2}{2a}$$

として求めてもよいが，やはり符号に注意しなければならない。

▶(c) $x>0$ の領域には摩擦がないので，$x=0$ を速さ v_1 で上向きに通過したということは，力学的エネルギー保存則よりその前に $x=0$ を速さ v_1 で下向きに通過していたということになる。斜面を下るときの加速度と上るときの加速度が異なることに注意しなければならない。問 3(b)と同様，$x=-l_1$ から $x=0$ に達するまでの時間を t_1' として，v_1 を求めてもよい。

$$l_1=\frac{1}{2}a't_1'^2 \quad \therefore \quad t_1'=\sqrt{\frac{2l_1}{a'}}$$

$$\therefore \quad v_1=a't_1'=\sqrt{2a'l_1}=v_0\sqrt{\frac{a'}{a}}$$

▶(d) $v_0{}^2=2al_0$，$v_1{}^2=2a'l_0$ より $\sqrt{\frac{a'}{a}}=\frac{v_1}{v_0}$ となることを利用すればよい。

▶(e) 十分に時間が経過した後は，$x=0$ から初速度 0 で斜面を下り始めたのと同じである。このときの位置 x での加速度を α とすると，運動方程式より

$$m\alpha=mg\sin\theta-kx=-k\left(x-\frac{mg\sin\theta}{k}\right)=-k(x-x_0)$$

$$\therefore \quad \alpha=-\frac{k}{m}(x-x_0)$$

これは角振動数 $\omega=\sqrt{\frac{k}{m}}$，振動中心 x_0 の単振動を表す。振幅は $v=0$ である $x=0$ と振動中心 x_0 までの距離であるから，x_0 である。

2 **解答** 問(1)(a) オームの法則より $I_0 = \dfrac{V}{R}$ ……(答)

フレミングの左手の法則より，導体棒が磁場から受ける力は左向きであるから，F_0 は負となり

$$F_0 = -I_0 Bl = -\frac{VBl}{R} \quad \cdots\cdots(答)$$

(b) 導体棒にはたらく合力は 0 であるから，$x_0 < 0$，$F_0 < 0$ に注意して

$$-kx_0 + F_0 = 0$$

$$\therefore \quad x_0 = \frac{F_0}{k} = -\frac{VBl}{kR} \quad \cdots\cdots(答)$$

問(2)(a) 長さ l の導体棒が速さ v で磁束密度 B の磁場を垂直に横切るから

$$V_1 = vBl \quad \cdots\cdots(答)$$

レンツの法則より，導体棒の中では電流は上から下に流れるため，コンデンサーの上側の極板は負に帯電するから

$$Q = -CV_1 = -CBlv \quad \cdots\cdots(答)$$

(b) 導体棒の運動エネルギー，ばねの弾性エネルギー，コンデンサーの静電エネルギーの和をとればよいから

$$E = \frac{1}{2}mv^2 + \frac{1}{2}kx^2 + \frac{Q^2}{2C}$$

$$= \frac{1}{2}(m + CB^2l^2)v^2 + \frac{1}{2}kx^2 \quad \cdots\cdots(答)$$

(c) $M = m + CB^2l^2$ とおくと，問(2)(b)の結果より

$$E = \frac{1}{2}Mv^2 + \frac{1}{2}kx^2$$

これは質量 M，ばね定数 k のばね振り子の単振動のエネルギーを表すから，周期 T は

$$T = 2\pi\sqrt{\frac{M}{k}} = 2\pi\sqrt{\frac{m + CB^2l^2}{k}} \quad \cdots\cdots(答)$$

問(3)(a) コイルの自己誘導起電力の大きさは

$$V_2 = L\left|\frac{\Delta I}{\Delta t}\right| \quad \cdots\cdots(答)$$

(b) 導体棒に生じる起電力 V は

東北大-理系前期　　　　　　　　　　　　　　　2022 年度　物理〈解答〉　65

$$V = vBl = Bl\frac{\Delta x}{\Delta t}$$

V_2 は V と逆向きであるから，$\Delta I > 0$ のとき $V_2 = L\dfrac{\Delta I}{\Delta t}$ として

$$V - V_2 = 0$$

$$Bl\frac{\Delta x}{\Delta t} - L\frac{\Delta I}{\Delta t} = 0 \qquad \therefore \quad \Delta I = \frac{Bl}{L}\Delta x$$

よって，$\Delta I = c\Delta x$ より

$$c = \frac{Bl}{L} \quad \cdots\cdots(答)$$

(c) 問(3)(b)の結果で，$t = 0$ のとき $I = 0$，$x = x_1$ より

$$I = \frac{Bl}{L}(x - x_1)$$

よって　　$\alpha = \dfrac{Bl}{L}$，$\beta = x_1$　$\cdots\cdots(答)$

(d) 問(3)(c)の結果を用いると

$$F = -kx - IBl = -kx - \frac{B^2 l^2}{L}(x - x_1)$$

$$= -\left(k + \frac{B^2 l^2}{L}\right)x + \frac{B^2 l^2}{L}x_1 \quad \cdots\cdots(答)$$

(e) 導体棒の加速度を a とすると，運動方程式より

$$ma = F = -\frac{kL + B^2 l^2}{L}\left(x - \frac{B^2 l^2}{kL + B^2 l^2}x_1\right)$$

これは振動中心が $x_0 = \dfrac{B^2 l^2}{kL + B^2 l^2}x_1$ の単振動を表す。$x = x_1$ から振動を始めるから，振幅を A とすると

$$A = x_0 - x_1 = -\frac{kL}{kL + B^2 l^2}x_1$$

よって，x の最大値 x_{max} は

$$x_{max} = x_1 + 2A$$

このとき，問(3)(c)の結果より，I の最大値 $|I|_{max}$ は

$$|I|_{max} = \frac{Bl}{L}|x_{max} - x_1| = \frac{Bl}{L}\cdot 2A$$

$$= -\frac{2Blkx_1}{kL + B^2 l^2} \quad \cdots\cdots(答)$$

◀解　説▶

≪磁場中に置かれた導体棒を含む回路，単振動≫

▶問(1)(a)　抵抗 R に電圧 V がかかるから，
$V = RI_0$ である。

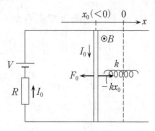

▶(b)　電流 I_0 は導体棒を上から下へ流れるから，右ねじの法則またはフレミングの左手の法則より，F_0 の向きは図の左向きとなる。$x_0 < 0$ であるから，$-kx_0$ は正，F_0 は負である。よって，$-kx_0 + F_0 = 0$ となる。

▶問(2)(a)　次図のように，導体棒中の自由電子は上向きのローレンツ力を受けてコンデンサーの上側の極板に移動する。よって，$Q < 0$ となる。導体棒中の電場の強さを E とすると

　　　$evB = eE$　∴　$E = vB$

よって，導体棒に生じる誘導起電力の大きさは

　　　$V_1 = El = vBl$

となる。

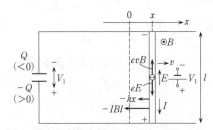

▶(b)・(c)　位置 x のときの導体棒の加速度を a とすると，運動方程式は

　　　$ma = -kx - IBl$

ここで，$Q = -CBlv$ で Q が減少するとき I が増加するから

　　　$I = -\dfrac{dQ}{dt} = CBl\dfrac{dv}{dt} = CBla$

よって

　　　$ma = -kx - CB^2l^2 a$　∴　$a = -\dfrac{k}{m + CB^2l^2}x$

これは $x = 0$ を中心とする，角振動数 $\omega = \sqrt{\dfrac{k}{m + CB^2l^2}}$ の単振動を表すか

ら，周期 T は

$$T = \frac{2\pi}{\omega} = 2\pi\sqrt{\frac{m + CB^2l^2}{k}}$$

となる。問(2)(b)の結果を利用すれば，〔解答〕のように答えればよい。

▶問(3)(a) I が Δt の間に ΔI 変化するとき，コイルに生じる誘導起電力 V_L は

$$V_L = -L\frac{\Delta I}{\Delta t}$$

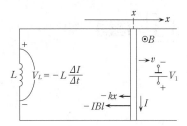

よって，大きさ V_2 は

$$V_2 = |V_L| = L\left|\frac{\Delta I}{\Delta t}\right|$$

▶(b) 導体棒とコイルから成る閉回路で，抵抗は0であるから，キルヒホッフの第二法則より

$$V_1 + V_L = 0$$

よって

$$vBl - L\frac{\Delta I}{\Delta t} = 0$$

である。

▶(c) $\Delta I = \frac{Bl}{L}\Delta x$ を積分して

$$I = \frac{Bl}{L}x + \alpha \quad (\alpha \text{ は積分定数})$$

$t=0$ で $x=x_1$ のとき $I=0$ であるから

$$0 = \frac{Bl}{L}x_1 + \alpha \quad \therefore \quad \alpha = -\frac{Bl}{L}x_1$$

よって

$$I = \frac{Bl}{L}(x - x_1)$$

となる。

▶(d)・(e) 導体棒の運動方程式を変形すると単振動の式となり，振動中心 $x=x_0$ を求めることができるが，$x_0 < 0$ に注意

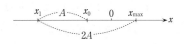

すること。

振幅が $A = x_0 - x_1$ であるから，導体棒は $x_1 \leqq x \leqq x_1 + 2A$ の範囲で単振動する。

3 解答

問(1)(a)(i) L_1, L_2 を近似式を用いて求めると

$$L_1 = \sqrt{L^2 + \left(x - \frac{d}{2}\right)^2} \fallingdotseq L\left\{1 + \frac{1}{2}\left(\frac{x - \frac{d}{2}}{L}\right)^2\right\}$$

$$L_2 = \sqrt{L^2 + \left(x + \frac{d}{2}\right)^2} \fallingdotseq L\left\{1 + \frac{1}{2}\left(\frac{x + \frac{d}{2}}{L}\right)^2\right\}$$

よって

$$\varDelta L = L_2 - L_1 = \frac{xd}{L} \quad \cdots\cdots(答)$$

(ii) $\varDelta L = k\lambda$ のとき明線となるから，$x = a_k$ として

$$\frac{a_k d}{L} = k\lambda \qquad \therefore \quad a_k = k\frac{L\lambda}{d} \quad \cdots\cdots(答)$$

(iii) 原点Oに最も近い暗線は $\varDelta L = \dfrac{\lambda}{2}$ のときであるから，$x = b$ として

$$\frac{bd}{L} = \frac{\lambda}{2} \qquad \therefore \quad b = \frac{L\lambda}{2d} \quad \cdots\cdots(答)$$

(b) 光の強さ I が振幅 E の2乗に比例するから，$I = PE^2$（$P > 0$ は定数）とおく。板Fを置く前の点Oに達した光の振幅は $E_0 + E_0$ であるから

$$I_0 = P(E_0 + E_0)^2 = 4PE_0{}^2$$

板Fを置いた後の点 a_1 に達した光の振幅は $E_0 + rE_0$ であるから

$$I(a_1) = P(E_0 + rE_0)^2 = P(1 + r)^2 E_0{}^2$$

$$= \frac{(1 + r)^2}{4} I_0 \quad \cdots\cdots(答)$$

点 b に達した光の振幅は $E_0 - rE_0$ であるから

$$I(b) = P(E_0 - rE_0)^2 = P(1 - r)^2 E_0{}^2$$

$$= \frac{(1 - r)^2}{4} I_0 \quad \cdots\cdots(答)$$

東北大-理系前期   2022 年度　物理〈解答〉　69

問(2)(a)(i)　X 線のブラッグ反射であるから，経路差 Δl は

$$\Delta l = 2D\sin\theta \quad \cdots\cdots(\text{答})$$

(ii)　Δl が波長 λ の正の整数倍であればよいから

$$2D\sin\theta = m\lambda \quad \cdots\cdots(\text{答})$$

(b)　格子間隔 $\dfrac{D}{\sqrt{2}}$ の結晶に $\theta = 45°$ で入射したとして，n を正の整数として強め合う条件は

$$2\cdot\frac{D}{\sqrt{2}}\cdot\sin 45° = n\lambda$$

$$\therefore\quad D = n\lambda$$

$\lambda = 1.54\times10^{-10}$〔m〕であり，$2.0\times10^{-10} < D < 4.0\times10^{-10}$m のとき，$n = 2$ で

$$D = 2\times1.54\times10^{-10} = 3.08\times10^{-10} \fallingdotseq 3.1\times10^{-10}\,\text{〔m〕} \quad \cdots\cdots(\text{答})$$

(c)(i)　X_1，X_2 が $\theta = \theta_1'$ でそれぞれ強め合う条件は

$$2D\sin\theta_1' = \lambda$$

このとき，X_1 と X_2 の経路差 $\Delta l'$ は，格子面 1 と 2 の間隔が $\dfrac{D}{2}$ であるから

$$\Delta l' = 2\cdot\frac{D}{2}\cdot\sin\theta' = \frac{\lambda}{2} \quad \cdots\cdots(\text{答})$$

(ii)—(オ)

━━━━◀解　説▶━━━━

≪複スリットによる光の干渉，結晶による X 線の干渉≫

▶問(1)(a)(i)　ヤングの干渉実験で，近似式を用いて距離の差を求める方法である。近似式 $(1+\alpha)^n \fallingdotseq 1+n\alpha$（$|\alpha| \ll 1$）で，$n = \dfrac{1}{2}$ である。

▶(ii)　S_1 と S_2 から同位相で出た光は，ΔL が波長 λ の整数倍のとき同位相で点 X に達するので，強め合うことになる。

▶(iii)　暗線となる条件は $\Delta L = \left(k-\dfrac{1}{2}\right)\lambda$（$k = 1$，$2$，$3$，$\cdots$）で，原点 O に最も近い暗線は $k = 1$ のときである。

▶(b)　スリット S_1 と S_2 を通った光は，原点 O では同位相であるから振幅は $E_0 + E_0$ となる。S_2 の前に板 F を置くと，板 F による位相の変化は無視できるから，$x = a_1$ では同位相となり，振幅は $E_0 + rE_0$ である。$x = b$ では

逆位相となり，振幅は $E_0 - rE_0$ である。

▶問(2)(a)(i) 右図のように，隣り合う格子面で反射されたX線の経路差 Δl は
$$\Delta l = D\sin\theta + D\sin\theta = 2D\sin\theta$$
である。

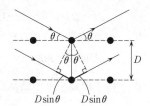

▶(ii) 同位相の2つのX線であるから，経路差が波長の正の整数倍であれば強め合う。

▶(b) 図4の場合，入射X線と反射X線が作る格子面は右図のようになり，格子面の間隔は $\dfrac{D}{\sqrt{2}}$，格子面と入射X線，反射X線がなす角は $\theta = 45°$ となる。結晶によるX線のブラッグ反射では，格子間隔が異なる多数の格子面が生じ，結晶構造を反映した干渉パターンが現れる。これがラウエ斑点で，干渉パターンから逆に結晶構造を決定することができる。

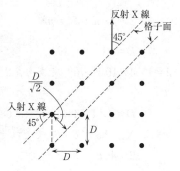

▶(c)(i) X線が観測されるためには，X_1 と X_2 が共に強め合っていることが必要であるから，$\theta_1', \theta_2', \cdots, \theta_m'$ で $2D\sin\theta_m' = m\lambda$ でなければならない。このとき，X_1 と X_2 の経路差 $\Delta l_m'$ は $\Delta l_m' = \dfrac{m}{2}\lambda$ となる。

▶(ii) (c)(i)で示したように，m が奇数のとき X_1 と X_2 は弱め合い，振幅は $(1-R)A_1$ となる。m が偶数のとき X_1 と X_2 は強め合い，振幅は $(1+R)A_1$ となる。X線の強さ I は振幅の2乗に比例するから，グラフは(オ)である。

東北大-理系前期　　　　　　　　　　　　　　　　　　2022 年度　物理〈解答〉　*71*

❖講　評

　2022 年度は 2021 年度同様，試験時間は理科 2 科目で 150 分，大問 3 題の出題であった。ほとんどが記述式で，考え方や計算の過程を書く形式も例年通りである。2021 年度同様，グラフを選択しその理由を説明するという設問がみられた。また，近年なかった原子分野からの出題があった。[1]の力学は摩擦のある斜面上の往復運動と，ゴムひもによる単振動を組み合わせた内容で，個々のテーマは頻出であるが，この組み合わせは目新しい。[2]の電磁気は磁場中を運動する導体棒の単振動がメインテーマで，コンデンサーやコイルを含むときの扱いが難しい。[3]は光やX線の強度がテーマで，後半のX線の干渉が難解であった。

　[1]　問(1)は摩擦のない斜面上での，ゴムひもでつながれた物体の運動で，完答を要する。問(2)は空中に浮いた物体の図に驚かされるが，慣性力を考えると基本的で，やはり完答したい。問(3)は $x \leqq 0$ と $x>0$ で異なる運動となり，計算力が問われる。(d)・(e)のくり返し運動が難解で，ここで差がつくであろう。

　[2]　問(1)は導体棒にはたらく電磁力とばねの弾性力のつり合いで，基本的なテーマであるが，$x_0<0$ に注意しないと符号を間違える。問(2)はコンデンサーを含む場合の単振動で，問題文の誘導に従って解けば難しくはない。類題を解いたことがあるかどうかで差がつくであろう。問(3)のコイルを含む場合は難問である。丁寧な誘導があるものの，微分や積分の知識が必要となる。手が付かなかった受験生も多かったであろう。

　[3]　問(1)は頻出のヤングの干渉実験がテーマで，完答したい。(b)の光の強さが目新しいテーマであるが，振幅の和・差にさえ気付けばよい。問題文の読解力が問われる。問(2)はX線のブラッグ反射で，これ自体は頻出のテーマであるが，(b)の格子面の変化，(c)の 2 種の格子面による干渉は難解で，差がつくであろう。

　全体として，2022 年度は 2021 年度に比べて問題量や計算量は同程度と思われるが，オーソドックスなテーマから発展させた設問が多く，受験生にとって解きにくかったであろう。試験時間内に完答するのは大変で，過去問を十分に研究し，読解力や計算力をつけておく必要がある。

化学

1 解答

問1． ア．体積（大きさ）　イ．分子間力

問2． (d)

問3． (a)—○　(b)—○　(c)—×　(d)—×

問4． (1) 5.8 L

(2) エタノールの分圧は

$$1.0 \times 10^5 \times \frac{0.090}{0.090 + 0.110} = 4.5 \times 10^4 \,(\text{Pa})$$

図1のグラフより，飽和蒸気圧が 4.5×10^4 Pa となる温度を求めればよいので

$$t_1 = 60 \,(℃) \quad \cdots\cdots(答)$$

(3) オ—(c)　カ—(d)　キ—(i)

(4)—(e)

問5． (1) (あ) $n_1 = 9.0 \times 10^{-7} p$　(い) $n_2 = 1.3 \times 10^{-8} p$

(2) 初めにあった CH_4 は

$$\frac{1.0 \times 10^5 \times 2.24}{8.31 \times 10^3 \times 300} = 8.98 \times 10^{-2} \,(\text{mol})$$

よって，気体として存在する CH_4 と水に溶解した CH_4 の総量は変わらないので

$$8.98 \times 10^{-7} p + 1.33 \times 10^{-8} p = 8.98 \times 10^{-2}$$

$$p = 9.85 \times 10^4 \fallingdotseq 9.9 \times 10^4 \,(\text{Pa}) \quad \cdots\cdots(答)$$

◀解　説▶

≪理想気体と実在気体，蒸気圧曲線，気体の溶解度≫

▶**問1．** 理想気体になく実在気体にあるものは，分子自身の体積と分子間力の2つである。

▶**問2．** 一般に，分子量が小さく極性のない分子は，分子量が大きく，極性のある分子に比べて分子間力は弱い。

▶**問3．** (a)　正文。NH_3 分子は極性分子であり，分子間力が強く働き，実際の体積は理想気体より小さくなるため，$Z=1$ より小さくなる。

(b) 正文。高温，低圧ほど理想気体（$Z=1$）からのずれは小さくなる。

(c) 誤文。CO_2 分子は分子間力が強く働くため，圧力を 0 から増加させると，Z の値は初めは単調に減少する。

(d) 誤文。H_2 などの分子量が比較的小さい分子は，分子間力が弱く，分子自身の体積の影響が比較的強く働くため，圧力を 0 から増加させると，Z の値は単調に増加する。一方，N_2 も H_2 と同じような傾向を示すが，温度が 0℃ より低くなると分子間力の影響により，圧力を増加させると，Z の値は初めは減少する。

▶問 4．(1) 理想気体の状態方程式より

$$1.0\times10^5\times V_0 = (0.090+0.110)\times 8.31\times10^3\times350$$
$$V_0 = 5.81 \fallingdotseq 5.8 〔L〕$$

(2) 混合気体の圧力が一定に保たれているので，エタノールの分圧 $4.5\times10^4\,Pa$ と飽和蒸気圧が同じになる温度を図 1 のグラフから読み取ればよい。

(3) オ．圧力一定の条件で，気体のみ存在する温度で冷却した場合，$t=77℃$ のときの体積は $V_0〔L〕$ である。理想気体の状態方程式 $pV_1=nRT$ より，圧力 p，物質量 n，気体定数 R は一定であるから温度 T の減少とともに V_1 も減少する。よって，$V_0>V_1$ である。

カ．体積一定の条件で，気体のみ存在する温度で冷却した場合，理想気体の状態方程式 $pV_0=nRT$ より，体積 V_0，物質量 n，気体定数 R は一定であるから，温度 T の減少とともに全圧 p も減少するので，エタノールの分圧 $p_{A0}〔Pa〕$ も減少する。一方，圧力一定の条件下では，エタノールの分圧 $p_{A1}〔Pa〕$ は変わらない。よって，$p_{A0}<p_{A1}$ である。

キ．圧力一定条件では，エタノールの分圧 $p_{A1}〔Pa〕$ と飽和蒸気圧が同じになる温度 t_1 で凝縮が始まり，体積一定条件ではエタノールの分圧 p_{A0} 〔Pa〕と飽和蒸気圧が同じになる温度 t_2 で凝縮が始まる。図 1 の蒸気圧曲線より，温度が高いほど飽和蒸気圧が大きい。よって，$p_{A0}<p_{A1}$ の関係より，$t_2<t_1$ である。

(4) 体積一定条件下における理想気体 0.20 mol の圧力 $p〔Pa〕$ と温度 T 〔K〕との関係は次のようになる。

$$pV_0=0.20RT \qquad p=\underbrace{\frac{0.20R}{V_0}}_{（一定）}T$$

よって，グラフは $T=0$ のとき $p=0$ となるので，(b)または(e)である。また，T_2 [K] よりエタノールの凝縮が始まり，$T_3=150$ K ではエタノールはほとんど凝縮していると考えられるので，T_3 における圧力はほぼ 0.110 mol の N_2 の分圧に等しいと考えられる。よって，グラフは(e)である。

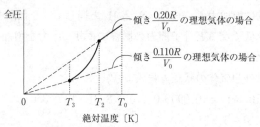

▶問5．(1) 容器A内の体積が 3.24 L であるから，水 1.00 L，気相部分 2.24 L である。気相に存在する CH_4 の物質量は，理想気体の状態方程式から

$$p \times 2.24 = n_1 \times 8.31 \times 10^3 \times 300$$

$$n_1 = 8.98 \times 10^{-7} p \fallingdotseq 9.0 \times 10^{-7} p \text{ [mol]}$$

また，水に溶解した CH_4 の物質量は，ヘンリーの法則から

$$n_2 = \frac{p}{1.0 \times 10^5} \times \frac{3.0 \times 10^{-2}}{22.4} = 1.33 \times 10^{-8} p \fallingdotseq 1.3 \times 10^{-8} p \text{ [mol]}$$

(2) 初めにあった CH_4 の物質量は，気相中の CH_4 と水に溶解した CH_4 の和に等しいことから圧力 p [Pa] を求めればよい。

2 解答

〔I〕問1．ア．CO_2　イ．CaO　ウ．$Ca(OH)_2$
エ．NH_4Cl　オ．NH_3　カ．$NaHCO_3$

問2．$NaCl + NH_3 + CO_2 + H_2O \longrightarrow NaHCO_3 + NH_4Cl$

問3．(1) $Ca(OH)_2 + 2NH_4Cl \longrightarrow 2NH_3 + CaCl_2 + 2H_2O$

(2) NH_4Cl

問4．キ—(d)　ク—(g)

問5．2.2 g/cm^3

問6．(b)・(c)・(d)

〔II〕問7．$2CuFeS_2 + 4O_2 \longrightarrow Cu_2S + 2FeO + 3SO_2$

問8．$Cu_2S + O_2 \longrightarrow 2Cu + SO_2$

東北大-理系前期 2022 年度　化学〈解答〉　75

問 9．ア．V_2O_5　イ．SO_3　ウ．濃硫酸　エ．発煙硫酸　オ．希硫酸

問 10．(1) $1.5\,\text{mol}$　(2) $1.5\times10^{-2}\,\text{mol}$　(3) $0.65\,\text{mol}$

◀解　説▶

≪アンモニアソーダ法，Cu の製錬≫

◆〔Ⅰ〕　▶問 1・問 2．アンモニアソーダ法の工程は，次の 5 つの反応式からなる。

(ⅰ)　$NaCl + NH_3 + CO_2 + H_2O \longrightarrow NaHCO_3 + NH_4Cl$

(ⅱ)　$2NaHCO_3 \longrightarrow Na_2CO_3 + CO_2 + H_2O$

(ⅲ)　$CaCO_3 \longrightarrow CaO + CO_2$

(ⅳ)　$CaO + H_2O \longrightarrow Ca(OH)_2$

(ⅴ)　$Ca(OH)_2 + 2NH_4Cl \longrightarrow CaCl_2 + 2NH_3 + 2H_2O$

ソルベー塔で起きている反応は，上記(ⅰ)式で表される。

▶問 3．蒸留塔の中で起きている反応は，上記(ⅴ)式で表される。また，ブレンステッド・ローリーの定義による酸は，相手に H^+ を与えるものであるから NH_4Cl である。

▶問 4．NH_3 は水によく溶けるが，CO_2 は水に溶けにくいので，まず NH_3 を水に溶解すると次のような平衡反応が起こる。

$$NH_3 + H_2O \rightleftharpoons NH_4^+ + OH^-$$

また，CO_2 は水に溶けにくいが水に溶解するとその一部が次のような平衡状態になる。

$$CO_2 + H_2O \rightleftharpoons H_2CO_3 \rightleftharpoons H^+ + HCO_3^-$$

このとき，上式の反応によって生じる OH^- と H^+ が反応し，上式の平衡が右へ移動し，HCO_3^- が生成する。このため比較的溶解度の小さい $NaHCO_3$ が沈殿しろ過することによって，NH_4Cl と分離することができる。

▶問 5．$NaCl$ 結晶は Na^+ と Cl^- が交互に配列し，それぞれのイオンは面心立方格子と同じ配列をとるため，単位格子内には Na^+，Cl^- が 4 個ずつ存在する。$NaCl$ の式量 58.5 より求める密度を $d\,[\text{g/cm}^3]$ とすると，d は次のようになる。

$$d = \frac{\dfrac{58.5 \times 4}{6.02 \times 10^{23}}}{1.79 \times 10^{-22}} = 2.17 \fallingdotseq 2.2\,[\text{g/cm}^3]$$

▶問 6. NaOH, Na_2CO_3 はそれぞれ $0.05 \times \dfrac{20}{1000} = 1.0 \times 10^{-3}$ 〔mol〕である。また、HCl との反応はそれぞれ次のようになる。

$$NaOH + HCl \longrightarrow NaCl + H_2O \qquad \cdots\cdots ①$$

$$\begin{cases} Na_2CO_3 + HCl \longrightarrow \underset{1.0 \times 10^{-3}\,mol}{NaHCO_3} + NaCl \qquad \cdots\cdots ② \\[2mm] NaHCO_3 + HCl \longrightarrow NaCl + \underset{1.0 \times 10^{-3}\,mol}{CO_2 + H_2O} \qquad \cdots\cdots ③ \end{cases}$$

ここで、0.05 mol/L の NaOH 水溶液 20 mL を入れたビーカーを(A), 0.05 mol/L の Na_2CO_3 水溶液 20 mL を入れたビーカーを(B)とする。

(a) フェノールフタレインを指示薬とすると、(A)では①式の反応が、(B)では②式の反応が起こり、加える HCl 水溶液は同量となるため区別できない。

(b) メチルオレンジを指示薬とすると、(B)では②・③式の反応が起こり、加える 0.1 mol/L の HCl 水溶液の体積は(A)では 10 mL, (B)では 20 mL になるので区別することができる。

(c) $0.1 \times \dfrac{30}{1000} = 3.0 \times 10^{-3}$ 〔mol〕の HCl を(A)・(B)両溶液に加えると、(A)では未反応の HCl が

$$3.0 \times 10^{-3} - 1.0 \times 10^{-3} = 2.0 \times 10^{-3} \text{〔mol〕}$$

残り、0.1 mol/L の NaOH 水溶液でフェノールフタレインを指示薬として滴定すると 20 mL を要する。

$$HCl \quad + \quad NaOH \quad \longrightarrow \quad NaCl \quad + H_2O$$

	HCl	NaOH	NaCl	
反応前	3.0×10^{-3}	1.0×10^{-3}		〔mol〕
反応後	2.0×10^{-3}	0	1.0×10^{-3}	〔mol〕

(B)では未反応の HCl が 1.0×10^{-3} mol 残り、CO_2 が 1.0×10^{-3} mol 生成する。

$$2HCl \quad + Na_2CO_3 \quad \longrightarrow \quad 2NaCl \quad + \quad CO_2 \quad + H_2O$$

	2HCl	Na_2CO_3	2NaCl	CO_2	
反応前	3.0×10^{-3}	1.0×10^{-3}			〔mol〕
反応後	1.0×10^{-3}	0	2.0×10^{-3}	1.0×10^{-3}	〔mol〕

このとき、CO_2 は気体となり空気中に出ていくため、反応液中には生じた CO_2 の一部が存在していると考えられる。よって、CO_2 を中和するのに必要な 0.1 mol/L の NaOH 水溶液は 10 mL に満たないと考えてよい。

東北大-理系前期　　　　　　　　　　　　　　　　　　2022 年度　化学〈解答〉　77

したがって，中和に要する 0.1 mol/L の NaOH 水溶液は 20 mL に満たないので，(A)と(B)を区別することができる。

(d)　(A)については，強酸と強塩基である HCl と NaOH の反応なので，指示薬がメチルオレンジでも(c)と同様に，中和に要する 0.1 mol/L の NaOH 水溶液は 20 mL である。一方，(B)では未反応の HCl 1.0×10^{-3} mol と少量の CO_2 を含む混合液を 0.1 mol/L の NaOH 水溶液で中和滴定すると，滴下量は 20 mL に満たないので，(A)と(B)を区別することができる。

◆〔Ⅱ〕　▶問 7．$CuFeS_2$ と O_2 の反応より，生成する物質は Cu_2S，FeO と問題文中に記載されているので S は SO_2 になるとして，化学反応式の係数を決めればよい。

▶問 8．Cu_2S 中の S は，O_2 と反応して SO_2 へ変化すると考えればよい。

▶問 9．SO_2 を酸化して SO_3 へと変化させるとき，触媒として V_2O_5 を用いる。また，SO_3 を直接水と反応させ H_2SO_4 とするとき，激しく発熱し H_2SO_4 はミストとなってしまうため，SO_3 をまず濃硫酸へ吸収させ発煙硫酸とした後，希硫酸で希釈して濃硫酸とする。

▶問 10．(1)　陰極では $Cu^{2+} + 2e^- \longrightarrow Cu$ の反応のみが起こるので，流れた e^- の物質量は

$$\frac{47.70}{63.6} \times 2 = 1.50 \fallingdotseq 1.5 \,〔mol〕$$

(2)　陽極泥は Ag であるから

$$\frac{1.67}{108} = 0.0154 \fallingdotseq 1.5 \times 10^{-2} \,〔mol〕$$

(3)　陽極から溶け出した Cu を x〔mol〕，Fe を y〔mol〕とすると，Cu と Fe の質量は $48.60 - 1.67 = 46.93$〔g〕となり，回路を流れる e^- の物質量の関係から次の 2 つの式が成立する。

$$63.6x + 55.9y = 46.93 \quad \cdots\cdots ①$$
$$2x + 2y = 1.5 \quad \cdots\cdots ②$$

①，②より　　$x = 0.65$〔mol〕

78 2022 年度 化学〈解答〉　　　　　　　　　　　　　　東北大-理系前期

3 解答　問1．$C_6H_{12}O$

問2．ア．$CH_3-\overset{\underset{\displaystyle O}{||}}{C}-$　イ．$CH_3-\overset{\underset{\displaystyle OH}{|}}{CH}-$

問3．$CH_3-\overset{\underset{\displaystyle H}{|}}{\overset{\displaystyle OH}{\underset{*}{C}}}-\overset{\underset{\displaystyle CH_3}{|}}{\overset{\displaystyle H}{\underset{*}{C}}}-\overset{\underset{\displaystyle H}{|}}{\overset{\displaystyle H}{C}}=C\overset{\displaystyle H}{\underset{\displaystyle H}{{}}}$

問4．

問5．

問6．4

問7．

問8．

問9．

問10．

◀解　説▶

≪脂肪族化合物，芳香族化合物の構造決定≫

▶問1．実験2より

$$C\text{の質量}：528\times\frac{12.0}{44.0}=144〔mg〕$$

東北大-理系前期　　　　　　　　　　　　　　　　2022 年度　化学〈解答〉　79

Hの質量：$216 \times \dfrac{2.0}{18.0} = 24$〔mg〕

Oの質量：$200 - 144 - 24 = 32$〔mg〕

よって，化合物 C の組成式は

$$C : H : O = \dfrac{144}{12.0} : \dfrac{24}{1.0} : \dfrac{32}{16.0} = 6 : 12 : 1$$

したがって組成式 $C_6H_{12}O$（式量 100）となり，分子量 150 以下より，分子式は $C_6H_{12}O$（不飽和度 1）となる。

▶問 2．ヨードホルム反応は次のように反応する。

$$\underset{\text{OH}}{\text{CH}_3\text{-CH-R}} \xrightarrow[2\text{HI}]{\text{I}_2} \underset{\text{O}}{\text{CH}_3\text{-C-R}} \xrightarrow[3\text{HI}]{3\text{I}_2} \underset{\text{O}}{\text{CI}_3\text{-C-R}}$$

$$\xrightarrow{\text{NaOH}} \text{CHI}_3 + \underset{\text{O}}{\text{R-C-ONa}}$$

（R は炭化水素基などを表す）

▶問 3．実験 3，4 より，化合物 C は $\text{CH}_3\text{-}\overset{*}{\text{C}}\text{H-}$ の部分構造をもつアル
$\quad\quad\quad\quad\quad\quad\quad\quad\quad\quad\quad\quad\quad\quad\quad\underset{\text{OH}}{}$

コールであり，さらに実験 5 より，1 分子中に不斉炭素原子 2 つと，炭素
一炭素二重結合を 1 つもつので，次の構造式が考えられる。

$$\underset{\text{OH}\quad\text{CH}_3}{\text{CH}_3\text{-}\overset{*}{\text{C}}\text{H-}\overset{*}{\text{C}}\text{H-CH=CH}_2}$$

▶問 4．実験 6 より，分子内脱水反応により，次の 3 つの異性体が考えられる。

$$\underset{\text{CH}_3}{\text{CH}_2\text{=CH-CH-CH=CH}_2} \qquad \underset{\text{H}}{\overset{\text{CH}_3}{\,}}\text{C=C}\underset{\text{CH=CH}_2}{\overset{\text{CH}_3}{\,}}$$

$$\underset{\text{CH}_3}{\overset{\text{H}}{\,}}\text{C=C}\underset{\text{CH=CH}_2}{\overset{\text{CH}_3}{\,}}$$

▶問 5．化合物 D も化合物 C と同様，分子式が $C_6H_{12}O$ のアルコールである。また実験 7 より，炭素原子数 5 以上の環状構造をもち，酸化反応によってホルミル基をもつ化合物 F が生成することから $-\text{CH}_2\text{-OH}$ 基をもつ第一級アルコールである。よって，シクロペンタン骨格をもつ次の構造式が考えられる。

$$\text{化合物 D} \xrightarrow[-2H]{\text{酸化}} \text{化合物 F}$$

化合物D の構造（シクロペンチル−CH$_2$−OH）を酸化して化合物F（シクロペンチル−CHO）を得る。

▶問6．次の4種類の化合物が考えられる。

（o-ブロモトルエン，m-ブロモトルエン，p-ブロモトルエン，ベンジルブロミド の4種類の構造式）

▶問7．実験8より，トルエンのベンゼン環への置換反応はオルト，パラ配向性であることを考慮すると，化合物Gは次の2つの生成物のいずれかである。

$$\text{トルエン} \xrightarrow[(\text{Fe})]{\text{Br}_2} \text{o-ブロモトルエン}, \quad \text{p-ブロモトルエン}$$

実験9より，生成した化合物のBr原子を−B(OH)$_2$に置換すると，化合物Hは次の2つの生成物のいずれかである。

（o-置換体と p-置換体の −B(OH)$_2$ を持つトルエン誘導体の構造式）

実験10より，実験9で得られる化合物を酸化して得られるIは次の2つの生成物のいずれかである。

（o-置換体と p-置換体の COOH と B(OH)$_2$ を持つ安息香酸誘導体の構造式）

ここで，実験11より，ブロモベンゼンとの鈴木-宮浦クロスカップリング反応によって生成する化合物は次の2つのうちいずれかで，ベンゼン環に結合しているH原子1つをCl原子に置換できる場所を→で示すと次のようになる。

東北大-理系前期　　　　　　　　　　　　2022 年度　化学〈解答〉　*81*

$$\text{HO}\overset{\displaystyle \underset{\|}{\text{C}}}{\underset{\text{O}}{-}}\!\!-\!\!\underbenzene\!\!-\!\!\text{B(OH)}_2$$

（注）　ベンゼン環どうしを結合している C−C 結合は自由回転できるので，次の構造式で表される 2 つの化合物は同じものとなる。

▶問 8．化合物 J に CH_3CH_2OH と濃硫酸を加えて加熱すると，エステル結合をもつ化合物 K が得られる。

▶問 9．実験 15 より，化合物 B は，2 つのベンゼン環の結合の仕方は化合物 N と同じであり，ベンゼン環に結合している H 原子のいずれか 1 つを Cl 原子に置き換えたものは 2 種類であることから次の構造が考えられる。

　（●は同じ置換基を表す）

よって，実験 13，14 から，化合物 L，M，N は次のように変化して生成すると考えられる。

$$CH_3CH_2-\!\!\raisebox{0pt}{\text{⬡}}\!\!-\xrightarrow[\text{(Fe)}]{Br_2}CH_3CH_2-\!\!\raisebox{0pt}{\text{⬡}}\!\!-Br$$

化合物 L　　　　　　　　　化合物 M

$$\xrightarrow[\left(\substack{\text{鈴木-宮浦クロス}\\\text{カップリング反応}}\right)]{CH_3-\raisebox{0pt}{\text{⬡}}-B(OH)_2}CH_3CH_2-\!\!\raisebox{0pt}{\text{⬡}}\!\!-\!\!\raisebox{0pt}{\text{⬡}}\!\!-CH_3$$

化合物 N

▶問 10. 実験 1 より，化合物 **A** の構成元素は C，H，O で，加水分解により化合物 **B**，**C**，**D** が 1 mol ずつ生成し，**C**，**D** は 1 価アルコールであることから，**B** は 2 つのカルボキシ基をもつと考えられる。よって，化合物 **N** を KMnO₄ などの酸化剤を用いて酸化すると −CH₂CH₃，−CH₃ などの炭化水素基は −COOH へ変化する。したがって，化合物 **B** の構造式は次のようになる。

$$HO-\underset{O}{\overset{\Vert}{C}}-\!\!\raisebox{0pt}{\text{⬡}}\!\!-\!\!\raisebox{0pt}{\text{⬡}}\!\!-\underset{O}{\overset{\Vert}{C}}-OH$$

❖講　評

　2022 年度も ① 理論分野，② 無機分野，③ 有機分野の大問 3 題の出題であり，全体的な難易度は 2021 年度同様であったと思われるが，計算問題等において煩雑で時間のかかる設問があった。また，導出過程を記述させる問題が 2 問出題されたが，論述問題は出題されなかった。

　① は，理想気体と実在気体に関するグラフや計算問題を融合した設問，および気体の溶解度に関する基本から標準的な問題であった。特に，問4 のエタノールと窒素の混合気体における計算および温度と圧力や体積の関係を表すグラフの特徴などが理解できていたかがポイントになったと思われる。

　② は，無機工業化学からの出題であり，〔Ⅰ〕はアンモニアソーダ法，〔Ⅱ〕は Cu の製錬に関する問題であった。特に，問 5 の NaCl などの基本的なイオン結晶の構造は覚えておきたい。また，問 6 の中和滴定に関する問題は，過剰に HCl を加えた場合，生じる炭酸をどのように扱うか，そして指示薬の違いによってどのような反応が起こっているかを見極められたかなどがポイントになったと思われる。

　③ は，エステルの加水分解生成物の性質や，鈴木-宮浦クロスカップ

リング反応を利用した構造決定などに関する標準的な問題であった。例年は有機化合物の構造決定問題に，高分子化合物に関する設問が出題されていたが，2022年度は出題されていなかった。

　全体的に問題量も多く，過去には難易度の高い問題が出題されたこともあるので，有機化学分野などを中心に，計算過程の記述や論述問題などの対策も含め，基礎から標準的な問題演習を十分に行っておく必要がある。

生物

1 **解答** 〔Ⅰ〕問(1) ア. 花粉四分子 イ. 卵細胞 ウ. 3n
エ. 極性移動 オ. 原形質連絡 カ. 根端分裂組織
問(2) ジベレリンは，細胞壁のセルロース繊維の並びを横向きにする。その後，オーキシンがセルロース繊維どうしのつながりをゆるめることで，細胞の吸水を促進し，細胞が縦方向に伸長成長する。
〔Ⅱ〕問(3) キ. 中心柱 ク. 内皮
問(4) 中心柱で転写されたX遺伝子の産物が内皮に移動し，Xタンパク質がY領域に結合することで，Yタンパク質が合成され，細胞分裂が起こる。娘細胞のうち外側の細胞が皮層に，内側が内皮に分化するが，このとき，Xタンパク質が人工遺伝子③のY領域にも結合するため，Xタンパク質がさらに合成され，これがY遺伝子の転写を再び促進することで，内皮の細胞が再び分裂する。これが繰り返されることによって，多数の細胞層をもつ皮層組織ができる。
問(5) y変異体ではYタンパク質の働きが失われているため，Xタンパク質がY領域に結合しても，正常なYタンパク質が合成されない。このため，人工遺伝子③によってXタンパク質が合成されても，正常なYタンパク質が合成されず，細胞分裂が起こらない。これによって，皮層の細胞が生じない。

━━━━━━━━ ◀解　説▶ ━━━━━━━━

≪植物の生殖，植物ホルモン，根の皮層がつくられるしくみ≫
◆〔Ⅰ〕▶問(1) ア～ウ. おしべのやくの中で花粉母細胞（2n）が減数分裂を行い，4個の細胞（n）の集まった花粉四分子が形成される。花粉四分子は，それぞれが1回ずつ細胞分裂を行い，雄原細胞と花粉管核をもつ成熟した花粉になる。雄原細胞は，分裂して2個の精細胞（n）を生じる。2個の精細胞のうち，1個は配偶子である卵細胞と受精して受精卵となる。また，もう1個の精細胞は2個の極核（n）をもつ中央細胞と融合し，胚乳核をもつ胚乳細胞となる。したがって，胚乳細胞の核相は3nである。これらの受精と融合は必ず同時に起こり，これを重複受精という。

エ．オーキシンは，茎の先端部で合成され，茎の中心部（中心柱）を通り基部（根）方向へ移動し，逆方向には移動しない。この方向性をもった輸送を極性移動という。

オ．植物細胞どうしは細胞壁で接しており，原形質連絡という穴で隣の細胞とつながっている。原形質連絡には，イオンや代謝産物のような低分子のほか，mRNA やタンパク質などの高分子を移動させる働きがある。なお，動物細胞では隣接した細胞どうしがコネクソンと呼ばれる中空のタンパク質によってつながっており，ここを低分子の物質やイオンが移動する。

カ．体細胞分裂は，植物においては，未分化な幹細胞を含む根端分裂組織，茎頂分裂組織，形成層で盛んに行われている。根端分裂組織は根の成長をもたらし，葉緑体がないため，体細胞分裂を観察しやすい。

▶問(2)　細胞壁には伸びにくいセルロース繊維が存在する。ジベレリンは，細胞質の微小管を伸長方向に対して垂直に並ばせることにより，セルロース繊維を横方向に揃えて並ばせる。これにより，細胞が横方向に成長しにくく，縦方向に伸長成長するようになる。またエチレンは，微小管を伸長方向に対して平行に並ばせることにより，セルロース繊維の並び方を縦方向に揃え，これにより，細胞が横方向に肥大成長しやすくなる。その後，オーキシンがセルロース繊維をつなぐ多糖類を切断する酵素を活性化することで，セルロース繊維どうしのつながりをゆるめ，細胞の膨圧を低下，吸水力を上昇させ，茎の伸長成長もしくは肥大成長を促進する。また，セルロース繊維の並び方を横向きにする際は，ジベレリンとともにブラシノステロイドという植物ホルモンも働いている。

◆〔Ⅱ〕　▶問(3)　X領域は，X遺伝子を転写させるのに必要十分な転写調節領域であるため，人工遺伝子②は，本来X遺伝子が転写される細胞でのみ GFP を発現する。人工遺伝子②を導入したトランスジェニック植物では，中心柱のみが GFP の蛍光を発したため，本来X遺伝子が転写される細胞は中心柱の細胞である。また，人工遺伝子①は，Xタンパク質の本来の発現調節や働きを保持しているX-GFP タンパク質をつくる。人工遺伝子①を導入したトランスジェニック植物では，中心柱と内皮が GFP の蛍光を発したため，XのmRNA あるいはタンパク質の一部は，中心柱で合成された後，内皮の細胞まで移動すると考えられる。

▶問(4)　実験1の結果より，Xタンパク質は内皮に移動することがわかっ

ている。調節タンパク質であるXタンパク質がY遺伝子の上流のY領域に結合すると，Y遺伝子の転写が促進され，Yタンパク質が合成される。これにより，細胞分裂が起こり，皮層の細胞と内皮の細胞が生じる。本来，Yタンパク質は細胞分裂の直後に分解されるため，細胞分裂は一度だけ起こる。一方，人工遺伝子③を野生型に導入したトランスジェニック植物では，内皮の細胞においてXタンパク質が人工遺伝子③に含まれるY領域に結合することで，Xタンパク質がさらに合成される。この結果，Xタンパク質がY遺伝子の上流のY領域に結合することで，Yタンパク質が再び合成され，これにより細胞分裂が起こり，皮層の細胞が新たに生じる。このようなXタンパク質とYタンパク質の発現が繰り返されることによって，本来は一度だけしか細胞分裂しない内皮細胞が，何度も細胞分裂を行い，多数の細胞層をもつ皮層組織ができると考えられる。

▶問(5)　y変異体はY遺伝子に変異をもつため，正常なYタンパク質が合成されず，内皮細胞の分裂が起こらない。このため，皮層の細胞が生じない。y変異体に人工遺伝子③を導入したトランスジェニック植物では，内皮細胞においてXタンパク質が人工遺伝子③のY領域に結合することで，Xタンパク質がさらに合成されるが，このXタンパク質がY遺伝子の上流のY領域に結合しても，正常なYタンパク質が合成されず，細胞分裂が起こらない。このため，皮層の細胞が生じない。以上のことから，y変異体に人工遺伝子③を導入したトランスジェニック植物では，y変異体と同様に皮層をもたない根がつくられたと考えられる。

2　解答

〔Ⅰ〕問(1)　ア．強膜　イ．角膜　ウ．瞳孔
エ．ガラス体

問(2)　オ—①　カ—④　キ—③　ク—②　ケ—③　コ—④

問(3)　③・④

問(4)　盲斑は視神経繊維の束が網膜を貫いている部分であり，視細胞が分布しないから。

〔Ⅱ〕問(5)　①

問(6)　③

〔Ⅲ〕問(7)　サ—②　シ—①

問(8)　薄暗い部屋のなかで膜電位が一定の値を示している状態では，一定

量の神経伝達物質が常に放出されており，一時的に光を照射したときは，膜電位が一時的に低い状態になるため，神経伝達物質の放出量が減少する。

■━━━━ ◀解　説▶ ━━━━■

≪眼の構造，遠近調節，錐体細胞の特徴，視交さ，桿体細胞の膜電位≫

◆〔Ⅰ〕 ▶問(1) ヒトの眼はカメラに似た構造をしており，レンズに相当するのが水晶体である。眼に入った光は角膜と水晶体で屈折し，ゼリー状のガラス体を通り，フィルムの役割を担う網膜上に像を結ぶ。水晶体の周囲は虹彩に覆われており，虹彩に覆われていない水晶体の中央部を瞳孔という。外界からの光は，角膜，瞳孔，水晶体，ガラス体を通って網膜に達する。網膜の後ろには脈絡膜，さらに後ろには強膜が存在する。

▶問(2) ヒトの眼は，対象物の距離が変化すると，水晶体の厚さを変化させることで常にピントを合わせる。近くを見るときは，毛様筋（毛様体の筋肉）が内側に収縮し，チン小帯の張力が減少することによって，水晶体の厚みが増加する。一方，遠くを見るときは，毛様筋が弛緩し，チン小帯の張力が増加することによって，水晶体の厚みが減少する。

▶問(3) ①誤り。光受容タンパク質としてロドプシンを含むのは桿体細胞であり，錐体細胞は光受容タンパク質としてフォトプシンを含む。
②誤り。③正しい。錐体細胞は強光下で働き，色の識別に関与する。一方，桿体細胞は弱光下で働き，わずかな光の受容に関与し，色の識別には関与しない。
④正しい。視野の中心は黄斑に投影される。錐体細胞は黄斑に分布するため，視野の中心は色の区別がしやすい。一方，桿体細胞は黄斑の周辺に分布している。黄斑の周辺には視野の中心以外の光が投影されるため，暗い所では視野の中心よりもその周りの方がものが見えやすい。
⑤誤り。錐体細胞は主に黄斑にしか分布しないが，桿体細胞は黄斑の周辺に広く分布するため，錐体細胞よりも桿体細胞の数の方が多い。

▶問(4) 視細胞は連絡神経細胞を介して視神経細胞とつながっており，視神経細胞の軸索（視神経繊維）は網膜の盲斑の部分で束になり，網膜を貫いて脳へ向かう。したがって，盲斑には視細胞がなく，盲斑に投影された光は感じることができない。

◆〔Ⅱ〕 ▶問(5)・問(6) 次図に，左右の視野から網膜に届いた光が引き起こす興奮が，大脳の一次視覚野まで伝わる神経細胞の経路を示した。ここ

では，興奮を伝える神経細胞しか示していない。まず，図2Bでは左眼を覆っているために，次図の左に示したように，左右の視野から右眼の網膜にしか光が届かない。右眼の網膜からは左右両方の一次視覚野に神経細胞が伸びているため，左と右の一次視覚野が同様に活発に活動すると考えられる。したがって，問(5)は①が正しい。次に，図2Cでは，次図の右に示したように，右の視野から両眼の左の網膜に光が届く。両眼の左の網膜からは左の一次視覚野にしか神経細胞が伸びていないため，主に左の一次視覚野が活発に活動すると考えられる。したがって，問(6)は③が正しい。

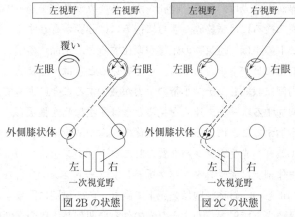

◆〔Ⅲ〕 ▶問(7) 説明文中に「この陽イオンチャネルは，Na^+ を通すが，Li^+ は通さない」とあることに注意して考察する。リンガー液中の Na^+ が Li^+ に置き換えられた図4Bでは，光刺激の有無にかかわらず，膜電位が低い状態に保たれている。このことから，陽イオンチャネルを通って Na^+ が移動できない状態では，膜電位が低い状態に保たれることがわかる。一方，リンガー液中に Na^+ が存在する図4Aでは，光刺激を与えていないとき，膜電位が高い状態に保たれる。このことから，陽イオンチャネルを通って Na^+ が移動できる状態では，暗い環境において，陽イオンチャネルが開き，Na^+ が細胞内に流入することで，膜電位が高い状態に保たれていることがわかる。また，光刺激を受容すると，陽イオンチャネルが閉じることで，膜電位が一時的に低い状態になることがわかる。

▶問(8) 問題文に「桿体細胞のシナプス部では，膜電位に応じた神経伝達物質の放出が行われている」とあるため，薄暗い部屋のなかで膜電位が高

い状態では，一定量の神経伝達物質が常に放出されていると考えられる。また，光照射により膜電位が一時的に低い状態になったときには，神経伝達物質の放出量が一時的に減少していると考えられる。なお，実際には，この陽イオンチャネルは Na^+ だけでなく Ca^{2+} も通す。暗い環境では Ca^{2+} が細胞内に常時流入し，細胞内の Ca^{2+} 濃度が高い状態に保たれている。これによって，神経終末から神経伝達物質が一定量放出される。一方，光を受容すると，陽イオンチャネルが閉じ，細胞内の Ca^{2+} 濃度が低下する。これによって，神経終末からの神経伝達物質の放出量が減少する。

3 解答

〔Ⅰ〕問(1) ア．自然 イ．マクロファージ ウ．樹状細胞 エ．リンパ節 オ．抗原

問(2) ウイルスは生きた細胞でしか増殖できない。上皮組織は生きた細胞からなるのに対し，角質層は死んだ細胞からなるため，ウイルスは増殖することができないから。

問(3) リソソーム

問(4) 抗体はタンパク質であり，細胞膜を通過することはできないから。

〔Ⅱ〕問(5) 細菌 R1，R2 ともにオス親の精子を介さず，メス親の卵のみを介して伝わる。

問(6) 地域 C

理由：細菌 R2 を摂取した場合の子世代の細菌 R2 保有率は，マダニ A 群よりも，マダニ C 群の方が高く，ヒトが感染する可能性が高いから。

問(7) 1細胞内の細菌数がある一定の値を超えなければ，体内環境に悪影響を及ぼさず，その値を超えると，体内環境に悪影響を及ぼす。

問(8) A 群は細菌 R1 を保有しているため，細菌 R1 によって細菌 R2 が排除されるが，C 群は細菌 R1 を保有していないので，体内で細菌 R2 が増殖し，子世代に細菌 R2 が伝わる可能性が高い。

━━━━━ ◀解 説▶ ━━━━━

≪免疫，マダニによる細菌の媒介≫

◆〔Ⅰ〕 ▶問(1) 体内に細菌やウイルスなどの異物が侵入すると，異物に対して非特異的に作用する自然免疫が働く。自然免疫では，好中球やマクロファージなどによる食作用が主な働きを担う。好中球は通常血管内に存在し，食細胞の中で最も数が多く，食作用も強い。食作用を行った後の好

中球は死滅し，膿となる。マクロファージは食作用を行うとサイトカインとよばれる物質を分泌し，白血球を感染組織に集める。これにより免疫反応が起こり，感染部位に発赤・発熱・腫れ・痛みなどが生じる。これを炎症という。また，局所的な発熱だけでなく，視床下部によって異物の侵入が感知されると，体温が上昇し，免疫応答を活性化する。樹状細胞は通常組織中に存在し，食作用で異物を分解すると，その一部を自身の細胞表面に提示する。これを抗原提示という。抗原提示を行う樹状細胞はリンパ管に入り，リンパ節へ移動する。この樹状細胞の抗原提示によって，獲得免疫が始まる。

▶問(2)　表皮の角質層は死んだ細胞から，気管の上皮組織は生きた細胞からなっている。ウイルスは生きた細胞に感染し，代謝を宿主細胞に依存して増殖する。そのため，代謝が行えない死んだ細胞で増殖することはできない。

▶問(3)　リソソームはゴルジ体から生じる一重膜の小胞で，さまざまな分解酵素を含み，細胞内消化を行う。古い細胞小器官や不要物を分解する自食作用（オートファジー）や，細胞外から取り込んだ異物の分解に関与する。

▶問(4)　抗体は免疫グロブリンとよばれるタンパク質からなる。タンパク質は，細胞膜のリン脂質二重層や膜タンパク質を通過することができない。なお，一般に細胞がタンパク質などの高分子を取り込むときは，エンドサイトーシスによって取り込む。

◆〔Ⅱ〕　▶問(5)　表2より，メス親に細菌保有個体を用いると，オス親の細菌保有の有無にかかわらず，細菌 R1，R2 ともに子世代の保有率は100％になることがわかる。したがって，細菌 R1，R2 は，オス親の精子を介さず，メス親の卵のみを介して伝わることがわかる。

▶問(6)　表3から，マダニA群では細菌 R2 を摂取させたのにもかかわらず，子世代の細菌 R1 保有率が100％となっている。このことから，マダニA群は，細菌 R1 を常に保有していることがわかる。同様に，マダニB群は細菌 R2 を常に保有し，マダニC群は保有している細菌がないことがわかる。細菌 R2 に感染したウシの群れが地域Aまたは地域Cに移動すると，地域Aでは，細菌 R1 を保有するマダニA群が，ウシから細菌 R2 を摂取する。マダニA群の子世代の細菌保有率は，表3より，R1 が100％，

R2が4％となることが予想される。一方，地域Cでは，どちらの細菌も保有していないマダニC群が，ウシから細菌R2を摂取する。マダニC群の子世代の細菌保有率は，表3より，R1が0％，R2が54％となることが予想される。これらのことから，地域Aよりも地域Cに住むヒトの方が，マダニを介して細菌R2に感染する可能性が高いと考えられる。

▶問(7)　図1より，マダニの血球細胞では，条件①・②ともに，1細胞内の細菌数の増加がある一定の値で止まっている。一方，ヒトの血球細胞では，条件①・②ともに，1細胞内の細菌数が日数に応じて増加していく。これらのことから，1細胞内の細菌数がある一定の値を超えなければ，体内環境に悪影響を及ぼさず，1細胞内の細菌数がある一定の値を超えると，体内環境に悪影響を及ぼすと考えられる。

▶問(8)　実験2で行われたマダニA群に細菌R2を摂取させる実験は，実験3の③の条件で行われた，先に細菌R1が細胞内に侵入し，後から細菌R2が細胞内に侵入する実験と同様である。一方，実験2で行われたマダニC群に細菌R2を摂取させる実験は，実験3の②の条件で行われた，細菌R2だけが細胞内に侵入する実験と同様である。図1より，条件②では細菌R2がある一定の値まで増殖するが，条件③では細菌R1がある一定の値まで増殖する一方で，細菌R2は減少していくことがわかる。これは，細菌R1によって，細菌R2が排除されたためと推測できる。これらのことから，細菌R2を摂取したマダニA群の細胞内では，細菌R1によって細菌R2が排除されることにより細菌R2が減少し，細菌R2を摂取したマダニC群の細胞内では，細菌R2が増殖することがわかる。したがって，子世代の細菌R2保有率は，A群よりもC群の方が高くなる。

❖講　評

　これまで出題されてきた字数制限のある論述問題がなくなったが，解答欄が広く，論述量は大幅に増加した。頻出である計算問題は出題されなかった。全体的に問題文が長く，難易度の高い実験考察問題が複数出題されたため，2021年度に比べて難化した。

　1　〔Ⅰ〕は植物の生殖，植物ホルモン，〔Ⅱ〕は根の皮層がつくられるしくみを主題とした出題であった。問(1)の空所補充は完答したいが，オは教科書を隅々まで読んでいないと戸惑ったかもしれない。問(2)は典型問題であるが，セルロース繊維，吸水，伸長成長など，解答に含むべき用語をきちんと書けたかどうかが問われる。問(3)は，GFPとの融合タンパク質が移動した場所で蛍光を発することに気づけば容易に解答できる。問(4)は，情報量・論述量ともに多く，難しい。問題文や図から得られた情報を箇条書きにして，まとめてから論述する必要がある。問(5)は，問(4)で問われている内容が理解できていれば解答は容易であるが，問(4)が解けなければ問(5)も解けないため，この2問で得点差がつくと思われる。

　2　〔Ⅰ〕は眼の構造，遠近調節，錐体細胞の特徴，〔Ⅱ〕は視交さ，〔Ⅲ〕は桿体細胞の膜電位を主題とした出題であった。問(1)の空所補充は完答したいが，アの名称を問われることはまれであるため，戸惑った受験生もいたであろう。問(2)は基礎知識であり，完答したい。問(3)は，視細胞の分布の知識から，⑤が誤りであることを判断する。問(4)は典型問題であるが，視神経繊維の束についても解答に含んで記述したい。問(5)・問(6)は視交さに関する問題を演習したことのある受験生であれば，解答は容易である。興奮の伝達経路を図に描き込んで考えれば，より素早く確実に解答できる。問(7)・問(8)は説明文・問題文にある情報がカギとなり，特に問(8)では情報をきちんと汲み取って考察する必要がある。

　3　〔Ⅰ〕は免疫，〔Ⅱ〕はマダニによる細菌の媒介を主題とした出題であった。問(1)の空所補充および問(3)は基礎知識であり，完答したい。問(2)は，ウイルスが代謝を宿主細胞に依存していることを考えれば解答できるだろう。問(4)は，抗体がタンパク質であることを解答に含んで記述したい。問(5)は表2から解答は容易に思い浮かぶが，卵・精子といった用語を含めて解答したい。問(6)以降は問題文が長く，読解に時間がか

東北大-理系前期 2022 年度 生物〈解答〉 93

かる。問(6)は，問題文や表から得られた情報を箇条書きにして，まとめてから論述する必要がある。問(7)は難しくはないが，「ある一定の値」という言葉を解答に含んで記述したい。問(8)は，問(6)の内容と関連付けて考察する必要があり，また「排除」という概念を思いつく必要がある。さらに，膨大な情報量を端的に記述する必要があるため，難しい。問(8)までたどり着き，しっかりと論述することができた受験生は少なかったであろう。

　東北大学では，一部に難易度の高い実験考察問題や字数の多い論述問題が出題される一方で，基礎知識を問う問題や典型問題も多いため，ここで確実に得点しておきたい。論述問題は，必要でない要素は省き，必要な要素だけを記述して，速く解答できるように訓練を積んでほしい。

地学

1 **解答** 問1．ア．シュテファン・ボルツマン　イ．4　ウ．5
エ．10　オ．10

問2．$100 \times 10^8 \times \dfrac{\sqrt[4]{81}}{81} = 100 \times 10^8 \times \dfrac{3}{81} = 3.70 \times 10^8$

$\fallingdotseq 3.7 \times 10^8$ 年　……(答)

問3．$\dfrac{1}{5 \times 10^{-3}} = 2.0 \times 10^2 \,[\text{pc}]$

$5.3 + 5 - 5\log_{10}(2.0 \times 10^2) = 10.3 - 5(0.30 + 2) = -1.2$ 等

$10^{\frac{2}{5}\{4.8 - (-1.2)\}} = 10^{\frac{12}{5}} = 10^{\frac{2}{5}} \times 10^2 = 2.5 \times 10^2$ 倍　……(答)

問4．(1)　主系列星は質量が大きいほど表面温度が高く，進化が速いため，星団内では質量が大きい恒星から順に主系列星から離れていく。したがって，HR図上で主系列星として残っている恒星のうち，最も明るい恒星の寿命から，星団の年齢を推測できる。

(2)　ヘリウムよりも重い元素は，宇宙の誕生時には存在せず，恒星内での核融合反応によって生成され，超新星爆発などで放出されることで，次第に増加してきた。若い散開星団は，重い元素を多く含む星間ガスから形成された種属Ⅰの星の星団であるのに対し，古い球状星団は，重い元素の少ない宇宙初期に形成された種属Ⅱの星の星団だから。

━━━━◀解　説▶━━━━

≪恒星の光度と等級，恒星の寿命，散開星団と球状星団≫

▶問1．ア・イ．恒星の光度は，毎秒放射される単位面積あたりの放射エネルギーと，恒星の表面積との積で求められる。物体の表面から毎秒放射される単位面積あたりの放射エネルギー E は物体の表面温度 $T\,[\text{K}]$ の4乗に比例し，シュテファン・ボルツマン定数 σ を用いて $E = \sigma T^4$ と表される。これをシュテファン・ボルツマンの法則という。

ウ．恒星の明るさを示す等級は，5等級差で100倍の明るさの比と定義されており，明るいほど等級が小さく，暗いほど大きい。

エ．明るさは距離の2乗に反比例する。したがって，光度が一定で距離が

東北大-理系前期　　　　　　　　　　　　　　　　　　2022 年度　地学〈解答〉　95

100 倍増加すると，明るさは $\dfrac{1}{10000}$ となり，等級は 10 等級増加する。

▶問 2．下線部(a)より，主系列星の寿命は全質量の 10 分の 1 の水素を消費量で割ることで求められる。水素の消費量は光度に比例するため，寿命は質量に比例し，光度に反比例することになる。ここで問題文より，主系列星の光度は質量の 4 乗に比例することから，主系列星 A の質量は太陽の $\sqrt[4]{81}=3$ 倍となる。よって，主系列星 A の寿命は，太陽の寿命である 100 億年を，$\dfrac{3}{81}$ 倍したものとなる。

▶問 3．天体の明るさと距離の関係について，絶対等級を M，見かけの等級を m，距離を d〔pc〕とすると，$M=m+5-5\log_{10}d$ が成り立つ。距離 d〔pc〕$=\dfrac{1}{\text{年周視差〔秒〕}}$ なので，恒星 B の距離は $\dfrac{1}{5\times10^{-3}}=2.0\times10^{2}$ 〔pc〕であり，これと見かけの等級 5.3 等を式に代入し，問題で与えられている $\log_{10}2.0=0.30$ を用いれば，絶対等級は -1.2 等と求められる。また，M 等の恒星の光度を L_M，m 等の恒星の光度を L_m とすると，$\dfrac{L_M}{L_m}=10^{\frac{2}{5}(m-M)}$ が成り立つ。したがって，絶対等級 -1.2 等の恒星 B の光度が 4.8 等の太陽の何倍かを求めるには，この式にそれぞれの絶対等級を代入し，$10^{\frac{2}{5}\{4.8-(-1.2)\}}$ として計算すればよい。なお，指数法則により $10^{\frac{12}{5}}=10^{\frac{2}{5}}\times10^{2}$ となるので，問題で与えられている $10^{0.4}=2.5$ を用いて，答えは 2.5×10^{2} 倍となる。

▶問 4．(1)　ここでは星団の年齢を推測するために用いられる主系列星の特徴が求められているので，質量が大きい主系列星ほど寿命が短く，星団内で残っている最も明るい主系列星の寿命から，誕生からの経過時間，すなわち星団の年齢を推測できるということを示せばよい。なお，その前提として，主系列星は質量が大きいほど高温のスペクトル型なので，HR 図上で線上に並ぶことや，星団は同じ起源から同時期に誕生した恒星の集団で，さまざまな質量の主系列星を含んでいることが挙げられる。前者は問題文に示されており，後者は星団の性質なので，そこまでを含めて解答する必要はないだろう。

(2)　(1)で示されているように，散開星団は若く，球状星団は古い星の集ま

りである。これと，宇宙におけるヘリウムよりも重い元素の存在量の変化を関連付けて述べればよい。宇宙誕生時にはほぼ水素とヘリウムしか存在せず，現在宇宙に存在するヘリウムよりも重い元素は，恒星の核融合反応によって生成され，恒星の死後に宇宙空間に放出されたものである。したがって，宇宙誕生からの時間が経過するほど，ヘリウムよりも重い元素の存在量は増加している。恒星は宇宙に存在するガスが集まって形成されるため，古い恒星よりも若い恒星の方が，その材料となるガスにヘリウムよりも重い元素が多く含まれることになる。

2 解答

問1．逆断層
問2．断層の走向に直交し，水平方向に圧縮する力。
問3．$g_C < g_B < g_A$
理由：同じ高度の地点AとBでは，相対的に密度が大きいY層からの距離が小さい地点Aの方が重力は大きく，地下の条件が同じ地点BとCでは，高度が低く地球の重心に近い地点Bの方が重力は大きいから。
問4．①平均海水面を陸域にも延長し，地球全体を覆ったとしたときの仮想の面。
②密度分布が同心球状の地球楕円体を仮定した場合の，各緯度における重力の理論値。
問5．•フリーエア補正：ジオイドからの高度の影響を取り除く補正。
•地形補正：地形の凹凸による影響を取り除く補正。
•ブーゲー補正：計測点とジオイドの間の物質による引力の影響を取り除く補正。
問6．

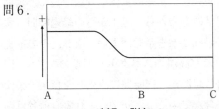

◀解　説▶

≪断層の種類と力，重力と重力異常≫

▶問1．縦ずれの断層は，断層面に対して上盤が相対的にずり下がってい

東北大-理系前期   2022年度　地学〈解答〉　*97*

るものを正断層，ずり上がっているものを逆断層という。図1において，断層面は図の左に向かって傾斜していることから，図の左側が上盤，右側が下盤である。X層とY層の境界面に着目して断層のずれを見ると，上盤がずり上がっているため，逆断層と判断できる。

▶問2．地殻の変形は主にプレート運動に伴って生じるものなので，水平方向に力がはたらくと考えればよい。上盤がずり上がる逆断層の動きは水平方向の圧縮力によって生じるが，断層面の走向に対して平行な圧縮力では断層はずれず，走向に斜交していると断層に横ずれ成分が生じる。ここでは縦ずれを起こす力の向きが問われているので，走向に直交する向きと限定した方がよいだろう。

▶問3．重力は引力と遠心力の合力だが，ここでは同じ地域における重力の大小関係が問われているので，遠心力は無視できる。物体間にはたらく引力（万有引力）の大きさ f は，2つの物体の質量を M と m，物体間の距離を r とすると，$f = \dfrac{GMm}{r^2}$ となる（G は万有引力定数）。したがって，引力の大きさが物体の質量に比例する点と，物体間の距離の2乗に反比例する点に着目し，各地点の引力（重力）の大きさを比較すればよい。まず，地点AとBを比較すると，Aの地下ではX層とY層の境界面が浅く，Bの地下よりも，密度が大きい，すなわち質量が大きいY層が厚く分布する。したがって，Aにはたらく引力（重力）はBよりも大きいと判断できる。また，地点BとCを比較すると，地下構造は同じであるが，鉄塔の上であるCはBよりも地球の重心からの距離が大きくなるため，Cにはたらく引力（重力）はBよりも小さいと判断できる。したがって，$g_C < g_B < g_A$ となる。

▶問4．問3・問5で示されているように，重力の実測値は，地形や地下の物質の不均質によって変化する。そのため，地球を水平方向の密度分布が均一な地球楕円体と仮定した場合の各緯度における重力の理論値を標準重力としている。

▶問5．測定された重力については，問3で示したように地球の重心からの距離による影響がある。また，地形に凹凸がある場合，水平方向での質量の不均一が重力に影響を与える。加えて，計測点とジオイドの間の物質による引力も影響する。これらの影響を取り除くために重力補正が行われ，

上記に挙げた順に，フリーエア補正，地形補正，ブーゲー補正と呼ばれる。なお，重力補正についての説明が求められる場合，何のための補正を，どのように行うか，という内容が考えられるが，指定行数が短いため，方法までを示す必要はないだろう。

▶問6．ブーゲー異常は，重力の測定値にフリーエア補正，地形補正，ブーゲー補正を加えた値と標準重力の差である。ここでは，図1の地域のブーゲー異常とされているので，地点Aから地点Cにかけてというのはすべて地表での重力と考えればよい。一般的に，地下に密度の大きい岩石があるときにはブーゲー異常は正になり，地下に密度の小さい岩石があるときにはブーゲー異常は負になる。したがって，地点Aと地点Bの間の縦ずれ断層Zを境にX層とY層の分布が異なるため，ここで重力異常の正負が変化することになる。物質の分布は断層Zを境に不連続だが，測定重力や重力異常は連続的に変化するため，解答欄でも断層を境に値が次第に変化するよう描けばよい。

3 解答

問1．プレート発散境界＞プレート収束境界＞ホットスポット

問2．プレート発散境界である中央海嶺では，高温のマントル物質が深部から高い温度のまま上昇している。そのため，かんらん岩が周囲の圧力の低下によって融解開始温度に達することで減圧融解が生じ，かんらん岩の部分溶融によって玄武岩質マグマが発生している。

問3．マントルで発生した玄武岩質マグマが上昇する過程で，マグマだまりで温度の低下に伴う結晶の晶出によって化学組成が変化する結晶分化作用や，高温のマグマが地殻の岩石を溶かし込んで化学組成が変化する同化作用，異なるマグマ同士の混合で中間組成のマグマを生成するマグマ混合が生じるから。

問4．地震波の到達の遅れから，マントル内に周囲よりも地震波が遅く伝わる領域があることが推測され，その領域の岩石は周囲よりもやわらかく高温であると考えられるから。

◀解 説▶

≪マグマの発生，マグマの分化，地震波トモグラフィー≫

▶問1．現在のマグマの生産量は，プレート発散境界で約6割，プレート

東北大-理系前期　　　　　　　　　　　　　2022 年度　地学〈解答〉　*99*

収束境界で 3 割弱，ホットスポットで 1 割強となっている。

▶問 2．かんらん岩が溶け始める温度は深さ（圧力）に伴って高くなり，通常はマントルの温度がかんらん岩の融解開始温度に達していないため，マントルは固体の状態である。そこでかんらん岩の部分溶融が起こると玄武岩質マグマが生じるが，プレート発散境界やホットスポットのようにマントル物質が上昇している場所では減圧融解がその要因となる。また，沈み込み境界では，沈み込む海洋プレートによってマントル内に水が共有され，かんらん岩の融点が下がることで玄武岩質マグマが生じる。ここでは前者についての説明が求められているので，指定語句を用いて，中央海嶺の地下ではマントル物質が高い温度を保ったまま上昇して減圧融解が生じていることを示せばよい。

▶問 3．問 2 の通り，マントルのかんらん岩の部分溶融で生じるマグマは玄武岩質マグマであるが，マグマの分化が起こることで多様な性質のマグマが生じる。マグマの分化には，指定語句に含まれる「マグマ混合」や「同化作用」の他に，結晶分化作用がある。なお，マントルで発生した玄武岩質マグマが上昇すると，その熱の影響で，水を含んだ下部地殻の斑れい岩が部分溶融しデイサイト質マグマが生じることもある。問題の下線部にデイサイト質マグマが含まれていない点と，各作用の説明を含めた上での行数の都合により，〔解答〕ではこれを含まず，マグマの分化のみを示している。上記で示した下部地殻の部分溶融について含める解答も別解として考えられる。

▶問 4．地震波トモグラフィーは，地球内部の地震波速度分布から地下構造を推定する手法である。地震波は密度が同じ岩石においてはかたいと速く伝わり，やわらかいと遅く伝わる。同じ圧力下においては，岩石は温度が低いとかたく，高いとやわらかい。したがって，マントル内部の地震波速度の分布から，かたさの分布，すなわち温度分布を求めることができる。

4 **解答**　問 1．㈎

　　　　　　　問 2．南極大陸：R　北半球：P

問 3．インド亜大陸がプレート運動によって北上し，アジア大陸に衝突することでヒマラヤ山脈が形成され上昇した。ヒマラヤ山脈の上昇に伴って岩石の風化や侵食が促進されたことで，大気中の CO_2 濃度が減少し，温

室効果が弱まって地球は寒冷化した。

問4．地球の公転軌道の離心率，地軸の傾き，歳差運動という3つの要因による地球軌道の周期的な変動をミランコビッチサイクルという。この周期にしたがって，地球の高緯度地域に入射する太陽放射エネルギー量が変化することで，寒冷で氷床が発達する氷期と，比較的温暖な間氷期が周期的に繰り返す気候変動が生じている。

━━━━━━━━━ ◀解　説▶ ━━━━━━━━━

≪気温変動と酸素同位体比，新生代の寒冷化，ミランコビッチサイクル≫

▶問1．海中に生息する有孔虫は，海水中の炭酸イオンを取り込んで炭酸カルシウムの殻をつくるため，有孔虫殻の酸素同位体比は，その有孔虫が生息していた当時の海水中の酸素同位体比を示す。海水中の酸素同位体比は，海水中で ^{18}O を含む水分子と ^{16}O を含む水分子の比ということになるが，海水が蒸発する際，^{16}O を含む水分子の方が ^{18}O を含む水分子よりも軽いため蒸発しやすい。氷期には海から蒸発した水分子が氷床として陸に固定されてしまうため，海水中の ^{16}O を含む水分子が，暖かい時期よりも少ない状態となってしまう。^{18}O に対する ^{16}O の割合が減少すると $^{18}O/^{16}O$ の値は大きくなるため，酸素同位体比は寒冷な時期ほど大きく，温暖な時期ほど小さくなる。

▶問2．南極氷床は，始新世の終わりから漸新世の始め頃にかけて，大陸の移動に伴って南極大陸が独立し，南極周極流が誕生したことで，南極大陸の冷却が進み，形成されたものである。したがって，Rが適当である。また，北半球で氷床が発達したのは特に第四紀だが，その前の寒冷な時期から氷床の形成が始まっていたとすれば，Pが適当であると考えられる。

▶問3．指定語句から，ヒマラヤ山脈の上昇理由については大陸の衝突に関連して述べればよく，寒冷化については風化と温室効果ガスである CO_2 の減少を関連付けて述べればよいと判断できる。山脈が上昇すると風化が進行するようになるが，風化によって生成された Ca などのイオンが海中で炭酸イオンと結びつき，炭酸カルシウムとして沈殿すると，結果的に，CO_2 を石灰岩として固定して大気中から減少させることにつながる。

▶問4．地球の気候を決める要因として，地球が受け取る太陽放射のエネルギー量や，地球の温室効果ガスの増減といった要素が挙げられる。ここ

では指定語句から，ミランコビッチサイクルに関連付けて，前者の変化について述べればよい。なお，ミランコビッチサイクルについては，指定語句にもある公転軌道の離心率の周期的変化のほか，自転軸の傾きの変化，自転軸の歳差運動があり，それぞれ約10万年，約4.1万年，約2.6万年周期であるが，具体的な数値まで示す必要はないだろう。

5 解答 問1．(1) ①—C ②安山岩
(2) 斑状組織
問2．①—A ②チャート ③放散虫
①—D ②石灰岩 ③フズリナ
問3．(1) ①—B ②片麻岩
(2) 比較的圧力が低い地下浅部の岩石が，プレートの沈み込みに伴って発生したマグマの上昇によって温度が高い条件下で，高温低圧型の広域変成作用を受けることで形成された。
問4．下図。

◀解　説▶

≪岩石の分類，広域変成作用，日本列島の主要な断層≫

▶問1．試料Cについて，採取地である「鹿児島県の円錐形の山」とは火山を示し，「細粒な結晶やガラスの物質のなかに，大きな結晶がいくつもあった」という表記は，石基と斑晶からなる火山岩の斑状組織を示している。化学組成による火山岩の分類は，二酸化ケイ素が約45～52重量％だ

と玄武岩，約52～66重量％だと安山岩，約66重量％以上だとデイサイトや流紋岩なので，54重量％の試料Cは安山岩と判断できる。

▶問2．化石が見つかる可能性がある岩石は堆積岩である。まず試料Aについて，ケイ質ウーズとは深海底に堆積したケイ質軟泥のことであり，それが固結したことからチャートであると判断できる。チャートに含まれる化石としては，二酸化ケイ素の殻をもつ放散虫が挙げられる。また，試料Dについて，秋吉台でカルスト地形を形成していることから，石灰岩であると判断できる。石灰岩の成分は炭酸カルシウムであり，酸で溶けて発泡する。秋吉台の石灰岩はペルム紀のものであり，含まれる化石としてはフズリナが代表的であるが，サンゴ礁で形成された石灰岩がプレート運動で付加して形成された地質体であるため，別解としてサンゴも挙げられる。

▶問3．試料Bでは粗粒な無色鉱物と有色鉱物がしま模様をつくっていることから，片麻岩であると判断できる。片麻岩は高温低圧型の広域変成岩なので，プレートの沈み込みに伴う高圧条件下で形成される結晶片岩とは異なり，プレートの沈み込みに関連して発生したマグマの熱による高温条件下で変成作用を受けて形成される。

▶問4．①中央構造線は西南日本を内帯と外帯に区分する断層で，九州から関東までを横断している。ただし，中央構造線は伊豆弧の衝突により大きく北に屈曲しており，糸魚川－静岡構造線に切断され，その東側では地表では確認できない。

②糸魚川－静岡構造線は西南日本と東北日本を区分する断層で，フォッサマグナの西縁断層として，新潟県の糸魚川から静岡までほぼ南北に分布している。

③棚倉構造線は日本海形成時に活動した大きな横ずれ断層で，古い時代の東北日本と西南日本の境界とされており，茨城から東北にかけて概ね南北に分布している。

❖講　評

　2022 年度は，例年通り大問 5 題の出題で，試験時間は理科 2 科目で 150 分であった。論述問題は 2021 年度と同じく行数指定で，語句を指定する出題もみられた。論述問題の出題数と指定行数が増加し，やや問題分量が増えたが，全体の難易度としては 2021 年度と同程度といえる。

　1　恒星と星団に関する出題。問 1 は空所補充の基礎問題。問 2 と問 3 は計算問題だがオーソドックスな設問であった。問 4 の論述はいずれも 4 行の指定だが，基本的な内容であり難度は高くない。

　2　地下構造と重力異常に関する出題。問 1 と問 2 は断層に関する基礎問題。問 3 は重力の大小関係を示して理由を説明する論述であったが，判断しやすい設問となっていた。問 4 と問 5 は教科書記載内容の確認問題。問 6 は描図での解答に戸惑うかもしれないが，難度は高くない。

　3　マグマと地震波トモグラフィーに関する出題。問 1 は知識問題だが，マグマ発生の仕組みに関する知識から類推もできる。問 2 ～問 4 の論述問題は，3 行ないし 4 行の指定であり，問 2 と問 3 では語句の指定もあった。内容はいずれも基本的なものであった。

　4　新生代の寒冷化に関する出題。問 1 は基本的な選択問題。問 2 では氷床発達開始時期についての知識を求められた。問 3 と問 4 の論述はそれぞれ 5 行と 7 行の指定であり，やや手のかかる問題だったが，指定語句により題意はとらえやすかった。

　5　岩石の分類に関する出題。問 1 ～問 3 は岩石やその特徴に関する記述や論述問題で，基礎的な内容であった。問 4 は日本列島の構造線について，位置を地図上で描図することが求められた。

2021年度 解答編

東北大-理系前期   2021 年度　英語〈解答〉　*3*

解答編

英語

I　**解答**　問1．全訳下線部参照。
　　問2．産業化によって，工場労働が食事のとり方を変え，中流階級の食事が新興の中心都市で主流となり，缶詰製造のような新たな食品技術によってさまざまな食べ物の入手のしやすさが変わったことでつくり出された。
問3．国民的料理に対する概念と国家に対する概念がともに国民に提示され，料理が国家を支えるのに役立つ伝統の一つになるという，国の内側への方向性。
問4．(1)─(ア)　(2)─(エ)　(3)─(ア)　(4)─(ウ)
問5．(イ)・(エ)

◆全　訳◆

≪国民的料理の歴史と役割≫

　印刷物と産業資本主義という対になった力で国民的料理を定義する過程のための仕組みができる。印刷物が国家建設に不可欠であるのと同様に，エリック＝ホブズボームとベネディクト＝アンダーソンが示唆しているように，印刷物はこれらの地域，階級，家族の食べ物を国民的料理──つまり，自国民や世界の人の眼から見た国家というものを定義するのに役立つ創作物──に変えるのに一役買っている。何よりもまず料理本で，それらはばらばらな食べ物をまとめ，全体として一貫性をもつものにしているだけでなく，かつては一連のさまざまな作り方があっただろう料理を洗練して，ただ一つの一般に認められた料理にしている。ごく一部の料理本の著者は明らかに，一冊の本の中でいくつもの国民的料理を創り上げようとしているが，他の多くの著者は，それぞれ本を出して自分たちの作品を通して一つの国民的料理を作り出すのに寄与している。同じ基本的な調理法を何度も繰り返し特集する料理本が十分にあって，その過程で国家として

4 2021 年度 英語〈解答〉 東北大-理系前期

の特質について論じている場合は特に，こういう国民的料理を創り上げる
のに役立つ。そしてステファン=メンネルが指摘しているように，さまざ
まな国で作られている料理本（とそれに関連する出版物）は，単にある特
定の国に特有の数多くの料理や食べ方を最終的に体系化するだけでなく，
一歩進んで，そういう国家間の大きな違いをより広く示すものとして読む
ことができる。つまり，料理本や調理に関する本は国民的料理の材料とな
る食べ物だけでなく，国家そのものの理解を容易にしているのだ。

　それと同時に，経済的生産のあらたな形態——新手の起業家が経営す
る大衆向けの飲食店の成長だけでなく，農業や食品業界における大変革
——も，ある食べ物や料理，消費の仕方を，ある特定の国だけに見られ，
その国にふさわしいものとして具体的に示すのに一役買った。ハンス=J.
トイテベルクは，産業化だけでも，食事に連鎖的な一連の影響を及ぼした
という点を指摘している。つまり，工場労働が食事のとり方を変え，中流
階級の食事が新興の中心都市で主流となり，缶詰にするといった新たな食
品技術によってさまざまな食べ物の入手のしやすさが変わったのだ。その
過程で，産業化は，往々にして新たに国家として定義されているようなあ
る特定の地域で，さらに画一的な食事のとり方をつくり出す働きをし，国
家の新たな統一感を創り上げるのに役立った。それに加えて，時に起業家
などが新たな市場を形成するために，もっとあからさまに自分たちの製品
を「国民的」なものとしようとした。近代国家——ほぼ例外なく消費社
会では，「『国民的料理』はその構築から最も恩恵を受ける立場にある人た
ち，特に政治家，食品販売業者，そしてその他の食品のプロたち…にとっ
て，最も重要と思われる。また，国民的料理という考え方は，たとえその
宣伝文句が伝統や習慣や，精神性，郷土といったものの主張に根づくこと
を目指している可能性があるにしても，かなり現代的なものだというのも
明らかであるように思われる」とのことだ。

　印刷物と商業とがこのように結びつくと，料理を目にする多くの人たち
に訴えかけるようなやり方で，国民的料理が創り出される。何よりもまず，
それらは国民的料理に対する概念を，多くの場合，国家に対する他の概念
と同時に，これらの国の国民に提示するのに一役買う。料理は，国家を支
えるのに役立つものとしておそらく考え出された多くの伝統の一つとなる。
この内向きの方向づけは「古い」国と「新興の」国の両方で生じる。はっ

きりわかる地域の食べ物の歴史があるイギリスの一部の地域では，近世前期に，中流層の人たちにぴったりの，さらに広い意味でのイギリスの料理法の発展に寄与する新たな印刷物の料理本が世に出た。その過程で，それらは，さまざまな社会的地位の人たちを結びつけていた地域よりむしろ，広範囲に及ぶ英国の社会集団との一体感という考えを後押しした。19 世紀後半には，『厨房の学とよい食の術』（1891 年）の著者であるペッレグリーノ=アルトゥージが，新たに生まれた母国の食べ物を——地域限定の農民の食べ物とか，当時，それとは別に幅をきかせていたまさにフランスの上流階級の食べ物以外の何かを意味する——何か一元化された独自のものとして書き残したかったのだ。その料理本は，実際にはトスカーナ州とエミリア・ロマーニャ州の料理が主な内容だったものの，地域による分断や階級による差，さらには過去と現在という分断さえも乗り越えようとするものだった。そうすることで，その本は新たな国家を下支えするイタリア料理の，新たな統一された歴史をつくり出すのに役立ったが，国内の不均衡な勢力関係，特に北部と南部の勢力関係を強めることになった。

　その全国的な変化は，外に目を向け，より広範囲の他国の読者に自国を提示する機能も果たしうる。国際的な上流階級の定番としてのフランス料理の地位の上昇は——実は，それに対してイタリア料理とイギリス料理が少なくとも部分的には，その対抗馬だとされてはいたのだが——国外の人たちの頭の中に，国家イメージと料理をもっとも巧みに融合させたものであるのは確かで，それは主に，少なくとも当初はフランス人の大半が食べていたものとはほとんど関係がなかった，一貫してわかりやすい国家イメージを提示する力がそこにあったからである。18 世紀に『王室とブルジョア家庭の料理人』，さらにその後，19 世紀初期にカレームのような有名な料理長が世に出たことで，フランスの上流階級の料理は新たな幅広い市場——単に貴族階級だけではなく中流階級——と料理を世に広める新たな手法——フランスで出版され，海外で翻訳され再出版された料理本が次々に出たこと——を手に入れた。さらに，この統一された国民的フランス料理という概念を広めたのは，単に印刷された料理本やもっと一般的な意味での料理の本ですらなかった。それよりむしろ，同じような機能を果たしたのは，貿易の世界における革新，特に料理を国内外双方の人たちに伝える場としてのレストランの台頭と，さらには，フランスの地と

風景そのもの――つまり郷土というもの――に土台がある国のお墨付き
という新たな，かつ市場性のある概念の発達である。その結果が広く理解
されたフランスとフランスの料理文化に対する概念で，それは地域差をな
くし，さらにはフランスという特殊な自己認識と資本家階級の台頭を表す
ものだった。

　国民的料理という概念に触れてきたこれらの多くの人々は，植民地的状
態から脱した国々においては複雑なやり方で，相互に作用しあった――
そして今後もその相互作用は続く。ベネディクト＝アンダーソンが述べて
いるように，19世紀の変わり目に南北アメリカ大陸で民族革命を先導し
た「クレオールの先駆者たち」は新たな国家をおおむね，植民地時代から
残された行政単位を基礎にしたのだが，それは国家の伝統と文化を確立す
るプロセスを複雑にした歴史だった。結果として，これらの国家には，あ
る意味で自分たちの国民的料理に対する概念が複数存在することとなった。

■■■■■■■■◀解　説▶■■■■■■■■

▶問1．**First and foremost are cookbooks,**
●First and foremost は「まず初めに，第一に，何よりもまず」という意
　味のイディオムだが，ここでは Cookbooks are first and foremost が倒
　置形となったもので，「何よりもまず料理本である，まず初めに来るの
　が料理本である」という意味になる。

which both bring together separate foods into coherent wholes,
●which の先行詞は cookbooks であり，継続用法となっているので，and
　they（＝cookbooks）both bring … と考えて訳すとよい。both はこの
　後の bring に続く部分と and also の後の refine に続く部分をつなぐ働
　きをしている。
●bring 以下は，bring together A into B「A を一つにまとめて B にす
　る」という意味になっている。bring の目的語が A にあたる separate
　foods である。B にあたるのは coherent wholes で，whole は「統一体，
　全体」という意味の名詞として用いられている。coherent「首尾一貫し
　た」

and also refine what might once have been a whole series of
different versions into a single accepted dish.
●refine も refine A into B「A を洗練して B にする」という形で用いら

れている。*A* にあたるのが関係代名詞の what に導かれた名詞節。
might once have been ～ は「かつては～であったかもしれない」とい
う意味で，might は may よりも可能性の低い場合に用いられる。

●a whole series of ～「一連の～」 different versions の versions は「型，
版」という意味だが，ここでは異なる料理方法のこと。single「たった
一つの」 accepted「一般に認められた」 dish「料理」

▶問2．more uniform patterns of eating「さらに画一的な食事のとり
方」が生まれた要因については，第2段第2文（Hans J. Teuteberg …）
に，トイテベルクが指摘する内容として that 以下の部分に述べられてい
るが，この that 節の内容は，コロン以下でさらに具体的に説明されてい
るので，解答としてはこの部分を中心にまとめることになる。また，コロ
ン以下は，factory work「工場労働」で始まる文，the diet of the middle
classes「中流階級の食事」で始まる文，new food technologies「新たな
食品技術」で始まる文の3文からなっているので，3文とも説明に盛り込
む必要がある。meal pattern「食事のパターン」 become dominant「主
流になる」 central town「中央都市，中心都市」 canning「缶詰製造」
availability「利用できる度合い，入手可能であること」

▶問3．This inward orientation「この内向きの方向づけ，この内に向か
う方向性」の具体的な内容については，第3段第2・3文（First and
foremost, … support the nation.）に述べられている。第2文では自国の
料理に対する概念が，国家に対する他の概念とともに国民に提示される，
第3文では料理が国家を支えるのに役立つ伝統となる，といずれも国内へ
の方向性が述べられている。

▶問4．⑴illuminate は「～を明らかにする，～の理解を容易にする」と
いう意味であり，(ア)の portray「～を描く，～を表現する」が意味的に近
い。(ウ)elude「～を避ける」 (エ)brighten「～を明るくする」

⑵explicitly は「明確に，明白に」という意味であり，(エ)の specifically
「明確に，はっきりと」が意味的に近い。

⑶disjuncture は「分断」という意味であり，(ア)の split「分裂，分割」が
意味的に近い。(イ)affiliation「加入」 (エ)discretion「分別，慎重」

⑷melding は「混合，併合」という意味であり，(ウ)の blending「混合，
融合」が意味的に近い。

▶問5．㋐「エリック=ホブズボームとベネディクト=アンダーソンは，料理本は自国民の眼から見た国家を定義するのに役立つ自国の料理を創り出すのに重要ではなかったと考えている」　第1段第2文（Just as print …）では，この二人は国民的料理が自国民や世界の人の眼から見た国家というものを定義するのに役立つこと，その国民的料理を生み出すのに印刷物が役立つと考えていることが示唆されており，不一致。

㋑「ステファン=メンネルは，料理本は国々の違いを示すとともに，それらの国々のそれぞれに特有のさまざまな料理や食べ方を提示することができると示唆している」　第1段最後から2番目の文（And as Stephen …）に，彼が，さまざまな国で作られている料理本は，ある特定の国に特有の料理や食べ方を体系化するだけでなく，そういう国家間の大きな違いを広く示すものだと指摘していることが述べられており，一致。

㋒「『厨房の学とよい食の術』がトスカーナ州とエミリア・ロマーニャ州の料理を超えたのは，そのどちらもイタリア料理だったからだ」　第3段最後から2番目の文（The cookbook sought …）の前半に，その料理本（前文からこれは『厨房の学とよい食の術』を指すことがわかる）は，地域や階級による差や，過去と現在の分断を乗り越えようとした，と述べられているが，後半には，その料理本は実際にはその2つの州の料理が中心だったと述べられており，不一致。

㋓「18世紀の『王室とブルジョア家庭の料理人』だけでなく，19世紀初期の名高いプロの料理人たちも，フランスの上流階級の料理が中流階級の中に広まるのに役立った」　第4段第3文（The rise of …）に，18世紀の『王室とブルジョア家庭の料理人』という料理本や，19世紀初期にカレームのような有名な料理長たちが世に出たことが，フランスの上流階級の料理を中流階級に広めることとなったと述べられており，一致。

㋔「国のお墨付きという概念は，レストランが本場のフランス料理という考え方をフランスの国内外で壊していたときには大して役に立たなかった」　第4段最後から2番目の文（Instead, so too …）で，同じような機能，つまり，フランスの上流階級の料理を広める役割を果たしたものとして，料理を国内外の人たちに伝える場としてのレストランの台頭や，国のお墨付きという概念の発達が挙げられており，不一致。

㋕「ベネディクト=アンダーソンは，19世紀の南北アメリカ大陸の新興諸

国は，国の伝統や文化を確立するのに役立てるために，植民地時代から残された行政単位にもっと依存すべきだった」最終段第2文（As Benedict Anderson …）に，ベネディクト=アンダーソンの指摘として，19世紀の変わり目の南北アメリカ大陸では，新たな国家が植民地時代から残された行政単位を基礎にしたが，そのことで国家の伝統と文化を確立するプロセスが複雑になったと述べられており，行政単位にもっと依存すべきだったということではないので，不一致。

◆━◆━◆━◆　●語句・構文●　◆━◆━◆━◆━◆

（第1段）print「印刷物」 national cuisine「国民的料理」 in the eyes of ～「～の眼から見れば」 feature「～を特集する，～を主役にする」 nationhood「国民であること，国民性」 do not just ～, but … は「～するだけでなく，…することにもなる」という意味。codify「～を体系化する」 particular to ～「～に特有の」 given「ある特定の」 be read as ～「～と見て取れる」 indicative of ～「～を示している」 culinary「料理の」

（第2段）eating establishment「飲食店」 cascading「連鎖的な」 in so doing「その際」 serve to *do*「～するのに役立つ，～する働きをする」 one and all「そろいもそろって，誰もかれも」 stand to *do*「～する側に立つ」

（第3段）in ways that *do*「～するようなやり方で」の that は ways を先行詞とする主格の関係代名詞。cookery「料理法」 social standing「社会的地位」

（第4段）audience は本文では，印刷物の読者や，料理を目にしたり食べたりした人たちを指す。in large part「主に」 coherent「一貫した」 national authenticity「国家的信頼性，国としてのお墨付き」

（最終段）creole「クレオール」とは，主にルイジアナなどアメリカ南部に入植したヨーロッパ人の子孫や，西インド諸島・中南米に移住したヨーロッパ人の子孫のこと。the Americas「南北アメリカ大陸」 administrative unit「行政単位」

II 解答

問1. あるテニスの選手が，サーブを打つ準備としてボールをバウンドさせたとき，そのボールが足に当たって転がっていってしまったという小さな出来事。

問2. ボールを投げ上げて受け取ったり，タイミングを計ったりする能力なら私たち全員が持っているが，多くのボールを使ったさらに複雑な行為を簡単にやるには，この2つの本質的に異なる能力をつなぐ形で目で追っていくことを可能にする，調整機能とでもいうべき第3の能力が必要であり，たいていの人にはその能力がないという理由。

問3. (ア)

問4. 全訳下線部参照。

問5. ①—(ウ)　②—(ア)　③—(イ)　④—(エ)

◆全　訳◆

≪思考，行動，発言の背後にある仕組み≫

　運動競技は精神面に驚くべき達成感を生む。ある競争心の強いテニス選手の次の話を例にとろう。彼女はウィンブルドンで勝利する可能性があったのに，第1ゲームの直前に「自信をなくした」という話を詳細に語った。彼女がサーブを打つ準備としてボールをバウンドさせたとき，ボールが足に当たって転がっていったのだ。（彼女の説明では）この不意の出来事のせいで彼女は不安になり，自信をなくし，ウィンブルドンでの勝利を逃したという。これは実際，普通にあることなのだが，精神に関するどの理論にとってもかなりの難題を投げかける。そのテニス選手の心はこの小さな出来事をそもそもどのように受け止め，それを網の目のような入り組んだ人格の中に拡散させ，さらに今度は小さな筋肉に指示を出して異なる動作をさせたというのだろう？　一体どうやって，自信の喪失が心から彼女の左腕に伝わるというのだろう？　なぜ彼女は——自分の小さな過ちがその場にふさわしくないと意識すると——その影響が能力のその他の微妙な側面に及ぶのを制御できなかったのだろう？

　一体，どうやって心はある感情を筋肉に伝えるのだろう？　確かに，私たちには何百とある筋肉の中に，「自信がある」というラベルのついた筋肉とか，「自信がない」というラベルのついたまた別の筋肉とかは備わっていない。明らかに「自分に自信など持つな」というメッセージは，そのテニス選手の筋肉に違った形で伝わったわけだが——それが原因で彼女

はラケットを自在に扱えなくなったのか，それが彼女の手と目の調整に影響を及ぼしたのか，それともその両方だったのか，もしくはそれ以上だったのだろうか？　当然の答えとしては「そのメッセージは多少なりともあらゆる面に影響を及ぼす」というものだろう。しかし，その答えはミクロのレベルで言えば，ほとんどの場合当てはまる。もし誰かが，「自信がないときはいつでも，左腕を上げることが全然できない」などと言えば，私たちはその人を信用しないだろう。私たちは自信のなさが原因で大きな筋肉のグループが完全に動かなくなることがあるなどということは信じない。運動機能全体としては基本的には影響は受けない。しかし，もし誰かが，「自信がないときはいつも，セカンドサーブがわずかに外れてしまいがちだ」と言えば，その人の話を信じるかもしれない。「わずかに外」という状況はテニスのサーブの動きを生み出すどこかの筋肉のちょっとした変化で生じるからだ。暗黙のうちに，私たちの文化は大きな精神的状態と微細な身体的状態との間には関連があるという考えを常に容認してきたのだ。

　私は，感情は身体にそれとなく投影されていることがあると主張してきた。それではある難しい疑問について考えてみよう。私たちはそれぞれ，自分の感情とか意図を身体表現に結びつけるのに，わずかに異なる仕組み，少しだけ異なる公式のようなものを持っているのだろうか？

　同時に9つのボールをジャグリングできる人を例にとろう。2つの要素は自明であり，それは正確なトス（とキャッチ）とタイミングである。しかし，これらは私たち全員が持っている能力である。つまり，私たちはそれぞれボールを空中に，かなり正確な高さまで投げ上げることができるし，それぞれタイミングを計ることができる。しかしたいていの人はジャグリングができない。なぜこれらの能力では，私たち全員がジャグラーになるには不十分なのだろうか？　その答えは，2つの本質的に異なる能力をつなぐ形で目で追っていくことを可能にする，第3の能力が存在するということである。多くのジャグラーが，すぐに4つ目，5つ目，6つ目のボールを付け加えることができるという事実が示唆するのは——明確にこういうものだと言うことはできないが，おおむね「調整機能」とでも呼べる——公式のようなものが存在しており，そのおかげでさらに複雑な行為が簡単にできるようになるのだということだ。

　ジャグラーは時間構成の複雑なシステム，微積分学の原理に関する暗黙

の意識，そして無数の小さな筋肉特性を利用する。ここで重大な疑問が生じる。私たちはみな，その公式を潜在的に持っているのだろうか，それともジャグラーは独自の公式を自在に操るのだろうか？　その疑問の2つ目の部分に答えると以下のようになる。確かに，ジャグラーは何か，私たち全員が持っているわけではないものを持っている——しかも，もしかすると各人が他の誰も持っていない何かを持っているのかもしれない。そうなると，一足飛びに極論になるが，人は誰もが独自の，意識していない公式を持っている，つまり，各人がその人の行為を誘導する独自の公式を持っていると主張するとしよう。最初の疑問の前半部分，つまり，原則として，私たちはみな，あらゆる種類の精神面の公式を使う能力があるのかどうかという点は，答えを出さないままにしておくとしよう。目で見えるものに目を向けると，私たちの身体には同じ器官が備わっていることに気づく。私たちの精神も同様だと考えるのは理にかなっている。文法に関する場合，私たちはみな，原理的にはどんな言語の文法も習得できるのだ。実際には，身につけるのは1つか，2，3の文法だけだが。普通に成長途中にある子どもたちはみな，文法を習得するのに必要な内面的な公式を持っていて，自分たちの身の周りにある言語を経験することでどの文法を身につけるかが決まる。さらに話を広げると，おそらく私たちの独自の内面的な公式は，持って生まれた構造と人生経験の両方が合わさった結果だと考えるのが自然なように思われる。この点においては，根の深い未解決の問題がいくつかある。それは以下のようにまとめることができるだろう。私たちが「私たちはみな人間だ」という場合，その考え方にはまさにどのくらい自分たちは同じだという意識が内に含まれているのだろうか？

　公式という話題になると，人文主義の読者にとっては「あまりに数学的」だと思われるかもしれないが，ある意味では，「公式」は少なくとも私たちが「高速思考」と呼べるものにとっては避けようのないものなのだ。あらゆる関係が定まった状態にある公式はメカニズムのようなもので，どのメカニズムも瞬時の変換を可能にする。もし車の内部にガソリンを車輪の動きに変換する機械がなければ，車は走ることができないのとまったく同様に，数ミリ秒で生じる思考や動作も，その背後に何の仕組みもなければ，それほどの速さで機能することはありえないだろう。私たちの高速思考は，高速であるためにメカニズムでなければならないのだ。私たちが自

分の存在全体がどの行為にも関わっているというとき，それは公式にとってどんな意味があるのだろうか？　それは，私たちがその中に他の公式をはめ込む，上位公式のようなものがあるに違いないということである。それは私たちの「存在全体」を統合して，いかなる時も自分の思考，発言，行動を瞬時にすべてひっくるめたものへと変える。したがって，私たちがある単語や表現を選ぶ前には，本質的に異質な感情が構築されているに違いない。頭の中で同じような調査が異なる領域で行われていて，時に，人々は多様な心の状態を対象として使える同じ言葉にたどり着くことがある。たとえば，ある人が「お元気ですか」という問いかけに（「まあ，元気だよ（I'm OK）」と）答えたり，子どもが新品のスケート靴について（「はいた感じはいい（work OK）」と）伝えたり，外科医が複雑な手術について（「手術はうまくいった（went OK）」と）まとめたり，大統領が5年にわたる戦争を（「我々はみな立派にやった（did OK）」と）称えたりするのだ。

　他の例を挙げると，熟練のお笑い芸人は観客を一目見て，どういうわけか，彼女は目にする顔に現れた表情から，頭の中に百あるジョークから5つを選び出す。彼女はどうやって顔の表情とある特定のジョークとを結びつけているのだろうか？　ジャグラーやお笑い芸人，そして私たち全員がわずかに異なる公式，行動の根底に存在しその行動を動機づけている異なる一連の構成要素を持っているのだろうか？　私の仮説では，その通りだ。

━━━━━ ◀解　説▶ ━━━━━

▶問1．「この小さな出来事」の具体的な内容については，第1段第2・3文（Take this story … and rolled away.）に述べられており，この部分を解答欄（約14cm×3行）に合わせてまとめることになる。中心となるのは第3文（As she bounced …）であり，she が誰を指すかを明確にすること。bounce は「～をバウンドさせる」という意味。getting ready to serve は付帯状況を表す分詞構文であり，「サーブを打つ準備として」や「これからサーブを打とうとして」というような訳が考えられる。it は the ball を指す。roll away「転がっていく」

▶問2．「たいていの人はジャグリングができない」と主張する具体的な理由に関わる箇所は2つある。第4段第2・3文（Two ingredients are … each keep time.）では，ジャグリングに必要で，私たちの誰もが持っ

14 2021 年度 英語〈解答〉　　　　　　　　　　　　　　　　東北大-理系前期

ている能力について述べられている。さらに同段最終 2 文（The answer is … more complex action.）には，ジャグリングができる人にしかない第 3 の能力についての説明があるので，この 2 つの部分を合わせる形で，解答欄（約 14cm × 6 行）にまとめることになる。私たち全員に備わっている能力については，第 3 文のコロン以下（we can each …）に具体的に述べられている。keep time は，第 2 文で timing という語が使われていることから，「タイミングを計る」という訳が考えられる。ジャグリングができる人だけが持つ能力は，最後から 2 番目の文にある a third ability「第 3 の能力」だが，最終文では，formula「公式，定まった型」，さらにそれを説明する形で coordination「調整機能」という語でも説明されている。この能力のおかげで，多くのボールを使った複雑な行為ができる，という点もあわせて述べるとよいだろう。

▶問 3．下線部(C)の直後の To answer the second part of the question という表現から，下線部に入る文は 2 つの疑問文から成り，その 2 つ目の疑問文が，空所の後続文のコロン以下，「ジャグラーは私たち全員が持っているわけではない何かを持っている」という内容が答えになるようなものだとわかる。したがって，(ア)の「私たちはみな，その公式を潜在的に持っているのだろうか，それともジャグラーは独自の公式を自在に操るのだろうか」が正解。

▶問 4．**Just as a car could not run if there were no machine inside it translating gasoline into movement on wheels,**

●文全体の構成としては，この Just as 以下の文は，コンマの後の so 以下の文につながっており，Just as 〜, so … の形で「〜であるのとまったく同様に，…」という意味になる。

●if there were 以下は仮定法過去の条件節で，主節の a car could not run が帰結節の形となっている。

●inside it の it は a car を指しており，translating 以下は machine を修飾する分詞句。translate *A* into *B* は「*A* を *B* に変換する」という意味。

●movement on wheels「車輪の動き」

so no thought or action that takes place in milliseconds could work so fast if there were no mechanism behind it.

●この部分も if there were 以下が仮定法過去の条件節となっている。主

東北大-理系前期　　　　　　　　　　　　　　　　2021 年度　英語〈解答〉　*15*

節の主語である no thought or action に続く that 節は関係代名詞節。

●take place「起こる，生じる」

●in milliseconds の millisecond は「1000 分の 1 秒，ミリ秒」という意味だが，複数形なので「数ミリ秒で」という訳が適切。

●behind it「その背後に」の it は thought or action を受けたもの。

▶問 5．①第 2 段第 6 ～ 8 文（If someone said, … basically unaffected.）で，自信をなくしたぐらいでは，major muscle「大きな筋肉」が動かなくなることはないという内容が述べられており，空所を含む文では，自信をなくしたことでボールがわずかにそれるという程度のことは起こるという内容が続いている。それは筋肉のどのような変化によるものかと考えると，major と対比的な意味を持つ(ウ)の tiny「小さな」が正解。(イ)の confidently と(エ)の slightly は副詞で，名詞 shift を修飾できないので不適。(ア)の huge は文脈上不適。

②空所を含む文の直前の文（Where grammar is …）に，私たちは原則的にはどの言語の文法も習得する能力があるが，周りの人が話す言語を経験することでどの言語の文法を習得するかが決まるという内容が述べられている。これは空所を含む文につながる内容であり，空所の直前にある inborn architecture「持って生まれた構造」との対比を考えると，(ア)の life experience「人生経験」が正解。

③この後に続く具体例の発言ではすべて OK という語が使われていることから判断して，(イ)の same が正解。cover には「～を対象にする」という意味があり，covering word for ～ とは「～に対してそのどれにも使える語」というような意味。

④ジャグラーやお笑い芸人はなんらかの公式を持っており，それが何の基礎であり何の動機づけになるかを考えると，複数のボールをジャグリングしたり，観客の顔を見て適切なジョークを選んだりという行為につながっていると判断できるので，(エ)の actions「行為」が正解。

◆━◆━◆━◆━◆　●語句・構文●　━◆━◆━◆━◆━◆

（第 1 段）athletics「運動競技」　competitive「競争心の強い，競争力の高い」　recount「～について詳しく話す」　with a chance for ～「～の可能性があって」　insecure「自信が持てない」　in *one's* account「～の説明では」　challenge「課題，難題」　exactly「正確に」はここでは，疑問

16 2021 年度　英語〈解答〉　　　　　　　　　　　　　東北大-理系前期

詞の意味を強める用法で「一体全体，そもそも」という意味。in turn
「今度は，次に」 irrelevance「不適切」

(第2段) precisely「正確に」は第1段の exactly と同じ用法。be sure of
oneself「自分に自信を持っている」 differentially「違った形で」 lose
one's grip on ～「～に対する管理能力を失う」 coordination「調整」
immobilize「～を動かなくする」 gross「全体の」 motor ability「運動
機能」 implicitly「暗黙のうちに」

(第3段) in subtle ways「それとなく」 formula「公式，定まった型，
いつものやり方」

(第4段) at once はここでは「同時に」という意味。ingredient「構成要
素」 inherently「もともと，本質的に」

(第5段) temporal organization「時間構成」 calculus「微積分学」 a
vast array of ～「無数の～」 property「特性」 in principle「原則とし
て，原理上は」 第7文の文頭の where はここでは「～する場合には」と
いう意味。architecture「構成，構造，建築物」 unresolved「未解決の」
entail「～を必然的に伴う，～を内含する」

(第6段) humanist「人間（中心）主義者，人文主義者」 translation「変
換，転換」 synthesize「～を総合的に扱う」 momentary「瞬間の」
summation「合計，足し算，要約」 at any given moment「いかなる時
も，いつでも」 glorify「～を称える」

(最終段) stand-up comedian「お笑い芸人，ピン芸人」

Ⅲ　**解答**　1) ①— c　②— d　③— b　④— a

2) 〈解答例1〉I would choose Computer A. First, I
need a computer with at least a 1-year full warranty because my old
computer broke down within a year, and it cost a lot to have it
repaired. Second, I don't need accessories such as a mouse or
headphones. They are not very expensive, and I want to choose a
mouse or headphones myself. Moreover, I need a computer with at
least 8 GB RAM, for I easily get impatient whenever my computer
works slowly!

〈解答例2〉I will choose Computer B. Computer A is too expensive

for me, considering that I also need other university supplies, and Computer C has only 2 GB of RAM. Without a sufficient amount of RAM, it would be harder to transfer data, which might severely damage the computer's performance. Moreover, I won't need a CD or DVD drive because I never watch movies or play music on my computer. Though Computer B only has a six-month partial warranty, it would not be a big problem because, compared with my smartphone, I actually don't use my computer very often.

〈解答例3〉I will choose Computer C. It's less expensive than the other two and I don't want to spend too much money on my computer. Rather, I want to spend money on some other electronic devices like smartphones. Computer C also has the widest screen, which is good for my eyes when reading or writing long reports on a computer. Another reason is that it includes a 1-year partial warranty, which is really reassuring because I'm not good at dealing with hardware issues.

~~~~~~◆全 訳◆~~~~~~~~~~~~~~~~~~~~~~~~~~~~~~~~

≪コンピュータについての学生二人の会話≫

ニコル（以下N）：こんにちは，マット！　調子はどう？

マット（以下M）：実は，絶好調ってわけでもないんだ…。僕を店まで車で送ってくれるかな？

N：いいわよ。何が要るの？

M：新しいコンピュータを買いたいと思ってたから…。

N：なんですって!?　ほんの数カ月前に1台買ったんじゃないの？　大学からは授業が始まる前に1台買うようにって言われたし。

M：買っておかなきゃいけなかったってことは僕もわかってるよ，でも，ほんとに忙しくなって，それで，とりあえず家から古いのを持ってきたんだけど，それが…ほんとに遅いんだ。

N：それなら，どうして今あるのを直してもらわないの？　そのほうがずっと安あがりじゃない？

M：僕がそういうことを考えなかったと思う？　大学構内にあるコンピュータ支援センターにはもう行ってきたよ。

N：そこじゃあなたの助けになれなかったってこと？

M：コンピュータは実際には故障してないんだって。どうも，僕のコンピュータにはRAMっていうやつが十分にないんだそうで，それを増やすことはできないんだって。

N：RAM？　何，それ？

M：支援センターのスタッフによると，それはRandom Access Memory「読み書きできるメモリ」のことだって。どうやら，RAMを増やすと，コンピュータの処理速度が上がるらしいよ。

N：じゃあ，それがあなたのコンピュータの速度が遅い原因ってこと？

M：ああ。まあ，つまり，レポートを書くには十分な速度だけど，僕たちは今じゃ，コンピュータを使ってそれ以上のことをいっぱいやらなくちゃいけないからね。

N：たとえばどんな？

M：まあ，今学期は僕たちの授業のいくつかはオンライン授業だから，講義を観たり，ウェブ会議に参加したり，オンラインで出される課題を仕上げたりするのに，それが必要なんだ。僕の今持っているコンピュータじゃ，そのどれもできないし，何か楽しいことなんて言うまでもないよ。

N：あなたはRAMがどれくらいあれば十分だと思うの？

M：うーん，2ギガバイトあればオンライン授業に参加するには十分だけど，僕は楽しいこともやりたいから，多分，8ギガバイトは必要だろうね。

N：となると…まっさらのコンピュータを買うつもりってこと？

M：僕に他にどんな選択肢があるっていうの？

N：じゃ，あなたはコンピュータに，RAM以外では何を期待してるの？

M：うーん…わかんない。君は大学入学にそなえてコンピュータを買ったとき，どういうような点を考慮したの？

N：まあ，選択肢はいっぱいあって…。もちろん，ブランドのことも考えたわ，だって，高品質のコンピュータを確実に手に入れたかったから。でも，一つのブランドに決めてからでも，いろんなモデルやオプションがいっぱいあったわ。

M：僕はあまりブランドは気にしてない。複数のモデルのオプションや違

東北大-理系前期　　　　　　　　　　　　　　　　　2021 年度　英語〈解答〉　*19*

いの中にはどういうものがあったの？

N：そうね，画面の大きさとか付属品とか，考えないといけない重要な事
　　柄はたくさんあるけど，私が一番気にかけていたのはハード・ドライ
　　ブの容量よ。

M：ハード・ドライブの容量？

N：そう。ハード・ドライブの容量が多ければ多いほど，たくさんのファ
　　イルを保存できるの。

M：君はどうしてそれが重要だって思ったの？

N：まあ，私の趣味はビデオ作りなのよ。ビデオをコンピュータ上で編集
　　するためにはそれを保存しておく必要があって，それがかなり容量を
　　取ってしまうの。

M：ふーん…僕はそういうことはやらないけど，ハード・ドライブの容量
　　って，僕にとってもかなり重要かもしれないな。容量がなくなって，
　　たった２，３年後に新品のコンピュータを買わなくちゃならなくなる
　　のはいやだし。他にどんな点を考えておくべきかな？

N：さあ，それはもうあなたがコンピュータで何をやりたいかによると思
　　うわ。もしオンライン講義を観ようとしているだけなら，たぶん，そ
　　んなすごいコンピュータはいらないだろうけど，もしそれをビデオゲ
　　ームをするために使いたかったら…。

M：なんだか，考えなくちゃいけないことがいっぱいあるみたいだ。たぶ
　　ん，当面はとりあえずいくらか情報を集めたほうがいいな。

━━━━━━◀解　説▶━━━━━━

▶１）空所①〜④に入れるのに最も適切なものを選択する問題。

①出会った友人に最初にかける言葉であり，相手は「絶好調というわけで
もない」と答えている点から判断して，c の How's it going?「調子はど
う？　最近どうしてるの？」が正解。

②授業が始まる前にコンピュータを買うよう大学から言われていたことを
ニコルに指摘されたのに対する発言としては，d の I know that I should
have「買っておかなきゃいけなかったってことは僕もわかっている」が
正解。この have の後には bought one（＝a computer）が省略されてい
る。

③マットが家から持ってきたコンピュータは容量不足でスピードが遅いと

いう状況から，オンライン授業に関わる作業ができないだけでなく，他に楽しいこともできないと述べていると判断でき，bの not to mention ～「～は言うまでもなく」が正解。

④ニコルは直前の発言で，自分の趣味であるビデオ編集の作業をコンピュータ上でやるためには容量がたくさん必要であることを述べている。それに対してマットは，ハード・ドライブの容量は自分にとっても重要だと述べていることから，空所を含む部分ではその理由を述べていると考えられ，I don't に続く発言としては，aの want to run out of it「それ（容量）がなくなることを望む」が正解。

▶2）問題文の下に3台のコンピュータの性能やその他の情報に関する一覧表が掲載されている。大学入学に向けて自分が新しいコンピュータを買うとすれば，表に挙がっているコンピュータA～Cのうち，どれを選ぶかについて英語で説明する問題。一覧表に基づいて，少なくとも3つの理由と，その理由の根拠となる個人的な話を少なくとも1つ挙げるよう指示されている。また，会話文に言及してよいという条件も追記されている。語数指定はないが，解答欄が約14cm×8行なので，80語前後を目安とするとよいだろう。一覧表に基づいてという指示があることから，それぞれのコンピュータについて，他の機種との違いに注目した答案にする必要がある。〔解答例〕は，それぞれコンピュータA，B，Cを選んでいる。〔解答例1〕ではコンピュータAを選ぶ理由として，保証期間とその内容が充実している点を第一に挙げている。〔解答例2〕ではコンピュータBを選ぶ理由として，値段の割には RAM が大きい点を第一に挙げている。〔解答例3〕ではコンピュータCを選ぶ理由として，値段が一番安いのに，画面が一番大きいという点などを挙げている。

◆━━◆ ●語句・構文● ◆━━◆

（マット（以下M）の第1発言）give *A*（人）a ride to ～「*A*（人）を車で～まで送る」

（ニコル（以下N）の第4発言）get *A*（物）fixed「*A*（物）を修理してもらう」 your current one の one は computer を指す。

（Mの第5発言）RAM：コンピュータで使用するメモリの一分類で，情報を書き込んだり読み取ったり，記憶した情報を書き換えたりできるメモリ。

（Mの第6発言）stand for ～「～を表す」

東北大-理系前期 2021 年度　英語〈解答〉 *21*

（Mの第9発言）fun things「楽しいこと」
（Nの第10発言）whole new「まったく新しい」
（Nの第11発言）look for 〜「〜を期待する」
（Nの第13発言）accessary「アクセサリー，付属品，装備品」 be concerned with 〜「〜に関心がある，〜を気にかける」
（Mの最終発言）for now「今のところ，当面」

Ⅳ　解答

(A)〈解答例1〉For not thinking about what to do when they are in their thirties and afterwards means that they are hanging around without making clear what they really want to do or what their lifework is.

〈解答例2〉That is because, if you do not think about your future life in your thirties or later, you are just leaving yourself unsettled without having a clear idea about what on earth you want to do or what your lifework is.

(B)〈解答例1〉Today, twenty is thought to be our adult age, but as far as intellectual maturity is concerned, I'd rather regard the age of fifteen or so as our intellectual starting time, when we establish a sense of self and have already mastered our mother tongue, which is the very basis of our thinking.

〈解答例2〉At present, we are regarded as an adult when we reach twenty, but in terms of intellectual maturity, it is desirable that we start thinking in an intellectual way at the age of fifteen or so, when our personality is formed and we have acquired our mother tongue on which our thinking is based.

◀解　説▶

▶(A)中心となるのは「というのも，…だからだ」という部分だが，さらにその「…」にあたる部分の中心となるのが「三十代以後のことを考えないということは，…の状態に自分の身を置くことだ」であるという点を押さえる必要がある。主語としては，現代の若者が話題の中心なので they とするか，一般論として we や you を主語にしてもよい。

●「というのも〜だからだ」は，接続詞の for 1語で表すことができるが，

This〔That〕is because … という構文を利用することも可能。

● 「三十代以後のことを考えないということ」という部分は，not thinking about … で始まる動名詞句で表すとよい。「三十代以後のこと」は「三十代以後に何をすべきか」とか「三十代以後の生活」と考えるとよいだろう。

● 「三十代以後」は when they are in their thirties and afterwards や in their thirties or later などとする。

● 「～をはっきりさせないで」は without making ～ clear や，without clarifying ～ という動名詞を使った前置詞句で表せる。目的語となる疑問詞節が2つあるので，without making ～ clear を使う場合は目的語を後に回すと補語の clear との関係が明確になる。

● 「宙ぶらりんの状態に自分の身を置く」という部分は，leave *oneself* unsettled とするか，「ぶらぶらする」と考えて，hang around などと表現できるが，indecisive「なかなか決断できなくて，ぐずぐず迷って」という形容詞を利用して，remain indecisive about what they want to do ～ という形で後を続けることも可能。また，hang around indecisively「決断できない状態で無為に過ごす」のように表現してもよいだろう。

▶(B)この文は「現代では二十歳が成人だけど」と，それ以降の内容とを分けて表現すると書きやすい。「知的成熟からいえば」以下の部分も，この部分を分詞句や前置詞句で表現して，「…を，ぼくらは自分の知的スタートの時期としたいものだ」という部分を中心に書くとよい。

● 「現代では」は today や nowadays の1語か，at present で表現する。

● 「二十歳が成人だけど」は「二十歳が大人の年齢だが」と考えて twenty is our adult age とするか，「私たちは二十歳になると大人と見なされる」と考えて表現するとよい。come of age「成年に達する」という表現を利用して，when we reach〔turn〕twenty と続けて表現することも可能。

● 「知的成熟からいえば」は「知的成熟に関する限り」と考えて，as far as intellectual maturity is concerned とするか，「知的成熟という観点から」と考えて in terms of intellectual maturity〔development〕とする。considering ～「～を考慮すると」を利用してもよいだろう。

東北大-理系前期　　　　　　　　　　　　　　　　2021 年度　英語〈解答〉　*23*

● 「自我」は ego や self, a sense of self であるが, our personality としてもよいだろう。「〜がつくられる」の「〜をつくる」には form や build up を使うか, この後の「母語も確立される」とともに establish「〜を確立する」という動詞を用いてもよい。

● 「思考の基礎にある母語」は,「思考の基礎にある」という部分を mother tongue「母語」の後に関係代名詞節で続けるとよい。「〜の基礎にある」は rest on 〜「〜を基礎におく」や be based on 〜「〜に基づく」というイディオムを利用する。「思考の基礎である母語」と考えて, mother tongue, which is the basis of our thought としてもよいだろう。

● 「十五歳くらい」以下の部分は「十五歳くらいを自分の知的スタートの時期とみなす」と考えて, regard A as B「A を B とみなす」という表現を用いるか, set A to B「A を B に設定する」を用いるとよい。「知的スタートの時期」は文字通りだと intellectual starting time となるが, この部分全体を「十五歳くらいで知的に考え始める」と考えて, start thinking in an intellectual way at the age of fifteen or so というように表現してもよいだろう。

● 「〜としたいものだ」は it is desirable や it is better の後に「自我がつくられ」以下の部分を続ける形にするとよいが, I'd rather に続けてもよいだろう。

❖**講　評**

　　2021 年度は, 読解問題 2 題, 会話文問題 1 題, 英作文問題 1 題という構成で, 小問 5 問を除き, すべて記述式である。会話文の設問にテーマ英作文が出題されているのも例年通りだが, 2020 年度の内容説明とは異なり, 語数指定はなかった。解答の記述量が多く, 難度も高い。試験時間は 100 分。

　　I　国民的料理について歴史や文化, 産業といった多角的な視点から論じた英文。設問は内容説明 2 問と英文和訳 1 問が記述式, 同意表現 1 問と内容真偽 1 問が選択式となっている。総語数は約 1000 語と, 2020 年度に比べやや増加した。内容説明問題の一部は該当箇所の内容をどこまで盛り込むべきかを解答欄の行数で判断しなければならず, また, 内

容真偽の英文が大量で解答に時間がかかるなど，かなり難問となっている。

Ⅱ　思考，行動，発言の背景にある仕組みという内容で，具体例は数多く挙げられているものの，中心となる概念を表現するために用いられている formula といった語の理解がやや難しい英文となっている。設問は内容説明2問と英文和訳1問が記述式，空所補充2問（文と語句）が選択式となっている。ここでも，内容説明の1問は該当箇所をまとめるのが難しい問題であった。

Ⅲ　近年続いている，会話文を英作文の問題文として利用する形式での出題。2021年度は二人の大学生が新しいコンピュータを買う際に考慮すべき点について語り合うという設定の会話文で，設問は選択式の空所補充が1問とテーマ英作文1問という構成。2020年度より設問も英文になったこともあって，全体の英文量はかなり多い。空所補充は比較的平易。テーマ英作文も語数指定がなく，性能に関する表や，会話文そのものも参照できるのでやや易化した感がある。

Ⅳ　和文英訳2問の出題で，問題文全体は長いが，英訳が求められているのはそのうちの2カ所である。とはいえいずれも長い和文であり，構成が難しく，直訳できない箇所も複数ある。

全体としては，本文の総語数が増加しており，例年通り内容把握力と英語の表現力を問う姿勢が明確。2016年度以降やや難度の高い問題が続いているが，2021年度も難度はかなり高いと言えよう。

数学

◀経済(理系)・理・医(医・保健〈放射線技術科学・検査技術科学〉)・歯・薬・工・農学部▶

1

◇発想◇ 「曲線」$y=ax^2+bx+1$ と書かれているので，$a=0$ の場合も調べなくてはならない。なぜなら，曲線は直線を含むからである。対して，「放物線」や「2次関数」と形容されていれば $a \neq 0$ である。そのため，$a=0$ と $a \neq 0$ の場合に分けて考察を進める。これには，定点を通ることに注意して，グラフを描いて考える方法と，〔別解〕のように方程式の問題と捉えて，正の解をもたない条件を求めるという方法がある。方程式と考えた場合，2次方程式が虚数解をもつ場合は当然正の解をもたない。このことを忘れてしまうおそれがあるので，グラフを利用する方が安全であろう。

図示問題であるので，境界を含むか否かなど記入すべき事項にも気をつけよう。

解答 $y=ax^2+bx+1$ ……①

(i) $a=0$ のとき，①は，$y=bx+1$ となり，点 $(0, 1)$ を通る直線を表す。これが x 軸の正の部分と共有点をもたないための条件は，図1より，$b \geq 0$ で，$a=0$ とあわせて

$$a=0 \text{ かつ } b \geq 0 \quad \cdots\cdots ②$$

である。

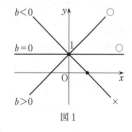

図1

(ii) $a \neq 0$ のとき，①は

$$y = a\left(x+\frac{b}{2a}\right)^2 + \frac{4a-b^2}{4a}$$

となるから，頂点の座標が $\left(-\dfrac{b}{2a},\ \dfrac{4a-b^2}{4a}\right)$ の放物線を表す。

$a<0$ とすると，この放物線は上に凸となるので，点 $(0, 1)$ を通ることを考慮すると，必ず x 軸の正の部分と共有点をもつ。

$a>0$ のとき，この放物線は下に凸となり，x 軸の正の部分と共有点をもたないための条件は，図2より，軸が $x>0$ の部分にあり，かつ，頂点の y 座標が正であるか，または，軸が $x \leq 0$ の部分にあるかのいずれかであるから

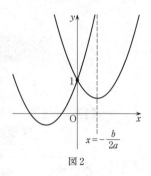

図2

$$\begin{cases} -\dfrac{b}{2a}>0 \\ \dfrac{4a-b^2}{4a}>0 \end{cases} \quad \text{または} \quad -\dfrac{b}{2a} \leq 0$$

である。$a>0$ とあわせて

$$\begin{cases} a>0 \\ b<0 \\ 4a>b^2 \end{cases} \quad \text{または} \quad \begin{cases} a>0 \\ b \geq 0 \end{cases} \quad \cdots\cdots ③$$

となる。

したがって，曲線①が x 軸の正の部分と共有点をもたないための条件は

② または ③

であり，これを図示すると図3の網かけ部分となる。ただし，境界は，$a=0$，$b \geq 0$ の部分を含み，$b^2=4a$ ($b<0$) の部分は含まない。

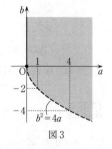

図3

別解 〈共有点の x 座標を方程式の実数解と捉える方法〉

曲線 $y=ax^2+bx+1$ の x 軸との共有点の x 座標は，方程式

$$ax^2+bx+1=0 \quad \cdots\cdots Ⓐ$$

の実数解で与えられる。

(i) $a=0$ のとき，Ⓐは，1次方程式 $bx+1=0$ となり，解について

$b=0$ のとき　　解なし

$b \neq 0$ のとき　　$x=-\dfrac{1}{b}$

であるから，正の解をもたないための条件は，$b \geq 0$ であり，$a=0$ とあわ

せて

$$a = 0, \quad b \geqq 0 \quad \cdots\cdots ⑧$$

となる。

(ii) $a \neq 0$ のとき，⑧は，2 次方程式 $ax^2 + bx + 1 = 0$ である。この解を α, β とおくとき，解と係数の関係より，$\alpha + \beta = -\dfrac{b}{a}$, $\alpha\beta = \dfrac{1}{a}$ である。また，判別式 D は，$D = b^2 - 4a$ である。

⑧が正の解をもたないための条件は

$$D < 0 \quad \text{または} \quad \begin{cases} D \geqq 0 \\ \alpha + \beta \leqq 0 \\ \alpha\beta \geqq 0 \end{cases}$$

であるから

$$b^2 - 4a < 0 \quad \text{または} \quad \begin{cases} b^2 - 4a \geqq 0 \\ -\dfrac{b}{a} \leqq 0 \\ \dfrac{1}{a} \geqq 0 \end{cases}$$

である。$a \neq 0$ とあわせて

$$b^2 < 4a \quad \text{または} \quad \begin{cases} b^2 \geqq 4a \\ a > 0 \qquad \cdots\cdots © \\ b \geqq 0 \end{cases}$$

となる。

よって，求める a, b の条件は，⑧または©である。これを図示すれば，〔解答〕の図 3 が得られる。

━━━━ ◀解 説▶ ━━━━

≪与えられた曲線が x 軸の正の部分と共有点をもたないための条件≫

不等式 $4a > b^2$ の表す領域を ab 平面に図示するには，まず $4a = b^2$ のグラフを描く。$b = \pm 2\sqrt{a}$ として 2 つの無理関数のグラフを原点でつないでもよいし，$a = \dfrac{1}{4}b^2$ の a と b を交換した式 $b = \dfrac{1}{4}a^2$ のグラフ，つまり放物線を描いて，それを直線 $b = a$ に関して対称に移動してもよい。このグラフは横倒しした放物線になるが，この曲線で平面は 3 つの部分に分けられ

る。$4a>b^2$, $4a=b^2$, $4a<b^2$ の 3 つである。$4a>b^2$ はそのうちの 1 つであるが，不等式 $4a>b^2$ は $a=1$，$b=0$ のとき成り立つから，点 $(1,0)$ を含む部分が $4a>b^2$ の表す領域である。

②と⑧は一致しているが，③と©は同じには見えない。しかし，図を描くと同じ部分を示していることがわかる。

2

◇発想◇ 図形の問題と整数問題の融合である。まずは図を描いて問題の設定を正しく理解しよう。

(1) T は S から三角形 APR，BQP，CRQ の面積を差し引く。辺の長さの比を考えれば差し引く三角形の面積は簡単に求まる。

(2) $\dfrac{T}{S}$ の式の形をうまく変形するか，a，b の一方を固定して（定数とみて），1 変数の関数として扱う。

(3) 本問を単独で考えると時間がかかりそうであるが，(2)の結果が利用できることに気がつけば，不定方程式を解くことになる。これは定型的に処理できる。

解答 右図において，実数 a，b は
$$0<a<1, \quad 0<b<1$$
を満たす。三角形 ABC の面積を $(\triangle \text{ABC})$ と表記することとすると
$$(\triangle \text{ABC})=S, \quad (\triangle \text{PQR})=T$$
である。

(1)
$$(\triangle \text{PBQ})=\frac{\text{BP}}{\text{BA}}\times\frac{\text{BQ}}{\text{BC}}\times(\triangle \text{ABC})=(1-a)\,bS$$

であり，同様に

$$(\triangle \text{QCR})=\frac{1}{2}(1-b)\,S, \quad (\triangle \text{RAP})=\frac{1}{2}aS$$

であるから

$$T=(\triangle \text{PQR})=(\triangle \text{ABC})-(\triangle \text{PBQ})-(\triangle \text{QCR})-(\triangle \text{RAP})$$

$$=S-(1-a)\,bS-\frac{1}{2}(1-b)\,S-\frac{1}{2}aS$$

$$= \left\{ 1 - (1-a)\, b - \frac{1}{2}\, (1-b) - \frac{1}{2}\, a \right\} S$$

$$= \left(\frac{1}{2} + ab - \frac{1}{2}\, a - \frac{1}{2}\, b \right) S$$

となる。よって

$$\frac{T}{S} = ab - \frac{1}{2}\, a - \frac{1}{2}\, b + \frac{1}{2} \quad \cdots\cdots \text{(答)}$$

と表せる。

(2)　$$\frac{T}{S} = \left(a - \frac{1}{2} \right)\left(b - \frac{1}{2} \right) + \frac{1}{4}$$

において，$0 < a < \dfrac{1}{2}$, $0 < b < \dfrac{1}{2}$ のとき

$$-\frac{1}{2} < a - \frac{1}{2} < 0, \quad -\frac{1}{2} < b - \frac{1}{2} < 0$$

であり，a と b は独立して動くから

$$0 < \left(a - \frac{1}{2} \right)\left(b - \frac{1}{2} \right) < \frac{1}{4}$$

よって　$$\frac{1}{4} < \left(a - \frac{1}{2} \right)\left(b - \frac{1}{2} \right) + \frac{1}{4} < \frac{1}{2}$$

となる。したがって

$$\frac{1}{4} < \frac{T}{S} < \frac{1}{2} \quad \cdots\cdots \text{(答)}$$

である。

(3)　$a = \dfrac{1}{p}$, $b = \dfrac{1}{q}$　(p, q は 3 以上の整数) とするとき，$0 < a < \dfrac{1}{2}$, $0 < b < \dfrac{1}{2}$ は満たされるから，(2)より，$\dfrac{1}{4} < \dfrac{T}{S} < \dfrac{1}{2}$ が成り立つ。

$$\frac{S}{T} = \cfrac{1}{ab - \dfrac{1}{2}\, a - \dfrac{1}{2}\, b + \dfrac{1}{2}} = \cfrac{1}{\dfrac{1}{pq} - \dfrac{1}{2p} - \dfrac{1}{2q} + \dfrac{1}{2}}$$

$$= \frac{2pq}{2 - q - p + pq}$$

となるが，$\dfrac{S}{T}$ が整数のとき，$2 < \dfrac{S}{T} < 4$ より，$\dfrac{S}{T} = 3$ となる。

よって $\dfrac{2pq}{2-q-p+pq}=3$

すなわち $pq-3p-3q+6=0$

が成り立つ。この式は

$(p-3)(q-3)=3$

と変形され，p，q が 3 以上の整数であることより，$p-3$，$q-3$ は 0 以上の整数であるので

$(p-3,\ q-3)=(1,\ 3),\ (3,\ 1)$

である。したがって，$\dfrac{S}{T}$ が整数となるような p，q の組は

$(p,\ q)=(4,\ 6),\ (6,\ 4)$ ……(答)

である。

（注）$pq-3p-3q+6=0$ から，次のようにして整数 p，q を求めることもできる。

$p(q-3)=3q-6$

$q=3$ とすると，この等式は成り立たないから，$q\neq 3$ であるので

$p=\dfrac{3q-6}{q-3}=\dfrac{3(q-3)+3}{q-3}=3+\dfrac{3}{q-3}$

p が 3 以上の整数であるから，$\dfrac{3}{q-3}$ は 1 以上の整数である（0 とはならない）。よって，3 以上の整数 q の値は，$0\leqq q-3\leqq 3$，つまり $3\leqq q\leqq 6$ であるので，$q=4$，6 のみである。$q=4$ のとき $p=6$，$q=6$ のとき $p=4$ であるから，$(p,\ q)=(6,\ 4),\ (4,\ 6)$ である。

別解 (2) 2 変数の一方を定数とみて考えると，次のようにもできる。

$\dfrac{T}{S}=ab-\dfrac{1}{2}a-\dfrac{1}{2}b+\dfrac{1}{2}=\left(b-\dfrac{1}{2}\right)a-\dfrac{1}{2}b+\dfrac{1}{2}$

b を定数と考えれば，これは a の 1 次関数である。$0<b<\dfrac{1}{2}$ より，

$b-\dfrac{1}{2}<0$ であるので，減少関数であるから，$0<a<\dfrac{1}{2}$ に対して

$\left(b-\dfrac{1}{2}\right)\times\dfrac{1}{2}-\dfrac{1}{2}b+\dfrac{1}{2}<\dfrac{T}{S}<\left(b-\dfrac{1}{2}\right)\times 0-\dfrac{1}{2}b+\dfrac{1}{2}$

すなわち

$$\frac{1}{4} < \frac{T}{S} < \frac{1}{2}(1-b)$$

となる。$0 < b < \dfrac{1}{2}$ より，$\dfrac{1}{2} < 1-b < 1$ であるから，$\dfrac{1}{2}(1-b) < \dfrac{1}{2}$ より

$$\frac{1}{4} < \frac{T}{S} < \frac{1}{2}$$

である。

(3) 整数に関する不等式を解くと，次のようになる。

$a = \dfrac{1}{p}$，$b = \dfrac{1}{q}$ （p，q は 3 以上の整数）とするとき

$$\frac{S}{T} = \frac{2pq}{pq-p-q+2} = \frac{2(pq-p-q+2)+2p+2q-4}{pq-p-q+2}$$

$$= 2 + \frac{2p+2q-4}{pq-p-q+2}$$

となる。

$\dfrac{S}{T}$ が整数となるとき，$\dfrac{2p+2q-4}{pq-p-q+2}$ （$=F$ とおく）は整数でなければならないが

$$2p+2q-4 \geqq 2 \times 3 + 2 \times 3 - 4 = 8 > 0$$

$$pq-p-q+2 = (p-1)(q-1)+1 \geqq (3-1)(3-1)+1 = 5 > 0$$

であるから

$$\frac{2p+2q-4}{pq-p-q+2} \geqq 1 \quad \text{すなわち} \quad pq-3p-3q+6 \leqq 0$$

が成り立たなければならない。これは

$$(p-3)(q-3) \leqq 3$$

と変形されるが，$p=3$ のとき，$F = \dfrac{2q+2}{2q-1} = 1 + \dfrac{3}{2q-1}$ となり，$q \geqq 3$ より整数とならない。$q=3$ のときも同様である。よって，$p \neq 3$，$q \neq 3$ であるから，$p-3 > 0$，$q-3 > 0$ となり

$$(p-3, q-3) = (1, 1), (1, 2), (1, 3), (2, 1), (3, 1)$$

$$(p, q) = (4, 4), (4, 5), (4, 6), (5, 4), (6, 4)$$

となる。この中で F を整数とするのは

$$(p, q) = (4, 6), (6, 4) \quad (\text{ともに } F=1 \text{ となる})$$

のみである。

━━━━━◀ 解　説 ▶━━━━━

≪三角形の面積比，2変数関数のとり得る値の範囲，不定方程式≫

▶(1)　右の三角形 ABC の面積（△ABC）と三角形 PBQ の面積（△PBQ）は

$$(\triangle ABC) = \frac{1}{2} AB \cdot BC \sin\theta$$

$$(\triangle PBQ) = \frac{1}{2} PB \cdot BQ \sin\theta$$

であるから

$$\frac{(\triangle PBQ)}{(\triangle ABC)} = \frac{\frac{1}{2} PB \cdot BQ \sin\theta}{\frac{1}{2} AB \cdot BC \sin\theta} = \frac{PB \cdot BQ}{AB \cdot BC}$$

とできる。

▶(2)　この問題では，$\frac{T}{S} = \left(\frac{1}{2} - a\right)\left(\frac{1}{2} - b\right) + \frac{1}{4}$ と表す方が考えやすいかもしれない。〔別解〕のように，1 つの変数を定数とみて，1 変数の関数として考える方法も基本である。

▶(3)　(2)の結果 $\frac{1}{4} < \frac{T}{S} < \frac{1}{2}$ を利用できないと，〔別解〕のようにやや難しくなる。不定方程式は，〔解答〕の方法と（注）の方法を身につけておこう。

(2)の結果を利用する場合，(2)の前提条件 $0 < a < \frac{1}{2}$，$0 < b < \frac{1}{2}$ が満たされていなくてはならないので，その確認を忘れないようにしよう。

━━━━━━━━━━━━━━━━━━━━━━━━━━━━━━━━

3 　◇発想◇　正八角形とその外接円を作図して考える。見間違いをしないよう，なるべく正確な図にする。

(1)　円に内接する直角三角形の斜辺はその円の直径になる。

(2)　直角三角形の個数，二等辺三角形の個数，直角二等辺三角形の個数が必要になる。もちろん，3 点を結んでできるすべての三角形の個数も必要である。

(3) 与えられた条件の意味を正しく理解する。四角形の4個の頂点から2点を選んで直径が作れる，としても同じである。

(1)〜(3)すべて，実際に数え上げることも可能であるが，それで得られた結果には，なかなか自信がもてないであろう。できるだけ合理的な方法を考えよう。

解答　右に正八角形 $A_1A_2\cdots A_8$ を示した。この正八角形の外接円を C とする。

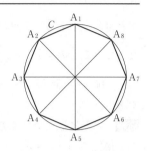

(1) 3個の頂点を結んでできる三角形のうち，直角三角形になるものは，その辺の1つが，円 C の直径になっていなければならない。直径 A_3A_7 を底辺とする直角三角形は，A_3，A_7 以外の頂点が，A_1，A_2，A_4，A_5，A_6，A_8 の6通りあるので，6個ある。直径は，A_1A_5，A_2A_6，A_3A_7，A_4A_8 の4つであり，それぞれに6個の直角三角形があるから，直角三角形の個数は

　　　$4 \times 6 = 24$ 個　……(答)

である。

(2) 3個の頂点を結んでできる三角形 (U) は $_8C_3 = \dfrac{8 \times 7 \times 6}{3 \times 2 \times 1} = 56$ 個ある。この中で直角三角形 (R) は，(1)より，24個である。二等辺三角形 (I) であるものは，2等辺の交点を A_1 としたとき，$A_1A_2A_8$，$A_1A_3A_7$，$A_1A_4A_6$ の3個ある。正八角形の8個の頂点のそれぞれに対して二等辺三角形が3個あるので，I の個数は，$8 \times 3 = 24$ 個である。直角二等辺三角形 (RE) であるものは，各直径に対して2個ずつあるから，$4 \times 2 = 8$ 個である。したがって，直角三角形でも二等辺三角形でもないものの個数は，U の個数を $n(U)$ と書くことにして

　　　$n(U) - \{n(R) + n(I) - n(RE)\}$

　　　$= 56 - (24 + 24 - 8) = 16$ 個　……(答)

である。

(3) 4個の頂点を結んでできる四角形のうち，条件

「(*)　四角形の4個の頂点から3点を選んで直角三角形を作れる」

を満たすものは，その四角形の辺または対角線が円 C の直径になっているものである。

たとえば，直径 A_3A_7 に対して，A_1，A_2，A_4，A_5，A_6，A_8 の 6 点から 2 点を選んで四角形を作れば，その四角形は条件（＊）を満たす。

この四角形は，${}_6C_2 = \dfrac{6 \times 5}{2 \times 1} = 15$ 個あり，直径は 4 つあるので，$4 \times 15 = 60$ 個と計算されるが，この中には，2 つの対角線がどちらも円 C の直径になっているものが ${}_4C_2 = \dfrac{4 \times 3}{2 \times 1} = 6$ 個あるので，求めるものの個数は

$\qquad 60 - 6 = 54$ 個　……（答）

である。

別解　実際に数え上げる方法をとると，以下のようになる。

(1) 頂点の 1 つが A_1 の三角形 $A_1A_2A_5$，$A_1A_2A_6$，$A_1A_3A_5$，$A_1A_3A_7$，$A_1A_4A_5$，$A_1A_4A_8$，$A_1A_5A_6$，$A_1A_5A_7$，$A_1A_5A_8$ の 9 個は直角三角形である。三角形 $A_2A_3A_6$，$A_2A_4A_6$，$\cdots$ のように頂点の 1 つが A_2 であるものも 9 個ある。頂点は 8 個あるから，$9 \times 8 = 72$ 個と計算されるが，これは 3 個ずつ同じ三角形が重複して数えられているから（たとえば，$A_1A_2A_5$ は $A_2A_1A_5$，$A_5A_1A_2$ と同じ），求める個数は

$\qquad \dfrac{72}{3} = 24$ 個

である。

(2) 三角形が直角三角形でも二等辺三角形でもないものは

正八角形と三角形が辺を共有する場合

$\qquad$ 辺 A_1A_2 を共有するもの…三角形 $A_1A_2A_4$，$A_1A_2A_7$ の 2 個

$\qquad$ 辺 A_2A_3，A_3A_4，$\cdots$，A_8A_1 でも同様

$\qquad$ したがって　　$2 \times 8 = 16$ 個

正八角形と三角形が辺を共有しない場合

$\qquad$ なし

であるから，直角三角形でも二等辺三角形でもないものの個数は

$\qquad 16$ 個

である。

(3) 正八角形の 4 個の頂点を結んでできる四角形は全部で

$$_8C_4 = \frac{8 \times 7 \times 6 \times 5}{4 \times 3 \times 2 \times 1} = 70 \text{ 個ある}.$$

そのうち，条件（*）を満たさないものの個数は

等脚台形 $A_1A_2A_3A_4$ と，これに合同のものをあわせて 8 個，および

等脚台形 $A_1A_3A_4A_6$ と，これに合同のものをあわせて 8 個

である。よって，条件（*）を満たすものの個数は

$$70 - 8 - 8 = 54 \text{ 個}$$

である。

━━━━━━━━━━━ ◀解　説▶ ━━━━━━━━━━━

≪正八角形の頂点を頂点とする三角形，四角形の個数≫

▶(1) 「直径に立つ円周角は 90°である。逆も成り立つ」という定理がポイントになる。〔解答〕のように考える場合はもちろん，〔別解〕のように実際に数え上げる場合もこのことを知っていなければならない。

▶(2) 直角三角形の集合と二等辺三角形の集合の共通部分は直角二等辺三角形の集合である。

右図において，ド・モルガンの法則より，次のことが成り立つ。

$$n(\overline{A} \cap \overline{B}) = n(\overline{A \cup B})$$
$$= n(U) - n(A \cup B)$$
$$= n(U) - \{n(A) + n(B) - n(A \cap B)\}$$

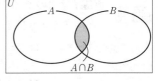

直角三角形でも二等辺三角形でもないものは案外少なくて，〔別解〕のように数え上げてもよい。

▶(3) 四角形の辺または対角線の 1 つが円 C の直径になっているものの個数を調べる。〔解答〕のようにするとはやいが，次のように(i)辺の場合と，(ii)対角線の場合に分けて数えてもよい。

(i) 直径 A_3A_7 が辺になるものは，他の頂点を A_1, A_2, A_8 から 2 つ選ぶ場合が $_3C_2 = 3$ 通り，A_4, A_5, A_6 から 2 つ選ぶ場合が 3 通り，計 6 通りである。他の直径を考えることで，$4 \times 6 = 24$ 個となる。

(ii) 直径 A_3A_7 が対角線になるものは，他の頂点を A_1, A_2, A_8 から 1 つ，A_4, A_5, A_6 から 1 つ選べるから $3 \times 3 = 9$ 通りであり，他の直径も考えることで $4 \times 9 = 36$ 個となる。しかし，これには，対角線 2 つが直径となる場合の $_4C_2 = 6$ 個が重複して数えられているので，結局 $36 - 6 = 30$ 個であ

る。(i)と(ii)をあわせて，24＋30＝54 個が求めるものである。

〔別解〕の数え上げは，予想と異なり簡単である。実際に数え上げるときには，数える基準を明確にし，ぶれないことが大切である。

4

◆発想◆ 曲線 $y=x^3-2x$ の図を描いて，問題のイメージをつかもう。点 $(0, 0)$，$(1, -1)$，$(2, 4)$ を通ることはすぐわかる。

(1) 直線 l を $y=x+k$ と表し，$y=x^3-2x$ と連立させたとき，x の 3 次方程式の解のうち，最も大きいものが a である。

(2) (1)で点 S の座標が a を用いて表される。その x 座標を x，y 座標を y とおいて a を消去すれば S の軌跡の方程式が求まる。軌跡の範囲を求めることを忘れてはならない。

(3) 線分 PS が動いてできる領域は，図上で PS を実際に動かしてみれば容易にわかる。面積を求める定積分も面倒な計算にはならないであろう。

解答 直線 l は次の条件を満たす。

（＊） l の傾きは 1 で，曲線 $y=x^3-2x$ と異なる 3 点で交わる。

(1) $$y=f(x)=x^3-2x \quad \cdots\cdots ①$$

とおくと

$$f(-x)=(-x)^3-2(-x)=-x^3+2x=-(x^3-2x)=-f(x)$$

が成り立つから，$f(x)$ は奇関数である。よって，$y=f(x)$ のグラフは原点に関して対称である。また，このグラフと x 軸との共有点の x 座標は

$$f(x)=x^3-2x=x(x^2-2)=x(x+\sqrt{2})(x-\sqrt{2})=0$$

より，$x=0$，$-\sqrt{2}$，$\sqrt{2}$ である。

$$f'(x)=3x^2-2=3\left(x^2-\frac{2}{3}\right)=3\left(x+\sqrt{\frac{2}{3}}\right)\left(x-\sqrt{\frac{2}{3}}\right)$$

$$f\left(\sqrt{\frac{2}{3}}\right)=\frac{2}{3}\sqrt{\frac{2}{3}}-2\sqrt{\frac{2}{3}}=-\frac{4}{3}\sqrt{\frac{2}{3}}$$

より，$x\geqq 0$ における $f(x)$ の増減は右表のようになる。

直線 l を

$$l : y=x+k \quad \cdots\cdots ②$$

x	0	$\cdots$	$\sqrt{\dfrac{2}{3}}$	$\cdots$
$f'(x)$		$-$	0	$+$
$f(x)$	0	$\searrow$	$-\dfrac{4}{3}\sqrt{\dfrac{2}{3}}$	$\nearrow$

東北大-理系前期 2021 年度　数学〈解答〉 *37*

とおくと，①と②の共有点の x 座標は

$$x^3 - 2x = x + k \quad \text{すなわち} \quad x^3 - 3x - k = 0 \quad \cdots\cdots ③$$

の実数解で与えられる。①と②の共有点の 1 つの x 座標が a であるとき

$$a^3 - 3a - k = 0$$

よって　　$k = a^3 - 3a$　……④

が成り立つので，③，④から k を消去すると

$$x^3 - a^3 - 3(x - a) = 0$$

$$(x - a)(x^2 + ax + a^2) - 3(x - a) = 0$$

すなわち　　$(x - a)(x^2 + ax + a^2 - 3) = 0$　……⑤

となる。条件（＊）より，この方程式は 3 つの異なる実数解をもたなければならないから，2 次方程式

$$x^2 + ax + a^2 - 3 = 0 \quad \cdots\cdots ⑥$$

の判別式 D は正であるので

$$D = a^2 - 4(a^2 - 3) = 12 - 3a^2 > 0$$

よって　　$-2 < a < 2$

である。$a = 2$ のとき，$D = 0$ となり，④より $k = 2$ である。また，⑤は

$$(x - 2)(x^2 + 2x + 1) = (x - 2)(x + 1)^2 = 0$$

となるから，①と②（$y = x + 2$）の接点の
x 座標は -1，交点の x 座標は 2 である。
これらのことから，図形の対称性に注意す
ると，①，②は右図のようになる。

①と②は異なる 3 点で交わり，その交点を
x 座標が小さいものから順に P，Q，R と
し，さらに線分 PQ の中点を S とするから，
点 P，Q の x 座標をそれぞれ α, β とする

とき，点 S の x 座標は $\dfrac{\alpha + \beta}{2}$ で与えられる。

点 R の x 座標が a であるから，α, β は⑥
の解であるので，解と係数の関係から，
$\alpha + \beta = -a$ である。したがって，S の x 座

標は $-\dfrac{a}{2}$ である。S は直線 $l : y = x + a^3 - 3a$ 上にあるから，S の y 座標は

$-\dfrac{a}{2}+a^3-3a=a^3-\dfrac{7}{2}a$ であるので，S の座標は

$$S\left(-\dfrac{a}{2},\ a^3-\dfrac{7}{2}a\right)\ \cdots\cdots（答）$$

である。

(2) S の座標を $(x,\ y)$ とおくと，(1)より $x=-\dfrac{a}{2},\ y=a^3-\dfrac{7}{2}a$ であるから，$a=-2x$ を y に代入して，S の軌跡の方程式は

$$y=(-2x)^3-\dfrac{7}{2}(-2x)=-8x^3+7x$$

となる。ただし，(1)の図より，R の x 座標 a のとり得る値の範囲は，$1<a<2$ であるので，$-1<-\dfrac{a}{2}<-\dfrac{1}{2}$ となるから，S は $-1<x<-\dfrac{1}{2}$ の範囲を動くことになる。つまり，S の軌跡は

$$曲線\ y=-8x^3+7x\quad\left(-1<x<-\dfrac{1}{2}\right)\ \cdots\cdots（答）$$

である。

(注) 上では a の範囲 $1<a<2$ を図より求めたが，次のように求めることもできる。

$\alpha,\ \beta$ は 2 次方程式 $x^2+ax+a^2-3=0$ の異なる 2 つの実数解であるから，判別式 D は正で，$\alpha<a,\ \beta<a$ より $\alpha+\beta<2a$ である。

$$D=a^2-4(a^2-3)>0\quad\cdots\cdots Ⓐ$$
$$\alpha+\beta=-a\quad\quad\quad\cdots\cdots Ⓑ$$
$$\alpha\beta=a^2-3\quad\quad\ \ \cdots\cdots Ⓒ$$

Ⓐより，$-3a^2+12>0$ すなわち $a^2<4$，よって　$-2<a<2$　$\cdots\cdots$Ⓓ

$\alpha+\beta<2a$ は，Ⓑより $-a<2a$，よって　$a>0$　　　　　$\cdots\cdots$Ⓔ

$\alpha<a,\ \beta<a$ つまり $\alpha-a<0,\ \beta-a<0$ より

$$(\alpha-a)(\beta-a)>0\quad\quad\alpha\beta-a(\alpha+\beta)+a^2>0$$

これにⒷとⒸを用いて

$$a^2-3-a(-a)+a^2>0\quad\quad 3a^2-3>0$$

よって　$a<-1,\ 1<a$　$\cdots\cdots$Ⓕ

Ⓓ，Ⓔ，Ⓕより，$1<a<2$ となる。

あるいは

$g(x) = x^2 + ax + a^2 - 3 = \left(x + \dfrac{a}{2}\right)^2 + \dfrac{3}{4}a^2 - 3$

のグラフを利用して，$\alpha < a$，$\beta < a$ となる条件を

$g(a) > 0$ かつ $-\dfrac{a}{2} < a$ かつ $\dfrac{3}{4}a^2 - 3 < 0$

としてもよい。

$3a^2 - 3 > 0$ かつ $a > 0$ かつ $a^2 - 4 < 0$

となって，同じ結果を得る。

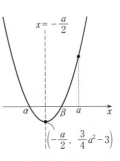

(3) 3次関数 $y = -8x^3 + 7x$ も奇関数で，そのグラフは原点に関して対称である。点 $(-1,\ 1)$，$\left(-\dfrac{1}{2},\ -\dfrac{5}{2}\right)$，$(0,\ 0)$ を通ることがわかり，

$y' = -24x^2 + 7$ より点 $\left(-\dfrac{1}{2},\ -\dfrac{5}{2}\right)$ における接線の傾きは1であるから，直線 $y = x - 2$ に接している。2曲線 $y = x^3 - 2x$，$y = -8x^3 + 7x$ の交点の座標は，$x^3 - 2x = -8x^3 + 7x$ すなわち $9x(x+1)(x-1) = 0$ より $(0,\ 0)$，$(-1,\ 1)$，$(1,\ -1)$ である。

線分 PS は直線 l 上にあり，P は $y = x^3 - 2x$ 上を，S は $y = -8x^3 + 7x$ 上を動くから，線分 PS が動いてできる領域は右図の網かけ部分となる。この領域の面積を A とすると

$A = \displaystyle\int_{-2}^{-1} \{(x^3 - 2x) - (x - 2)\}\,dx$

$\qquad + \displaystyle\int_{-1}^{-\frac{1}{2}} \{(-8x^3 + 7x) - (x - 2)\}\,dx$

$\quad = \displaystyle\int_{-2}^{-1} (x^3 - 3x + 2)\,dx$

$\qquad + \displaystyle\int_{-1}^{-\frac{1}{2}} (-8x^3 + 6x + 2)\,dx$

$\quad = \left[\dfrac{x^4}{4} - \dfrac{3}{2}x^2 + 2x\right]_{-2}^{-1} + \left[-2x^4 + 3x^2 + 2x\right]_{-1}^{-\frac{1}{2}}$

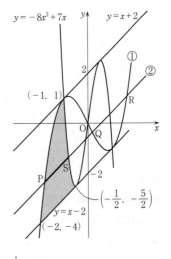

$$= \frac{1}{4}(1-16) - \frac{3}{2}(1-4) + 2 \times (-1+2)$$

$$- 2\left(\frac{1}{16}-1\right) + 3\left(\frac{1}{4}-1\right) + 2 \times \left(-\frac{1}{2}+1\right)$$

$$= \frac{-15}{4} + \frac{9}{2} + 2 + \frac{15}{8} - \frac{9}{4} + 1 = \frac{3}{8} + 3 = \frac{27}{8} \quad \cdots\cdots(\text{答})$$

である。

（注）　線分 PS の長さはつねに線分 PQ の長さの $\frac{1}{2}$ であるから，PQ の通

過領域の面積を求め，それを $\frac{1}{2}$ 倍すれば PS の通過領域の面積が求まる。

PQ の通過領域は $-2 \leqq x \leqq 1$ の範囲で，$y=x^3-2x$ と $y=x-2$ で囲まれた部分になるので，その面積 B は

$$B = \int_{-2}^{1} \{(x^3-2x)-(x-2)\}\,dx = \int_{-2}^{1}(x^3-3x+2)\,dx$$

$$= \int_{-2}^{1}(x+2)(x-1)^2\,dx$$

$$= \int_{-2}^{1}\{(x-1)+3\}(x-1)^2\,dx = \int_{-2}^{1}\{(x-1)^3+3(x-1)^2\}\,dx$$

$$= \left[\frac{1}{4}(x-1)^4+(x-1)^3\right]_{-2}^{1} = -\left(\frac{81}{4}-27\right) = \frac{27}{4}$$

となり，$A = \frac{1}{2}B = \frac{1}{2} \times \frac{27}{4} = \frac{27}{8}$ を得る。

なお，ここでの計算方法を応用すれば

公式　$\displaystyle\int_{\alpha}^{\beta}(x-\alpha)(x-\beta)^2\,dx = \frac{(\beta-\alpha)^4}{12}$

を導ける。

━━━━ ◀解　説▶ ━━━━

≪曲線と直線の２交点の中点の軌跡，線分の通過領域の面積≫

▶(1)　〔解答〕では①や②のグラフを描くことにかなりのスペースを費したが，それは本問の解決には図が重要になるからである。とくに，点 R の x 座標 a のとり得る値の範囲は，（注）のように考えるとかなり手間がかかるが，図を見ると $1<a<2$ は一目瞭然である。

▶(2)　(1)の結果から点 S の軌跡の方程式を求めることは容易であろう。軌

東北大-理系前期   2021 年度　数学〈解答〉　*41*

跡の x 座標のとり得る値の範囲が問題である。⑥の $D>0$ より $-2<a<2$ であるが，これより，$-1<x<1$ としては誤りである。a は 3 つの実数解の中の最大のものであるから，上にも述べたように，$1<a<2$ であるので，$-1<x<-\dfrac{1}{2}$ となる。

▶(3)　図の上で線分 PQ の中点 S を実際にいくつかとってつなげてみれば $y=-8x^3+7x$ のグラフの必要な部分は大体わかるから，このグラフを描くことに時間をかけることはない。面積計算は平易である。(注)の事実に気づいてしまえば S の軌跡の方程式は不要になるが，説明が不可欠である。

---

⑤　**◇発想◇**　複素数を図形に応用する問題である。偏角や絶対値に着目しよう。

(1)　$\dfrac{z^2-0}{z-0}$ の偏角を考えるとよい。A と B が一致する場合のような特殊なケースも念頭におこう。この問題は(2)の準備になっている。

(2)　二等辺三角形であるから，ここでは絶対値を考えるとよい。3 点 O，A，B が三角形にならない場合のことを忘れないようにしたい。

(3)　三角形 OAB の面積は，公式 $\dfrac{1}{2}$OA・OB sin∠AOB を用いるとよい。絶対値と偏角の知識で簡明な式が得られるであろう。その先の計算は，やや複雑になりそうである。

解答　複素数平面上の 3 点 O (0)，A (z)，B (z^2) (z は複素数) について

(1)　$z=0$ のとき，O，A，B は一致するから同一直線上にある。　……①

$z\neq0$ のとき，3 点 O，A，B が同一直線上にあることと，∠AOB$=0$ または π であることとは同値である。

$$\arg\dfrac{z^2-0}{z-0}=0 \text{ または } \pi$$

$$\arg z=0 \text{ または } \pi$$

であるから，z は実数である。 ……②
①，②より，3点 O，A，B が同一直線上にあるための z の必要十分条件は

　　　z が実数であること　……(答)

である。
(注) 異なる3点 O，A，B が一直線上にあるための必要十分条件は，$\overrightarrow{OB}=k\overrightarrow{OA}$ を満たす実数 k が存在することである。このことを複素数で書き換えれば，$z^2-0=k(z-0)$ すなわち $z(z-k)=0$ となる。いま，$z\neq 0$ ($z=0$ だと3点が異なるとしたことに反するから) なので，$z=k$ (実数)である。3点のうち一致する点があるのは，$z=0$, 1 の場合で，これらも実数である。このようにも述べられる。

(2) (1)より，z が実数でないとき，3点 O，A，B は三角形を作る。それが二等辺三角形になるのは

　　　OA＝OB　または　OA＝AB　または　OB＝AB

の場合で，それぞれ

　　　$|z-0|=|z^2-0|$, $|z-0|=|z^2-z|$, $|z^2-0|=|z^2-z|$

と書けるから，整理すれば

　　　$|z|=|z|^2$　または　$|z|=|z||z-1|$　または　$|z|^2=|z||z-1|$

となる。$|z|\neq 0$ であるので，順に

　　　$|z|=1$　　……③
　　　$|z-1|=1$　……④
　　　$|z|=|z-1|$　……⑤

となり，③または④または⑤が z の満たすべき条件である。これを複素数平面上に図示すると下図のようになる。ただし，(1)より z は実数でないから，5点 -1, 0, $\dfrac{1}{2}$, 1, 2 は除く。

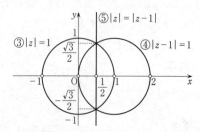

(3) 3点O，A，Bが二等辺三角形の頂点であり，かつzの偏角θが$0 \leq \theta \leq \dfrac{\pi}{3}$を満たすとき，点A$(z)$は下図の太線部分（③′〜⑤′）を動く。ただし，3点$\dfrac{1}{2}$，1，2は除く。三角形OABの面積を$S(\theta)$と表すことにする。

$$\angle \text{AOB} = \arg \dfrac{z^2-0}{z-0} = \arg z = \theta$$

であることに注意すると

$$S(\theta) = \dfrac{1}{2} \times \text{OA} \times \text{OB} \times \sin \angle \text{AOB}$$
$$= \dfrac{1}{2}|z||z^2|\sin\theta = \dfrac{1}{2}|z|^3 \sin\theta$$

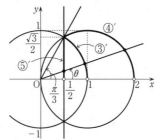

となる。ここで，$0 \leq \theta \leq \dfrac{\pi}{3}$ より $0 \leq \sin\theta \leq \dfrac{\sqrt{3}}{2}$ である。

A(z)が③′上を動くとき，$|z|=1$ より，$S(\theta) = \dfrac{1}{2}\sin\theta \leq \dfrac{\sqrt{3}}{4}$ であり，⑤′上を動くとき，$|z| \leq 1$ より，$S(\theta) \leq \dfrac{1}{2}\sin\theta \leq \dfrac{\sqrt{3}}{4}$ である。

A(z)が④′上を動くとき，右図より
$$|z| = \text{OA} = 2\cos\theta$$
であるから
$$S(\theta) = \dfrac{1}{2}(2\cos\theta)^3 \sin\theta = 4\sin\theta\cos^3\theta$$

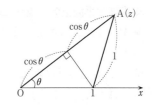

と表される。

$$S'(\theta) = 4\cos^4\theta - 12\sin^2\theta\cos^2\theta = 4\cos^2\theta(\cos^2\theta - 3\sin^2\theta)$$
$$= 4\cos^2\theta(1 - 4\sin^2\theta)$$

$S'(\theta)=0$ より $\sin\theta = \pm\dfrac{1}{2}$，$\cos\theta=0$ を得て，$0 \leq \theta \leq \dfrac{\pi}{3}$ より $\theta = \dfrac{\pi}{6}$ を得る。よって，$S(\theta)$ の増減は右表のようになる。したがって，A(z) が④′上を動くとき，

θ	0	$\cdots$	$\dfrac{\pi}{6}$	$\cdots$	$\dfrac{\pi}{3}$
$S'(\theta)$		+	0	−	
$S(\theta)$	0	↗	$\dfrac{3}{4}\sqrt{3}$	↘	$\dfrac{\sqrt{3}}{4}$

$S(\theta) \leq \dfrac{3}{4}\sqrt{3}$ である。③′上，⑤′上を動くときと比べてみれば，三角形

OAB の面積の最大値が $\dfrac{3}{4}\sqrt{3}$ であることがわかる。最大値 $\dfrac{3}{4}\sqrt{3}$ は $\theta = \dfrac{\pi}{6}$ のとき与えられ、このとき

$$|z| = 2\cos\theta = 2\cos\frac{\pi}{6} = 2 \times \frac{\sqrt{3}}{2} = \sqrt{3}$$

であるから

$$z = \sqrt{3}\left(\cos\frac{\pi}{6} + i\sin\frac{\pi}{6}\right) = \sqrt{3}\left(\frac{\sqrt{3}}{2} + \frac{1}{2}i\right) = \frac{3}{2} + \frac{\sqrt{3}}{2}i$$

である。

以上より、三角形 OAB の面積の

最大値は $\dfrac{3}{4}\sqrt{3}$、そのときの z は、$z = \dfrac{3}{2} + \dfrac{\sqrt{3}}{2}i$ ……(答)

である。

(注) $S(\theta)$ の最大値を求めるので、④′ 上を動くときだけを考えればよい。θ に値を 1 つ与えたとき、③′、④′、⑤′ 上の 3 つの z が考えられる。$|z|$ が最大になるのは、(3)の図より、④′ 上の z である。このことは、θ に値をどう与えようとも変わらない。

━━━◀解　説▶━━━

≪複素数平面上の 3 点が二等辺三角形をなす条件と面積の最大値≫

▶(1)　2 点 O、A が一致するのは $z = 0$ のときで、このとき 3 点 O、A、B が一致する。O、B が一致するのも $z = 0$ のときである。A と B が一致するのは、$z = z^2$ すなわち $z = 0$, 1 のときである。これら特殊な場合でも、3 点 O、A、B が一直線上にあるといえる。

▶(2)　$|z| = 1$ は $|z - 0| = 1$ とみる。点 O からの距離が 1 の点の集合、つまり原点を中心とする半径 1 の円を表す。

$|z - 1| = 1$ は、点 1 を中心とする半径 1 の円を表す。

$|z| = |z - 1|$ は $|z - 0| = |z - 1|$ とみる。点 O からの距離と点 1 からの距離が等しい点の集合、つまり、点 $\dfrac{1}{2}$ を通り虚軸に平行な直線（点 O と点 1 を結ぶ線分の垂直二等分線）を表す。

▶(3)　z の偏角 θ が $0 \le \theta \le \dfrac{\pi}{3}$ を満たすとき、(2)で得られた図は制限を受ける。〔解答〕の図の③′、④′、⑤′ の部分になる。z が③′、④′、⑤′ のど

東北大-理系前期 2021 年度　数学〈解答〉 45

れの上にあるときでも三角形の面積を表す式は $\dfrac{1}{2}|z|^3\sin\theta$ である。なお，

最大値を求めるのであるから，④′ 上を動くときを考えれば十分である。
ただし，〔解答〕のようにするか，（注）にある説明程度のことは書いてお
きたい。

6 ◇発想◇　難しそうに見える式が並んでいて手強い問題のようで
あるが，解く道筋が一本で，対処しやすい問題ともいえる。
(1)　定積分に着目し，部分積分法を用いて計算してみると，発見
があるであろう。
(2)　定積分の積分区間 $0\leqq x\leqq a$ で考えればよい。$1\leqq e^x\leqq e^a$ が成
り立つから，辺々に適当な式をかけてみよう。
(3)　与えられた不等式を(1)，(2)を用いてわかりやすくし，
$n=1, 2, \cdots$ として実験してみればよい。

解答 (1)　　$e^a=1+a+\dfrac{a^2}{2!}+\cdots+\dfrac{a^n}{n!}+\displaystyle\int_0^a\dfrac{(a-x)^n}{n!}e^xdx$　……（＊）

が成り立つことを示す。$a>0$，$n=1, 2, \cdots$ である。

$I_n=\displaystyle\int_0^a\dfrac{(a-x)^n}{n!}e^xdx$ とおいて，部分積分法を用いる。

$$I_n=\left[\dfrac{(a-x)^n}{n!}e^x\right]_0^a+\int_0^a\dfrac{(a-x)^{n-1}}{(n-1)!}e^xdx$$

$$=-\dfrac{a^n}{n!}+I_{n-1}\quad(n\geqq2)$$

$$I_1=\int_0^a\dfrac{(a-x)^1}{1!}e^xdx=\left[(a-x)e^x\right]_0^a+\int_0^a e^xdx$$

$$=-a+\left[e^x\right]_0^a=-a+e^a-1$$

であるから

$$I_n=-\dfrac{a^n}{n!}+I_{n-1}$$

$$I_{n-1}=-\dfrac{a^{n-1}}{(n-1)!}+I_{n-2}$$

$$\vdots$$

$$I_2 = -\frac{a^2}{2!} + I_1$$

の辺々を加えることで

$$I_n = -\frac{a^n}{n!} - \frac{a^{n-1}}{(n-1)!} - \cdots - \frac{a^2}{2!} + (-a + e^a - 1)$$

となる。移項して，$I_n = \int_0^a \frac{(a-x)^n}{n!} e^x dx$ を戻すと

$$e^a = 1 + a + \frac{a^2}{2!} + \cdots + \frac{a^n}{n!} + \int_0^a \frac{(a-x)^n}{n!} e^x dx$$

となるので，（＊）が示せた。　　　　　　　　　　　　　　　（証明終）

(2)　$$\frac{a^{n+1}}{(n+1)!} \leqq \int_0^a \frac{(a-x)^n}{n!} e^x dx \leqq \frac{e^a a^{n+1}}{(n+1)!} \quad \cdots\cdots(\ast\ast)$$

が成り立つことを示す。$a>0$，$n=1,\ 2,\ \cdots$ である。

$0 \leqq x \leqq a$ のとき，e^x は増加関数より，$e^0 \leqq e^x \leqq e^a$ すなわち $1 \leqq e^x \leqq e^a$ である。

この不等式の辺々に $\dfrac{(a-x)^n}{n!}$ $(\geqq 0)$ をかけて

$$\frac{(a-x)^n}{n!} \leqq \frac{(a-x)^n}{n!} e^x \leqq \frac{(a-x)^n}{n!} e^a \quad \cdots\cdots\text{①}$$

が成り立つ。ここで

$$\int_0^a \frac{(a-x)^n}{n!} dx = \left[-\frac{(a-x)^{n+1}}{(n+1)!} \right]_0^a = \frac{a^{n+1}}{(n+1)!}$$

$$\int_0^a \frac{(a-x)^n}{n!} e^a dx = e^a \cdot \int_0^a \frac{(a-x)^n}{n!} dx = \frac{e^a a^{n+1}}{(n+1)!}$$

に注意すると，①から得られる不等式

$$\int_0^a \frac{(a-x)^n}{n!} dx \leqq \int_0^a \frac{(a-x)^n}{n!} e^x dx \leqq \int_0^a \frac{(a-x)^n}{n!} e^a dx$$

より

$$\frac{a^{n+1}}{(n+1)!} \leqq \int_0^a \frac{(a-x)^n}{n!} e^x dx \leqq \frac{e^a a^{n+1}}{(n+1)!}$$

すなわち，（＊＊）が得られる。　　　　　　　　　　　　　　（証明終）

(3)　(1)において，$a=1$ とすると

$$e = 1 + 1 + \frac{1}{2!} + \cdots + \frac{1}{n!} + \int_0^1 \frac{(1-x)^n}{n!} e^x dx$$

東北大-理系前期 2021 年度 数学〈解答〉 *47*

となるので

$$\left| e - \left(1 + 1 + \frac{1}{2!} + \cdots + \frac{1}{n!} \right) \right| = \left| \int_0^1 \frac{(1-x)^n}{n!} e^x dx \right|$$

が成り立つ。また，(2)の不等式において $a=1$ とすると

$$\frac{1}{(n+1)!} \leqq \int_0^1 \frac{(1-x)^n}{n!} e^x dx \leqq \frac{e}{(n+1)!} \quad \cdots\cdots ②$$

であるから，$J_n = \int_0^1 \frac{(1-x)^n}{n!} e^x dx$ とおけば

$$\frac{1}{2!} \leqq J_1 \leqq \frac{e}{2!}, \quad \frac{1}{3!} \leqq J_2 \leqq \frac{e}{3!}, \quad \cdots,$$

$$\left(\frac{1}{1000} < \right) \frac{1}{720} \leqq J_5 \leqq \frac{e}{720} < \frac{3}{720} = \frac{1}{240},$$

$$\frac{1}{5040} \leqq J_6 \leqq \frac{e}{5040} < \frac{3}{5040} = \frac{1}{1680} \left(< \frac{1}{1000} \right)$$

となるので

$$\left| e - \left(1 + 1 + \frac{1}{2!} + \cdots + \frac{1}{n!} \right) \right| < 10^{-3} = \frac{1}{1000}$$

を満たす最小の正の整数 n は

$$n = 6 \quad \cdots\cdots (答)$$

である。

━━━━━ ◀解　説▶ ━━━━━

≪定積分の漸化式と不等式による評価≫

▶(1)　手がかりは定積分で，被積分関数が n 次関数と指数関数の積になっているので，部分積分法を用いれば漸化式が作れる。

$$e^x = 1 + x + \frac{x^2}{2!} + \frac{x^3}{3!} + \frac{x^4}{4!} + \cdots$$

と展開される事実は大学で学ぶ。

▶(2)　定積分の積分区間が $0 \leqq x \leqq a$ であることに注目し，〔解答〕の不等式①を自力で作る力が試されている。この種の問題に慣れていれば，これはそれほど難しいことではない。

▶(3)　$n!$ は $1!$，$2!$，$\cdots$ と計算すると，あっという間に大きくなるから，短時間で $n=6$ は求まるであろう。

❖講　評

　2021 年度も例年同様，医（保健〈看護学〉）学部を除く理系全学部（経済〈理系〉学部を含む）で，大問数が 6 題，試験時間が 150 分であった。全問記述式で，証明問題を含む問題が 1 題，図示問題を含む問題が 2 題あった。①，③はそれぞれ医（保健〈看護学〉）学部の①，②と同一問題である。なお，出題範囲について，「数学Ⅲ」の発展的な内容「微分方程式」からは出題しないとされた。

　全体的に取り組みやすい問題であったが，簡単に完答できる問題はなく，計算力の要求される問題も目立った。難度としては，2020 年度が易しめであったこともあるが，やや難化したといえるであろう。

　① 本問だけは小問がない。与えられた曲線が x 軸の正の部分と共有点をもたない条件を求め，それを図示するもの。やや易しめである。

　② 図形の性質と整数の性質の融合問題である。三角形の面積比を求め，不定方程式を導き，それを解くといったもので標準的である。

　③ 確率ではなく場合の数の出題であった。正八角形の頂点を頂点とする三角形や四角形の数を調べるもので，経験のある受験生もいただろう。

　④ 与えられた 3 次関数のグラフに対して，傾き 1 の直線が 3 交点をもつように動く。2 交点の中点の軌跡や線分の通過領域の面積を求めるものである。

　⑤ 複素数平面上の 3 点が一直線上にある条件，二等辺三角形になる条件を求めた後，⑶で面積の最大値を求める。⑶に時間がかかりそうである。

　⑥ 定積分に関する等式・不等式の証明と近似の評価の問題である。類題を経験していれば比較的解きやすいと思われるが，コツを知らないと苦しいだろう。

　全体に，図を描いて考える問題が多かった。普段の学習でも図を描いて考えることを習慣化しておかなければならない。

◀医(保健〈看護学〉)学部▶

1 ◀経済(理系)・理・医(医・保健〈放射線技術科学・検査技術科学〉)・歯・薬・工・農学部▶ 1 に同じ。

2 ◀経済(理系)・理・医(医・保健〈放射線技術科学・検査技術科学〉)・歯・薬・工・農学部▶ 3 に同じ。

3 ◇発想◇ 与えられた条件を満たす図を誤りなく描かなければならない。

(1) 三角形 OPA において，2 辺 OA，AP の長さと，内角 ∠OPA が与えられていて，残りの 1 辺 OP (円 C_1 の半径) を求めるのであるから，当然，余弦定理が想起されなければならない。

(2) 3 辺の長さがわかれば，内角の余弦は求まるのだから，ここでも余弦定理が使える。また，3 辺の長さの比に注目すれば，余弦定理を使わなくても求まる。

(3) 円の面積，扇形の面積，三角形の面積などを組み合わせて求める。図がきちんと描けていることが前提である。

解答 問題文の設定を図に示すと右のようになる。$0 < r < 1$ である。

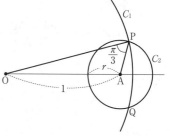

(1) 三角形 OPA については，
∠OPA $= \dfrac{\pi}{3}$，OA $= 1$，AP $= r$ であるから，OP $= x$ $(x > 0)$ とおいて，余弦定理を用いると

$$OA^2 = OP^2 + AP^2 - 2OP \times AP \cos \angle OPA$$

より

$$1^2 = x^2 + r^2 - 2xr \cos \dfrac{\pi}{3}$$

が得られる。$\cos\dfrac{\pi}{3}=\dfrac{1}{2}$ であるので，x について解くと

$$x^2 - rx + r^2 - 1 = 0$$

よって　$x = \dfrac{r \pm \sqrt{4-3r^2}}{2}$

となる。$0 < r < 1$ であるから

$$r - \sqrt{4-3r^2} = \dfrac{4(r^2-1)}{r+\sqrt{4-3r^2}} < 0$$

となるので

$$\text{OP} = x = \dfrac{r + \sqrt{4-3r^2}}{2}$$

である。よって，円 C_1 の半径は

$$\dfrac{r + \sqrt{4-3r^2}}{2} \quad \cdots\cdots（答）$$

である。

(2)　$r = \dfrac{\sqrt{3}}{3} = \dfrac{1}{\sqrt{3}}$ のとき，$\text{OP} = \dfrac{\dfrac{1}{\sqrt{3}} + \sqrt{4 - 3\left(\dfrac{1}{\sqrt{3}}\right)^2}}{2} = \dfrac{2}{\sqrt{3}}$ である。

$\text{AO} = 1$，$\text{AP} = \dfrac{1}{\sqrt{3}}$，$\text{OP} = \dfrac{2}{\sqrt{3}}$ であるから，三角形 OPA に余弦定理を用いて

$$\cos\angle\text{PAO} = \dfrac{\text{AO}^2 + \text{AP}^2 - \text{OP}^2}{2 \times \text{AO} \times \text{AP}} = \dfrac{1^2 + \left(\dfrac{1}{\sqrt{3}}\right)^2 - \left(\dfrac{2}{\sqrt{3}}\right)^2}{2 \times 1 \times \dfrac{1}{\sqrt{3}}} = 0$$

となり

$$\angle\text{PAO} = \dfrac{\pi}{2} \quad \cdots\cdots（答）$$

である。

（注）　$\text{AO} : \text{AP} : \text{OP} = 1 : \dfrac{1}{\sqrt{3}} : \dfrac{2}{\sqrt{3}} = \sqrt{3} : 1 : 2$ となり，$\angle\text{PAO} = \dfrac{\pi}{2}$ がわかる。$\text{OP}^2 = \text{AP}^2 + \text{AO}^2$ が成り立つことから $\angle\text{PAO} = \dfrac{\pi}{2}$ としてもよい。

(3) $r = \dfrac{\sqrt{3}}{3} = \dfrac{1}{\sqrt{3}}$ のとき，(2)より，$\angle \text{PAO} = \dfrac{\pi}{2}$

であるから，右図の網かけ部分の面積（S とする）を求めることが本題である。右図の線分 PQ の右側の網かけ部分の面積を R，左側のそれを L とすると，$S = R + L$ である。

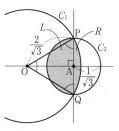

$$R = \begin{pmatrix} \text{半径 } \dfrac{2}{\sqrt{3}} \text{ の円の} \\ \text{面積の } \dfrac{1}{6} \end{pmatrix} - \begin{pmatrix} 1\text{ 辺の長さが } \dfrac{2}{\sqrt{3}} \text{ の} \\ \text{正三角形の面積} \end{pmatrix}$$

$$= \dfrac{1}{6} \times \pi \left(\dfrac{2}{\sqrt{3}}\right)^2 - \dfrac{\sqrt{3}}{4}\left(\dfrac{2}{\sqrt{3}}\right)^2 = \dfrac{2}{9}\pi - \dfrac{\sqrt{3}}{3}$$

$$L = \left(\text{半径 } \dfrac{1}{\sqrt{3}} \text{ の円の面積の } \dfrac{1}{2}\right) = \dfrac{1}{2} \times \pi \left(\dfrac{1}{\sqrt{3}}\right)^2 = \dfrac{\pi}{6}$$

より

$$S = R + L = \left(\dfrac{2}{9}\pi - \dfrac{\sqrt{3}}{3}\right) + \dfrac{\pi}{6} = \dfrac{7}{18}\pi - \dfrac{\sqrt{3}}{3} \quad \cdots\cdots\text{(答)}$$

である。

◀解　説▶

≪余弦定理の応用，2円の内部の共通部分の面積≫

▶(1) 余弦定理を用いて導かれた2次方程式 $x^2 - rx + r^2 - 1 = 0$ より，$x = \dfrac{r \pm \sqrt{4 - 3r^2}}{2}$ が求まるが，$x = \text{OP} > 0$ であるので吟味が必要である。r も $\sqrt{4 - 3r^2}$ もともに正（$0 < r < 1$）なので，平方して比較できる。

$$r^2 - (\sqrt{4 - 3r^2})^2 = r^2 - (4 - 3r^2) = 4(r^2 - 1) < 0$$

となるから，$r < \sqrt{4 - 3r^2}$ がわかる。つまり，$r - \sqrt{4 - 3r^2} < 0$ なので，$x = \dfrac{r - \sqrt{4 - 3r^2}}{2}$ は不適となる。〔解答〕では，分子の有理化を試みた。

▶(2) (注)のように気づけばよいが，三角形の3辺の長さから内角の余弦の値を知ることは基本であるので，〔解答〕にはあえて載せてある。

▶(3) ていねいに図を描くことが第一歩である。〔解答〕では，R の値を求めるのに，扇形の面積から，正三角形の面積を引いたが，三角形 OPQ の面積

$$\frac{1}{2} \times \text{OP} \times \text{OQ} \sin\frac{\pi}{3} = \frac{1}{2} \times \frac{2}{\sqrt{3}} \times \frac{2}{\sqrt{3}} \times \frac{\sqrt{3}}{2} = \frac{\sqrt{3}}{3}$$

を引いてもよい。ちなみに，1辺の長さが a の正三角形の面積は $\frac{\sqrt{3}}{4}a^2$ である。

$\boxed{4}$ ◆発想◆　題意は把握しやすい。共通接線と面積を求める問題である。なお，面積を求めるときに，3次関数のグラフは必要としない。

(1) $y = x^3 + x^2$ のグラフ上の点 $(a,\ a^3 + a^2)$ における接線の方程式を作る。2次関数でも同様の方程式を作り，二者が一致すると考える。あるいは，3次関数のグラフの接線が2次関数のグラフに接すると考えてもよい。

(2) 放物線と2本の共通接線との接点の座標，2接線の交点の座標を求めて図を描く。面積は定積分の計算になるから，計算ミスに注意しよう。

解答 (1) $y = x^3 + x^2$ のグラフ上の点 $(a,\ a^3 + a^2)$ における接線の方程式は，$y' = 3x^2 + 2x$ より

$$y - (a^3 + a^2) = (3a^2 + 2a)(x - a)$$

すなわち　　$y = (3a^2 + 2a)x - 2a^3 - a^2$　……①

である。$y = x^2 + 4x + 16$ のグラフ上の点 $(b,\ b^2 + 4b + 16)$ における接線の方程式は，$y' = 2x + 4$ より

$$y - (b^2 + 4b + 16) = (2b + 4)(x - b)$$

すなわち　　$y = (2b + 4)x - b^2 + 16$　……②

である。①と②が同一であるための条件は

$$3a^2 + 2a = 2b + 4 \ \cdots\cdots ③ \quad \text{かつ} \quad -2a^3 - a^2 = -b^2 + 16 \ \cdots\cdots ④$$

が成り立つことである。③より

$$b = \frac{1}{2}(3a^2 + 2a - 4) \ \cdots\cdots ⑤$$

これを④に代入すると

$$-2a^3 - a^2 = -\frac{1}{4}(3a^2 + 2a - 4)^2 + 16$$

整理して
$$9a^4+4a^3-24a^2-16a-48=0 \quad \cdots\cdots ⑥$$
となる。この 4 次方程式は $a=\pm 2$ を解にもつので，左辺は $(a+2)(a-2)$ を因数にもつ。よって
$$(a+2)(a-2)(9a^2+4a+12)=0$$
となる。$9a^2+4a+12=0$ は，判別式を D とすると
$$\frac{D}{4}=2^2-9\times 12=-104<0$$
となり，実数解をもたないから，⑥の実数解は，$a=\pm 2$ である。
①より，$a=2$ のとき $y=16x-20$，$a=-2$ のとき $y=8x+12$ となるので，求める 2 本の接線の方程式は
$$y=16x-20,\quad y=8x+12 \quad \cdots\cdots(答)$$
である。

(注) 接線①が 2 次関数 $y=x^2+4x+16$ のグラフに接すると考えると，方程式
$$x^2+4x+16=(3a^2+2a)x-2a^3-a^2$$
すなわち
$$x^2+(4-3a^2-2a)x+2a^3+a^2+16=0$$
が重解をもつ条件を求めることになる。(判別式)$=0$ は
$$(4-3a^2-2a)^2-4(2a^3+a^2+16)=0$$
となり，この式を展開・整理すると⑥と同じ方程式になる。

(2) ⑤より，$a=2$ のとき $b=\frac{1}{2}(12+4-4)=6$，$a=-2$ のとき $b=\frac{1}{2}(12-4-4)=2$ であるから，2 次関数 $y=x^2+4x+16$ のグラフ上の接点の座標は $(6,\ 76)$，$(2,\ 28)$ である。また，2 本の接線 $y=16x-20$，$y=8x+12$ の交点の座標は
$$16x-20=8x+12$$
を解いて $x=4$，このとき $y=44$ より，$(4,\ 44)$ である。
これらのことから，$y=x^2+4x+16$ $=(x+2)^2+12$ のグラフと 2 接線を右に示した。

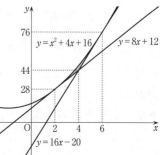

(1)で求めた2本の共通接線と2次関数 $y=x^2+4x+16$ のグラフで囲まれた部分は，上図の網かけ部分となる。この部分の面積 S は

$$S=\int_2^4 \{(x^2+4x+16)-(8x+12)\}\,dx$$

$$+\int_4^6 \{(x^2+4x+16)-(16x-20)\}\,dx$$

$$=\int_2^4 (x^2-4x+4)\,dx+\int_4^6 (x^2-12x+36)\,dx$$

$$=\left[\frac{x^3}{3}-2x^2+4x\right]_2^4+\left[\frac{x^3}{3}-6x^2+36x\right]_4^6$$

$$=\frac{56}{3}-24+8+\frac{152}{3}-120+72$$

$$=\frac{208}{3}-64=\frac{208-192}{3}=\frac{16}{3}\quad\cdots\cdots(\text{答})$$

である。

(注)　$(ax+b)^n$ を x で微分すると，$n(ax+b)^{n-1}\times a$ となる。このことを知っていれば

$$\int_2^4 (x^2-4x+4)\,dx=\int_2^4 (x-2)^2\,dx=\left[\frac{1}{3}(x-2)^3\right]_2^4=\frac{8}{3}$$

$$\int_4^6 (x^2-12x+36)\,dx=\int_4^6 (x-6)^2\,dx=\left[\frac{1}{3}(x-6)^3\right]_4^6=\frac{8}{3}$$

と計算できて，$S=\dfrac{8}{3}+\dfrac{8}{3}=\dfrac{16}{3}$ となる。

━━━━━◀解　説▶━━━━━

≪3次関数と2次関数のグラフの共通接線，面積≫

▶(1)　〔解答〕のように解くにしても，(注)のように考えるにしても（接線②が3次関数 $y=x^3+x^2$ のグラフに接すると考えるのは現実的ではない），結局，4次方程式⑥を解くことになる。⑥の左辺は簡単に因数分解できそうもないので因数定理を用いる。（±48 の約数）を絶対値の小さい方から代入してみる。⑥を満たすものがみつからなければ，$\left(\pm\dfrac{48\text{の約数}}{9\text{の約数}}\right)$ を代入してみる。ここでは，$a=2$ と $a=-2$ という，比較的小さい値で左辺が0になった。

▶(2)　面積を求める部分を正確に把握しなければならない。放物線

東北大-理系前期 2021 年度　数学〈解答〉　*55*

$y = x^2 + 4x + 16$ と 2 本の共通接線を描けばよい（$y = x^3 + x^2$ のグラフは使わない）。ポイントは，2 つの接点の座標と，2 接線の交点の座標である。係数が大きいため，非常に縦長の図となってしまうので，〔解答〕の図は，y 軸方向に縮小してある。

❖講　評

　2021 年度も例年同様，大問数が 4 題，試験時間は 100 分であった。すべて記述式で，図示問題が 1 題あったが，証明問題は出題されなかった。①〜④全問題が文系学部と共通問題で，そのうち①，②は，他の理系学部と共通問題であった。

　2021 年度は取り組みやすい問題が多かったようである。図示問題や図を描いて考える問題が多いという印象がある。一部計算が難しい問題もあったが，全体的な難度としては，2020 年度と同程度といえそうである。

　①　この大問だけは小問がない。与えられた曲線が x 軸の正の部分と共有点をもたない条件を求め，それを図示するもの。やや易しめである。

　②　確率ではなく場合の数の出題であった。正八角形の頂点を頂点とする三角形や四角形の数を調べるもので，経験のある受験生もいただろう。

　③　図形と計量からの問題で，余弦定理が使われる。最後に 2 つの円の共通部分の面積を求める。完答しやすい問題であった。

　④　3 次関数のグラフと 2 次関数のグラフの共通接線の問題である。方針は立ってもうまく処理するのは難しそうである。(2)は定型的な定積分を用いる面積計算であるが，そこまで届かないおそれがある。

　①と③を手早く解いてしまい，②の場合の数を慎重に数えたい。④では，自信をもって計算を進めることが成功につながる。

物理

$\boxed{1}$ **解答** 問(1)(a) 小球の $\theta=0$ の位置からの高さは $R-R\cos\theta$ であるから

$$U=mgR\,(1-\cos\theta) \quad \cdots\cdots(答)$$

(b) 力学的エネルギー保存則より

$$\frac{1}{2}mv^2+mgR\,(1-\cos\theta)=\frac{1}{2}mv_0{}^2$$

$$\therefore \quad v=\sqrt{v_0{}^2-2gR\,(1-\cos\theta)} \quad \cdots\cdots(答)$$

(c) $\theta=\pi$ のとき $v>0$ であればよいから，問(1)(b)の結果より

$$v_0{}^2-4gR>0 \quad \therefore \quad v_0>2\sqrt{gR}$$

よって $\quad v_1=2\sqrt{gR} \quad \cdots\cdots(答)$

問(2)(a) 遠心力の大きさは $mR\sin\theta\cdot\omega^2$，重力の大きさは mg であるから，リングに沿って小球に作用する力 F は

$$F=mR\omega^2\sin\theta\cdot\cos\theta-mg\sin\theta$$

$$=m\sin\theta\,(R\omega^2\cos\theta-g) \quad \cdots\cdots(答)$$

(b) 問(2)(a)の結果で $\sin\theta\fallingdotseq\theta$，$\cos\theta\fallingdotseq1$ と近似すると

$$F=m\,(R\omega^2-g)\,\theta$$

F が点Pへ向かう復元力となるには，$\theta>0$ のとき $F<0$ であるから

$$R\omega^2-g<0 \quad \therefore \quad \omega<\sqrt{\frac{g}{R}}$$

よって $\quad \omega_0=\sqrt{\dfrac{g}{R}} \quad \cdots\cdots(答)$

(c) 小球が角度 θ の位置にあるとき，リングに沿った加速度を a とすると，運動方程式より

$$ma=F$$

$$=-m\,(g-R\omega^2)\,\theta$$

$x=R\theta$ より

$$a=-\left(\frac{g-R\omega^2}{R}\right)x$$

これは角振動数 $\sqrt{\dfrac{g-R\omega^2}{R}}$ の単振動であるから

$$T = 2\pi\sqrt{\dfrac{R}{g-R\omega^2}} \quad \cdots\cdots(答)$$

問(3)(a) 問(2)(a)の結果で $\theta=\theta_0$ のとき $F=0$ であればよいから

$$R\omega^2\cos\theta_0 - g = 0$$

$$\therefore \omega = \sqrt{\dfrac{g}{R\cos\theta_0}} \quad \cdots\cdots(答)$$

(b) 記号：(う)

理由：問(2)(b)より，ω が ω_0 より大きいとき，力 F は点Pへ向かう復元力とはならないとあるので，$\theta=0$ を中心とした単振動にはならない。よって，(う)が不適切である。

◀解　説▶

≪静止・回転するリングに沿った小球の運動≫

▶問(1)(a)　小球が角度 θ の位置にあるとき右図の状態であるから，$\theta=0$ の位置からの高さは $R-R\cos\theta$ となる。

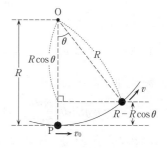

▶(b)　リングは固定され，なめらかで，リングからの垂直抗力は仕事をしないので，小球について力学的エネルギー保存則が成り立つ。

▶(c)　小球は穴があいてリングに通されているので，リングから離れることはない。よって，最高点での速さが0でなければ回転運動を続けることになる。

▶問(2)(a)　リングとともに回転する人から見ると，右図のように小球は鉛直軸からの半径が $R\sin\theta$ の位置にあるから，遠心力 $m\cdot R\sin\theta\cdot\omega^2$ が水平方向にはたらく。重力 mg が鉛直下向きに，リングからの垂直抗力 N が中心Oの向きにはたらくから，リング円周に沿って θ が増加する向きにはたらく力 F は

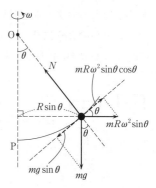

$$F = mR\omega^2 \sin\theta \cos\theta - mg\sin\theta$$

となる。

▶(b) $\omega_0 = \sqrt{\dfrac{g}{R}}$, $\omega < \omega_0$ であるから

$$F = -mg\left(1 - \dfrac{\omega^2}{\omega_0^2}\right)\theta$$

と表すことができる。

▶(c) ω_0 を用いると

$$a = -\dfrac{g}{R}\left(1 - \dfrac{\omega^2}{\omega_0^2}\right)x$$

$$= -\Omega^2 x \quad \left(\text{ただし, } \Omega = \sqrt{\dfrac{g}{R}\left(1 - \dfrac{\omega^2}{\omega_0^2}\right)}\right)$$

$$T = \dfrac{2\pi}{\Omega} = 2\pi\sqrt{\dfrac{R}{g\left(1 - \dfrac{\omega^2}{\omega_0^2}\right)}}$$

と表すことができる。

▶問(3)(a) ω_0 を用いると $\omega = \dfrac{\omega_0}{\sqrt{\cos\theta_0}}$ と表すことができる。

▶(b) 問(3)(a)の ω より

$$F = mg\sin\theta\left(\dfrac{\cos\theta}{\cos\theta_0} - 1\right)$$

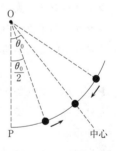

$\theta > \theta_0$ のとき $F < 0$, $\theta < \theta_0$ のとき $F > 0$ であるから, 小球には $\theta = \theta_0$ を中心とした復元力がはたらく。よって, $\theta = \dfrac{1}{2}\theta_0$ の位置で与える初速が負の向きに十分小さいと(あ)のような運動になり, 正の向きに十分大きいと(い)のようにリングを回転する運動となる。(う)のような $\theta = 0$ を中心とする運動にはならない。

2 解答 問(1)(a) 電極板 D_0 と D_1 の間の電位差は V_0, 極板間距離は d_1 であるから, 電場の大きさ E は

$$E = \dfrac{V_0}{d_1} \quad \text{……(答)}$$

東北大－理系前期   2021 年度　物理〈解答〉　*59*

粒子が電場から受ける力の大きさは qE であるから，運動方程式より

$$ma = qE$$

$$= \frac{qV_0}{d_1}$$

$$\therefore \quad a = \frac{qV_0}{md_1} \quad \cdots\cdots (答)$$

(b)　粒子は大きさ a の等加速度運動をするから

$$\frac{1}{2}at_1{}^2 = d_1$$

$$\therefore \quad t_1 = \sqrt{\frac{2d_1}{a}} = d_1\sqrt{\frac{2m}{qV_0}} \quad \cdots\cdots (答)$$

$$v_1 = at_1 = \sqrt{2ad_1} = \sqrt{\frac{2qV_0}{m}} \quad \cdots\cdots (答)$$

(c)　電極板 D_0 から D_n に到達するまでに粒子は電場から $n \cdot qV_0$ の仕事を
されるから，仕事と運動エネルギーの変化との関係より

$$\frac{1}{2}mv_n{}^2 = nqV_0$$

$$\therefore \quad v_n = \sqrt{n \cdot \frac{2qV_0}{m}} = \sqrt{n}\, v_1 \quad \cdots\cdots (答)$$

(d)　電極板 D_{n-1} を通過するときの速さは $\sqrt{n-1}\, v_1$，D_n を通過するときの
速さは $\sqrt{n}\, v_1$ である。D_{n-1} と D_n の間の加速度の大きさを a_n とすると，
極板間隔が d_n であるから，問(1)(a)と同様にして

$$a_n = \frac{qV_0}{md_n}$$

D_{n-1} と D_n の間を通過する時間が t_1 に等しいから，問(1)(b)の結果を用い
て

$$\sqrt{n}\, v_1 = \sqrt{n-1}\, v_1 + a_n t_1$$

$$(\sqrt{n} - \sqrt{n-1})\, v_1 = \frac{qV_0}{md_n} \cdot d_1\sqrt{\frac{2m}{qV_0}}$$

$$= \frac{d_1}{d_n}\sqrt{\frac{2qV_0}{m}} = \frac{d_1}{d_n}v_1$$

$$\therefore \quad d_n = \frac{d_1}{\sqrt{n} - \sqrt{n-1}} = (\sqrt{n} + \sqrt{n-1})\, d_1 \quad \cdots\cdots (答)$$

問(2)(a)　向き：正

(b) 一周目は加速部 Z で電場から qV_0 の仕事をされているから

$$\frac{1}{2}mu_1{}^2 - \frac{1}{2}mu_0{}^2 = qV_0$$

$$\therefore \quad u_1 = \sqrt{u_0{}^2 + \frac{2qV_0}{m}} \quad \cdots\cdots(\text{答})$$

管 M_1 中で粒子は半径 r，速さ u_1 の等速円運動をするから

$$b_1 = \frac{u_1{}^2}{r} = \frac{1}{r}\left(u_0{}^2 + \frac{2qV_0}{m}\right) \quad \cdots\cdots(\text{答})$$

(c) N 周目の周回をするときの速さを u_N とする。粒子は，加速部 Z を N 回通過しているから，電場から粒子がされる仕事の合計は NqV_0 となるので

$$\frac{1}{2}mu_N{}^2 - \frac{1}{2}mu_0{}^2 = NqV_0$$

$$\therefore \quad u_N = \sqrt{u_0{}^2 + \frac{2NqV_0}{m}}$$

一周の長さは $2l + 2\pi r$ であるから，N 周目の周回に要する時間 T_N は

$$T_N = \frac{2(l + \pi r)}{u_N}$$

$$= \frac{2(l + \pi r)}{\sqrt{u_0{}^2 + \dfrac{2NqV_0}{m}}} \quad \cdots\cdots(\text{答})$$

(d) 粒子は大きさ qu_NB_N のローレンツ力を受け，半径 r，速さ u_N の等速円運動をするから，運動方程式より

$$m\frac{u_N{}^2}{r} = qu_NB_N$$

$$\therefore \quad B_N = \frac{mu_N}{qr} = \frac{m}{qr}\sqrt{u_0{}^2 + \frac{2NqV_0}{m}} \quad \cdots\cdots(\text{答})$$

問(3) (a)　　　　　　　　　　　　(b)

東北大-理系前期 2021 年度　物理〈解答〉 *61*

(c)—(イ)

◀解　説▶

≪電場・磁場中での荷電粒子の運動≫

▶問(1)(a)　電極板を直線状に並べて荷電粒子を加速する線形加速器の原理で，荷電粒子は極板間の電場から力を受けて加速される。

▶(b)　時間 t_1 を求めるには等加速度運動の式が必要である。v_1 だけでよいなら，仕事と運動エネルギーの関係を用いて

$$\frac{1}{2}mv_1{}^2 = qV_0 \qquad \therefore \quad v_1 = \sqrt{\frac{2qV_0}{m}}$$

としたほうが早い。v_1 が極板間距離 d_1 によらないことに注意する。

▶(c)　電極板ごとに加速度を求めて速さを計算すると大変である。D_n に到達するまでに n 回加速されるが，1 回ごとにされる仕事は qV_0 であることに気づけばよい。

▶(d)　電極板間を通過する時間を等しくするには電極板間の距離を変え，$d_2 = (\sqrt{2}+1)\,d_1$, $d_3 = (\sqrt{3}+\sqrt{2})\,d_1$, …, $d_n = (\sqrt{n}+\sqrt{n+1})\,d_1$ とすればよい。こうすれば，一定の時間で電極板を通過することが可能になる。

▶問(2)(a)　図 2 は図 1 を周回形にしてくり返し加速する装置である。管 M_1 を図 2 のように円運動させるためには，ローレンツ力の向きが右図のようになるので，磁場は紙面裏から表の向き（正の向き）になる。

▶(b)　粒子が電場からされる仕事と運動エネルギーの変化の関係を用いて u_1 を求めればよい。b_1 は円運動の加速度の式を用いればよい。

▶(c)　粒子は磁場からは仕事をされないので，加速部 Z の電場からされる仕事だけを考えればよい。

▶(d)　一定の半径 r で円運動させるには，B_N を周回ごとに増やす必要がある。

▶問(3)(a)　磁力線は磁石の N 極から出て S 極に入る。また，磁力線は交わったり枝分かれしたりしない。よって，概形は〔解答〕のようになる。

▶(b)　ローレンツ力の向きから，点 A では x 軸の正方向，点 B では z 軸の正方向となる。

▶(c)　ローレンツ力の向きは z 軸に対して点 A と対称な x 軸上の点では x 軸の負方向，x 軸に対して点 B と対称な z 軸上の点では z 軸の負方向とな

る。よって，輝点の分布は z 軸方向に伸び x 軸方向に縮んだようになるので，正解は(イ)である。

3 解答

問(1)(a)　音波の振動数が f，音速が V であるから，波の式より波長 λ は

$$\lambda = \frac{V}{f} \quad \cdots\cdots(\text{答})$$

(b)　音波は反射板で固定端反射するので，$x=d$ で $F=-F_R$ となるから，F，F_R の式を用いて

$$A\sin\left\{2\pi f\left(t-\frac{d}{V}\right)\right\} = A\sin\left\{2\pi f\left(t+\frac{d-a}{V}\right)\right\}$$

$$2\pi f\left(t-\frac{d}{V}\right) = 2\pi f\left(t+\frac{d-a}{V}\right)+2\pi m$$

$$（ただし，\ m=0,\ \pm1,\ \pm2,\ \cdots）$$

$$-d = d-a+m\cdot\frac{V}{f}$$

$$= d-a+m\lambda$$

$$\therefore \quad a = 2d+m\lambda$$

「a の値を d を用いて表せ」とあるので，$m=0$ として

$$a = 2d \quad \cdots\cdots(\text{答})$$

(c)　位置 x における媒質の変位を F_x とすると，$a=2d$ を考慮し，与えられた公式を用いると

$$F_x = F+F_R$$

$$= A\sin\left\{2\pi f\left(t-\frac{x}{V}\right)\right\} - A\sin\left\{2\pi f\left(t+\frac{x-2d}{V}\right)\right\}$$

$$= 2A\sin\left\{2\pi f\left(\frac{d-x}{V}\right)\right\}\cdot\cos\left\{2\pi f\left(t-\frac{d}{V}\right)\right\}$$

よって，変位の最大値 A_S は

$$A_S = 2A\left|\sin\left\{2\pi f\left(\frac{d-x}{V}\right)\right\}\right| \quad \cdots\cdots(\text{答})$$

(d)　節の位置では $A_S=0$ であるから，問(1)(c)の位相より

$$2\pi f\left(\frac{d-x}{V}\right) = \pm n\pi \quad （ただし，\ n=0,\ 1,\ 2,\ \cdots）$$

東北大-理系前期   2021 年度 物理〈解答〉 63

$$\therefore \quad x = d \mp n \cdot \frac{V}{2f} \quad （複号同順）$$

$x < d$ より

$$x = d - n \cdot \frac{V}{2f} \quad (n = 1,\ 2,\ \cdots)$$

よって，$0 < x < d$ に節ができる条件は，$n = 1$ として

$$0 < d - \frac{V}{2f} < d$$

$$\therefore \quad d > \frac{V}{2f} \quad \cdots\cdots（答）$$

問(2)(a)　位置 x_0 から一定速度 u で Δt の間進むから

$$x = x_0 + u\Delta t \quad \cdots\cdots（答）$$

(b)　F の式で t を $t_0 + \Delta t$, x を $x_0 + u\Delta t$ として

$$F' = A \sin\left[2\pi f\left\{(t_0 + \Delta t) - \frac{x_0 + u\Delta t}{V}\right\}\right] \quad \cdots\cdots（答）$$

(c)　問(2)(b)の結果を変形して

$$F' = A \sin\left\{2\pi f \cdot \frac{V - u}{V} \cdot \Delta t + 2\pi f\left(t_0 - \frac{x_0}{V}\right)\right\}$$

観測者 P が時刻 t_0 のとき位置 x_0 を通過した後，振動数 f' の音を Δt の間観測したとすると，位相は $2\pi f' \cdot \Delta t$ 進むから

$$2\pi f \cdot \frac{V - u}{V} \cdot \Delta t = 2\pi f' \cdot \Delta t$$

$$\therefore \quad f' = \frac{V - u}{V} f \quad \cdots\cdots（答）$$

問(3)(a)　$t = t_0 + \Delta t$ における観測者 P の座標は $(x_0 + u\Delta t,\ y_0)$ であるから，$r_0 = \sqrt{x_0{}^2 + y_0{}^2}$ を用い，Δt^2 の項を無視すると

$$\begin{aligned}
r &= \sqrt{(x_0 + u\Delta t)^2 + y_0{}^2} \\
&= \sqrt{x_0{}^2 + y_0{}^2 + 2x_0 u\Delta t + u^2\Delta t^2} \\
&\fallingdotseq r_0 \sqrt{1 + \frac{2x_0 u\Delta t}{r_0{}^2}} \\
&\fallingdotseq r_0\left(1 + \frac{x_0 u\Delta t}{r_0{}^2}\right) \\
&= r_0 + \frac{x_0 u}{r_0}\Delta t
\end{aligned}$$

$x_0 = r_0 \cos\theta_0$ より

$\qquad r = r_0 + u\cos\theta_0 \cdot \Delta t$ ……(答)

(b) F_r の式で t を $t_0 + \Delta t$, r を $r_0 + u\cos\theta_0 \cdot \Delta t$ とおいて

$$F_r' = A\sin\left[2\pi f\left\{(t_0 + \Delta t) - \frac{r_0 + u\cos\theta_0 \cdot \Delta t}{V}\right\}\right] \quad ……(答)$$

(c) 問(3)(b)の結果を変形して

$$F_r' = A\sin\left\{2\pi f \cdot \frac{V - u\cos\theta_0}{V} \cdot \Delta t + 2\pi f\left(t_0 - \frac{r_0}{V}\right)\right\}$$

よって,観測者 P が観測する音波の振動数を f_0' とすると,問(2)(c)と同様に

$$2\pi f \cdot \frac{V - u\cos\theta_0}{V} \cdot \Delta t = 2\pi f_0' \cdot \Delta t$$

$$\therefore \quad f_0' = \frac{V - u\cos\theta_0}{V} f$$

θ_0 を θ, f_0' を f' とすると

$$f' = \frac{V - u\cos\theta}{V} f \quad ……(答)$$

グラフ:右図。

◀解 説▶

≪正弦波の反射,定常波,ドップラー効果≫

▶問(1)(a) 音源は動かないので,振動数 f, 音速 V から波長 λ を求めればよい。音源が動くと波長は変化する。

▶(b) $\sin\theta_1 = \sin\theta_2$ のとき,$\theta_1 = \theta_2 + 2\pi m$(ただし,$m = 0$, ± 1, ± 2, …)であるから,$a = 2d + m\lambda$ となるが,このとき

$$F_R = -A\sin\left\{2\pi f\left(t + \frac{x - 2d - m\lambda}{V}\right)\right\}$$

$$= -A\sin\left\{2\pi f\left(t + \frac{x - 2d}{V}\right) - 2\pi m\right\}$$

$$= -A\sin\left\{2\pi f\left(t + \frac{x - 2d}{V}\right)\right\}$$

となり,$a = 2d$ の場合と同じになる。

▶(c) $2A\left|\sin\left\{2\pi f\left(\dfrac{d - x}{V}\right)\right\}\right|$ が位置 x における振幅で,A_S となる。

▶(d) $\sin\theta = 0$ のとき，$\theta = \pm n\pi$（ただし，$n = 0, 1, 2, \cdots$）である。節と節との間隔が $\dfrac{\lambda}{2}$ であるから，$d < \dfrac{\lambda}{2}$ だと $0 < x < d$ に節ができない。

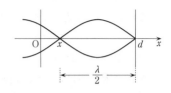

▶問(2)(a) 観測者 P は Δt の間に x 軸の正方向へ $u\Delta t$ 動く。

▶(b) F の式を用いればよい。

▶(c) 観測者 P が音速 V と同じ向きに速さ u で動くから，ドップラー効果の公式より $f' = \dfrac{V-u}{V}f$ となる。これを観測者における位相のずれから求めさせている。

▶問(3)(a) 余弦定理より
$$r_0^2 = r^2 + (u\Delta t)^2 - 2ru\Delta t \cdot \cos\theta$$
$r\cos\theta = x_0 + u\Delta t$ より
$$r_0^2 = r^2 + (u\Delta t)^2 - 2(x_0 + u\Delta t)u\Delta t$$
Δt が十分小さいとして Δt^2 の項は無視すると
$$r_0^2 = r^2 - 2x_0 u\Delta t$$
∴ $r = r_0\sqrt{1 + \dfrac{2x_0 u\Delta t}{r_0^2}} ≒ r_0\left(1 + \dfrac{x_0 u\Delta t}{r_0^2}\right)$

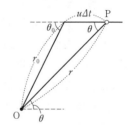

として求めてもよい。

▶(b) F_r の式を用いればよい。

▶(c) 観測者 P の速度の音源から観測者 P へ向かう方向の成分は $u\cos\theta$ であるから，斜めのドップラー効果の公式より $f' = \dfrac{V - u\cos\theta}{V}f$ となる。これを観測者における位相のずれから求めさせている。観測者 P が x 軸の負の無限遠のとき $\theta = \pi$，正の無限遠のとき $\theta = 0$ であるから，$\dfrac{f'}{f}$ は $\dfrac{V+u}{V}$ から $\dfrac{V-u}{V}$ まで変化する。

❖講　評

　2021 年度も 2020 年度同様，試験時間は理科 2 科目で 150 分，大問 3 題の出題であった。ほとんどが記述式で，考え方や計算の過程を書かせ

る形式も例年通りである。2021年度にはなかった描図問題が復活し，不適切なグラフを選択しその理由を説明するという問題もみられた。1の力学は鉛直面内の小球の円運動という頻出のテーマであるが，最後のグラフ選択が目新しい。2の電磁気も電磁場中の荷電粒子の運動というオーソドックスなテーマであるが，これも最後のグラフ選択が見慣れないものであった。3の波動は音波の定常波，ドップラー効果という頻出のテーマであるが，正弦波の式を直接計算するので，慣れていない受験生は難しく感じたかもしれない。

1　問(1)は鉛直面内の円運動の基本で，完答を要する。問(2)は遠心力を考慮した単振動で，(b)・(c)は単振り子と同様の近似を用いればよいので解きやすかったであろう。これも完答したい。問(3)は角速度が大きい場合，振動中心が $\theta=0$ にはならないことがポイントで，(b)の不適切なグラフ選択とその理由説明が難しい。ここで差がつくであろう。

2　問(1)は電場による荷電粒子の加速で，電極板の距離が異なるので難しそうに思えるが，問題文の指示通りに解いていけば容易である。問(2)は磁場で周回させながら電場で加速するというサイクロトロンに似た加速器で，回転半径を一定に保つように磁場を変化させる点が目新しい。特に難しいところはないので，ここまでは完答したい。問(3)(a)・(b)の描図，(c)のグラフ選択は磁力線やローレンツ力の基本的な知識で答えられるが，図4を見て多数の粒子の磁場による集束と早合点してしまうと間違える。

3　問(1)は正弦波，反射波，合成波の式の計算で，類題を解いたことがあるかどうかで差がつくであろう。(d)は反射板が節となる定常波を考えれば計算しなくても答えられる。問(2)はドップラー効果の式を正弦波の式から求めることがテーマであるが，(c)が難しい。(b)の結果を用いて求めよとあるので，覚えている公式を書くだけでは不十分である。問(3)の斜めのドップラー効果は問(2)をさらに難しくしたようなもので，(a)の近似式は何とか解きたい。(b)・(c)は問(2)と同様に考えればよいが，容易ではない。

全体として，2021年度は2020年度に比べて描図や理由説明の設問が復活し，問題量がやや増えたものの，オーソドックスなテーマが多く難易度はそう変わらなかったと思われる。やはり，試験時間内に完答するのは大変で，過去問を十分に研究し計算力をつけておく必要がある。

化学

1 **解答** 〔Ⅰ〕問1．(c)
問2．蒸気圧降下

問3．(c)

問4．1.1×10^{-4}

問5．(d)

問6．2.4

〔Ⅱ〕問7．(A) + 6

(B) $Cr_2O_7{}^{2-} + 14H^+ + 6e^- \longrightarrow 2Cr^{3+} + 7H_2O$

問8．キ．$2CO_2$　ク．2

問9．活性化エネルギーより大きなエネルギーをもつ粒子数が減少するため。(35字以内)

問10．ケ．$3H_2SO_4$　コ．$2MnSO_4 + K_2SO_4 + 10CO_2 + 8H_2O$

問11．5.5×10^{-2}

━━━━━ ◀解　説▶ ━━━━━

≪水の性質，凝固点降下，溶解熱，酸化還元滴定≫

◆〔Ⅰ〕　▶問1．水分子の電子式は右のようになる。

よって，共有結合を形成するが，共有電子対は，電気陰性度の大きい酸素原子側に偏る。

▶問2．NaCl などの不揮発性物質が溶解すると，液体表面における水分子の割合が減少するため蒸発量が減少し，蒸気圧が下がる。大気圧と蒸気圧が等しくなったとき沸騰が起こるため，蒸気圧が下がると沸点が高くなる。したがって，沸点上昇ではなく蒸気圧降下が正解となる。

▶問3．水の水素結合は，右図のように正の電荷を帯びた水素原子と，負の電荷を帯びた酸素原子の非共有電子対間で形成される。

氷にはいくつかの結晶構造があるが，右図の中央の酸素原子が正四面体の中央に位置し，まわりにある4つの酸素原子が

正四面体の頂点に位置する構造をとる。このため，すき間の多い構造を形成し，氷の密度は液体の水に比べ小さくなる。

▶問4．$BaSO_4$ の飽和水溶液中に存在する Ba^{2+}，SO_4^{2-} イオンのモル濃度 $[Ba^{2+}]$，$[SO_4^{2-}]$ は次のようになる。

$$[Ba^{2+}] = [SO_4^{2-}] = \sqrt{9.1 \times 10^{-11}} = \sqrt{91 \times 10^{-12}} = \sqrt{7}\sqrt{13} \times 10^{-6}$$
$$= 9.36 \times 10^{-6} \, [mol/L]$$

よって，溶解している $BaSO_4$（式量 233.4）の質量は

$$9.36 \times 10^{-6} \times \frac{50.0}{1000} \times 233.4 = 1.09 \times 10^{-4} \fallingdotseq 1.1 \times 10^{-4} \, [g]$$

▶問5．凝固点降下度を $\Delta t \, [K]$ とすると，$CaCl_2$ の式量 111.1 より

$$\Delta t = 1.85 \times \frac{7.00}{111.1} \times 3 \times \frac{1}{0.500} = 0.699 \fallingdotseq 0.70 \, [K]$$

▶問6．溶液の質量は 507 g である。上昇する温度を $\Delta t' \, [K]$ とすると

$$4.20 \times 507 \times \Delta t' = \frac{7.00}{111.1} \times 82.0 \times 10^3$$
$$\Delta t' = 2.42 \fallingdotseq 2.4 \, [K]$$

◆〔Ⅱ〕 ▶問7．化合物中におけるアルカリ金属の酸化数は +1，酸素は −2 と考えればよいので，Cr の酸化数は +6 である。また，酸性条件下では，$K_2Cr_2O_7$ は酸化剤としてはたらき，自身は還元されて Cr^{3+} になる。

▶問8．シュウ酸は，中和滴定では酸としてはたらき，標準溶液として用いられるが，酸化還元滴定では還元剤としてもはたらき，自身は CO_2 へと変化する。

▶問9．反応の速度を変化させる要因には，温度，濃度，活性化エネルギーなどがある。また，すべての粒子は同じエネルギーをもつわけではなく，エネルギーの小さいものから大きいものまで色々である。活性化エネルギー以上のエネルギーをもつ粒子どうしが衝突したとき，化学反応の起こる可能性が大きくなる。

▶問10．硫酸酸性下において，MnO_4^- は次のように反応する。

$$MnO_4^- + 8H^+ + 5e^- \longrightarrow Mn^{2+} + 4H_2O \quad \cdots\cdots ③$$

よって，③×2＋①×5 よりイオン反応式は

$$2MnO_4^- + 5(COOH)_2 + 6H^+ \longrightarrow 2Mn^{2+} + 10CO_2 + 8H_2O$$

したがって，MnO_4^- を $KMnO_4$ に，$6H^+$ を $3H_2SO_4$ にすると，化学反応

東北大-理系前期　　　　　　　　　　　　　　　2021 年度　化学〈解答〉　69

式は次のようになる。

$$2KMnO_4 + 5(COOH)_2 + 3H_2SO_4$$
$$\longrightarrow K_2SO_4 + 2MnSO_4 + 10CO_2 + 8H_2O$$

▶問 11. 求めるモル濃度を x〔mol/L〕とすると，問 10 の反応式より

$$x \times \frac{50.0}{1000} : 0.0500 \times \frac{22.0}{1000} = 5 : 2$$

$$x = 5.5 \times 10^{-2}\text{〔mol/L〕}$$

2　**解答**　〔I〕問 1．ア．電離　イ．三ヨウ化物
ウ．ヨウ素デンプン反応

問 2．(1)—(c)　(2)—(b)　(3)—(d)

問 3．(1)—(b)・(d)　(2)　$2F_2 + 2H_2O \longrightarrow O_2 + 4HF$

問 4．(1)　$6HF + SiO_2 \longrightarrow H_2SiF_6 + 2H_2O$

(2)　反応した SiO_2（式量 60.1）は，$10.0 - 3.99 = 6.01$〔g〕であるから，
(1)の反応式より，求める濃度を x〔mol/L〕とすると

$$x \times \frac{100}{1000} : \frac{6.01}{60.1} = 6 : 1$$

$$x = 6.0\text{〔mol/L〕} \quad \cdots\cdots\text{(答)}$$

問 5．(b)・(c)・(d)

〔II〕問 6．(c)

問 7．ア．Pd　イ．Cu

問 8．(1)　$Fe_3O_4 + 4H_2 \longrightarrow 3Fe + 4H_2O$　(2)　$+3$，$+2$

問 9．(1)—(c)　(2)—(a)

問 10．(1)　(C)→(G)→(H)

(2)　(A)→(G)→(C)→(B)→(G)→(I)

━━━━━━━━ ◀解　説▶ ━━━━━━━━

≪17 族元素，遷移元素の性質と反応，金属イオンの系統的分離≫

◆〔I〕　▶問 1．ア．フッ化水素酸は，HF 分子間に水素結合を形成するため，電離しにくく電離定数は小さくなる。

イ．I_2 は水に溶けにくいが，ヘキサンやベンゼンなどの有機溶媒に溶けやすい。しかし，KI 水溶液にはよく溶け，次の反応によって三ヨウ化物イオン I_3^- を生じる。

70 2021 年度 化学〈解答〉 東北大-理系前期

$$KI + I_2 \rightleftharpoons K^+ + I_3^-$$

ウ．ヨウ素デンプン反応は，枝分かれのないアミロースのように長いらせん構造をもつ分子の内側に，ヨウ素分子 I_2 が入り込むことで青紫色を呈し，アミロペクチンのような枝分かれ構造をもち，らせん構造が短い分子になると赤色を呈する。

▶問 2．(1) Kr の電子配置は，K 殻に 2 個，L 殻に 8 個，M 殻に 18 個，N 殻に 8 個の電子が収容されている。よって，Br^- が同じ電子配置をもつ。

(2) Cl は K 殻に 2 個，L 殻に 8 個，M 殻に 7 個の電子が収容されている。

(3) I は K 殻に 2 個，L 殻に 8 個，M 殻に 18 個，N 殻に 18 個，O 殻に 7 個の電子が収容されている。

▶問 3．(1)(a) 誤文。ホタル石（主成分 CaF_2）に濃硫酸を作用させると，次の反応により HF が発生する。

$$CaF_2 + H_2SO_4 \longrightarrow CaSO_4 + 2HF$$

(b) 正文。NaCl 水溶液を電気分解するとき，陽極に炭素電極などを用いると，次の反応により Cl_2 が発生する。

$$2Cl^- \longrightarrow Cl_2 + 2e^-$$

(c) 誤文。F_2 は低温・暗所でも爆発的に反応するが，Cl_2 は常温で光を当てると爆発的に反応する。

(d) 正文。Br_2 は，F_2，Cl_2 ほど反応性は高くなく，高温にすると H_2 と反応する。

(e) 誤文。Br_2 は Cl_2 より酸化力が小さいので，Cl_2 を遊離することはできない。

(f) 誤文。I_2 は Br_2 より酸化力が小さいので，Br_2 を遊離することはできない。

▶問 4．(1) フッ化水素酸は，SiO_2 と反応してヘキサフルオロケイ酸 H_2SiF_6 を生成する。このため，保存にはポリエチレンの容器が用いられる。

(2) (1)の化学反応式の係数より，フッ化水素酸のモル濃度を求めればよい。

▶問 5．(b)・(c)・(d)はそれぞれ，次のように酸化剤としてはたらき，I^- を I_2 へ酸化することができる。

東北大-理系前期 　　　　　　　　　　　　　　　　2021 年度　化学〈解答〉　71

$$O_3 + 2e^- + H_2O \longrightarrow O_2 + 2OH^-$$

$$Cl_2 + 2e^- \qquad \longrightarrow 2Cl^-$$

$$Br_2 + 2e^- \qquad \longrightarrow 2Br^-$$

◆〔Ⅱ〕 ▶問6. (a) 誤文。Cr と Cu の N 殻の電子数は 1 で，他の元素の N 殻の電子数は 2 である。

(b) 誤文。金は銀よりも展性・延性が大きく，金属中最も大きい。

(c) 正文。アルカリマンガン乾電池の正極活物質は MnO_2，負極活物質は Zn である。

(d) 誤文。N 殻の電子数が 2 または 1 であるため，化学的性質は比較的似ているものが多い。

(e) 誤文。Fe^{2+} ではなく，Fe^{3+} を含む水溶液に KSCN 水溶液を加えると，血赤色となる。

▶問7．ア．第 10 族の第 4 周期から第 6 周期には，それぞれ Ni，Pd，Pt がある。

イ．還元性のある物質によりフェーリング液中に存在する Cu^{2+} が還元され，Cu_2O の赤色沈殿が生じる。

▶問8. (2) 酸化鉄には Fe_2O_3，Fe_3O_4，FeO などがあり，Fe_2O_3 中の Fe の酸化数はすべて +3，Fe_3O_4 中の Fe の酸化数はそれぞれ +3，+3，+2，FeO 中の Fe の酸化数は +2 である。

▶問9．Pt，Al はともに王水（濃硝酸と濃塩酸の 1：3 混合物）に溶解するが，Pt は(1)の(b)～(d)の溶液には溶解しない。また，Al は濃硝酸とは不動態を形成するため溶解しないが，NaOH 水溶液とは次のように反応し，H_2 を発生しながら溶解する。

$$2Al + 2NaOH + 6H_2O \longrightarrow 2Na[Al(OH)_4] + 3H_2$$

▶問10. (1) Cl^- により沈殿するのは Ag^+ だけである。また生じた AgCl は感光性があるため，光とは次のように反応し Ag を遊離する。

$$2AgCl \xrightarrow{\text{光}} 2Ag + Cl_2$$

(2) 次のような方法が考えられる。

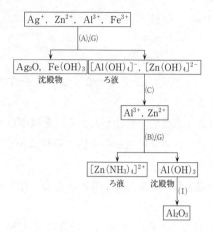

3 解答

問1. $C_{11}H_{14}O_4$

問2.
$CH_3-CH(CH_3)-CH_2-OH$ $CH_3-CH_2-CH_2-OH$

$CH_3-CH_2-CH(OH)-CH_3$(*) $CH_3-CH(OH)-CH_3$

問3. B. $H-C≡C-CH(OH)-CH_3$ (*にH)   F. $CH_3-CH_2-CO-CH_3$

問4. 無水フタル酸

問5. (a) マレイン酸の構造式（HOOC-CH=CH-COOH のシス形） (b) マレイン酸

問6. (a) 42 (b) C_3H_6

問7. ポリプロピレン

問8. 1-プロパノール

東北大-理系前期　　　　　　　　　　　　　　　　2021 年度　化学〈解答〉　73

問9．$CH_3-CH_2-\underset{O}{\overset{}{C}}-O-\underset{O}{\overset{}{C}}-CH_2-CH_3$

問10．必須アミノ酸

問11．キサントプロテイン反応

問12．$CH_3-CH_2-\underset{O}{\overset{}{C}}-\underset{H}{\overset{H}{N}}-\overset{*}{\underset{CH_2}{\overset{H}{C}}}-\underset{}{\overset{O}{C}}-OH$

（ベンゼン環がCH_2に結合）

■■■■■■■　◀解　説▶　■■■■■■■

≪エステルの加水分解，合成樹脂，アミノ酸の性質と構造決定≫

▶問1．実験1より，化合物Aに含まれるC，H，Oの質量は

$$C の質量：242 \times \frac{12.0}{44.0} = 66.0 〔mg〕$$

$$H の質量：63 \times \frac{2.00}{18.0} = 7.00 〔mg〕$$

$$O の質量：105 - 66.0 - 7.00 = 32.0 〔mg〕$$

よって，化合物Aの組成は

$$C：H：O = \frac{66.0}{12.0}：\frac{7.00}{1.00}：\frac{32.0}{16.0}$$

$$= 5.50：7.00：2.00$$

$$= 11：14：4$$

したがって，分子量 300 以下より，分子式は $C_{11}H_{14}O_4$（分子量 210）である。

▶問2．下線部a)，b)の条件から，化合物Eは飽和一価アルコールであり，4つの構造異性体が考えられる。

▶問3．実験4より，化合物Eは不斉炭素原子をもつので，問2の構造異性体のうち $CH_3-CH_2-\overset{*}{\underset{OH}{CH}}-CH_3$ が該当する。実験3より，化合物Bは2つの二重結合または1つの三重結合をもつので，化合物Eの構造から $H-C \equiv C-\overset{*}{\underset{OH}{CH}}-CH_3$ と決まる。

また，化合物 **F** は実験 3 ，4 から次のようにして得られると考えられる。

$$H-C\equiv C-\overset{*}{C}H-CH_3 \xrightarrow[\text{(付加)}]{H_2} CH_3-CH_2-\overset{*}{C}H-CH_3$$

化合物 **B**　　　　　　　　　　　　　　　化合物 **E**

（OH はそれぞれ *C に結合）

$$\xrightarrow[\text{(酸化)}]{K_2Cr_2O_7} CH_3-CH_2-\underset{O}{\overset{}{C}}-CH_3$$

化合物 **F**

▶問 4 ・問 5 ．実験 5 ，6 より，酸化バナジウム（V）（V_2O_5）を触媒に用いてベンゼンを酸化すると，次の反応により無水マレイン酸 **G** が生成する。

化合物 **G**　　　　　　　　化合物 **C**

また，ナフタレンも同様に反応させると，無水フタル酸 **H** が得られる。

化合物 **H**

▶問 6 ．実験 2 より，化合物 **C** は二価カルボン酸，化合物 **B**，**D** は一価アルコールと考えられるので，実験 7 における化合物 **D** の濃硫酸との反応は，次のようになると考えられる。

$$-\underset{OH}{\overset{|}{C}}-\underset{H}{\overset{|}{C}}- \xrightarrow[\text{(加熱)}]{\text{濃硫酸}} \hspace{0.3em}{>}C=C{<}\hspace{0.3em} + \hspace{0.3em} H_2O$$

炭化水素 **I**　化合物 **J**

よって，化合物 **D** の分子量を M とすると

$$\frac{15.0}{M} = \frac{5.60}{22.4} \qquad M=60$$

ここで，化合物 **A**，**B**，**C** の炭素数に注目すると，化合物 **D** は 3 つの炭素原子をもつとわかるので，化合物 **D** は 1-プロパノールまたは 2-プロパノ

ールと考えられる。したがって，炭化水素 **I** はプロペン C_3H_6（分子量42）である。

▶問7．プロペンを付加重合させると，ポリプロピレンが得られる。

$$n\text{CH}_2=\text{CH}-\text{CH}_3 \xrightarrow[\text{（付加重合）}]{} \left[\begin{array}{c}\text{CH}_2-\text{CH}-\\ \ \ \ \ \ \ \ \ |\\ \ \ \ \ \ \ \ \ \text{CH}_3\end{array}\right]_n$$
$$\text{プロペン} \qquad\qquad\qquad \text{ポリプロピレン}$$

▶問8．実験9より，化合物 **K** では分子量が14.0増加しているので，化合物 **D** は1-プロパノールである。

$$\text{CH}_3-\text{CH}_2-\text{CH}_2-\text{OH} \longrightarrow \ \underset{\underset{\text{O}}{\|}}{\text{CH}_3-\text{CH}_2-\text{C}}-\text{H}$$
$$\underset{\substack{\text{1-プロパノール}\\\text{（分子量60）}}}{} \qquad\qquad \underset{\substack{\text{プロピオンアルデヒド}\\\text{（分子量58）}}}{}$$

$$\longrightarrow \ \underset{\underset{\text{O}}{\|}}{\text{CH}_3-\text{CH}_2-\text{C}}-\text{OH}$$
$$\underset{\substack{\text{プロピオン酸(化合物 K)}\\\text{（分子量74）}}}{}$$

▶問9．化合物 **K** であるプロピオン酸に，脱水剤を作用させると，分子間脱水縮合で水がとれ，無水プロピオン酸である化合物 **L** が生成する。

$$\underset{\underset{\text{O}}{\|}}{\text{CH}_3-\text{CH}_2-\text{C}}-\text{OH}+\text{HO}-\underset{\underset{\text{O}}{\|}}{\text{C}}-\text{CH}_2-\text{CH}_3$$

$$\longrightarrow \text{CH}_3-\text{CH}_2-\underset{\underset{\text{O}}{\|}}{\text{C}}-\text{O}-\underset{\underset{\text{O}}{\|}}{\text{C}}-\text{CH}_2-\text{CH}_3+\text{H}_2\text{O}$$
$$\text{化合物 L}$$

▶問10．ヒトの体内で合成されない，または合成されにくいアミノ酸を必須アミノ酸といい，メチオニン，フェニルアラニン，リシンなど9種類のアミノ酸がある。

▶問11．キサントプロテイン反応は，チロシンやフェニルアラニンなどに含まれるベンゼン環がニトロ化されるためにおこる反応である。

▶問12．アミノ酸 **M** は，ベンゼン環と，$\text{H}_2\text{N}-\overset{|}{\text{CH}}-\text{COOH}$ の部分構造をもつことから，次のチロシンやフェニルアラニンが考えられる。

$$\text{HO}-\!\!\bigcirc\!\!-\text{CH}_2-\underset{\underset{\text{NH}_2}{|}}{\text{CH}}-\text{COOH} \qquad \bigcirc\!\!-\text{CH}_2-\underset{\underset{\text{NH}_2}{|}}{\text{CH}}-\text{COOH}$$
$$\text{チロシン（分子量181）} \qquad\qquad \text{フェニルアラニン（分子量165）}$$

76　2021 年度　化学〈解答〉　　　　　　　　　　　　　東北大-理系前期

よって，分子量 165 で，必須アミノ酸であることからフェニルアラニンとなる。また，フェニルアラニンと無水プロピオン酸との反応は，次のようになる。

$$CH_3-CH_2-\underset{O}{C}-O-\underset{O}{C}-CH_2-CH_3 + H_2N-\underset{CH_2}{CH}-COOH$$

$$\longrightarrow CH_3-CH_2-\underset{O}{C}-\underset{H}{N}-\overset{*}{\underset{CH_2}{CH}}-COOH + CH_3-CH_2-COOH$$

化合物 K

化合物 N

❖講　評

　2021 年度も①理論分野，②無機分野，③有機分野の大問 3 題の出題で，出題傾向もほぼ例年通りであるが，やや易化傾向にあったと思われる。導出過程を記述させる問題，論述問題はそれぞれ 1 問ずつ出題された。

　①　水の性質を問う問題であり，水への溶解における凝固点降下，溶解度積，溶解熱などに関する基本から標準的な問題であった。また，〔Ⅱ〕の酸化還元滴定に関する問題も標準的な問題であり，①は確実に得点に結びつけたい問題である。

　②　無機化学からの出題であり，〔Ⅰ〕は 17 族元素の性質や反応に関する問題，〔Ⅱ〕は遷移元素の性質や反応に関する問題であった。特に，問 7 のアの Pd や，問 10 の金属イオンの系統的分離に関する問題などがポイントになったと思われる。

　③　エステルの加水分解生成物の性質や構造決定，ヒトの必須アミノ酸に関する性質や構造決定などに関する標準的な問題であった。

　全体的に基本～標準レベルであるが，問題量も多く，過去には難度の高い問題が出題されたこともあるので，有機化学分野などを中心に，計算過程の記述や論述問題などの対策も含め，基礎から標準的な問題演習を十分におこなっておく必要がある。

東北大-理系前期　　　　　　　　　　　　2021 年度　生物〈解答〉　77

生物

1 **解答** 問(1)　ア．グリセルアルデヒド　イ．8　ウ．2
エ．34　オ．内膜　カ．化学浸透圧
キ．モノグリセリド　ク．酸素　ケ．パスツール

問(2)　コ．1　サ．消費　シ．4　ス．合成

問(3)　α-ケトグルタル酸（ケトグルタル酸）

問(4)　①—E　②—G　③—F　④—H

問(5)　① 0.703　② 0.696

問(6)　③

問(7)　②＞①＞③

◀解　説▶

≪呼吸の経路，脂肪の分解と呼吸商≫

▶問(1)　ア．下図に示すように，解糖系では，まず 1 分子のグルコースから 1 分子のグルコース-6-リン酸が生成される。その後，炭素数 3 のグリセルアルデヒド-3-リン酸が 2 分子生じ，最終的に炭素数 3 のピルビン酸が 2 分子生じる。

C_6　　　　　　→　　　　　C_6　　　　　⇒　　　　　　　$2C_3$　　　　　⇒　　　　　$2C_3$
グルコース　　　　　　　　グルコース　　　　　　　　グリセルアルデ　　　　　　ピルビン酸
（1分子）　　　　　　　　-6-リン酸　　　　　　　　ヒド-3-リン酸　　　　　　（2分子）
　　　　　　　　　　　　　（1分子）　　　　　　　　（2分子）

イ・ウ．グルコース 1 分子当たりでみると，解糖系で 2 分子の NADH が生成され，その後，ミトコンドリアのマトリックスにおいて 8 分子の NADH と 2 分子の $FADH_2$ が生成される。

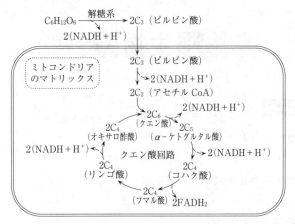

オ・カ．解糖系やクエン酸回路で生じた NADH や FADH₂ はミトコンドリア内膜にある電子伝達系に運ばれる。電子伝達系では，NADH と FADH₂ から放出された e^- が内膜にあるタンパク質などに次々に受け渡されていく。このとき放出されるエネルギーによって，H^+ がマトリックスから膜間腔へ輸送され，内膜を隔てた H^+ の濃度勾配が形成される。そして H^+ が濃度勾配に従って ATP 合成酵素を通ってマトリックスに戻る際に ATP が合成される。このような ATP の合成機構を化学浸透圧説という。

キ．中性脂肪（グリセリンと脂肪酸のトリエステル）から 2 分子の脂肪酸が除かれると，グリセリンに 1 分子の脂肪酸が結合したモノグリセリドが生じる。ちなみに，リパーゼはすい液だけでなく，細胞内にも含まれている。我々が脂肪を摂取すると，すい液に含まれるリパーゼによってモノグリセリドと脂肪酸に分解され，これが小腸で吸収されると再び脂肪となる。この脂肪は体のいろいろな細胞に取り込まれ，必要に応じて細胞内ではたらくリパーゼによって，脂肪酸とモノグリセリド，さらには脂肪酸とグリセリンへと分解される。この問題では，細胞内のリパーゼによって，脂肪が脂肪酸とモノグリセリドへと分解される過程を述べている。

ク・ケ．酵母は，嫌気条件ではアルコール発酵を行うが，好気条件ではアルコール発酵を抑制して呼吸を促進し，効率的に ATP を得る。このような現象をパスツール効果という。

▶問(2) 解糖系では 2 分子の ATP を消費し，4 分子の ATP を合成する。

また，下図において，リン酸（Ⓟ）の数が増加する過程で ATP を消費し，減少する過程で ATP を合成すると考える。

▶問(3) タンパク質が呼吸基質となる場合，タンパク質はまずアミノ酸に分解される。アミノ酸は，アミノ基転移酵素のはたらきによってアミノ基が取り除かれ，有機酸とアンモニアになる。この過程を脱アミノ反応という。この脱アミノ反応によって，たとえば，アラニンはピルビン酸に，グルタミン酸は α-ケトグルタル酸（ケトグルタル酸）になり，それぞれクエン酸回路で代謝される。

▶問(4) クエン酸回路で生じた還元型補酵素（NADH や $FADH_2$）が多いほど，電子伝達系で消費される酸素も多くなり，懸濁液中酸素濃度の低下の度合いも大きくなる。よって，①～④で生じる還元型補酵素の量を比較すればよい。還元型補酵素が生じる場所は下図の I～V である。

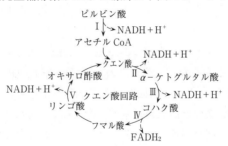

なお，選択肢のグラフにおいて，基質添加前に酸素消費が起こっていないことから，ミトコンドリア内にクエン酸回路の中間物質が残っている可能性は考慮しなくてよいと考える。

①ピルビン酸を加えた場合 …ピルビン酸はアセチル CoA になるが，中間物質であるオキサロ酢酸が存在しないので，アセチル CoA はクエン酸回路に取り込まれることはない。よって，上図の I の場所だけで還元型補酵素が生じる。

②クエン酸を加えた場合 …クエン酸がオキサロ酢酸まで代謝されても，ピルビン酸を加えていないのでアセチル CoA が供給されず，反応はそれ

以上進まない。よって，上図のⅡ，Ⅲ，Ⅳ，Ⅴの場所で還元型補酵素が生じる。

③コハク酸を加えた場合　…コハク酸がオキサロ酢酸まで代謝されても，ピルビン酸を加えていないのでアセチル CoA が供給されず，反応はそれ以上進まない。よって，上図のⅣ，Ⅴの場所で還元型補酵素が生じる。

④ピルビン酸とコハク酸を加えた場合　…ピルビン酸からアセチル CoA が，コハク酸からオキサロ酢酸が生じ，クエン酸回路全体がはたらく。よって，上図のⅠ～Ⅴすべての場所で還元型補酵素が生じる。

このように考えると，還元型補酵素の量は ①＜③＜②＜④ となり，この順に酸素濃度の低下の度合いも大きくなる。よって①がE，③がF，②がG，④がHとなる。

▶問(5)　トリパルミチンとパルミチン酸が分解されるときの化学式は以下のようになる。

トリパルミチン：$2C_{51}H_{98}O_6 + 145O_2 \longrightarrow 102CO_2 + 98H_2O$

パルミチン酸：$C_{16}H_{32}O_2 + 23O_2 \longrightarrow 16CO_2 + 16H_2O$

よって，呼吸商は，トリパルミチンが $102 \div 145 = 0.7034 \fallingdotseq 0.703$，パルミチン酸が $16 \div 23 = 0.6956 \fallingdotseq 0.696$ となる。

▶問(6)　ミトコンドリアの内膜にある ATP 合成酵素を阻害すると，電子伝達系がはたらかなくなる。そのため，NADH や $FADH_2$ から NAD^+ や FAD が生成されず，クエン酸回路での脱水素反応も停止する。その結果，ピルビン酸は嫌気条件と同様の経路で代謝されることになる。

▶問(7)　筋細胞を嫌気条件に置くと，グルコースはすべて解糖によって代謝され多くの乳酸が生じる。また，解糖系を阻害すると，グルコースはまったく代謝されない。よって，乳酸の生成量が最も多いのが②で，最も少ないのが③となる。

2 解答

〔Ⅰ〕問(1)　ア．細胞膜　イ．細胞質　ウ．受容体　エ．転写調節領域（転写調節配列）　オ．転写　カ．セカンドメッセンジャー

〔Ⅱ〕問(2)　②・③・④

問(3)　①

〔Ⅲ〕問(4)　⑥・⑧

東北大-理系前期　　　　　　　　　　　　　　　　2021 年度　生物〈解答〉　*81*

〔Ⅳ〕問(5)　キ—(c)　ク—(i)　ケ—(d)　コ—(h)　サ—(b)　シ—(e)

■■■■■■■■■ ◀解　説▶ ■■■■■■■■■

≪ホルモンによる情報伝達，ヒトデの卵成熟と受精≫

◆〔Ⅰ〕▶問(1)　ステロイドホルモン（糖質コルチコイド，鉱質コルチ
コイドなど）は，脂質になじみやすい性質をもち，主成分がリン脂質であ
る細胞膜を透過できる。このようなホルモンは，細胞内の受容体と複合体
を形成した後，特定の遺伝子の転写調節領域（転写調節配列）に結合し，
その遺伝子の転写を調節する。一方，ペプチドホルモンは水になじみやす
い性質をもち，細胞膜を透過できない。このようなホルモンは，細胞膜に
ある受容体に結合することで作用する。このとき細胞内で新たに合成され
るサイクリック AMP（cAMP）などの情報伝達物質は，セカンドメッセ
ンジャーと呼ばれる。

◆〔Ⅱ〕▶問(2)・問(3)　GSS はペプチドホルモンとあるので，GSS の受
容体はろほう細胞の細胞膜に存在するとわかる。つまり，GSS がろほう
細胞の外から受容体に結合することで，卵母細胞は減数分裂第一分裂を再
開する。実験①では，GSS は海水中にあるので受容体に結合することが
できる。一方，実験④のように，ろほう細胞の内部に GSS を注入しても，
受容体に結合できないので効果はない。また，実験②，③のように，GSS
を卵母細胞に与えても効果はない。

◆〔Ⅲ〕▶問(4)　1-メチルアデニンが卵母細胞の細胞膜にある受容体に
結合すると，卵母細胞の細胞質中で卵成熟を促進する因子（因子Xと呼ぶ
ことにする）が生成するとある。実験⑤では，1-メチルアデニンは海水中
にあるので受容体に結合することができ，因子Xが生成される。一方，実
験⑥のように，1-メチルアデニンを卵母細胞の内部に注入しても，受容体
には結合できないので効果はない。また，因子Xは細胞内ではたらく物質
なので，実験⑦のように，因子Xを未成熟の卵母細胞の内部に注入すると
減数分裂第一分裂を再開するが，実験⑧のように，因子Xを海水に加えて
も効果はない。

◆〔Ⅳ〕▶問(5)　設問文中に，「ヒトデ卵母細胞は，減数分裂第一分裂中
期に達すると海水中に放卵される」とある。つまり，減数分裂第一分裂中
期の段階で受精が起こると考える（実際，ヒトデの場合，減数分裂第一分
裂中期で受精が起こり，その後，第1極体と第2極体を放出することが知

られている）。そこで，「受精→第1極体放出→第2極体放出→卵割」の順番に考えていく。ただし，(a)遺伝子組換え，(f)細胞質の増加，(g)ゼリー層形成は，放卵される前に起こっていると考えられるので除外する。残りの選択肢を順番に並べると以下のようになる。

　(c)先体反応→(i)受精膜形成→第1極体放出→第2極体放出→(d)星状体形成→(h)卵核と精核の融合→(b)DNA複製→(e)卵割→2細胞期

なお，精子が卵内に進入すると，精子の頭部にあった中心体は星状体（精子星状体）となり，これが精核と卵核の融合を促す。また，星状体の形成は卵割の際にもみられる。つまり，(d)は，(h)の直前でも，(e)の直前でもみられるが，順番からして(d)は(h)の前に置くのが妥当である。

---

③ 解答

〔Ⅰ〕問(1)　ア．糸球体　イ．ボーマンのう
ウ．腎小体（マルピーギ小体）　エ．腎単位（ネフロン）
問(2)　細尿管の表面積を大きくすることで，再吸収を効率よく行うことができる。（40字以内）
問(3)　(i) 120倍　(ii) 28.8g　(iii) 28.5g
問(4)　記号：C
理由：グルコースは糸球体からボーマンのうへすべてろ過されるが，細尿管ですべて再吸収され，尿に排出されないから。（60字以内）
問(5)　①
〔Ⅱ〕問(6)　オ．肺　カ．体　キ．肺動脈　ク．肺静脈　ケ．大動脈
コ．大静脈
問(7)　自動性
〔Ⅲ〕問(8)　薬物A—②　薬物B—①　薬物C—⑤

━━━━━━━━ ◀解　説▶ ━━━━━━━━

≪腎臓のはたらき，血液循環，心筋細胞の活動電位≫

◆〔Ⅰ〕▶問(2)　原尿に含まれる，水，グルコース，アミノ酸，無機塩類などは，細尿管や集合管を通過する際に周囲の毛細血管へと再吸収される。図1の灰色の部分では，特にグルコースやアミノ酸などの再吸収が活発に起こる。この部分の上皮細胞では微じゅう毛が密に存在し，表面積を大きくすることで，再吸収の効率を高めている。

▶問(3)　(i) イヌリンは再吸収・分泌されずに尿へ排泄される。そこで，

イヌリンの濃縮率をこの動物の尿濃縮率と考えて解く。イヌリンの血しょう中濃度が 0.1 mg/mL で，尿中濃度が 12.0 mg/mL であるので，イヌリンの濃縮率は 12.0÷0.1＝120 倍となる。

(ii)・(iii) 1 時間当たりの尿量が 60.0 mL で，これにイヌリンの濃縮率（120）をかけた 7200 mL が 1 時間当たりの原尿量となる。また，原尿中の Na^+ 濃度は 4.0 mg/mL なので，1 時間当たりの原尿量 7200 mL 中に含まれる Na^+ は

$$4.0×7200×10^{-3}＝28.8〔g〕$$

一方，尿中の Na^+ 濃度は 5.0 mg/mL なので，1 時間当たりの尿量 60.0 mL 中に含まれる Na^+ は

$$5.0×60.0×10^{-3}＝0.3〔g〕$$

よって，1 時間で再吸収された Na^+ は

$$28.8－0.3＝28.5〔g〕$$

▶問(4) グルコースは糸球体からボーマンのうへすべてろ過されるが，通常は細尿管（特に図1の灰色の部分）ですべて再吸収されるため，尿に排出されない。そのような物質を探すと物質Cが当てはまる。なお，論述に際して，血しょう中の物質Cの濃度が，血しょう中のグルコース濃度と同じ 1.0 mg/mL であることに触れるべきか悩んだかもしれないが，設問文に「吸収動態に着目して」とあるので，物質Cがどのように再吸収されるかについてだけ述べれば十分だと思われる。

▶問(5) 体液中の水分量が減少し，体液の塩分濃度が上昇すると，脳下垂体後葉からバソプレシンが分泌される。バソプレシンは集合管にはたらきかけて水の再吸収を促進する。その結果，体液中の水分量が増加し，体液の塩分濃度は低下する。よって，バソプレシンの分泌が過剰になれば，循環血しょう量が増加し，Na^+ 濃度は非常に低い状態になる。

◆〔Ⅱ〕 ▶問(6) 右心室から出た血液は肺動脈を通って肺に入り，その後肺静脈を通って左心房に戻る（肺循環）。また，左心室から出た血液は大動脈を通って全身をめぐり，その後大静脈を通って右心房に戻る（体循環）。

◆〔Ⅲ〕 ▶問(8) 細胞内に陽イオンが流入すると膜電位が上昇し，細胞外に陽イオンが流出すると膜電位が低下する。また，リード文に，Na^+ 濃度と Ca^{2+} 濃度は細胞外の方が高く，K^+ 濃度は細胞内の方が高いとあ

る。よって，Na^+ チャネルや Ca^{2+} チャネルが開くと Na^+ や Ca^{2+} が細胞内に流入して膜電位は上昇し，K^+ チャネルが開くと K^+ が細胞外に流出して膜電位は低下する。0相〜3相までのイオンの移動を確認すると以下のようになる。なお，各相ではたらく K^+ チャネルはすべて異なる。

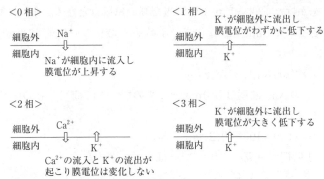

Na^+ の流入を抑制すると急激な膜電位の上昇が起こりにくくなり，K^+ の流出を抑制すると膜電位の低下が起こりにくくなる（静止電位に戻るまでの時間が長くなる）。薬物Aを作用させると，静止電位に戻るまでの時間が長くなっているので，K^+ チャネルが抑制されたと考えられ，②が当てはまる。薬物Bを作用させると，急激な膜電位の上昇が起こりにくくなっているので，Na^+ チャネルが抑制されたと考えられ，①が当てはまる。薬物Cでは，薬物Aと薬物Bの両方の作用がみられるので，Na^+ チャネルと K^+ チャネルの両方が抑制されたと考えられ，⑤が当てはまる。なお，③，④のように K^+ の細胞外流出が促進されれば，静止電位に戻るまでの時間は短くなるが，そのようなグラフはない。

　ちなみに，②を細かくみてみると，2相において K^+ の流出は抑制されるものの，Ca^{2+} の流入抑制等には触れられていないので，膜電位は一層上昇するのでは？と考えたかもしれない。実は，この2相のとき，細胞内の陽イオンが十分多くなっており，さらに K^+ の流出も抑制されているため，Ca^{2+} の流入は起こりにくくなっている。そのため，一層の膜電位の上昇はみられない。

東北大-理系前期　　　　　　　　　　　　　　　2021 年度　生物〈解答〉　85

❖講　評

　大問数は 2020 年度と同じ 3 題である。試験時間は理科 2 科目で 150
分。例年と同様に教科書レベルの知識と考察を中心とした取り組みやす
い問題が主であったが，一部に細かい知識を必要とする設問もみられた。
一方，論述量は 2020 年度に比べて大幅に減少し，その内容も実験デー
タをもとに考察するようなものではなく，基本的な知識を問うものであ
った。

　① 呼吸の経路，脂肪・脂肪酸の呼吸商などを扱った問題である。問
(1)はほとんどが標準的であるが，カとキはやや難しい。化学浸透圧説を
答えられた受験生は少なかったと思われる。問(2)は，解糖系の中間物質
にリン酸が付加されるところで ATP を消費し，リン酸が減るところで
ATP を合成することに気づけば容易に正解できる。問(3)はグルタミン
酸から α-ケトグルタル酸が生成することを覚えている受験生は少なか
ったと思われる。やや難である。問(4)はかなり難しい。選択肢のグラフ
から，ミトコンドリアの中にクエン酸回路の中間物質が含まれないこと
を読み取れれば，答えを 1 つに絞ることができる。問(5)は標準的な計算
問題であり，ぜひとも完答したい。問(6)は，ATP 合成阻害物質を加え
ると電子伝達系だけでなくクエン酸回路まで停止することになり，ピル
ビン酸は嫌気条件と同様の経路で代謝されることになる。問(7)は基本的
な考察問題であり，ぜひとも完答したい。

　② ホルモンによる情報伝達，ヒトデの卵成熟と受精を扱った問題で
ある。問(1)で問われているステロイドホルモンとペプチドホルモンの情
報伝達様式の違いは頻出であり，完答したい。ただ，転写調節領域（転
写調節配列）は書きづらかったかもしれない。問(2)と問(3)では，GSS
がペプチドホルモンであること，そして GSS はろほう細胞に作用する
ことを丁寧に読み取っていけばそれほど難しくはない。完答したい問題
である。問(4)もまた，1-メチルアデニンの受容体が細胞膜上にあること，
また卵成熟を促進する因子は細胞質中ではたらくことを読み取っていけ
ばそれほど難しくはない。問(5)はやや難しい。ヒトデの場合，減数分裂
第一分裂中期で受精が起こると推理して解かないとかなり苦戦する。ま
た，星状体についても受精の段階で現れる精子星状体と考えて解かない
といけない。

3 腎臓のはたらき，血液循環，心筋細胞の活動電位を扱った問題である。問(1)は基本的な知識問題であり完答したい。問(2)は定番の論述問題であり，ほとんどの受験生が正解できたと思われる。問(3)は(i)で尿濃縮率という聞き慣れない用語が出てくるが，イヌリンの濃縮率をもとに計算すればよい。また，(ii)・(iii)も基本的な計算問題であり，ぜひとも完答したい。問(4)では，ボーマンのうへろ過されたグルコースは，細尿管ですべて再吸収されることを使って考える。論述も非常に基本的であり，正解したい。問(5)はバソプレシンのはたらきに関する基本問題。問(6)・問(7)も基本的であり完答したい。問(8)は標準的な考察問題である。Na^+の流入を抑制すると急激な膜電位の上昇が起こりにくくなり，K^+の流出を抑制すると静止電位に戻るまでの時間が長くなることに気づけば正解できる。

2021 年度は 2020 年度に比べて論述問題が減少し，基本的な知識問題が増加した。ただし，今後は論述問題が多く出題されることも十分考えられるので，日頃から論述対策はしっかり行っておきたい。特に，書くべき内容を要領よく簡潔にまとめることを意識して取り組んでほしい。

東北大-理系前期　　　　　　　　　　　　　　　　　2021 年度　地学〈解答〉　87

地学

$\boxed{1}$ **解答** 問1．ア．核融合（反応）　イ．対流　ウ．光球
エ．粒状斑　オ．太陽定数

問2．$4 \times 3.1 \times (1.5 \times 10^{11})^2 \times 1400 = 3.906 \times 10^{26}$
$$\fallingdotseq 3.9 \times 10^{26}\,[\text{W}] \quad \cdots\cdots\text{(答)}$$

問3．(1)　絶対等級：$11.1 + 5 - 5\log_{10}1.3 = 16.1 - 5(\log_{10}13 - \log_{10}10)$
$$= 16.1 - 5 \times (1.1 - 1)$$
$$= 16.1 - 0.5$$
$$= 15.6 \ 等級 \quad \cdots\cdots\text{(答)}$$

明るさ：$10^{\frac{2}{5}(4.8-15.6)} = 10^{\frac{2}{5} \times (-10.8)} = 10^{-4.32}$
$$= 10^{-0.32} \times 10^{-4} \fallingdotseq \frac{1}{2.0} \times 10^{-4} = 5 \times 10^{-5} \ 倍 \quad \cdots\cdots\text{(答)}$$

(2)　$\left(\dfrac{3000}{6000}\right)^4 \times \left(\dfrac{15}{100}\right)^2 = \dfrac{1}{2^4} \times 15^2 \times 10^{-4} = \dfrac{225}{16} \times 10^{-4}$
$$= 14 \times 10^{-4} \fallingdotseq 1 \times 10^{-3} \ 倍 \quad \cdots\cdots\text{(答)}$$

(3)　プロキシマ・ケンタウリは太陽よりも表面温度が低く，放射するエネルギーのピークが可視光ではなく赤外線の領域であるため，総エネルギーにおける可視光の放射の割合が太陽よりも小さいから。

(4)　主星と惑星との距離を D 天文単位とすると，(2)の結果より

$$\frac{4\pi D^2 \times 1400}{4\pi \times 1^2 \times 1400} = 1 \times 10^{-3}$$

$$\therefore \quad D^2 = 10^{-3}$$

$$D = \sqrt{10^{-3}} = 10^{-1}\sqrt{0.1} = 0.3 \times 10^{-1} = 3 \times 10^{-2} \ 天文単位 \quad \cdots\cdots\text{(答)}$$

◀解　説▶

≪太陽の構造，恒星の明るさと放射エネルギー≫

▶問1．太陽の内部構造は内側から，水素の核融合反応が起こる中心核，エネルギーが放射で伝わる放射層，そしてその外側の対流層に区分される。対流層では，内側から上昇した高温のガスが，冷えると沈み，内側で暖められるとまた上昇するというように対流が生じている。太陽表面の光球で

は，対流によって上昇したガスの高温部分が明るく見え，それを取り巻く低温で沈む部分が暗く見えるため，対流の模様が粒状に見える。これを粒状斑という。

▶問2．太陽からの距離が地球と同じになる場所ではどこでも太陽定数と同じエネルギーが届くはずなので，地球と太陽の間の距離である 1.5×10^{11} m を半径とする球面上の場所では，どこでも約 $1400 \, \text{W/m}^2$ のエネルギーが入射していると考えられる。これは，太陽の総放射エネルギーが球面上のすべてに分配されて届いているものなので，$4\pi \times (1.5 \times 10^{11})^2 \, [\text{m}^2]$ と $1400 \, \text{W/m}^2$ の積を求めれば太陽の総放射エネルギーとなる。

▶問3．(1) 天体の明るさと距離の関係について，絶対等級を M，見かけの等級を m，距離を d パーセクとすると，$M = m + 5 - 5\log_{10}d$ が成り立つ。この式に，$m = 11.1$，$d = 1.3$ を代入して計算すればよい。このとき，$\log_{10}1.3 = \log_{10}\dfrac{13}{10} = \log_{10}13 - \log_{10}10$ なので，問題で与えられている $\log_{10}13 = 1.1$ を用いて計算できる。

　等級差と明るさの関係について，M 等級の明るさを L_M，m 等級の明るさを L_m とすると，$\dfrac{L_M}{L_m} = 10^{\frac{2}{5}(m-M)}$ が成り立つ。したがって，15.6 等級のプロキシマ・ケンタウリの明るさが 4.8 等級の太陽の明るさの何倍かを求めるには，この式にそれぞれの絶対等級を代入し，$10^{\frac{2}{5}(4.8-15.6)}$ として計算すればよい。なお，指数法則により $10^{-4.32} = 10^{-0.32} \times 10^{-4}$ となるが，解答が有効数字1桁なので，$10^{-0.32} = \dfrac{1}{10^{0.32}} \fallingdotseq \dfrac{1}{10^{0.3}}$ として，問題で与えられている $10^{0.3} = 2.0$ を用いればよい。

(2) シュテファン・ボルツマンの法則より，物体が放射する $1 \, \text{m}^2$ あたりのエネルギーは σT^4（σ はシュテファン・ボルツマン定数，$T \, [\text{K}]$ は表面温度）で表される。恒星の総放射エネルギーは，$1 \, \text{m}^2$ あたりの放射エネルギーと表面積との積なので，恒星の半径を $R \, [\text{m}]$ とすると，その総放射エネルギーは $E - \sigma T^4 \times 4\pi R^2$ と表される。したがって，プロキシマ・ケンタウリの総放射エネルギーが太陽（$\odot$）の何倍となるかは，

$\dfrac{E}{E\odot} = \dfrac{\sigma T^4 \times 4\pi R^2}{\sigma T\odot^4 \times 4\pi R\odot^2} = \left(\dfrac{T}{T\odot}\right)^4 \times \left(\dfrac{R}{R\odot}\right)^2$ という計算で求められる。プロキシマ・ケンタウリの半径は太陽の15％なので，$\dfrac{R}{R\odot} = \dfrac{15}{100}$ であり，さらに，$T = 3000\,\mathrm{K}$，$T\odot = 6000\,\mathrm{K}$ を代入して計算すればよい。

(3) ウィーンの変位則より，物体が放射する電磁波の最大強度（ピーク）の波長は，表面温度に反比例する。表面温度が 6000 K の太陽でピークの波長が $0.5\,\mu\mathrm{m}$ なので，3000 K のプロキシマ・ケンタウリのピークの波長は $1.0\,\mu\mathrm{m}$ である。可視光線の波長は約 $0.4\sim0.8\,\mu\mathrm{m}$ であり，それより長波長では赤外線となる。したがって，ピークの波長が太陽よりも長いプロキシマ・ケンタウリでは，太陽と比べて赤外線として放射されるエネルギーが多くなるため，総放射エネルギーのうち可視光線の占める割合が小さくなる。

(4) 問2では，地球での受熱量をもとに，太陽と地球の間の距離を用いて太陽放射の総エネルギー量を求めた。

すると，プロキシマ・ケンタウリの惑星が，地球が太陽から受け取るのと同じエネルギー量を主星から受け取る距離を D として，問2と同様の式を用いれば，プロキシマ・ケンタウリの総エネルギー量を求めることができる。問3の(2)で，プロキシマ・ケンタウリの総エネルギー量が太陽の総エネルギー量の 1×10^{-3} 倍であることが求められたので，それをもとにすれば，〔解答〕に示したような式が得られる。

2 解答

問1．(1) ア．紫外線　イ．酸素（酸素分子）
ウ．陸上進出（上陸）　エ．オゾンホール　オ．フロン
カ．地表面（地表）　キ．圏界面（対流圏界面）

(2) 10

問2．(1)—①　(2) 下図。

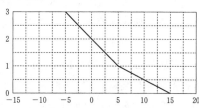

(3) 空気塊Cの凝結高度は2000mだが，上昇に伴い乾燥断熱減率に従って温度が低下すると，凝結高度に達する前に周囲の気温よりも温度が低くなり，それ以上上昇できなくなってしまうため。

■━━━━━━ ◀解　説▶ ━━━━━━■

≪オゾン層，大気圏の温度構造，空気塊の上昇と凝結高度≫

▶問1. オゾン(O_3)は大気中の酸素(O_2)が紫外線を吸収することで生成されるため，地球大気中の酸素が増加することでオゾン層が形成された。オゾンは紫外線を吸収することで分解され，それによって生じた酸素原子や酸素分子がまたオゾンを生成するといった形で，オゾン層では紫外線が吸収されている。オゾン層の破壊については，人工的なガスであるフロンが大気中で分解されて生じる塩素原子が，その主な原因となっている。南極や北極でオゾン濃度が極端に低くなる領域を，オゾンホールという。

　大気圏の構造は下層から，対流圏，成層圏，中間圏，熱圏に区分され，対流圏と中間圏では上空ほど温度が低く，成層圏と熱圏では上空ほど温度が高い。この温度変化が各層の境界となっており，対流圏界面（単に圏界面ともいう）は約10km，成層圏界面は約50km，中間圏界面は約80kmの高さである。成層圏ではオゾンによる紫外線の吸収によって上空ほど温度が高くなっているが，対流圏では主に，太陽放射によって暖められた地表による赤外放射で大気が暖められるため，地表面に近いほど温度が高い。

▶問2. (1) 図1において，高度0kmにおける温度が10℃，高度2.5kmにおける温度が-5℃であることから，周囲の気温の変化率（気温減率）は，0.6℃/100mであると読み取れる。よって，高度400mにおける周囲の気温は，高度500mの気温よりも0.6℃高い。一方，高度500mで周囲の気温と同じ温度の空気塊Aを高度400mに断熱的に下降させると，乾燥断熱減率（1℃/100m）に従う断熱圧縮により，温度は1℃上昇する。したがって高度400mでは空気塊Aの温度の方が周囲の気温よりも0.4℃高いことになる。高度が等しく同じ気圧下であれば，温度が高い空気塊の方が密度は小さいため，空気塊Aは周囲の空気よりも軽い。よって，空気塊Aは浮力により上向きの力を受ける。

(2) 空気塊Bの凝結高度は$125(15-7)=1000$〔m〕なので，高度1000m（1km）までは乾燥断熱減率に従い，1℃/100mの割合で温度が低下する。よって，まず高度0kmで15℃の点と高度1kmで5℃の点を結ぶ線分を

描く。高度1kmから上空では雲が発生するため，湿潤断熱減率に従い0.5℃/100mの割合で温度が低下するので，高度1kmで5℃の点から高度3kmで−5℃の点を結ぶ線分を描けばよい。

(3) 空気塊Cの凝結高度は125{15−(−1)}=2000〔m〕だが，周囲の気温減率が0.6℃/100mなので，乾燥断熱減率に従う空気塊Cの温度低下の割合の方が大きく，凝結高度である高度2kmに達する前に（高度1250mで），周囲の気温を下回ってしまう。これは，図1に15℃から高度2kmまで1℃/100mになるように線分を描けば，周囲の気温のグラフと交わってしまうことで確認できる。空気塊は周囲の気温よりも温度が高くないと上昇できないため，上昇がその高度で停止してしまうと凝結高度に至らず，雲を作らないということになる。

3 　解答

問1．ア．放射（絶対）　イ．半減期　ウ．6
エ．ストロンチウム　オ．二酸化炭素　カ．相対
問2．C・D
問3．C→F→A→E→D→B

◀解　説▶

≪年代測定，地学現象の時間スケール比較≫

▶問1．放射性同位体の放射壊変を利用した年代測定は，年代値を決めることができるため，絶対年代測定とも呼ばれる。そのため，アには放射年代もしくは絶対年代が当てはまる。一方，示準化石等によって定めた地質時代区分は新旧関係を相対的に示すものなので，相対年代と呼ばれる（カ）。

ウ．放射性同位体の数が半減期を経過すると$\frac{1}{2}$となることから考えると，$\frac{1}{64}=\left(\frac{1}{2}\right)^6$なので，半減期を6回経過した，すなわち半減期の6倍の時間が経過したということになる。

オ．炭素14は宇宙線の作用によって大気中で生成されるが，植物が光合成で取り込むものであると文中に示されているため，二酸化炭素が当てはまると判断できる。

▶問2．A．誤り。不整合とは，上下の地層が不連続で，その堆積時期に

大きな間隔がある関係のことである。したがって，不整合面の上下の火山灰層は異なる火山噴火によるものであり，鍵層として対比できない。

B．誤り。エディアカラ生物群は原生代末の生物であり，約6億年前の化石として産出する。炭素14は半減期が約5700年なので，炭素14法では約6億年前の年代を測定することは困難である。

C．正しい。ジルコンの化学組成は$ZrSiO_4$で表されるが，ウランやトリウムなどを微量な成分として含むため，ウラン・鉛法に用いられる。

D．正しい。安山岩にはカリウムを含む角閃石などの鉱物が入っているため，カリウム・アルゴン法を用いた年代測定を行える。カリウム40の半減期は約13億年であり，白亜紀の年代を測定することもできる。

E．誤り。酸素は安定同位体であるため，年代測定には利用されない。有孔虫の殻に含まれる酸素同位体比は，古水温の推定等に利用されている。

▶問3．A．日本海の拡大は，約2000万年前〜1500万年前頃とされている。したがって，数百万年〜500万年程度の時間スケールを示すと考えられる。

B．1960年のチリ地震では，地震発生の約22時間後に三陸地方に津波が届いたとされている。津波は水深4000m程度で約700km/時の速さで伝わるため，日本とチリの距離を約2万kmとして考えても，1日程度の時間スケールである。

C．パンゲア大陸は石炭紀に大陸が衝突合体することで約3億年前頃に形成され，三畳紀からジュラ紀頃の約2億年前に大きく南北に分裂を開始したと考えられている。その後，ジュラ紀から白亜紀を通してさらに分裂し，新生代に入る頃には，現在の大陸配置に近づいていた。ここでは具体的な開始と終了が示されていないため判断に迷うが，パンゲア大陸の分裂開始から，ある程度現在と同様の大陸配置になるまでを示すと考えれば，中生代半ばから新生代が始まる頃までの1.5億年程度の時間スケールを考えればよいだろう。

D．ここで示されている現象は準2年周期振動と呼ばれ，約26カ月周期で起こる現象である。

E．産業革命が起こったのは18世紀半ば〜19世紀であり，その後現在に至るまで大気中の温室効果ガスの濃度は上昇し続けている。したがって，200〜250年程度と考えられる。

F．恐竜が出現し，大型海生爬虫類が繁栄した期間となると中生代ということになるが，温暖な気候で恐竜が巨大化したという点では，白亜紀であると考えられる。したがって，白亜紀の期間である約1億年弱と考えられる。Cとの時間スケールの比較に迷う部分ではあるが，大陸の分裂の時間スケールと，そこに含まれる白亜紀という一時代の時間スケールを考えれば，大陸の分裂の方が長いと判断してよいだろう。

　よって，時間スケールの長い順にC→F→A→E→D→Bとなる。

4　解答

問1．ア．核　イ．花こう岩　ウ．玄武岩　エ．石墨
オ．ラン晶石　カ．紅柱石　（オ，カは順不同）

問2．中央海嶺を境にプレートが両側へ移動するため，それを埋めるように地下からマントル物質が上昇する。この上昇に伴う圧力の低下によってマントル物質が部分溶融し，マグマが発生する。

問3．SiO_4四面体を構成する4つの酸素原子のうち，2つが隣の四面体と共有されることで，四面体が一重の鎖状に連なっている。

問4．独立したSiO_4四面体の間にMg^{2+}とFe^{2+}が様々な割合で含まれ，結晶構造を変えずに化学組成が連続的に変化する。

■■■■■■■■　◀解　説▶　■■■■■■■■

≪地球の層構造，マグマの発生，輝石の結晶構造，固溶体≫

▶問1．ア．地球の層構造は，地殻，マントル，外核，内核と示されることが多いが，外核と内核は金属から成る核を，液体と固体の違いで区分しているものである。

エ～カ．多形とは化学組成が同じで結晶構造が異なる鉱物の関係のことであり，同質異像ともいう。ダイヤモンドと石墨は炭素Cの多形であり，ケイ線石，紅柱石，ラン晶石はAl_2SiO_5の多形である。

▶問2．中央海嶺はプレートの拡大境界（発散境界）であり，両側へプレートが移動していくため引っ張られる力がはたらいている。そこを埋めるように高温のマントル物質が上昇してくることで，減圧溶融によってマグマが発生している。地球上でのマグマの生産量は，プレートの拡大境界が約6割を占める。

▶問3．SiO_4四面体はケイ酸塩鉱物を構成する基本構造であり，1つのケイ素原子（Si）に対して，4つの酸素原子（O）が取り囲むように結合

94 2021 年度 地学〈解答〉 東北大-理系前期

し，酸素原子が四面体状に配列した構造である。有色鉱物の結晶構造は，かんらん石，輝石，角閃石，黒雲母のそれぞれにおいて，SiO_4 四面体が，独立，一重の鎖，二重の鎖，平面の網目状に連なっている。輝石，角閃石，黒雲母では，SiO_4 四面体が隣の四面体と酸素を共有するが，輝石では，2 個の酸素が共有されることで，SiO_4 四面体が一重の鎖状に連なっている。

▶問 4．固溶体は，結晶構造が同じでも化学組成が連続的に変化する鉱物で，Mg^{2+} と Fe^{2+} のように，価数が等しく，イオン半径が同程度の元素が，温度や圧力等の条件によって様々な割合で含まれる。かんらん石は独立した SiO_4 四面体以外にマグネシウム（Mg^{2+}）と鉄（Fe^{2+}）のみを含む鉱物で，化学組成は $(Mg, Fe)_2SiO_4$ で表される。

---

5 解答

問 1．(ア)—② (イ)—③ (ウ)—③ (エ)—② (オ)—① (カ)—①

問 2．褶曲した層状の砂岩が侵食された後に沈降し，海底となった時期に生物の巣穴が形成された。その上から堆積した砂が巣穴を埋め，生痕化石が形成された。

問 3．異なる粒径の砕屑粒子が下ほど粗く上ほど細かくなっている級化層理が見られ，その上に水流で形成された平行葉理や斜交葉理が見られる。

問 4．①広範囲に分布して生息していた生物の化石であること。

②種の生存期間が短く，進化が速い生物の化石であること。

③生息個体数が多く，化石としても産出する個体数が多いこと。

■━━━━━━━ ◀解 説▶ ━━━━━━━

≪地層の上下判定，生痕化石，混濁流堆積物，示準化石≫

▶問 1．(ア) 図で下側の砂岩層は褶曲しており，上側の砂岩層との境界面で褶曲構造が切断されている。したがって，上の砂岩層が下の砂岩層を不整合で覆っていると考えられる。また，生痕化石は生物の巣穴に上からの堆積物が入り込んだものであり，堆積時の海底面（不整合面や層理面）から下向きに形成される。したがって，図の上ほど新しいため，逆転していない。

(イ) 垂直な断層を境に，図の左右の岩盤が上下にずれていることは読み取れるが，地層の上下関係を示す構造が見られないため，逆転しているかど

うかの判定はできない。

㈡　層状の砂岩が図で上に凸に褶曲し，背斜構造のように見えるが，地層の上下関係を示す構造が見られないため，逆転しているかどうかの判定はできない。

㈢　漣痕は水流によって砕屑物の粒子が動かされて形成されるもので，層理面で上方がとがるような形状となる。したがって，図の上側がとがっていることから，逆転していない。

㈣　層状の砂岩とそこに貫入した火成岩が，同一の面で切断されて塊状の砂岩と接している。このことから，層状の砂岩に火成岩が貫入した後，それらが侵食され，塊状の砂岩が堆積したと考えられる。したがって，図で下にある塊状の砂岩の方が新しいので，逆転している。

㈤　図に示されている堆積構造は斜交葉理である。斜交葉理は水流によって葉理が下流側へ傾斜するように形成された堆積構造で，下の構造を切って上の構造が形成される。図では下側の構造が上側の構造を切っているため，下側の方が新しい。よって，逆転している。

▶問２．褶曲した層状の砂岩層と上位の塊状の砂岩層は問１の㈠で確認したように不整合の関係であるため，層状の砂岩層が褶曲した後に，侵食作用を受けたと考えられる。その後，生物が巣穴を掘り，その穴を埋めるように堆積物が重なる場所は海底であると考えられるため，侵食後に沈降し，海底に生息する生物の巣穴が生痕化石となったという過程を示せばよい。

▶問３．混濁流（乱泥流）は様々な粒径の砕屑粒子を含んだ水が，重力によって一気に流れ下るものである。勢いがなくなって堆積する際には，大きな粒子ほど速く沈降するため，下ほど粗粒で上ほど細粒な構造である級化層理が形成される。また，その上部では水流によって平行葉理や斜交葉理が形成される。混濁流によって形成された地層を，タービダイトという。

▶問４．示準化石として有効なのは，特定の時代の地層からのみ産出する化石であるが，広範囲での地層の対比に用いられる必要があるため，分布が広範囲で，さらに産出個体数が多いことも条件として挙げられる。なお，特定の時代の地層からのみ化石が産出するということは，その生物の種の生存期間が短く，進化が速いため，特定の時代にのみ生息していたということである。

❖講　評

2021年度は例年どおり大問5題の出題で，試験時間は理科2科目で150分であった。論述問題は2020年度と同じく行数指定だった。全体の難易度としては，2020年度からやや易化したといえる。

1　太陽と恒星の放射エネルギーに関する出題。問1は空所補充の基礎知識問題。問2と問3は主に計算問題だが，問3(3)の論述問題を含め，内容はいずれも基本的なものであった。計算にはやや手がかかるが，与えられた数値を用いればよいため難度は高くない。解答が後の小問に連動するため，ミスのないようにしたい。

2　オゾン層，空気塊の上昇と凝結高度に関する出題。問1は空所補充の基礎知識問題。問2は選択・描図・論述であり，いずれも計算要素を含む出題であったが，内容は基本的なものであった。

3　年代測定と地学現象の時間スケール比較に関する出題。問1は空所補充の基礎知識問題。問2の選択問題も年代測定法に関する基本的な内容であった。問3は分野横断的に時間スケールを比較する出題で，やや判断に迷う部分はあるが，教科書記載事項の範囲内であった。

4　地球の構造と鉱物に関する出題。問1は空所補充の基礎知識問題。問2〜問4は論述問題だが，2行ないし3行の指定であり，内容も基本事項の確認であった。

5　堆積構造，示準化石に関する出題。問1は図から地層の上下を判断する出題だったが，内容はオーソドックスなものであった。問2と問3の論述はいずれも基本的な内容で，指定行数も2行と短かった。問4は示準化石の条件を問う基礎的な出題であった。

2020年度

解答編

東北大-理系前期　　　　　　　　　　　　　　　　2020 年度　英語〈解答〉　*3*

解答編

■英語■

Ⅰ

解答　問 1．あたり一面に積もっている雪はひょっとして，肉を保存するのに塩に負けず劣らず有効ではないかという説。

問 2．フランシス=ベーコンは寒いところにいて風邪をひき，肺炎になって亡くなったと伝えられており，寒いと風邪をひくというのが通説だが，近代科学の実証実験では，風邪や肺炎はそれぞれライノウイルスや細菌によるものであり，気温とは何ら関係がないことが証明された。しかし，近年になって，深部体温に比べて体温が低いと，ウイルスに対する体の免疫反応が低下し，実際に風邪をひきやすくなることがわかった，というようなさまざまな実例のこと。

問 3．実証的な研究では，数学や幾何学と違い，確実性をもって事実を立証できず，どの事実にも，それとは相容れない事実がありうるということ。

問 4．全訳下線部(D)参照。

問 5．⑴—(ウ)　⑵—(イ)　⑶—(ア)　⑷—(エ)

◆全　訳◆

≪実証的研究とは≫

　英国人でルネサンス期の哲学者，政治家，かつ科学者でもあったフランシス=ベーコンは，科学における実験的方法の基礎を確立したことで広くその功績を認められている。彼は自著『*ノヴム・オルガヌム（新機関）*』において「たとえそれが実際の実験に勝るものではないにしても，断然一番いい実証となるのは経験である」と記した。ベーコンは，科学がいかにして試行錯誤によって前進するかを言葉で示しただけでなく，実際に，その錯誤の一部がいかにして命取りになるかも示した。宮廷医の一人と馬車でロンドンのハイゲートに向かっていたとき，突然，ベーコンは，あたり一面に積もっている雪はひょっとして，肉を保存するのに塩に負けず劣ら

ず有効ではないかと思いついた。即刻，その説を実証したくなり，二人は
ハイゲート・ヒルのふもとの貧しい女性の家に立ち寄って，彼女から鶏を
買い取り，その内臓を抜き取ってもらって，そこに雪を詰めた。しかしな
がら，そんなことをしているうちにベーコンは突然，極度の悪寒に襲われ，
家にたどり着くことさえできなくなった。地元に住んでいたアランデル伯
爵は彼を泊めてくれたが，不運にもベッドが湿っていたことが体には益よ
りもむしろ害を及ぼした。数日後，彼は肺炎で亡くなったのだ。

　ベーコンが，結論は証拠に基づくものであるべきだという実証主義を確
立するのに一役買ったことを考え合わせると，彼にまつわるこのよく知ら
れた話はおそらく事実ではないだろうというのは皮肉なことだ。しかしな
がら，その皮肉にはそれ以上に深い意味がある。推定されるベーコンの死
因は，そもそも，科学的かつ証拠に基づく手法を取ることの難しさを示す
典型的な例なのだ。何世紀にもわたる人々の知恵によれば「（寒さから）
風邪をひく」ことはあり得るという話だった。しかし，近代科学でこの証
拠を調べてみると，それはただの迷信にすぎないように思われた。数多く
の実験室での実験では，人々の鼻に風邪のウイルスを入れ，冷気にさらさ
れる人とさらされない人がいるようにしたのだが，繰り返し実験しても，
温度は何の影響も及ぼさないということが明らかになった。この理由はご
く単純なことのように思われた。つまり，普通の風邪はライノウイルス，
インフルエンザはインフルエンザウイルス，肺炎は細菌によって引き起こ
されるものだからだ。温度はそれとはまったく関係がない。もしあなたが
あまりにも長時間，極端な寒さにさらされると，低体温症になるかもしれ
ないが，「（寒さから）風邪をひく」ということはあり得ないのだ。

　その後，2015 年の 1 月になって，「ママは正しかった：寒いと風邪をひ
くのだ」という見出しがお堅い新聞や雑誌に掲載されるようになった。エ
レン=F. フォックスマン率いるエール大学の研究チームが，「体温が深部
体温に比べて低めだと，ライノウイルスに対する先天性免疫反応が低下す
る」ということを発見したのだ。言い換えると，あなたの鼻の中に風邪の
ウイルスが存在するかどうかは気温に左右されないが，それに対する免疫
反応は気温に左右される。それはつまり，もしあなたが寒いとなると，実
際に風邪をひきやすくなるかもしれないし，というよりもむしろ，もしす
でに鼻にウイルスが付着していれば，さらに風邪を「発症する」可能性が

高まるということなのだ。

　これらの例は，証拠に基づく真実の信頼性に対する立派な証拠のようには見えない。ある特定の死の原因に関する歴史的疑問や，一般的な死因に関する科学的疑問の双方に関する確固たる最終的な結論に到達するのに十分な証拠がないままにされているのだ。私たちは証拠を探し求めるだろうが，それは往々にして，おそらくたいていの場合，理解しにくかったり，そもそも存在しなかったり，不明瞭であったり，決定打とならないものであったりする。語源的には，実証的というのは「経験から」という意味であり，経験は，実証的なアプローチでは私たちには知識よりむしろ不確かさが残るということを教えてくれているようだ。

　しかしながら，実証的な研究の結論が定まらない性質は，弱みであるどころか，実のところ，強みである。デイビッド=ヒュームは，「人間の理性あるいは研究の対象となるものはすべて，当然のことながら，二種類，つまり，『概念の関係』と『事実問題』に分類できよう」と述べて，この点を見事に伝えていた。「概念の関係」とは数学，幾何学，純粋論理の真理に関するものである。そのような真理は，事実上，定義によって真理とされているものだが，実世界については私たちに何も教えてはくれない。それとは対照的に，「事実問題」は，純粋論理によって確立することはできない。それはまた，100パーセントの確実性をもって立証することができないということでもある。「『事実問題』のどれをとっても，なおかつそれとは相容れないことが存在し得るのだ」とヒュームは警告した。「太陽は明日昇らないだろうというのは，太陽は明日昇るだろうという肯定論と同様にわかりやすい説であり，その肯定論と同様に，矛盾を含んではいないのだ」と。確かに私たちは，もし巨大な小惑星がまさに地球に衝突しようとしているというような事態になれば，太陽が明日昇らないことを認めざるを得なくなるだろう状況を簡単に想像することができる。

　したがって，確実性の欠如は実証的真理の扱いに不可欠な要素となる。私たちは，世界に関する知識を得る可能性を手にするためには確実性を断念する必要がある。絶対的な確実性は，数学の公理や論理の法則のように，純粋に概念的な事柄に関して得られるだけである。もし世界について知りたいと思うなら，自分の意見を変えざるを得なくなるかもしれない発見——私たち自身にとっても，人類全体にとっても——をする可能性は際

6 2020 年度　英語〈解答〉　　　　　　　　　　　　　　　　　東北大-理系前期

限なくあるのだ。(D)私たちが真実だと思っていることは常にいつ検証され
てもおかしくない状態にあるが，そのために検証を経ている真理はより信
用できるものとなる。実証的真理の強みはそれが常にいつ精査され，見直
され，否定されてもよい状態にあるという事実にあるのだ。

━━━━━◀解　説▶━━━━━

▶問1．この the theory「説，理論」の内容は，直前の第1段第4文
（Travelling by coach …）にある it occur to ～ that …「…ということ
が～の頭に浮かぶ，～は…だと思いつく」という構文に着目すると，that
以下に述べられているフランシス=ベーコンの頭に突然浮かんだ考えを指
していると判断できる。snow の後の lying all around him は snow を修
飾する現在分詞句。effective「有効な，効果的な」 preserve「～を保存
する」 flesh「肉」

▶問2．These examples「これらの例」となっており，解答欄も6行あ
ることから，直前の第3段だけでなく，第2段も含め，複数の実証例につ
いてまとめることになる。第2段には，フランシス=ベーコンの死にまつ
わる物語に始まり，寒いと風邪をひきやすいという通説は迷信にすぎず，
風邪は気温とは関係がないことが実証された例が述べられている。第3段
には2015年に明らかになった実証例として，体温が深部体温に比べて低
いと免疫力が低下し，実際に風邪をひきやすくなるという例が述べられて
いる。この二つの相反する実証例を要領よくまとめること。

▶問3．open-endedness は「終わりがないということ」という意味。こ
の場合の「終わり」とは，第4段第2文（We are left …）にある，「確固
たる最終的な結論」であると考えられる。そして，このような結論が出な
いことは，下線部の直前の第4段最終文（Etymologically, empirical
means …）に述べられている uncertainty「不確かさ」を生み出すと判断
できる。最終文の an empirical approach leaves us with ～ は直訳すると
「実証的な方法は私たちに～を残す」となるが，実証的な手法をとると私
たちは with 以下のものを持ち続ける，with 以下のものが残る，というよ
うに訳すとわかりやすい。empirical approach「実証的なアプローチ，実
証的な手法」は，下線部の empirical inquiry「実証的な研究」に対応す
る表現。inquiry「疑問，調査，研究」 ただし「不確かさが残る」だけで
は具体性に欠けるので，下線部を含む第5段の第3～7文（Relations of

ideas …），特に第5文（Matters of fact, …）以降を参照し，何かを立証しようにも100パーセント確実だとは言えず，それとは相容れない事柄も必ず考えられるといった旨を加えておきたい。また，最終段第4文を含めて「実証的な研究では，数学や幾何学と違い，事実を確実に立証できず，常に反証され，新たな発見の余地があるということ」とすることもできる。

▶問4．**What we hold to be true is constantly open to being tested,**

●What we hold to be true はこの文の主語となる名詞節。この hold は hold *A* to be 〜 の形で「*A* は〜であると思う」という意味であり，文頭の what が hold の目的語。

●be open to 〜 は「〜に開かれている」という意味だが，ここでは being tested という動名詞句が続いており，「いつでも検証される状態にある，いつ検証されてもおかしくない」という訳が適切。

which makes the truths that pass the test more reliable.

●which makes 〜 の which は直前の内容を先行詞とする関係代名詞 which の継続用法であり，and it makes 〜 と考えて訳すとよい。makes 以下は truths が目的語，reliable「信用できる，信頼できる」が目的格補語となっている。無生物主語構文なので，「そのために真理がさらに信用できるものとなる」というような訳が適切。that pass the test は truths を先行詞とする関係代名詞節。

▶問5．(1) damp は「湿気のある，湿った，生乾きの」という意味であり，(ウ)の moist「湿った」が意味的に近い。

(2) impaired は「損なわれて，低下して」という意味であり，(イ)の weakened「弱くなって」が意味的に近い。

(3) intelligible は「わかりやすい，理解しやすい」という意味であり，(ア)の comprehensible「理解できる，わかりやすい」が意味的に近い。

(4) scrutiny は「精査，吟味」という意味であり，(エ)の inspection「検査，調査」が意味的に近い。

◆◆◆◆◆◆ ●語句・構文● ◆◆◆◆◆◆◆◆◆◆

（第1段）fundamental「基礎，原理」 demonstration「実証」 by far「断然，群を抜いて」はここでは最上級の the best の意味を強調する用法。in words「口に出して，言葉で」 by trial and error「試行錯誤によって」 in deed「実際に」 fatal「命取りになる」 without delay「即刻」

8 2020 年度 英語〈解答〉　　　　　　　　　　　東北大–理系前期

make it home「家にたどり着く」　earl「伯爵」　do more harm than good「益するよりむしろ害になる」　pneumonia「肺炎」

（第2段）Given that ～「～ということを考え合わせると，～を踏まえれば」　be grounded in ～「～に基づいている，～を土台にしている」　exemplify「～を実例で示す，～のよい例となる」　in the first place「そもそも，まず第一に」　catch a chill は「風邪をひく」という意味だが，寒いと風邪をひくという通説が問題となっている箇所なので，その点を生かした訳がよいだろう。no more than ～「～にすぎない」　superstition「迷信」　have nothing to do with ～「～とは何ら関係がない」

（第3段）serious「お堅い」　in other words「言い換えると」　but your immune response to it does の does は depends on the temperature という内容を表す代動詞としての用法。develop「～を発症する」

（第4段）elusive「理解しにくい，とらえどころのない」　ambiguous「不明瞭な」　inconclusive「決定的ではない，不確定の」

（第5段）far from being ～「～であるどころか」　make this point は make a point「主張する，言いたいことを述べる」という表現を用いたもの。observe「～と述べる」　in effect「事実上，実質的に」
in contrast「その一方で，対照的に」　That the sun 以下は，no less *A* than *B*「*A* であるのは *B* と同じだ，*B* と同様に *A* である」という構文と，no more *A* than *B*「*A* でないのは *B* と同じだ，*B* と同様に *A* ではない」という構文が組み合わさったもの。

（最終段）give up on ～「～に見切りをつける」　reside in ～「～にある」

Ⅱ　**解答**　問1．私たちは単に商品を消費し使用することよりむしろ，情報やサービスに重点を置く脱工業化時代に向かっているという考え。

問2．(イ)→(ア)→(エ)→(ウ)

問3．(ウ)

問4．全訳下線部(D)参照。

問5．(イ)・(エ)・(キ)

東北大-理系前期　　　　　　　　　　　2020 年度　英語〈解答〉　9

━━━━━━━◆全　訳◆━━━━━━━

≪IoT 時代の今後の可能性について≫

　たとえ私たちが必ずしもそう認識しているわけではないにしても，消費者向け技術の進歩はこれまでまさに驚異的と言うしかないほどのものだった。さらに，家庭用電化製品の導入，そして，近年の装置に組み込まれたコンピュータの性能の高さが，私たちがどのように映画やテレビを観たり，連絡を取り合ったり，商品を物色したり，情報を収集したり，他にも膨大な量の作業のかじ取りをするかを大きく変えてきた。技術革新の結果として，世界ははるかに快適な場所となっていると言ってもよいだろう。技術革新は余暇を提供し，社会的利益を推進するのに一役買ってきた。現代の機械や車をより安全なものにし，医療を向上させ，昔の世代の人たちなら夢見ることしかできなかったような快適さを生み出してきたのである。

　アルビン＝トフラーやダニエル＝ベルを含む社会学者や文化人類学者の中には，私たちは単に商品を消費し使用することよりむしろ，情報やサービスに重点を置く脱工業化時代に向かっているという考えを提唱してきた者もいる。この考えを裏付ける証拠はたくさんある。さまざまな市場調査報告書によると，消費者は今では，米国だと一世帯当たり 7 台くらいの接続機器を所有している。しかしながら，経済協力開発機構（OECD）はその数字は 2020 年までには 20 台に達するだろうと推定している。さらに，これらの機器を取り巻く科学技術はますます重要になっている。市場調査会社の NPD グループによると，モバイル端末を所有する人の 88 パーセントが今では家庭用オートメーションシステムのことを知っていることがわかった。さらに，スマートフォンや，電子書籍端末，ブルーレイプレーヤーをはじめとする機器を持っている人たちの中で，インターネット接続のやりやすさやコンテンツを——場合によっては複数の端末で同時に——閲覧できることが一番の魅力だと言う人の割合が増えている。

　接続機器は私たちの製品やモノに関する考え方を変え，行動にも非常に大きな変化を促す。四半世紀前なら，映画を観る方法と言えばもっぱら映画館に行き，現金を払って一枚のチケットを買うことだった。今や，私たちはテレビに取り付けられているストリーミングメディアプレーヤーから映画を購入したりレンタルするか，タブレットやスマートフォンやゲーム機を通して無線で映画を観る。私たちは飛行機内や喫茶店内で映画を観た

り，音楽のダウンロードを聴いたりする。同様に重要なことだが，ソーシャルメディアのレビューやおすすめが，考え方や購入の決定にますます影響を及ぼすようになっているのだ。

接続機器を通して人と人とがつながることになり，同時に人々の集団の間にまったく異なる関係ができあがる。しかし，このような人のつながりは，どれほど重要で深いものだとしても，IoT（モノのインターネット）のパズルの一片にすぎない。インターネットにつながる個々の機器やモノは，その特定の機器の性能を向上させ，さらにそれを使う人にとってかなりの価値を加えることも多い。しかしながら，機器を膨大なネットワーク——つまりはモノのインターネット——に接続できるということは，可能性と性能を急速に高めているのである。

(D)例えば，インターネットへの接続が可能な照明のスイッチで，家主はスマートフォンを使って点灯と消灯の時間を設定することも，それを同じスマートフォンから手動で操作することもできるだけでなく，それは家中のあらゆる照明の電力使用量を分析するソフトウェアに接続することができ，さらにはおすすめの案を提供することによってお金を節約することもできるのだ。さらにもっと拡張して，同じデータは，電気，ガス，水道などの供給会社によって，消費パターンをより理解し，顧客層全体にもっと効率のいい使用パターンを促すような料金や動機付けを設定するために使われうるだろう。自動車，医療，金融サービスを含め，他にも多くの産業で，同様の可能性があることを認めるのは難しいことではない。

さらに，情報を埋め込んだタグやその他のセンサーをさまざまな物やパッケージに取り付けることで，著しい性能を導入することになる。いきなり，台所の戸棚がお米やサルサの在庫が少なくなっているときにそれを認識することが可能になる。冷蔵庫が，パンやバターが切れているから，もっと買う時期だと決定できる。バスルームのキャビネットが家の所有者にもっとトイレットペーパーや練り歯磨きを買うようにと注意を促したり，商品を買い物リストに自動的に追加することさえできる。そうなると，消費者が食料品店に足を踏み入れ，望まれた商品のある通路に近づくと，スマートフォンへのアラートかメッセージ——そして，おそらくクーポンさえも——を受け取ることになるのだ。

もちろん，ますます多くの接続機器があるということは，より多くのデ

ータの交差ポイントがあるということになり，つまりは，はるかに多くの素晴らしい可能性がある，ということになる。現実的には，私たちは接続機器の時代に突入し始めたばかりなのだ。ホームネットワークや Wi-Fi が10 年以上前から広く使用されており，素早い携帯電話接続がますます当たり前のものになっているとはいえ，このような機器全体を支えるためのプラットフォームやインフラはまだ成熟し始めたばかりだ。これまでは，さまざまなシステムや機器は互いにうまく通信しあったり，うまく連動させることができない場合があまりにも多かった。さらに，データを共有したり連結したりをはるかに単純化するクラウドなしでは，高速でシームレスなデータを共有することなど単純に不可能だったのだ。

　今日では，技術革新のペースは急速に加速しており，デジタル技術も成熟しつつある。データプラットフォームが確立し，データ解析学が進歩し，クラウドが情報技術の標準的な部分となり，モバイルアプリケーションの性能と洗練が高まり，情報を埋め込んだタグやその他のセンサーの価格が低下するにつれ，モノのインターネットのための土台が形をなしつつある。明らかに今の世界が今後も同じであることは決してないだろう。私たちは自分たちが行うすべてを革命的に変えることを約束する新たな時代に突入しつつあるのだ。

━━━━━◀解　説▶━━━━━

▶問 1．this notion「この考え，この概念」の内容に相当するのは，直前の第 2 段第 1 文（Some sociologists and …）に述べられている the idea に続く that 節の部分だとわかるので，この部分を和訳する形で説明するとよい。head into ～「～に向かう」 postindustrial age「脱工業化時代」このあとの that 節は関係代名詞節で postindustrial age を修飾している。place an emphasis on ～「～に重点を置く」

▶問 2．(ア)「しかしながら，経済協力開発機構（OECD）はその数字は2020 年までには 20 台に達するだろうと推定している」

(イ)「さまざまな市場調査報告書によると，消費者は今では，米国だと一世帯当たり 7 台くらいの接続機器を所有している」

(ウ)「市場調査会社の NPD グループによると，モバイル端末を所有する人の 88 パーセントが今では家庭用オートメーションシステムのことを知っていることがわかった」

㋑「さらに，これらの機器を取り巻く科学技術はますます重要になっている」

下線部の直前の文では，私たちが情報やサービスを重視する時代に向かっているという考えを裏付ける証拠があるとされている。そうした証拠についての記述と考えられるのは，人々が何台くらい接続機器を持っているかを調査した会社の報告書について述べている㋑である。したがってこれが最初だとわかる。㋑では，今は接続機器を一世帯当たり7台くらい所有しているという具体的な台数が述べられている。それに注目すると，2020年までには20台に達するとの推定が述べられている㋐がこの後に続くと判断できる。残る㋒と㋓の順序としては，機器を取り巻く技術の重要性に言及した㋓の後に，それを具体的に示す調査について述べている㋒が続くことがわかる。

▶問3．㋐「接続機器は私たちが周りの世界と情報をやり取りする方法を変えつつあるが，人々の社会に関する考え方を変えることはない」

㋑「接続機器とは，相互に接続でき，インターネットを経由して他のコンピュータシステムとも接続できる物理的な物体のことである」

㋒「接続機器は私たちの製品やモノに関する考え方を変え，行動にも非常に大きな変化を促す」

㋓「接続機器は，世界中で映画やテレビの製造方法を大きく変えた」

下線部を含む段落の残りの部分では，四半世紀前の映画の見方が，スマートフォンやタブレットをはじめとする接続機器の使用で大きく変化した具体例と，ソーシャルメディアのレビューやおすすめが，考え方や購入の決定にますます影響を及ぼすようになっていることが述べられている。よって，㋐の「人々の社会に関する考え方を変えることはない」や，㋓の「映画やテレビの製造方法を大きく変えた」は本文の内容と矛盾することがわかる。㋑のような接続機器の説明をこの段階でするのは不自然である。したがって㋒が正解。

▶問4．**For instance, a light switch that is Internet enabled not only allows a homeowner to program on and off times with a smartphone and manually control it from the same phone,**

●文全体の構成としては，a light switch が主語，that is Internet enabled という部分は主語を先行詞とする関係代名詞節，述語動詞は

東北大-理系前期 2020 年度　英語〈解答〉 *13*

not only に続く allows で，allow *A* to *do*「*A* が〜するのを可能にする」という表現の to 不定詞にあたる部分が to program 以下と，control 以下の 2 つ。

●for instance「例えば」

●Internet enabled「インターネットへの接続が可能な，インターネット機能内蔵の」

●無生物主語構文であることから，a light switch allows *A* to *do* という表現は「照明のスイッチで *A* は〜できる，照明のスイッチを使えば *A* は〜できる」というように訳すとわかりやすい日本語となる。homeowner「家主，家の持ち主」

●program on and off times「点灯と消灯の時刻を設定する，（照明を）つけたり消したりする時間をセットする」

●manually control it「それを手動で操作する」 it＝a light switch。

but it also can be connected to software that analyzes electrical consumption across all lights in the house and, by offering recommendations, save money.

●but it also 以下は，直前の not only allows 〜 とつながって，not only *A* but also *B*「*A* だけでなく *B*」のイディオムとなっている。

●it also can be connected の it は前の部分から引き続き a light switch を指す。

●electrical consumption across all lights in the house「家中のあらゆる照明の電力使用量」

●by offering recommendations は by *doing*「〜することによって」という動名詞を用いた表現となっており，recommendation「推奨案」とはここでは節電につながる照明器具のおすすめの使い方のこと。

●save money という部分は，動詞が原形であることから判断して，it also can 〜 からつながっていることがわかる。

▶問 5．(ア)「革新的な消費者向けのテレマーケティング技術の信じられないほどの進歩によって，自動車はより安全に，薬はより有効なものとなり，社会的利益を推進するのに役立つ快適さを生み出してきた」 第 1 段最終 2 文（It has delivered …）に，家庭用電化製品に代表される消費者向けの技術の進歩がもたらした恩恵については述べられているが，テレマーケ

ティング技術についての記述はないので，不一致。

⑷「どの商品やサービスを買うべきか，例えばどの映画を観るべきか，どの音楽を聴くべきかなどに関する私たちの決定は，ネット上のレビューに大いに影響される」　第3段最終文（No less significant：…）には，ソーシャルメディアのレビューやおすすめが考え方や購入の決定にますます影響するようになっていると述べられており，一致。

⑺「ある特定の機器がインターネットにつながると，その性能が上がるだけでなく，個々のユーザーたちの価値も相当上がることが多い」　第4段第3文（An individual device …）には，インターネットに接続されると機器の性能が上がり，それを使っている人にとっての価値も上がると述べられてはいるが，ユーザーの価値が上がるわけではないので，不一致。

⑾「電気，ガス，水道などの供給会社は，料金を設定し，消費者の動機付けをどうすべきかを決め，消費者にもっと効率よく使おうという気にさせるために，家の所有者の消費データから恩恵を受けることもあるだろう」第5段第2文（Scaling up even …）に「電力使用量に関するデータは，電気，ガス，水道などの供給会社によって，消費パターンをより理解し，顧客層全体にもっと効率のいい使用パターンを促すような料金や動機付けを設定するために使われうるだろう」と述べられており，一致。

⑺「家の台所や浴室の製品に取り付けられている情報を埋め込んだタグは，ほとんどなくなりそうになっている製品を買いに行くべきときには，店からスマートフォンのメッセージで消費者に注意を促したり，またおそらく消費者にクーポンを提供することすらできるだろう」　第6段（Moreover, attaching RFID …）には家庭内の製品に付けられたタグやセンサーが，家の所有者にさまざまな注意喚起をしてくれるという内容が述べられている。その注意喚起に関する記述としては，同段最終文（Then, when the …）に「スマートフォンへのアラートかメッセージ」とあるが，それは店からスマートフォンに送られるメッセージとは述べられていないので，不一致。

⑺「私たちは何年にもわたって高速のインターネットや携帯電話接続を手にしてきたので，機器が互いにつながって私たちの生活のプラスになる方法の大半は出尽くしている」　第7段第2文（Realistically we've only …）に「現実的には，私たちは接続機器の時代に突入し始めたばかりなのだ」

とあり，続く同段第3〜最終文（Although home networks …）には，ホームネットワークや Wi-Fi は10年以上の利用があり，素早い携帯電話接続がますます当たり前のものになっているが，プラットフォームやインフラ環境はまだ成熟し始めたばかりであると述べられている。よって，「機器が互いにつながって私たちの生活のプラスになる方法の大半は出尽くしている」という記述は不一致。

㈮「クラウドコンピューティングの標準化に加え，データプラットフォームの確立，センサーの価格の減少，洗練されたモバイルアプリケーションの創出，解析学の向上などのすべてが，モノのインターネットの土台を形成しつつある」最終段第2文（As data platforms …）にほぼ同様の内容が述べられており，一致。

◆━◆━◆━◆━◆━ ●語句・構文● ━◆━◆━◆━◆━◆━◆━◆━◆━◆━

（第1段）nothing short of 〜「まさに〜に他ならない」 What's more「さらに」 It's safe to say that 〜「〜と言ってよい」

（第2段）cultural anthropologist「文化人類学者」 connectivity「接続性，接続のやりやすさ」

（第3段）gaming console「ゲーム機」 no less significant「同様に重要なことだが」

（第4段）translate into 〜「〜につながる，結果として〜になる」 along with 〜「〜と共に，〜と併せて」 substantial「かなりの」

（第5段）scale up「機能を高める」 consumption pattern「消費パターン，消費傾向」 incentive「動機，やる気，刺激となるもの」 customer base「顧客ベース」とは事業の収入の中心となる顧客層のこと。

（第6段）aisle「通路」

（第7段）platform「プラットフォーム」とはソフトウェア，ハードウェア，各種サービスなどを動かすための基盤となる開発環境のこと。seamless「シームレス」とは，異なるサービスやシステム，ソフトウェアなどが組み合わされているとき，ユーザーがそのような複数のサービスなどを，同じものを使っているように一体的に使える状態を指す。

（最終段）take hold「確立する，根付く」 analytics「解析学，分析論」 grow in power「性能が高まる，向上する」 grow in sophistication「さらに洗練される」

16 2020 年度 英語〈解答〉　　　　　　　　　　　　　　　東北大-理系前期

Ⅲ 解答 1) ①－a ②－c ③－b ④－d

2) (a)〈解答例〉One of the reasons why Bradley might want to join the equestrian club is that he can socialize more by making new friends. Another reason is that he can receive a lot of valuable guidance and advice from his seniors that he will be able to pass on to his juniors. In addition to these social benefits, he thinks that being a member of a club has academic advantages. (69 words)

(b)〈解答例〉First, Bradley might not want to join the equestrian club because he is scared of horses and cannot imagine riding one. Second, the club will make demands on his free time. Moreover, he might also be afraid that the *senpai-kōhai* system can generate a lot of peer pressure, and he might not be allowed to do anything but clean out the horse stalls when he first joins the club. (69 words)

◆全 訳◆

≪クラブ活動をめぐる大学生二人の会話≫

ブラッドリー（以下Ｂ）：参ったよ，カエデ，日本で大学生活に馴染むのって大変なんだ。新たな人脈を作るのにこれまで苦労してて，いつも君と出歩いている以外，人付き合いってものがまったくないからね。暇なときはほとんど勉強してるだけだから，クラブにでも入ろうかと思ってるんだ。

カエデ（以下Ｋ）：あら，そうよね，そうしたらいいわ。もしクラブに入ったら，もっと人と付き合うようになることは請け合いね。でも，覚えておいてね，クラブってあなたの自由時間を要求する傾向があるの——ただ一緒に遊ぶためじゃなくて——各クラブが中心となってやっているスポーツや楽器や他のどの活動でも，あなたが上手になるようにさせるための時間をね。知ってるでしょうけど，私は馬術部の部員なの。入部する前は馬に乗ったことなどなかったのに，２年たって，とっても頑張ったから，騎手としてはまずまずの力をつけているし，馬のことをいっぱい学んだわ。入部したことで目の前にまったく新しい世界が開けたの。

Ｂ：でも人との付き合いはどうなの？

東北大-理系前期　　　　　　　　　　　　　　　　　　　　　　　2020 年度　英語〈解答〉　*17*

K：そこが一番いいところなのよ。新たな楽しいスポーツを身に付けただ
　　けじゃなく，新たに友達がいっぱいできたし，先輩からは多くの貴重
　　な指導や助言がもらえたし，それを私が自分の後輩に伝えることもで
　　きているんだもの。だから，私は時間をかけたけど，それだけの価値
　　はあったと思うの。

B：そこはほんとによくわかるよ。日本の「部活生活」って，米国の「グ
　　リーク・ライフ」に似てるようだね。

K：え？　「グリーク・ライフ」。それってどういうものなの？

B：米国ではほぼ全大学にかなりの数の社交のための組織があってね，男
　　子向けのはフラタニティ，女子向けのはソロリティって呼ばれてるん
　　だけど，学生が参加できて，日本の「部活」にちょっと似てるんだ。

K：でもどうしてそれが「グリーク・ライフ」って呼ばれてるの？

B：フラタニティやソロリティはそれぞれ，「デルタ」とか「シグマ」と
　　か「ファイ」「オメガ」などというように，ギリシャ語のアルファベ
　　ットの文字をとって名前が付けられてるからなんだ。でも，日本のク
　　ラブと違って，特定のスポーツや音楽や活動がそこに関連付けられて
　　いるわけじゃない。「グリーク・ライフ」は友情や人との結びつきや，
　　人脈作りという社会的側面に重点を置くものなんだ。日本のクラブと
　　まったく同じように，先輩が後輩に助言したり指導したりするよ。でも
　　も「グリーク・ライフ」組織の一部は，過度に秘密主義だったり，エ
　　リート意識が強かったり，排他的すぎるということもある。それは特
　　定の経歴，専攻，宗教をもつ学生だけを対象にしていて，特定の人種
　　の学生ということもあるんだ。

K：まあ！　もしそうなら，私はソロリティに入れてもらえるとは思えな
　　いわ。

B：いや，きっと，君なら入れてもらえるさ！　僕が言ったのは，そうい
　　うところもあるって話で，全部というわけじゃない。多くは公平で，
　　偏見なく興味をもってくれた学生から人選してる。だから，もし学生
　　が本当に参加したいと思うなら，自分にあったフラタニティかソロリ
　　ティが必ず見つかるよ。いずれにせよ，僕は最近，「グリーク・ライ
　　フ」のメンバーのほうが，そうでない学生より学校の成績がかなりい
　　いということを力説する研究を目にしたんだ。だから，「グリーク・

ライフ」の一員であることには社交上の利点だけでなく，学業の上で
も利点があるんだよ。

K：なるほど。大学がフラタニティを運営したり，規制したりしてるの？
　　私がそんなことを尋ねるのは，日本では，クラブは実質的に「先輩―
　　後輩」制によって学生が運営するものだからよ。それは，上級生の部
　　員が下級生の部員の面倒を見たり指導をするという考え方なの。でも
　　その制度は，部員仲間からの圧力をたくさん生むことがあって，それ
　　がかなりひどいこともあるの。例えば，私が馬術部に初めて参加した
　　ときは，先輩が私にやらせてくれた作業は厩舎の掃除だけだったも
　　の！

B：フーン，それは面白い。ともかく，違うんだ。「グリーク・ライフ」
　　は大学が直接運営してるんじゃない。フラタニティとソロリティはそ
　　れぞれ，通常，国の行政組織に所属しているけれど，一般的には自治
　　組織で地元の学生が運営してる。そうは言っても，君の言う「先輩―
　　後輩」制と権力の悪用がどういうことかはわかるよ。過去に何件か，
　　上級生によるパワハラ問題があったので，大学当局も最近では，しご
　　きを防止する目的で，かなりしっかり「グリーク・ライフ」組織を監
　　視してるからね。

K：しごき？　それって，何？

B：しごきが起きるのは，上級生が下級生にバカバカしい度を超えた入会
　　テストをやらせようとするときさ。もっとも，悪ふざけや，面倒くさ
　　い作業は今でも入会プロセスの一環ではあるけどね。いずれにせよ，
　　君が部の仲間からの圧力について言わんとすることはよくわかるよ。
　　君たちは，入部したてのころ無理やりショベルで厩舎の掃除をさせら
　　れたけれど，僕たちが初めてフラタニティに入ったときは，他の学生
　　がみんな，短パンとTシャツという，超普段着の学生らしい服装をし
　　ている熱い日に，全員，授業にはスーツとネクタイを着ていかされた
　　もの。そりゃとっても恥ずかしかったよ。

K：まあ！　それはおかしいわね。日本の「部活動」とアメリカの「グリ
　　ーク・ライフ」にはいくつか明らかに似たところがあるようね。ねえ，
　　ブラッドリー！　あなたも馬術部に入って，とっても楽しい趣味を始
　　めてみたらどうなの。

B：誘ってくれてありがとう。君の親切な招きに応じたい気もするんだけど，馬はちょっと怖いから，馬に乗るなんて想像できないよ。もっとも，それって魅力的な考えだよ。だって，僕は君たちが楽しんでいる社交面と友情について君が話してくれたことはほんとに気に入ったからね。

■■■■■■ ◀解　説▶ ■■■■■■

▶1）下線部①〜④の語句と最も近い意味をもつ語句を選択する問題。

① cater to 〜 は「〜に応じる，〜を対象にする」という意味だが，ここではある特定の経歴や，専攻や宗教や人種を考慮して学生を入会させているという文脈なので，選択肢の中では a の consider「〜を考慮に入れる，〜を斟酌する」が意味的に近い。

② affiliated with 〜 は「〜に加盟して，〜に所属して」という意味であり，c の attached to「〜に付随して，〜に所属して」が意味的に近い。

③ over-the-top は「度を超えた，やりすぎの」という意味であり，b の excessive「行きすぎた」が意味的に近い。

④ intriguing は「魅力的な，興味をそそる」という意味であり，d の fascinating「魅力的な」が意味的に近い。

▶2）会話文の内容に基づいて，(a)はブラッドリーが馬術部に入部したいと思うかもしれない理由，(b)はブラッドリーが馬術部に入部したいとは思わないかもしれない理由を，それぞれ会話で語られている理由を少なくとも3つ挙げて，50〜70語の英文で書く問題。

(a)入部したいと思うかもしれない理由については，〈解答例〉ではまずカエデの第1発言第2文（If you join …）に述べられているように，人付き合いができる点を挙げている。その他には，カエデの第2発言第2文（Not only have …）にあるように，先輩からの指導や助言が得られる点，ブラッドリーの第6発言第5文（In any case, …）にあるように，学業面での利点を挙げている。いずれにしても，本文の英文をうまく利用しつつまとめるとよい。

(b)入部したくないと思うかもしれない理由については，〈解答例〉ではまずブラッドリーの最終発言第2文（I'm inclined to …）にあるように，彼が馬を怖がっている点を挙げている。また，カエデの第1発言第3文（However, keep in …）にあるように，時間をとられる点，さらにカエ

20 2020 年度　英語〈解答〉　　　　　　　　　　　　　　東北大-理系前期

デの第 6 発言第 4 ・ 5 文（But, the system …）にあるような仲間からの
プレッシャーも理由としている。

◆━◆━◆━◆　●語句・構文●　◆━◆━◆━◆━◆━◆━◆

（ブラッドリー（以下 B）の第 1 発言）hang out「ぶらぶらして時をすご
す，付き合う，親しくする」 no ～ whatsoever「まったく～ない」
（カエデ（以下 K）の第 1 発言）make demands on ～「～を要求する，
必要とする」 equestrian club「馬術部，乗馬クラブ」 decent「まずま
ずの力を持った」
（K の第 2 発言）commitment「献身」
（B の第 3 発言）I totally get that.「それはよくわかる」
（B の第 4 発言）a bunch of ～「かなりの数の～」
（B の第 5 発言）bonding「強い絆」 networking「人脈作り」 mentor
「～を指導する」 secretive「秘密主義の」
（K の第 6 発言）peer pressure「仲間からの圧力」
（B の第 7 発言）administrative organization「行政組織」 student-run
「学生が運営する」 hazing「いじめ，しごき」
（B の第 8 発言）practical joke「悪ふざけ」
（B の最終発言）be inclined to *do*「～したいと思う」

IV 解答

(A)〈解答例 1〉"Culture," which includes everything
ranging from the field of arts such as fine arts or
music to that of performing arts, is motivated by the pure desire to
get to unknown worlds no one has ever reached.

〈解答例 2〉The sheer desire to master the secrets of unknown
worlds that no one has ever reached is the basis〔foundation〕of our
"culture," ranging from the world of art, including fine arts and
music, to the world of entertainment.

(B)〈解答例 1〉A group of people who enjoy challenging this limit of
their intelligence are called scientists. "Culture" is not only the
accomplishment of the challenge, but also the very process of taking it
on. It is meaningless to make a distinction between useful "cultures"
and useless ones.

東北大-理系前期   2020 年度　英語〈解答〉　*21*

〈解答例 2〉Scientists are a group of people who find pleasure in trying hard to go beyond the boundaries of human intelligence. "Culture" includes the process of challenging the limits of intelligence, as well as the achievement. It makes no sense to classify "cultures" as useful and useless.

━━━━━━━━━━ ◀解　説▶ ━━━━━━━━━━

▶(A)問題文が長いので構成に迷うところだが，まず「そんな純粋な欲求」を主語にするか，「文化」を主語にするかで答えが分かれる。「そんな純粋な欲求」を主語にすると，主語が長くなってしまうが，それを避けるには，「文化」を主語にして受動態にすればよい。「純粋な欲求」を主語にする場合，「誰もまだ…究めてみたい」という部分は「欲求」の中身なので，それを修飾する形で後に続けると，すっきりした英文となる。「美術，音楽…芸能の世界まで」という部分は「文化」を説明している部分と考えて，culture を修飾するように処理しておけばよいだろう。

● 「〜を究める」は文字通りに訳すと，master や master the secrets of 〜 となるが，「未知の世界」を目的語とするには，get to unknown worlds や，explore unknown worlds とするか，master the secrets of unknown worlds などとするとよい。

● 「美術，音楽などの芸術の世界から芸能の世界まで」という部分は「文化」の説明部分と考えられる。range from *A* to *B*「(範囲が) *A* から *B* に及ぶ」という表現を分詞句の形で用いて，"Culture," which includes everything ranging from のように「文化」を修飾させるか，「文化」の後に置き，「文化が〜から…まで及んでいる」のように説明する形にするとよい。

● 「美術」は「芸術」と区別するために fine arts とする。「芸能」は performing arts や entertainment となる。

● 「支えている」は，「文化」を主語とする場合，受動態を用いて be motivated by 〜「〜に刺激される，動機を与えられる」などのように表現するとよい。また「純粋な欲求」が，「文化」の「土台となっている」と考えると，the basis of 〜「〜の土台，〜の基礎」という表現を利用してもよいだろう。

▶(B)「サイエンティストと呼ばれる…人々である」の部分は，… are

22 2020 年度 英語〈解答〉　　　　　　　　　　　　　　東北大-理系前期

called scientists または Scientists are … とする。和文の 2 文目の主語は「それ」であり、「知の限界への挑戦」を指すと考えられる。「…を含めて」までの部分は「知の限界への挑戦」を修飾する語句なので，not only ～ but also … や as well as などを使って「知の限界への挑戦」の後に続けることになる。すると，主語が長くなってしまうので，「文化」を主語にして，「文化とは～だ」，または「文化は～を含む」のように表現するとよいだろう。最後の部分は「…の区別は意味を持たない」という中心文を「…を区別するのは意味がない」と考えて，形式主語構文を用いて書くとよいだろう。

● 「一群の人々」a group of people
● 「知の限界に挑戦する」はそのまま challenge the limit of their intelligence としてよいが，「限界を超えようとする」と考えて，try hard to go beyond the boundaries of human intelligence 〔knowledge〕とすることも可能。
● 「成果」は achievement や accomplishment で表す。
● 「意味を持たない」は「意味がない」と考えて，そのまま meaningless という形容詞を用いるか，make no sense というイディオムを利用する。
● 「『文化』には役に立つ，立たないの区別は」という部分は「役に立つ『文化』と役に立たない『文化』を区別する」と考えて，make a distinction between useful "cultures" and useless ones としてよいが，「役に立つ『文化』と役に立たない『文化』に分類する」と考えて，classify "cultures" as useful and useless と表現してもよいだろう。

❖講　評

　2020 年度は，読解問題 2 題，会話文 1 題，英作文 1 題という構成で，小問 5 つを除き，すべて記述式である。会話文の設問に英作文が出題されているのも例年通りだが，2020 年度は 2 問の出題となった。解答の記述量は多く，難度も高い。試験時間は 100 分。

　I　実証的研究とはどういうものかについて論じた英文。設問は内容説明 3 問と英文和訳 1 問が記述式，同意表現 1 問が選択式となっている。総語数は約 840 語とほぼ例年並みだが，内容説明問題の一部は該当箇所をどこまで詳しく説明すべきかを解答欄の行数で判断することになり，かなり難問となっている。

　II　モノのインターネットという現代的な話題の英文で，内容そのものはシンプルなのだが，インターネットに関する専門用語が多用されているため，この分野の知識に乏しい受験生にとっては難問と感じられたかもしれない。設問は内容説明 1 問と英文和訳 1 問が記述式，文整序，空所補充，内容真偽が選択式となっている。文整序は標準的だが，内容真偽の英文が大量で，解答にかなり時間がかかったものと思われる。

　III　近年，会話文を英作文の問題文として利用する形が続いている。2020 年度は二人の大学生が日本のクラブ活動と，米国の「グリーク・ライフ」の違いや類似点について語り合うという設定の会話文で，設問は選択式の同意表現が 1 問と内容説明の英作文 2 問という構成。テーマは身近でわかりやすいのだが，設問も英文になったこともあり，全体の英文量としてはかなり多い。同意表現の語句に見慣れない語があり，英作文も語数指定がついたうえに 2 問の出題となったので，難化したと言えよう。

　IV　和文英訳 2 問の出題で，問題文は長いが，英訳すべきなのはそのうちの 2 カ所である。設問の(A)は問題文が長い和文であり，構成が難しい。設問の(B)は問題文としてはさらに長いが，3 つの文に分かれているので比較的取り組みやすいかもしれない。

　全体としては，本文の総語数はほぼ例年並みだが，設問の英文が大量で，全体としての英文量は増加している。例年通り，内容把握力と英語の表現力を問う姿勢が明確で，2016 年度以降，やや難度の高い問題が続いており，2020 年度も難度はかなり高い。

数学

◀経済(理系)・理・医(医・保健〈放射線技術科学・検査技術科学〉)・歯・薬・工・農学部▶

1 ◇発想◇ 取り組みやすそうな問題である。こうしたやさしめの問題は失敗が許されない。慎重に対処しよう。

(1) 図を描いてみる。3辺の長さが与えられた三角形の1つの内角の余弦の値を求めるには，おなじみの公式（定理）がある。他にもいろいろな求め方があるだろう。

(2) 辺BHを$s:(1-s)$に内分する点がPであるから，BP=$s \times$BH，HP=$(1-s)$BHである。△APH，△CPHはともに直角三角形であるから，三平方の定理を用いるだけで，AP^2，CP^2はsで表せる。

解答 (1) 右図の△ABCに余弦定理を用いると

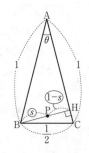

$$\cos\theta = \frac{AB^2 + AC^2 - BC^2}{2AB \cdot AC}$$

$$= \frac{1^2 + 1^2 - \left(\frac{1}{2}\right)^2}{2 \times 1 \times 1} = \frac{7}{8} \quad \cdots\cdots(答)$$

である。また，$\sin^2\theta + \cos^2\theta = 1$であり，$0 < \theta < \pi$より$\sin\theta > 0$であるから

$$\sin\theta = \sqrt{1-\cos^2\theta} = \sqrt{1-\left(\frac{7}{8}\right)^2} = \frac{\sqrt{15}}{8} \quad \cdots\cdots(答)$$

である。

(注) △ABCはAB=ACの二等辺三角形であるから，辺BCの中点をMとすると，AM⊥BCである。三平方の定理により

$$AM^2 = AB^2 - BM^2 = AB^2 - \left(\frac{1}{2}BC\right)^2 = 1^2 - \left(\frac{1}{4}\right)^2 = \frac{15}{16}$$

東北大-理系前期　　　　　　　　　　　　　　　　2020 年度　数学〈解答〉　25

$$\therefore \quad \mathrm{AM} = \frac{\sqrt{15}}{4}$$

よって，$\triangle \mathrm{ABC}$ の面積 S は

$$S = \frac{1}{2} \times \mathrm{BC} \times \mathrm{AM} = \frac{1}{2} \times \frac{1}{2} \times \frac{\sqrt{15}}{4} = \frac{\sqrt{15}}{16}$$

となるが，一方

$$S = \frac{1}{2} \times \mathrm{AB} \times \mathrm{AC} \sin \theta = \frac{1}{2} \times 1 \times 1 \times \sin \theta = \frac{1}{2} \sin \theta$$

であるから，$\sin \theta$ の値は次のようになる。

$$\frac{1}{2} \sin \theta = \frac{\sqrt{15}}{16} \qquad \therefore \quad \sin \theta = \frac{\sqrt{15}}{8}$$

(2)　直角三角形 ABH において

$$\mathrm{BH} = \mathrm{AB} \sin \theta = 1 \times \frac{\sqrt{15}}{8} = \frac{\sqrt{15}}{8}, \quad \mathrm{AH} = \mathrm{AB} \cos \theta = 1 \times \frac{7}{8} = \frac{7}{8}$$

であるから，辺 BH を $s : (1-s)$ に内分する点 P に対して

$$\mathrm{BP} = s\mathrm{BH} = \frac{\sqrt{15}}{8} s, \quad \mathrm{HP} = (1-s)\mathrm{BH} = \frac{\sqrt{15}}{8}(1-s) \quad (0 < s < 1)$$

であり

$$\mathrm{CH} = \mathrm{AC} - \mathrm{AH} = 1 - \frac{7}{8} = \frac{1}{8}$$

である。$\triangle \mathrm{APH}$，$\triangle \mathrm{CPH}$ に対して三平方の定理を用いると

$$
\begin{aligned}
\mathrm{AP}^2 + \mathrm{BP}^2 + \mathrm{CP}^2 &= (\mathrm{AH}^2 + \mathrm{HP}^2) + \mathrm{BP}^2 + (\mathrm{CH}^2 + \mathrm{HP}^2) \\
&= \left(\frac{7}{8}\right)^2 + \left\{\frac{\sqrt{15}}{8}(1-s)\right\}^2 + \left(\frac{\sqrt{15}}{8}s\right)^2 + \left(\frac{1}{8}\right)^2 + \left\{\frac{\sqrt{15}}{8}(1-s)\right\}^2 \\
&= \frac{15}{64}\{(1-s)^2 + s^2 + (1-s)^2\} + \frac{49+1}{64} \\
&= \frac{15}{64}(3s^2 - 4s + 2) + \frac{50}{64} \\
&= \frac{15}{64}\left\{3\left(s - \frac{2}{3}\right)^2 + \frac{2}{3}\right\} + \frac{50}{64} \\
&= \frac{45}{64}\left(s - \frac{2}{3}\right)^2 + \frac{15}{16} \geqq \frac{15}{16} \\
&\qquad\qquad \left(s = \frac{2}{3} \text{ で等号成立，これは } 0 < s < 1 \text{ を満たす}\right)
\end{aligned}
$$

となるので，$AP^2 + BP^2 + CP^2$ の

最小値は $\dfrac{15}{16}$

そのときの s の値は $\dfrac{2}{3}$ $\biggr\}$ ……(答)

である。

別解 (1) ＜辺の長さを求める方法＞

△ABH，△CBH はいずれも直角三角形であるから，$AH = x$ $(0 < x < 1)$ とおくと，$CH = AC - AH = 1 - x$ であり，三平方の定理を用いれば

$$AB^2 = AH^2 + BH^2 \quad \text{より} \quad BH^2 = AB^2 - AH^2 = 1^2 - x^2$$

$$BC^2 = CH^2 + BH^2 \quad \text{より} \quad BH^2 = BC^2 - CH^2 = \left(\frac{1}{2}\right)^2 - (1-x)^2$$

が得られる。したがって

$$1 - x^2 = \frac{1}{4} - (1-x)^2 \quad \text{より} \quad x = AH = \frac{7}{8}$$

$$BH = \sqrt{1 - x^2} = \sqrt{1 - \left(\frac{7}{8}\right)^2} = \frac{\sqrt{15}}{8}$$

であるので

$$\cos\theta = \frac{AH}{AB} = \frac{\frac{7}{8}}{1} = \frac{7}{8}, \quad \sin\theta = \frac{BH}{AB} = \frac{\frac{\sqrt{15}}{8}}{1} = \frac{\sqrt{15}}{8}$$

である。

◀**解　説**▶

≪三角形の内部の点から各頂点までの距離の平方和の最小値≫

▶(1)　余弦定理を用いる方法が自然であり，最も簡単であろう。(2)を考慮して〔別解〕のようにするのもよい。

▶(2)　BP や HP が s の 1 次式で表せるので，三平方の定理を用いれば，$AP^2 + BP^2 + CP^2$ は s の 2 次式で表せる。これを 2 次関数と捉えて，$0 < s < 1$ に注意して，最小値を求めればよい。2 次関数の標準形への変形は基本中の基本である。実際の計算では $\dfrac{15}{64}$ という係数が複数カ所に出てくるので，これをくくり出すように計算するとよい。

東北大-理系前期　　　　　　　　　　　　　　　　　　2020 年度　数学〈解答〉　27

$\boxed{2}$　**◇発想◇**　円 C の中心の座標，半径はすぐにわかりそうだ。直線 L と M が直交することも係数を見て気がつく。

(1)　L と M の交点の座標を求めて，それが C の方程式を満たすと考える。

(2)　C の中心から L への距離が C の半径より小さい，と考えるか，C と L の方程式から y を消去して，x の 2 次方程式の判別式を考えるか，であろう。

(3)　集合 $\{P\,|\,\cdots\}\cup\{P\,|\,\cdots\}$ の意味を正しく理解する。$\cup$ は和集合を表す記号である。C と L の共有点と C と M の共有点に同一点が含まれる場合があることを忘れないように。

解答
$$C : x^2 - 2ax + y^2 - 4y + 4 = 0 \qquad\qquad \cdots\cdots①$$
$$L : -4x + 3y + a = 0 \qquad (a \neq 0) \quad \cdots\cdots②$$
$$M : 3x + 4y - 7a = 0 \qquad\qquad\qquad \cdots\cdots③$$

(1)　連立方程式②，③の解が 2 直線 L，M の交点の座標である。

②×4−③×3 の計算より
$$4(-4x + 3y + a) - 3(3x + 4y - 7a) = 0$$
$$-25x + 25a = 0 \qquad \therefore \quad x = a$$

となり，これを②に代入すると
$$-4a + 3y + a = 0 \qquad 3(y - a) = 0 \qquad \therefore \quad y = a$$

となるから，L と M の交点の座標は $(a,\ a)$ である。この交点が円 C 上にあるのは，$x = a$，$y = a$ が①を満たすときで，そのときの a の値は
$$a^2 - 2a^2 + a^2 - 4a + 4 = 0 \quad より \quad a = 1$$

これは，$a \neq 0$ を満たす。

したがって　　$a = 1$　……(答)

(2)　①を標準形に変形すれば
$$C : (x - a)^2 + (y - 2)^2 = a^2$$

となるから，C の中心の座標は $(a,\ 2)$ であり，半径は $|a|$ である。
C の中心から L までの距離 d_l は
$$d_l = \frac{|-4a + 3 \times 2 + a|}{\sqrt{(-4)^2 + 3^2}} = \frac{|6 - 3a|}{5} = \frac{3}{5}|2 - a|$$

である。C と L が異なる 2 つの共有点をもつのは，$d_l < |a|$ のときである

から

$$\frac{3}{5}|2-a| < |a| \quad \cdots\cdots ④$$

の解が求める a の値の範囲である。

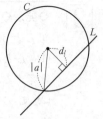

④の両辺は0以上であるから，両辺を平方しても同値であるので

$$④ \iff \left(\frac{3}{5}\right)^2|2-a|^2 < |a|^2 \iff \left(\frac{3}{5}\right)^2(2-a)^2 < a^2$$

$$\iff \left\{\frac{3}{5}(2-a)+a\right\}\left\{\frac{3}{5}(2-a)-a\right\} < 0$$

$$\iff \frac{2a+6}{5} \times \frac{-8a+6}{5} < 0 \iff (a+3)\left(a-\frac{3}{4}\right) > 0$$

$$\therefore \quad a<-3, \ \frac{3}{4}<a \quad \cdots\cdots (答)$$

となり，$a \neq 0$ より，これが求める a の値の範囲である。

(注) ④を解くには，場合分けで絶対値をはずしてもよい。

$a \geq 2$ のとき，④は，$\frac{3}{5}(a-2) < a$ となり，$a > -3$，よって $a \geq 2$ (ア)

$0 < a < 2$ のとき，④は，$\frac{3}{5}(2-a) < a$ となり，$a > \frac{3}{4}$，よって $\frac{3}{4} < a < 2$ (イ)

$a < 0$ のとき，④は，$\frac{3}{5}(2-a) < -a$ となり，$a < -3$，よって $a < -3$ (ウ)

となり，(ア), (イ), (ウ)より，④の解は，$a < -3, \ \frac{3}{4} < a$ となる。

(3) C と L の共有点の個数は，$d_l = |a|$ のとき1個，$d_l > |a|$ のとき0個であるから，不等式④とその解を参考にすれば，C と L の共有点の個数は

$$\left.\begin{array}{l} -3<a<0, \ 0<a<\frac{3}{4} \ \text{のとき} \quad 0 \text{個} \\ a=-3, \ \frac{3}{4} \ \text{のとき} \quad 1 \text{個} \\ a<-3, \ \frac{3}{4}<a \ \text{のとき} \quad 2 \text{個} \end{array}\right\} \cdots\cdots ⑤$$

とまとめられる。次に，C と M の共有点の個数について調べる。C の中心から M までの距離 d_m は

東北大-理系前期 2020 年度　数学〈解答〉　29

$$d_m = \frac{|3a + 4 \times 2 - 7a|}{\sqrt{3^2 + 4^2}} = \frac{|8 - 4a|}{5} = \frac{4}{5}|2 - a|$$

である。C と M の共有点の個数は，$d_m < |a|$ のとき 2 個，$d_m = |a|$ のとき 1 個，$d_m > |a|$ のとき 0 個である。

$$d_m < |a| \quad \text{すなわち} \quad \frac{4}{5}|2 - a| < |a|$$

を解くと

$$\left(\frac{4}{5}\right)^2 (2 - a)^2 < a^2 \iff \left\{\frac{4}{5}(2 - a) + a\right\}\left\{\frac{4}{5}(2 - a) - a\right\} < 0$$

$$\iff \frac{8 + a}{5} \times \frac{8 - 9a}{5} < 0$$

$$\iff (a + 8)\left(a - \frac{8}{9}\right) > 0$$

$$\therefore \quad a < -8, \ \frac{8}{9} < a$$

となるから，上と同様にしてまとめると，C と M の共有点の個数は

$$\left.\begin{array}{ll} -8 < a < 0, \ 0 < a < \dfrac{8}{9} \text{ のとき} & 0 \text{ 個} \\[2mm] a = -8, \ \dfrac{8}{9} \text{ のとき} & 1 \text{ 個} \\[2mm] a < -8, \ \dfrac{8}{9} < a \text{ のとき} & 2 \text{ 個} \end{array}\right\} \quad \cdots\cdots ⑥$$

となる。⑤，⑥より，a の値に対する共有点の個数は次表のようになる。

a	$\cdots$	-8	$\cdots$	-3	$\cdots$	0	$\cdots$	$\dfrac{3}{4}$	$\cdots$	$\dfrac{8}{9}$	$\cdots$
C と L の共有点	2	2	2	1	0	/	0	1	2	2	2
C と M の共有点	2	1	0	0	0	/	0	0	0	1	2

ただし，$a = 1$ の場合は，C と L の共有点の 1 つと，C と M の共有点の 1 つが一致する（(1)より）。

集合 $\{\text{P} \mid$ 点 P は C と L の共有点$\} \cup \{\text{P} \mid$ 点 P は C と M の共有点$\}$ の要素の個数が 3 となるのは，上の表で，$a = -8, \ \dfrac{8}{9}$ の場合の他に，$a = 1$ の場

合（計 4 個のうち，2 個は一致する）があるから

$$a = -8, \ \frac{8}{9}, \ 1 \ \cdots\cdots(\text{答})$$

が求める a の値である。

別解 (2) ＜判別式を用いる方法＞

$$C : (x-a)^2 + (y-2)^2 = a^2$$

$$L : y = \frac{4x-a}{3}$$

の共有点の x 座標は，2 式から y を消去してできる x の 2 次方程式

$$(x-a)^2 + \left(\frac{4x-a}{3} - 2\right)^2 = a^2 \ \cdots\cdots\text{Ⓐ}$$

の実数解で与えられ，その異なる実数解の個数が，C と L の異なる共有点の個数となる。Ⓐの両辺に 9 をかけて，整理すると

$$9(x-a)^2 + \{4x - (a+6)\}^2 = 9a^2$$

$$25x^2 - 2(13a+24)x + (a+6)^2 = 0 \ \cdots\cdots\text{Ⓑ}$$

となる。C と L が異なる 2 つの共有点をもつのは，Ⓑが異なる 2 つの実数解をもつときである。それは，Ⓑの判別式を D とすると，$D>0$ のときである。

$$\frac{D}{4} = \{-(13a+24)\}^2 - 25 \times (a+6)^2$$

$$= (13a+24)^2 - \{5(a+6)\}^2$$

$$= \{(13a+24) + 5(a+6)\}\{(13a+24) - 5(a+6)\}$$

$$= (18a+54)(8a-6) = 18 \times 8(a+3)\left(a - \frac{3}{4}\right)$$

であるから，$D>0$ となるのは

$$a < -3, \ \frac{3}{4} < a$$

のときで，これが求める a の値の範囲である。

(3) ＜図の特殊性を利用する方法＞

$$\text{円 } C : (x-a)^2 + (y-2)^2 = a^2 \quad (\text{中心 } (a, \ 2), \ \text{半径 } |a|)$$

$$\text{直線 } L : -4x + 3y + a = 0 \quad \left(\text{傾き } \frac{4}{3}\right)$$

直線 $M: 3x+4y-7a=0$ $\left(\text{傾き} -\dfrac{3}{4}\right)$

集合 $\{P\,|\,$点 P は C と L の共有点$\}\cup\{P\,|\,$点 P は C と M の共有点$\}$ の要素の個数 n は，C と L の共有点と C と M の共有点を合わせたもののうち，異なる共有点の個数を意味する。

$\dfrac{4}{3}\times\left(-\dfrac{3}{4}\right)=-1$ より，L と M は直交し，交点の座標は，(1)より $(a,\ a)$ である。

点 $(a,\ a)$ が C の内部に含まれるとき，（図 1）より $n=4$ である。これは
$$(a-a)^2+(a-2)^2<a^2 \quad \text{より} \quad a>1$$
のときである。

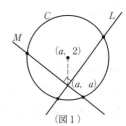
（図 1）

点 $(a,\ a)$ が C の周上にあるとき，（図 2）より $n=3$ である。これは，(1)より，$a=1$ のときである。

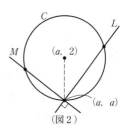
（図 2）

点 $(a,\ a)$ が C の外部にあるとき，すなわち，$a<1$ のときについて調べる。C の中心の x 座標と L と M の交点の x 座標が一致することに注意する。$n=3$ となるためには，$L,\ M$ の一方が C と接することが必要であるが，L と M の傾きは，それぞれ $\dfrac{4}{3},\ -\dfrac{3}{4}$ であるから，C と L が接する場合は，M は C と共有点をもたない（図 3）ので $n=1$ となる。

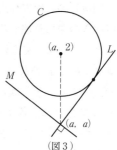
（図 3）

C と M が接する場合は，$n=3$ である（図 4）。このときの a の値は
$$\begin{pmatrix} C\text{の中心から} \\ M\text{までの距離} \end{pmatrix}=(C\text{の半径})$$
が成り立つことから，方程式
$$\dfrac{|3a+4\times 2-7a|}{\sqrt{3^2+4^2}}=|a|$$
の解として求まる。実際に

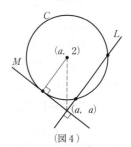
（図 4）

$$\frac{|8-4a|}{5} = |a| \qquad (8-4a)^2 = 25a^2$$

$$\{(8-4a)+5a\}\{(8-4a)-5a\} = 0$$

$$(8+a)(8-9a) = 0 \qquad \therefore \quad a = -8, \ \frac{8}{9}$$

である。

以上から，$n=3$ となる a の値は，$a=-8, \ \dfrac{8}{9}, \ 1$ である。

━━■◀解　説▶■━━

≪平行でない 2 直線と円の共有点の個数が 3 個となるための条件≫

▶(1)　基本的な問題であるから，ミスはできない。

▶(2)　$(x-a)^2+(y-2)^2=a^2$ から半径を a としてはいけない。$a>0$ のときは a でよいが，$a<0$ のときは，半径は $-a$ である。円と直線の共有点の個数（0 個または 1 個または 2 個）に関しては，〔解答〕のように点と直線の距離の公式を用いる方法が普通であろう。絶対値の処理をしなければならないが，それには

$$A>0, \ B>0 \ のとき，\ A<B \Longleftrightarrow A^2<B^2$$

であることを用いると簡単である。(注)のようにもできなければならない。〔別解〕の 2 次方程式の判別式を利用する方法で解く際には，やみくもに降べきの順に整理すると，係数の値が大きくなり，計算が面倒になってしまう。式をよく見ながら式変形をすることが大切である。

▶(3)　C と L の共有点と C と M の共有点に同じ点が含まれることがあるが，(1)より，それは $a=1$ の場合に限る。(1)は強力なヒントになっている。$a \neq 1$ であれば，各々の共有点はすべて異なる。〔解答〕のように表を作るとわかりやすいし，説明も楽である。また，〔別解〕のように図解すれば，よりわかりやすい。これは，C の中心と L と M の交点が直線 $x=a$ 上に並び，L と M が直交し，かつ 2 直線の傾きが固定されているという特徴を活かした解法である。

なお，集合 $\{P \mid$ 点 P は C と L の共有点$\} \cup \{P \mid$ 点 P は C と M の共有点$\}$ の解釈に誤りがあると，解く時間がムダになってしまう。

$$\{P_1, \ P_2\} \cup \{P_3, \ P_4\} = \{P_1, \ P_2, \ P_3, \ P_4\}$$

$$\{P_1, \ P_2\} \cup \{P_1, \ P_3\} = \{P_1, \ P_2, \ P_3\}$$

を理解しておく必要がある。

東北大-理系前期　　　　　　　　　　　　　　　　　　　2020 年度　数学〈解答〉 33

$\boxed{3}$ ◆発想◆ (1)と(2)の不等式は $<$ と $\geqq$ の違いだけで，不思議な感じ
がする。(2)を満たす n は 1 と 2 に決まりだろうと思ってしまう。

(1) 数学的帰納法が想起される。$3^n=(2+1)^n$ であるから，二項
定理を利用してもよいだろう。

(2) (1)の結果から，必要条件として $n=1$，2 が得られるが，こ
れは十分条件になるのだろうか。

(3) $an+b\geqq0$ であるから，$2^n+n^2+8\geqq3^n$ である。これで(2)の結
果が使える。

$\boxed{解答}$　(1)　$n=3$，4，5，… のとき
$$2^n+n^2+8<3^n \quad \cdots\cdots(\bigstar)$$
が成り立つことを数学的帰納法を用いて示す。

〔I〕　$n=3$ のとき
$$((\bigstar)\text{の左辺})=2^3+3^2+8=8+9+8=25$$
$$((\bigstar)\text{の右辺})=3^3=27 \quad (>25)$$
であるから，$(\bigstar)$ は，$n=3$ のとき成り立つ。

〔II〕　$n=k$（$k\geqq3$）のとき $(\bigstar)$ が成り立つことを仮定する。すなわち
$$2^k+k^2+8<3^k \quad \cdots\cdots①$$
とする。このとき
$$3^{k+1}-\{2^{k+1}+(k+1)^2+8\}$$
$$=3\times3^k-2\times2^k-k^2-2k-9$$
$$>3(2^k+k^2+8)-2\times2^k-k^2-2k-9 \quad (①\text{より})$$
$$=2^k+2k^2-2k+15$$
$$=2^k+2k(k-1)+15>0 \quad (\because \quad k\geqq3)$$
となるから
$$2^{k+1}+(k+1)^2+8<3^{k+1}$$
が成り立つ。すなわち，$(\bigstar)$ は，$n=k$ のとき成り立てば，$n=k+1$ のと
きも成り立つ。

〔I〕，〔II〕より，$(\bigstar)$ は $n\geqq3$ を満たす正の整数 n に対して成り立つ。

(証明終)

(2)　$2^n+n^2+8\geqq3^n$ を満たす正の整数 n は，(1)より，$n\geqq3$ ではない。残る
正の整数は 1 と 2 のみであるが

$n = 1$ のとき　　$2^1 + 1^2 + 8 = 2 + 1 + 8 = 11, \ 3^1 = 3$

$n = 2$ のとき　　$2^2 + 2^2 + 8 = 4 + 4 + 8 = 16, \ 3^2 = 9$

であるから，いずれも $2^n + n^2 + 8 \geqq 3^n$ を満たす。

したがって，求める n は

$$n = 1, \ 2 \ \cdots\cdots (\text{答})$$

である。

(3)　$a, \ b$ を 0 以上の整数，n を正の整数とするとき

$$2^n + n^2 + 8 = 3^n + an + b \ \cdots\cdots (\text{※})$$

を満たす $a, \ b, \ n$ の組 $(a, \ b, \ n)$ を求める。

$an + b \geqq 0$ であるから，$2^n + n^2 + 8 \geqq 3^n$ である。この不等式を満たす n は，(2)より，$n = 1, \ 2$ のみである。

$n = 1$ のとき，(※)は

$$2^1 + 1^2 + 8 = 3^1 + a \times 1 + b \quad \text{すなわち} \quad a + b = 8$$

となるから，$a = l, \ b = 8 - l \ (l = 0, \ 1, \ \cdots, \ 8)$ である。

$n = 2$ のとき，(※)は

$$2^2 + 2^2 + 8 = 3^2 + 2a + b \quad \text{すなわち} \quad 2a + b = 7$$

となるから，$a = m, \ b = 7 - 2m \ (m = 0, \ 1, \ 2, \ 3)$ である。

したがって，(※)を満たす組 $(a, \ b, \ n)$ は

$$\left.\begin{array}{l} (0, \ 8, \ 1), \ (1, \ 7, \ 1), \ (2, \ 6, \ 1), \ (3, \ 5, \ 1), \\ (4, \ 4, \ 1), \ (5, \ 3, \ 1), \ (6, \ 2, \ 1), \ (7, \ 1, \ 1), \\ (8, \ 0, \ 1), \ (0, \ 7, \ 2), \ (1, \ 5, \ 2), \ (2, \ 3, \ 2), \\ (3, \ 1, \ 2) \end{array}\right\} \cdots\cdots (\text{答})$$

の 13 組である。

別解　(1)　＜二項定理を利用する方法＞

$n \geqq 3$ のとき，二項定理によれば

$$3^n = (2 + 1)^n = 2^n + {}_nC_1 2^{n-1} + {}_nC_2 2^{n-2} + {}_nC_3 2^{n-3} + \cdots + 1^n \quad (n \geqq 3)$$

$$> 2^n + {}_nC_1 2^{n-1} + {}_nC_2 2^{n-2} \quad (\because \ {}_nC_3 2^{n-3} + \cdots + 1^n > 0)$$

$$= 2^n + n \times 2^{n-1} + \frac{n(n-1)}{2} \times 2^{n-2}$$

$$\geqq 2^n + 2^{n-1}n + n^2 - n \quad \left(\because \ n \geqq 3 \ \text{より} \quad \frac{2^{n-2}}{2} = 2^{n-3} \geqq 1\right)$$

東北大-理系前期　　　　　　　　　　　　　　　2020 年度　数学〈解答〉　35

$$= 2^n + n^2 + (2^{n-1} - 1)n$$

$$\geq 2^n + n^2 + (2^2 - 1) \times 3 \quad (\because \quad n \geq 3 \text{ より} \quad 2^{n-1} \geq 2^2)$$

$$= 2^n + n^2 + 9 > 2^n + n^2 + 8$$

と示せる。

◀解　説▶

≪不等式の証明，不等式・等式を満たす整数，整数の組の列挙≫

▶(1)　与えられた不等式は 3 以上の自然数に対してのものであるから，数学的帰納法を想起するのが順当であろう。3^n と 2^n が見えることから，3^n を $(2+1)^n$ と考えて，〔別解〕のように二項定理を利用してもよい。この場合は，目的の不等式に近づくよう工夫をしながら式変形をする必要がある。

▶(2)　(1)の結果から，(2)の不等式が成り立つためには，$n \geq 3$ でないことが必要である。(1)では $n = 1$，2 の場合のことには言及していないので，ここでは，十分性を確かめなければならない。

▶(3)　a，b は 0 以上の整数，n は自然数であるから，$an + b \geq 0$ である。これで(2)の不等式に帰着し，$n = 1$，2 にしぼられる。

4　◇発想◇　(1)・(2)は玉の色を問題にするが，(3)・(4)では箱の中の玉の数が問題になる。

(1)　手元に白玉が 2 個あるというが，どのような過程をたどったのであろうか。試行回数が 2 回であるから難しくない。2 回目の白玉を取り出す際に，箱の中身に注意しよう。

(2)　題意を満たす例を 1 つ作って確率を計算してみよう。

(3)　硬貨を投げて表が出れば，箱の中の玉の数は 1 つ減る。5 回表が出ると箱の中が空になる。n 回目で空になるには，$n-1$ 回目までに 4 回表が出ていなければならない。

(4)　確率 p_n が最大となる n を求めるには，$\dfrac{p_{n+1}}{p_n}$ を計算するのが定石である。$p_{n+1} - p_n$ の正負を考えてもよい。

解答 (1) 2回の試行の結果，手元に白玉が2個あるのは，1回目で次の(i)が，2回目で(ii)が起こる場合である。

(i) 白玉3個，赤玉2個の合計5個の玉が入った箱から1個の玉を無作為に取り出したとき，その玉が白玉であり $\left(確率\dfrac{3}{5}\right)$，硬貨を投げて表が出る $\left(確率\dfrac{1}{2}\right)$。

(ii) 白玉2個，赤玉2個の合計4個の玉が入った箱から1個の玉を無作為に取り出したとき，その玉が白玉であり $\left(確率\dfrac{2}{4}\right)$，硬貨を投げて表が出る $\left(確率\dfrac{1}{2}\right)$。

したがって，求める確率は

$$\left(\frac{3}{5}\times\frac{1}{2}\right)\times\left(\frac{2}{4}\times\frac{1}{2}\right)=\frac{3}{10}\times\frac{1}{4}=\frac{3}{40}\quad\cdots\cdots(答)$$

である。

(2) 例として，1回目の試行で白玉が手元に残り，2回目の試行で赤玉が手元に残り，3回目の試行では硬貨の裏が出て玉を箱に戻すことを，「白→赤→×」と表記することにすれば，3回の試行の結果，手元の玉が白玉が1個，赤玉が1個の計2個となるのは，次の6通りの場合がある。

　　　白→赤→×，白→×→赤，赤→白→×，

　　　赤→×→白，×→白→赤，×→赤→白

「白→赤→×」の場合の確率は，(1)と同様にして

$$\left(\frac{3}{5}\times\frac{1}{2}\right)\times\left(\frac{2}{4}\times\frac{1}{2}\right)\times\left(1\times\frac{1}{2}\right)=\frac{3}{5}\times\frac{2}{4}\times\left(\frac{1}{2}\right)^{3}=\frac{3}{80}$$

となる。他の5つの場合も全く同じ結果になり，この6つの場合は互いに排反であるから，求める確率は

$$6\times\frac{3}{80}=\frac{9}{40}\quad\cdots\cdots(答)$$

である。

(3) ちょうどn回目（$n\geqq5$）で試行が停止するのは，取り出した玉の色には無関係で，$n-1$回目の試行までに硬貨の表が4回だけ出て，n回目の試行で硬貨の表が出る（箱が空になる）場合である。

したがって，求める確率 p_n は

$$p_n = {}_{n-1}C_4 \left(\frac{1}{2}\right)^4 \left(\frac{1}{2}\right)^{n-5} \times \frac{1}{2} = \frac{(n-1)(n-2)(n-3)(n-4)}{4 \times 3 \times 2 \times 1} \times \frac{1}{2^n}$$

$$= \frac{1}{3 \times 2^{n+3}}(n-1)(n-2)(n-3)(n-4) \quad (n \geq 5) \quad \cdots\cdots(\text{答})$$

である。

(4) $\dfrac{p_{n+1}}{p_n} = \dfrac{n(n-1)(n-2)(n-3)}{3 \times 2^{n+4}} \times \dfrac{3 \times 2^{n+3}}{(n-1)(n-2)(n-3)(n-4)}$

$= \dfrac{n}{2(n-4)} \quad (n \geq 5)$

となり

$\dfrac{p_{n+1}}{p_n} > 1$ となるのは，$n > 2(n-4)$ より，$n < 8$ のとき

$\dfrac{p_{n+1}}{p_n} = 1$ となるのは，$n = 2(n-4)$ より，$n = 8$ のとき

$\dfrac{p_{n+1}}{p_n} < 1$ となるのは，$n < 2(n-4)$ より，$n > 8$ のとき

であるから，$5 \leq n \leq 7$ のとき $p_n < p_{n+1}$，$n = 8$ のとき $p_n = p_{n+1}$，$n \geq 9$ のとき，$p_n > p_{n+1}$ となる。結局

$p_5 < p_6 < p_7 < p_8 = p_9 > p_{10} > p_{11} > \cdots$

となるから，確率 p_n が最大となる n は

$n = 8, 9$ ……(答)

である。

◀解　説▶

≪玉の取り出しと硬貨投げに関する確率，確率の最大値≫

▶(1) 樹形図を作るとすれば次のようになるだろう。

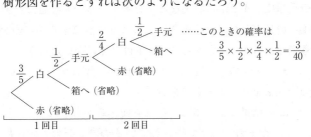

▶(2) 「白→×→赤」の場合を計算してみると

$$\left(\frac{3}{5}\times\frac{1}{2}\right)\times\left(1\times\frac{1}{2}\right)\times\left(\frac{2}{4}\times\frac{1}{2}\right)=\frac{3}{5}\times\frac{2}{4}\times\left(\frac{1}{2}\right)^3$$

となって「白→赤→ ×」の場合と同じ結果になる。他も同様である。なお，「×」の計算が $\left(1\times\frac{1}{2}\right)$ となっているが，（白・裏）となる確率と

（赤・裏）となる確率の和であるから，（白または赤・裏）となる確率に等しく，白玉または赤玉を取り出す確率はつねに 1 である。

▶(3)　試行が停止するのは，箱の中の玉がなくなったときである。

試行回数	1	2	3	4	5	6	…	$n-1$	n	$(n\geqq5)$
硬貨の表裏	表	裏	表	裏	表	表	…	裏	表	
	↓		↓		↓	↓			↓	
箱の玉数	4	4	3	3	2	1	…	1	0	

$(n-1)$ 回中 4 回表，残りは裏

表，裏は $_{n-1}\mathrm{C}_4$ 通りの並べ方がある

▶(4)　〔解答〕では $\dfrac{p_{n+1}}{p_n}$ と 1 の大小から数列 $\{p_n\}$ の増減を調べたが，次のようにしてもよい。

$$p_{n+1}-p_n=\frac{n(n-1)(n-2)(n-3)}{3\times2^{n+4}}-\frac{(n-1)(n-2)(n-3)(n-4)}{3\times2^{n+3}}$$

$$=\frac{(n-1)(n-2)(n-3)}{3\times2^{n+3}}\left\{\frac{n}{2}-(n-4)\right\}$$

$$=\frac{(n-1)(n-2)(n-3)}{3\times2^{n+3}}\times\frac{8-n}{2}\quad(n\geqq5)$$

この式から，$n=5$，6，7 のとき $p_{n+1}>p_n$，$n=8$ のとき $p_{n+1}=p_n$，$n\geqq9$ のとき $p_{n+1}<p_n$ がわかる。

$\boxed{5}$　◆発想◆　(1)と(2)は特別なことを考えなくても普通にできそうだ。

(1)　虚数が分母にあるとき，どのように計算するか。$\bar{z}$ の利用も考えられるが，そうするメリットはとくにないだろう。

(2)　$z=x+yi$ の形にして，定義通りに計算すればよい。性質 $|\alpha|^2=\alpha\bar{\alpha}$ を使うこともできる。

(3)　(2)の結果によっては，それを使えるかもしれない。$z=x+yi$ の x，y がそれぞれ t で表されているので，その t が消去できれば $(x,\ y)$ の軌跡がわかる。軌跡の存在範囲はいつでも慎重に処

理すべきである。すなわち，必要十分に留意しなければならない。

解答 (1) $z = \dfrac{-1}{t+i} = \dfrac{-(t-i)}{(t+i)(t-i)} = \dfrac{-t+i}{t^2+1}$

$= \dfrac{-t}{t^2+1} + \dfrac{1}{t^2+1}i$ （t は実数）

であるから

z の実部は $\dfrac{-t}{t^2+1}$, z の虚部は $\dfrac{1}{t^2+1}$ ……(答)

と表せる。

(2) $\left| z - \dfrac{i}{2} \right| = \left| \left(\dfrac{-t}{t^2+1} + \dfrac{1}{t^2+1}i \right) - \dfrac{1}{2}i \right|$

$= \left| \dfrac{-t}{t^2+1} + \dfrac{1-t^2}{2(t^2+1)}i \right|$

$= \sqrt{\left(\dfrac{-t}{t^2+1} \right)^2 + \left\{ \dfrac{1-t^2}{2(t^2+1)} \right\}^2}$

$= \dfrac{1}{2(t^2+1)} \sqrt{4t^2 + (1-t^2)^2}$

$= \dfrac{1}{2(t^2+1)} \sqrt{t^4 + 2t^2 + 1}$

$= \dfrac{\sqrt{(t^2+1)^2}}{2(t^2+1)}$

$= \dfrac{t^2+1}{2(t^2+1)} = \dfrac{1}{2}$ ……(答)

(3) (2)の $\left| z - \dfrac{i}{2} \right| = \dfrac{1}{2}$ から，点 z は点 $\dfrac{i}{2}$ を中心とする半径 $\dfrac{1}{2}$ の円の周上にあることがわかる。

$x = \dfrac{-t}{t^2+1}$, $y = \dfrac{1}{t^2+1}$（>0）とおくと, $z = x + yi$

であり，$x = -ty$ である。

$-1 \leqq t \leqq 1$ のとき, $-y \leqq ty \leqq y$（∵ $y > 0$），
$-y \leqq -ty \leqq y$ すなわち $-y \leqq x \leqq y$ であるから，
z の実部 x, 虚部 y は, 領域

　　　$y > 0$ かつ $y \geqq x$ かつ $y \geqq -x$

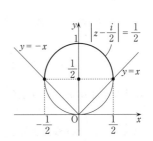

に含まれていなければならない。

したがって，点 z は前ページの図の太線部分（円の上半分で，端点を含む）を描く。

別解 (1) ＜z の実部，虚部を z と $\bar{z}$ で表す方法＞

$z = \dfrac{-1}{t+i}$（t は実数）に対して，$\bar{z} = \overline{\dfrac{-1}{t+i}} = \dfrac{-1}{t-i}$ であるから

$$
(z \text{ の実部}) = \frac{1}{2}(z + \bar{z}) = \frac{1}{2}\left(\frac{-1}{t+i} + \frac{-1}{t-i}\right)
$$

$$
= \frac{1}{2} \times \frac{-2t}{(t+i)(t-i)} = \frac{-t}{t^2+1}
$$

$$
(z \text{ の虚部}) = \frac{1}{2i}(z - \bar{z}) = \frac{1}{2i}\left(\frac{-1}{t+i} - \frac{-1}{t-i}\right)
$$

$$
= \frac{1}{2i} \times \frac{2i}{(t+i)(t-i)} = \frac{1}{t^2+1}
$$

である。

(2) ＜$|\alpha|^2 = \alpha\bar{\alpha}$ を利用する方法＞

$$
\left|z - \frac{i}{2}\right|^2 = \left(z - \frac{i}{2}\right)\overline{\left(z - \frac{i}{2}\right)} = \left(z - \frac{i}{2}\right)\left(\bar{z} + \frac{i}{2}\right)
$$

$$
= z\bar{z} + \frac{i}{2}(z - \bar{z}) + \frac{1}{4} = z\bar{z} + \frac{i}{2} \times 2i \times \frac{z - \bar{z}}{2i} + \frac{1}{4}
$$

$$
= \frac{-1}{t+i} \times \frac{-1}{t-i} + (-1) \times \frac{1}{t^2+1} + \frac{1}{4} \quad (\text{〔別解〕(1)を利用})
$$

$$
= \frac{1}{t^2+1} - \frac{1}{t^2+1} + \frac{1}{4} = \frac{1}{4}
$$

$$
\therefore \quad \left|z - \frac{i}{2}\right| = \frac{1}{2}
$$

(3) ＜分数関数を調べる方法＞

$z = x + yi$（x, y は実数）とおくと，(1)より，$x = \dfrac{-t}{t^2+1}$, $y = \dfrac{1}{t^2+1}$ であり，

(2)より，$\left|x + \left(y - \dfrac{1}{2}\right)i\right| = \dfrac{1}{2}$ すなわち $x^2 + \left(y - \dfrac{1}{2}\right)^2 = \left(\dfrac{1}{2}\right)^2$ である。

$-1 \leqq t \leqq 1$ のとき，$0 \leqq t^2 \leqq 1$ より，$1 \leqq t^2 + 1 \leqq 2$ であるから，$\dfrac{1}{2} \leqq \dfrac{1}{t^2+1} \leqq 1$

すなわち $\dfrac{1}{2} \leqq y \leqq 1$ である。一方，x については

東北大-理系前期　　　　　　　　　　　　　　　　　　　　2020 年度　数学〈解答〉　*41*

$$\frac{dx}{dt} = \frac{-(t^2+1)+t\times 2t}{(t^2+1)^2} = \frac{t^2-1}{(t^2+1)^2} \leqq 0 \quad (-1 \leqq t \leqq 1)$$

より，t の増加に伴い x が減少するので，$\dfrac{1}{2} \geqq x \geqq -\dfrac{1}{2}$ である。

以上より，点 (x, y) の描く図形，すなわち点 z の軌跡は

$$x^2 + \left(y - \frac{1}{2}\right)^2 = \left(\frac{1}{2}\right)^2, \quad -\frac{1}{2} \leqq x \leqq \frac{1}{2}, \quad \frac{1}{2} \leqq y \leqq 1$$

であり，〔解答〕の図が得られる。

■■■■■■◀解　説▶■■■■■■

≪複素数の絶対値，複素数平面上での点の軌跡≫

▶(1)　とくに問題はないだろう。〔別解〕では，$z = x + yi$（x, y は実数）のとき，$\bar{z} = x - yi$ であるから，$z + \bar{z} = 2x$，$z - \bar{z} = 2yi$ となるので

$$(z \text{ の実部}) = x = \frac{z + \bar{z}}{2}, \quad (z \text{ の虚部}) = y = \frac{z - \bar{z}}{2i}$$

が成り立つことを用いている。

▶(2)　$|z| = |x + yi| = \sqrt{x^2 + y^2}$（$x$, y は実数）を知っていればよい。〔別解〕では，重要な性質 $|\alpha|^2 = \alpha\bar{\alpha}$ を用いている。

▶(3)　(2)より，点 z は点 $\dfrac{i}{2}$ を中心とする半径 $\dfrac{1}{2}$ の円の周上にあることが

わかる。しかし，点 z は円のすべてを描くのであろうか。z の虚部 $\dfrac{1}{t^2+1}$

は 0 にならないから，$z = 0$ となることはない。詳しく調べてみなければならない。〔解答〕では，(x, y) の存在範囲（必要条件）を不等式で表し

てみた。$y = -\dfrac{1}{t}x$ として考えてもよいが，$t = 0$ のときを別にしておく必

要がある。〔別解〕は xy 座標平面に移して，分数関数を考察したものである。

なお，本問は，(2)が用意されていなくても，$x = \dfrac{-t}{t^2+1}$，$y = \dfrac{1}{t^2+1}$ から t を

消去することによって，$x^2 + y^2 = y$ が得られ，(3)が解決する。

$$\left(y \neq 0 \text{ ゆえ } \frac{x}{y} = -t, \; t = -\frac{x}{y} \text{ を代入して} \quad y = \frac{1}{\left(-\dfrac{x}{y}\right)^2 + 1} \right.$$

$\left. \vphantom{\frac{1}{1}} \text{これを整理すればよい。} \right)$

42 2020 年度　数学〈解答〉　　　　　　　　　　　　　　東北大-理系前期

$\boxed{6}$　　◇発想◇　与えられた定積分の積分区間 $0 \leqq x \leqq \dfrac{\pi}{2}$ に注意する。

(1)　前半 は $\cos\left(\dfrac{\pi}{2}-x\right)=\sin x$，$\sin\left(\dfrac{\pi}{2}-x\right)=\cos x$，後半 で は，$\sin^2 x+\cos^2 x=1$ など三角関数の性質が使われるであろう。

(2)　基本的な計算問題である。

(3)　部分積分法を用いる。サインやコサインの微分・積分を続けると，サインとコサインが交互に現れるので，漸化式が作れそう。

(4)　(3)の漸化式を繰り返し用いることで，$A(m,\ n)$ の n は 2 ずつ減っていく。n が奇数のときには最後に 1 になるが，$A(m,\ 1)$ は(2)で計算されている。数学的帰納法を用いてもよい。

────────────────────────────────

解答　(1)　$A(m,\ n)=\displaystyle\int_0^{\frac{\pi}{2}}\cos^m x\sin^n x\,dx$　　($m,\ n$ は正の整数)

において，$x=\dfrac{\pi}{2}-\theta$ と置換すると

x	$0 \to \dfrac{\pi}{2}$
θ	$\dfrac{\pi}{2} \to 0$

$dx=-d\theta$

であり，定積分は積分変数を表す文字に関係しないことから

$$A(m,\ n)=\int_{\frac{\pi}{2}}^{0}\cos^m\left(\frac{\pi}{2}-\theta\right)\sin^n\left(\frac{\pi}{2}-\theta\right)(-1)\,d\theta$$

$$=\int_0^{\frac{\pi}{2}}\sin^m\theta\cos^n\theta\,d\theta=\int_0^{\frac{\pi}{2}}\cos^n\theta\sin^m\theta\,d\theta=A(n,\ m)$$

となる。これで，$A(m,\ n)=A(n,\ m)$ が示せた。　　　　　　　（証明終）

次に，$\sin^2 x+\cos^2 x=1$ であることを用いれば

$$A(m+2,\ n)=\int_0^{\frac{\pi}{2}}\cos^{m+2}x\sin^n x\,dx$$

$$=\int_0^{\frac{\pi}{2}}\cos^m x\sin^n x\cos^2 x\,dx$$

$$=\int_0^{\frac{\pi}{2}}\cos^m x\sin^n x(1-\sin^2 x)\,dx$$

東北大-理系前期　　　　　　　　　　　　　　　　　　　　2020 年度　数学〈解答〉　*43*

$$= \int_0^{\frac{\pi}{2}} \cos^m x \sin^n x \, dx - \int_0^{\frac{\pi}{2}} \cos^m x \sin^{n+2} x \, dx$$

$$= A(m, n) - A(m, n+2)$$

となるから，移項すれば

$$A(m+2, n) + A(m, n+2) = A(m, n)$$

である。　　　　　　　　　　　　　　　　　　　　　　　　（証明終）

(2)　　$A(m, 1) = \int_0^{\frac{\pi}{2}} \cos^m x \sin x \, dx$

において，$\cos x = t$ と置換すると

x	$0 \to \dfrac{\pi}{2}$
t	$1 \to 0$

，　$-\sin x \, dx = dt$

であるから

$$A(m, 1) = \int_1^0 t^m (-1) \, dt = \int_0^1 t^m \, dt = \left[\frac{t^{m+1}}{m+1} \right]_0^1$$

$$= \frac{1}{m+1} \quad \cdots\cdots（答）$$

である。

(3)　部分積分法を用いることによって

$$A(m, n+2) = \int_0^{\frac{\pi}{2}} \cos^m x \sin^{n+2} x \, dx$$

$$= \int_0^{\frac{\pi}{2}} (\cos^m x \sin x) \sin^{n+1} x \, dx$$

$$= \left[\left(-\frac{1}{m+1} \cos^{m+1} x \right) \sin^{n+1} x \right]_0^{\frac{\pi}{2}}$$

$$\qquad - \int_0^{\frac{\pi}{2}} \left(-\frac{1}{m+1} \cos^{m+1} x \right) \{ (n+1) \sin^n x \cos x \} \, dx$$

$$= 0 + \frac{n+1}{m+1} \int_0^{\frac{\pi}{2}} \cos^{m+2} x \sin^n x \, dx$$

$$= \frac{n+1}{m+1} A(m+2, n)$$

が成り立つことがわかる。　　　　　　　　　　　　　　　（証明終）

(4)　$A(m, n)$ において，(2)より，$n=1$ のとき $A(m, n)$ は有理数であ

る。n を 3 以上の奇数とするとき，(3)の漸化式を繰り返し使えば

$$A(m, n) = \frac{n-1}{m+1} A(m+2, n-2) \quad (n \geqq 3 \text{ としてある})$$

$$= \frac{n-1}{m+1} \times \frac{n-3}{m+3} A(m+4, n-4)$$

$$= \frac{n-1}{m+1} \times \frac{n-3}{m+3} \times \frac{n-5}{m+5} A(m+6, n-6)$$

$$= \cdots$$

$$= \frac{n-1}{m+1} \times \frac{n-3}{m+3} \times \frac{n-5}{m+5} \times \cdots \times \frac{2}{m+n-2} A(m+n-1, 1)$$

$$= \frac{n-1}{m+1} \times \frac{n-3}{m+3} \times \frac{n-5}{m+5} \times \cdots \times \frac{2}{m+n-2} \times \frac{1}{m+n}$$

$$((2)より)$$

となる。m，n は正の整数であるので

$$\frac{n-1}{m+1}, \frac{n-3}{m+3}, \frac{n-5}{m+5}, \cdots, \frac{2}{m+n-2}, \frac{1}{m+n}$$

はすべて有理数であるから，これらの積である $A(m, n)$ は有理数である。
$A(m, n)$ において，m が奇数の場合を考える。
(1)より $A(m, n) = A(n, m)$ が成り立ち，$A(n, m)$（m は奇数）は上で
示したことより有理数であるから，$A(m, n)$（m は奇数）は有理数である。
したがって，m または n が奇数ならば，$A(m, n)$ は有理数である。

（証明終）

別解　(4)　＜数学的帰納法を用いる方法＞
m，n は正の整数である。

「m または n が奇数ならば，$A(m, n)$ は有理数である」

$$\cdots\cdots(\bigstar)$$

ことを示すには，(1)より $A(m, n) = A(n, m)$ が成り立つので

「n が奇数ならば，$A(m, n)$ は有理数である」

ことを示せば十分である。奇数である正の整数 n を，正の整数 l を用いて，
$n = 2l-1$ と表し

「l が正の整数ならば，$A(m, 2l-1)$ は有理数である」

$$\cdots\cdots(\bigstar\bigstar)$$

ことを, l に関する数学的帰納法で証明する。

〔Ⅰ〕 $l=1$ のとき, (2)より, $A(m,\ 1)=\dfrac{1}{m+1}$ であり, これは有理数であるから, (★★)は成り立つ。

〔Ⅱ〕 $l=k$ ($k\geqq1$) のとき(★★)が成り立つことを仮定する。すなわち
$$A(m,\ 2k-1)\ \text{は有理数である}$$
とする。このとき, (3)の漸化式を用いて
$$A(m,\ 2(k+1)-1)=A(m,\ 2k+1)=\frac{2k}{m+1}A(m+2,\ 2k-1)$$
となり, (1)の後半の等式から
$$A(m+2,\ 2k-1)+A(m,\ 2k+1)=A(m,\ 2k-1)$$
が成り立つから
$$A(m,\ 2k+1)=\frac{2k}{m+1}\{A(m,\ 2k-1)-A(m,\ 2k+1)\}$$
が成り立つ。この等式を $A(m,\ 2k+1)$ について解くと
$$A(m,\ 2k+1)=\frac{2k}{m+2k+1}A(m,\ 2k-1)$$
となる。ここで, $\dfrac{2k}{m+2k+1}$ も $A(m,\ 2k-1)$ も有理数であるから, $A(m,\ 2k+1)$ は有理数である。よって, (★★)は, $l=k$ のときに成り立てば, $l=k+1$ のときにも成り立つ。

〔Ⅰ〕, 〔Ⅱ〕より, すべての正の整数 l に対して(★★)は成り立つ。よって, (★)が示せた。

参考 m も n も偶数である場合を考えてみる。
$$A(m,\ n)=\frac{n-1}{m+1}\times\frac{n-3}{m+3}\times\cdots\times\frac{3}{m+n-3}A(m+n-2,\ 2)$$
となり, 最後に $A(m+n-2,\ 2)$ が出てくる ($A(m+n,\ 0)$ まで行ければ少し簡単になるのであるが, $A(m,\ n)$ は, $m,\ n$ を正の整数として定義しているので, ここで止める)。ここで, $A(m,\ 2)$ は
$$A(m,\ 2)=\int_0^{\frac{\pi}{2}}\cos^m x\sin^2 x\,dx=\int_0^{\frac{\pi}{2}}\cos^m x(1-\cos^2 x)\,dx$$
$$=\int_0^{\frac{\pi}{2}}\cos^m x\,dx-\int_0^{\frac{\pi}{2}}\cos^{m+2}x\,dx$$

となるので, $I_m = \int_0^{\frac{\pi}{2}} \cos^m x\,dx$ (m は偶数) について調べてみる。

$m = 2$ のとき

$$I_2 = \int_0^{\frac{\pi}{2}} \cos^2 x\,dx = \int_0^{\frac{\pi}{2}} \frac{1 + \cos 2x}{2}\,dx = \left[\frac{1}{2}x + \frac{1}{4}\sin 2x\right]_0^{\frac{\pi}{2}} = \frac{\pi}{4}$$

である。

$m \geqq 2$ のとき, 部分積分法を用いて

$$I_m = \int_0^{\frac{\pi}{2}} \cos^m x\,dx = \int_0^{\frac{\pi}{2}} \cos^{m-1} x \cos x\,dx$$

$$= \left[\cos^{m-1} x \sin x\right]_0^{\frac{\pi}{2}} - \int_0^{\frac{\pi}{2}} \{-(m-1)\}\cos^{m-2} x \sin^2 x\,dx$$

$$= 0 + (m-1)\int_0^{\frac{\pi}{2}} \cos^{m-2} x \sin^2 x\,dx$$

$$= (m-1)\int_0^{\frac{\pi}{2}} \cos^{m-2} x (1 - \cos^2 x)\,dx$$

$$= (m-1)\int_0^{\frac{\pi}{2}} \cos^{m-2} x\,dx - (m-1)\int_0^{\frac{\pi}{2}} \cos^m x\,dx$$

$$= (m-1)I_{m-2} - (m-1)I_m$$

となるから, I_m について解くと

$$I_m = \frac{m-1}{m}I_{m-2}$$

となり, m が偶数であることに注意して, この関係を繰り返し用いれば

$$I_m = \frac{m-1}{m}I_{m-2} = \frac{m-1}{m} \times \frac{m-3}{m-2}I_{m-4} = \cdots$$

$$= \frac{m-1}{m} \times \frac{m-3}{m-2} \times \cdots \times \frac{3}{4}I_2$$

$$= \frac{m-1}{m} \times \frac{m-3}{m-2} \times \cdots \times \frac{3}{4} \times \frac{1}{4}\pi \quad \left(I_2 = \frac{\pi}{4}\right)$$

となる。π の係数に当たる部分を Q_m とおくと, Q_m は有理数であり, $I_m = Q_m\pi$ と表される。したがって

$$A(m, 2) = I_m - I_{m+2} = Q_m\pi - Q_{m+2}\pi \quad (Q_m > Q_{m+2} \text{ である})$$

$$= (Q_m - Q_{m+2})\pi \quad (Q_m - Q_{m+2} \text{ は正の有理数})$$

となり, $A(m, 2)$ は無理数であることがわかる。つまり, $A(m, n)$ は,

東北大-理系前期   2020 年度　数学〈解答〉　*47*

m も n も偶数のときには無理数なのである。

ここに出てきた I_m の漸化式は入試問題にも取り上げられるので，練習しておくとよい。

━━━━━━━━ ◀解　説▶ ━━━━━━━━

≪漸化式を利用する三角関数の定積分≫

▶(1)　前半の等式は，積分区間 $0 \leqq x \leqq \dfrac{\pi}{2}$ を見て，$\cos\left(\dfrac{\pi}{2} - x\right) = \sin x$，

$\sin\left(\dfrac{\pi}{2} - x\right) = \cos x$ を使うことに気づくことがポイントである。置換積分を実行すればよい。定積分は積分変数を表す文字に関係しない，とは

$$\int_a^b f(x)\,dx = \int_a^b f(y)\,dy = \int_a^b f(t)\,dt \quad \text{など}$$

のことである。定積分の値は，下端 a と上端 b の値によって定まるからである。後半の等式は，$\sin^2 x + \cos^2 x = 1$ を使えば自然にできる。

▶(2)　〔解答〕ではていねいに $\cos x = t$ と置換したが，$(\cos^{m+1} x)'$ $= (m+1)\cos^m x \times (-\sin x)$ であるから，$\left(-\dfrac{1}{m+1}\cos^{m+1} x\right)' = \cos^m x \sin x$

（……〈※〉）となり，直接計算できる。

▶(3)　部分積分法を用いることになるが，上の〈※〉を使えるように，被積分関数 $\cos^m x \sin^{n+2} x$ を $(\cos^m x \sin x)\sin^{n+1} x$ と考えるとよい。

▶(4)　(3)で得られた漸化式を繰り返し使っていけば，$A(m, n)$ の n の部分は 2 ずつ減っていくので，n が奇数のとき，最後は 1 になる。これで(2)が使えることになる。やや複雑であるから，落ち着いて実行しなければならない。〔別解〕の数学的帰納法による証明は，より厳密といえるが，書きにくいかもしれない。

なお，m，n とも偶数のときは，〔参考〕にあるように，$A(m, n)$ は無理数になる。これで問題の意味がはっきりするであろう。

48 2020 年度　数学〈解答〉　　　　　　　　　　　　　　　　　　　東北大-理系前期

❖講　評

　2020 年度も 2019 年度までと同様，医〈保健〈看護学〉〉学部を除く理系
全学部（経済〈理系〉学部を含む）で，大問数が 6 題，試験時間が 150 分
であった。全問記述式で，証明問題を含む問題が 2 題，図示問題を含む
問題が 1 題あった。②，③はそれぞれ医〈保健〈看護学〉〉学部の③，②と
同一問題であった。

　全体的に小問の配置が親切で取り組みやすい問題であった。とくに難
しい問題もなく，計算量や記述量もそれほど多くはない。2019 年度に
比べ明らかに易化しており，高得点者が多くなったものと思われる。

　① 三角比と 2 次関数の問題である。2 次関数の係数が分数で，分母
がやや大きな数になるので計算に注意したい。やさしめの問題である。

　② 円と 2 直線の交点の個数に関する問題で，(1)と(2)は定型的である。
(3)では交点の個数が 3 個になる場合を考えるが，(1)がヒントになる。

　③ 整数問題である。(2)の不等式を満たす n をすべて求める問題は，
結果が明らかなようであるが，十分性の確認を忘れてはならない。

　④ 試行の内容が頭に入りやすい確率の問題である。(3)では玉の数だ
けが問題になることに気づきたい。(4)には定石があるのでそれに従う。

　⑤ 複素数平面からの出題であるが，(1)・(2)は単純計算である。(3)は
軌跡の問題になっていて，その限界を調べさせるものである。

　⑥ 三角関数 $\cos^{m}x\sin^{n}x$ の $0\leqq x\leqq\dfrac{\pi}{2}$ における定積分計算である。小
問の意味を考えることが大切。本問は経験の有無が大きく影響しそうで
ある。

　どの問題から解き始めてもよいだろうが，全問とも最初の方の小問は
解きやすい。これらを解いてしまうと落ち着くであろう。ただし，やさ
しい問題は，とくに計算ミスに気をつけなければならない。

東北大-理系前期　　　　　　　　　　　　　2020 年度　数学〈解答〉　49

◀医（保健〈看護学〉）学部▶

1　◇発想◇　図を正しく描くことと計算ミスの防止に心がける。$f(x)$ の定義式は複雑そうに見えるが，難しいものではない。

(1) 面積を定積分で表すことは容易であろう。続く定積分の計算は，公式を覚えていれば簡単である。

(2) $S(a)$ は a の 3 次関数になるであろうから，微分法を用いて増減を調べればよい。定型的な問題である。

──────────────────────────

解答　$f(x)=\begin{cases}0 & (x<-2)\\ (x-a)(x+2) & (-2\leqq x\leqq a)\\ 2(x-a)(x-3) & (a\leqq x\leqq 3)\\ 0 & (x>3)\end{cases}$　　$(-2\leqq a\leqq 3)$

(1) 曲線 $y=f(x)$ のグラフは右図の太線部分となるから，$y=f(x)$ と x 軸で囲まれる図形は右図の網かけ部分となる。この網かけ部分の面積 $S(a)$ は

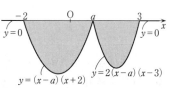

$$S(a)=\int_{-2}^{a}\{-(x-a)(x+2)\}dx+\int_{a}^{3}\{-2(x-a)(x-3)\}dx$$

と表される。ここに，公式 $\int_{\alpha}^{\beta}(x-\alpha)(x-\beta)dx=-\dfrac{(\beta-\alpha)^3}{6}$ を用いると

$$S(a)=\frac{(a+2)^3}{6}+\frac{2(3-a)^3}{6}$$

$$=\frac{1}{6}\{(a^3+6a^2+12a+8)+2(27-27a+9a^2-a^3)\}$$

$$=\frac{1}{6}(-a^3+24a^2-42a+62)$$

$$=-\frac{1}{6}a^3+4a^2-7a+\frac{31}{3}\quad\cdots\cdots(答)$$

である。

(注)　公式を用いない計算は次のようになる。

$$\int_{-2}^{a}\{-(x-a)(x+2)\}dx=\int_{-2}^{a}\{-x^2+(a-2)x+2a\}dx$$

$$= \left[-\frac{x^3}{3} + \frac{a-2}{2}x^2 + 2ax \right]_{-2}^{a}$$

$$= -\frac{a^3+8}{3} + \frac{a-2}{2}(a^2-4) + 2a(a+2)$$

$$= \frac{-2a^3 - 16 + 3(a^3 - 2a^2 - 4a + 8) + 12(a^2 + 2a)}{6}$$

$$= \frac{a^3 + 6a^2 + 12a + 8}{6}$$

$$\int_a^3 \{-2(x-a)(x-3)\}dx = \int_a^3 \{-2x^2 + 2(a+3)x - 6a\}dx$$

$$= \left[-\frac{2}{3}x^3 + (a+3)x^2 - 6ax \right]_a^3$$

$$= -\frac{2}{3}(27 - a^3) + (a+3)(9 - a^2) - 6a(3-a)$$

$$= \frac{-54 + 2a^3 + 3(-a^3 - 3a^2 + 9a + 27) - 18(-a^2 + 3a)}{3}$$

$$= \frac{-a^3 + 9a^2 - 27a + 27}{3}$$

これらを加えると $S(a)$ となる。この計算をしてみれば，上の公式を用いると計算ミスも少なく簡単であることが実感できるだろう。

(2)　(1)の結果を a で微分すると

$$S'(a) = -\frac{1}{2}a^2 + 8a - 7 = -\frac{1}{2}(a^2 - 16a + 14)$$

となり，$S'(a) = 0$ を満たす a の値は，解の公式より

$$a = 8 \pm \sqrt{64 - 14} = 8 \pm \sqrt{50} = 8 \pm 5\sqrt{2}$$

である。$-2 \leqq a \leqq 3$ より，$a = 8 - 5\sqrt{2}$ を得る。

$-2 \leqq a \leqq 3$ における $S(a)$ の増減は右表のようになる。

$S(a) = \dfrac{(a+2)^3}{6} + \dfrac{(3-a)^3}{3}$ に代

a	-2	$\cdots$	$8 - 5\sqrt{2}$	$\cdots$	3
$S'(a)$		$-$	0	$+$	
$S(a)$	$S(-2)$	$\searrow$	極小	$\nearrow$	$S(3)$

入して

$$S(-2) = \frac{5^3}{3} = \frac{125}{3}, \quad S(3) = \frac{5^3}{6} = \frac{125}{6} \quad (\because \ S(-2) > S(3))$$

であるから，$S(a)$ が

東北大-理系前期   2020 年度　数学〈解答〉　*51*

$$\left.\begin{array}{l}\text{最大となる } a \text{ の値は} \quad a = -2 \\ \text{最小となる } a \text{ の値は} \quad a = 8 - 5\sqrt{2}\end{array}\right\} \quad \cdots\cdots(\text{答})$$

である。

（注）　$y = (px+q)^3$（p, q は定数）のとき，$y' = 3(px+q)^2 \times p$ となることを知っていれば，$S(a) = \dfrac{(a+2)^3}{6} + \dfrac{(3-a)^3}{3}$ を展開・整理しないでも

$$S'(a) = \frac{3(a+2)^2}{6} + \frac{-3(3-a)^2}{3} = \frac{1}{2}(a+2)^2 - (3-a)^2$$

$$= -\frac{1}{2}a^2 + 8a - 7$$

とできる。

参考　最小値は，$S(a) = \dfrac{(a+2)^3}{6} + \dfrac{(3-a)^3}{3}$ に $a = 8 - 5\sqrt{2}$ を代入して

$$S(8-5\sqrt{2}) = \frac{(10-5\sqrt{2})^3}{6} + \frac{(-5+5\sqrt{2})^3}{3}$$

$$= \frac{5^3}{6}(2-\sqrt{2})^3 + \frac{5^3}{3}(\sqrt{2}-1)^3$$

$$= \frac{5^3 \times 2\sqrt{2}}{6}(\sqrt{2}-1)^3 + \frac{5^3}{3}(\sqrt{2}-1)^3$$

$$= \left(\frac{5^3 \times 2\sqrt{2}}{6} + \frac{5^3}{3}\right)(\sqrt{2}-1)^3$$

$$= \frac{5^3}{3}(\sqrt{2}+1)(\sqrt{2}-1)(\sqrt{2}-1)^2$$

$$= \frac{125}{3}(2-1)(2-2\sqrt{2}+1) = \frac{125}{3}(3-2\sqrt{2})$$

$$= 125 - \frac{250}{3}\sqrt{2}$$

となる。$S(a) = -\dfrac{1}{6}a^3 + 4a^2 - 7a + \dfrac{31}{3}$ に $a = 8 - 5\sqrt{2}$ を代入してもよいが，そのときは，次のようにするのが定石である。

$a = 8 - 5\sqrt{2}$ より　$a - 8 = -5\sqrt{2}$

両辺を平方して　$a^2 - 16a + 64 = 50$

　$\therefore$　$a^2 = 16a - 14$　（$a = 8 - 5\sqrt{2}$ は必ずこの 2 次方程式を満たす）

このとき

$$a^3 = a \times a^2 = a(16a - 14) = 16a^2 - 14a = 16(16a - 14) - 14a$$
$$= 242a - 224$$

となるから，$a = 8 - 5\sqrt{2}$ のとき，$S(a)$ は

$$S(a) = -\frac{1}{6}(242a - 224) + 4(16a - 14) - 7a + \frac{31}{3}$$

$$= -\frac{121}{3}a + \frac{112}{3} + 64a - 56 - 7a + \frac{31}{3}$$

$$= \frac{50}{3}a - \frac{25}{3} = \frac{25}{3}(2a - 1)$$

に等しい。よって

$$S(8 - 5\sqrt{2}) = \frac{25}{3}\{2(8 - 5\sqrt{2}) - 1\} = \frac{25}{3}(15 - 10\sqrt{2}) = 125 - \frac{250}{3}\sqrt{2}$$

である。

あるいは，$S(a)$ を実際に $a^2 - 16a + 14$ で割って余り（a の 1 次式）を求め

$$S(a) = (a^2 - 16a + 14)Q(a) + (a \text{ の 1 次式}) \quad (Q(a) \text{ は商の式})$$

の形にしておくと，ここに $a = 8 - 5\sqrt{2}$ を代入した瞬間に $a^2 - 16a + 14 = 0$ となるので，（a の 1 次式）に $a = 8 - 5\sqrt{2}$ を代入すればよい。$S(a)$ が a の 4 次式や 5 次式であればこちらの方がよい。

■━━━━ ◀解　説▶ ━━━━■

≪2 つの放物線と x 軸で囲まれる図形の面積の最大・最小≫

▶(1)　$y = (x - a)(x + 2)$ のグラフは，下に凸の放物線で，x 軸と $(a, 0)$，$(-2, 0)$ で交わる。$y = 2(x - a)(x - 3)$ のグラフも下に凸の放物線で，x 軸と $(a, 0)$，$(3, 0)$ で交わる。$-2 \leqq a \leqq 3$ であることに注意して図を描いておこう。面積 $S(a)$ を求めるための定積分計算には，〔解答〕のように公式を使うとよい。この公式はぜひ覚えておきたい。

▶(2)　3 次関数に微分法を応用する典型問題である。本問では最小値は要求されていないが，計算力増強のためにも求めておきたい。複雑な数（たとえば，$8 - 5\sqrt{2}$ や $3 + 2i$ など）の代入計算の方法は，〔参考〕を見てよく練習しておくこと。頻出である。

東北大-理系前期 2020 年度　数学〈解答〉 53

$\boxed{2}$　◀経済(理系)・理・医(医・保健〈放射線技術科学・検査技術科学〉)・歯・薬・工・農学部▶$\boxed{3}$に同じ。

$\boxed{3}$　◀経済(理系)・理・医(医・保健〈放射線技術科学・検査技術科学〉)・歯・薬・工・農学部▶$\boxed{2}$に同じ。

$\boxed{4}$　◇発想◇　ベクトルと確率の融合問題である。確率の計算自体は難しくなさそうである。

(1)　$x+y$は，ベクトル$\vec{p}$のx成分とy成分の和である。各成分をsとtを用いて表し，$s+t=6$を用いればよい。

(2)　$\vec{p}=(0,\ 6)$となる$(s,\ t)$を求めて確率計算をする。

(3)　2つのベクトルのなす角の余弦は，2つのベクトルの内積とそれぞれの大きさを用いて表される。$(s,\ t)$の意味から，これは7組しかないので，$\vec{p}$も7個しかない。条件を満たす$\vec{p}$を求め，そのときの$(s,\ t)$に対して確率計算をする。

解答　(1)　ベクトル$\vec{p}=(x,\ y)$を

$$\vec{p}=s(2,\ -1)+t(-1,\ 2)=(2s,\ -s)+(-t,\ 2t)$$
$$=(2s-t,\ -s+2t)$$

で定めるのであるから

$$x=2s-t,\ y=-s+2t$$

と表される。したがって

$$x+y=(2s-t)+(-s+2t)=s+t$$

である。
「6枚の硬貨を同時に投げて，表がでた硬貨がs枚，裏がでた硬貨がt枚であった」と定義されているので，$s+t=6$である。よって

$$x+y=6　\cdots\cdots(答)$$

である。

(2)　$\vec{p}=(0,\ 6)$のとき，$x=0,\ y=6$であるから

$$\begin{cases} 2s-t=0 \\ -s+2t=6 \end{cases}$$

である。これを解くと，$s=2,\ t=4$である。

6枚の硬貨を投げたとき，表が2枚，裏が4枚でる確率を求めればよい。

6枚の硬貨のうち2枚だけが表である場合の数は ${}_6C_2$ 通りあり，それらは互いに排反である。その1通りに対して，それが起こる確率は $\left(\dfrac{1}{2}\right)^2 \times \left(\dfrac{1}{2}\right)^4$ となる（1枚の硬貨で表がでる確率は $\dfrac{1}{2}$，裏がでる確率は $\dfrac{1}{2}$ であるから）。

よって，求める確率は

$$
{}_6C_2\left(\frac{1}{2}\right)^2\left(\frac{1}{2}\right)^4 = \frac{6\times 5}{2\times 1}\times\frac{1}{2^2}\times\frac{1}{2^4} = 15\times\frac{1}{2^6} = \frac{15}{64} \quad \cdots\cdots（答）
$$

である。

(3) s，t の値の組 (s, t) に対応する $\vec{p}=(x, y)=(2s-t, -s+2t)$ は次表のようになる。

(s, t)	$(0, 6)$	$(1, 5)$	$(2, 4)$	$(3, 3)$	$(4, 2)$	$(5, 1)$	$(6, 0)$
$\vec{p}$	$(-6, 12)$	$(-3, 9)$	$(0, 6)$	$(3, 3)$	$(6, 0)$	$(9, -3)$	$(12, -6)$

これを図示したものが右図である。
$\vec{p}=(x, y)$ と $\vec{q}=(3, 1)$ のなす角を θ とする。

$$
\begin{aligned}
\cos\theta &= \frac{\vec{p}\cdot\vec{q}}{|\vec{p}||\vec{q}|} = \frac{x\times 3 + y\times 1}{\sqrt{x^2+y^2}\sqrt{3^2+1^2}} \\
&= \frac{3x+y}{\sqrt{10(x^2+y^2)}}
\end{aligned}
$$

であるが，$0\leqq\theta\leqq\dfrac{\pi}{6}$ となるのは，

$\cos\theta\geqq\dfrac{\sqrt{3}}{2}$ のときであるから

$$
\frac{3x+y}{\sqrt{10(x^2+y^2)}}\geqq\frac{\sqrt{3}}{2} \quad \left(\frac{3x+y}{\sqrt{10(x^2+y^2)}}=A \text{ とおく}\right)
$$

を満たすベクトル $\vec{p}=(x, y)$ を表の7個のベクトルから選び出す。

まず，$\vec{p}=(-6, 12)$，$(-3, 9)$，$(0, 6)$ の3個は，上図より $\theta>\dfrac{\pi}{4}$ であるので除外できる。

$\vec{p}=(3, 3)$ のとき

東北大-理系前期　　　　　　　　　　　　　　　2020 年度　数学〈解答〉　55

$$A = \frac{3 \times 3 + 3}{\sqrt{10\,(3^2 + 3^2)}} = \frac{12}{\sqrt{180}} = \frac{12}{6\sqrt{5}} = \frac{2}{\sqrt{5}} = \sqrt{\frac{4}{5}} > \sqrt{\frac{3}{4}} = \frac{\sqrt{3}}{2}$$

これは適する。

$\vec{p} = (6,\ 0)$ のとき

$$A = \frac{3 \times 6 + 0}{\sqrt{10\,(6^2 + 0^2)}} = \frac{18}{\sqrt{360}} = \frac{18}{6\sqrt{10}} = \frac{3}{\sqrt{10}} = \sqrt{\frac{9}{10}} > \sqrt{\frac{3}{4}} = \frac{\sqrt{3}}{2}$$

これは適する。

$\vec{p} = (9,\ -3)$ のとき

$$A = \frac{3 \times 9 + (-3)}{\sqrt{10\{9^2 + (-3)^2\}}} = \frac{24}{\sqrt{900}} = \frac{24}{30} = \frac{4}{5} = \sqrt{\frac{16}{25}} < \sqrt{\frac{3}{4}} = \frac{\sqrt{3}}{2}$$

これは不適である。

よって，上図より，$\vec{p} = (12,\ -6)$ も不適である。

したがって，$0 \leqq \theta \leqq \dfrac{\pi}{6}$ を満たす $\vec{p}$ は

$$\vec{p} = (3,\ 3),\ (6,\ 0)$$

の 2 個のみである。上の表から，そのときの $(s,\ t)$ は

$$(s,\ t) = (3,\ 3),\ (4,\ 2)$$

である。この 2 つの起こることは排反であるので，求める確率は，(2)と同様に計算することにより

$$_6\mathrm{C}_3 \left(\frac{1}{2}\right)^3 \left(\frac{1}{2}\right)^3 + {}_6\mathrm{C}_4 \left(\frac{1}{2}\right)^4 \left(\frac{1}{2}\right)^2$$

$$= \frac{6 \times 5 \times 4}{3 \times 2 \times 1} \times \left(\frac{1}{2}\right)^6 + \frac{6 \times 5 \times 4 \times 3}{4 \times 3 \times 2 \times 1} \times \left(\frac{1}{2}\right)^6$$

$$= (20 + 15) \times \frac{1}{64} = \frac{35}{64} \quad \cdots\cdots(答)$$

である。

━━━━━◀解　説▶━━━━━

≪ベクトルが与えられた条件を満たすときの確率≫

▶(1)　ベクトルの成分計算はとくに問題ないだろう。硬貨が立ってしまうことは考えなくてよいから，$s + t = 6$ である。

▶(2)　6 枚の硬貨を投げたとき，表が 2 枚，裏が 4 枚となる確率計算では，6 枚の硬貨が区別できると考える。$_6\mathrm{C}_2$ 通りの場合があることになる。

56 2020 年度　数学〈解答〉　　　　　　　　　　　　　　　　　　　　　　東北大-理系前期

▶(3)　$0 \le \theta \le \dfrac{\pi}{6}$ を $\cos\theta \ge \dfrac{\sqrt{3}}{2}$ と考えたとき，x, y の条件を s, t の条件に

書き換えてから (s, t) を求めてもよいが，(x, y) の段階で〔解答〕の
ように調べる方が手間はかからないだろう。

また，〔解答〕の図を見ていて，直線の傾きを想起した場合は，$0 \le \theta \le \dfrac{\pi}{6}$

を $0 \le \tan\theta \le \dfrac{1}{\sqrt{3}}$ と考えて，直線の傾きを利用することも可能である。

たとえば，$\vec{p} = (3, 3)$, $\vec{q} = (3, 1)$ に対して，それぞれを直線と見立てた

ときの傾き 1, $\dfrac{1}{3}$ を用いれば

$$\tan\theta = \left| \frac{1 - \dfrac{1}{3}}{1 + 1 \times \dfrac{1}{3}} \right| = \frac{1}{2} < \frac{1}{\sqrt{3}}$$

となるから，$0 \le \theta \le \dfrac{\pi}{6}$ がいえる。

これは，2 直線 $y = m_1 x + n_1$, $y = m_2 x + n_2$ のなす鋭角を α とするとき

$$\tan\alpha = \left| \frac{m_1 - m_2}{1 + m_1 m_2} \right|$$

$$\left(ただし，1 + m_1 m_2 \ne 0。\ 1 + m_1 m_2 = 0 のときは \alpha = \frac{\pi}{2} \right)$$

であることを用いたものである。

東北大-理系前期   2020 年度　数学〈解答〉　*57*

❖講　評

　2020 年度も 2019 年度までと同様，大問数は 4 題，試験時間は 100 分であった。すべて記述式で，証明問題を含む問題が 1 題あったが，図示問題は出題されなかった。①〜④全問題が文系学部と共通問題で，そのうち②，③は，理系と共通問題であった。

　取り組みやすい問題が多かった印象である。考え方がとくに難しいといった問題もなく，計算量も多くなかった。2019 年度に比べると，大分やさしくなっている。

　①　関数の与え方に目新しさがあるが，放物線と直線が囲む図形の面積計算と，その最大・最小を調べる問題で，定型的といえる。

　②　整数問題である。(2)の不等式を満たす n をすべて求める問題は，結果が明らかなようであるが，十分性の確認を忘れてはいけない。

　③　円と 2 直線の交点の個数に関する問題で，(1)・(2)は定型的である。(3)では交点の個数が 3 個になる場合を考えるが，(1)がヒントになる。

　④　ベクトルと確率の融合問題であるが，ベクトルの部分も確率計算も基本的である。ベクトルのなす角に関する(3)は，直観的に解はわかるが，きちんと記述するのに手間取るかもしれない。

　②の(1)は証明問題であるが，この証明ができなくても(2)・(3)には答えられる。①，③(1)・(2)，④(1)・(2)も解きやすい問題である。これらはミスなく解けるようにしておきたい。

■物理■

1 解答

問(1)(a) 小球についての力学的エネルギー保存則より

$$\frac{1}{2}mv_0^2 = mgh \qquad \therefore \quad v_0 = \sqrt{2gh} \quad \cdots\cdots(答)$$

(b) 小球と台は弾性衝突するから，衝突直後の小球の速さは v_0 で，向きは x 軸から $30°$ 上向きである。よって

$$\left.\begin{array}{l} v_x = v_0\cos 30° = \dfrac{\sqrt{3}}{2}v_0 \\[3mm] v_y = v_0\sin 30° = \dfrac{1}{2}v_0 \end{array}\right\} \quad \cdots\cdots(答)$$

(c) 点Aで衝突した時刻を 0 とし，時刻 t の小球の座標を $(x,\ y)$ とすると

$$x = v_x \cdot t = \frac{\sqrt{3}}{2}v_0 t \qquad \therefore \quad t = \frac{2}{\sqrt{3}\,v_0}x$$

$$y = v_y \cdot t - \frac{1}{2}gt^2 = \frac{1}{2}v_0 t - \frac{1}{2}gt^2$$

t を消去して整理すると

$$y = \frac{1}{\sqrt{3}}x - \frac{2g}{3v_0^2}x^2 \quad \cdots\cdots(答)$$

(d) $x = L$ のとき，$y = -L\tan 30° = -\dfrac{1}{\sqrt{3}}L$ であるから，(c)の結果に代入して，(a)の v_0 も用いると

$$-\frac{1}{\sqrt{3}}L = \frac{1}{\sqrt{3}}L - \frac{2g}{3\cdot 2gh}\cdot L^2 = \frac{1}{\sqrt{3}}L - \frac{1}{3h}L^2$$

$$\frac{L^2}{3h} = \frac{2}{\sqrt{3}}L \qquad \therefore \quad L = 2\sqrt{3}\,h \quad \cdots\cdots(答)$$

問(2)(a) 運動量の変化は受けた力積に等しいから，小球について

$$mv_x' = P\sin 30°$$

$$mv_y' - (-mv_0) = P\cos 30°$$

東北大-理系前期 2020 年度 物理〈解答〉 59

よって

$$
\left.\begin{array}{l}
v_x' = \dfrac{P}{2m} \\[3mm]
v_y' = -v_0 + \dfrac{\sqrt{3}}{2m}P
\end{array}\right\} \quad \cdots\cdots(\text{答})
$$

(b) 作用反作用の法則より，台は小球から図 4 の P と逆向きの力積を受けるから

$$P_1 = P \quad \cdots\cdots(\text{答})$$

鉛直下向きに受ける力積の大きさは $P\cos 30° = \dfrac{\sqrt{3}}{2}P$ で，これが床から受ける力積とつり合うので

$$P_2 = \dfrac{\sqrt{3}}{2}P \quad \cdots\cdots(\text{答})$$

(c) 台の水平方向の運動量変化は台が受けた水平方向の力積に等しいから

$$MV = -P\sin 30° = -\dfrac{P}{2} \quad \therefore\quad V = -\dfrac{P}{2M} \quad \cdots\cdots(\text{答})$$

(d) 衝突の前後での小球と台の力学的エネルギー保存則より

$$\dfrac{1}{2}mv_0{}^2 = \dfrac{1}{2}m\left(v_x'^2 + v_y'^2\right) + \dfrac{1}{2}MV^2$$

(a)，(c)の結果を代入して整理し，P を求めると

$$P = \dfrac{4\sqrt{3}\,Mm}{4M+m}v_0 \quad \cdots\cdots(\text{答})$$

(e) $M = 5m$ のとき，(d)の結果より $P = \dfrac{20\sqrt{3}}{21}mv_0$ であるから，(a)，(c)より

$$v_x' = \dfrac{10}{21}\sqrt{3}\,v_0, \quad v_y' = \dfrac{3}{7}v_0, \quad V = -\dfrac{2\sqrt{3}}{21}v_0$$

よって，台上から見たときの小球が水平方向となす角を α とすると

$$\tan\alpha = \dfrac{v_y'}{v_x' - V} = \dfrac{\sqrt{3}}{4} \quad \cdots\cdots(\text{答})$$

◀解　説▶

≪落下した小球と斜面台との弾性衝突≫

▶問(1)(a)　点 A を重力の位置エネルギーの基準点として，力学的エネル

ギー保存則を用いればよい。

▶(b) 小球と台は弾性衝突するから，速度の斜面に平行な成分は変化せず，斜面に垂直な成分は逆向きになる。よって，衝突直後の速度は右図のようになり，速さは v_0，x 軸となす角は $30°$ となる。

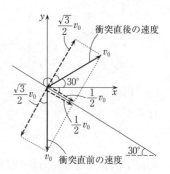

▶(c) 小球は x 軸方向へは初速度 v_x の等速度運動，y 軸方向へは初速度 v_y，加速度 $-g$ の鉛直投げ上げ運動となる。

$$y = \frac{1}{\sqrt{3}}x - \frac{2g}{3v_0^2}x^2$$

$$= -\frac{2g}{3v_0^2}\left(x - \frac{\sqrt{3}v_0^2}{4g}\right)^2 + \frac{v_0^2}{8g}$$

であるから，小球の軌跡は右図のようになる。

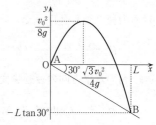

▶(d) 点Aを原点とすると，点Bの座標は $(L, -L\tan 30°)$ である。

▶問(2)(a) 衝突直前の小球の運動量は $(0, -mv_0)$，直後の運動量は (mv_x', mv_y')，小球が受けた力積は $(P\sin 30°, P\cos 30°)$ である。

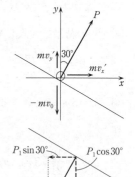

▶(b) 台が小球および床から受ける力積は右下図のようになる。台は床からはなれることなく，x 軸に平行な方向にのみ運動するから，台が小球から受けた鉛直方向の力積は，床から受けた力積によって打ち消されるとしてよい。

▶(c) 台が小球から受ける力積を成分表示すると，$(-P\sin 30°, -P\cos 30°)$ である。

▶(d)・(e) 問題文には「小球と台の衝突は弾性衝突」とだけ書かれていて，台と床を合わせた系に対して小球がどのような衝突をするかは触れられていないため，衝突後の台の運動は，台が床に対して鉛直方向にどのように固定されているかで異なる。具体的には，台が床に対して鉛直方向に固定されていなければ，は

ね上がるような運動も考えられるが，それがどのように抑えられているか
は書かれておらず，レールのような固定具があるのか，台の速度の鉛直方
向成分による運動エネルギーがクッションのように床に吸収されるか，で
解答は異なる。ここでは，衝突直後にはねかえった小球と水平方向に動き
はじめた台の力学的エネルギーの和が，衝突直前の小球の力学的エネルギ
ーに等しいと考えて解答した。

2 解答

問(1)(a) ホールにはたらく電場からの力と抵抗力がつ
り合うから

$$kv_0 = eE \qquad \therefore \quad v_0 = \frac{eE}{k} \quad \cdots\cdots(答)$$

(b) 時間 t の間に体積 $ab \cdot v_0 t$ 中にあるホールが通過するから

$$N = nabv_0 t \quad \cdots\cdots(答)$$

(c) 電流は単位時間に通過する電気量であるから，(b)の結果を用いると

$$I = \frac{Ne}{t} = enabv_0 \quad \cdots\cdots(答)$$

(d) ① mr ② $\dfrac{r}{m}$ ③ L ④ ab

(e) (a), (c)の結果より $I = \dfrac{e^2 nabE}{k}$

半導体の両端の電圧を V とすると，$V = EL$ より

$$I = \frac{e^2 n}{k} \cdot \frac{ab}{L} \cdot V$$

よって，半導体の抵抗を R'，抵抗率を ρ とすると

$$R' = \frac{V}{I} = \frac{k}{e^2 n} \times \frac{L}{ab} = \rho \times \frac{L}{ab}$$

$$\therefore \quad \rho = \frac{k}{e^2 n} \quad \cdots\cdots(答)$$

問(2)(a) 速度の y 成分 v_y が磁場から受けるローレンツ力は z 軸負方向に
eBv_y，z 成分 v_z が受けるローレンツ力は y 軸正方向に eBv_z であるから

$$\left. \begin{array}{l} F_y = eBv_z - eE' - kv_y \\ F_z = -eBv_y + eE - kv_z \end{array} \right\} \quad \cdots\cdots(答)$$

(b) $E' = E''$ のとき，$v_y = 0$，$v_z = v_1$，$F_y = 0$，$F_z = 0$ であるから，(a)より

$$0 = eBv_1 - eE''$$
$$0 = eE - kv_1$$

よって

$$\left. \begin{array}{l} v_1 = \dfrac{eE}{k} \\ \\ E'' = Bv_1 = \dfrac{eEB}{k} \end{array} \right\} \quad \cdots\cdots(答)$$

(c) E'' は y 軸負方向，E は z 軸正方向であるから，(b)の E'' を用いると

$$V = E''Y - EZ = \dfrac{eEB}{k}Y - EZ \quad \cdots\cdots(答)$$

(d) (c)の結果より

$$V_1 = \dfrac{eEB}{k}b, \quad V_2 = \dfrac{eEB}{k}b - Ec$$

V_2 で E の向きだけを変えたとき

$$V_3 = -\dfrac{eEB}{k}b + Ec = -V_2$$

よって，V_2 と V_3 から V_1 を求めることはできない。

V_2 で B の向きだけを変えたとき

$$V_3 = -\dfrac{eEB}{k}b - Ec$$

よって

$$V_2 - V_3 = 2\dfrac{eEB}{k}b = 2V_1 \quad \therefore \quad V_1 = \dfrac{V_2 - V_3}{2}$$

したがって

B の向きを変えればよく，式は $\quad V_1 = \dfrac{V_2 - V_3}{2} \quad \cdots\cdots(答)$

─────── ◀ 解　説 ▶ ───────

≪半導体の抵抗率，ホール効果≫

▶問(1)(a)　ホールは電場から z 軸正方向へ大きさ eE の力を受け，z 軸負方向へ大きさ kv_0 の抵抗力を受ける。

▶(b)　N は数密度 n に時間 t の間に通過する体積をかければよい。

▶(c)　時間 t の間に z 軸に垂直な断面を通過する電気量は Ne

▶(d) ① 直列接続の合成抵抗は和になるから，mr である。

② 並列接続の合成抵抗は，逆数の和が合成抵抗の逆数となるから

$$\frac{1}{R} = \frac{1}{r} + \frac{1}{r} + \cdots + \frac{1}{r} = \frac{m}{r} \quad \therefore \quad R = \frac{r}{m}$$

③・④ 1辺が単位長さの立方体の抵抗値を ρ とすると，これを a 本並列にした抵抗値は $\frac{\rho}{a}$，それをさらに b 本並列にした抵抗値は $\frac{\rho}{ab}$ となる。すなわち，長さが 1，断面積が ab の板の抵抗値は $\frac{\rho}{ab}$ であるから，長さ L の抵抗値は

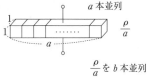

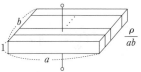

$$r' = \frac{\rho}{ab} \times L = \rho \times \frac{L}{ab}$$

となる。ρ は単位長さ，単位断面積あたりの抵抗値で，抵抗率という。なお，半導体のホールの数密度 n は温度が上がると増加する。比例定数 k も温度が上がると増加するが，n の増加の割合のほうが大きいため，ρ は温度が上がると減少する。

▶(e) 電圧と電流から抵抗を求め，(d)の式に代入すればよい。

▶問(2)(a) ホールが電場 E, E', 磁場 B から受ける力は右図のようになる。

▶(b) ホールは一定の速さ v_1 で z 軸と平行に運動するから，$v_z = v_1$, $v_y = 0$ である。また，このとき合力は 0 であるから，$F_y = 0$, $F_z = 0$ である。

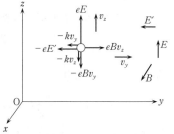

▶(c) 電位は電場と逆向きに上がり，電場の向きに下がるので，各点の電位は次図のようになる。

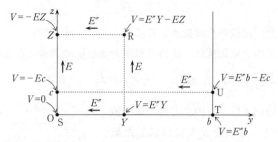

▶(d) E か B を変えたとき V_2 と V_3 が独立にならなければ V_1 を求めることはできない。

3 解答

問(1)(a) ピストンにはたらく力のつり合いより

$$P_1 S = P_0 S + \rho h S g \quad \therefore \quad P_1 = P_0 + \rho h g \quad \cdots\cdots(答)$$

(b) 理想気体の状態方程式より

$$P_1 \cdot hS = nRT_1 \quad \therefore \quad T_1 = \frac{P_1 h S}{nR} \quad \cdots\cdots(答)$$

(c) 状態1から状態2までは定圧変化で,体積が2倍になるから温度も2倍になる。よって

$$T_2 = 2T_1 \quad \cdots\cdots(答)$$

(d) 圧力 P_1 で体積が hS から $2hS$ になったから

$$W_1 = P_1(2hS - hS) = P_1 h S \quad \cdots\cdots(答)$$

(e) 気体の内部エネルギーの変化を ΔU_1 とすると

$$\Delta U_1 = \frac{3}{2} nR(T_2 - T_1) = \frac{3}{2} nRT_1 = \frac{3}{2} P_1 h S$$

熱力学第一法則より

$$Q_1 = \Delta U_1 + W_1 = \frac{5}{2} P_1 h S \quad \cdots\cdots(答)$$

問(2)(a) ストッパーの位置からピストンが x 下がると,シリンダーと補助シリンダーの水面は $\frac{x}{2}$ 下がるから,ピストン上部の水の高さは $\frac{h+x}{2}$ となる。よって

$$P_x = P_0 + \frac{\rho(h+x)g}{2} \quad \cdots\cdots(答)$$

(b)—(い)

(c) (b)の結果の P-V 図(い)より

$$W_4 = \frac{1}{2}(P_1 + P_4)hS$$

$$= \frac{1}{2}\left(P_0 + \rho gh + P_0 + \frac{1}{2}\rho gh\right)hS$$

$$= \left(P_0 + \frac{3}{4}\rho gh\right)hS \quad \cdots\cdots(答)$$

(d) Q_c は 1 サイクルで気体が外部にした仕事に等しいから

$$Q_c = W_1 - W_4$$

$$= (P_0 + \rho gh)hS - \left(P_0 + \frac{3}{4}\rho gh\right)hS$$

$$= \frac{1}{4}\rho h^2 Sg \quad \cdots\cdots(答)$$

◀解　説▶

≪排水・注水するシリンダー内の気体の状態変化≫

▶問(1)(a)　ピストン上部に貯められた水の重さは ρhSg, 大気による力は $P_0 S$ である。これらの力と, ピストン内部の気体が押す力 $P_1 S$ がつり合っている。

▶(b)　圧力 P_1, 体積 hS, 物質量 n, 気体定数 R が与えられている。

▶(c)　シャルルの法則が成り立つ。

▶(d)　W_1 は右図の面積で表される。

▶(e)　定圧モル比熱 $\frac{5}{2}R$ を用いて

$$Q_1 = \frac{5}{2}nR(T_2 - T_1)$$

から求めてもよい。

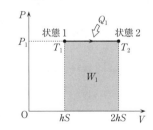

▶問(2)(a)　ストッパーの位置からピストンが x 下がると水面は $\frac{x}{2}$ 下がるから, ストッパーの位置から水面までの距離は $\frac{h}{2} - \frac{x}{2}$ とな

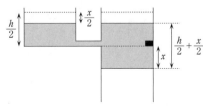

る。よって，ピストン上部の水の高さは $\dfrac{h}{2}+\dfrac{x}{2}$ となる。

▶(b) 状態1から状態2，状態3は定圧 P_1 で体積が hS から $2hS$ まで増加する。また，状態4から状態1は，x が0から h まで変化するとき，体積減少に従って圧力は直線的に増加する。よって，グラフは(い)である。

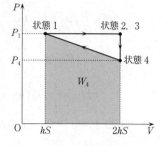

▶(c) P_1 は $x=h$，P_4 は $x=0$ として求まる。W_4 は右図の台形の面積で表される。

▶(d) 1サイクルで Q_c を外部にする仕事で消費して元の状態に戻るから，Q_c は P-V 図の1サイクルで囲まれた面積となり，W_1-W_4 である。

東北大-理系前期   2020 年度　物理〈解答〉　67

❖講　評

　2020 年度も 2019 年度同様，試験時間は理科 2 科目で 150 分，大問 3 題の出題であった。ほとんどが記述式で，考え方や計算の過程を書かせる形式も例年どおりである。描図問題は 2019 年度に引き続き出題されなかったが，グラフの選択問題が出題された。2020 年度は①の力学は落下した小球と斜面台の衝突という頻出のテーマであるが，後半の力積を与えた設問が目新しい。②の電磁気はホール効果に抵抗率，電位などを組み合わせたテーマで，これも頻出である。③の熱力学は排水・注水ができるシリンダー内の気体の状態変化で，類題も多い。

　①　問(1)(a)は基本。(b)は作図すれば考えやすい。(c)・(d)は斜方投射で，ここまでは完答したい。問(2)(a)〜(c)は運動量変化と力積の基本的関係であるが，力積に慣れていないと戸惑う。(d)・(e)は計算量が多く差がつくであろう。

　②　問(1)はオームの法則から抵抗率を求める方法で，教科書に載っている内容であり，完答を要する。問(2)(a)・(b)のホール効果は力の種類や向きに注意しないと間違える。抵抗力を見落としやすいであろう。(c)の電位は基本ではあるが，スカラーであるから y, z 方向の電位の和になることに注意する。(d)は目新しい。式の形に注意すればよいが，差がつくかもしれない。

　③　問(1)(a)〜(c)は気体の圧力，状態方程式の基本であるが，使える物理量が異なることに注意する。(d)・(e)は定圧変化であることがわかれば容易。ここまでは完答したい。問(2)は状態 2 と状態 3 の気体が同じ状態であることに気づかないと，状態 3 から状態 4 への変化がわからなくなる。(a)・(b)は V が減少すると P が直線的に増加することがポイントで，類題を解いたことがある受験生にとっては容易であっただろう。(c)・(d)は基本である。

　全体として，2020 年度は①・②の後半が計算量がやや多いものの，わかりやすいテーマが多く，2019 年度に比べて解きやすかったと思われる。しかし，試験時間内に完答するのは大変で，過去問を十分に研究し，計算力をつけておく必要があるだろう。

化学

1 解答

問1. (b)・(c)・(e)

問2. (1)ア. 16　イ. 1.2　(2)ウ・エ―(c)

オ. 4.3×10^{-3}

問3. (1)カ. 6.4　キ. 10.3　(2)ク. A　ケ. H_2CO_3

問4. (1)―(c)　(2)―(b)・(c)

問5. (1)$n + \dfrac{m}{4}$　(2)C_2H_6　(3)8.09×10^2

◀**解　説**▶

≪空気の性質，H_2CO_3 の平衡，CO_2 と CO の平衡，炭化水素の燃焼反応≫

▶**問1.** (a)　誤り。地殻中の成分元素の質量は，多いものの順に酸素，ケイ素，アルミニウム，鉄である。

(b)　正しい。窒素は酸素より電気陰性度が小さいので，N−H 結合は O−H 結合よりも極性が小さい。

(c)　正しい。窒素原子，酸素原子ともに，K 殻に入る電子の数はヘリウム原子と同じ 2 である。

(d)　誤り。窒素原子，酸素原子の電子式はそれぞれ，$\overset{\cdot\cdot}{N}\cdot$，$\overset{\cdot\cdot}{\underset{\cdot\cdot}{O}}\cdot$ となり，

不対電子の数は窒素原子の方が多い。

(e)　正しい。同一周期の原子のイオン化エネルギーは，原子番号が大きくなるにつれて増加する傾向を示す。

▶**問2.** (1)ア. 空気の全圧を P〔Pa〕，絶対温度を T〔K〕，酸素の質量を x〔g〕，アルゴンの質量を y〔g〕とすると，理想気体の状態方程式から

$$P \times \frac{20}{100} \times 1.0 = \frac{x}{32.0} RT \qquad x = \frac{32.0P}{5.0RT} \text{〔g〕}$$

$$P \times \frac{1}{100} \times 1.0 = \frac{y}{40.0} RT \qquad y = \frac{2.0P}{5.0RT} \text{〔g〕}$$

よって，求める質量比は

東北大-理系前期 2020 年度 化学〈解答〉 69

$$\frac{x}{y} = \frac{32.0P}{5.0RT} \times \frac{5.0RT}{2.0P} = 16 \text{ 倍}$$

イ．空気の平均分子量を M とすると

$$M = 28.0 \times \frac{79}{100} + 32.0 \times \frac{20}{100} + 40.0 \times \frac{1}{100}$$

$$= 28.92$$

よって，27℃，1.0×10^5 Pa において，空気 V〔L〕の質量を w〔g〕とおくと，理想気体の状態方程式から，求める密度 $\frac{w}{V}$〔g/L〕は次のようになる。

$$\frac{w}{V} = \frac{PM}{RT} = \frac{1.0 \times 10^5 \times 28.92}{8.31 \times 10^3 \times 300} = 1.16 \fallingdotseq 1.2 \text{〔g/L〕}$$

(2)ウ・エ．一般に，気体の溶解度は，温度が高くなると分子の熱運動が大きくなるため小さくなり，圧力が高くなるほど大きくなる。

オ．O_2 の分圧が $7.0 \times 10^4 \times \frac{20}{100}$〔Pa〕であることから，ヘンリーの法則より次のようになる。

$$3.1 \times 10^{-2} \times \frac{7.0 \times 10^4 \times \dfrac{20}{100}}{1.0 \times 10^5} = 4.34 \times 10^{-3} \fallingdotseq 4.3 \times 10^{-3} \text{〔L〕}$$

▶問 3．(1)カ．$[H_2CO_3] = [HCO_3^-]$ より $[H^+] = K_1$ であるから，求める pH は次のようになる。

$$pH = -\log_{10}(4.0 \times 10^{-7}) = 6.40 \fallingdotseq 6.4$$

キ．$[HCO_3^-] = [CO_3^{2-}]$ より $[H^+] = K_2$ であるから，求める pH は次のようになる。

$$pH = -\log_{10}(5.0 \times 10^{-11}) = 10.30 \fallingdotseq 10.3$$

(2)ク．（ビーカー A）　二酸化炭素を十分に飽和させても，pH = 1.0 なので炭酸はほとんど電離していない。また，塩酸は炭酸よりも強い酸であるから，この水溶液は塩酸とみなせる。したがって，炭酸カルシウムを加えることにより，次のように反応して二酸化炭素の気泡が生じる。

$$CaCO_3 + 2HCl \longrightarrow CaCl_2 + H_2O + CO_2$$

（ビーカー B）　二酸化炭素を十分に飽和させると，次のように反応して炭酸水素ナトリウム水溶液になる。

$$2NaOH + CO_2 \longrightarrow Na_2CO_3 + H_2O$$

$$Na_2CO_3 + CO_2 + H_2O \longrightarrow 2NaHCO_3$$

これは炭酸カルシウムと反応しない。

ケ．ビーカー A 中は強酸性であり H_2CO_3 の電離は抑えられる。よって，$[H_2CO_3]$ が最も多く存在している。

▶問 4．(1) 温度を上げると，平衡は右に移動したので，右向きの反応，すなわち CO 生成反応は吸熱反応である。触媒は，活性化エネルギーを低下させるはたらきをする。

(2) (a) 温度一定で圧力を高くすると，平衡は分子数が減少する方向である左へ移動する。

(b) 黒鉛は固体であるから，黒鉛の増減は気体間の平衡には影響しない。

(c) 体積一定で Ar を加えると全圧は大きくなるが，CO_2，CO の各分圧は変化しないので，平衡はどちらへも移動しない。

(d) 全圧一定で Ar を加えると，CO_2 と CO の各分圧が小さくなるので，平衡は分子数が増加する方向である右へ移動する。

(e) CO が減少すると，平衡は CO が生成する方向である右へ移動する。

▶問 5．(1) C_nH_m の完全燃焼の化学反応式は次のようになる。

$$C_nH_m + \left(n + \frac{m}{4}\right)O_2 \longrightarrow nCO_2 + \frac{m}{2}H_2O \quad \cdots\cdots ①$$

(2) O_2 の分子量 32.0 より，炭化水素 A は CH_4（分子量 16.0），C_2H_4（分子量 28.0），C_2H_6（分子量 30.0）が考えられる。ここで，(1)の①式より反応による物質量の増減を考えると，C_2H_2 は反応式が

$$C_2H_2 + \frac{5}{2}O_2 \longrightarrow 2CO_2 + H_2O$$

となるので

$$（反応後の物質量）-（反応前の物質量）= (2+1) - \left(1 + \frac{5}{2}\right)$$

$$= -\frac{1}{2} \text{〔mol〕}$$

ここで，全体として物質量の増減が 0 であるので，C_nH_m は，（反応後の物質量）-（反応前の物質量）$= \frac{1}{2}$ となればよい。

$$\left(n+\frac{m}{2}\right)-\left(1+n+\frac{m}{4}\right)=\frac{1}{2} \quad \therefore \quad m=6$$

したがって，炭化水素 A はエタン C_2H_6 である。

(3) アセチレン H–C≡C–H より，求める C≡C 結合の結合エネルギーを x [kJ/mol] とし，エネルギー図に表すと次のようになる。

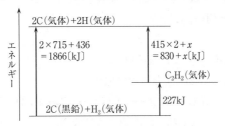

よって，求める結合エネルギーは

$$830+x+227=1866 \quad \therefore \quad x=809 \text{ [kJ/mol]}$$

2 解答

〔Ⅰ〕問1．$Ca(ClO)_2 \cdot 2H_2O + 4HCl \longrightarrow CaCl_2 + 2Cl_2 + 4H_2O$

問2．ア—(b)　イ—(c)

問3．$NH_3 + 2O_2 \longrightarrow HNO_3 + H_2O$

問4．(d)

問5．H:Ö:Ö:H

問6．Cl_2，NO_2

問7．(b)・(e)

〔Ⅱ〕問8．両性

問9．(c)

問10．(1) 4.1　(2) オ．12　カ．4

問11．(b)・(d)

問12．(A) 2.0×10^{-3}　(B) 3.2×10^{-6}

問13．(A)　$Al_2O_3 + 6HCl \longrightarrow 2AlCl_3 + 3H_2O$

(B)　$Al_2O_3 + 2NaOH + 3H_2O \longrightarrow 2Na[Al(OH)_4]$

問14．電子が内側の電子殻に収容されるため。(20字以内)

72 2020 年度 化学〈解答〉 東北大-理系前期

━━━ ◀解　説▶ ━━━

≪気体の実験室的製法，HF，金属元素の性質と反応≫

◆〔Ⅰ〕　▶問1．酸化剤，還元剤のはたらきを示す反応式は，それぞれ次のようになる。

$$ClO^- + 2H^+ + 2e^- \longrightarrow Cl^- + H_2O \quad \cdots\cdots(\text{i})$$

$$2HCl \longrightarrow Cl_2 + 2H^+ + 2e^- \quad\quad\quad \cdots\cdots(\text{ii})$$

(i)＋(ii) より

$$ClO^- + 2HCl \longrightarrow Cl^- + H_2O + Cl_2 \quad \cdots\cdots(\text{iii})$$

(iii)を2倍し，Ca^{2+} と $2H_2O$ を両辺に加えて

$$Ca(ClO)_2 \cdot 2H_2O + 4HCl \longrightarrow CaCl_2 + 2Cl_2 + 4H_2O$$

▶問2．反応1，2はそれぞれ次のようになる。

反応1：$MnO_2 + 4HCl \longrightarrow MnCl_2 + Cl_2 + 2H_2O$

反応2：$2NH_4Cl + Ca(OH)_2 \longrightarrow CaCl_2 + 2NH_3 + 2H_2O$

▶問3．下線部②～④の反応はそれぞれ次のようになる。

②：$4NH_3 + 5O_2 \longrightarrow 4NO + 6H_2O \quad \cdots\cdots(\text{iv})$

③：$2NO + O_2 \longrightarrow 2NO_2 \quad\quad\quad\quad \cdots\cdots(\text{v})$

④：$3NO_2 + H_2O \longrightarrow 2HNO_3 + NO \quad \cdots\cdots(\text{vi})$

$\{(\text{iv}) + (\text{v}) \times 3 + (\text{vi}) \times 2\} \times \dfrac{1}{4}$ より，NO と NO_2 を消去して1つにまとめると次の反応式を得る。

$$NH_3 + 2O_2 \longrightarrow HNO_3 + H_2O$$

▶問4．反応3，4はそれぞれ次のようになる。

反応3：$3Cu + 8HNO_3 \longrightarrow 3Cu(NO_3)_2 + 2NO + 4H_2O$

反応4：$Cu + 4HNO_3 \longrightarrow Cu(NO_3)_2 + 2NO_2 + 2H_2O$

Cu 以外に Ag を用いても NO や NO_2 が得られる。また，選択肢の(a)～(c)は濃硝酸とは不動態を形成し，NO_2 が得られず，(e)の Pt や(f)の Au は王水には溶けるが希硝酸，濃硝酸には溶けない。

▶問6．H_2S（分子量 34.1）は，水に溶け空気（平均分子量約 29）より重いので，下方置換で捕集する。よって，黄緑色の Cl_2（分子量 71.0），赤褐色の NO_2（分子量 46.0）が当てはまる。

▶問7．(a)は誤り，(b)は正しい。HF は，分子間に水素結合を形成するため，沸点は高く，水溶液であるフッ化水素酸は弱酸である。

(c) 誤り。フッ化水素 HF をフッ素 F_2 とすると，正しい記述となる。

(d) 誤り。ハロゲン化銀の中で水に溶解するのは AgF のみである。

(e) 正しい。フッ化水素酸は，ガラスの成分である SiO_2 と次のように反応する。

$$6HF + SiO_2 \longrightarrow H_2SiF_6 + 2H_2O$$

◆〔Ⅱ〕 ▶問 9．(a) Na，K，Ca，Ba はイオン化傾向が大きく，容易に空気中の O_2 や H_2O と反応するため，天然には単体として存在しない。

(b) Na，K，Ca，Ba は冷水とも反応して H_2 を発生する。例えば，Na 単体は，H_2O と次のように反応する。

$$2Na + 2H_2O \longrightarrow 2NaOH + H_2$$

(c) Na_2CO_3，K_2CO_3 は水によく溶けるが，$CaCO_3$，$BaCO_3$ は水に溶けにくい。

(d) それぞれの炎色反応の色は，Na 黄色，K 赤紫色，Ca 橙赤色，Ba 黄緑色である。

▶問 10．(1) 求める密度を d〔g/cm^3〕とすると，単位格子あたり ZnS は 4 個あるので，単位格子の質量は

$$\frac{(65.4 + 32.1) \times 4}{6.02 \times 10^{23}} = 64.7 \times 10^{-23} \, \text{〔g〕}$$

よって，求める密度 d は

$$d = \frac{64.7 \times 10^{-23}}{(5.4 \times 10^{-8})^3} = \frac{64.7 \times 10^{-23}}{15.7 \times 10^{-23}} = 4.12 \fallingdotseq 4.1 \, \text{〔g/cm}^3\text{〕}$$

(2) Zn^{2+} は面心立方格子上に位置しているので，最も近い Zn^{2+} の数は 12 個，また，図 1 より Zn^{2+} は S^{2-} を正四面体状にとり囲んでいるので 4 個となる。

▶問 11．(a) 誤り。Sn の酸化数は +2 より +4 の方が安定であるため，Sn 単体や $SnCl_2$ は還元剤として用いられる。

(b) 正しい。Sn は空気中で比較的安定な単体である。

(c) 誤り。イオン化傾向は，Fe＞Sn であるから，Fe が Sn より先に酸化される。

(d) 正しい。一般に，はんだは Pb と Sn の合金で Sn の融点よりも低い温度で融解する。

(e) 誤り。黄銅は，Zn と Cu の合金である。Sn と Cu の合金は青銅であ

る。

▶問12. $PbCl_2$ の溶解度積は，水溶液中での Pb^{2+}，Cl^- の濃度〔mol/L〕を $[Pb^{2+}]$，$[Cl^-]$ とすると，$[Pb^{2+}][Cl^-]^2 = 3.2 \times 10^{-8}$ (mol/L)^3 である。

(A) $PbCl_2$ の溶解度を x〔mol/L〕とすると，$[Pb^{2+}] = x$〔mol/L〕，$[Cl^-] = 2x$〔mol/L〕より

$$x \times (2x)^2 = 3.2 \times 10^{-8} \qquad x^3 = 8.0 \times 10^{-9}$$

$$\therefore \quad x = 2.0 \times 10^{-3} \text{〔mol/L〕}$$

(B) $PbCl_2$ の溶解度を y〔mol/L〕とし，$y \ll 0.10$ とすると

$$[Pb^{2+}] = y \text{〔mol/L〕}, \quad [Cl^-] = 2y + 0.10 \fallingdotseq 0.10 \text{〔mol/L〕}$$

よって，溶解度積より

$$y \times (0.10)^2 = 3.2 \times 10^{-8} \qquad \therefore \quad y = 3.2 \times 10^{-6} \text{〔mol/L〕}$$

このとき，$2y + 0.10 \fallingdotseq 0.10$ と近似してもよいことがわかる。

▶問14. 第4周期，3族からはじまる Sc から Cu の電子配置は，次のようになる。

	Sc	Ti	V	Cr	Mn	Fe	Co	Ni	Cu
K殻	2	2	2	2	2	2	2	2	2
L殻	8	8	8	8	8	8	8	8	8
M殻	9	10	11	13	13	14	15	16	18
N殻	2	2	2	1	2	2	2	2	1

3 解答

問1．4.62×10^2

問2．(a)グリセリン (1,2,3-プロパントリオール)

(b)$\underset{\overset{|}{OH}}{CH_2}-\underset{\overset{|}{OH}}{CH}-\underset{\overset{|}{OH}}{CH_2}$

問3．(c)$C_7H_{12}O_2$　(d)$CH_2=CH-CH_2-\overset{*}{\underset{\overset{|}{CH_3}}{CH}}-CH_2-\underset{\overset{\|}{O}}{C}-OH$

問4．(1)ア．マルトース　イ．グルコース

(2)ウ．CH_3-CH_2-OH　エ．$CH_3-\underset{\overset{\|}{O}}{C}-H$　オ．$CH_3-\underset{\overset{\|}{O}}{C}-OH$

(3)アルコール発酵　(4)－ア・イ・エ

東北大-理系前期　　　　　　　　　　　　　　　　2020 年度　化学〈解答〉　75

問5．
$$\begin{array}{c} HC=CH \\ H_2C \quad\quad CH_2 \\ H_2C-CH_2 \end{array}$$

問6．$CH_3-CH=CH-CH_2-CH_2-CH_2-CH_2-\underset{\substack{\| \\ O}}{C}-OH$

問7．$(CH_3COO)_2Ca \longrightarrow CH_3-\underset{\substack{\| \\ O}}{C}-CH_3 + CaCO_3$

問8．$CH_3-\underset{\substack{| \\ CH_3}}{C}=CH-CH_2-CH=CH-CH_2-\underset{\substack{\| \\ O}}{C}-OH$

問9．$C_{27}H_{42}O_6$

問10．アルキド

問11．キ．3　ク．12

━━━━━━　◀解　説▶　━━━━━━

≪エステル結合をもつ脂肪族化合物の構造決定≫

▶問1．実験1，2より，化合物 **A** は，グリセリンのエステルである。化合物 **C**，**D**，**E** のカルボキシ基以外の構造部分を，R_1，R_2，R_3 とすると，化合物 **A** を次の構造式で表し，KOH 水溶液で完全に加水分解した反応は

$$\begin{array}{l} CH_2-O-CO-R_1 \\ | \\ CH-O-CO-R_2 \ +3KOH \ \longrightarrow \\ | \\ CH_2-O-CO-R_3 \\ \text{化合物 A} \end{array} \quad \begin{array}{l} CH_2-OH \quad R_1COOK \\ | \\ CH-OH \ +R_2COOK \\ | \\ CH_2-OH \quad R_3COOK \end{array}$$

よって，化合物 **A** の分子量を M_A とすると

$$\frac{2.31}{M_A} : 0.100 \times \frac{150}{1000} = 1 : 3 \quad \therefore \quad M_A = 462$$

▶問3．実験3，4より，化合物 **C** に含まれる C，H，O の質量は

$$\text{C の質量：} 30.8 \times \frac{12.0}{44.0} = 8.40 \, \text{〔mg〕}$$

$$\text{H の質量：} 10.8 \times \frac{2.00}{18.0} = 1.20 \, \text{〔mg〕}$$

$$\text{O の質量：} 12.8 - 8.40 - 1.20 = 3.20 \, \text{〔mg〕}$$

よって，化合物 **C** の組成は

$$\text{C：H：O} = \frac{8.40}{12.0} : \frac{1.20}{1.00} : \frac{3.20}{16.0} = 7 : 12 : 2$$

ここで，分子式を $C_7H_{12}O_2$ とし，$KMnO_4$ で酸化すると，CO_2 が生成しているので，炭素-炭素二重結合が末端にあることから次のように考えられる。

$$CH_2=CH-\cdots-COOH \xrightarrow[\text{(酸性)}]{KMnO_4} CO_2 + HOOC-\cdots-COOH$$
化合物C（不斉炭素原子1つ）　　　　　　　　化合物F

化合物FのC原子数は6個で，不斉炭素原子をもたないこと，また化合物Cは不斉炭素原子をもつことから，化合物Fの構造式，脱水反応は次の2つの場合が考えられる。

$$HOOC-CH_2-\underset{CH_3}{CH}-CH_2-COOH \longrightarrow \cdots + H_2O$$

$$HOOC-\underset{\underset{CH_3}{\overset{|}{CH_2}}}{\overset{|}{\underset{|}{CH_2}}}CH-COOH \longrightarrow \cdots + H_2O$$

問題文より，環状構造をもつ場合，5個以上の原子からなるので，化合物Fは前者である。よって，化合物Cの構造式は次のようになる。

$$CH_2=CH-CH_2-\overset{*}{\underset{CH_3}{CH}}-CH_2-\underset{\overset{\|}{O}}{C}-OH$$

▶問4．グルコースのアルコール発酵は，次の化学反応式で表される。

$$C_6H_{12}O_6 \longrightarrow 2C_2H_5OH + 2CO_2$$

また，マルトース，グルコースは，水溶液中で次のようなアルデヒド基（ホルミル基）を有するため還元性を示す。

マルトース　　　　　　　　　　　　グルコース

▶問5. 実験5～7より，化合物 **I** は分子式から，不飽和度2（分子中に二重結合2つ，または環状構造1つと二重結合1つ，または三重結合を1つもつ）であるから，次のような構造式が考えられる。

$$\underset{\text{化合物 I}}{\begin{array}{c}\text{H}\text{H}\\ \diagdown\diagup\\ \text{C}=\text{C}\\ \diagup\diagdown\\ \text{H}_2\text{C}\text{CH}_2\\ \diagdown\diagup\\ \text{H}_2\text{C}-\text{CH}_2\end{array}}\xrightarrow[\text{(酸性)}]{\text{KMnO}_4}\underset{\substack{\text{アジピン酸}\\\text{化合物 H}}}{\text{HOOC}-(\text{CH}_2)_4-\text{COOH}}$$

▶問6. 化合物 **D** を硫酸酸性の KMnO_4 で酸化すると，化合物 **G** である CH_3COOH と化合物 **H** が等モルずつ生じているので，その構造式は次のようになる。

$$\text{CH}_3-\text{CH}=\text{CH}-\text{CH}_2-\text{CH}_2-\text{CH}_2-\text{CH}_2-\underset{\underset{\text{O}}{\|}}{\text{C}}-\text{OH}$$

▶問7. 実験8より，化合物 **G** である CH_3COOH を Ca(OH)_2 で中和することにより，化合物 **K** である $(\text{CH}_3\text{COO})_2\text{Ca}$ が生じる。よって，化合物 **J** はアセトン $\text{CH}_3-\underset{\underset{\text{O}}{\|}}{\text{C}}-\text{CH}_3$ である。

▶問8. 実験8より，化合物 **E** を硫酸酸性の KMnO_4 で酸化すると，マロン酸2分子と化合物 **J**（アセトン）1分子を生成するものと，マロン酸1分子と化合物 **J**（アセトン）2分子を生成するものが考えられる。後者の場合，化合物 **E** の構造式は $\text{CH}_3-\underset{\underset{\text{CH}_3}{|}}{\text{C}}=\text{CH}-\text{CH}_2-\text{CH}=\underset{\underset{\text{CH}_3}{|}}{\text{C}}-\text{CH}_3$ となるが，化合物 **E** はカルボン酸をもつため不適である。よって，化合物 **E** および酸化反応は次のようになると考えられる。

$$\text{CH}_3-\underset{\underset{\text{CH}_3}{|}}{\text{C}}=\text{CH}-\text{CH}_2-\text{CH}=\text{CH}-\text{CH}_2-\underset{\underset{\text{O}}{\|}}{\text{C}}-\text{OH}$$

$$\xrightarrow[\text{(酸性)}]{\text{KMnO}_4}\ \text{CH}_3-\underset{\underset{\text{O}}{\|}}{\text{C}}-\text{CH}_3+2\text{HO}-\underset{\underset{\text{O}}{\|}}{\text{C}}-\text{CH}_2-\underset{\underset{\text{O}}{\|}}{\text{C}}-\text{OH}$$

▶問9. 化合物 **B** の分子式 $\text{C}_3\text{H}_8\text{O}_3$，化合物 **C** の分子式 $\text{C}_7\text{H}_{12}\text{O}_2$，化合物 **D** の分子式 $\text{C}_8\text{H}_{14}\text{O}_2$，化合物 **E** の分子式 $\text{C}_9\text{H}_{14}\text{O}_2$ であるから，化合物 **A** の分子式は次のようになる。

$$\underset{\text{化合物 A}}{\text{C}_3\text{H}_8\text{O}_3+\text{C}_7\text{H}_{12}\text{O}_2+\text{C}_8\text{H}_{14}\text{O}_2+\text{C}_9\text{H}_{14}\text{O}_2\longrightarrow \text{C}_{27}\text{H}_{42}\text{O}_6+3\text{H}_2\text{O}}$$

▶問 10. アルキド樹脂は，多価アルコールと多価カルボン酸との縮合重合によって得られる合成樹脂で，塗料，接着剤などに用いられ，耐候性に優れている。

▶問 11. グリセリンと，脂肪酸である C，D，E がエステル結合した組み合わせにおいて，例えば

$$
\begin{array}{l}
CH_2-O-\underset{\underset{O}{\|}}{C}-CH_2-\underset{\underset{CH_3}{|}}{CH}-CH_2-CH=CH_2 \\[2mm]
CH-O-\underset{\underset{O}{\|}}{C}-CH_2-CH_2-CH_2-CH_2-CH=CH-CH_3 \\[2mm]
CH_2-O-\underset{\underset{O}{\|}}{C}-CH_2-CH=CH-CH_2-CH=\underset{\underset{CH_3}{|}}{C}-CH_3
\end{array}
$$

を (C, D, E) とすると，化合物 B に C，D，E のすべてが結合したものは (C, D, E)，(C, E, D)，(D, C, E) の 3 種類できる。また，化合物 B に C，D，E のなかの 2 種類が結合した化合物は，(C, C, D)，(C, D, D)，(D, D, E)，(D, E, E)，(C, C, E)，(C, E, E) の 6 つの組み合わせがあり，その配列の仕方はそれぞれ 2 通りであるから，全部で $6 \times 2 = 12$ 種類できる。

❖講　評

　2020 年度も①理論分野，②理論・無機分野，③有機分野の大問 3 題の出題で，出題傾向もほぼ例年通りであった。導出過程を記述させる問題は出題されず，論述問題は 1 問だけであった。

　①　大気の成分である N_2 や O_2，Ar，CO_2 に関する標準的な問題で，問 4 の黒鉛を用いた CO_2 と CO の平衡問題や問 5 の炭化水素の燃焼反応に関する問題がポイントになったと思われる。

　②　無機化学を中心に，〔Ⅰ〕は気体の実験室的製法，HF やその水溶液の性質など非金属元素に関する基本問題，〔Ⅱ〕はアルカリ金属，アルカリ土類金属の相違点，両性元素である Zn，Al，Sn，Pb に関する標準的な問題で，問 12 の塩化鉛の溶解度積における塩化物イオンのモル濃度や，問 14 の遷移元素の電子配置に関する論述問題がポイントになったと思われる。

　③　グリセリンと脂肪酸のエステルに関し，硫酸酸性の過マンガン酸カリウムによる酸化反応を利用した構造決定を中心に，アルコール発酵や熱硬化性樹脂であるアルキド樹脂などを融合した標準的な問題であった。

　全体的に問題量も多く難度の高い問題が出題されることもあるので，有機化学分野を中心に，計算過程の記述や論述問題などの対策も行い，基礎から標準的な問題演習を十分に行うことが必要である。

生物

1 **解答** 〔Ⅰ〕問(1) ア. 硝化（硝化細菌，硝化菌）
イ. 亜硝酸イオン　ウ. 還元
エ. ケトグルタル酸（α-ケトグルタル酸）　オ. アミノ基転移酵素

問(2) $6.0 \times 10\,\mathrm{g}$（$60\,\mathrm{g}$）

問(3) ③，⑤，⑦

問(4) カ. アンモニウムイオン　キ. 蓄積　ク. 同化　ケ. 欠乏（不足）

問(5) コー⑥　サー②

問(6) 無機窒素化合物からグルタミンを合成する過程で ATP を必要とするが，低温や日照不足では光合成速度が低下して ATP が不足する。そのため，グルタミンをほどこすことで各種アミノ酸が合成され，生育が促進される。（100字以内）

〔Ⅱ〕問(7) *nts* の穂木を野生型の台木と *nts* の台木に接ぎ木すると，どちらも根粒が過剰に形成されるが，野生型の穂木を野生型の台木と *nts* の台木に接ぎ木すると，どちらも根粒数は野生型と同程度になる。（100字以内）

━━━━◀解　説▶━━━━

≪窒素同化の反応過程，根粒数の制御≫

◆〔Ⅰ〕▶問(2)　5平方メートル（$=5.0 \times 10^4\,\mathrm{cm}^2$），地表15cmの土壌の体積は，$5.0 \times 10^4 \times 15 = 7.5 \times 10^5$〔cm³〕である。

土壌の仮比重は0.8g/cm³なので，この体積の土壌の重さは，
$7.5 \times 10^5 \times 0.8 = 6.0 \times 10^5$〔g〕である。

乾土100g当たり2.8mgの窒素が含まれることから，乾土1g当たりに含まれる窒素量は2.8×10^{-5}g であり，その窒素の80％が硝酸イオン（NO_3^-）である。また，硝酸イオンに含まれる窒素量の割合は$\dfrac{14}{62}$である。

よって，植物に供給されうる硝酸イオンの重さ〔g〕は

東北大-理系前期　　　　　　　　　　　　　　　2020 年度　生物〈解答〉　*81*

$$6.0 \times 10^5 \times 2.8 \times 10^{-5} \times 0.8 \times \frac{62}{14} = 59.52 \doteqdot 6.0 \times 10 \; [\text{g}]$$

▶問(3)　①　誤り。硝酸イオンは無機窒素化合物である。

②　誤り。脂肪に窒素は含まれない。

③　正しい。グルタミン合成酵素はタンパク質からなる。タンパク質は窒素を含む有機窒素化合物である。

④　誤り。クエン酸には窒素は含まれない。

⑤　正しい。RNA は塩基の部分に窒素を含む，有機窒素化合物である。

⑥　誤り。グルコースは窒素を含まない有機物である。

⑦　正しい。フィトクロムは色素タンパク質である。タンパク質は窒素を含む有機窒素化合物である。

▶問(4)　除草剤に含まれるグルホシネートは，グルタミン合成酵素のはたらきを阻害する。グルタミン合成酵素はアンモニウムイオンとグルタミン酸からグルタミンを生じる酵素であるため，この酵素のはたらきを阻害すると，アンモニウムイオンが植物体に高濃度で蓄積するはずである。また，アンモニウムイオンとグルタミン酸からグルタミンが生じないため，窒素同化産物の産生が起こらなくなり，窒素同化産物が欠乏（不足）することになる。

▶問(5)　グルタミン酸はアミノ基を 1 つもつアミノ酸であり，側鎖の部分にはアミノ基を含まない。一方，グルタミンは，側鎖の先端部分にもアミノ基をもつ。

```
      COOH              NH₂
        |                |
       CH₂              C=O
        |                |
       CH₂              CH₂
        |                |
NH₂-C-COOH         CH₂
        |                |
        H          NH₂-C-COOH
                         |
                         H
   グルタミン酸        グルタミン
```

▶問(6)　窒素同化の過程では，ATP と NADPH が必要とされる。植物は，十分な光量や最適な温度条件下では，光合成反応によって豊富に ATP と NADPH を合成し，その一部を窒素同化反応に用いている。しかし，低温や日照不足になると光合成反応から供給される ATP と NADPH が不足す

82 2020年度 生物〈解答〉 東北大-理系前期

るため，窒素同化が進みにくくなる。このような環境下で，窒素同化産物
であるグルタミンを植物に供給すると，各種有機窒素化合物の合成が起こ
りやすくなり，生育が促進されると考えられる。本問では ATP に注目し
て説明する。

◆〔Ⅱ〕 ▶問(7) *nts* は地上部による根粒着生数の制御機構が失われ，根
粒が過剰に形成される変異体であることを示す実験を考えて，説明する問
題である。このとき，対照実験も加えて説明するようにすると，100 字以
内の論述としてちょうどよい長さになる。

---

2 解答

〔Ⅰ〕問(1) (ア)0 (イ)1 (ウ)2 (エ)2
　　　問(2) (オ)細胞質 (カ)リボース，ウラシル

〔Ⅱ〕問(3) (キ)A遺伝子 (ク)C遺伝子 (ケ)B遺伝子 (コ)8 (サ)4 (シ)12

〔Ⅲ〕問(4)　X染色体

問(5)　1つの遺伝子から複数種類の mRNA が生じるので，少ない遺伝情
報から多種類のタンパク質をつくることができる。(60 字以内)

問(6) (ス)742 (セ)577 (ソ)783

〔Ⅳ〕問(7)　ヒスチジン―ロイシン―イソロイシン―バリン―ヒスチジン
―ヒスチジン―グルタミン酸―セリン

問(8)　49：AAG

問(9)　ヒスチジン―ロイシン―イソロイシン―セリン―セリン―セリン

問(10) (タ)・(チ)43：AT，43：CT，43：CA，44：TG，44：TAG のうちか
ら2つ

━━━━━━━ ◀解　説▶ ━━━━━━━

≪遺伝物質，PCR と組換え，DNA の欠失とスプライシング，1塩基変
異≫

◆〔Ⅰ〕 ▶問(1)　ヒトのリンパ球の DNA 量を 2 とすることが記されてい
るが，ヒトのリンパ球（＝体細胞）はゲノムを2セットもつので，分裂を
していないと判断して G_1 期の DNA 量が2であるとして答えていく。

(ア)　ヒトの赤血球には核が存在しないので DNA 量は 0 である。

(イ)　ヒトの精細胞は減数分裂が完了しており，DNA 量は体細胞の半分の
1である。

(ウ)　神経細胞は体細胞であり分裂をしていないので，DNA 量は 2 である。

㈐　肝細胞も体細胞であり分裂をしていないので，DNA 量は２である。

▶問(2)　㈮　RNA には mRNA，tRNA，rRNA がある。tRNA は細胞質中に存在する。また rRNA も細胞質に存在するリボソームを構成するので，細胞質中に存在している。mRNA に関しては，mRNA 前駆体は核内にあるが，転写後の修飾を終えた mRNA は細胞質中に存在し，細胞質中で翻訳の鋳型となる。よって，RNA はおもに細胞質中に存在していると判断できる。

㈎　RNA を構成する糖はリボースであり，DNA を構成する糖はデオキシリボースである。また，DNA を構成する塩基にはチミンがあるが，RNA の場合はチミンの代わりにウラシルが用いられている。

◆〔Ⅱ〕　▶問(3)　Ｘ系統の遺伝子座位ＡをＡ，遺伝子座位ＢをＢ，遺伝子座位ＣをＣとおき，Ｙ系統の遺伝子座位Ａをａ，遺伝子座位Ｂをｂ，遺伝子座位Ｃをｃとおくと，F_1 の遺伝子型は AaBbCc であり，それらの連鎖関係は ABC/abc である（○○○/△△△：○○○が同一染色体上で連鎖，△△△が同一染色体上で連鎖していることを示している）。この F_1 とＸ系統（遺伝子型 AABBCC：ABC/ABC）を交配して生じた子の G1（AABBCC：ABC/ABC）と G2（AaBbCc：ABC/abc）は組換えが起こらず生じた子である。一方，G3～G6 は組換えが起こって生じた子であり，それらの遺伝子型を（　）内に示すと，それぞれ G3（AABbCC：ABC/AbC），G4（AABbCc：ABC/Abc），G5（AaBBCc：ABC/aBc），G6（AaBBCC：ABC/aBC）である。

これらの匹数から組換え価を求めると以下のようになる。

$$\text{AB（ab）間の組換え価}：\frac{3+10+5+6}{200}\times100=12〔\%〕$$

$$\text{AC（ac）間の組換え価}：\frac{10+6}{200}\times100=8〔\%〕$$

$$\text{BC（bc）間の組換え価}：\frac{3+5}{200}\times100=4〔\%〕$$

組換え価の値は遺伝子座位間の距離と比例するので，㈭・㈱のそれぞれにＡ，Ｂのどちらかが入る。ただし，「Ａ遺伝子座位は㈱に記入できない」と記されているので，㈭はＡ遺伝子，㈱はＢ遺伝子となり，㈯はＣ遺伝子となる。㈰，㈲，㈳はそれぞれの遺伝子座位間の組換え価が入るので，㈰

は 8，㈹は 4，㈳は 12 となる。

◆〔Ⅲ〕 ▶問(4) 銅の代謝に異常を示す系統の雄は胎児期に死亡する一方，雌は繁殖力を維持しているとあるので，銅輸送タンパク質遺伝子（またはその変異遺伝子）はX染色体に存在する可能性が高いと判断できる。雄ではX染色体を1本しかもたないので，銅輸送タンパク質遺伝子に変異が生じているX染色体をもつと致死となり，X染色体を2本もつ雌では，一方のX染色体に正常な銅輸送タンパク質遺伝子が存在すれば，もう一方のX染色体に変異が生じている銅輸送タンパク質遺伝子をもつ場合でも生存可能となると判断できる。雌では2本あるX染色体の一方が発生の過程でランダムに不活性化されて凝縮し，その凝縮したX染色体に存在する遺伝子の発現が起こらなくなることが知られている。

▶問(5) 選択的スプライシングが起こると，1つの遺伝子から複数種類のmRNAが生じる。その結果，1つの遺伝子から複数種類のタンパク質を合成できるようになる。このことは，少ない遺伝情報から多種類のタンパク質をつくることを可能にしている。

▶問(6) ㈴ 記された情報を図で示すと，下図のようになる。

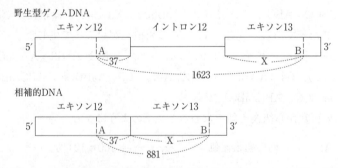

野生型ゲノム DNA の A-B 間の長さと相補的 DNA の A-B 間の長さの差がイントロンの長さである。よって，イントロン12の長さは，以下のように求めることができる。

　　　1623－881＝742

㈵ 相補的 DNA の A-B 間の長さ 881 からエキソン12の37塩基対を除くと，エキソン13の5′末端からBまでの長さ844を求めることができる。イントロン12の長さ742から，イントロン12の存在領域の長さ165を引いた値が，イントロン12の欠失領域を示すことになる（次図参照）。

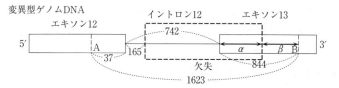

よって，742−165＝577 となる。

(ソ) エキソン13の欠失領域の長さを α，存在領域の5′末端からBまでの長さを β とする（上図参照）。

$37+165+\beta=263$ なので，$\beta=61$ となる。

よって，$\alpha=844-61=783$ を求めることができる。

◆〔Ⅳ〕 ▶問(7) 図4は mRNA の鋳型となる DNA に相補的な DNA の塩基配列を示しているので，この配列に見られる T を U に置き換えると mRNA の配列として用いることができる。

よって，mRNA の配列とコドンは以下のようになる。

```
         43   44   45   46   47   48   49   50
    5′ CAU−UUG−AUC−GUU−CAU−CAU−GAG−UCG 3′
```

このコドンをもとに，遺伝暗号表からアミノ酸を読み取っていくと，ヒスチジン−ロイシン−イソロイシン−バリン−ヒスチジン−ヒスチジン−グルタミン酸−セリンとなる。

▶問(8) 49番目のアミノ酸だけをリシンに置き換えるとき，塩基の挿入や削除では読み枠がずれて49番目以降のアミノ酸も変化してしまうので，挿入や削除ではなく置換が起こると判断する。49番目のコドンは GAG であり，1塩基の置換だけでリシンを指定するようにするには，AAG とすればよい。

▶問(9) mRNA の45番目のコドン AUC を AUCA にすると，それ以降のコドンの読み枠がずれ，以下のように変化する。

```
         43   44   45   46   47   48   49   50
    5′ CAU−UUG−AUC−AGU−UCA−UCA−UGA−GUC−G 3′
```

このコドンをもとに，遺伝暗号表からアミノ酸を読み取っていくと，ヒスチジン−ロイシン−イソロイシン−セリン−セリン−セリンとなる（49番目のコドンは終止コドンである）。

▶問(10) 1塩基の挿入あるいは削除，置換によって，もっとも短いペプチ

ドを合成させるためには，コドンのできるだけ5′末端側で終止コドンが
生じるような変化を考えればよい。以下の5通りの場合，変化して生じる
44番目のコドンが終止コドンとなり，もっとも短いペプチドとなる。な
お，×印は削除を，○印は置換を示す。

$$\begin{array}{cccc} 43 & 44 & 45 & 46 \end{array}$$

5′ ✗AU−UUG−AUC−GUU 3′
          └─────┘
           終止

$$\begin{array}{cccc} 43 & 44 & 45 & 46 \end{array}$$

5′ C✗U−UUG−AUC−GUU 3′
          └─────┘
           終止

$$\begin{array}{cccc} 43 & 44 & 45 & 46 \end{array}$$

5′ CA✗−UUG−AUC−GUU 3′
          └─────┘
           終止

$$\begin{array}{cccc} 43 & 44 & 45 & 46 \end{array}$$

5′ CAU−✗UG−AUC−GUU 3′
          └─────┘
           終止

$$\begin{array}{cccc} 43 & 44 & 45 & 46 \end{array}$$

5′ CAU−U○G−AUC−GUU 3′
      └─────┘
       終止

よって，43：AT，43：CT，43：CA，44：TG，44：TAG のうちから，
2つを解答する。

3 **解答**　〔Ⅰ〕問(1)　⑤，⑥，②
　　　　　　問(2)　②，④

〔Ⅱ〕問(3)　②，③，⑤

〔Ⅲ〕問(4)　前胃と砂嚢の上皮の予定運命は，間充織からの誘導によって
変更される。(35字以内)

問(5)　真皮からの誘導に対する表皮の反応能は，孵卵5日目から8日目の
間に失われる。(40字以内)

〔Ⅳ〕問(6)　後胸の形成には *Antp* 遺伝子と *Ubx* 遺伝子が必要だから。(30
字以内)

問(7)　ホメオボックス

問(8) 残り2つの遺伝子が，変異遺伝子の機能を補うから。(25字以内)

■■■■■■■■■■ ◀解　説▶ ■■■■■■■■■■

≪両生類の背腹軸決定と中胚葉誘導，上皮と間充織の関係，ホメオティック遺伝子のはたらき≫

◆〔Ⅰ〕　▶問(1)　①　誤り。微小管の伸長を阻害すると表層回転が起こらず，灰色三日月環も形成されない。

②　正しい。微小管の伸長を阻害すると，ディシェベルドは背側の赤道付近に移動しないので，背側でのβカテニンの分解が抑制されない。そのため，胚全体でβカテニンの分解が起こり，胚全体で腹側に特徴的な遺伝子が発現する。

③　誤り。微小管の伸長を阻害するとβカテニンは分解されるので，βカテニンの核への移動は起こらない。

④　誤り。微小管の伸長を阻害すると表層回転が起こらず，背側の決定が起こらない。よって，発生が進行できず原腸形成も起こらなくなると考えられる。

⑤　正しい。ディシェベルドは微小管をつたって背側の赤道付近に移動するので，微小管の伸長を阻害するとディシェベルドは植物極にとどまることになる。

⑥　正しい。微小管の伸長を阻害すると，ディシェベルドが背側の赤道付近に移動しないので，βカテニンの背側での分解抑制が起こらず，背側での蓄積が起こらなくなる。

⑦　誤り。微小管の伸長を阻害すると，ディシェベルドが背側の赤道付近に移動しないので，βカテニンは胚全体で分解される。

正しい記述の②，⑤，⑥を起こる順番に並べると，⑤，⑥，②となる。

▶問(2)　受精卵に紫外線を照射し，微小管の伸長を阻害したとしても，重力方向に90°傾けて発生させると正常発生が起こり，背側の組織は元の植物極側に形成されたことから，次図のような状態をイメージすることができる。

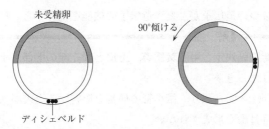

卵を90°傾けると表層のみが移動して，ディシェベルドも移動することになる。この移動により，元の植物極側に背側構造が生じたと判断できる。この実験の結果と，問(1)の実験の結果を比較する。

① 誤り。精子の進入点は微小管の伸長が始まる場所を決めるが，背側の組織ができる場所を直接決めてはいない。背側の組織ができる場所を直接決めているといえるのは，ディシェベルドやβカテニンである。

② 正しい。微小管の伸長を阻害しても，人為的に90°傾けると，卵内部の細胞質と卵表層とが相対的に変位する。その結果，ディシェベルドの存在する位置も元とは異なる位置にくることになり，その場所に背側構造が生じる。

③ 誤り。紫外線を照射すると微小管の伸長が起こらないので，卵内部の細胞質は正常な受精卵のように再配置することはないが，卵内部の細胞質と卵表層とが相対的に変位しているので，βカテニンは局所的に蓄積する。

④ 正しい。微小管の伸長を阻害した卵であっても，90°傾けると正常な背側構造が生じる。これは上図でも示したように，ディシェベルドが存在する場所が将来の背側となるためである。

⑤ 誤り。受精前の卵には，内部細胞質と卵表層ともに植物極と動物極に物質的な差（方向性：極性）があり，この両者のずれが背側決定に重要である。

◆〔Ⅱ〕 ▶問(3) ① 誤り。アニマルキャップの細胞は単独では外胚葉性の組織に分化し，予定内胚葉域の細胞は単独では内胚葉性の組織に分化したという記述がある。

② 正しい。アニマルキャップに予定内胚葉の部分を接着させて培養すると，アニマルキャップ中の予定内胚葉が接している部分に中胚葉性の組織が生じたという記述がある。これは，アニマルキャップの細胞には，予定内胚葉域の細胞からの誘導（＝中胚葉誘導）に応答する能力があることを

示している。

③　正しい。タンパク質などの高分子も透過させるフィルターを挟んで培養した場合，フィルターを挟まないで接着させた場合と同じ結果，すなわちアニマルキャップの細胞から中胚葉性と考えられる組織が形成されたことが示されているので，この誘導には細胞の膜どうしの直接の接触は必要ないとわかる。

④　誤り。予定内胚葉域の細胞から分泌される因子が，予定外胚葉域の細胞にはたらきかけて中胚葉に分化させる。

⑤　正しい。低分子やイオンのみを透過させるフィルターを挟んだ場合には中胚葉は生じず，タンパク質などの高分子も透過させるフィルターを挟んだ場合には中胚葉誘導がみられたことから，誘導には高分子の物質が関わるとわかる。

◆〔Ⅲ〕　▶問(4)　前胃と砂嚢の上皮だけを単独で培養すると，それぞれの予定運命にしたがって分化することから，前胃の上皮を単独で培養すると腺形成が起こってペプシノーゲンを発現し，砂嚢の上皮を単独で培養すると腺形成が起こらずペプシノーゲンを発現しないことがわかる。一方，下線部(b)の実験結果から，前胃の間充織を用いるか，砂嚢の間充織を用いるかで，最終的に上皮で腺形成とペプシノーゲンの発現が起こるかどうかが決定されていることがわかる。これらのことから，前胃と砂嚢の上皮の予定運命は間充織からの誘導によって変更されることがわかる。

▶問(5)　5日目の背中の表皮を13日目と15日目の肢の真皮に結合させると，表皮はうろこへと分化したことから，5日目の表皮は真皮からの誘導で発生運命を変更できることがわかる。一方，8日目の背中の表皮を13日目と15日目の肢の真皮と結合させると羽毛が生じたことから，8日目の表皮はすでに羽毛を形成する運命が決定されていることがわかる。これらのことから，誘導作用に対する表皮の反応能は，孵卵5日目から8日目の間に失われるとわかる。

◆〔Ⅳ〕　▶問(6)　図6に示された *Antp* 遺伝子と *Ubx* 遺伝子の発現パターンから判断する。正常な発生では，*Antp* 遺伝子のみが発現すると前胸や中胸が生じ，*Antp* 遺伝子と *Ubx* 遺伝子がともに発現すると後胸が生じている。また，*Ubx* 遺伝子が機能を失うと後胸が中胸に変化することから，*Antp* 遺伝子のはたらきのみが現れると中胸が生じ，*Antp* 遺伝子と *Ubx* 遺

伝子の発現が起こる部位では後胸が生じると考えられる。

▶問(7)　ショウジョウバエの8つのホメオティック遺伝子には，それぞれ180塩基対の相同性が高い配列がある。この配列をホメオボックスという。ホメオボックスは，60個のアミノ酸でできたホメオドメインとよばれるタンパク質の部分をコードする。

▶問(8)　設問文中に「3つの遺伝子が…よく似た働きをもつと考えられている点を考慮して」とあるので，3つのうち1つの遺伝子に変異を起こしてその機能を失わせても，残りの2つがそのはたらきを補ったため，形態に劇的な変化は生じなかったと考える。

❖講　評

　大問数は2019年度と同じ3題である。試験時間は理科2科目で150分。記述量は例年並みであり，比較的取り組みやすい問題が多く出題された。ただし，易しいデータではあるが，考察した上で論述する形式の問題が多いので，論述問題への的確な対応力が問われる。ポイントを押さえた文章を手早くまとめる力を養っておきたい。

　[1]　窒素同化の過程，根粒数の制御に関する変異を扱った問題である。問(1)〜問(4)は標準的な内容を問われているので，確実に得点したい。問(4)はヒントが本文中にある。問(5)はグルタミン酸とグルタミンの構造が理解できているかが問われている。完全に覚えている必要はなく，消去法で答えを導くことができる。取りこぼさないようにしたい。問(6)は窒素同化の過程でATPが必要となることを理解できているかが問われている。窒素同化では光合成で生じたATPとNADPHが利用されることを確認しておきたい。問(7)は自分で実験を組み立てて証明していく能力が問われている。内容的には易しいが，論述内に対照実験をきちんと盛り込むことができているかがポイントになる。

　[2]　遺伝情報に関する内容をさまざまな角度から問う出題である。問(1)・問(2)は基本知識を確認する問題であり，易しい設問である。問(3)は遺伝子座位間の組換え価を計算する問題であるが，PCRのデータをもとに遺伝子座位の違いを特定していくので，このようなデータを適切に扱えるかどうかがポイントになる。取り組みやすい内容なので，できるだけ得点したい設問である。問(4)は，本文中に多くのヒントが記されて

いるので，確実に得点したい。問(5)は定番の知識論述である。できるだけ得点したい。問(6)(ス)は解きやすい設問である。(セ)・(ソ)は内容が複雑なので図にして考えることが望ましい。図で数値を求めていくと，その後の見直しもやりやすくなる。いずれもやや難度が高い問題といえる。問(7)は基本的な問題であり，失点は許されない。問(8)・問(9)は標準的なコドンの変化に関する設問である。確実に得点したい。問(10)の解答は5つあるが，その中から2つ答えればよいので，比較的取り組みやすい。

3 両生類の背腹軸決定に関する母性因子と微小管の伸長に関する内容，中胚葉誘導に関する実験，上皮と間充織における誘導に関する実験，ホメオティック遺伝子のはたらきといった，発生に関して多岐にわたる内容を扱った問題である。問(1)は本文中の情報から正しいものを選び，順番に並べる基本的な問題である。問(2)は本文の情報を踏まえて，考察する。問(1)できちんと答えられていれば，問(2)はその延長線上にある内容なので答えやすい。問(3)は中胚葉誘導に関する基本問題である。確実に得点したい。問(4)は上皮と間充織の関係（誘導）に関する基本問題である。字数が少ないので的確にキーワードを盛り込んだ内容を記せるようにしたい。問(5)は誘導に対する反応能と発生の時期の関係に関する基本問題である。これも字数が少ないので的確な内容を盛り込めるようにしたい。問(6)は*Antp*遺伝子と*Ubx*遺伝子の発現パターンから，*Ubx*遺伝子と*Antp*遺伝子の関係などを考察する。これも字数が少ないので，整合性のある内容をコンパクトに書ける力が試されている。問(7)は知識問題である。教科書を丁寧に学習していれば標準的な内容として捉えることができる。問(8)は3つの遺伝子の働きが類似していることが設問文中にも書かれているので，答えやすい設問である。

2020年度は2019年度と同様，全体的に解きやすい問題が出題された。例年，標準的な論述問題が多く含まれることから，要領よくまとめる練習や，計算問題の練習を積み，本番では時間配分に気をつけたい。

地学

1

解答 問1．ア．0.5　イ．1

問2．ウ．$\dfrac{V(a-\sqrt{a^2-b^2})}{4}$　エ．$\dfrac{\pi ab}{4P}$

問3．$\dfrac{V(a-\sqrt{a^2-b^2})}{4}=\dfrac{\pi ab}{4P}$，$V=2\pi$ より

$$P=\frac{\pi ab}{V(a-\sqrt{a^2-b^2})}=\frac{\pi ab\,(a+\sqrt{a^2-b^2})}{2\pi\,(a^2-a^2+b^2)}\fallingdotseq\frac{a^2}{b}$$

よって　$\dfrac{100^2}{0.1}=1\times10^5$ 年　……(答)

問4．K，M

問5．天体の距離を d，後退速度を v，ハッブル定数を H とすると，ハッブルの法則は $v=Hd$ と表され，ハッブル定数の逆数は $\dfrac{1}{H}=\dfrac{d}{v}$ となる。ハッブル定数の逆数から推定される宇宙年齢が球状星団の年齢よりも長くなる必要があるので，過去のハッブル定数は，現在の測定値よりも小さかったことになる。ハッブル定数は宇宙の膨張速度の度合いを示す値なので，過去の膨張速度が現在より小さかったとすると，宇宙は加速膨張していることになる。

◀解　説▶

≪ケプラーの法則，スペクトル型，宇宙の加速膨張≫

▶問1．ア．内惑星Bの主星からの最大離角が30度なので，下図のように，惑星A・惑星B・主星を結ぶ直角三角形が惑星Aを見込む角を30度とする直角三角形となる。したがって，惑星Aと惑星Bの軌道半径の比は2：1であり，惑星Aの軌道半径が1AUであることから，惑星Bの軌道半径 R は0.5AUとなる。

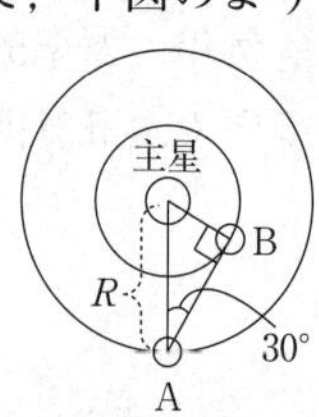

イ．惑星Aの公転軌道半径が1AU，公転周期が1年であることから，ケ

東北大-理系前期　　　　　　　　　　　　　　　　2020 年度　地学〈解答〉　*93*

プラーの第三法則より $\dfrac{1^3}{1^2}=1$ となる。

▶問 2 ．ウ．近日点における面積速度は三角形で近似することができ，その面積は，$\dfrac{1}{2}\times$（近日点距離）$\times$（公転速度）で表せる。ここで，近日点距離は，（長半径）$-$（主星から楕円軌道の中心までの距離）であり，主星から楕円軌道の中心までの距離は，$\sqrt{（長半径）^2-（短半径）^2}$ で表される。この彗星の楕円軌道において，長半径は $\dfrac{a}{2}$，短半径は $\dfrac{b}{2}$ なので，近日点距離は

$$\frac{a}{2}-\sqrt{\left(\frac{a}{2}\right)^2-\left(\frac{b}{2}\right)^2}=\frac{a}{2}-\sqrt{\frac{a^2-b^2}{4}}=\frac{a-\sqrt{a^2-b^2}}{2}$$

となる。よって，面積速度は

$$\frac{1}{2}\times\frac{a-\sqrt{a^2-b^2}}{2}\times V=\frac{V(a-\sqrt{a^2-b^2})}{4}$$

となる。

エ．面積速度一定の法則から，面積速度は楕円軌道の面積を公転周期で割った値と考えることができる。楕円の面積は（長半径）$\times$（短半径）$\times$円周率 であり，公転周期は P なので，面積速度は

$$\frac{a}{2}\times\frac{b}{2}\times\pi\times\frac{1}{P}=\frac{\pi ab}{4P}$$

となる。

▶問 3 ．惑星Ａは軌道半径が 1 AU，公転周期が 1 年なので，公転速度 $V=2\pi$〔AU/年〕である。したがって，問 2 で求めた面積速度の式を用いて，彗星の公転速度 V が惑星Ａの公転速度と等しいことから，公転周期 P を求めればよい。

$$\frac{V(a-\sqrt{a^2-b^2})}{4}=\frac{\pi ab}{4P}, \quad V=2\pi \ \text{より}$$

$$\begin{aligned}
P&=\frac{\pi ab}{V(a-\sqrt{a^2-b^2})}=\frac{\pi ab(a+\sqrt{a^2-b^2})}{V(a-\sqrt{a^2-b^2})(a+\sqrt{a^2-b^2})}\\
&=\frac{\pi ab(a+\sqrt{a^2-b^2})}{V(a^2-a^2+b^2)}=\frac{\pi ab(a+\sqrt{a^2-b^2})}{2\pi b^2}\fallingdotseq\frac{a^2}{b}
\end{aligned}$$

ここに，$a=100$〔AU〕，$b=0.1$〔AU〕を代入すると

$$\frac{100^2}{0.1}=1\times10^5 \text{ 年}$$

となる。

（注）　以下のように解答することも可能である。

彗星は惑星Aと同じ主星を公転しているため，ケプラーの第三法則より，$\dfrac{(\text{平均距離})^3}{(\text{公転周期})^2}=1$ である。彗星の公転軌道の長軸 $a=100$〔AU〕なので，平均距離は長半径の 50 AU に等しい。よって，$\dfrac{50^3}{P^2}=1$ より

$$P=50\sqrt{50}\fallingdotseq50\times7=350\fallingdotseq4\times10^2 \text{ 年}$$

となる。

▶問4．球状星団の年齢が 6×10^{17} 秒なので，これを年で表すと

$$\frac{6\times10^{17}}{60\times60\times24\times365}\fallingdotseq\frac{6\times10^{17}}{3\times10^7}=2\times10^{10} \text{ 年}（=200\text{ 億年}）$$

となる。太陽の寿命が約 100 億年であり，太陽のスペクトル型はG型であるため，この球状星団内で主系列星として観測される可能性があるのは，G型よりも寿命の長い星である。主系列星は低温なものほど寿命が長く，スペクトル型は高温なものから OBAFGKM の順なので，G型よりも低温のK型とM型が当てはまる。

▶問5．加速膨張は，過去の宇宙の膨張速度が現在の測定値よりも小さいことから推定できる。天体の後退速度は宇宙膨張によるので，ハッブル定数は宇宙の膨張速度の度合いを示す。よって，過去のハッブル定数が小さかったことを示せばよい。リード文中で示されているハッブル定数 60 (km/秒)/Mpc の逆数は 5×10^{17} 秒であり，年齢が 6×10^{17} 秒の球状星団よりも短い。このハッブル定数は現在の測定値であるため，球状星団の年齢よりも宇宙年齢が長くなるには，$\dfrac{1}{H}$ の分母が過去において小さい必要があり，これは過去におけるハッブル定数が小さかったことを意味する。

2 解答

問1．ア．太陽定数　イ．温室

問2．A．熱圏　B．成層圏　C．可視光線

問3．図1より，求める太陽放射エネルギーは，地球に入射する太陽放射

の 0.3 倍である。よって

$$1.4 \times 10^3 \times (6.4 \times 10^6)^2 \times 3.1 \times 0.3 = 5.3 \times 10^{16}$$
$$\fallingdotseq 5 \times 10^{16} \, (\mathrm{W}) \quad \cdots\cdots(答)$$

問 4．ウ．23　エ．25

問 5．水が地表から蒸発する際に地表の熱を吸収し，大気中で凝結する際に熱を放出することで，熱の輸送が行われること。

問 6．大気や海洋の循環によって，赤道付近から高緯度に向かって熱の輸送が行われているため。

■━━━━━◀解　説▶━━━━━■

≪太陽定数，地球の熱収支，熱の輸送≫

▶問 2．熱圏では高度に伴って温度が上昇しており，紫外線やX線によって酸素などの原子や分子が電離し，電離層を形成している。成層圏でも，オゾンによる紫外線の吸収によって，高度に伴い温度が上昇している。太陽放射のエネルギーで最も強い可視光線は，大気にそれほど吸収されないため，地表に届く。

▶問 3．「下線部(a)について」とあることから，ここで求めるエネルギーの総量は，図 1 において「反射される太陽放射」と示されているエネルギーであり，地球に入射する太陽放射の 7 + 23 = 30〔%〕と判断できる。地球に入射する太陽放射の量は，太陽定数と地球の断面積の積として求めればよい。

▶問 4．図 1 において，エネルギーの収支が成り立つように計算すればよい。まず，図 1 の左側において，地球に入射する太陽放射（100）のうち，反射される太陽放射（7 + 23）と地表面の吸収（47）を除いた値がウに当てはまる。よって，ウは 100 − 30 − 47 = 23 となる。

次に，図 1 の地表の収支に着目すると，地表が受け取るエネルギーは，太陽放射の吸収（47）と，大気と雲からの赤外放射の吸収（101）の計 148 である。ここから，地表から放射されるエネルギーである，宇宙空間への放射（12），大気と雲での吸収（105），熱伝導（6）を除いた値がエに当てはまる。よって，エは 148 − 12 − 105 − 6 = 25 となる。

▶問 5．潜熱とは，水の状態変化に伴って吸収・放出される熱のことであり，融解，蒸発，昇華（氷→水蒸気）に伴って吸収され，凝結，凝固，昇華（水蒸気→氷）に伴って放出される。ここでは地表から大気への潜熱輸

送についてなので，地表からの蒸発と，大気中での凝結について述べれば
よい。

▶問6．赤道付近では，地球が受け取るエネルギーが放射するエネルギー
を上回っているが，高緯度では，地球が受け取るエネルギーは放射するエ
ネルギーを下回っている。これでは低緯度ほど温度が上がり続け，高緯度
ほど温度が下がり続けることになってしまうが，実際には，低緯度から高
緯度に熱が輸送されることで，どの緯度帯においてもほぼ気温が一定に保
たれている。この熱輸送を担うのは，大気や海洋の循環である。

---

3 **解答** 問1．ア．水素　イ．ヘリウム　（ア・イは順不同）
　　　　　　　ウ．水蒸気　エ．二酸化炭素　（ウ・エは順不同）

問2．⑴　星間雲が近くの恒星からの放射を受けて，光を反射したり，発
光したりするから。

⑵　星間雲が，背後の恒星や散光星雲の光を吸収したり散乱したりするこ
とで，その部分だけ暗く見えるから。

問3．約4000万年

問4．微惑星の衝突によって生じた熱と，原始大気中の多量の水蒸気と二
酸化炭素による温室効果によって，地表が高温になったから。

―――――――◀解　説▶―――――――

≪星間雲，主系列星の誕生，初期地球≫

▶問1．ア・イ．宇宙空間の主成分元素は，宇宙の誕生時から存在した水
素とヘリウムであり，星間ガスや，それを材料とする恒星でも同様である。
ウ・エ．初期地球の原始大気は，現在の窒素と酸素を主成分とする大気組
成とは異なり，微惑星から放出されたガス成分である水蒸気と二酸化炭素
を主成分とするものであった。水蒸気が原始海洋を形成すると大気の主成
分は二酸化炭素となったが，ここでは原始海洋が誕生する直前を問われて
いるので，水蒸気も主成分となる。

▶問2．散光星雲と暗黒星雲は，いずれも星間ガスと星間塵の密度の高い
部分であることに変わりはない。地球から見たときに，光って輝いて見え
るか，背後の光をさえぎって暗く見えるかの違いである。

▶問3．主系列星が誕生する際，まず星間雲の中で密度の高い部分が重力
によって収縮し，原始星ができる。原始星は重力によるエネルギーで内部

東北大-理系前期　　　　　　　　　　　　　　　2020 年度　地学〈解答〉　*97*

の温度が上昇し，主成分である水素が核融合反応を始めると主系列星となる。太陽程度の質量をもつ恒星は，原始星の段階に達してから主系列星になるまでに 4000 万年程度かかったと考えられている。

▶問 4．地球は微惑星が衝突と合体を繰り返して誕生したため，衝突の運動エネルギーが熱エネルギーに変わり，表層の温度が高くなった。また，原始大気に多量に含まれていた水蒸気と二酸化炭素は温室効果ガスであるため，表層付近に熱が保たれることで，約 1500℃以上となって岩石が融ける状態となった。

4　**解答**　問 1．ア．かんらん岩　イ．結晶分化
問 2．マントルから上昇した高温の玄武岩質マグマの熱によって，大陸地殻の下部を構成する斑れい岩などが部分溶融することで，デイサイト質マグマが形成される。
問 3．⑴　高温のマグマが地表に向かって上昇する過程で，融点の低い地殻の岩石を溶かし込んで吸収することで，マグマの化学組成が変化すること。
⑵　地下で別々に存在していた化学組成の異なるマグマが，マグマだまりや火道で混ざり合うことで，それらの中間的な化学組成のマグマが生じること。

◀解　説▶

≪マグマの発生と分化≫

▶問 1・問 3．マグマの化学組成が変化し，異なる化学組成のマグマができることを，マグマの分化という。このうち，マグマの冷却に伴って結晶が晶出し，残りのマグマの化学組成が変化する作用は，結晶分化作用という。結晶分化作用では，融点の高い鉱物から晶出することで，残りのマグマは相対的に Si，Na，K などに富む化学組成になる。また，高温のマグマが上昇時に，マグマとは異なる化学組成の岩石を溶かし込むと，化学組成が変化する。これを同化作用という。このほか，異なる化学組成のマグマが地下に存在し，上昇時に混ざり合って化学組成が変化することもあり，これをマグマ混合という。

▶問 2．マグマが発生する際，岩石の融けやすい成分からマグマとなる部分溶融によって，元の岩石よりも SiO_2 に富むマグマが発生する。そのた

め，マントルのかんらん岩が部分溶融して発生する初生マグマは主に玄武岩質マグマとなり，また，かんらん岩よりも SiO_2 に富む地殻の岩石が部分溶融すると，より SiO_2 に富むマグマが初生マグマとして発生する。大陸地殻は主に，下部地殻が苦鉄質岩である斑れい岩，上部地殻がケイ長質岩である花こう岩で構成されている。したがって，中間質寄りのケイ長質であるデイサイト質マグマは，それよりも SiO_2 に乏しい下部地殻の斑れい岩が部分溶融することで発生する。

5 **解答** 問1．ア．下方　イ．V字谷　ウ．扇状地　エ．側方
オ．自然堤防　カ．三角州

問2．物理的風化：膨張率の異なる鉱物を含む岩石が，温度変化による体積変化が繰り返されることで砕かれたり，岩石の割れ目に入った水が凍結し膨張することで，岩石が破壊されたりする現象。

別解 化学的風化：岩石が雨水や地下水などと化学反応を起こして別の鉱物に変化したり，鉱物の一部が溶け出したりすることで，岩石が分解される現象。

問3．斜面崩壊：急斜面に大量の雨水がしみ込んだり，地震によって地盤がゆすられたりすることで，表面の土砂や岩盤が突然崩れ落ちる現象。

別解 地すべり：傾斜地にしみ込んだ雨水や地下水によって，傾斜地の一部がすべり面を伴う土塊となり，地震動などの影響で，その土塊がすべり面に沿って比較的ゆっくりと下方に移動する現象。

別解 土石流：山地の斜面が豪雨や地震動によって崩れることで発生した土砂や岩塊が，大量の水と混ざり合って，下流へと一気に流れ下る現象。

問4．河川が山地から平野に出てくる場所では，傾斜がゆるやかになることで流速が低下する。そのため，流速が低下することで運搬できなくなった大きさの粒子が堆積することになるから。

━━━━━━◀解　説▶━━━━━━

≪風化作用，侵食・運搬・堆積作用と地形≫

▶問1．河川の流速が大きい場所では，流水によって川底が削られて掘り下げられる下方侵食が優勢であり，流速が小さい場所では，川幅を広げる側方侵食が優勢となる。流速が大きいほど粒径の大きな粒子が運搬されるため，流速が急激に小さくなるところでは堆積作用が起こりやすい。その

ため，傾斜の変化する山地から平野への出口では粗粒な砕屑物が堆積して扇状地が形成され，流速が急激に低下する河口では三角州が形成される。また，蛇行河川ではカーブの外側の方が流速が大きいため，増水時にはカーブの外側に粗粒な粒子が堆積し，微高地である自然堤防をつくる。なお，自然堤防を越えて流れ出した水は流速が小さいため，自然堤防の外側には泥が堆積し後背湿地がつくられる。

▶問2．風化作用とは，岩石がもろくなったり砕かれたりする作用であり，温度変化に伴う体積変化など，物理的性質による風化を物理的風化（機械的風化），水との化学反応や変質など，化学変化による風化を化学的風化という。

▶問3．斜面崩壊（がけ崩れ）は，急斜面（がけ）の表面が崩れることであり，地すべりは，ある程度の深さをもった土塊がすべり面で移動することである。いずれも，しみ込んだ水が地盤の割れ目に浸透して強度を下げたり，すべり面で土塊をすべりやすくしたりすることで発生しやすく，地震によるゆれによっても発生リスクが大きくなる。

▶問4．地形の傾斜がゆるやかになる場所では河川の流速が低下する。図1の曲線②に着目すると，流速が低下することで粒径の大きな粒子から堆積することが示されていることから，これを地形変化と結びつけて述べればよい。

❖講 評

2020年度は，例年どおり大問5題の出題で，試験時間は理科2科目で150分であった。論述問題は2019年度と同じく行数指定であったが，複数の現象から1つを選んで説明する論述問題も出題された。全体の難易度としては，2019年度と同程度といえる。

① ケプラーの法則と宇宙膨張に関する出題。問1は空所補充の基本問題。問2も文字式の空所補充問題であるが，楕円の長半径でなく長軸をaとおく点は注意が必要であった。問2を用いた問3の計算と，7行以内指定の問5の論述は，やや難度が高かった。問4も簡易な計算を伴うが，スペクトル型の基礎知識があれば容易である。

② 地球の熱収支に関する出題。問1と問2は空所補充の基本問題で，問2では語群も与えられた。問3の計算も容易であるが，求める値につ

いて，題意の読み取りに注意が必要である。図の空所補充問題である問4，論述問題の問5と問6は，基礎的な内容であった。

3 星間雲から地球誕生までの流れに関する出題。問1は空所補充の基本問題。問2と問4の論述はすべて2行以内の指定であり，教科書記載の基本事項の確認であった。問3の知識問題は，選択肢があることで判断が容易であった。

4 マグマの発生と分化に関する出題。問1は空所補充の基本問題。問2と問3の論述は教科書記載の基本事項の確認であったが，すべて3行以内の指定であり，やや詳細な説明を求められた。

5 砕屑物と地形に関する出題。問1は空所補充の基本問題。問2と問3の論述はいずれも3行以内の指定であり，基本的な内容であったが，選択した現象について説明する形式であった。問4は図の読み取りを伴う論述問題だが，オーソドックスな内容であった。

2019年度 解答編

東北大-理系前期　　　　　　　　　　　　　2019 年度　英語〈解答〉　3

解答編

英語

I　解答　問1．意思決定において，問題を徹底的に分析し，選択
肢をすべて挙げ，それらを一般的な基準に基づいて評価
し，それぞれの基準がどの程度重要かを把握し，それぞれの基準に基づい
て各選択肢の価値を査定し，計算して，選択肢を互いに比較したうえで，
どれが最もあなたが必要とするものに合うかを確かめるという古典的な意
思決定のやり方は，完璧かつ系統だった，合理的で科学的なものに思える
が，すべて誤った通念にすぎず，実際にやってみるとうまくいかないとい
うこと。

問2．全訳下線部(B)参照。

問3．全訳下線部(C)参照。

問4．①─(イ)　②─(ウ)　③─(エ)　④─(ア)

◆全　訳◆

≪直観に基づく意思決定≫

　あなたは重要な決断をするための正しい方法について教えられたことを
覚えているだろうか？　おそらくあなたは，問題を徹底的に分析し，異な
る選択肢をすべて挙げ，それらの選択肢を一般的な一連の基準に基づいて
評価し，それぞれの基準がどの程度重要かを把握し，それぞれの基準に基
づいて各選択肢の価値を査定し，計算して，選択肢を互いに比較したうえ
で，手持ちの選択肢のどれが最もあなたが必要としているものに合うかを
確かめるようにと言われただろう。決定とは単に，最も高得点の選択肢を
選ぶという問題だったのだ。

　これは意思決定の古典的なモデルで，それにはどこか非常に魅力的で，
安心感が得られるところがある。それは思いつきや直感ではなく，堅実な
分析と論理に基づいている。でたらめではなくむしろ，理路整然としたも
のだ。それは，あなたが重要な点は何ひとつ見逃すことはないと保証して

くれる。何も成り行きに任せたりしない。あなたがそのプロセスを適切にたどりさえすれば，よい決断ができるとあなたに約束してくれる。それによってあなたは他者に対して自分の決定を正当化することができる。それにはどことなく科学的なところがある。

　そのすべてが非常に安心感を与えるもののようだ。完璧で，系統だっており，合理的で，科学的でありたいと望まない人などいるだろうか？

　ただ一つ問題なのは，そのすべてが誤った通念であるという点だ。実際には，その意思決定の古典的モデルは，実際にやってみるとあまりうまくいかない。そのやり方は，学部生の被験者で些末な決定を下している研究室においてならそこそこうまくいくが，実社会ではそうはうまくいかない。そこでは，意思決定はもっと困難で，状況はさらに入り組んだ複雑なものであり，情報は少なかったり要領を得ないものであったりし，時間がなく，危険度が高いからだ。そしてそういう状況では，意思決定の古典的な分析的モデルは全く通用しないのだ。

　そういうわけで，人はめったに古典的モデルを使わない——たとえ自分はそれが正しいと信じていると口にしてもだ。そして，実は心の奥底では私たちはみなこのことを知っていると私は思っている。事実上どの分野であれ，たとえ難しい決定を下した経験があまりない人であれ，ほとんどの人が，型にはまった分析的な意思決定は実際にはあまりうまくいかないことがわかっている。実生活における決定の大半は，全くこのやり方には従っていないのだ。たとえ私たちが先入観を抱かず，いくつかの選択肢を考慮しようとしても，私たちは通常，自分が実際にはどの選択肢がより好きかを最初からわかっているので，そのプロセス全体が，自分たちが望んでいるとわかっているものを，他の2，3のでっちあげた不正解の選択肢と比較するにすぎない作業となるのだ。

　となると，私たちは実際にはどうやって決定を下すのだろう？　それはまあ，おおむね直観に基づくプロセスによってである。あなたがうまく説明はできないものの，何かに関してピーンときたときのことを考えてみるといい。(B)「若手社員に難しい企画の担当ができるだろうか？」　あなたには何らかの大失態なしにその企画がうまくいくとはとても思えない。その仕事はだれか他の人に任せる方がいい。「ある客の支払いが遅れているのはなぜだろう？」　あなたは，なんだかその客が資金難を抱えているのか

もしれないという気がする。「契約はうまくいっているのだろうか？」報告書と支出率は何の問題もなさそうだが，あなたはその企画チームから何の熱意も感じ取れていない。もしかするとその契約をもっと詳しく調べるべきかもしれない。

あなたの頭の中にあるこういう警報ベルを作動させるのはいったい何だろう？　それこそあなたの直観で，あるパターンを作り上げるために，あなたがこれまで無意識のうちにつなぎ合わせてきた，度重なる経験を通して身についたものなのだ。

「パターン」とは，通常，ひと塊となった一連の手がかりで，もしあなたがその手がかりのいくつかを目にすれば，それ以外のものも見つかると思えるのだ。もしあなたがあるパターンに気づけば，なんだかよく知っているような感じがするかもしれない——そうだ，以前見たことがあるぞ！　というように。私たちはどんな領域で仕事をするときでも，経験を積み上げ，一群のそれとわかるパターンを作り上げる。多くのパターンを身につければつけるほど，集めたものの中にあるパターンの一つに新たな状況を適合させるのがたやすくなる。新たな状況が生じたとき，私たちは，それを過去に遭遇してきたあるパターンに照らし合わせることで，その状況は見覚えのあるものだと認識するのだ。

たとえば，消防士は煙の色と，煙が大波のように吹き上がっている勢いを見て，有毒化学物質が燃えているのかもしれないと思う。経営者は，普段は注意深い従業員に小さなミスが増えたり，話し方が少し流暢でなくなったり，労働時間を予測しづらくなったり，少し怒りっぽくなるというようなことを目にすると，ある従業員がお酒や麻薬に関する問題を抱えているのではないだろうかと思うのだ。

さまざまなパターンを見つける能力は，当然のこととととらえるのは簡単だが，身につけるのは難しい。ノーベル賞受賞者のハーバート＝サイモンを含む，心理学の一流の研究者の何人かは，人が慎重な分析を行わずにどうやって効果的な意思決定ができるのかは，パターン認識で説明がつくことを実証している。

私たちはいったん，あるパターンに気づくと，ある状況を感じ取る。つまり，私たちはどんな「手がかり」が重要になるか，監視する必要があるかがわかるのだ。どういうタイプの「目標」を達成できるようになるべき

6 2019 年度　英語〈解答〉　　　　　　　　　　　　　東北大-理系前期

かがわかる。次に何を「予測する」べきかが感覚的にわかるのだ。さらに，そのパターンには，反応するための決まりきった行動——「行動の筋書き」——が含まれる。もし私たちがある状況をよくあるものとしてとらえれば，典型的な反応の仕方がわかる。そのようにして，私たちは実際に何が起きているのか，そして，私たちはそれに関して何をすべきなのかが，なんとなくわかるのだ。

　直観とは，私たちの経験を判断と意思決定に変える方法である。それは，ある状況で何が起きているのかを認識し，それを使って反応すべき典型的な行動の筋書きがわかるように，さまざまなパターンを利用して決定を下す能力のことなのだ。経験豊富で直観的に決断を下せる人が，いったんそのパターンがわかると，そういう人たちが下すべきいかなる決断も，通常は明白である。

　(C)利用できるパターンと行動の筋書きが多ければ多いほど，私たちはより多くの専門知識を持つことになり，決断を下すのがさらに容易になる。パターンによって，私たちは何をすべきかがわかるし，行動の筋書きによってそのやり方がわかる。集めたパターンと行動の筋書きがなければ，私たちはあらゆる状況を最初から苦労して考え抜かなければならないだろう。

　パターンの照合は一瞬のうちに，しかも意識して考えることなく起こりうるので，自分たちがある直観的な判断にどうやってたどり着いたのかがわからない。そういうわけで，それは私たちにとって謎めいたものに思えることが多いのだ。

　たとえその状況が，以前見たことのあるどれとも正確には同じではないにしても，過去の出来事との類似点を識別することはできるので，私たちは，さまざまな選択肢を慎重に考える必要もなく，反射的に何をすべきかがわかるのだ。私たちは何がうまくいき，何がうまくいかないかが感覚的にわかる。基本的には，私たちが直観的に決断を下せる人になるのはこの時点なのである。

━━━━━━◀解　説▶━━━━━━

▶問１．the whole thing「これらのことはすべて，ことの全容」はそれまでに述べたこと全体を指す語句であり，ここでは，classical model of decision making「意思決定の古典的なモデル」について述べている第１～３段の内容を要約することになる。要約といっても，第１段では手順が

東北大-理系前期　　　　　　　　　　　　　　　　2019 年度　英語〈解答〉　*7*

段階を踏んで述べられているので，ある程度，全訳に近くなるのもやむを
得ないであろう。myth は「神話」だが，ここでは「誤った通念」という
ような意味で用いられている。このあと，そのやり方は実際にやってみる
とうまくいかない，と述べられている点を加味して説明すれば，説得力が
増す。

▶問 2．*Can a junior staff member handle a tough project ?*

●この部分はイタリック体で書かれているので，訳すときは「」で囲むと
よい。なお，この文は，後続文の主語である "You" の心中を述べたも
のと判断できる。

● junior staff は「若手社員，部下」という意味だが，経験の浅いスタッ
フのことなので「若手社員」という訳の方が適切。handle「～を担当す
る，～に対処する」　tough「困難な，難しい」

You can't imagine it working out without some disaster.

● imagine の目的語は it に続く動名詞句であり，a tough project を指す
it が動名詞の意味上の主語となっている。You can't imagine ～ は「～
は想像もつかない，～などとても考えられない」というような訳が適切
であろう。work out「うまくいく，何とかなる」

● without some disaster の disaster はここでは「大惨事，最悪の事態」
という意味であり，some は単数形の普通名詞の前に置かれて「何らか
の」という意味になる用法。

Better give the job to someone else.

●この部分は，It would be better to give ～ や You had better give ～
のように省略された部分を補って訳すとよい。

● the job は最初の文の a tough project を指す。someone else「だれか
他の人」

▶問 3．**The more patterns and action scripts we have available,**

●この文全体は The ＋比較級 ～，the ＋比較級 …「～すればするほど…，
～であればあるほど…」という構文となっている。

● The more patterns and action scripts は have の目的語であり，have
～ available は「～を利用できる」という意味。action scripts「行動の
筋書き」は第 11 段第 4 文（And the patterns …）に登場する語句で，
何らかの事態に反応するための決まりきった行動について述べたものと

8 2019 年度　英語〈解答〉　　　　　　　　　　　　東北大-理系前期

わかる。

the more expertise we have,

● expertise「専門的な知識」は have の目的語。「より多くの専門的な知識を持つ」は「専門的な知識が増える」という訳も可能。

and the easier it is to make decisions.

●この部分は it is easier to make decisions が，the ＋ 比較級 … の形で用いられたもの。to 不定詞以下が it の内容。make decisions「決断を下す，意思決定をする」

▶問４．下線部について説明した文章における空所を補充する問題。

説明文の全訳：

　もしあなたがある状況を何度も経験したことがあるなら，無意識のうちにそれらの経験を結びつけて考えることができるだろうから，今，何が起きているかについてのあるパターンを認識することができる。このことであなたは，どのような手がかりを監視しなければならなくなるか，どのような目標が達成できるか，さらには次に何が起こるかがわかるようになるだろう。もしあなたが十分な量の行動の筋書きを集めることができれば，新たな状況にどのような形で直面しても，それをそれ以前に学んだパターンと照合して，それに対処する典型的な方法を見つけることができる。もしあなたがそのような能力を身につけているなら，あなたは直観的に決断を下せる人だと言われるだろう。

①第６段（So how *do* …）には，意思決定が直観に基づくプロセスによってなされるという点について述べられている。さらに，第７段第２文（It's your intuition, …）には，「直観」が「あるパターンを作り上げるために，あなたがこれまで無意識のうちにつなぎ合わせてきた，度重なる経験を通して身についたもの」と説明されている。ゆえに，私たちが経験をどのように結びつけているのかを考えると，(イ)の unconsciously「無意識に」が正解。

②第８段第３文（As we work …）には，「経験を積み上げ，一群のそれとわかるパターンを作り上げる」と述べられている。また，同段最終文（When a new …）には，あるパターンに気づけば，新たな状況を過去の経験と照合することで知っているように思えることが述べられている。つまり，繰り返し経験したことを結びつけて考えることができれば，今起

こっていることにパターンが見つかるはずであり，(ウ)の recognize a pattern が正解。

③第11段第1文（Once we recognize …）に，ひとたびあるパターンに気づくと，どの手がかりが重要で，監視していく必要があるかがわかると述べられており，(エ) what cues が正解。

④第14段第1文（Because pattern matching …）から最終段第1文（Even if the …）にかけて，パターンの照合ができるようになると，ある状況と過去の出来事との類似点に気づいて，どうすればよいかが無意識にわかると述べられており，(ア)の match it to が正解。

◆━◆━◆━◆━◆ ●語句・構文● ◆━◆━◆━◆━◆━◆━◆━◆━◆━◆

（第1段）option「選択肢」 criteria は criterion「（判断の）基準」の複数形。do the math「計算する」

（第2段）decision making「意思決定」 there is something ～ about A「A にはどことなく～なところがある」 reassuring「安心感を与えるような」 whim「思いつき，気まぐれ」 hunch「勘，直感」 methodical「系統だった，整然とした」 leave A to chance「A を成り行きに任せる」

（第3段）Who would not ～?「だれが～しないであろうか」は修辞疑問文の形であり，内容的には Nobody would ～ と同意。

（第4段）in practice「実際には，実際やってみると」 research lab「研究室」 test subject「被験者」 inconclusive「要領を得ない，結論に達しない」 fall flat「完全に失敗する」

（第5段）That's why ～「そういうわけで～」 be subject to ～「～に従う」 keep an open mind「先入観を持たない，柔軟な態度を保つ」
nothing more than ～「～にすぎない」 distracter「不正解の選択肢」

（第6段）第1文のイタリックになった do は動詞の意味を強める用法。have a hunch that ～「なんだか～という気がする」 cash flow problem「資金難」

（第7段）set off ～「～を作動させる」

（第8段）so that ～ 以下の節は，目的を表す用法か結果を表す用法かがややあいまいなまま用いられているが，ここでは，「一連の手がかりが見つかると，その一部から残りを予測できる」という文脈なので，結果を表

10 2019 年度 英語〈解答〉 東北大−理系前期

す用法として訳す方が自然な訳となるだろう。

（第9段）toxic「有毒な」 irritability「怒りっぽいこと」

（第12段）typical action script with which to react は typical action script to react with と考えるとわかりやすい。

（第13段）painstakingly「苦労して」 think out 〜「〜を考え抜く」

（最終段）deliberately「慎重に」

Ⅱ 　**解答**　問1．遊びは，人生のあらゆる局面，特に子供たちの身体的，社会的，情緒的，知的発達において，基本的役割を担っており，その重要性はあらゆる文化で認識されているにもかかわらず，現代の標準化教育ではそれが軽視されているから。

問2．全訳下線部(B)参照。

問3．全訳下線部(C)参照。

問4．(ウ)

問5．(イ)→(ア)→(ウ)

━━━━━━━◆全　訳◆━━━━━━━━

≪教育の場における遊びの重要性≫

　ますます進む教育の標準化は，あらゆる年齢層の人々，特に幼児の最も自然な学び方，つまり遊びを通した学び方とは相容れないものである。多くの形態の遊びには，人生のあらゆる局面で，しかも特に，子供たちの身体的，社会的，情緒的，さらには知的発達において，基本的役割を担っている。遊びの重要性はあらゆる文化で認識されている。それは人間科学において幅広い研究がなされ，支持されてきたし，世界中の啓発された学校で実際に行われてきた。それにもかかわらず，多くの国における標準化の動きは，遊びを学校ではどうでもいいような，重要ではない付け足し──勉強や試験の合格という大事なやるべきことの合間の気晴らし──という扱いをしている。遊びを追いやってしまうのは標準化教育の最大の悲劇の一つである。

　ピーター＝グレイはボストン大学の心理学の研究を専門とする教授である。彼は生物進化論的見地から遊びの研究をしてきて，人間の子供たちは，他の責任を持ってすべきことから解放されると，他の哺乳動物よりはるかによく遊び，この遊びからものすごく利益を得るという点に言及している。

彼は数年前に，狩猟採集民の文化を研究してきた人類学者たちの調査を始めた。調査対象となった人類学者たちはみな，こういう文化圏の子供たちは一日中，大人の指導を受けずに遊ぶことが許されていると指摘したのだ。大人たちは監視されることがない遊びは責任ある大人になることにつながる技能を身に付けるのに欠かせないと考えていた。「これらの人類学者の中には，これらの文化圏で観察した子供たちは，自分たちがどこにせよ観察してきた中でも最も頭が良く，幸せで，協力的で，うまく適応しており，立ち直りも早い子供たちに数えられる，と私たちに言ってきた人もいました」とグレイ博士は語った。「ですから，生物進化論的見地からすると，遊びは，人間の子供を含め，哺乳動物の子たちが，無事に成長して大人になるために身に付けておく必要がある技能を確実に身に付けられるようにする自然界のやり方なのです」

　これを，最も発達した文化圏で子供たちの教育を体系化しているやり方と比較するとよい。グレイ博士が著書の "Free to Learn" で指摘しているように，子供たちが学校に通い始める年齢がどんどん下がっているのだ。「一部の地域では，今や幼稚園だけではなく，幼稚園入園前の幼児が通う園があります。しかも幼稚園や，幼稚園入園前の幼児が通う園よりも前の段階の学校が，どんどん小学校のように構造化されており——そこでは大人が与える課題が遊びに取って代わっているのです」　学校にいる時間が長くなり，今では，学年を延長する新たな提案が出ている。ここに至るまでに，学校にいる間に自由に遊べる機会が大幅に削られてきたのだ。(B) 学校にいる時間が長くなり，楽しく遊べる部分が少なくなっているだけでなく，学校がこれまで以上に家庭や家族生活に入り込むようになっている。課される宿題が増えており，そうでなければ遊びに使えそうな時間に食い込んでいるのだ。

　ピーター=グレイはこれを，子供たちにとって悲劇的な喪失だと考えている。彼は長きにわたる伝統的立場の心理学者であり，哲学者であり，人類学者であり，さらに教育者でもあって，子供たちは「生まれつき，大人の手を借りずに，自分たちで遊び，探索するようにできているのです。彼らは成長するために自由が必要です。それがないと，苦労します。自由に遊びたいという衝動は，基本的，生物学的な衝動なのです」と主張している。

自由な遊びがなくても，食べ物や空気や水がない場合にそうなるように，肉体が死ぬことはないかもしれないが，精神は死んでしまい，精神的成長は止まってしまうとグレイ博士は言う。「自由な遊びは子供たちが友達を作り，恐れを克服し，自分自身が抱える問題を解決し，自分の生活を全般的にコントロールできるようになるための手段なのです。それは同時に，子供たちが育っていく文化においてうまくやっていくために欠かせない身体的かつ知的技能を鍛錬し，身に付ける一番の手段でもあります。<u>私たちが何をしようとも，つまり，どれほど多くのおもちゃを買い与えたり，自分の子供たちに『良質な時間』とか特別な訓練を与えたりしようとも，私たちが奪う自由の埋め合わせをすることはできない。</u>子供たちが自分で率先してやることを通して，自由な遊びの中で身に付けることは，他のやり方で教えることはできないのです」

　私は彼の言うことにこのうえなく大賛成だ。子供には力強い，生まれながらの学ぶ能力がある。自分たちの思うようにさせてもらえると，子供たちは選択肢を見つけ出し，私たちが代わりにしてやれない，またそうすべきでもない選択をする。遊びは学習に絶対に不可欠なものだ。それは好奇心と想像力が自然に実を結んだものなのだ。それにもかかわらず，標準化の動きは学校における遊びの機会を積極的になくそうとしている。

　私が子供のころ，学校にいる間に正規の休み時間があって，そこで子供たちだけでみんな一緒に遊び，想像力にどっぷり浸り，さまざまな実用的な技能や社会的役割を試してみることができた。今では，おそらく 15 分間の休憩時間が小学校の時間割に無理やり押し込まれているだけで，それも，スケジュール通りいかない場合，真っ先に削られてしまう。そうこうするうち，政治家たちが登校日数を増やし，学年も延長しようと働きかけているのだ。

　学校において成果を上げる際に生じる問題の多くは，学校がどのように運営され，従来のやり方が自然な学習のリズムとどの程度軋轢を生じるかに根本的な原因がある。もしあなたの靴で足が痛んでも，あなたは靴を磨いたり，自分の足のせいにしたりなどしない。そんな靴は脱いで，別のものに履き替えるはずだ。もしシステムがうまく機能しなくても，そこに置かれた人たちを責めてはならない。その人たちと協力して，実際にうまく機能するよう，システムを変えなければならない。その変更を行うのに最

東北大-理系前期　　　　　　　　　　　　　　　2019 年度　英語〈解答〉 *13*

もふさわしい立場に置かれている人たちとは，適切な状況では，学習の質
に最も影響を及ぼすことができる人たち，すなわち，教師なのである。

━━━━━━━━━━ ◀解　説▶ ━━━━━━━━━━

▶問 1．The exile of play「遊びの（国外）追放」とは，教育現場から子
供たちが遊ぶ時間が奪われている現状を指す。それが one of the great
tragedies of standardized education「標準化教育の大きな悲劇の一つ」
というのだから，筆者は遊びがなくなっている現状を非常に否定的にとら
えていることがわかる。遊びの重要性については，第 1 段第 2・3 文
（Play in its …）に述べられているので，この部分をまとめる形で，筆者
の主張に説得力を持たせるとよい。現状については同段第 4 文（And yet
the …）に述べられているので，この部分を理由とするとよいだろう。な
お，standardized education「標準化教育」とは，学力などをきちんと測
定できるようにするため，あらかじめ実験してたくさんのデータを集め，
測定に適切と判断された問題などを残し，「標準化された教材」をできる
だけ多くの学校で統一して教えることで学校間の格差をなくし，子供たち
が「標準的な教育」を身に付けられるようにしようとするもので，この
「標準化した」教育を軸とする教育体系のことを「標準化教育」という。

▶問 2．**Not only has the school day grown longer and less playful,**
●この文は not only *A* but also *B*「*A* だけでなく *B* も」という表現の
　not only の部分が文頭にあるために，has が主語の前に置かれる倒置形
　となっている。
●school day has grown longer とは学校にいる時間（学校で過ごす時
　間）が長くなっているという状況を述べたもの。less playful は playful
　「はしゃいだ，遊び好きな」状態が減っている状況を述べた部分なので，
　「遊びの部分が減っている，遊べなくなっている，楽しく過ごせなくな
　っている」というような訳が適切。

but school has intruded ever more into home and family life.
●この but は文頭の Not only とのつながりで用いられている。intrude
　into ～「～に入り込む，～を侵害する」　ever more「これまで以上に」

Assigned homework has increased, eating into time
●eating into ～ 以下の分詞構文は，宿題が増えた結果としての状況を述
　べているので，and（has）eaten into ～ と考えて訳すとよいだろう。

14 2019 年度　英語〈解答〉　　　　　　　　　　　　　東北大-理系前期

assigned「～を割り当てる，～を与える」 eat into ～「～に食い込む」

that would otherwise be available for play.

●この部分は time を修飾する関係代名詞節。otherwise「そうでなけれ
　ば」が前文の状況の逆を仮定する条件節の役割をはたしているために，
　仮定法の would が用いられている。available for ～「～に利用できる」

▶問 3 ．**Nothing that we do, no amount of toys we buy or 'quality time' or special training we give our children,**

●この部分は文全体の主部であり，Nothing と no amount of toys … or
　'quality time' or special training という語句がそれぞれ目的格の関係代
　名詞が省略された関係代名詞節を伴っている。

● no amount of ～ 以下の部分は，Nothing that we do「私たちが行う何
　も～ない」という部分の具体例として挙がっていると考えられるので，
　「つまり」や「たとえば」というような日本語を補って続けるとわかり
　やすい。また，「私たちが行う何も～の埋め合わせはできない」という
　日本語は，「私たちが何をしようと，私たちが何をしたところで」とい
　うような訳がわかりやすく，同様に，no amount of toys we buy も
　「私たちが買い与えるいかなる量の～も…ない」という訳より，「私た
　ちがどれほどの量の（どれほど多くの）～を買い与えても…ない」とす
　る方が日本語らしい訳となる。

●'quality time' or special training は no amount of ～ からつながってい
　る点に注意する。quality time「質の良い時間，充実した時間」

can compensate for the freedom we take away.

● compensate for ～「～の埋め合わせをする，～を償う」

● freedom we take away は we 以下が freedom を修飾する関係代名詞
　節となっている。take away ～「～を奪い去る，～を減らす」

▶問 4 ．㋐「より多くの親たちが学校の活動に参加するよう，前向きに説
得している」

㋑「カリキュラムの範囲内で子供たちにより多くの遊びの時間を気をつか
いながら与えている」

㋒「学校における遊びの機会を積極的になくそうとしている」

㋓「教師に学校に変化をもたらすよう積極的に働きかけている」

「それにもかかわらず，標準化運動は（　　　　）」という空所に適切な語

東北大-理系前期　　　　　　　　　　　　　　　　2019 年度　英語〈解答〉　*15*

句を挿入する問題だが，第1段最終2文（And yet the …）などからもわかるように，筆者は standards movement が学校現場で子供たちから自由な遊びの時間を奪っていると考える立場であることから，(ウ)が正解。

▶問5．(ア)「その人たちと協力して，実際にうまく機能するよう，それを変えなければならない」

(イ)「システムがうまく機能しなくても，そこに置かれた人たちを責めてはならない」

(ウ)「その変更を行うのに最もふさわしい立場に置かれている人たちとは，適切な状況では，学習の質に最も影響を及ぼす人たち，すなわち，教師なのである」

足が痛くなる靴のたとえの直後に続く文としては，靴を教育のシステムに置き換えた(イ)が適切。その後には，the people in it を them，the system を it で受けて，システムをうまく機能させるよう変更しなければならないと訴える(ア)が続き，最後は，その変化を起こすのに最も適した立場にいる the people とは teachers であるという結論を述べた(ウ)がくるのが正解。

◆━◆━◆━◆━◆━●語句・構文●━◆━◆━◆━◆━◆━◆━◆━◆━◆━

（第1段）conflict with ～「～と相容れない，～と対立する」　phase「局面，段階」　endorse in ～「～を支持する，～を承認する」　extra「余分なもの，追加のもの」　serious business「大事な仕事」

（第2段）research professor「研究を専門とする教授」　anthropologist「人類学者」　unsupervised「監視されない」　well-adjusted「うまく順応して，精神的に安定して」　resilient「立ち直りが早い」

（第3段）renewed call「新たな提案」　along the way「ここに至るまでに，これまでに」　eliminate「～を削除する，～を取り除く」

（第4段）drive「衝動」

（第5段）take control of ～「～を管理する，～を統制する」　essential for ～「～に不可欠で」　initiative「主導権」

（第6段）I couldn't agree with him more は仮定法の時制となっており，直訳すると「私はそれ以上彼に同意できないだろう」だが，「（このうえもなく）大賛成だ，全面的に賛成だ」という意味になる。leave to one's own devices「～の思うようにさせる」　device はここでは複数形で「意思，望み」という意味。fruit「産物，実を結んだもの」

（第7段）break「休憩（時間）」 indulge「～を満足させる，～にふける」
the first thing to go「最初に消えてなくなるもの」
（最終段）be rooted in ～「～に根差している，～に根本原因がある」

III 解答

問1．(2)・(4)

問2．〈解答例1〉We do not think that communication technology has left us more isolated. By watching online videos and looking at photos uploaded on the Internet, we can share valuable experiences with others, and may also be able to communicate with people who have similar interests. You may even become friends with some of them in real life. This technology has also made it easier for us to reunite with long-lost friends or remain in contact with your family or friends at any time, even if they live far away. Clearly, communication technology has made us more united than isolated.

〈解答例2〉We do not agree with the proposition that communication technology has left us more isolated. It is clear that social networking sites are very advantageous as they provide us with a convenient and effective means for expressing our opinions freely to a worldwide audience. By sharing your thoughts, photos, or videos with others online, you may get in touch with some of them, and even become friends with them in real life. In addition, several people have actually found perfect partners for doing activities together or even for marriage through these sites. Clearly, communication technology has now become a good means to widen our relationship with others.

━━━━━━◆全　訳◆━━━━━━

≪教授が指導する学生たちのディベート≫

　ジョーンズ教授は，自らが勤めるアメリカの大学でディベートのチームのためのゼミの授業を行っている。授業の主な目的は学生たちに，カリフォルニア州で年に一度行われる全米ディベート大会に向けて準備をさせることである。彼の教え子たちはディベートの技能を磨いており，すでに2つのチームに分かれている。

ジョーンズ教授：本日のディベートの題目は，テクノロジー，そしてそれ

がいかにして私たちのコミュニケーションのやり方を形作ってきたかです。フェイスブックやツイッターのような，ネット上のSNSプラットフォームや，ワッツアップやラインのようなアプリは数多くあります。これらすべてのおかげで，私たちはスマホで大部分は主に文字のメッセージを通して互いに連絡を取り合えるわけです。しかしながら，こういうテクノロジーは，私たちを結びつけるどころか，実は私たちを社会から孤立させてきたし，スマホのような道具は実は顔を突き合わせての人付き合いを妨げていると言う人もいるでしょう。したがって，本日，2つのディベートチームに与えられている主張は，「コミュニケーション・テクノロジーは私たちをますます孤立状態にしている」です。

赤チームはこの主張を支持し，青チームはそれに反論することになります。初めに赤チームが，その主張に賛成の立場で簡略に最初の主張を行い，それに続いて青チームの主張です。では始めましょう。赤チームがコイン投げに勝って，先攻を選んでいます。

赤チームのキャプテン：私たちは，そう，コミュニケーション・テクノロジーは私たちをますます孤立状態にしてきたと主張します。これは問題となってから今の時点でもう何年にもなりますし，「ルックアップ」や「ディスラプションズ」のような人気のオンライン動画が，特にこの問題を取り上げてきました。視聴回数はそれぞれ5,100万件と6,100万件に達しています。これだけでも，私たちはこの問題が非常に大きな注目を集めており，心配の種となっていることがわかります。実際の人間とより，スマホとうまく付き合っている人もいます。みなさんは外でカップルや友人が，実際には互いに話をしておらず，その代わりにスマホの中で進行中のことに気をとられすぎているという状況を見かけたことがきっとあると思います。

インスタグラムのようなプラットフォームは，人々が数えきれないほど多くの友人やフォロワーがいるような錯覚を与えます。しかしながら，人々はこういう人たちのだれとも一度も会うことがない可能性が極めて高いでしょう。こういうコミュニケーション・プラットフォームは，そういうフォロワーたちを生み出す人々の生活スタイルが独特のファンタジーのようなものに思わせます。私たちは，画面上で目にするものと，こういう人たちの実生活とは全く違うと確信しています。そのテクノロ

ジーは，実は彼らをもっと孤独にしてきたのです。

　あなたは特別な瞬間を親しい友人たちと共有して，リアルタイムで一緒におしゃべりしたり笑ったりする方がいいと思いますか？　それとも，インスタグラムに一人で写真をアップロードしてから，絶えずチェックして，だれかが返事を投稿しているかを確認する方がいいのですか？　私は最近，CNN の記事で 10 代の子たちは一日に 100 回以上，ソーシャル・メディアをチェックしており，毎日 9 時間はスマホをいじっているという話を読みました。

　それが生きているということでしょうか？　それとも，それはあなたのスマホの奴隷になっているということでしょうか？　私たちは人々がスマホのことで頭がいっぱいで，この文化が人同士のコミュニケーションを損なっていると言いたいのです。人々はもうお互いに話しかけることがないのです。現実にある生活をする方が，生活を 4.7 インチの小さなスクリーンを通して見るよりよくないでしょうか？　きっと，いいのは前者です。ここで焦点となるのは，人々がフェイスブックでいくつ「いいね」をもらえるかというような表面的なことに関わっていたいと思っており，しかもそれがユーザーの実生活は反映していないという事実なのです。私は，ツイッター上では何千人ものフォロワーがいるけれど，真の友と呼べるような人は周りにほとんどいない人たちを知っています。

　このテクノロジーは，私たちをより独りぼっちで孤独にしてしまう空想の世界を生み出してきたのです。テクノロジーは実生活における会話や交流に取って代わることはできません。以上で私たちの最初の主張を終わります。

ジョーンズ教授：赤チームのキャプテン，どうもありがとう。君は確かにその問題に関する面白い視点を私たちに与えてくれました。さて今度は，青チームのキャプテンが，コミュニケーション・テクノロジーは私たちをますます孤立状態にしてきたという主張に対立する意見を発表してくれます。

■■■■◀解　説▶■■■■

▶問 1．(1)「全国討論会は一年おきに行われており，ジョーンズ教授の学生たちは 3 年連続で優勝している」

前書きの第2文（The main class …）にディベート大会は毎年行われていると述べられており，優勝については言及されていないので，不一致。

(2)「赤チームは人々がスマホにあまりにも関わりすぎ，これがその人たちと現実にいる人々との関係に影響を及ぼしていると述べている」

赤チームのキャプテンは，発言の第4段第3文（We suggest that …）で，「人々がスマホのことで頭がいっぱいで，この文化が人同士のコミュニケーションを損なっている」と述べており，また第1段第5文（Some people have …）でも，現実にいる人々とよりもスマホとの関係の方が深い人がいると述べていることから，一致。

(3)「ジョーンズ教授は，スマホは現実に面と向かって行うコミュニケーションにマイナスの影響を及ぼしていると確信している」

ジョーンズ教授は第1発言の第4文（However, some would …）で，スマホは現実に面と向かって行うコミュニケーションを実際に妨げていると言う人もいると述べているが，自分の意見として述べているわけではないので，不一致。

(4)「赤チームはデジタルのオンライン・コミュニケーションは幻想で，現実に面と向かって行うコミュニケーションとは比べものにならないと主張している」

赤チームのキャプテンは，発言の最終段第1・2文（This technology has …）で「このテクノロジーは…空想の世界を生み出してきた」，「テクノロジーは実生活における会話や交流に取って代わることはできない」と述べており，一致。また，第2段でも，インスタグラムなどのプラットフォームは人々に多くの友人やフォロワーがいるという幻想を与えるだけで，実際にその人たちとは会うことはないと述べている点も参考になる。

(5)「赤チームによると，CNNの記事では，一日に9時間をスマホに費やすのは異常な暮らし方だと示唆している」

赤チームのキャプテンは発言の第3段最終文（I read recently …）で，自分が読んだCNNの記事の内容として，10代の若者は毎日9時間をスマホに費やしていると述べただけで，CNNの記事がそれを「異常である」と示唆しているとは読み取れないので，不一致。

▶問2．求められているのは，ディベートのテーマである「コミュニケーション・テクノロジーは私たちを一層孤立した状態にしてきた」という主

20 2019 年度 英語〈解答〉 東北大-理系前期

張に対する反論である。少なくとも 2 つの理由を添えるという条件を守ること。語数指定はないが，解答欄（14cm×8 行）から判断して 80〜100 語程度が適切だろう。本文中でジョーンズ教授や赤チームのキャプテンが述べていることも参考にしながら解答を作成するとよい。

〈解答例 1 〉では理由として，コミュニケーション・テクノロジーを利用したオンライン動画や SNS によって他者と経験を共有することで，実際に友人が見つかるかもしれないという点や，SNS を利用することで，長らく音信不通であった友人との交流が再開するかもしれない，という点を挙げている。long-lost friend「ずっと音信不通だった友人」 more *A* than *B*「*B* というよりむしろ *A*」

〈解答例 2 〉では理由として，SNS といったコミュニケーション・テクノロジーには，世界中の人を相手に自由に自分も意見を発信できる利点があり，考え方やビデオや写真を共有することで，友人や，ことによると結婚相手すら見つかるかもしれない，という点を挙げている。get in touch with 〜「〜と連絡を取る」

━━━◆◆◆━ ●語句・構文● ━◆◆◆━━━

（ジョーンズ教授の第 1 発言）（第 1 段）platform「プラットフォーム」とは，ソーシャルサービス・アプリなどを提供する際に土台（基盤）となる SNS（ソーシャルネットワーキングサービス）のこと。app「アプリ」 predominantly「大部分は，主に」 texting「メールをはじめとする，文字でやりとりするメッセージ」 socializing「付き合い」 proposition「提議，課題，テーマ」

（第 2 段）win the toss「コイン投げに勝つ」

（赤チームのキャプテンの発言）（第 1 段）address「〜に呼びかける，〜を取り上げる，〜に取り組む」 concern「懸念，心配，関心」

（第 2 段）illusion「錯覚，勘違い」

（第 3 段）Would you rather *do* 〜？は would rather *do* 〜「むしろ〜したい，〜する方がよい」の疑問形。

（第 4 段）be obsessed with 〜「〜で頭がいっぱいになっている，〜のことしか考えていない」 for real「本当に，実際に」

（第 5 段）fantasy world「空想の世界」

（ジョーンズ教授の第 2 発言）perspective「見方，視点」

東北大-理系前期   2019 年度　英語〈解答〉 *21*

IV   解答

(A) 〈解答例 1 〉 The former is the ability to gain knowledge passively, while the latter is the ability to invent or discover something on our own. Both abilities exist simultaneously in each of us.

〈解答例 2 〉 The former ability allows us to acquire knowledge in a passive way, while the latter allows us to invent or discover things for ourselves. Each human being has both the abilities.

(B) 〈解答例 1 〉 It is the appearance of the computer along with its extraordinarily competent "glider" ability that makes us feel somewhat uneasy if we act just like a "glider." Those who cannot "fly" on their own will be deprived of their jobs by computers.

〈解答例 2 〉 We can no longer feel secure if we just have the "glider" ability to gain knowledge passively, because computers, which have an overwhelmingly great "glider" ability, have become commonplace. If you cannot invent or discover things on your own, you will be replaced with computers.

━━━━━━━ ◀解　説▶ ━━━━━━━

▶(A)和文の前半部分については，「～のが前者，…のが後者である」という部分を，「前者（の能力）は～する能力であり，一方，後者（の能力）は…する能力である」，あるいは「前者（の能力）で（私たちは）～することができ，後者（の能力）で（私たちは）…できる」と置き換えられるかどうかがポイント。前半と後半は対比を表す while「一方」という接続詞を用いてつなぐのが望ましい。

● 「前者」と「後者」は the former と the latter で表す。前者が「グライダー能力」，後者は「飛行機能力」を指すが，比喩的な表現なので，それぞれを説明する箇所が問題となっている。

● 「知識を得る」は gain knowledge や acquire knowledge だが，この部分は〈解答例 1 〉では ability を修飾する形で後置しており，〈解答例 2 〉では allow を用いて無生物主語構文の形で表現している。

● 「受動的に」は副詞の passively を用いるか，in a passive way とする。

● 「自分で」は「自分の力で」と考えて，for *oneself* や by *oneself*，on *one's* own などのイディオムを利用するとよい。

後半部分は「両者（両方の能力）は〜に存在している」と考えるか，「一人の人間が両者を持っている」と考えるとよい。

● 「両者」はここでは両方の能力のことなので both abilities とする。

● 「同居している」は「同時に存在している」と解釈すると exist simultaneously となるが，人を主語にするなら単に have でよいだろう。

▶(B)前半部分は「〜なのは…だからである」という部分をどうするかで，解答が大きく分かれる。〈解答例１〉は強調構文を用いて書いたもの，〈解答例２〉はそのまま because を用いて書いたものとなっている。また，「グライダー」や「グライダー能力」，「翔べない」という比喩的な部分を直訳してよいかどうか迷うところだが，これは長い和文の一部分の英訳であり，それが具体的に何を意味するかはわかっていることが前提となっているので，あえて直訳するのでもよいだろう。その際は念のため，特殊な意味を持たせていることを強調する "glider" のような形で表現すると安全かもしれない。〈解答例２〉は(A)を参考にして，言い換えた英文となっている。

● 「グライダー専業では」の部分はさまざまな表現の仕方が考えられる。〈解答例１〉では「グライダーのようにふるまえば」と，〈解答例２〉では「グライダー能力しか持っていなければ」と解釈して訳している。

● 「安心していられない」はそのまま can no longer feel secure などとするとよいが，「不安に感じる」と考えて feel uneasy などと表現することも可能。

● 「飛び抜けて優秀なグライダー能力」は extraordinarily〔excessively / overwhelmingly / incredibly〕competent "glider" ability とする。excellent や superb はそれだけで飛び抜けて優秀であることを表す語なので，あえて副詞で強調しなくてもよいだろう。

● 「コンピューターに仕事をうばわれる」は deprive A of B「A から B をうばう」という表現を利用するか，「コンピューターが（人に）取って代わる」と考えて，replace や take the place of 〜 などの表現を利用してもよいだろう。

東北大-理系前期　　　　　　　　　　　　　　　2019 年度　英語〈解答〉　*23*

❖講　評

　2019 年度は，読解問題 2 題，会話文 1 題，英作文 1 題という構成で，試験時間は 100 分。小問 4 問を除き，すべて記述式である。会話文の設問に英作文が出題されているのも例年通りである。解答の記述量は多く，難度も高い。

　Ⅰ　直観に基づく意思決定のしくみについて述べた英文。設問は内容説明 1 問と英文和訳 2 問が記述式，要約に近い内容説明文の空所補充 1 問が選択式となっている。総語数は 1,000 語以上あり，内容説明も該当箇所をどこまで詳しく説明すべきかを迷うので，例年通り，かなりの難問となっている。

　Ⅱ　教育現場における遊びの重要性について述べた英文で，比較的理解しやすい内容であった。設問は内容説明 1 問と英文和訳 2 問が記述式，空所補充と文整序が選択式となっている。この問題も内容説明の該当箇所をどの範囲まで広げるべきかの判断に迷う。文整序は平易であった。

　Ⅲ　近年は，会話文を英作文の問題文としても利用する形が続いている。コミュニケーション・テクノロジーの影響をテーマにしたディベートという場面設定の会話文で，設問は選択式の内容真偽が 1 問とテーマ英作文という構成。テーマがわかりやすく，テーマ英作文も語数指定はないが，会話文も参考にできるので，比較的取り組みやすい。テーマ英作文の解答欄は 2018 年度よりさらに 2 行増えて 8 行となった。

　Ⅳ　和文英訳 2 問の出題で，問題文は長いが，英訳すべきなのはそのうちの 2 カ所で，さらにそれぞれ 2 文に分かれている。構成そのものはシンプルだが，直訳すべきか意訳すべきかを迷う部分があり，その意味ではやや難問と言える。

　全体としては，英文の総語数が少し増加しており，例年通り，内容把握力と英語の表現力を問う姿勢が明確である。2016 年度以降，やや難度の高い問題が続いている。

数学

◀理・医(医・保健〈放射線技術科学・検査技術科学〉)・歯・薬・工・農学部▶

1 ◇発想◇ 正弦曲線を描いて，そこに接線を引いてみれば，結果の予想を立てるのは難しくないであろう。

$y=\sin x$ 上の2点 $(p,\ \sin p)$, $(q,\ \sin q)$ における接線の方程式を求めて，傾きの積が -1 を満たすことを考えればよい。ここで $y'=\cos x$ より，傾きは $\cos p$, $\cos q$ となるが，これらは，1より大きくなったり，-1 より小さくなったりすることはないことに気が付かなければならない。$\cos p\cos q=-1$ となるのはどのような場合であろうか。

解答 曲線 $y=\sin x$ 上の2点 $(p,\ \sin p)$, $(q,\ \sin q)$ $(p\ne q)$ における接線の方程式は，$y'=\cos x$ より，それぞれ

$$y-\sin p=(\cos p)(x-p)$$

すなわち $\quad y=(\cos p)x-p\cos p+\sin p \quad \cdots\cdots ①$

$$y-\sin q=(\cos q)(x-q)$$

すなわち $\quad y=(\cos q)x-q\cos q+\sin q \quad \cdots\cdots ②$

となる。この2接線が直交するための必要十分条件は

$$\cos p\cos q=-1 \quad (傾きどうしの積が-1)$$

である。$\cos p=s$, $\cos q=t$ とおくと

$$st=-1,\ -1\le s\le 1,\ -1\le t\le 1$$

が成り立つ。右図より，これらを満たす $(s,\ t)$ は，$(-1,\ 1)$, $(1,\ -1)$ に限る。

$(s,\ t)=(-1,\ 1)$ すなわち，$\cos p=-1$, $\cos q=1$ とした場合は，l, m を任意の整数として

$$p=(2l+1)\pi,\ q=2m\pi$$

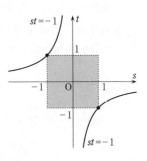

と表せ，このとき $\sin p = 0$, $\sin q = 0$ であるから，①，②はそれぞれ

$$y = -x + (2l+1)\pi$$
$$y = x - 2m\pi$$

となるので，交点の y 座標は，x を消去した

$$y = \frac{1}{2}\{(2l+1) - 2m\}\pi = \left(l - m + \frac{1}{2}\right)\pi$$

である。l, m は任意の整数であるから，$l - m$ はすべての整数値をとるので，$l - m = n$ とおくと，y 座標は

$$y = \left(n + \frac{1}{2}\right)\pi \quad (n \text{ は整数})$$

と表せる。

$(s, t) = (1, -1)$ すなわち，$\cos p = 1$, $\cos q = -1$ とした場合も，同様の結果になるから，求める y 座標は

$$\left(n + \frac{1}{2}\right)\pi \quad (n \text{ は整数}) \quad \cdots\cdots（答）$$

である。

参考 $st = -1$

$\iff |st| = 1$ かつ $st < 0$

$\iff |s||t| = 1$ かつ $st < 0$

$(|s| \leq 1, |t| \leq 1$ より $|s||t| \leq 1$ であるから$)$

$\iff |s| = 1, |t| = 1$ かつ $st < 0$

よって，$(s, t) = (-1, 1)$, $(1, -1)$ が得られる。

なお，右図を見れば，問題の意味がよくわかるであろう。

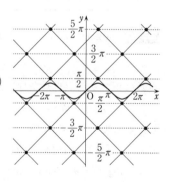

◀ 解　説 ▶

≪正弦曲線における直交する2接線の交点の y 座標≫

$y = \sin x$ は周期関数であるから，答えが無数にあることははじめからわかることである。原点での接線の方程式は $y = x$，点 $(\pi, 0)$ における接線の方程式は $y = -x + \pi$ である。このことは容易にわかるので，〔参考〕のように作図することで，結果は見えてくる。ポイントは，直交する2接線の傾きの組合せが1と -1 の場合しかないことを示すことにある。〔解

26 2019 年度 数学〈解答〉   東北大-理系前期

答〕は分数関数のグラフを描いて示したが，〔参考〕のように式を用いて
示すこともできる。とにかく，何らかの説明がほしいところである。

なお，結果は，$\left(l-m+\dfrac{1}{2}\right)\pi$ と答えるよりも，簡潔に $\left(n+\dfrac{1}{2}\right)\pi$ と答え
る方がよいだろう。

$\boxed{2}$ ◇発想◇ 対数不等式である。まず真数条件をチェックしておこ
う。次に，底が文字 a であるから，$0<a<1$ の場合と $a>1$ の場
合に分けて考えなければならないことを念頭に置こう。

⑴ 2 次不等式に帰着させる。真数条件，a による場合分けを含
めていねいに処理する。

⑵ 因数分解が簡単にできる 2 次不等式ならよいが，そううまく
はいかないだろう。解の様子が視覚化されるように，2 次関数の
グラフを利用するとよいが，解の公式を用いて 2 次不等式を解く
こともできる。

解答 $\log_a(x-n)>\dfrac{1}{2}\log_a(2n-x)$ ……（＊）

          （a は 1 でない正の実数，n は正の整数）

真数は正である（真数条件）から

  $x-n>0$ かつ $2n-x>0$

したがって $n<x<2n$ ……①

である。（＊）の両辺を 2 倍して，対数の性質を用いると

  $\log_a(x-n)^2>\log_a(2n-x)$

となり，これは，①のもとで，次と同値である。

$0<a<1$ のとき $(x-n)^2<2n-x$ ……②

$a>1$ のとき $(x-n)^2>2n-x$ ……③

⑴ $n=6$ とする。

①より $6<x<2\times6=12$ ……④

である。

②は，$(x-6)^2<2\times6-x$ $(0<a<1)$ となり，これを解くと

  $x^2-11x+24<0$ $(x-3)(x-8)<0$

ゆえに　　$3<x<8$

であるから，④との共通部分をとって

　　　　　$6<x<8$　……⑤

である。③は，$(x-6)^2>12-x$ $(a>1)$ となり，これを解くと

　　　　　$(x-3)(x-8)>0$

ゆえに　　$x<3,\ 8<x$

であるから，④との共通部分をとって

　　　　　$8<x<12$　……⑥

である。

したがって，$n=6$ のときの不等式($*$)を満たす整数 x は，⑤，⑥を満たす整数のことで

$$\left.\begin{array}{l} x=7 \quad (0<a<1\text{のとき}) \\ x=9,\ 10,\ 11 \quad (a>1\text{のとき}) \end{array}\right\} \cdots\cdots(\text{答})$$

である。

(2)　$f(x)=(x-n)^2-(2n-x)=x^2-(2n-1)x+n^2-2n$

とおくと，$y=f(x)$ のグラフは下に凸の放物線である。このとき

　　　　　$f(n)=-n<0,\ f(2n)=n^2>0$

　　　軸の方程式 $x=\dfrac{2n-1}{2}=n-\dfrac{1}{2}$

に注意する。

$0<a<1$ のとき，($*$)は，① かつ ② (②⇔ $f(x)<0$) と同値であるから，これを満たす整数 x が存在するためには，右図より

　　　　　$f(n+1)=1^2-(n-1)=2-n<0$

すなわち　　$n>2$　……⑦

であることが必要十分である。

$a>1$ のとき，($*$)は，① かつ ③ (③⇔ $f(x)>0$) と同値である。これを満たす整数 x が存在するためには，右図より

　　　　　$f(2n-1)=(n-1)^2-1=n^2-2n$
　　　　　　　　　　$=n(n-2)>0$

すなわち　　$n>2$　($\because\ n>0$)　……⑧

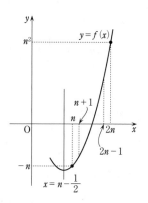

28　2019年度　数学〈解答〉　　　　　　　　　　　　　　　東北大-理系前期

であることが必要十分である。

$0<a<1$ としても，$a>1$ としても，⑦，⑧より，$n>2$ であることが必要十分である。n が整数であることを考えると，不等式（＊）を満たす整数 x が存在するための必要十分条件は

　　　　n は 3 以上の整数　……（答）

である。

別解　(2)　＜解の公式を利用する方法＞

$(x-n)^2-(2n-x)=x^2-(2n-1)x+n^2-2n=0$ を x について解くと

$$x=\frac{2n-1\pm\sqrt{(2n-1)^2-4(n^2-2n)}}{2}=n-\frac{1}{2}\pm\sqrt{n+\frac{1}{4}}$$

である。以下，$n-\dfrac{1}{2}-\sqrt{n+\dfrac{1}{4}}<n<n-\dfrac{1}{2}+\sqrt{n+\dfrac{1}{4}}<2n$ が成立することを示す。

まず，$n-\left(n-\dfrac{1}{2}-\sqrt{n+\dfrac{1}{4}}\right)=\dfrac{1}{2}+\sqrt{n+\dfrac{1}{4}}>0$ より

$$n-\frac{1}{2}-\sqrt{n+\frac{1}{4}}<n$$

次に，$\left(n-\dfrac{1}{2}+\sqrt{n+\dfrac{1}{4}}\right)-n=\sqrt{n+\dfrac{1}{4}}-\dfrac{1}{2}>\dfrac{1}{2}-\dfrac{1}{2}=0$ より

$$n<n-\frac{1}{2}+\sqrt{n+\frac{1}{4}}$$

また

$$2n-\left(n-\frac{1}{2}+\sqrt{n+\frac{1}{4}}\right)=n+\frac{1}{2}-\sqrt{n+\frac{1}{4}}>0$$

$$\left(n+\frac{1}{2}>n+\frac{1}{4}>\sqrt{n+\frac{1}{4}}\quad\because\quad n+\frac{1}{4}>1\right)$$

したがって

$$n-\frac{1}{2}-\sqrt{n+\frac{1}{4}}<n<n-\frac{1}{2}+\sqrt{n+\frac{1}{4}}<2n$$

が示せた。この不等式より，①かつ②を満たす x の範囲は

$$n<x<n-\frac{1}{2}+\sqrt{n+\frac{1}{4}}\quad(0<a<1)\quad……Ⓐ$$

であり，①かつ③を満たす x の範囲は

東北大-理系前期　　　　　　　　　　　　　　　　　2019 年度　数学〈解答〉　*29*

$$n-\frac{1}{2}+\sqrt{n+\frac{1}{4}}<x<2n \quad (a>1) \quad \cdots\cdots ⑧$$

である。

Ⓐを満たす整数xが存在するための必要十分条件は

$$-\frac{1}{2}+\sqrt{n+\frac{1}{4}}>1 \quad \text{つまり} \quad \sqrt{n+\frac{1}{4}}>\frac{3}{2}$$

$$n+\frac{1}{4}>\frac{9}{4} \quad \text{すなわち} \quad n>2$$

である。

Ⓑを満たす整数xが存在するための必要十分条件は

$$n-\frac{1}{2}+\sqrt{n+\frac{1}{4}}<2n-1 \quad \text{つまり} \quad \sqrt{n+\frac{1}{4}}<n-\frac{1}{2}$$

$n-\frac{1}{2}>0$ であるから，両辺ともに正であるので

$$n+\frac{1}{4}<\left(n-\frac{1}{2}\right)^{2}$$

これより　　$\left(n-\frac{1}{2}\right)^{2}-\left(n+\frac{1}{4}\right)=n^{2}-2n>0$

$$n(n-2)>0$$

ここで，$n>0$ であるから　　$n>2$

である。

$0<a<1$，$a>1$ のいずれにおいても，$n>2$ であるが，求める必要十分条件は，n は整数であるので，$n\geqq3$ である。

━━━━━◀解　説▶━━━━━

≪対数不等式が整数解をもつための必要十分条件≫

▶(1)　真数条件を忘れるのは致命的である。対数記号を見たら，すぐに真数条件をチェックするようにしよう。

底 a については，$a>0$，$a\neq1$ が条件であるが，対数関数 $\log_{a}x$ は，$a>1$ のとき増加関数，$0<a<1$ のとき減少関数である。すなわち

$a>1$ のとき　　　　$0<x_1<x_2\Longleftrightarrow\log_{a}x_1<\log_{a}x_2$

$0<a<1$ のとき　　　$0<x_1<x_2\Longleftrightarrow\log_{a}x_1>\log_{a}x_2$

が成り立つ。このことも基本事項である。

これらのことに留意すれば，$n=6$ のときの不等式（＊）を解くことは難し

30 2019 年度 数学〈解答〉 東北大-理系前期

くないであろう。

▶(2) 2次関数 $y=f(x)$ のグラフを利用すると考えやすいだろう。〔別解〕のように，解の公式を用いて2次不等式を解き，その解の範囲に整数が少なくとも1つ含まれるような n の条件を求めてもよい。

以下は，区間 $(n, 2n)$ に存在する整数の個数に着目した考え方である。

$n<x<2n$ に含まれる整数 x の個数は，$n=1$ のとき0個，$n=2$ のとき $x=3$ の1個，$n=3$ のときは，$x=4$，5の2個，一般に，$x=n+1$，$n+2$，…，$n+(n-1)$ の $n-1$ 個である。

$y=f(x)$ のグラフは，〔解答〕の図を見ればわかるように，$n<x<2n$ の範囲で x 軸と必ず交わる。その交点の x 座標を α とおくと，不等式(*)の解は，$0<a<1$ のとき $n<x<\alpha$，$a>1$ のとき $\alpha<x<2n$ である。つまり，α が整数でないならば，$n<x<2n$ に整数 x が1つでも含まれればよいので，$n\geqq2$ であればよい。ところが，$n=2$ とすると $f(x)=0$ の $2<x<4$ を満たす解は $x=3$ であるから，$\alpha=3$ となり整数である。$2<x<3$，$3<x<4$ には整数は存在しない。$n\geqq3$ ならば，$n<x<2n$ に整数が2個以上含まれるから，α が整数でも他の整数が存在して(*)は整数解をもつことになる。このような論法でも答えられる。

$\boxed{3}$ **◇発想◇** 与えられた漸化式が解けてしまえば(1)〜(3)すべて簡単に答えられるであろうが，この漸化式は解けそうにない。

(1) $a>0$ のとき $x_n\to\infty$ $(n\to\infty)$ となることはすぐにわかる。このことを示すには，$x_n>(n\text{ の式})$ かつ $(n\text{ の式})\to\infty$ $(n\to\infty)$ となる $(n\text{ の式})$ を作り出せばよい。

(2) $x_{n+1}=x_n+x_n{}^2=\left(x_n+\dfrac{1}{2}\right)^2-\dfrac{1}{4}$ が強力なヒントである。

$-1<x_k<0 \Rightarrow -1<x_{k+1}<0$ がいえるであろう。

(3) $x_1=a=-\dfrac{1}{2}$ としてみて，$x_2=-\dfrac{1}{4}$，$x_3=-\dfrac{3}{16}$ などと計算してみれば $x_n\to0$ の見当がつく。はさみうちの原理に持ち込みたいが，そのためには不等式の扱いに技巧が必要となるであろう。

東北大-理系前期　　　　　　　　　　　　　　　　　2019 年度　数学〈解答〉 31

解答 $\begin{cases} x_1 = a & (a \text{ は実数}) \\ x_{n+1} = x_n + x_n{}^2 & (n=1, 2, 3, \cdots) \end{cases}$ ……（＊）

(1) $x_1 = a$ は実数である。x_k が実数ならば，（＊）より x_{k+1} も実数であるから，数学的帰納法により，x_n は実数である。したがって，$x_n{}^2 \geqq 0$ であるので，（＊）より，$x_{n+1} - x_n = x_n{}^2 \geqq 0$，すなわち $x_n \leqq x_{n+1}$ が成り立つ。よって，数列 $\{x_n\}$ は増加数列であって

$$a = x_1 \leqq x_2 \leqq x_3 \leqq \cdots \leqq x_n \leqq \cdots$$

となるから，任意の自然数 n に対して $x_n \geqq a$ であり，いま，$a > 0$ であるから $x_n{}^2 \geqq a^2$ である。

$$x_n - x_{n-1} = x_{n-1}{}^2 \geqq a^2$$
$$x_{n-1} - x_{n-2} = x_{n-2}{}^2 \geqq a^2$$
$$\vdots$$
$$x_2 - x_1 = x_1{}^2 \geqq a^2$$

の辺々を加えて

$$x_n - x_1 \geqq (n-1) a^2$$

したがって　　$x_n \geqq x_1 + (n-1) a^2 = a + (n-1) a^2$

が成り立つ。$a^2 > 0$ であるので，$n \to \infty$ のとき $(n-1) a^2 \to \infty$ であるから

$$\lim_{n \to \infty} \{a + (n-1) a^2\} = \infty$$

であり

$$\lim_{n \to \infty} x_n = \infty$$

が成立する。したがって，$a > 0$ のとき，数列 $\{x_n\}$ は正の無限大に発散する。　　　　　　　　　　　　　　　　　　　　　　　　　（証明終）

(2) （＊）を変形して次式を得る。

$$x_{n+1} = \left(x_n + \frac{1}{2}\right)^2 - \frac{1}{4} \quad (n=1, 2, 3, \cdots)$$

$-1 < a < 0$ のとき，$-1 < x_1 < 0$ である。……①

$-1 < x_k < 0$ とすれば，$-\dfrac{1}{2} < x_k + \dfrac{1}{2} < \dfrac{1}{2}$ であるから

$0 \leqq \left(x_k + \dfrac{1}{2}\right)^2 < \dfrac{1}{4}$ であるので

$$-1 < -\frac{1}{4} \leqq \left(x_k + \frac{1}{2}\right)^2 - \frac{1}{4} < 0 \quad \text{すなわち} \quad -1 < x_{k+1} < 0$$

32 2019 年度 数学〈解答〉 東北大-理系前期

である。よって

$-1 < x_k < 0$ ならば $-1 < x_{k+1} < 0$ が成り立つ。 ……②

①，②と数学的帰納法から，$-1 < a < 0$ のとき，すべての正の整数 n に対して，$-1 < x_n < 0$ が成り立つ。 (証明終)

(3) (1)より，数列 $\{x_n\}$ は増加数列であり，$-1 < a < 0$ のとき，(2)より，$-1 < x_n < 0$ であるから

$-1 < a = x_1 \leq x_2 \leq \cdots \leq x_{n-1} \leq x_n < 0$

が成り立つ。このとき

$0 < x_n^2 \leq x_{n-1}^2 \leq \cdots \leq x_2^2 \leq x_1^2 < 1$

であるから，(＊)を用いて次式が成り立つ。

$x_n - x_{n-1} = x_{n-1}^2 \geq x_n^2$

$x_{n-1} - x_{n-2} = x_{n-2}^2 \geq x_n^2$

$$\vdots$$

$x_2 - x_1 = x_1^2 \geq x_n^2$

これらの辺々を加えて，$x_n - x_1 \geq (n-1)x_n^2$ が成り立つ。$n \to \infty$ のときを考えるので，n は十分大きいとして一般性を失わず，$n \geq 2$ である。よって，不等式

$0 < x_n^2 \leq \dfrac{x_n - x_1}{n-1}$ ……③

が得られる。$-1 < x_n < 0$，$0 < -x_1 < 1$ より $-1 < x_n - x_1 < 1$ ゆえ

$\dfrac{-1}{n-1} < \dfrac{x_n - x_1}{n-1} < \dfrac{1}{n-1}$

が成り立ち，$\dfrac{-1}{n-1} \to 0$，$\dfrac{1}{n-1} \to 0$ $(n \to \infty)$ であるから，はさみうちの原理により，$\dfrac{x_n - x_1}{n-1} \to 0$ $(n \to \infty)$ である。よって，③で，$n \to \infty$ のときを考えることにより

$\displaystyle \lim_{x \to \infty} x_n^2 = 0$ すなわち $\displaystyle \lim_{x \to \infty} x_n = 0$

である。したがって，$-1 < a < 0$ のとき，数列 $\{x_n\}$ は 0 に収束する。

……(答)

別解 (3) ＜逆数をとる方法＞

(2)より $-1 < x_n < 0$ であり，$x_n \neq 0$ であるから，(＊)の両辺の逆数をとると

東北大-理系前期　　　　　　　　　　　　　2019 年度　数学〈解答〉　*33*

$$\frac{1}{x_{n+1}} = \frac{1}{x_n + x_n{}^2} = \frac{1}{x_n(1+x_n)} = \frac{1}{x_n} - \frac{1}{1+x_n}$$

となるが，$0 < 1 + x_n < 1$ であるから

$$\frac{1}{x_n} - \frac{1}{x_{n+1}} = \frac{1}{1+x_n} > 1$$

となる。よって

$$\frac{1}{x_{n-1}} - \frac{1}{x_n} = \frac{1}{1+x_{n-1}} > 1$$

$$\frac{1}{x_{n-2}} - \frac{1}{x_{n-1}} = \frac{1}{1+x_{n-2}} > 1$$

$$\vdots$$

$$\frac{1}{x_1} - \frac{1}{x_2} = \frac{1}{1+x_1} > 1$$

の辺々を加えることで

$$\frac{1}{x_1} - \frac{1}{x_n} > n-1$$

したがって　　$$\frac{1}{x_n} < \frac{1}{x_1} - (n-1)$$

が成り立つ。ここで，$n \to \infty$ とすると，$\dfrac{1}{x_1} - (n-1) \to -\infty$ となるから

$$\lim_{n \to \infty} \frac{1}{x_n} = -\infty$$

よって　　$$\lim_{n \to \infty} x_n = \lim_{n \to \infty} \frac{1}{\dfrac{1}{x_n}} = 0$$

である。

(注)　最初から $\dfrac{1}{x_n} = -y_n$ と置き換えてしまえば，最後に

$$-y_n < -y_1 - (n-1) \quad すなわち \quad y_n > y_1 + (n-1)$$

となるから，$n \to \infty$ のとき $y_n \to \infty$ が見やすくなるし，$x_n = -\dfrac{1}{y_n}$ で $y_n \to \infty$

なら，$x_n \to 0$ $(n \to \infty)$ も見やすい。

≪漸化式で定義された数列の極限≫

▶(1) 曲線 $y=f(x)=x+x^2=\left(x+\dfrac{1}{2}\right)^2-\dfrac{1}{4}$ と直線 $y=x$ を用意すると

$$x_{n+1}=x_n+x_n{}^2$$

を満たす数列 $\{x_n\}$ の各項は x 軸上に視覚化される。$x_1>0$ のときを右図に示す。$x_2=f(x_1)$ を直線 $y=x$ を利用して x 軸に写す。$x_3=f(x_2)$ も同様に x 軸に写す。このことを繰り返せば，$x_n\to\infty$ となることが感覚的にわかる。

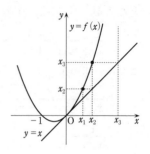

▶(2) $-1<x_1<0$ のときは右図のようになる。$-1<x_k<0$ ならば $-\dfrac{1}{4}\leqq x_{k+1}<0$ であることが，この図から簡単にわかる。また，x_1, x_2, … が 0 に近づくことが実感できるだろう。

ここでの証明は，数学的帰納法を利用すればよいので書きやすい。

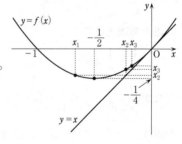

▶(3) $-1<x_1<0$ のときの図から $x_n\to 0$ であることはわかるが，証明はなかなか大変である。〔解答〕は，はさみうちの原理を意識したが，〔別解〕の方が簡単かもしれない。

4 ◇発想◇ 整式を 2 次式で割ったときの余りに関する問題で，取り組みやすそうな印象である。まず，記号 [　] に慣れよう。

(1) 割り算を実行すればよい。ケアレスミスをしないように。

(2) $A(x)=(x^2+1)P(x)+[A(x)]$ とおくことが基本になる。余りは高々 1 次式であるから，$px+q$ などとしてもよい。

(3) 等式の左辺を計算してみる。自然にできる。

(4) (2)や(3)の結果を利用して解かせたい問題のようであるが，左辺をそのまま計算する方法が手っ取り早い。$ax+b$ を(3)が使えるように変形するには，$\sqrt{a^2+b^2}$ でくくり出すとよい。

東北大-理系前期   2019 年度　数学〈解答〉　*35*

解答　(1)　実数係数の整式 $A(x)$ を x^2+1 で割った余りの整式が $[A(x)]$ であるから，$2x^2+x+3$，x^5-1 をそれぞれ x^2+1 で割って

$$2x^2+x+3 = (x^2+1) \times 2 + (x+1)$$

$$x^5-1 = (x^2+1)(x^3-x) + (x-1)$$

となることより

$$\left.\begin{array}{l} [2x^2+x+3] = x+1 \\ [x^5-1] = x-1 \end{array}\right\} \quad \cdots\cdots (答)$$

である。また，$[2x^2+x+3][x^5-1] = (x+1)(x-1) = x^2-1$ であり

$$x^2-1 = (x^2+1) \times 1 + (-2)$$

であるので

$$[[2x^2+x+3][x^5-1]] = -2 \quad \cdots\cdots (答)$$

である。

(2)　実数係数の整式 $P(x)$，$Q(x)$ を用いて

$$A(x) = (x^2+1)P(x) + [A(x)]$$

$$B(x) = (x^2+1)Q(x) + [B(x)]$$

とおく。このとき

$$\begin{aligned} A(x)B(x) &= (x^2+1)^2 P(x)Q(x) \\ &\quad + (x^2+1)\{P(x)[B(x)] + Q(x)[A(x)]\} + [A(x)][B(x)] \\ &= (x^2+1)\{(x^2+1)P(x)Q(x) + P(x)[B(x)] \\ &\qquad\qquad + Q(x)[A(x)]\} + [A(x)][B(x)] \end{aligned}$$

であるから，$A(x)B(x)$ を x^2+1 で割った余りと，$[A(x)][B(x)]$ を x^2+1 で割った余りは一致する。したがって

$$[A(x)B(x)] = [[A(x)][B(x)]]$$

が成り立つ。　　　　　　　　　　　　　　　　　　　　　　　（証明終）

(3)　$$\begin{aligned} (x\sin\theta + \cos\theta)^2 &= x^2\sin^2\theta + 2x\sin\theta\cos\theta + \cos^2\theta \\ &= (x^2+1)\sin^2\theta + (2x\sin\theta\cos\theta + \cos^2\theta - \sin^2\theta) \end{aligned}$$

であるから

$$\begin{aligned} [(x\sin\theta + \cos\theta)^2] &= 2x\sin\theta\cos\theta + \cos^2\theta - \sin^2\theta \\ &= x\sin 2\theta + \cos 2\theta \quad (\because \ 2\text{倍角の公式}) \end{aligned}$$

が成り立つ。　　　　　　　　　　　　　　　　　　　　　　　（証明終）

(4)　$$\begin{aligned} (ax+b)^2 &= a^2x^2 + 2abx + b^2 \\ &= (x^2+1)a^2 + (2abx + b^2 - a^2) \end{aligned}$$

であるから
$$[(ax+b)^2] = 2abx + b^2 - a^2$$
である。(2)で得た結果を用いると
$$[(ax+b)^4] = [[(ax+b)^2][(ax+b)^2]]$$
$$= [(2abx + b^2 - a^2)(2abx + b^2 - a^2)]$$
これは，$(2abx + b^2 - a^2)^2$ を x^2+1 で割った余りに等しい。
$$(2abx + b^2 - a^2)^2 = 4a^2b^2x^2 + 4ab(b^2 - a^2)x + (b^2 - a^2)^2$$
$$= (x^2+1) \times 4a^2b^2$$
$$+ \{4ab(b^2 - a^2)x + (b^2 - a^2)^2 - 4a^2b^2\}$$
となるから
$$[(ax+b)^4] = 4ab(b^2 - a^2)x + (b^2 - a^2)^2 - 4a^2b^2$$
$$= 4ab(b^2 - a^2)x + (b^4 - 6a^2b^2 + a^4)$$
である。よって，$[(ax+b)^4] = -1$ が成り立つための必要十分条件は
$$4ab(b^2 - a^2) = 0 \quad \cdots\cdots① \quad かつ \quad b^4 - 6a^2b^2 + a^4 = -1 \quad \cdots\cdots②$$
である。①より，$a=0$ または $b=0$ または $b^2 - a^2 = 0$ である。
a, b は実数であるから，$a=0$, $b=0$ はいずれも②を満たさない。
$b^2 - a^2 = 0$ のとき，$b^2 = a^2$ を②に代入して
$$a^4 - 6a^4 + a^4 = -1 \qquad -4a^4 = -1 \qquad a^4 = \frac{1}{4} = \left(\pm\frac{1}{2}\right)^2$$
となるが，a は実数なので $a^2 \geq 0$ であるから，$a^2 = \frac{1}{2}$ である。このとき，
$b^2 = \frac{1}{2}$ である。したがって，求める実数 a, b の組 (a, b) は
$$\left(\frac{\sqrt{2}}{2}, \ \frac{\sqrt{2}}{2}\right), \ \left(\frac{\sqrt{2}}{2}, \ -\frac{\sqrt{2}}{2}\right), \ \left(-\frac{\sqrt{2}}{2}, \ \frac{\sqrt{2}}{2}\right), \ \left(-\frac{\sqrt{2}}{2}, \ -\frac{\sqrt{2}}{2}\right)$$
$$\cdots\cdots(答)$$
である。

別解 (4) ＜$x\sin\theta + \cos\theta$ の形に変形する方法＞
等式 $[(ax+b)^4] = -1$ は，$a=b=0$ のとき成り立たないから，$a^2 + b^2 \neq 0$
である。よって
$$ax + b = \sqrt{a^2 + b^2}\left(\frac{a}{\sqrt{a^2 + b^2}}x + \frac{b}{\sqrt{a^2 + b^2}}\right)$$
と変形でき

$$\frac{a}{\sqrt{a^2+b^2}} = \sin\theta$$

$$\frac{b}{\sqrt{a^2+b^2}} = \cos\theta$$

$$\sqrt{a^2+b^2} = r \quad (>0)$$

とおくことができる（右図）。このとき

$$ax + b = r(x\sin\theta + \cos\theta)$$

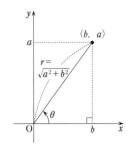

と表せ，(3)で得た性質

$$[(x\sin\theta + \cos\theta)^2] = x\sin 2\theta + \cos 2\theta$$

に注意して，(2)を用いると

$$[(x\sin\theta + \cos\theta)^4] = [(x\sin\theta + \cos\theta)^2 (x\sin\theta + \cos\theta)^2]$$
$$= [[(x\sin\theta + \cos\theta)^2][(x\sin\theta + \cos\theta)^2]]$$
$$= [(x\sin 2\theta + \cos 2\theta)(x\sin 2\theta + \cos 2\theta)]$$
$$= [(x\sin 2\theta + \cos 2\theta)^2]$$
$$= x\sin 4\theta + \cos 4\theta$$

が成り立つ。したがって，等式 $[(ax+b)^4] = -1$ の左辺は

$$[r^4(x\sin\theta + \cos\theta)^4] = [[r^4][(x\sin\theta + \cos\theta)^4]] \quad ((2)より)$$
$$= [r^4(x\sin 4\theta + \cos 4\theta)]$$
$$= r^4(x\sin 4\theta + \cos 4\theta)$$

と表せるから，任意の x に対して

$$r^4(x\sin 4\theta + \cos 4\theta) = -1$$

すなわち

$$(r^4\sin 4\theta)x + r^4\cos 4\theta = -1$$

の成立が必要十分条件である。よって

$$\begin{cases} r^4\sin 4\theta = 0 \\ r^4\cos 4\theta = -1 \end{cases}$$

が同時に成り立つことが条件であるから

$$4\theta = (2n+1)\pi \quad (n\text{ は整数}), \quad r = 1$$

である。このとき，$a = r\sin\theta = \sin\theta$，$b = r\cos\theta = \cos\theta$ で

$$\sin\theta = \sin\frac{2n+1}{4}\pi = \pm\frac{1}{\sqrt{2}}, \quad \cos\theta = \cos\frac{2n+1}{4}\pi = \pm\frac{1}{\sqrt{2}}$$

であるから，求める組 (a, b) は，次の4組である。

$$(a, \ b) = \left(\pm \frac{1}{\sqrt{2}}, \ \pm \frac{1}{\sqrt{2}} \right) \quad \text{(複号任意)}$$

参考　等式 $[(ax+b)^4] = -1$ は，実数係数の整式 $R(x)$ を用いて

$$(ax+b)^4 = (x^2+1) R(x) + (-1)$$

とおけるから，ここで x を i とおいても成り立たなければならないので

$$(ai+b)^4 = -1 \quad (i^2+1=0)$$

となる（$(ai+b)^4$ を展開すれば〔解答〕と同様になる）。このとき，複素数 $b+ai$ の絶対値を考えると

$$|(b+ai)^4| = |-1|, \quad |b+ai|^4 = 1$$

$$(\sqrt{b^2+a^2})^4 = 1 \quad \text{すなわち} \quad a^2+b^2 = 1$$

がわかり，$a = \sin\theta,\ b = \cos\theta$ とおくことができるので，〔別解〕の計算の手間が少し省ける。

━━━━━━━ ◀解　説▶ ━━━━━━━

≪整式の割り算における余りの性質，恒等式≫

▶(1)　記号に慣れるための問題のようである。とくに問題はないであろう。

▶(2)　本問は，たとえば，7 で割ると 2 余る数 a と 7 で割ると 5 余る数 b の積 ab を 7 で割ったときの余りはいくつか，というクイズと類比できる。2×5 を 7 で割って余りは 3，これが答である。$a = 7m+2,\ b = 7n+5$ とおいてみれば，$ab = 7(7mn+5m+2n) + 2 \times 5$ となる。この式を見れば，ab を 7 で割った余りと 2×5 を 7 で割った余りが等しいことがわかる。

▶(3)　$(x\sin\theta + \cos\theta)^2$ は x の 2 次式である。これを 2 次式 x^2+1 で割ると，余りは 1 次以下になる。実際に割り算をしてみて，x の係数や定数項を見れば，2 倍角の公式が想起されるであろう。

▶(4)　〔解答〕，〔別解〕の恒等式は係数比較法で $a,\ b$ を決定している。〔参考〕の方法は，x に具体的な数 i を代入して得られる条件から $a,\ b$ を求める数値代入法であるので，十分性の確認が求められる。

なお，0 次の整式つまり定数 r は，$r = (x^2+1) \times 0 + r$ であるから $[r] = r$ である。もちろん，$[r^4] = r^4$ である。

5　◇発想◇　いかめしい式に見える。(1)の証明がうまくいかなくても，(1)の等式を利用して(2)だけを解くことも可能であろう。

東北大-理系前期   2019 年度 数学〈解答〉 *39*

(1) 与えられた等式の全体をよく観察する。後半の等式は簡単に示せそうだ。先頭の定積分は，積分区間が $-1 \leqq x \leqq 1$ で原点対称，$\sin^2(\pi x)$ が偶関数であることなどに着目しよう。

(2) 定石のある問題である。被積分関数に含まれる x をインテグラルの外に追い出す。定数と見なせる部分を文字でおく。たとえば，$\int_{-1}^{1} f(t)\,dt = A$，$\int_{-1}^{1} e^t f(t)\,dt = B$ と表せば，$f(x)$ は A，B の入った式で表せる。この $f(x)$ を用いて定積分 A，B を計算すると，A，B の値が求まる。計算は少し長くなるであろう。結果もあまりきれいな形にならないようだ。

解答 (1) $\displaystyle \int_{-1}^{1} \frac{\sin^2(\pi x)}{1+e^x}\,dx = \int_{0}^{1} \sin^2(\pi x)\,dx = \frac{1}{2}$ ……（＊）

$\sin^2\theta = \dfrac{1-\cos 2\theta}{2}$ を用いれば，次の計算ができる。

$$\int_{0}^{1} \sin^2(\pi x)\,dx = \int_{0}^{1} \frac{1-\cos(2\pi x)}{2}\,dx = \frac{1}{2}\int_{0}^{1} dx - \frac{1}{2}\int_{0}^{1} \cos(2\pi x)\,dx$$

$$= \frac{1}{2}\Big[x\Big]_{0}^{1} - \frac{1}{2}\Big[\frac{1}{2\pi}\sin(2\pi x)\Big]_{0}^{1} = \frac{1}{2} \quad ……①$$

$\sin^2(\pi x)$ が偶関数である（$\sin^2(\pi x) = \sin^2(-\pi x)$）ことに注意すれば，次の計算ができる。

$$\int_{-1}^{1} \frac{\sin^2(\pi x)}{1+e^x}\,dx = \int_{-1}^{0} \frac{\sin^2(\pi x)}{1+e^x}\,dx + \int_{0}^{1} \frac{\sin^2(\pi x)}{1+e^x}\,dx$$

$$= \int_{1}^{0} \frac{\sin^2(-\pi u)}{1+e^{-u}}\,(-du) + \int_{0}^{1} \frac{\sin^2(\pi x)}{1+e^x}\,dx$$

（前半のみ $x=-u$ と置換した）

$$= \int_{0}^{1} \frac{\sin^2(\pi u)}{1+\dfrac{1}{e^u}}\,du + \int_{0}^{1} \frac{\sin^2(\pi x)}{1+e^x}\,dx \quad （偶関数の性質）$$

$$= \int_{0}^{1} \frac{e^u \sin^2(\pi u)}{e^u + 1}\,du + \int_{0}^{1} \frac{\sin^2(\pi x)}{1+e^x}\,dx$$

$$= \int_{0}^{1} \frac{e^x \sin^2(\pi x)}{1+e^x}\,dx + \int_{0}^{1} \frac{\sin^2(\pi x)}{1+e^x}\,dx$$

（定積分は積分変数を表す文字には関係しないので第 1 項は u を x に書き換えた）

$$= \int_0^1 \frac{e^x + 1}{1 + e^x} \sin^2(\pi x)\, dx$$

$$= \int_0^1 \sin^2(\pi x)\, dx \quad \cdots\cdots ②$$

①，②より，（＊）が示せた。　　　　　　　　　　　（証明終）

(2)　　$(1 + e^x) f(x) = \sin^2(\pi x) + \int_{-1}^1 (e^x - e^t + 1) f(t)\, dt \quad \cdots\cdots (**)$

右辺の定積分は

$$\int_{-1}^1 (e^x - e^t + 1) f(t)\, dt = (e^x + 1) \int_{-1}^1 f(t)\, dt - \int_{-1}^1 e^t f(t)\, dt$$

となり，$\int_{-1}^1 f(t)\, dt$，$\int_{-1}^1 e^t f(t)\, dt$ はいずれも定数であるから，それぞれ A，B とおく。このとき，（＊＊）は

$$(1 + e^x) f(x) = \sin^2(\pi x) + A(e^x + 1) - B$$

すなわち

$$f(x) = \frac{\sin^2(\pi x)}{1 + e^x} + A - \frac{B}{1 + e^x} \quad (\because \quad 1 + e^x \neq 0)$$

と表せる。

$$A = \int_{-1}^1 f(t)\, dt = \int_{-1}^1 \left\{ \frac{\sin^2(\pi t)}{1 + e^t} + A - \frac{B}{1 + e^t} \right\} dt$$

$$= \int_{-1}^1 \frac{\sin^2(\pi t)}{1 + e^t}\, dt + A \int_{-1}^1 dt - B \int_{-1}^1 \frac{1}{1 + e^t}\, dt$$

$$= \frac{1}{2} + A \Big[t \Big]_{-1}^1 - B \int_{-1}^1 \left(1 - \frac{e^t}{1 + e^t} \right) dt \quad ((*) \text{より})$$

$$= \frac{1}{2} + 2A - B \Big[t - \log(1 + e^t) \Big]_{-1}^1$$

$$= \frac{1}{2} + 2A - B(2 - 1) \quad \left(\because \Big[\log(1 + e^t) \Big]_{-1}^1 = \log \frac{1 + e}{1 + e^{-1}} = \log e = 1 \right)$$

$$= \frac{1}{2} + 2A - B$$

より，$A = \dfrac{1}{2} + 2A - B$ であるから

$$A - B + \frac{1}{2} = 0 \quad \cdots\cdots ③$$

が成り立つ。

東北大-理系前期 2019 年度 数学〈解答〉 *41*

$$B = \int_{-1}^{1} e^t f(t)\, dt = \int_{-1}^{1} e^t \left\{ \frac{\sin^2(\pi t)}{1+e^t} + A - \frac{B}{1+e^t} \right\} dt$$

$$= \int_{-1}^{1} \frac{e^t}{1+e^t} \sin^2(\pi t)\, dt + A \int_{-1}^{1} e^t dt - B \int_{-1}^{1} \frac{e^t}{1+e^t}\, dt$$

$$= \int_{-1}^{1} \left(1 - \frac{1}{1+e^t} \right) \sin^2(\pi t)\, dt + A \Big[e^t \Big]_{-1}^{1} - B \Big[\log(1+e^t) \Big]_{-1}^{1}$$

$$= \int_{-1}^{1} \sin^2(\pi t)\, dt - \int_{-1}^{1} \frac{\sin^2(\pi t)}{1+e^t}\, dt + A(e - e^{-1}) - B \times 1$$

$$= 2 \int_{0}^{1} \sin^2(\pi t)\, dt - \frac{1}{2} + (e - e^{-1}) A - B$$

（偶関数の性質，（＊）より）

$$= 2 \times \frac{1}{2} - \frac{1}{2} + (e - e^{-1}) A - B \quad ((＊) より)$$

$$= \frac{1}{2} + (e - e^{-1}) A - B$$

より，$B = \dfrac{1}{2} + (e - e^{-1}) A - B$ であるから

$$(e - e^{-1}) A - 2B + \frac{1}{2} = 0 \quad \cdots\cdots④$$

が成り立つ。

連立方程式③，④を解くと

$$A = \frac{1}{2(e - e^{-1} - 2)} = \frac{e}{2(e^2 - 2e - 1)}$$

$$B = A + \frac{1}{2} = \frac{e^2 - e - 1}{2(e^2 - 2e - 1)}$$

となるから，求める $f(x)$ は

$$f(x) = \frac{\sin^2(\pi x)}{1+e^x} + \frac{e}{2(e^2 - 2e - 1)} - \frac{e^2 - e - 1}{2(e^2 - 2e - 1)(1+e^x)} \quad \cdots\cdots(答)$$

である。

別解 (1) ＜偶関数，奇関数の性質を利用する方法＞

$g(x) = \sin^2(\pi x)$ とおくと，$g(-x) = \sin^2(-\pi x) = \sin^2(\pi x) = g(x)$ が成り立つから，$g(x)$ は偶関数であるので

$$\int_{0}^{1} g(x)\, dx = \frac{1}{2} \int_{-1}^{1} g(x)\, dx$$

が成り立つ。よって

$$\int_{-1}^{1} \frac{\sin^2(\pi x)}{1+e^x}\,dx - \int_{0}^{1} \sin^2(\pi x)\,dx$$

$$= \int_{-1}^{1} \frac{\sin^2(\pi x)}{1+e^x}\,dx - \frac{1}{2}\int_{-1}^{1} \sin^2(\pi x)\,dx$$

$$= \int_{-1}^{1} \left(\frac{1}{1+e^x} - \frac{1}{2}\right)\sin^2(\pi x)\,dx$$

$$= \int_{-1}^{1} \frac{1-e^x}{2(1+e^x)}\sin^2(\pi x)\,dx$$

$$= \frac{1}{2}\int_{-1}^{1} \frac{1-e^x}{1+e^x}\sin^2(\pi x)\,dx$$

である。ここで，$h(x) = \dfrac{1-e^x}{1+e^x}g(x)$ とおくと

$$h(-x) = \frac{1-e^{-x}}{1+e^{-x}}g(-x) = \frac{1-\dfrac{1}{e^x}}{1+\dfrac{1}{e^x}}g(-x) = \frac{e^x-1}{e^x+1}g(x)$$

$$= -\frac{1-e^x}{1+e^x}g(x) = -h(x)$$

が成り立つから，$h(x)$ は奇関数である。よって，$\displaystyle\int_{-1}^{1} h(x)\,dx = 0$ であるので

$$\int_{-1}^{1} \frac{\sin^2(\pi x)}{1+e^x}\,dx - \int_{0}^{1} \sin^2(\pi x)\,dx = \frac{1}{2}\times 0 = 0$$

となり，$\displaystyle\int_{-1}^{1} \frac{\sin^2(\pi x)}{1+e^x}\,dx = \int_{0}^{1} \sin^2(\pi x)\,dx$ が示せた。
また

$$\int_{0}^{1} \sin^2(\pi x)\,dx = \int_{0}^{1} \frac{1-\cos(2\pi x)}{2}\,dx = \left[\frac{1}{2}x - \frac{1}{4\pi}\sin(2\pi x)\right]_{0}^{1} = \frac{1}{2}$$

であるので，結局，次の等式が成り立つ。

$$\int_{-1}^{1} \frac{\sin^2(\pi x)}{1+e^x}\,dx = \int_{0}^{1} \sin^2(\pi x)\,dx = \frac{1}{2}$$

東北大-理系前期   2019 年度　数学〈解答〉 *43*

━━━━━ ◀解　説▶ ━━━━━

≪定積分を含む等式を満たす関数の決定≫

▶(1)　偶関数，奇関数の性質として

$f(x)$ が偶関数のとき　　　$\displaystyle\int_{-a}^{a} f(x)\,dx = 2\int_{0}^{a} f(x)\,dx$

$f(x)$ が奇関数のとき　　　$\displaystyle\int_{-a}^{a} f(x)\,dx = 0$

は重要である。〔解答〕では置換積分を実行したため，このことを用いていないが，〔別解〕では積極的に利用している。等式(＊)の定積分の形は，〔別解〕の方法を示唆しているように見える。

▶(2)　求め方は定石通りであるが，未知数が2つあるので，連立方程式を解く必要があり，計算が長いため計算ミスが心配である。

なお，$\dfrac{1}{1+e^x}$ は $1 - \dfrac{e^x}{1+e^x}$ と変形することによって簡単に積分できるようになる。覚えておきたいものである。$1+e^x = u$ と置換すると

$$e^x dx = du, \quad dx = \frac{du}{e^x} = \frac{du}{u-1}, \quad u-1 = e^x > 0$$

であるから

$$\int \frac{1}{1+e^x}\,dx = \int \frac{1}{u} \times \frac{du}{u-1} = \int \left(\frac{1}{u-1} - \frac{1}{u}\right) du$$

$$= \log(u-1) - \log u + C$$

$$= \log e^x - \log(1+e^x) + C$$

$$= x - \log(1+e^x) + C$$

となって，やや手間がかかる。

$\boxed{6}$　◆発想◆　問題の設定は複雑ではない。袋にはつねに 10 個の玉があり，赤玉の個数は，減ることはあれ増えることはない。

(1)　袋から取り出した赤玉の個数は，1回の試行では，増えないか，または1個だけ増える。取り出す際の袋に入っている赤玉，白玉の個数を確認する。

(2)　n 回の試行後に赤玉を全部で1個しか取り出していない事象である。その1個は1回目の試行で取り出すこともあれば，2回

目の場合も3回目の場合もある…と考える。

(3) (1)の式の $p(n, 1)$ を(2)の結果で置き換えれば，$p(n+1, 2)$ と $p(n, 2)$ の関係が n を用いて表されることになる。2項間の漸化式である。$p(n, 2)$ を p_n と表すと見やすいだろう。あるいは，(2)と同様の計算でもできそうである。

解答 袋には，初めに赤玉5個と白玉5個が入っていて，1回の試行で，袋から無作為に1個の玉を取り出し，新たに白玉1個を袋に入れる。取り出した赤玉の個数に注目する。

(1) $n+1$ 回（$n \geq 2$）の試行後に取り出した赤玉の個数が全部で2個であるためには，n 回の試行後に取り出した赤玉の個数は全部で(A)2個（次に白玉を取り出す）または(B)1個（次に赤玉を取り出す）でなければならない。(A)の場合，袋には赤玉が3個，白玉が7個あるから，次に白玉を取り出す確率は $\dfrac{7}{10}$ である。(B)の場合，袋には赤玉が4個，白玉が6個あるから，次に赤玉を取り出す確率は $\dfrac{4}{10} = \dfrac{2}{5}$ である。

$p(m, k)$ の定め方から

$$p(n+1, 2) = \frac{7}{10}p(n, 2) + \frac{2}{5}p(n, 1) \quad (n \geq 2) \quad \cdots\cdots (答)$$

と表せる。

(2) n 回の試行後に取り出した赤玉の個数が全部で1個である確率 $p(n, 1)$ を求める。k 回目（$1 \leq k \leq n$）の試行でのみ赤玉が取り出されるとすると，その確率は，右図で見る通り

$$\begin{array}{cccccccc} 1 & 2 & & k-1 & k & k+1 & & n \\ \underbrace{白 \quad 白 \cdots 白}_{\left(\frac{5}{10}\right)^{k-1}} & & & & \underbrace{赤}_{\frac{5}{10}} & \underbrace{白 \cdots 白}_{\left(\frac{6}{10}\right)^{n-k}} & & \end{array}$$

$$\left(\frac{5}{10}\right)^{k-1} \times \frac{5}{10} \times \left(\frac{6}{10}\right)^{n-k} = \left(\frac{1}{2}\right)^{k}\left(\frac{3}{5}\right)^{n-k}$$

であるから，各 k に対する事象が互いに排反であることに注意すれば

$$p(n, 1) = \sum_{k=1}^{n} \left(\frac{1}{2}\right)^{k}\left(\frac{3}{5}\right)^{n-k} = \sum_{k=1}^{n} \left(\frac{1}{2}\right)^{k}\left(\frac{3}{5}\right)^{n}\left(\frac{5}{3}\right)^{k}$$

$$= \left(\frac{3}{5}\right)^{n} \sum_{k=1}^{n} \left(\frac{1}{2} \times \frac{5}{3}\right)^{k}$$

$$= \left(\frac{3}{5}\right)^n \sum_{k=1}^{n} \left(\frac{5}{6}\right)^k = \left(\frac{3}{5}\right)^n \times \frac{\frac{5}{6}\left\{1-\left(\frac{5}{6}\right)^n\right\}}{1-\frac{5}{6}}$$

$$= \left(\frac{3}{5}\right)^n \times 5\left\{1-\left(\frac{5}{6}\right)^n\right\} = 5\left\{\left(\frac{3}{5}\right)^n - \left(\frac{3}{5}\times\frac{5}{6}\right)^n\right\}$$

$$= 5\left\{\left(\frac{3}{5}\right)^n - \left(\frac{1}{2}\right)^n\right\} \quad \cdots\cdots(\text{答})$$

である。

(3) $p(n, 2) = p_n \ (n \geqq 2)$ と表すことにすると，1回目，2回目の試行で，ともに赤玉を取り出す確率が $\frac{5}{10}\times\frac{4}{10}=\frac{1}{5}$ であることから，$p_2 = p(2, 2)$

$= \frac{1}{5}$ であり，(1)の結果は，(2)の結果を利用することで

$$p_{n+1} = \frac{7}{10}p_n + \frac{2}{5}\times 5\left\{\left(\frac{3}{5}\right)^n - \left(\frac{1}{2}\right)^n\right\} = \frac{7}{10}p_n + 2\left\{\left(\frac{3}{5}\right)^n - \left(\frac{1}{2}\right)^n\right\}$$

と表せる。両辺を $\left(\frac{7}{10}\right)^{n+1}$ で割ると

$$\frac{p_{n+1}}{\left(\frac{7}{10}\right)^{n+1}} = \frac{p_n}{\left(\frac{7}{10}\right)^n} + \frac{2\left\{\left(\frac{3}{5}\right)^n - \left(\frac{1}{2}\right)^n\right\}}{\left(\frac{7}{10}\right)^{n+1}}$$

$$= \frac{p_n}{\left(\frac{7}{10}\right)^n} + 2\left\{\frac{10}{7}\left(\frac{3}{5}\times\frac{10}{7}\right)^n - \frac{10}{7}\left(\frac{1}{2}\times\frac{10}{7}\right)^n\right\}$$

$$= \frac{p_n}{\left(\frac{7}{10}\right)^n} + \frac{20}{7}\left\{\left(\frac{6}{7}\right)^n - \left(\frac{5}{7}\right)^n\right\}$$

となる。ここで，$\dfrac{p_n}{\left(\frac{7}{10}\right)^n} = q_n \ (n\geqq 2)$ とおくと

$$q_2 = \frac{p_2}{\left(\frac{7}{10}\right)^2} = \frac{1}{5}\times\left(\frac{10}{7}\right)^2 = \frac{20}{49}$$

であり

$$q_{n+1} = q_n + \frac{20}{7}\left\{\left(\frac{6}{7}\right)^n - \left(\frac{5}{7}\right)^n\right\}$$

すなわち $\qquad q_{n+1} - q_n = \dfrac{20}{7}\left\{\left(\dfrac{6}{7}\right)^n - \left(\dfrac{5}{7}\right)^n\right\}$

が成立するから，$n \geqq 3$ のとき

$$q_n - q_{n-1} = \frac{20}{7}\left\{\left(\frac{6}{7}\right)^{n-1} - \left(\frac{5}{7}\right)^{n-1}\right\}$$

$$q_{n-1} - q_{n-2} = \frac{20}{7}\left\{\left(\frac{6}{7}\right)^{n-2} - \left(\frac{5}{7}\right)^{n-2}\right\}$$

$$\vdots$$

$$q_3 - q_2 = \frac{20}{7}\left\{\left(\frac{6}{7}\right)^2 - \left(\frac{5}{7}\right)^2\right\}$$

の辺々を加えて

$$q_n - q_2 = \frac{20}{7}\left\{\sum_{k=2}^{n-1}\left(\frac{6}{7}\right)^k - \sum_{k=2}^{n-1}\left(\frac{5}{7}\right)^k\right\}$$

となる。ここに

$$\sum_{k=2}^{n-1}\left(\frac{6}{7}\right)^k = \frac{\left(\frac{6}{7}\right)^2\left\{1 - \left(\frac{6}{7}\right)^{n-2}\right\}}{1 - \frac{6}{7}} = \frac{36}{7}\left\{1 - \left(\frac{6}{7}\right)^{n-2}\right\}$$

$$\sum_{k=2}^{n-1}\left(\frac{5}{7}\right)^k = \frac{\left(\frac{5}{7}\right)^2\left\{1 - \left(\frac{5}{7}\right)^{n-2}\right\}}{1 - \frac{5}{7}} = \frac{25}{14}\left\{1 - \left(\frac{5}{7}\right)^{n-2}\right\}$$

および $q_2 = \dfrac{20}{49}$ を代入すると，$n \geqq 3$ に対し

$$q_n = \frac{20}{49} + \frac{20}{7}\left[\frac{36}{7}\left\{1 - \left(\frac{6}{7}\right)^{n-2}\right\} - \frac{25}{14}\left\{1 - \left(\frac{5}{7}\right)^{n-2}\right\}\right]$$

$$= \frac{20}{49} + \frac{20}{7}\left\{\frac{47}{14} - 7\left(\frac{6}{7}\right)^n + \frac{7}{2}\left(\frac{5}{7}\right)^n\right\}$$

$$= \frac{20}{49} + \frac{470}{49} - 20\left(\frac{6}{7}\right)^n + 10\left(\frac{5}{7}\right)^n$$

$$= 10 - 20\left(\frac{6}{7}\right)^n + 10\left(\frac{5}{7}\right)^n$$

を得る。これは，$q_2 = \dfrac{20}{49}$ を満たすから，$n \geqq 2$ に対して成り立つ。

東北大–理系前期   2019 年度 数学〈解答〉 *47*

したがって, $n \geqq 2$ に対して

$$p_n = \left(\frac{7}{10}\right)^n q_n = \left(\frac{7}{10}\right)^n \times 10\left\{1 - 2\left(\frac{6}{7}\right)^n + \left(\frac{5}{7}\right)^n\right\}$$

$$= 10\left\{\left(\frac{7}{10}\right)^n - 2\left(\frac{7}{10} \times \frac{6}{7}\right)^n + \left(\frac{7}{10} \times \frac{5}{7}\right)^n\right\}$$

$$= 10\left\{\left(\frac{7}{10}\right)^n - 2\left(\frac{3}{5}\right)^n + \left(\frac{1}{2}\right)^n\right\}$$

である。すなわち

$$p(n, 2) = 10\left\{\left(\frac{7}{10}\right)^n - 2\left(\frac{3}{5}\right)^n + \left(\frac{1}{2}\right)^n\right\} \quad (n \geqq 2) \quad \cdots\cdots (答)$$

である。

参考 〔解答〕では, 漸化式 $p_{n+1} = \dfrac{7}{10}p_n + 2\left\{\left(\dfrac{3}{5}\right)^n - \left(\dfrac{1}{2}\right)^n\right\} \quad (n \geqq 2)$

$$\cdots\cdots (\bigstar)$$

を階差型に変形して処理したが, 等比数列に帰着させることができるだろうか。

$$p_{n+1} + \alpha\left(\frac{3}{5}\right)^{n+1} + \beta\left(\frac{1}{2}\right)^{n+1} = \frac{7}{10}\left\{p_n + \alpha\left(\frac{3}{5}\right)^n + \beta\left(\frac{1}{2}\right)^n\right\}$$

を満たす α, β が存在すれば等比数列として扱えることになる。これを変形して

$$p_{n+1} = \frac{7}{10}p_n + \frac{7}{10}\alpha\left(\frac{3}{5}\right)^n - \alpha\left(\frac{3}{5}\right)^{n+1} + \frac{7}{10}\beta\left(\frac{1}{2}\right)^n - \beta\left(\frac{1}{2}\right)^{n+1}$$

$$= \frac{7}{10}p_n + \alpha\left(\frac{3}{5}\right)^n\left(\frac{7}{10} - \frac{3}{5}\right) + \beta\left(\frac{1}{2}\right)^n\left(\frac{7}{10} - \frac{1}{2}\right)$$

$$= \frac{7}{10}p_n + \frac{\alpha}{10}\left(\frac{3}{5}\right)^n + \frac{\beta}{5}\left(\frac{1}{2}\right)^n$$

としてみると, $(\bigstar)$ と比べて, $\dfrac{\alpha}{10} = 2$, $\dfrac{\beta}{5} = -2$ つまり $\alpha = 20$, $\beta = -10$ でよいことがわかる。

すると, 数列 $\left\{p_n + 20\left(\dfrac{3}{5}\right)^n - 10\left(\dfrac{1}{2}\right)^n\right\}$ が, 公比 $\dfrac{7}{10}$ の等比数列で, 第 2 項は

$$p_2 + 20\left(\frac{3}{5}\right)^2 - 10\left(\frac{1}{2}\right)^2 = \frac{1}{5} + \frac{36}{5} - \frac{5}{2} = \frac{49}{10}$$

であることから

$$p_n + 20\left(\frac{3}{5}\right)^n - 10\left(\frac{1}{2}\right)^n = \frac{49}{10} \times \left(\frac{7}{10}\right)^{n-2} = 10\left(\frac{7}{10}\right)^n \quad (n \geq 2)$$

となり，$p_n = 10\left(\frac{7}{10}\right)^n - 20\left(\frac{3}{5}\right)^n + 10\left(\frac{1}{2}\right)^n \quad (n \geq 2)$ が得られる。

別解 (3) ＜二重に和をとる方法＞

n 回 $(n \geq 2)$ の試行で取り出した赤玉の個数が全部で 2 個である確率 $p(n, 2)$ を求める。k 回目に初めて赤玉を取り出し，その後 l 回続けて白玉を取り出し，次に 2 回目の赤玉を取り出した。あとはすべて白玉を取り出す場合を考えると，$1 \leq k \leq n-1$ であり，$0 \leq l \leq n-k-1$ である。

$$
\begin{array}{ccccccc}
1 & 2 & k-1 & k & l回 & k+l+1 & n-k-l-1 \\
\underbrace{白 \ 白 \ \cdots \ 白}_{\left(\frac{5}{10}\right)^{k-1}} & & & \underset{\frac{5}{10}}{赤} & \underbrace{白 \ \cdots \ 白}_{\left(\frac{6}{10}\right)^l} & \underset{\frac{4}{10}}{赤} & \underbrace{白 \ \cdots \ 白}_{\left(\frac{7}{10}\right)^{n-k-l-1}}
\end{array}
$$

k を止めておき，l を 0 から $n-k-1$ まで変化させて考えると，この確率は

$$
\sum_{l=0}^{n-k-1} \left(\frac{5}{10}\right)^{k-1} \times \frac{5}{10} \times \left(\frac{6}{10}\right)^l \times \frac{4}{10} \times \left(\frac{7}{10}\right)^{n-k-l-1}
$$

$$
= \sum_{l=0}^{n-k-1} \left(\frac{1}{2}\right)^k \times \left(\frac{7}{10}\right)^{-k} \times \left(\frac{3}{5}\right)^l \times \left(\frac{7}{10}\right)^{-l} \times \frac{2}{5} \times \left(\frac{7}{10}\right)^{n-1}
$$

$$
= \left(\frac{5}{7}\right)^k \times \frac{2}{5} \times \left(\frac{7}{10}\right)^{n-1} \sum_{l=0}^{n-k-1} \left(\frac{6}{7}\right)^l
$$

$$
= \left(\frac{5}{7}\right)^k \times \frac{2}{5} \times \left(\frac{7}{10}\right)^{n-1} \times \frac{1 - \left(\frac{6}{7}\right)^{n-k}}{1 - \frac{6}{7}}
$$

$$
= \left(\frac{5}{7}\right)^k \times \frac{2}{5} \times \left(\frac{7}{10}\right)^{n-1} \times 7\left\{1 - \left(\frac{6}{7}\right)^{n-k}\right\}
$$

$$
= \frac{14}{5} \times \left(\frac{7}{10}\right)^{n-1} \times \left(\frac{5}{7}\right)^k - \frac{14}{5} \times \frac{10}{7} \times \left(\frac{3}{5}\right)^n \left(\frac{5}{6}\right)^k
$$

$$
\left(\because \ \left(\frac{7}{10}\right)^{n-1} = \frac{10}{7} \times \left(\frac{7}{10}\right)^n, \ \left(\frac{6}{7}\right)^{n-k} = \left(\frac{6}{7}\right)^n \times \left(\frac{7}{6}\right)^k\right)
$$

$$
= \frac{14}{5} \times \left(\frac{7}{10}\right)^{n-1} \times \left(\frac{5}{7}\right)^k - 4\left(\frac{3}{5}\right)^n \left(\frac{5}{6}\right)^k
$$

となる。次に，k を $1 \leq k \leq n-1$ の範囲で変化させ，その和をとれば，そ

東北大-理系前期　　　　　　　　　　　　　　　　　　　　　2019 年度　数学〈解答〉　49

れが $p(n, 2)$ である。

$$\sum_{k=1}^{n-1}\left(\frac{5}{7}\right)^k = \frac{\frac{5}{7}\left\{1-\left(\frac{5}{7}\right)^{n-1}\right\}}{1-\frac{5}{7}} = \frac{5}{2}\left\{1-\left(\frac{5}{7}\right)^{n-1}\right\}$$

$$\sum_{k=1}^{n-1}\left(\frac{5}{6}\right)^k = \frac{\frac{5}{6}\left\{1-\left(\frac{5}{6}\right)^{n-1}\right\}}{1-\frac{5}{6}} = 5\left\{1-\left(\frac{5}{6}\right)^{n-1}\right\}$$

を用いて計算すると，$p(n, 2)$ は次のようになる。

$$p(n, 2) = \sum_{k=1}^{n-1}\left\{\frac{14}{5}\times\left(\frac{7}{10}\right)^{n-1}\times\left(\frac{5}{7}\right)^k - 4\times\left(\frac{3}{5}\right)^n\times\left(\frac{5}{6}\right)^k\right\}$$

$$= \frac{14}{5}\times\left(\frac{7}{10}\right)^{n-1}\sum_{k=1}^{n-1}\left(\frac{5}{7}\right)^k - 4\times\left(\frac{3}{5}\right)^n\sum_{k=1}^{n-1}\left(\frac{5}{6}\right)^k$$

$$= \frac{14}{5}\times\left(\frac{7}{10}\right)^{n-1}\times\frac{5}{2}\left\{1-\left(\frac{5}{7}\right)^{n-1}\right\} - 4\times\left(\frac{3}{5}\right)^n\times 5\left\{1-\left(\frac{5}{6}\right)^{n-1}\right\}$$

$$= 7\left(\frac{7}{10}\right)^{n-1} - 7\left(\frac{7}{10}\right)^{n-1}\left(\frac{5}{7}\right)^{n-1} - 20\left(\frac{3}{5}\right)^n + 20\left(\frac{3}{5}\right)^n\left(\frac{5}{6}\right)^{n-1}$$

$$= 10\left(\frac{7}{10}\right)^n - 14\left(\frac{1}{2}\right)^n - 20\left(\frac{3}{5}\right)^n + 24\left(\frac{1}{2}\right)^n$$

$$= 10\left(\frac{7}{10}\right)^n - 20\left(\frac{3}{5}\right)^n + 10\left(\frac{1}{2}\right)^n$$

◀解　説▶

≪袋から玉を取り出すときの確率，2 項間の漸化式≫

▶(1)　図解すると次のようになる。●を赤玉，○を白玉とする。

▶(2)　n 回の試行後に取り出した赤玉の個数が全部で 1 個であるのは

50 2019 年度 数学〈解答〉 東北大-理系前期

$$
\begin{array}{ccccc}
1 & 2 & 3 & \cdots & n \\
\bullet & \bigcirc & \bigcirc & \cdots & \bigcirc \\
\bigcirc & \bullet & \bigcirc & \cdots & \bigcirc \\
\bigcirc & \bigcirc & \bullet & \cdots & \bigcirc \\
& & \vdots & \cdots & \\
\bigcirc & \bigcirc & \bigcirc & \cdots & \bullet
\end{array}
$$

→たとえば，この確率は $\left(\dfrac{5}{10}\right)^2\left(\dfrac{5}{10}\right)\left(\dfrac{6}{10}\right)^{n-3}$ となる。

の n 通りの場合があり，これらは互いに排反である。

和の計算 $\displaystyle\sum_{k=1}^{n}\left(\dfrac{1}{2}\right)^k\left(\dfrac{3}{5}\right)^{n-k}$ では，変数は k で，n は定数であるから，n は $\sum$ の外に出す。$\left(\dfrac{1}{2}\right)^k\left(\dfrac{3}{5}\right)^{n-k}=\left(\dfrac{1}{2}\right)^k\left(\dfrac{3}{5}\right)^n\left(\dfrac{3}{5}\right)^{-k}=\left(\dfrac{1}{2}\right)^k\left(\dfrac{3}{5}\right)^n\left(\dfrac{5}{3}\right)^k=\left(\dfrac{3}{5}\right)^n\left(\dfrac{1}{2}\times\dfrac{5}{3}\right)^k$ $=\left(\dfrac{3}{5}\right)^n\left(\dfrac{5}{6}\right)^k$ であるから，$\displaystyle\sum_{k=1}^{n}\left(\dfrac{1}{2}\right)^k\left(\dfrac{3}{5}\right)^{n-k}=\left(\dfrac{3}{5}\right)^n\sum_{k=1}^{n}\left(\dfrac{5}{6}\right)^k$ と変形できる。

▶(3) 漸化式を〔解答〕のように階差化するのは定石で，容易なのだが，等比数列の和の計算がなかなか面倒である。〔参考〕のように等比数列に帰着させることができれば計算は楽になる。〔別解〕は(2)の考え方と同じで，漸化式をうまく立てられないときには，こうするしかないが，計算は大変である。

❖講　評

　2019 年度も 2018 年度までと同様，医（保健〈看護学〉）学部を除く理系全学部で，大問数が 6 題，試験時間が 150 分であった。全問記述式で，証明問題を含む問題が 3 題あった。図示問題は出題されなかった。2は医（保健〈看護学〉）学部の2と同一問題であった。

　図形を扱う問題や整数問題の出題はなかったが，テクニカルな証明問題や計算量の多い問題が目立ち，難度としては，2018 年度に比べやや難化したといえるであろう。

　1　正弦曲線の 2 接線が直交するときの交点の y 座標を求めるもので，全 6 題の中では最も解きやすい問題といえる。ぜひ完答したい。

　2　対数不等式を解く問題であるが，解の中に整数が含まれるための必要十分条件を求めさせる小問がある点単純ではない。

　3　漸化式で定義された数列の極限に関する論証である。(3)は技巧的

東北大-理系前期　　　　　　　　　　　　　　　　　2019 年度　数学〈解答〉　*51*

であり，経験がないと苦しいであろう。

　4　整式を 2 次の整式で割ったときの余りの性質に関する問題。(4)は恒等式の係数決定の問題になっている。(3)までは解きやすい。

　5　定積分を含む等式を満たす関数を求めるもので，(1)の証明には定積分計算の慣れが必要。(2)は方針が立っても計算が長い。

　6　確率漸化式の問題。(1)・(2)は取り組みやすいが，(3)は漸化式を利用するにしろ，直接計算するにしろ，ミスなく計算するのは容易でない。

　1，2(1)，4(1)〜(3)，6(1)・(2)を解いてしまえば，落ち着いて次の策を考えられるであろう。3は(2)だけ証明することも可能であるし，5も(1)の証明をとばし，その結果だけを利用して(2)を解くことも考えられる。

◀医〈保健〈看護学〉〉学部▶

$\boxed{1}$ ◆発想◆ 文字が多く条件も多いので，落ち着いて考えよう。直線と放物線の交点の座標を求めるには，それぞれの方程式を連立させて，y を消去してできる x の〈2次方程式〉を解いて，まず x 座標を求めることになるであろう。相異なる2つの交点P，Qの x 座標がそれぞれ b，c と与えられているから，その〈2次方程式〉の解が b，c ということである。解と係数の関係が使えそうである。

　　あるいは，2点P，Qがともに直線上にあり，ともに放物線上にもある，と考えてもよい。

解答 $\begin{cases} y = ax & \cdots\cdots① \\ y = x^2 + a & \cdots\cdots② \end{cases}$ $(a \neq 0)$

直線①と放物線②が相異なる2点 P$(b,\ ab)$，Q$(c,\ ac)$ $(c = b^2,\ b < 0)$ で交わるので，方程式 $ax = x^2 + a$ すなわち $x^2 - ax + a = 0$ は解 b，c をもつ。解 b，c は異なる実数であるから

　　　(判別式) $= (-a)^2 - 4a = a(a-4) > 0$

より　　$a < 0$，$4 < a$　……③

である。また，解と係数の関係により

　　　$\begin{cases} b + c = -(-a) = a \\ bc = a \end{cases}$

すなわち　　$b + c = bc$

が成り立つ。いま，$c = b^2$ であるから

　　　$b + b^2 = b \times b^2$　　　$b^3 - b^2 - b = 0$

　　　$b(b^2 - b - 1) = 0$

である。よって，$b = 0$ または $b^2 - b - 1 = 0$ である。しかし，$b = 0$ とすると，$a = bc = 0$ となって $a \neq 0$ に反するから，$b \neq 0$ である。$b^2 - b - 1 = 0$ を解くと

　　　$b = \dfrac{1 \pm \sqrt{5}}{2}$

であるが，いま，$b<0$ であるので

$$b = \frac{1-\sqrt{5}}{2}$$

である。このとき

$$c = b^2 = \left(\frac{1-\sqrt{5}}{2}\right)^2 = \frac{6-2\sqrt{5}}{4} = \frac{3-\sqrt{5}}{2}$$

であるから

$$a = b+c = \frac{1-\sqrt{5}}{2} + \frac{3-\sqrt{5}}{2} = \frac{4-2\sqrt{5}}{2} = 2-\sqrt{5}$$

であり，これは③を満たすので

$$a = 2-\sqrt{5}, \quad b = \frac{1-\sqrt{5}}{2} \quad \cdots\cdots(\text{答})$$

別解 ＜連立方程式を解く方法＞

①，②は〔解答〕に同じ。

$P(b, ab)$，$Q(c, ac)$ はいずれも直線①上の点であるが，②上の点でもあるので

$$\begin{cases} ab = b^2 + a & \cdots\cdots④ \\ ac = c^2 + a & \cdots\cdots⑤ \end{cases}$$

が成り立つ。いま，$c = b^2$ であるから，これを⑤に代入すると

$$ab^2 = (b^2)^2 + a \quad \cdots\cdots⑥$$

となる。⑥から④を辺々引くと

$$ab^2 - ab = b^4 - b^2$$
$$ab(b-1) = b^2(b+1)(b-1)$$
$$b(b-1)\{a-b(b+1)\} = 0$$

となるが，$b=0$ のとき④より $a=0$ となって，条件 $a \neq 0$ に反するため $b \neq 0$ であり，$b=1$ は条件 $b<0$ に反するから $b \neq 1$ である。よって

$$a - b(b+1) = 0 \quad \text{すなわち} \quad a = b(b+1)$$

である。これを④に代入して

$$b^2(b+1) = b^2 + b(b+1)$$
$$b^3 + b^2 = 2b^2 + b$$
$$b(b^2 - b - 1) = 0$$

を得る。$b \neq 0$ より $\quad b^2 - b - 1 = 0$

$b<0$ より $\quad b=\dfrac{1-\sqrt{5}}{2}$

である。よって

$$a=b(b+1)=\frac{1-\sqrt{5}}{2}\left(\frac{1-\sqrt{5}}{2}+1\right)=\frac{1-\sqrt{5}}{2}\times\frac{3-\sqrt{5}}{2}$$

$$=\frac{8-4\sqrt{5}}{4}=2-\sqrt{5}$$

である。

◀解　説▶

≪直線と放物線の相異なる2交点の決定≫

文字 a, b, c はいずれも実数で，$a\neq0$ である。また，$c=b^2$，$b<0$ である。

$a=2-\sqrt{5}$，$b=\dfrac{1-\sqrt{5}}{2}$，$c=\dfrac{3-\sqrt{5}}{2}$ はこれらの条件を満たしており，この数値を用いて①，②を作図すると右のようになる。

$c=b^2$ が奇異に見えるかもしれないが，それは $|b|<1$ のため（$|c|=|b^2|=|b|^2<|b|$）である。

〔解答〕のように解と係数の関係を利用して解く方法がよいと思うが，〔別解〕の流れに入ってしまった場合は，連立方程式④，⑥を解かざるをえない。1文字消去の鉄則によるならば，④より $a=\dfrac{b^2}{b-1}$（$b<0$ より $b\neq1$）

として，これを⑥に代入すると，$\dfrac{b^4}{b-1}=b^4+\dfrac{b^2}{b-1}$ となり，$b\neq0$ であるから両辺に $\dfrac{b-1}{b^2}$ をかけて，$b^2=b^2(b-1)+1$ すなわち $b^3-2b^2+1=0$ となる。

因数定理を用いて因数分解すれば $(b-1)(b^2-b-1)=0$ であり，$b\neq1$ より，$b^2-b-1=0$ が得られる。

2

◀理・医（医・保健〈放射線技術科学・検査技術科学〉）・歯・薬・工・農学部▶ ② に同じ。

東北大-理系前期 2019 年度 数学〈解答〉 55

3

◆発想◆ 隣接 3 項間の漸化式である。見覚えのない形かもしれないが, 何か手がかりがあるはず。

(1) $a_1 = 1 > 0$, $a_2 = 3 > 0$, 漸化式を使えばこのとき $a_3 > 0$ がわかる。$a_2 > 0$, $a_3 > 0$ ならば同様にして $a_4 > 0$ である。これは数学的帰納法を用いて証明できる。

(2) 漸化式の両辺を a_{n+1} で割ってみる発想がほしいところだが, さらに a_n でも割ることが功を奏することがわかるはずで, 隣どうしの項の比の値にある関係が見出せるであろう。あるいは, 両辺の対数をとって, 積の形を和の形にしてみるのもよいであろう。難しそうであるが, 基本事項の組合せである。

解答
$$\begin{cases} a_1 = 1, \ a_2 = 3 & \cdots\cdots ① \\ a_{n+2}a_n = 2a_{n+1}{}^2 & (n = 1, \ 2, \ 3, \ \cdots) \quad \cdots\cdots ② \end{cases}$$

(1) すべての正の整数 n について, a_n は正であることを, 数学的帰納法を用いて証明する。

〔Ⅰ〕 ①より, $a_1 > 0$, $a_2 > 0$ である。

〔Ⅱ〕 $a_k > 0$, $a_{k+1} > 0$ $(k \geqq 1)$ を仮定する。②より $a_{k+2}a_k = 2a_{k+1}{}^2$ であり, 仮定より $a_k \neq 0$ であるから, 両辺を a_k で割ることができ

$$a_{k+2} = \frac{2a_{k+1}{}^2}{a_k} > 0$$

である。すなわち, $a_k > 0$, $a_{k+1} > 0$ ならば $a_{k+2} > 0$ が成り立つ。

〔Ⅰ〕, 〔Ⅱ〕より, すべての正の整数 n について, a_n は正である。

(証明終)

(2) $a_n \neq 0$ であるから, ②の両辺を $a_n a_{n+1}$ で割ることにより

$$\frac{a_{n+2}}{a_{n+1}} = 2 \times \frac{a_{n+1}}{a_n}$$

とできる。ここで, $b_n = \dfrac{a_{n+1}}{a_n}$ とおくと

$$b_{n+1} = 2b_n, \quad b_1 = \frac{a_2}{a_1} = \frac{3}{1} = 3 \quad (①より)$$

となり, 数列 $\{b_n\}$ は, 初項が 3, 公比が 2 の等比数列である。

よって, $b_n = 3 \times 2^{n-1}$ と表され

$$\frac{a_{n+1}}{a_n} = 3 \times 2^{n-1}$$

である。$a_n > 0$ であるから，両辺の底を2とする対数をとると

$$\log_2 \frac{a_{n+1}}{a_n} = \log_2 (3 \times 2^{n-1})$$

$$\log_2 a_{n+1} - \log_2 a_n = \log_2 3 + \log_2 2^{n-1} = \log_2 3 + (n-1)$$

となる。ここで，$c_n = \log_2 a_n$ とおくと

$$c_{n+1} - c_n = \log_2 3 + (n-1)$$

$$c_1 = \log_2 a_1 = \log_2 1 = 0 \quad （①より）$$

となるから，$n \geq 2$ のとき

$$c_n = c_1 + (c_2 - c_1) + (c_3 - c_2) + \cdots + (c_n - c_{n-1})$$

$$= 0 + (\log_2 3 + 0) + (\log_2 3 + 1) + \cdots + (\log_2 3 + n - 2)$$

$$= (n-1) \log_2 3 + \frac{1}{2}(n-2)(n-1)$$

である。これは，$c_1 = 0$ を満たすから，$n \geq 1$ に対して

$$c_n = (n-1) \log_2 3 + \frac{1}{2}(n-2)(n-1)$$

$$= \log_2 3^{n-1} + \log_2 2^{\frac{1}{2}(n-2)(n-1)}$$

$$= \log_2 (3^{n-1} \times 2^{\frac{1}{2}(n-2)(n-1)})$$

である。したがって，$n \geq 1$ に対して

$$\log_2 a_n = \log_2 (3^{n-1} \times 2^{\frac{1}{2}(n-2)(n-1)})$$

が成立し

$$a_n = 3^{n-1} \times 2^{\frac{1}{2}(n-2)(n-1)} \quad (n = 1,\ 2,\ 3,\ \cdots) \quad \cdots\cdots（答）$$

である。

参考 $\dfrac{a_{n+2}}{a_{n+1}} = 2 \times \dfrac{a_{n+1}}{a_n}$ より，$n \geq 3$ のとき

$$\frac{a_n}{a_{n-1}} = 2 \times \frac{a_{n-1}}{a_{n-2}},\ \frac{a_{n-1}}{a_{n-2}} = 2 \times \frac{a_{n-2}}{a_{n-3}},\ \cdots,\ \frac{a_3}{a_2} = 2 \times \frac{a_2}{a_1}$$

のそれぞれが成り立つ。これらの左辺どうしの積と右辺どうしの積を計算すると

$$\frac{a_n}{a_2} = 2^{n-2} \times \frac{a_{n-1}}{a_1}$$

東北大-理系前期　　　　　　　　　　　　　　　2019 年度　数学〈解答〉　*57*

すなわち　　　$a_n = 3 \times 2^{n-2} a_{n-1}$　（①より）

が得られ，これは，$n=2$ の場合も成り立つので，$n \geq 2$ に対して

$$a_n = 3 \times 2^{n-2} a_{n-1}$$

である。したがって，$n \geq 2$ のとき

$$a_n = 3 \times 2^{n-2} a_{n-1}$$

$$a_{n-1} = 3 \times 2^{n-3} a_{n-2}$$

$$\vdots$$

$$a_3 = 3 \times 2^1 a_2$$

$$a_2 = 3 \times 2^0 a_1$$

のそれぞれが成り立つ。これらの辺々をかけてから，両辺の $a_{n-1} a_{n-2} \cdots a_2$ を約することにより

$$a_n = 3^{n-1} \times 2^{1+2+\cdots+(n-3)+(n-2)} \times a_1$$

$$= 3^{n-1} \times 2^{\frac{(n-2)(n-1)}{2}} \times 1 \quad （①より）$$

となり，これは $n=1$ に対しても成り立つ。

したがって

$$a_n = 3^{n-1} \times 2^{\frac{(n-2)(n-1)}{2}} \quad (n \geq 1)$$

である。

別解　(2)　＜対数をとる方法＞

(1)より $a_n > 0$ であるから，②の両辺の対数（底は 2 ）をとると

$$\log_2 a_{n+2} a_n = \log_2 2 a_{n+1}{}^2$$

となり，対数の性質を利用して変形すれば

$$\log_2 a_{n+2} + \log_2 a_n = \log_2 2 + \log_2 a_{n+1}{}^2 = 1 + 2\log_2 a_{n+1}$$

となる。$\log_2 a_n = x_n$ とおくと，$x_1 = \log_2 a_1 = \log_2 1 = 0$，$x_2 = \log_2 a_2 = \log_2 3$（①より）であり

$$x_{n+2} + x_n = 1 + 2x_{n+1}$$

である。この漸化式は次のように変形される。

$$x_{n+2} - x_{n+1} = (x_{n+1} - x_n) + 1$$

$$= \{(x_n - x_{n-1}) + 1\} + 1 = (x_n - x_{n-1}) + 2$$

$$\vdots$$

$$= (x_2 - x_1) + n = (\log_2 3 - 0) + n = n + \log_2 3$$

したがって，階差数列の公式を用いれば，$n \geq 2$ のとき

$$x_n = x_1 + \sum_{k=1}^{n-1}(x_{k+1}-x_k)$$

$$= 0 + \sum_{k=1}^{n-1}\{(k-1)+\log_2 3\} \quad (\because \ x_{k+1}-x_k = (k-1)+\log_2 3)$$

$$= \frac{(n-2)(n-1)}{2} + (n-1)\log_2 3$$

$$= \log_2 2^{\frac{(n-2)(n-1)}{2}} + \log_2 3^{n-1}$$

$$= \log_2\{2^{\frac{(n-2)(n-1)}{2}} \times 3^{n-1}\}$$

となり，これは $x_1 = 0$ を満たす。よって，$n \geqq 1$ に対して

$$\log_2 a_n = x_n = \log_2\{2^{\frac{(n-2)(n-1)}{2}} \times 3^{n-1}\}$$

が成り立ち，$a_n = 2^{\frac{(n-2)(n-1)}{2}} \times 3^{n-1}$ $(n \geqq 1)$ である。

━━━━ ◀解　説▶ ━━━━

≪漸化式で定まる数列の項の性質，3項間の漸化式≫

▶(1)　教科書で学ぶ「数学的帰納法」の応用形である。

自然数 n に関する命題 $P(n)$ がすべての自然数 n に対して成り立つこと
を示すには，次の〔Ⅰ〕，〔Ⅱ〕の両方をいえばよい。

〔Ⅰ〕　$P(1)$，$P(2)$ が成り立つ。

〔Ⅱ〕　$P(k)$，$P(k+1)$ $(k \geqq 1)$ が成り立つならば $P(k+2)$ が成り立つ。

▶(2)　〔解答〕では，$\dfrac{a_{n+1}}{a_n} = 3 \times 2^{n-1}$ に対して対数をとって処理したが，

〔参考〕のように，$a_n = 3 \times 2^{n-2}a_{n-1}$，$\cdots$，$a_2 = 3 \times 2^0 a_1$ を書き出して，辺々
をかけてしまうと手っ取り早い。〔別解〕では初めから対数をとってみた。
3項間の漸化式 $x_{n+2}+x_n = 1+2x_{n+1}$ が $x_{n+2}-x_{n+1} = x_{n+1}-x_n+1$ と変形でき
ることに気が付かない場合は，定数 1 を消去するために

$$\begin{array}{r} x_{n+2}+x_n = 1+2x_{n+1} \\ -)\ \underline{x_{n+1}+x_{n-1} = 1+2x_n} \\ (x_{n+2}-x_{n+1})+(x_n-x_{n-1}) = 2(x_{n+1}-x_n) \end{array}$$

と計算するであろう。$y_n = x_{n+1}-x_n$ とおくと $y_{n+1}+y_{n-1} = 2y_n$，すなわち

$$y_{n+2}-2y_{n+1}+y_n = 0$$

となって，経験のある形になる。これを，$y_{n+2}-\alpha y_{n+1} = \beta(y_{n+1}-\alpha y_n)$ の
形にする（等比数列への帰着）には，$\alpha+\beta = 2$，$\alpha\beta = 1$ から $\alpha = \beta = 1$ を得
て，$y_{n+2}-y_{n+1} = y_{n+1}-y_n = \cdots = y_2-y_1 = （定数）$ が わ か り，$(x_{n+2}-x_{n+1})$

東北大-理系前期　　　　　　　　　　　　　　　　2019 年度　数学〈解答〉　*59*

$-(x_{n+1}-x_n)=$（定数）にたどり着く。式変形や計算では，式の形の観察が大切である。

階差数列の処理では，〔解答〕の c_n を求めるところをていねいに書いたが，公式通り $c_n=c_1+\sum\limits_{k=1}^{n-1}\{\log_2 3+(k-1)\}$ とすればよい。〔別解〕ではこの公式を用いている。なお，〔別解〕で $x_{n+2}-x_{n+1}=(x_{n+1}-x_n)+1$ に続けて番号を下げながら変形している部分は，次のようにしてももちろんよい。

数列 $\{x_{n+1}-x_n\}$ が公差 1 の等差数列で，初項が $x_2-x_1=\log_2 3-0=\log_2 3$ であるから

$$x_{n+1}-x_n=(\log_2 3)+(n-1)\times 1$$

4

◇発想◇　問題文をよく読んで，問題の設定と記号 $P_k(j)$ の意味を正確に理解しよう。

(1)　記号 $P_1(j)$ の意味がわかれば容易であろう。ただし，結果に記号 $_nC_j$ が含まれる。自信を持たなければならない。

(2)　まず，1 枚の金貨について考えてみる。k 回目の試行の直後に金貨のままある確率は容易に求まるが，銀貨である確率はどうだろう。銀貨に替わる試行は 1 回目から k 回目まで k 通りの場合がある。上手に処理したい。

(3)　条件付き確率ではないので注意する。仮に 2 回目の試行の直後に金貨が 1 枚あったとすれば，次の試行では $\dfrac{1}{2}$ の確率で銀貨に替わる。他の場合も同様に考えられる。(2)の結果を利用したい。

解答　1 回目の試行では，n 枚（$n\geqq 2$）の硬貨を同時に投げ，裏の出た金貨は銀貨に取り替える。2 回目以降の試行では，前回の試行の結果の n 枚の硬貨を同時に投げ，裏の出た金貨は銀貨に取り替える。

(1)　$P_1(j)$（$0\leqq j\leqq n$）は 1 回目の硬貨投げで，n 枚の金貨のうち j 枚だけ表が出て，残る $n-j$ 枚は裏が出る確率である。

1 枚の金貨に注目すると，それがどの金貨でも，投げたときに表の出る確率は $\dfrac{1}{2}$ であるから，j 枚の金貨は表が出て，残る $n-j$ 枚の金貨は裏が出

る確率は $\left(\dfrac{1}{2}\right)^{j}\left(1-\dfrac{1}{2}\right)^{n-j}$ である。j 枚の金貨の組合せは ${}_nC_j$ 通りあり，それらは互いに排反であるから

$$P_1(j) = {}_nC_j\left(\dfrac{1}{2}\right)^{j}\left(1-\dfrac{1}{2}\right)^{n-j} = {}_nC_j\left(\dfrac{1}{2}\right)^{n} \quad \cdots\cdots(\text{答})$$

である。

(2) $P_k(j)$ $(k\geqq2,\ 0\leqq j\leqq n)$ は，k 回の硬貨投げで，n 枚の金貨のうち j 枚だけが k 回とも表が出て，残る $n-j$ 枚はいずれも 1 回目から k 回目までの試行において少なくとも 1 回は裏が出る確率である。

1 枚の金貨が k 回続けて表が出る確率は $\left(\dfrac{1}{2}\right)^{k}$ である。また，1 枚の金貨は，1 回裏が出ると銀貨に取り替えられるから，1 回目に裏が出る，2 回目に裏が出る，3 回目に裏が出る，$\cdots$，k 回目に裏が出る，k 回とも裏が出ない（k 回続けて表が出る）のいずれかである。したがって，1 回目から k 回目までのどれかで裏が出る確率は $1-\left(\dfrac{1}{2}\right)^{k}$ である。j 枚の金貨の組合せは ${}_nC_j$ 通りあるから，(1)と同様に

$$P_k(j) = {}_nC_j\left\{\left(\dfrac{1}{2}\right)^{k}\right\}^{j}\left\{1-\left(\dfrac{1}{2}\right)^{k}\right\}^{n-j}$$

$$= {}_nC_j\left(\dfrac{1}{2}\right)^{kj}\left\{1-\left(\dfrac{1}{2}\right)^{k}\right\}^{n-j} \quad \cdots\cdots(\text{答})$$

である。

(3) $n=3$ であるから，最初に金貨が 3 枚ある。2 回目の試行の直後では金貨が少なくとも 1 枚残るが，3 回目の試行の直後には 3 枚すべてが銀貨になる確率は，次の 3 つの排反な事象(i)～(iii)それぞれの確率の和である。

(i) 2 回目の試行の直後に 3 枚の金貨が残り，3 回目の試行で 3 枚とも裏が出る。この確率は，$n=3$ として(2)の結果を用いると

$$P_2(3) \times \left(\dfrac{1}{2}\right)^{3} = {}_3C_3\left(\dfrac{1}{2}\right)^{2\times3}\left\{1-\left(\dfrac{1}{2}\right)^{2}\right\}^{3-3} \times \dfrac{1}{2^3} = 1\times\dfrac{1}{2^6}\times1\times\dfrac{1}{2^3} = \dfrac{1}{2^9}$$

となる。

(ii) 2 回目の試行の直後に 2 枚の金貨が残り，3 回目の試行で 2 枚とも裏が出る。この確率は，同様にして

東北大-理系前期　　　　　　　　　　　　　　　　　　　　2019 年度　数学〈解答〉　*61*

$$P_2(2) \times \left(\frac{1}{2}\right)^2 = {}_3C_2\left(\frac{1}{2}\right)^{2 \times 2}\left\{1 - \left(\frac{1}{2}\right)^2\right\}^{3-2} \times \frac{1}{2^2} = 3 \times \frac{1}{2^4} \times \frac{3}{2^2} \times \frac{1}{2^2} = \frac{9}{2^8}$$

となる。

(iii)　2 回目の試行の直後に 1 枚の金貨が残り，3 回目の試行でその 1 枚が
裏が出る。この確率は，同様にして

$$P_2(1) \times \left(\frac{1}{2}\right)^1 = {}_3C_1\left(\frac{1}{2}\right)^{2 \times 1}\left\{1 - \left(\frac{1}{2}\right)^2\right\}^{3-1} \times \frac{1}{2} = 3 \times \frac{1}{2^2} \times \frac{9}{2^4} \times \frac{1}{2} = \frac{27}{2^7}$$

となる。

したがって，求める確率は

$$\frac{1}{2^9} + \frac{9}{2^8} + \frac{27}{2^7} = \frac{1 + 9 \times 2 + 27 \times 4}{2^9} = \frac{127}{512} \quad \cdots\cdots (答)$$

である。

別解　(2)　＜試行の回数ごとに裏の出る確率を求める方法＞

1 枚の金貨について考える。k 回（$k \geqq 2$）の試行を行うとき

1 回目に裏が出る確率は $\dfrac{1}{2}$ である。

2 回目に初めて裏が出る確率は $\dfrac{1}{2} \times \dfrac{1}{2} = \left(\dfrac{1}{2}\right)^2$（表→裏となる確率）である。

3 回目に初めて裏が出る確率は $\left(\dfrac{1}{2}\right)^2 \times \dfrac{1}{2} = \left(\dfrac{1}{2}\right)^3$（表→表→裏となる確率）

である。

一般に l 回目（$1 \leqq l \leqq k$）に初めて裏が出る確率は $\left(\dfrac{1}{2}\right)^l$（表が $l-1$ 回続き，

次に裏となる確率）である。

したがって，k 回目までに銀貨に替わる確率は，$l = 1, 2, \cdots, k$ の各場合
が互いに排反であることに注意して

$$\sum_{l=1}^{k}\left(\frac{1}{2}\right)^l = \frac{1}{2} + \left(\frac{1}{2}\right)^2 + \cdots + \left(\frac{1}{2}\right)^k = \frac{\dfrac{1}{2}\left\{1 - \left(\dfrac{1}{2}\right)^k\right\}}{1 - \dfrac{1}{2}} = 1 - \left(\frac{1}{2}\right)^k$$

である。k 回とも表が出る確率は $\left(\dfrac{1}{2}\right)^k$ であり，j 枚の金貨の選び方は ${}_nC_j$
通りあるから，k 回目の試行の直後に，n 枚の硬貨のなかに金貨が j 枚だ
け残る確率 $P_k(j)$ は

$$P_k(j) = {}_nC_j\left\{\left(\frac{1}{2}\right)^k\right\}^j\left\{1-\left(\frac{1}{2}\right)^k\right\}^{n-j} = {}_nC_j\left(\frac{1}{2}\right)^{kj}\left\{1-\left(\frac{1}{2}\right)^k\right\}^{n-j}$$

となる。

(3) ＜余事象を考える方法＞

3回目の試行の直後には3枚すべてが銀貨になる確率 $P_3(0)$ （$n=3$）は，次のＡ，Ｂの確率の和である。

Ａ：2回目の試行の直後には3枚すべてが銀貨になる（このとき確率1で3回目の試行の直後には3枚すべてが銀貨になる）。

Ｂ：2回目の試行の直後では金貨が少なくとも1枚残るが，3回目の試行の直後には3枚すべてが銀貨になる。

Ａの確率は $P_2(0)$ （$n=3$）であるから

$$P_3(0) = （\text{Ａの確率}） + （\text{Ｂの確率}） = P_2(0) + （\text{Ｂの確率}）$$

より，求める確率すなわちＢの確率は

$$（\text{Ｂの確率}） = P_3(0) - P_2(0) \quad (n=3)$$

$$= {}_3C_0\left(\frac{1}{2}\right)^{3\times0}\left\{1-\left(\frac{1}{2}\right)^3\right\}^{3-0} - {}_2C_0\left(\frac{1}{2}\right)^{2\times0}\left\{1-\left(\frac{1}{2}\right)^2\right\}^{3-0}$$

$$= 1\times1\times\left(\frac{7}{8}\right)^3 - 1\times1\times\left(\frac{3}{4}\right)^3$$

$$= \frac{7^3}{2^9} - \frac{3^3}{2^6} = \frac{7^3 - 3^3\times2^3}{2^9} = \frac{343-216}{512} = \frac{127}{512}$$

である。

◀ 解　説 ▶

≪裏が出た金貨は銀貨に替える n 枚の硬貨投げの確率≫

▶(1)　n 枚の金貨から j 枚を取る方法は ${}_nC_j$ 通りある。そのそれぞれの1通りに対して，選んだ j 枚が表，残った $n-j$ 枚が裏となる確率を考えれば $\left(\frac{1}{2}\right)^j\left(1-\frac{1}{2}\right)^{n-j}$ である。

▶(2)　〔解答〕のように考えられるとよいが，〔別解〕のように計算してもそれほど面倒ではない。

▶(3)　〔解答〕の方法が順当であろうが，〔別解〕の考え方に気が付けば実に簡単に解決する。ここでは，問題の意味をよく理解する意味を込めて，着実な方法で解いてみよう。3枚の硬貨に名前をつけて区別すると複雑になりすぎるので，金貨の枚数だけに着目して推移図を作ってみる。

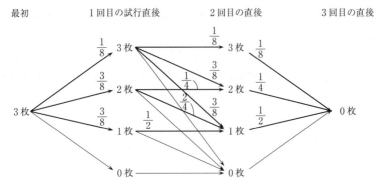

本問に答えるには,太い矢印の部分の確率を計算すればよい。

$$\frac{1}{8}\cdot\frac{1}{8}\cdot\frac{1}{8}+\frac{1}{8}\cdot\frac{3}{8}\cdot\frac{1}{4}+\frac{1}{8}\cdot\frac{3}{8}\cdot\frac{1}{2}+\frac{3}{8}\cdot\frac{1}{4}\cdot\frac{1}{4}+\frac{3}{8}\cdot\frac{2}{4}\cdot\frac{1}{2}+\frac{3}{8}\cdot\frac{1}{2}\cdot\frac{1}{2}=\frac{127}{512}$$

本問は試行の回数が少ないうえ,金貨の枚数も少ないので,この方法でも十分に対応できる。制限時間のあるなかにおいては,よい考えが浮かばないようなときには,やや泥くさい方法等も実行してみる方がよい。

❖講　評

　2019 年度も 2018 年度までと同様,大問数は 4 題,試験時間は 100 分であった。すべて記述式で,証明問題は出題されたが,図示問題はなかった。1～4全問題が文系学部と共通問題で,そのうち2は,その他の理系学部と共通問題であった。

　ベクトルや微・積分法の問題,図形色の強い問題はなかったが,考えにくい問題が多くあった。2018 年度に比べ,計算量こそ多くなってはいないが,難度は上がっているといえる。

　1　直線と放物線の交点の座標に関する問題で,4 題中最も解きやすい問題である。これは何としても完答したい。

　2　対数不等式を解く問題であるが,解の中に整数が含まれるための必要十分条件を求めさせる小問がある点単純ではない。

　3　漸化式で定義された数列の問題である。各項が正となることの証明（数学的帰納法）と,3 項間の漸化式を解く問題で,とくに後者は経験が必要である。

　4　n 枚の硬貨を投げるときの確率の問題である。金貨の枚数に関す

る確率計算であるが，裏が出た金貨は銀貨に替えられてしまうので考えにくくなっている。

1や2(1)，3(1)，4(1)をまず解いてしまいたい。2(2)，3(2)，4(2)・(3)では得意なものに時間をかけたい。4(3)などは時間をかける価値がありそうである。

■物理■

1 解答

問(1)(a) 棒に沿った方向の，小球 A の力のつり合いより

$$kd_0 = mg\cos\theta \quad \therefore \quad d_0 = \frac{mg\cos\theta}{k} \quad \cdots\cdots(\text{答})$$

(b) 小球 B について，力学的エネルギー保存則より

$$\frac{1}{2}mV^2 = mgh \quad \therefore \quad V = \sqrt{2gh} \quad \cdots\cdots(\text{答})$$

(c) 衝突の直前と直後で，棒に沿った運動量の和は保存されるから

$$mV = 2mv_0 \quad \therefore \quad v_0 = \frac{1}{2}V \quad \cdots\cdots(\text{答})$$

(d) 自然長からのばねの縮みが d のとき，一体となった 2 つの小球は $d=0$ の位置から鉛直方向に $d\cos\theta$ 下がっているから

$$E = \frac{1}{2}\cdot 2m\cdot v^2 + \frac{1}{2}kd^2 - 2m\cdot g\cdot d\cos\theta$$

$$= mv^2 + \frac{1}{2}kd^2 - 2mgd\cos\theta$$

ここで，問(1)(a)の結果より $mg\cos\theta = kd_0$ であるから

$$E = mv^2 + \frac{1}{2}kd^2 - 2kd_0 d \quad \cdots\cdots(\text{答})$$

(e) 衝突直後の $d=d_0$ のときの力学的エネルギーと，$d=d_1$ で最も縮んだときの力学的エネルギーが等しいことを利用して，問(1)(d)の結果より

$$mv_0{}^2 + \frac{1}{2}kd_0{}^2 - 2kd_0{}^2 = \frac{1}{2}kd_1{}^2 - 2kd_0 d_1$$

$$kd_1{}^2 - 4kd_0 d_1 - 2mv_0{}^2 + 3kd_0{}^2 = 0$$

$$\therefore \quad d_1 = \frac{1}{k}\left(2kd_0 \pm \sqrt{4k^2d_0{}^2 + 2kmv_0{}^2 - 3k^2d_0{}^2}\right)$$

$$= 2d_0 \pm \sqrt{d_0{}^2 + \frac{2mv_0{}^2}{k}}$$

最下点であるから，正符号をとって

$$d_1 = 2d_0 + \sqrt{d_0{}^2 + \frac{2mv_0{}^2}{k}} \quad \cdots\cdots(\text{答})$$

問(2)(a)　位置が x のときの回転半径は $x\sin\theta$ であるから，小球 A にはたらく遠心力の大きさは $mx\sin\theta\cdot\omega^2$ である。よって，棒に沿った方向の力の成分は，ばねの縮みが $L-x$ であることに注意すると

$$F = k(L-x) + (mx\sin\theta\cdot\omega^2)\sin\theta - mg\cos\theta$$
$$= -(k - m\omega^2\sin^2\theta)x + kL - mg\cos\theta \quad \cdots\cdots(\text{答})$$

(b)　$x = x_0$ のとき $F = 0$ であるから，問(2)(a)の結果より

$$0 = -(k - m\omega^2\sin^2\theta)x_0 + kL - mg\cos\theta$$

$$\therefore \quad x_0 = \frac{kL - mg\cos\theta}{k - m\omega^2\sin^2\theta} \quad \cdots\cdots(\text{答})$$

(c)　問(2)(b)の x_0 を用いると，問(2)(a)の F は

$$F = -(k - m\omega^2\sin^2\theta)(x - x_0)$$

となるから，これが復元力になるためには

$$k - m\omega^2\sin^2\theta > 0 \quad \therefore \quad \omega < \frac{1}{\sin\theta}\sqrt{\frac{k}{m}}$$

よって　　$\omega_0 = \dfrac{1}{\sin\theta}\sqrt{\dfrac{k}{m}} \quad \cdots\cdots(\text{答})$

(d)　位置が x のときの小球 A の加速度を a とすると，運動方程式より

$$ma = -(k - m\omega^2\sin^2\theta)(x - x_0)$$

$$\therefore \quad a = -\frac{k - m\omega^2\sin^2\theta}{m}(x - x_0)$$

これは振動中心が $x = x_0$，角振動数が $\Omega = \sqrt{\dfrac{k - m\omega^2\sin^2\theta}{m}}$ の単振動を表すから，周期 T は

$$T = \frac{2\pi}{\Omega} = 2\pi\sqrt{\frac{m}{k - m\omega^2\sin^2\theta}} \quad \cdots\cdots(\text{答})$$

(e)　棒の回転の角速度 ω と小球 A の単振動の角振動数 Ω が同じであればよいから，問(2)(d)の結果を用いると

$$\omega = \sqrt{\frac{k - m\omega^2\sin^2\theta}{m}}$$

$$(1 + \sin^2\theta)m\omega^2 = k$$

東北大-理系前期　　　　　　　　　　　　　　　　　2019 年度　物理〈解答〉　67

$$\therefore \quad \omega = \sqrt{\frac{k}{(1+\sin^2\theta)\,m}} \quad \cdots\cdots(\text{答})$$

━━━━◀解　説▶━━━━

≪傾いて回転する棒に沿って運動する小球，単振動≫

▶問(1)(a)　ばねの弾性力と重力の成分のつり合いを考えればよいが，θ は鉛直軸となす角であることに注意すること。うっかり $mg\sin\theta$ としないよう注意したい。

▶(b)　小球 B の落下距離は h である。棒はなめらかで，重力以外は仕事をしないから，力学的エネルギー保存則が成り立つ。

▶(c)　衝突直後一体となったから，はねかえり係数が 0 の完全非弾性衝突である。運動量保存則は，はねかえり係数に関係なく成り立つ。

▶(d)　ばねの縮みが d のとき，$d=0$ の位置から d 下がっているのではない。問(1)(a)の結果を使えば g も θ も消去できる。

▶(e)　ばねが最も縮んだとき，一体となった 2 つの小球の速さは 0 である。質量が $2m$ であることに注意すること。力学的エネルギー保存則の式は作れるとは思うが，解くのが意外と時間がかかる。結果からわかるように，

一体となった 2 つの小球は，$d=2d_0$ を中心に，振幅 $\sqrt{d_0{}^2+\dfrac{2mv_0{}^2}{k}}$ で単振動する。

▶問(2)(a)　半径 $x\sin\theta$，角速度 ω で回転するとき，軸 OO′ 向きの加速度の大きさは $x\sin\theta\cdot\omega^2$ であるから，遠心力は軸 OO′ から外向きに $mx\sin\theta\cdot\omega^2$ となる。棒に沿った成分はさらに $\sin\theta$ 倍となる。

▶(b)　$x=x_0$ が棒に沿った単振動の振動中心になる。

▶(c)　F が復元力となるためには，x の係数が負でなければならない。ω_0 を用いると，$F=-m\,(\omega_0^2-\omega^2)\sin^2\theta\cdot(x-x_0)$ となる。

▶(d)　ω_0 を用いると，$\Omega=\sin\theta\sqrt{\omega_0^2-\omega^2}$ となる。

▶(e)　ω_0 を用いると，$\omega=\Omega$ より，$\omega=\omega_0\sqrt{\dfrac{\sin^2\theta}{1+\sin^2\theta}}$ となる。

$\boxed{2}$　**解答**　問(1)(a)　最初の正方形コイルは長さ vt だけ磁場中にあるから，磁場中の面積は $a\cdot vt$ である。よって，貫く磁束 Φ は

$$\varPhi = B \cdot avt = vBat \quad \cdots\cdots (答)$$

(b) 図4でコイルを貫く紙面表から裏向きの磁束が増加するから，レンツの法則より，コイルを裏から表へ貫く磁束を作るように誘導電流が流れる。よって，図4の負の向きに誘導起電力 E が生じる。電磁誘導の法則より，問(1)(a)の $\varPhi$ を用いると，微小時間 Δt の間の $\varPhi$ の変化を $\Delta \varPhi$ として

$$\Delta \varPhi = vBa\Delta t$$

$$\therefore \quad E = -\frac{\Delta \varPhi}{\Delta t} = -vBa \quad \cdots\cdots (答)$$

(c) 電流 I も図4の負の向きに流れ

$$I = \frac{E}{R} = -\frac{vBa}{R} \quad \cdots\cdots (答)$$

(d) $0 < t < \dfrac{a}{v}$ のとき負の向きに電流が流れ，$\dfrac{a}{v} < t < \dfrac{2a}{v}$ のとき正の向きに電流が流れる。大きさは，どちらも $|I|$ であるから，単位時間当たりに発生するジュール熱，すなわち消費電力 J は

$$J = R|I|^2 = \frac{v^2 B^2 a^2}{R} \quad \cdots\cdots (答)$$

(e) 電流が磁場から受ける力の向きは図4の左向きであるから，外力の向きは右向きとなり，F は正である。F の仕事率 Fv が抵抗での消費電力 J に等しいとき速さ v は一定に保たれるから，問(1)(d)の結果より

$$Fv = J = \frac{v^2 B^2 a^2}{R} \quad \therefore \quad F = \frac{vB^2 a^2}{R} \quad \cdots\cdots (答)$$

問(2)(a) はしごコイルが持っていた重力の位置エネルギーがジュール熱として失われる。振動が止まる位置と最初の位置との高さの差より

$$Q = MgL(1 - \cos\theta_0) \quad \cdots\cdots (答)$$

(b) 問(1)(e)と同様の考察より，はしごコイルは常に x 軸の正の向きに力 $F = \dfrac{uB^2 a^2}{R}$ を受ける。

よって，力のつり合いより

$$\tan\theta_1 = \frac{\dfrac{uB^2 a^2}{R}}{Mg} = \frac{uB^2 a^2}{RMg}$$

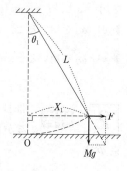

$|\theta_1|$ が十分小さいとき

$$\tan\theta_1 = \frac{\sin\theta_1}{\cos\theta_1} \fallingdotseq \theta_1$$

$$\therefore \quad \theta_1 = \frac{uB^2a^2}{RMg}$$

変位 X_1 は

$$X_1 = L\sin\theta_1 \fallingdotseq L\theta_1 = \frac{LuB^2a^2}{RMg} \quad \cdots\cdots (答)$$

(c) グラフの記号：(え)

理由：u を $\dfrac{u}{4}$ にすると，はしごコイルは $\theta = \dfrac{\theta_1}{4}$ を中心として，$\dfrac{3}{4}\theta_1$ の振れ角で振動を始め，$\theta = -\dfrac{\theta_1}{2}$ まで振れる。このとき X は，$\dfrac{X_1}{4}$ を中心として X_1 から $-\dfrac{X_1}{2}$ まで変化する。時間がたつ

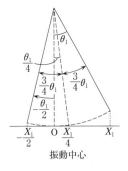

と抵抗でのジュール熱で力学的エネルギーが失われるので，振幅は次第に小さくなり，$X = \dfrac{X_1}{4}$ で静止する。よって，もっとも適切なグラフは(え)である。

◀解　説▶

≪はしごコイルと磁石による電磁誘導，減衰振動≫

▶問(1)(a)　$0 < t < \dfrac{a}{v}$ のとき，コイルは右図のような状態にある。

▶(b)　右図のコイルの辺 AB 内の自由電子はローレンツ力 evB を受け A 側へ移動し，B→A の向きに電場 E' を作る。$eE' = evB$ となるとき移動が止み，$E' = vB$ であるか

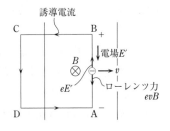

ら，AB 間の起電力の大きさは $E'a = vBa$ となる。B 側が高電位であるから，$E = -vBa$ となる。問題の流れからは問1(a)の磁束の時間変化から起電力を求めるのが自然であるが，実際はローレンツ力による電子の移動から起電力が生じる。

▶(c) 起電力の向きが負であるから，電流の向きも当然負となる。

▶(d) 右図のように，$0<t<\dfrac{a}{v}$ のときは辺 AB に起電力が負方向に，$\dfrac{a}{v}<t<\dfrac{2a}{v}$ のときは辺 CD に起電力が正方向に生じる。よって，常に大きさ $|I|$ の電流が流れる。抵抗 R に大きさ $|I|$ の電流が流れるとき，消費電力は RI^2 である。

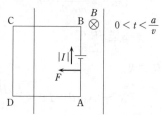

▶(e) $0<t<\dfrac{2a}{v}$ のとき，辺 AB にも辺 CD にも同じ向き（A→B と D→C）に電流が流れるので，磁場から受ける力は常に図の左向きとなり，大きさは $F=|I|Ba=\dfrac{vB^2a^2}{R}$ となる。よって，外

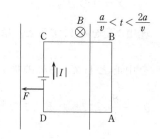

力は右向きに F となる。〔解答〕では，F の仕事率 Fv が抵抗での消費電力 J と等しいとして求めたが，どちらでもよい。

▶問(2)(a) 最初はしごコイルは重力の位置エネルギーを持っているが，振動を始めると電磁誘導により電流が流れ，抵抗でジュール熱が発生しエネルギーが失われるので，徐々に振幅が小さくなっていく。これを減衰振動といい，空気抵抗があるときのばね振り子の振動と同じような現象である。

▶(b) はしごコイルが動かず磁石が動いても，同様の現象が起こる。このとき，はしごコイルには磁石にひきずられるように力がはたらき，磁石の動く向きに傾く。$|\theta|$ が十分小さく θ の 2 次以上の項が無視できるとき，$\sin\theta \fallingdotseq \theta$, $\cos\theta \fallingdotseq 1$, $\tan\theta \fallingdotseq \theta$ はよく使う近似式である。

▶(c) 問(2)(b)の結果より θ_1 は u に比例するので，u を $\dfrac{u}{4}$ にすると，はしごコイルが静止する角度は $\theta=\dfrac{\theta_1}{4}$，変位は $X=\dfrac{X_1}{4}$ となる。よって，この位置を振動中心とする振動を始め，振幅は $X_1-\dfrac{X_1}{4}=\dfrac{3}{4}X_1$ であるから，

東北大-理系前期 2019 年度 物理〈解答〉 71

$\dfrac{X_1}{4} - \dfrac{3}{4}X_1 = -\dfrac{X_1}{2}$ まで動く。抵抗でのジュール熱により振幅は次第に小さくなり，$X = \dfrac{X_1}{4}$ で静止することになる。

3 解答 問(1)(a) 単原子分子理想気体 1 mol，温度 T であるから

$$U = \frac{3}{2}RT \quad \cdots\cdots(\text{答})$$

(b) 理想気体の状態方程式より

$$P_0 \cdot SL = RT \qquad \therefore \quad P_0 = \frac{RT}{SL} \quad \cdots\cdots(\text{答})$$

(c) ピストンの力のつり合いより，問(1)(b)の結果を用いて

$$K_0 \Delta x = P_0 S = \frac{RT}{L} \qquad \therefore \quad \Delta x = \frac{RT}{K_0 L} \quad \cdots\cdots(\text{答})$$

(d) シリンダー内のエネルギーは保存するから

$$\frac{3}{2}RT + \frac{1}{2}K_0(\Delta x)^2 = \frac{3}{2}RT'$$

$$\therefore \quad T' = T + \frac{K_0(\Delta x)^2}{3R} \quad \cdots\cdots(\text{答})$$

問(2)(a) 断熱変化であるから

$$P_1(LS)^\gamma = P_1'\left(\frac{2}{3}LS\right)^\gamma \qquad \therefore \quad P_1' = \left(\frac{3}{2}\right)^\gamma P_1 \quad \cdots\cdots(\text{答})$$

(b) 加熱前と加熱後の理想気体の状態方程式より

$$P_1 LS = RT_1, \quad P_1' \cdot \frac{2}{3}LS = RT_2$$

よって，問(2)(a)の結果を用いると

$$\frac{T_2}{T_1} = \frac{2}{3}\frac{P_1'}{P_1} = \left(\frac{3}{2}\right)^{\gamma-1} \qquad \therefore \quad T_2 = \left(\frac{3}{2}\right)^{\gamma-1} T_1 \quad \cdots\cdots(\text{答})$$

(c) 空間 A の気体の圧力は空間 C と同じ P_1' であるから，理想気体の状態方程式より

$$P_1' \cdot \frac{3}{2}LS = RT_3$$

問(2)(b)の式と比較すると

$$T_3 = \frac{9}{4} T_2 = \frac{9}{4}\left(\frac{3}{2}\right)^{\gamma-1} T_1 = \left(\frac{3}{2}\right)^{\gamma+1} T_1 \quad \cdots\cdots(\text{答})$$

(d) ばねの自然長を L_0 とすると，図2のとき

$$P_1 S = K_1(L_0 - L)$$

図3のとき，ばねの長さは $\frac{5}{6}L$ であるから

$$P_1' S = K_1\left(L_0 - \frac{5}{6}L\right) = K_1\left(L_0 - L + \frac{L}{6}\right) = P_1 S + \frac{1}{6}K_1 L$$

よって，問(2)(a)の結果と，$P_1 LS = RT_1$ を用いて

$$\frac{1}{6}K_1 L = (P_1' - P_1)S = \left\{\left(\frac{3}{2}\right)^{\gamma} - 1\right\}P_1 S = \left\{\left(\frac{3}{2}\right)^{\gamma} - 1\right\}\frac{RT_1}{L}$$

$$\therefore \quad K_1 = \left\{\left(\frac{3}{2}\right)^{\gamma} - 1\right\}\frac{6RT_1}{L^2} \quad \cdots\cdots(\text{答})$$

(e) 図2，図3で $P_1 S = K_1(L_0 - L)$ であることを用いると

$$\Delta E = \frac{1}{2}K_1\left(L_0 - \frac{5}{6}L\right)^2 - \frac{1}{2}K_1(L_0 - L)^2$$

$$= \frac{K_1}{2}\left\{\left(L_0 - L + \frac{L}{6}\right)^2 - (L_0 - L)^2\right\}$$

$$= \frac{K_1}{2}\left\{\left(\frac{P_1 S}{K_1} + \frac{L}{6}\right)^2 - \left(\frac{P_1 S}{K_1}\right)^2\right\}$$

$$= \frac{K_1}{2}\left(\frac{P_1 SL}{3K_1} + \frac{L^2}{36}\right) = \frac{1}{6}P_1 SL + \frac{1}{72}K_1 L^2$$

問(2)(d)の結果と，$P_1 SL = RT_1$ より

$$\Delta E = \frac{1}{6}RT_1 + \frac{1}{72}\left\{\left(\frac{3}{2}\right)^{\gamma} - 1\right\}\frac{6RT_1}{L^2}\cdot L^2$$

$$= \frac{1}{6}RT_1 + \frac{1}{12}\left\{\left(\frac{3}{2}\right)^{\gamma} - 1\right\}RT_1$$

$$= \frac{1}{12}\left\{\left(\frac{3}{2}\right)^{\gamma} + 1\right\}RT_1 \quad \cdots\cdots(\text{答})$$

■◀ 解 説 ▶■

≪ばねのついたピストンで閉じ込められた気体の状態変化≫

▶問(1)(a) 物質量 n〔mol〕，温度 T〔K〕の理想気体の内部エネルギーは，単原子分子なら $\frac{3}{2}nRT$〔J〕，2原子分子なら $\frac{5}{2}nRT$〔J〕になる。

東北大-理系前期　　　　　　　　　　　　　　　　　2019 年度　物理〈解答〉　*73*

▶(b)　状態方程式は単原子分子，２原子分子に関係なく成り立つ。

▶(c)　ピストンは左の空間の気体から P_0S，ばねから $K_0\varDelta x$ の力を受ける。

▶(d)　真空中への膨張であるから温度は T のままと言いたいところであるが，それは気体の内部エネルギーが変化しない場合である。本問の場合は，ばねの弾性エネルギーの分だけ内部エネルギーが増すので，温度は上昇する。

▶問 (2)(a)　定積モル比熱を C_V〔J/(mol·K)〕，定圧モル比熱を C_P〔J/(mol·K)〕とするとき，$C_P = C_V + R$ が成り立つ。これをマイヤーの関係式という。ここで，$\gamma = \dfrac{C_P}{C_V}$ を比熱比といい，単原子分子理想気体では $C_V = \dfrac{3}{2}R$ であるから，$\gamma = \dfrac{5}{3}$ となる。圧力を P〔Pa〕，体積を V〔m³〕とするとき，断熱変化では $PV^\gamma = $ 一定 が成り立つ。これをポアッソンの関係式という。

▶(b)　状態方程式は断熱変化後でも成り立つ。

▶(c)　空間 A と空間 C は，ばねのついたピストンでつながっているので，両空間内の気体の圧力は常に等しくなる。

▶(d)　ばねの自然長が与えられていないので，L_0 と置いてピストンの力のつり合いを考えればよい。$P_1 S = K_1(L_0 - L)$ となることをうまく利用する。または，圧力 P_1 のときのばねの長さが L，P_1' のときのばねの長さが $\dfrac{5}{6}L$ であるから，P_1' のときのほうがばねの弾性力が $K_1 \cdot \dfrac{L}{6}$ 大きくなるので，$P_1'S = P_1 S + \dfrac{1}{6}KL$ としてもよい。計算は面倒である。

▶(e)　これもばねの自然長を L_0 として計算すればよいが，時間がかかる。

❖講　評

　2019 年度も 2018 年度同様，試験時間は理科２科目で 150 分，大問３題の出題であった。全問記述式で，考え方や計算の過程を書かせる形式も例年どおりである。描図問題は 2018 年度に引き続き出題されなかった。2019 年度は①の力学は円運動，衝突，単振動という頻出のテーマであるが，計算量は多い。②の電磁気は，はしごコイルによる電磁誘導

という目新しいテーマであるが，それほど複雑な計算もなく解きやすかったであろう。③の熱力学は，前半は基本的であるが，後半の断熱変化の計算が複雑で，時間が足りなかったかもしれない。

① 問(1)の(a)～(d)は基本で完答したい。(e)の力学的エネルギー保存則の計算が面倒で，差がつくであろう。問(2)は円運動と単振動の組み合わせで類題も多いが，(a)を誤ると全滅するので，慎重に解きたい。(e)の閉じた軌跡は面白いテーマである。

② 問(1)は単なる正方形コイルによる電磁誘導で，完答したい。問(2)のはしごコイルの振動は，(c)のグラフ選択の理由がやや難しく，差がつくであろう。

③ 問(1)は気体の状態変化の基本であるが，(d)の真空中への膨張がやや難しい。問(2)の(a)～(c)は断熱変化の式を用いれば容易である。(d)，(e)はばねの自然長が与えられていないので戸惑うであろう。完答できた受験生は少なかったのではないだろうか。

全体として，2019 年度は各大問の後半が解きにくく，計算量も増加し，2018 年度に比べて難化したと思われる。2017 年度以前のレベルに戻ったとも言えるので，過去問を十分に研究し，計算力をつけておく必要があるであろう。

化学

1 解答

問1．熱運動

問2．3

問3．(1)—(a)・(c)・(e)　(2)ウ．38　エ．14　オ．24

問4．(1)−96　(2)—(d)

問5．(1)40　(2)(a)吸熱反応

(b) グラフより温度を上げると溶解度が増加していることから，溶解平衡において，塩化カリウムの溶解の方向が吸熱である。(60字以内)

◀解　説▶

≪物質の三態変化とエネルギー，蒸気圧，固体の溶解度≫

▶問1．物質は温度が高くなると熱運動が大きくなり，分子間力に抗してばらばらの状態になろうとする。

▶問2．メタノールの水素結合は下図のようになる。

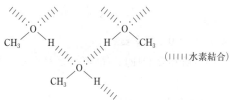

▶問3．(1) 一般に，融解熱は粒子の配列を乱すエネルギーであるのに対し，蒸発熱は粒子間の結合を切断するエネルギーであるから，蒸発熱の方が融解熱よりも大きな値をとる。また，融解熱，蒸発熱は正の値をとり，蒸発熱が大きい物質の沸点は高くなる傾向がある。さらに，無極性分子に比べ極性分子は分子間に弱いクーロン力がはたらくため，同程度の分子量をもち，形が似ている物質どうしでは，極性分子の蒸発熱が大きくなる。

(2) メタノール，エタノールともに1.0molあたりの水素結合によるエネルギーをx〔kJ〕，ファンデルワールス力をそれぞれy〔kJ〕，z〔kJ〕とすると，メタノールの分子量32.0，エタノールの分子量46.0より，表1の値を用いて次の関係が成立する。

$x + y = 38$ ……①

$x + z = 44$ ……②

$y : 32.0 = z : 46.0$ ∴ $23.0y = 16.0z$ ……③

①〜③より $x = 24.3 ≒ 24$〔kJ〕, $y = 13.7 ≒ 14$〔kJ〕

▶問4．(1) 窒素，二酸化炭素の分子量はそれぞれ 28.0，44.0 であるから，物質量比は次のようになる。

窒素：二酸化炭素 $= 1.0 : \dfrac{28.0 \times 0.524}{44.0}$

よって，モル比＝分圧比 より二酸化炭素の分圧 P_{CO_2}〔Pa〕は

$$P_{CO_2} = 0.600 \times 10^5 \times \frac{28.0 \times 0.524}{44.0} = 0.200 \times 10^5 \,〔Pa〕$$

したがって，図1のグラフより $-95.7℃$ 付近の値となる。

(2) $^{12}CO_2$（固体）$\rightleftarrows$ $^{12}CO_2$（気体）と $^{13}CO_2$（固体）$\rightleftarrows$ $^{13}CO_2$（気体）の平衡が存在するので，固体と気体に含まれる炭素は ^{12}C と ^{13}C の混合物となる。

▶問5．(1) グラフより 72℃ における溶解度は，約 49.0 g/水 100 g である。求める温度における溶解度を x〔g/水 100 g〕とすると

$$\frac{49.0 - x}{149} = \frac{6.1}{100} \quad ∴ \quad x = 39.9 \,〔g/水 100 g〕$$

よって，グラフより約 40.0℃ である。

(2) 塩化カリウムの溶解熱を Q〔kJ〕$(Q > 0)$ とおくと，熱化学方程式は次のようになる。

KCl（固体）$+ aq = KCl\,aq - Q$〔kJ〕

溶解平衡において，温度を上げると吸熱の方向に平衡は移動し，図2のグラフのように溶解度は大きくなる。

2 解答

〔Ⅰ〕問1．8

問2．(c)

問3．赤リン

問4．**A**：$+4$ **B**：$+6$ **C**：-2

問5．a) $2SO_2 + O_2 \longrightarrow 2SO_3$

b) $Cu + 2H_2SO_4 \longrightarrow CuSO_4 + SO_2 + 2H_2O$

c) $CuO + H_2SO_4 \longrightarrow CuSO_4 + H_2O$

東北大-理系前期　　　　　　　　　　　　　　　　　2019 年度　化学〈解答〉　77

問 6．(b)・(d)

問 7．(b)・(c)・(e)

〔Ⅱ〕問 8．(b)

問 9．$TiO_2 + C + 2Cl_2 \longrightarrow TiCl_4 + CO_2$

問 10．$TiCl_4 + 2Mg \longrightarrow Ti + 2MgCl_2$

問 11．5.0×10

問 12．(A)　$Na^+ > Mg^{2+} > Al^{3+}$

(B)　すべて同じ電子配置であるが，原子核中の陽子数が多くなるほど強く電子を引きつけ，イオンの大きさが小さくなるため。(60 字以内)

問 13．**A**：$2H_2O \longrightarrow O_2 + 4H^+ + 4e^-$

B：$2H^+ + 2e^- \longrightarrow H_2$

問 14．1.5

━━━━◀解　説▶━━━━

≪硫黄単体・化合物の性質，チタン，酸化チタンの性質と反応≫

◆〔Ⅰ〕　▶問 1・問 2．斜方硫黄，単斜硫黄は 8 個の S 原子が，右図のように環状構造をとる分子である。

▶問 3．リンの同素体には猛毒の分子式 P_4 で表される黄リンと，多数のリン原子が結合した P（組成式）で表される毒性の小さい赤リンがある。

▶問 4．硫黄 S の酸化数は最低酸化数の -2 から最高酸化数の $+6$ まである。特に，硫酸は最高酸化数をとるので酸化剤，硫化水素は最低酸化数をとるので還元剤としてはたらくことができる。また二酸化硫黄は $+4$ の酸化数をとるため，酸化数 $+6$ の硫酸や酸化数 0 の硫黄へと変化することで，還元剤や酸化剤としてはたらくことができる。

▶問 5．a）の反応は V_2O_5 などを触媒として反応させる。また銅は，希硫酸には溶けないが，酸化力のある熱濃硫酸と反応し，二酸化硫黄を発生する。また，硫化銅(Ⅱ)は希硫酸には溶けないが，酸化銅(Ⅱ)は希硫酸に溶け青色の溶液になる。

▶問 6．(a)は濃硫酸の不揮発性，(c)は吸湿性によるものである。また，(b)，(d)の反応は次のようになる。

(b)　$C_{12}H_{22}O_{11} \longrightarrow 12C + 11H_2O$

(d)　$C_2H_5OH \longrightarrow C_2H_4 + H_2O$

▶問 7．(b)　濃硫酸を希釈するには，溶解熱が大きく水が突沸により飛散

するのを防ぐため，密度の大きい濃硫酸を純水に加えなければならない。

(c) ホールピペット，メスフラスコ，ビュレットなどの正確に溶液をはかり取ったり，調製，滴下するガラス器具は，容積が変化する恐れがあるため加熱乾燥してはいけない。

(e) 実験に用いた試薬などは，必ず決められた廃液ビン等に入れ廃棄しなければならない。

◆〔II〕 ▶問8．アルミニウムなどの比較的イオン化傾向の大きい金属単体などが，空気中でも安定に存在できるのは，表面に緻密な酸化被膜を形成し内部を保護するためである。

▶問9．実際には次のような反応も生じていると考えられる。

$$TiO_2 + 2C + 2Cl_2 \longrightarrow TiCl_4 + 2CO$$

▶問10．Mg は Ti より還元力が強く Ti を遊離することができる。

▶問11．求める酸化チタン(IV)を含む鉱石を x〔t〕とすると，Ti＝47.9，TiO_2＝79.9 より，次のようになる。

$$\frac{x \times 10^6 \times 0.50}{79.9} \times 47.9 = 15 \times 10^6$$

$$\therefore \quad x = 50.0 \fallingdotseq 5.0 \times 10 \,〔t〕$$

▶問12．Na^+，Mg^{2+}，Al^{3+} はすべて Ne と同じ電子配置で，原子核中の陽子数は順に 11，12，13 と増加するため Al^{3+} の大きさが，最も小さくなる。

▶問13．電極自身は化学反応せず，電解液の希硫酸の電気分解を考えればよい。よって，電極A，電極Bの反応をまとめると，水の電気分解がおこり，H_2SO_4 自身は変化していない。

▶問14．発生する水素の2倍の電子が回路を流れたことになるから，求める電流を x〔mA〕とすると次のようになる。

$$\frac{x \times 10^{-3} \times (3 \times 3600 + 13 \times 60)}{9.65 \times 10^4} = \frac{2.00}{22.4 \times 10^3} \times 2$$

$$\therefore \quad x = 1.49 \fallingdotseq 1.5 \,〔mA〕$$

東北大-理系前期　　　　　　　　　　　　2019 年度　化学〈解答〉　79

3　解答　〔Ⅰ〕問1．$C_{13}H_{10}O$

問2．**C**．（フェノール：ベンゼン環に OH）　　**D**．（安息香酸：ベンゼン環に $C(=O)OH$）

問3．サリチル酸

問4．イ．置換　ウ．付加

問5．（ジフェニルケトン：二つのベンゼン環に $C=O$）

問6．2,4,6-トリブロモフェノール

問7．（スチレン：ベンゼン環に $\overset{H}{\underset{}{C}}=C\overset{H}{\underset{H}{}}$）

問8．ポリスチレン

問9．熱可塑性

〔Ⅱ〕問10．$C_7H_{12}O$

問11．
$$
\begin{array}{c}
H_2C-CH_2 \\
H_2C \qquad C=O \\
H_2C-\overset{*}{C}H \\
\qquad CH_3
\end{array}
$$

問12．
$$
\begin{array}{c}
H_2C-CH_2 \\
H_2C \qquad C=O \\
CH_2 \quad O \\
\overset{*}{C}H \\
CH_3
\end{array} + NaOH
$$

$$
\longrightarrow CH_3\overset{*}{-}CH-CH_2-CH_2-CH_2-CH_2-C-ONa
$$
（OH は $*CH$ に、C の下に O）

◀ 解　説 ▶

≪バイヤー・ビリガー酸化を用いた有機化合物の構造決定≫

◆〔Ⅰ〕　▶問1．CO_2 の分子量 44.0，H_2O の分子量 18.0 より，化合物 A の組成式は次のようになる。

$$C の質量：572 \times \frac{12.0}{44.0} = 156 〔mg〕$$

$$H の質量：90 \times \frac{2.0}{18.0} = 10 〔mg〕$$

$$O の質量：182 - (156 + 10) = 16 〔mg〕$$

よって，各原子の物質量比は

$$C : H : O = \frac{156}{12.0} : \frac{10}{1.0} : \frac{16}{16.0}$$

$$= 13 : 10 : 1$$

したがって，組成式は $C_{13}H_{10}O$（式量 182）となり，分子量 200 以下であるから，求める分子式は $C_{13}H_{10}O$ である。

▶問2．実験1〜4を整理すると次のようになる。

$$\underset{(化合物 A)}{C_{13}H_{10}O} \xrightarrow[\text{ビリガー酸化}]{\text{バイヤー・}} \underset{(化合物 B)}{C_{13}H_{10}O_2} \xrightarrow{\text{けん化}} \xrightarrow{\text{HCl}} \text{芳香族化合物 C，D}$$

$$\xrightarrow{NaHCO_3} \begin{cases} \text{エーテル層：化合物 C（FeCl}_3\text{ 水溶液で紫色に呈色）} \\ \text{水層：化合物 D のナトリウム塩} \end{cases}$$

よって，化合物 C はフェノール，化合物 D は安息香酸である。

▶問3．実験5より化合物 C は次のように変化する。

（分子量 138）　　　　　（アセチルサリチル酸）

▶問4・問6．実験6より次の置換反応により，白色の 2,4,6-トリブロモフェノールが生成する。

東北大-理系前期　　　　　　　　　　　　　2019 年度　化学〈解答〉　81

（2,4,6-トリブロモフェノール）

▶問7・問8．実験7より芳香族化合物 E はスチレンであり，次のように変化する。

化合物 D

付加重合

（n は重合度）

ポリスチレン

▶問5．化合物 C，D の構造より，化合物 A は右の構造式で表されるベンゾフェノンである。

▶問9．ポリスチレンなどのポリビニル化合物は，熱を加えるとやわらかくなり，冷めると再び硬化する。このような性質をもつ樹脂を熱可塑性樹脂という。

◆〔Ⅱ〕　▶問 10．問1と同様にして，化合物 G の組成式は次のようになる。

$$C の質量：616 \times \frac{12.0}{44.0} = 168 〔mg〕$$

$$H の質量：216 \times \frac{2.0}{18.0} = 24 〔mg〕$$

$$O の質量：224 - 168 - 24 = 32 〔mg〕$$

よって，各原子の物質量比は

$$C：H：O = \frac{168}{12.0}：\frac{24}{1.0}：\frac{32}{16.0}$$

$$= 7：12：1$$

82 2019 年度 化学〈解答〉　　　　　　　　　　　　　　　　　東北大-理系前期

したがって，組成式は $C_7H_{12}O$（式量 112）となり，分子量 200 以下のケトンであるから，分子式は $C_7H_{12}O$ となる。

▶問 11・問 12. 化合物 G はケトンであるから分子中に ＞C＝O の不飽和結合を 1 つもつ。よって，分子式から化合物 G は ＞C＝C＜ もしくは環状構造を 1 つもつ。また，実験 11 よりバイヤー・ビリガー酸化によって得られた化合物 H をけん化すると，化合物 I のナトリウム塩のみが得られたので，化合物 H は環状構造をもつエステル（ラクトン）であると考えられる。さらに化合物 I は，ヨードホルム反応をすることから，化合物 G，H，I は次のような構造をもつ化合物である。

（化合物 G）　バイヤー・ビリガー酸化　→　（化合物 H）

$$\xrightarrow[\text{（けん化）}]{\text{NaOH 水溶液}} \text{HO-}\overset{*}{\text{C}}\text{H-CH}_2\text{-CH}_2\text{-CH}_2\text{-CH}_2\text{-C-ONa}$$

（化合物 I ）

❖講　評

　2019 年度も ①理論分野，②理論・無機分野，③有機分野の大問 3 題の出題で，出題傾向もほぼ例年通りであった。導出過程を記述させる問題や描図問題は出題されなかった。

　①　物質の三態や分子間力，二酸化炭素の蒸気圧，塩化カリウムの溶解度に関する標準的な問題であった。問 2 のアルコールの水素結合の個数や問 3 (2)のファンデルワールス力と水素結合のエネルギーを求める計算などがポイントになったと思われる。

　②　硫黄の単体・化合物，チタン・酸化チタンに関する標準的な問題であった。硫黄単体や化合物については，教科書等の無機化学の知識をしっかりと整理しておけば十分対応できたと思われる。また，近年酸化チタンは色々な問題に出題されている頻出物質の 1 つである。問題文を

東北大-理系前期   2019 年度　化学〈解答〉　*83*

よく読めば十分対応でき，全体を通して確実に得点したい問題である。

　③　バイヤー・ビリガー酸化を利用した有機化合物の構造決定に関する問題であった。特に，実験 11 において，下線部の反応の結果得られる化合物が I のみであることから，化合物 H は環状構造を有するエステル（ラクトン）であることを見抜けたかどうかがポイントになったと思われる。2018・2019 年度は，従来の有機化学に関する問題に比べ比較的解きやすい問題が出題されているが，例年③の有機化学に関する分野は，比較的難易度の高い問題が出題される傾向があるので注意したいところである。

　全体的に問題量が多く，難易度の高い問題が出題されることもあるので，計算過程の記述や論述問題などの対策はもちろん，特に有機化学分野を中心に十分な問題演習を行うことが必要である。

生物

1 解答

〔Ⅰ〕問(1) ア．相同染色体　イ．常染色体
ウ．性染色体　エ．遺伝子座　オ．表現型

問(2) (A)—③　(B)—④

問(3) ③

問(4) フェニルアラニンは必須アミノ酸なので，食物によってフェニルアラニンを取り入れないとタンパク質合成などが行えなくなる。(60字以内)

〔Ⅱ〕問(5) カ．ペプチド　キ．ポリペプチド　ク．αヘリックス
ケ．βシート　コ．カタラーゼ　サ．基質特異性

問(6) (C)180人　(D)180人　(E)60人　(F)45人　(G)30人　(H)5人

問(7) (ⅰ)—⑤　(ⅱ)3本

問(8) ④

◀解　説▶

≪遺伝子の変異と酵素，遺伝子頻度，酵素反応と逆数プロット≫

◆〔Ⅰ〕▶問(1)　ア．多くの真核生物の1つの体細胞には，形や大きさが同じ染色体が2本ずつある。通常一方は父親，もう一方は母親から受精によって受け継いだものである。この1対の染色体を相同染色体という。

イ．ヒトの体細胞の染色体は46本であり，このうち44本は男女に共通してみられるので常染色体という。

ウ．残りの2本は性決定に関与する染色体であり性染色体という。男性はX染色体とY染色体をもち，女性はX染色体を2本もつ。

エ．染色体における遺伝子の位置のことを遺伝子座という。相同染色体の同じ部位には同じ形質（毛の色など）に関する遺伝子が存在している。

オ．遺伝子型に基づいて実際に現れる形質を表現型という。

▶問(2)　アラニン（①）にフェニル基がついたものがフェニルアラニンである。したがって，フェニルアラニンは③である。また，本文中に，「フェニルアラニンにヒロドキシル基を1つ付加させてチロシンを合成する」とあるので，ヒロドキシル基が付加されている④がチロシンである。⑤は

トリプトファン，⑦はバリンである。

▶問(3)　エキソン 12 欠失の有無は，スプライシングが終わって出来上がった mRNA の配列を調べればよい。実際には，mRNA から逆転写により相補的な DNA（cDNA）を合成し，その塩基配列の情報からエキソン 12 の欠失の有無を確かめる。よって③が解答となる。①・②に関して，tRNA や rRNA の情報や構造を調べても，mRNA のエキソンの情報は得られない。よって，誤りである。④に関して，RNA ポリメラーゼによって，PHP タンパク質の合成はできないので誤りである。

▶問(4)　本文中に「必要量のフェニルアラニンは」というヒントがある。フェニルアラニンは体内で合成することができない必須アミノ酸の 1 つなので，完全にフェニルアラニンを含まない食事にしてしまうと，体内でタンパク質合成がうまく行えなくなってしまう。そのため，必要量のフェニルアラニンは，一般粉乳，牛乳，一般食品などのフェニルアラニンを含むタンパク質から摂取する。

◆〔Ⅱ〕　▶問(5)　カ．1 つのアミノ酸のアミノ基（$-NH_2$）と別のアミノ酸のカルボキシル基（$-COOH$）との間で水分子が 1 つ取れて生じる結合（$-CO-NH-$）をペプチド結合という。

キ．多数のアミノ酸がペプチド結合によって繋がった分子をポリペプチドという。

ク．ポリペプチド鎖中で水素結合によりらせん状になった部分構造を，α ヘリックスという。

ケ．ポリペプチド鎖間で水素結合によりびょうぶ状（シート状）になった部分構造を β シートという。α ヘリックスや β シートのような，ポリペプチド内の部分構造を二次構造ということもおさえておこう。

コ．過酸化水素を水と酸素に分解するのはカタラーゼという酵素である。

サ．酵素が特定の基質にしか作用しない性質のことを基質特異性という。酵素には，基質特異性や最適温度，最適 pH があり，このような性質は無機触媒にはないことも基本事項としておさえておこう。

▶問(6)　遺伝子頻度は集団内におけるその遺伝子の割合のことであるが，集団内の配偶子の割合でもあることをしっかり理解しておこう。すでに遺伝子頻度は示されているので，CYP2C19＊1 を①，CYP2C19＊2 を②，CYP2C19＊3 を③として，集団内の掛け合わせを書くと以下のようにな

る。

	0.6①	0.3②	0.1③
0.6①	0.36①①	0.18①②	0.06①③
0.3②	0.18①②	0.09②②	0.03②③
0.1③	0.06①③	0.03②③	0.01③③

よって，500人中のそれぞれの遺伝子型の割合は以下のようになる。

(C) CYP2C19＊1/ CYP2C19＊1→①①→0.36×500＝180人
(D) CYP2C19＊1/ CYP2C19＊2→①②→(0.18＋0.18)×500＝180人
(E) CYP2C19＊1/ CYP2C19＊3→①③→(0.06＋0.06)×500＝60人
(F) CYP2C19＊2/ CYP2C19＊2→②②→0.09×500＝45人
(G) CYP2C19＊2/ CYP2C19＊3→②③→(0.03＋0.03)×500＝30人
(H) CYP2C19＊3/ CYP2C19＊3→③③→0.01×500＝5人

▶問(7) (i) 変異が起こっているのは119番目の塩基なので，それを含む部位を認識する制限酵素を用いる必要がある。また，制限酵素は，一方の鎖ともう一方の鎖に関して，ともに5′側から同じになる配列（回文配列：パリンドロームともいう）しか認識しないので，そのことを

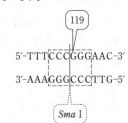

考慮に入れて，切断部位とそれに対応する酵素を考える。そのように考えてみていくと，*Sma* Ⅰが，適当な酵素であると判断できる。

(ii) CYP2C19＊1/ CYP2C19＊2では，配列が左下のように変化している遺伝子と，右下のように変化していない配列の2つの遺伝子を持っている。

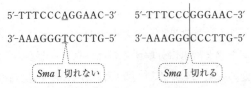

したがって，被験者 CYP2C19＊1/ CYP2C19＊2の，この部位を含む配列をPCRで増幅すると，*Sma* Ⅰで切断されない168塩基対のDNA断片と，*Sma* Ⅰで切断され，118塩基対と50塩基対のDNA断片に別れた，合計3本のDNA断片が検出されるはずである。

▶問(8) 競争的阻害物質は基質と構造が似ているため，基質濃度が低い条件下では基質と活性部位を奪い合い阻害効果が大きいが，基質濃度が高い

条件では競争的阻害物質が活性部位に結合する頻度（確率）が低下するため，阻害効果はほとんどなくなる。この設問はこの内容を理解した上で，グラフの変換を考える。

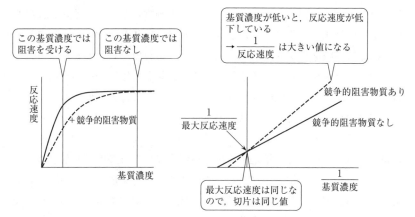

考えるための手がかりは問題中の図などに記されているので，値の逆数をとって，プロットしてみるのがポイントである。よって，解答は④である。

2 解答

問(1) ア．抗体産生細胞（形質細胞）　イ．可変部
　　　ウ．定常部（不変部）

問(2)　25種類

問(3)　③→⑦→⑧→⑤→⑥

問(4)　⑧→③→⑥→⑨→②→⑩

問(5)　結核菌は貪食細胞内に寄生するので，抗体は直接結核菌に作用できないから。（40字以内）

問(6)　(i) 25％

(ii) HLA遺伝子セットは染色体上で近接しているので組換えが起こりにくい。そのため，両親からそれぞれ0.5の確率で同じHLA遺伝子セットを受け継ぐため，0.5×0.5＝0.25の確率となる。（100字以内）

問(7)　(i) (ア)・(オ)・(キ)・(ク)・(ケ)

(ii) 免疫記憶により二次応答が起こり，2週間よりも早く脱落する。（30字以内）

88　2019年度　生物〈解答〉　　　　　　　　　　　　東北大-理系前期

━━━━◀解　説▶━━━━

≪免疫のしくみ≫

▶問(1)　ア．マクロファージや樹状細胞が侵入した異物を取り込み，その情報をヘルパーT細胞に伝える。ヘルパーT細胞はサイトカインを放出し，B細胞を活性化させる。活性化されたB細胞は抗体産生細胞に分化する。

イ．抗体は免疫グロブリンとよばれるタンパク質で，H鎖とL鎖が対になったものが2個結合した構造をしている。H鎖とL鎖の先端部分は抗原に応じて部分的にアミノ酸配列が異なっており，この部分を可変部という。

ウ．抗体の可変部以外の構造はどの抗体もアミノ酸配列が一定であり，定常部（不変部）とよばれる。

▶問(2)　抗体の可変部を指定する抗体遺伝子には，H鎖の可変部について，V領域，D領域，J領域が存在し，その後に定常部を構成する領域（C領域）がある。同様にL鎖の可変部はV領域とJ領域がある。V領域やJ領域などの領域はそれぞれが複数の遺伝子断片からなり，B細胞が成熟する過程で，V領域の遺伝子断片群から1つがランダムに選ばれ，J領域の遺伝子断片群から1つがランダムに選ばれて連結されるという，遺伝子の再編成が起こる。抗体の可変部の組み合わせは

$$\underbrace{\text{Dの数×Vの数×Jの数}}_{\text{H鎖の可変部の組み合わせ}}×\underbrace{\text{Vの数×Jの数}}_{\text{L鎖の可変部の組み合わせ}}$$

の式で求めることができる。組み合わせ自体は，1530000種類であることがわかっており，H鎖のDの数を求めればよいので，以下のように求める。

$$\text{Dの数}×51×6×40×5=1530000$$

より　　Dの数＝25

と求めることができる。

▶問(3)　結核菌に対しては，体液性免疫ではなく細胞性免疫がはたらくことは覚えておいた方がよい事項である。細胞性免疫がはたらく流れを，順を追ってなぞっていく問題である。まず，①～⑩の内容のうち，誤りを含む文を除外する。

①　誤り。抗体はサイトカインを分泌しない。サイトカインを分泌するのはヘルパーT細胞である。

②　誤り。マクロファージにToll様受容体はあるが，マクロファージ自体はT細胞に変化しない。

④　誤り。T細胞は抗体を産生しない。抗体を産生するのはB細胞から分化した抗体産生細胞である。

⑨　誤り。T細胞はBCG菌の一部を提示しない。抗原提示を行うのは，マクロファージと樹状細胞である。

⑩　誤り。マクロファージは抗体を産生しない。

残った③・⑤・⑥・⑦・⑧を順番に並べなおすと，以下のようになる。

③　マクロファージがBCG菌を貪食する。

⑦　マクロファージがBCG菌を分解する。

⑧　マクロファージがT細胞にBCG菌の一部を提示する。

⑤　BCG菌に反応するT細胞（キラーT細胞を含む）が増殖する。

⑥　T細胞の一部が記憶細胞として残る。

▶問(4)　結核菌に対する免疫記憶が成立している人が，結核菌に感染した際の作用機序を，順を追って並べていく。細胞性免疫の二次応答が正しく学習できているかが試されている。まず，①〜⑩の内容のうち，誤りを含む文を除外する。

①　誤り。結核菌に対する反応は細胞性免疫なので，B細胞は関与しない。

④　誤り。好中球はT細胞受容体をもたない。好中球などがもつのはToll様受容体である。

⑤　誤り。結核菌に対する反応は細胞性免疫なのでB細胞は関与しない。

⑦　誤り。マクロファージが抗原提示するのはヘルパーT細胞であり，好中球ではない。好中球は自然免疫にしか関与しないことも確認しておこう。

残った②・③・⑥・⑧・⑨・⑩を順番に並べなおすと，以下のようになる。

⑧　マクロファージが結核菌を貪食する。

③　マクロファージが結核菌を分解し，T細胞に結核菌の一部を提示する。

⑥　結核菌に反応する記憶T細胞が増殖する。

⑨　増殖した結核菌特異的に反応するT細胞がサイトカインを産生する。

②　サイトカインがマクロファージに作用する。

⑩　活性化されたマクロファージが殺菌作用を増強し結核菌の増殖を抑制する。

▶問(5)　問(3)の設問文中に「結核菌はマクロファージのような貪食細胞内に寄生する特徴がある」という記述があるので，抗体が産生されたとしても抗体が結核菌に直接作用することは不可能であることが読み取れる。よ

って，解答は結核菌はマクロファージの細胞内に寄生するので，抗体は直接結核菌に作用できないという趣旨の内容を述べればよい。

▶問(6) (i)・(ii) ヒトのMHC（主要組織適合抗原）はHLAとよばれる。HLAは，第6染色体にある近接した6つの遺伝子群によってつくられる。それぞれの遺伝子群には非常に多くの対立遺伝子が存在する。そのため，その対立遺伝子の組み合わせは膨大で，HLAの型が個体間で一致する確率は極めて低く，数百万〜数万分の1と言われている。したがって，両親が同じHLA遺伝子セットをもつ可能性は極めて低く，また，HLA遺伝子セットは染色体上で近接しているので組換えが起こりにくい。そのため，その両親から生まれる子供が両親から同じHLA遺伝子セットを受け継ぐ確率は，それぞれ50％の確率になり，$0.5 \times 0.5 \times 100 = 25$〔％〕となる。イメージしやすくするため，右表のような遺伝子型の掛け合わせを考えるといい。片親がもつHLA遺伝子セットの2つをAとBとし，もう片親がもつHLA遺伝子セットの2つをCとDとした場合，右表のようなHLA遺伝子セット組み合わせの子が生まれる。

	A	B
C	AC	BC
D	AD	BD

仮に，ひとりの子がACだった場合，兄弟姉妹の他の子がACである確率は$\frac{1}{4}$（25％）である。よって，生まれた兄弟姉妹同士が同じHLA遺伝子セットをもつ確率は25％であると結論できる。

▶問(7) (i) MHCがホモ接合であるA系統のMHCをAAとし，B系統のMHCをBBとすると，F_1のMHCの遺伝子型はABである。A系統，B系統，F_1間それぞれの移植を考えると以下のようになる。

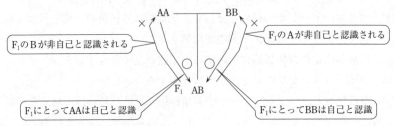

A系統間，B系統間，F_1間，A系統からF_1，B系統からF_1へ皮膚を移植した場合は，生着するが，それ以外の場合は拒絶反応が起こる。

(ii) 「交換皮膚移植をおこなった後，皮膚の脱落が移植後2週間で起きた」

とあるので，非自己と認識されたと判断でき，また，この移植実験の結果，移植片に対する免疫記憶が成立すると考えられる。したがって，以前移植したのと同じマウスから再び皮膚片を移植すると，記憶細胞による二次応答が起こって，より短期間で脱落が起こるはずである。皮膚移植に関わる免疫は細胞性免疫であることも確認しておこう。

3 **解答** 〔Ⅰ〕問(1) ア．インドール酢酸　イ．極性移動　ウ．青

問(2)　オーキシンの排出輸送体は，茎の細胞の基部側の細胞膜に偏在するため，細胞内に取り込まれたオーキシンは基部側から排出され，先端部から基部方向に一方向に移動する。(80字以内)

問(3)　(i)　a―×　b―○　c―×　d―○　e―○　f―×　g―○　h―×

(ii)　c・h

〔Ⅱ〕問(4)　③

問(5)　①

問(6)　②

〔Ⅲ〕問(7)　エ．脱　オ．カルス　カ．全能性（分化全能性，全形成能）

問(8)　⑥

問(9)　③

━━━━ ◀解　説▶ ━━━━

≪オーキシンの移動とはたらき，植物ホルモンのはたらき≫

◆〔Ⅰ〕▶問(1)　ア．植物ホルモンの１つであるオーキシンは，植物の伸長成長に関わる一群の化学物質の総称である。植物が合成する天然のオーキシンは，インドール酢酸という物質である。

イ．オーキシンは茎の先端部で合成され，茎の中を基部方向に移動して，下部（伸長部）の組織に作用する。このような方向性をもったオーキシンの移動は，極性移動とよばれる。

ウ．フォトトロピンは青色光受容体であり，気孔の開口や光屈性に関わっている。

▶問(2)　細胞へのオーキシンの取り込みは，細胞のどの部位でも起こるが，オーキシンの排出は細胞の基部側でのみ起こる。これは，オーキシンの排

出輪送体が細胞の基部側にのみ存在しているためである。その結果，細胞内に取り込まれたオーキシンは，先端部から基部方向に一方向に移動するという，極性移動が起こる。

▶問(3)　(i)　a～hの実験で光屈性が起こるかどうかを判断する。

a．屈曲しない。オーキシンは先端部で作られるが，先端部を切り取られてしまうとオーキシン合成が起こらないので，光に対する反応もみられなくなる。

b．屈曲が起こる。幼葉鞘の先端部を切り取ってすぐに元に戻す操作は，植物にとって大きな影響はない。再び元に戻された先端部でオーキシンが作られ，先端部内で光が当たる方向とは反対側に移動して，基部方向に移動する。この際，光が当たる側とは反対側の方がオーキシン濃度が高いため，よく伸長し，光の方向へ屈曲する。

c．屈曲しない。光屈性は，先端部で作られたオーキシンが，先端部内で光が当たる方向とは反対側に移動し，その濃度差が基部の伸長度合いを決める。しかし，先端部に光を通さない不透明なキャップをのせると，光とは反対側に移動するという現象が起こらないので，幼葉鞘はまっすぐ伸長する。

d．屈曲する。先端部が光を感知できるので，先端部でオーキシンが光が当たる側とは反対側に移動し，その状態で基部に移動するので，基部の成長に差が生じる。光を受容するのは基部ではなく，先端部であることを確認しよう。

e．屈曲する。オーキシンは水溶性物質である。先端部で光が当たる側とは反対側に移動したオーキシンは，先端部と基部の間にはさまれたゼラチン片内を通過して基部側に作用する。そのため，屈曲が起こる。

f．屈曲しない。先端部と基部の間に雲母片をはさむと，雲母片は物質を通さないので，先端部から基部側へのオーキシンの移動が起こらず，屈曲しない。また，伸長も起こりにくい。

g．屈曲する。雲母片を光が当たる方向と平行にはさんだ場合は，光が当たる側とは反対側に移動するオーキシンの移動を妨げることはない。よって，先端部で光が当たるのとは反対側にオーキシンは移動し，高濃度のオーキシンが光が当たらない側の基部に移動するので，光に対する屈曲が起こる。

東北大-理系前期　　　　　　　　　　　　　　　　　　2019 年度　生物〈解答〉　93

h．屈曲しない。雲母片を光が当たる方向と垂直にはさんだ場合は，光が当たる側とは反対側に移動するオーキシンの移動を妨げることになり，光が当たる側のオーキシンはそのまま基部側に移動する。光が当たらない側のオーキシンもそのまま基部方向に移動する。その結果，幼葉鞘はまっすぐ伸長する。

◆〔Ⅱ〕　▶問(4)　ジベレリンのはたらきに関して正しい文章を選ぶ。

①　誤り。果実の成熟を促進するホルモンはエチレンである。

②　誤り。気孔の閉鎖を促すホルモンはアブシシン酸である。

③　正しい。ジベレリン処理した子房は，受粉することなく子房が成長する。種なしブドウを作る際にジベレリンが用いられている。

④　誤り。葉の付け根に離層を形成させ，落葉を促すのはエチレンである。

⑤　誤り。食害を受けた植物が作る物質はジャスモン酸であり，昆虫の消化酵素（タンパク質分解酵素）のはたらきを阻害する。

⑥　誤り。植物の横方向への成長が促進されて茎が肥大する現象に関わるのは，エチレンである。

⑦　誤り。頂芽の成長が活発なときには，側芽の成長が抑えられる現象は頂芽優勢といい，頂芽から基部方向に送られてくる高濃度のオーキシンが側芽の成長を抑制する。

▶問(5)　結果 2 に関して，3 つの矮性品種 A，B，C と，野生型品種 D をそれぞれ交配すると，それぞれの雑種第一代は矮性を示さなかった（野生型となった）ということから，矮性品種 A，B，C の矮性の原因遺伝子は，野生型遺伝子に対して劣性であるとわかる。

結果 3 に関して，品種 A と品種 B を交配して生じる F_1 は矮性となったことから，品種 A と品種 B は同じ遺伝子 *SD1* に変異があることがわかる。*SD1* を s とおいて，図で示すと右のようである。

品種A　　　品種B
ss ─────── ss
│
F_1　ss

結果 4 に関して，品種 A と品種 C を交配して生じる F_1 は矮性とならなかった（＝野生型となった）ことから，品種 A と品種 C は異なる遺伝子に変異があることがわかる。*SD1* を s，品種 C のもつ変異遺伝子を c とおいて，図で示すと右のようである。

品種A　　　品種C
ssCC ─────── SScc
│
野生型
F_1　SsCc

品種 B と品種 C の交配結果は，結果 4 と同じになるはずである。よって，

94 2019 年度　生物〈解答〉　　　　　　　　　　　　　　　　　　　　東北大-理系前期

①（すべて野生型を示す）が正解となる。

▶問(6)　品種Aと品種Bは同じ遺伝子に変異があるので，F_1 も矮性になった。したがって，F_1 を自家受精させて得られる F_2 もすべて矮性になるはずである。よって，②（すべて矮性を示す）が正解となる。

◆〔Ⅲ〕　▶問(7)　エ・オ．植物の組織の一部をオーキシンとサイトカイニンや栄養分などを含む培地で培養すると，植物の細胞は脱分化して，未分化な細胞塊であるカルスを形成する。

カ．カルスを適当な植物ホルモン濃度の培地上に置くと，再び分化して根や葉ができ，完全な個体まで発生させることができる。このように，生物の一部の組織が完全な個体を形成する能力は全能性（分化全能性）とよばれる。

▶問(8)　文章中にクラウンゴールはカルスのような無秩序な細胞塊であること，オーキシンとサイトカイニンが合成されるためにクラウンゴールが形成されるという趣旨の内容があるので，植物体から切り取ったクラウンゴールは，必要な植物ホルモンは自身が合成し，必要となるのは栄養分だけであると判断できる。よって，⑥（栄養分は含まれるが植物ホルモンを含まない培地）が解答になる。

▶問(9)　サイトカイニンが合成できないと，オーキシンの作用が強く現れ，未分化なタバコ細胞から根が生じる。カルスは，サイトカイニンの作用が強いと，茎や葉が分化しやすくなり，オーキシンの作用が強いと，根が分化しやすくなることを知っておこう。

❖講　評

　2018 年度と同様，大問数は 3 題，試験時間は理科 2 科目で 150 分である。記述量は例年並みであり，比較的取り組みやすい問題が多く出題された。知識を説明する論述問題の割合が高い傾向は変わらないので，基本的な知識問題で取りこぼしをしないことが重要である。また，易しいデータではあるが，考察問題も多いので，論述問題への的確な対応力が問われる。ポイントを押さえた文章を手早くまとめる力を養っておきたい。

　①　遺伝子の変異と酵素，遺伝子頻度の計算，酵素反応と逆数プロットなど様々な内容を組み合わせた問題である。問(1)〜問(4)は標準的な内

容を問われているので，確実に得点したい。問(4)はヒントが本文中にある。問(5)は基本知識の空所補充であり，取りこぼさないようにしたい。問(6)は記されている遺伝子頻度の情報を理解して，計算に用いることができるかが問われている。落ち着いて計算できるようにしたい。問(8)は図に多くのヒントが記されており，基本的な知識の活用なので，落ち着いて取り組めるかどうかにかかっている。

[2]　免疫反応のしくみに関する基本的知識を問う出題である。問(1)は基本知識の空所補充である。問(2)は，落ち着いて計算すること。易しい設問である。問(3)・問(4)は免疫反応の流れを理解できているかを問う問題であるが，取り組みやすい内容なので，できるだけ得点したい設問である。問(5)は本文中に多くのヒントが記されているので，できるだけ得点したい。問(6)(ⅱ)は論述で手早く100字以内でまとめることができるかどうかが試されており，点差が出た論述であると思われる。問(7)は基本的な免疫の二次応答を問われている。

[3]　オーキシンの移動とはたらき，植物ホルモンのはたらきを扱った問題である。問(1)は基本的な空所補充である。問(2)はオーキシンの輸送に関して，少し踏み込んだ論述が書けるかどうかが試されている。知識論述だが，点差が開いたと思われる。問(3)は光屈性に関する基本問題で，確実に得点したい。問(4)はジベレリンのはたらきに関する基本問題である。問(5)・問(6)はジベレリン合成に関わる遺伝の問題であり，得点しやすい。問(7)は植物の組織培養に関する設問であり，基本的である。問(8)はクラウンゴールの培養に関するものであるが，ヒントが本文中にたくさんあるので，できるだけ得点に結びつけたい。

2019年度は2018年度などに比べると，全体的にやや易しい問題が出題された。例年，標準的な論述問題が多く含まれることから，要領よくまとめる練習や，計算問題の練習を積み，本番では時間配分に気をつけたい。

地学

1 解答

問1. ア．赤色巨星　イ．白色矮星　ウ．超新星爆発　エ．中性子星

問2. 主系列状態の滞在時間は，質量に比例し，光度に反比例する。したがって

$$t_2 = 100 \text{ 億年} \times \frac{2}{2^4} = 100 \text{ 億年} \times \frac{1}{8} = 12.5 \text{ 億年} \quad \cdots\cdots(答)$$

$$t_{0.5} = 100 \text{ 億年} \times \frac{0.5}{0.5^4} = 100 \text{ 億年} \times 8 = 800 \text{ 億年} \quad \cdots\cdots(答)$$

問3. (1)　0 %，50 %，100 %

(2)　作られた質量 $2M_\odot$ の恒星の個数を n 個とすると，質量 $1M_\odot$，$0.5M_\odot$ の恒星はそれぞれ $5n$ 個，$25n$ 個だから

$$M_G = 1M_\odot \times 5n \times \frac{50}{100} + 0.5M_\odot \times 25n \times \frac{100}{100}$$

$$= 2.5nM_\odot + 12.5nM_\odot = 15nM_\odot$$

$$L_G = 1^4 L_\odot \times 5n \times \frac{50}{100} + 0.5^4 L_\odot \times 25n \times \frac{100}{100}$$

$$= 2.5nL_\odot + \frac{25}{16}nL_\odot = 4.0625nL_\odot$$

$$\frac{15nM_\odot}{4.0625nL_\odot} = 3.69 \frac{M_\odot}{L_\odot} \fallingdotseq 3.7 \frac{M_\odot}{L_\odot} \quad \cdots\cdots(答)$$

(3)　質量が大きい恒星の表面温度は高く，ウィーンの変位則より，放射エネルギーが最大となる波長が短いため，青く見える。質量が大きい恒星は寿命が短いので，銀河 **B** には存在しても，銀河 **A** にはすでに含まれない。

◀ 解　説 ▶

≪恒星の一生と寿命，質量光度比≫

▶**問1.** ア・イ．主系列星の中心核で水素核融合が進むと，ヘリウムの核ができ，水素核融合がその外側へ移ることで，外層が膨張する。この膨張した段階を巨星というが，特に表面温度が低いものはウィーンの変位則から長波長の赤色に見える恒星となるため，赤色巨星という。赤色巨星の外

層のガスが放出されて残った中心部は，収縮して小さくなるが比較的高温なので，白色矮星という。

ウ・エ．質量が大きな恒星の最期に起こる爆発は，急に新しい星が誕生したように観測されることから超新星爆発というが，その際中心部は重力によってつぶされ，中性子だけでできた超高密度天体となるため，これを中性子星という。ブラックホールは，中性子星よりもさらに高密度で重力が大きく，光も外に出さない天体である。

▶問2．恒星が主系列状態に滞在する時間は，滞在中に恒星の中で核融合反応に消費される水素の質量を，単位時間あたりに核融合反応に消費される水素の質量で割ると求めることができる。単位時間あたりの消費量は放射エネルギーに比例し，放射エネルギーは光度に比例するので，質量の4乗に比例することになる。したがって，太陽を基準として主系列状態の滞在時間（寿命）を計算する場合，寿命は，質量÷（質量の4乗）に比例する（質量の3乗に反比例する）ことになる。

▶問3．(1) 年齢が125億年の銀河Aにおいて，恒星の誕生が銀河A誕生の50億年後までに限られるということは，75億年前以降は現在まで恒星が誕生していないということである。このことから，寿命が12.5億年の$2M_\odot$の恒星はすべて残っていないため，0％となる。また，寿命が800億年の$0.5M_\odot$の恒星は，すべてが寿命を迎えずに残っているため，100％となる。$1M_\odot$の恒星は寿命が100億年であるため，銀河A誕生から25億年間，すなわち100億年前までに誕生した恒星は寿命を迎えてしまっているが，25億年前から50億年前までの25億年間に誕生した恒星は残っている。よって，50億年間で誕生した恒星の半数が残っていることから，50％となる。

(2) 問題文より，3種類の恒星は$2M_\odot$：$1M_\odot$：$0.5M_\odot$が1：5：25の割合で誕生し，また，(1)より銀河Aには$2M_\odot$の恒星は残っておらず，$1M_\odot$が50％，$0.5M_\odot$が100％残っている。ここで，質量光度比の計算については，$\dfrac{\text{総質量 } M_\odot}{\text{総光度 } L_\odot}$を比で表せばよいので，$M_\odot$を各恒星の質量，誕生した個数，現在残っている割合の積を合わせたものとし，L_Gを各恒星の光度（質量の4乗に比例），誕生した個数，現在残っている割合の積を合わせたものとして考えればよい。

98 2019 年度　地学〈解答〉　　　　　　　　　　　　　　　　東北大-理系前期

(3)　ウィーンの変位則は，物体の表面温度（T〔K〕）と，放射エネルギーが最大となる波長（λ〔μm〕）は反比例にあるという法則で，式で表すと $\lambda T = 2900$ となる。可視光線は短波長側で青く，長波長側で赤いので，表面温度が高い恒星は青く見える。また，質量が大きい恒星ほど表面温度が高いため，青い恒星は質量が大きく，寿命が短い。

2 解答

問1．ア．三角　イ．GNSS（GPS）
　　　ウ．リアス海岸

問2．-2.3cm

問3．プレート境界のアスペリティにおいてプレート同士が固着していることで，通常は海洋プレートの沈み込みによって大陸プレートも沈降する。しかし，海溝型巨大地震が発生すると，アスペリティに蓄積されたひずみが解放され，大陸プレートが急激に隆起する。室戸岬は大陸プレート上にあるため，通常は沈降しているが，南海地震では大きく隆起した。

問4．海面付近での侵食によって海食台と海食崖が形成されるが，隆起が繰り返されると海食台が順次陸化し，新たな海食台が形成されるため。

━━━━━◀解　説▶━━━━━

≪地震に伴う地殻変動と地形≫

▶問1．イ．人工衛星を用いた全球の測位システムをまとめて，GNSS（Global Navigation Satellite System）という。以前は，その中でアメリカの GPS（Global Positioning System）のみが利用されていたため，人工衛星による測量は一般に GPS 測量と称されていたが，今現在ということであれば，GNSS 測量と称するべきである。ただし，この問いでの「現在」は人工衛星を利用する時代を示すものと解釈できるので，GNSS でもGPS でも可と考えてよいだろう。

ウ．沈降している地域では，河川によって侵食された地形が海面に没することで，海面上に残った尾根部が入り組んだ地形をつくる。これをリアス海岸という。

▶問2．表1より，Dを基準としたBの相対変動量が $+1.4$cm ということは，DはBに対して -1.4cm ということである。また，BはCに対して $+0.3$cm，CはAに対して -1.2cm である。したがって，Aを基準としたDの相対変動量は，BとCを介して，$(-1.4\text{cm}) + 0.3\text{cm}$

東北大-理系前期　　　　　　　　　　　　2019 年度　地学〈解答〉　*99*

$+(-1.2\text{cm})=-2.3\text{cm}$ となる。

▶問 3．海溝型地震は，海洋プレートの沈み込みに伴って大陸プレートが沈降し，はね上がる際に発生する。このとき，海洋プレートと大陸プレートの間に固着域（アスペリティ）があることによって大陸プレートがひきずられて沈降するため，アスペリティが急激にすべると大陸プレートが急激に隆起し，海溝型地震が発生することになる。室戸岬は大陸プレート上に位置するため，大陸プレートの挙動と合わせて考えればよい。

▶問 4．海水（波）の侵食作用によって，海面付近では平坦面である海食台と，切り立った海食崖がつくられるが，海面に対して相対的に隆起が起こると，海食台は離水して陸化し，海面付近では新たな海食台や海食崖がつくられる。隆起が繰り返されれば，この海食台と海食崖のセットの形成が繰り返されるので，階段状の地形が発達することになる。

3 **解答**　問 1．ア．鉄　イ．酸素　ウ．かんらん石　エ．輝石
　　　　　　オ．かんらん　（ウ・エは順不同）

問 2．誕生時の地球は高温で物質が融けた<u>マグマオーシャン</u>状態であり，<u>密度</u>の大きい金属は内側へ，密度の小さい岩石は外側へ移動した。

問 3．マントル上部でマグマが発生する際，かんらん岩の部分溶融によって，SiO_2 に富む融けやすい成分から選択的に融けるため。

問 4．斜長石は Ca に富むものと Na に富むものの固溶体であり，玄武岩に含まれる斜長石は Ca に富むが，流紋岩に含まれる斜長石は Na に富む。

◀解　説▶

≪地球の層構造，岩石や鉱物の化学組成≫

▶問 1．地球の岩石領域は主にケイ酸塩鉱物から成るため，地殻中で最も多い元素 2 種類は，酸素とケイ素である。主要造岩鉱物のうち，マグネシウムと鉄を含む有色鉱物には，かんらん石，輝石，角閃石，黒雲母があるが，マントル上部を構成する超苦鉄質岩である「かんらん岩」には，かんらん石と輝石が含まれる。

▶問 2．マグマオーシャンとは，微惑星の衝突による熱エネルギーによって高温だった誕生時の地球で，物質が融けた状態のことである。融けていたことによって，微惑星に含まれていた金属成分と岩石成分のうち密度の大きい金属は内側へ，密度の小さい岩石は外側へと移動することができた

ため，地球の層構造が形成された。

▶問3．現在の地球では，マントル上部でかんらん岩がすべて融ける温度となっていないため，かんらん岩中で融けやすい成分から融ける部分溶融が生じる。このとき，SiO_2 に富む（相対的に Mg や Fe に乏しい）成分の鉱物の方が融点が低く，選択的に融けるため，発生するマグマはかんらん岩よりも SiO_2 の割合が大きくなる。そのため，発生したマグマは SiO_2 の割合による分類上，玄武岩質マグマとなる。

▶問4．斜長石は灰長石（$CaAl_2Si_2O_8$），曹長石（$NaAlSi_3O_8$）の固溶体で，高温なマグマ中では Ca^{2+} に富む灰長石が晶出しやすく，低温下では Na^+ に富む曹長石が晶出する。

$\boxed{4}$ 解答 問1．ア．地温勾配　イ．30　ウ．日本海溝　エ．火山前線

問2．原因1：高温な状態だった地球誕生時から，内部に残っている熱。
原因2：岩石に含まれる放射性同位体の崩壊によって発生する熱。

問3．(1) $Q_cA_c + Q_oA_o = 0.065 \times 2.0 \times 10^8 \times 10^6 + 0.10 \times 3.1 \times 10^8 \times 10^6$
$= 1.3 \times 10^{13} + 3.1 \times 10^{13}$
$= 4.4 \times 10^{13}$〔W〕　……（答）

(2) $\dfrac{4.4 \times 10^{13}}{2.0 \times 10^8 \times 10^6 + 3.1 \times 10^8 \times 10^6} = \dfrac{4.4 \times 10^{13}}{5.1 \times 10^{14}}$
$= 0.0862$
$\fallingdotseq 8.6 \times 10^{-2}$〔$Wm^{-2}$〕　……（答）

問4．マントル内部で高温の領域は軟らかいため，地震波速度が遅くなる。一方，低温の領域は硬いため，地震波速度が速くなる。したがって，マントル内部を伝わる地震波速度の分布から，温度分布を推定することができる。

◀解　説▶

≪地球の熱エネルギー，地殻熱流量，マントル内部の温度分布≫

▶問1．太陽放射などの影響を受ける地表から数十mを除き，地球内部の温度は深度とともに上昇する。この割合を地温勾配ないしは地下増温率という。地温勾配と岩石の熱伝導率の積を地殻熱流量といい，地下から地表に伝わってくる熱量を示す。したがって，地殻熱流量は，マグマが上昇す

る海嶺や火山前線で高く，冷たいプレートが沈み込む海溝付近では低い。

▶問2．地球は誕生時に微惑星の衝突による熱エネルギーでマグマオーシャンの状態となっており，その熱が内部に残されている。また，岩石中に含まれる放射性同位体は自然壊変により熱を放出するため，これも地球の熱源となっている。

▶問3．発熱量は，平均的な地殻熱流量と面積の積で求められる。したがって，地球全体の発熱量は，$Q_c \times A_c + Q_o \times A_o$ となる。ただし，地殻熱流量の単位が Wm^{-2} であるのに対し，面積は km^2 で示されているので，単位をそろえる必要がある。また，地球全体での平均熱流量は，地球全体での総発熱量を，地球全体の面積で割ることで求められる。

▶問4．地震波は硬いと速く伝わり，軟らかいと遅く伝わる。同じ圧力下においては，岩石は温度が低いと硬く，高いと軟らかい。したがって，多くの地震波を観測し，マントル内部の地震波速度の分布を求められれば，硬さの分布，すなわち温度分布を求めることができる。この手法を，地震波トモグラフィーという。

---

5 **解答** 問1．海底が海嶺から離れて古くなるほど，リソスフェアが冷やされて密度が大きくなるため，アイソスタシーによって沈降する。北側に位置する海山ほど古い海底にあるため，海底の沈降により海山の水深も深くなる。

問2．海山列はプレートの運動方向に沿って配列するので，プレートの運動方向が北北西から西北西に変化して折れ曲がりが生じた。

問3．デトロイト海山と大覚寺海山について，図1より，緯度差は $51 - 31.5 = 19.5$ 度，年代差は $76Ma - 47Ma = 29Ma$ である。

よって

$$2 \times 3.14 \times (6370 \times 10^5) \times \frac{19.5}{360} \times \frac{1}{29 \times 10^6} = 7.47 \fallingdotseq 7.5 \,(\text{cm/年})$$

……(答)

問4．ハワイ-天皇海山列の火山や海山を構成する溶岩の残留磁気は，噴出したホットスポットにおける地磁気を記録している。地磁気の北極の位置が変化しないとすると，ホットスポットの移動によって残留磁気が変化することになるので，年代による残留磁気の変化を調べればよい。

102 2019 年度 地学〈解答〉　　　　　　　　　　　　　　　　東北大-理系前期

━━━━━━ ◀解　説▶ ━━━━━━

≪ホットスポットとプレートの運動≫

▶問1．プレートの運動によって，形成されたホットスポットから離れていく火山島の場合，海面上での侵食作用も標高変化に影響するが，海面下に没した海山では，海底の沈降が，水深が深くなる要因となる。海底を含む海洋プレート（海洋のリソスフェア）は，海嶺から離れるほど冷えて密度が大きくなり，厚くなるため，アイソスタシーによってアセノスフェアに沈む。そのため，海嶺から離れるほど海底は深くなる。

▶問2．ホットスポットが固定されているとすれば，海山の配列はプレートの運動のみによるものということなので，配列の折れ曲がりは，プレートの運動方向の変化によるものということになる。

▶問3．デトロイト海山と大覚寺海山はいずれもホットスポットで形成されてプレート運動によって移動したものなので，両者間の距離を形成年代の差で割れば，プレートの平均速度を求められる。ここでは海山列が同一経線に並んでいるものとみなすため，緯度差から距離を求められる。また，それぞれの形成年代差は，Ma が百万年単位を示す点に注意して求めればよい。なお，緯度差を 51 − 32 ＝ 19 度として計算した場合は 7.3cm/年となる。

▶問4．問題文中に地磁気の北極について示されていることがヒントとなる。溶岩が噴出し固化する際には，残留磁気が記録され，これを熱残留磁気という。地磁気の偏角や伏角は磁極に対する地点ごとに異なるため，磁極が変化しなければ，同じ地点で記録された残留磁気は，いつの時代でも同じになるはずである。たとえば，地磁気の伏角はおおむね緯度に依存するため，古地磁気の伏角から，溶岩が形成された緯度を求められる。ハワイ・ホットスポットに関しては，約 8000 万年前から 5000 万年前の間に南へ移動した可能性が示されている。また，ハワイ・ホットスポットに対して，太平洋プレート上の他地域のホットスポットでは同じ期間に緯度方向の移動が認められなかったことから，ホットスポットが個別に移動することが明らかにされている。

東北大-理系前期 2019 年度　地学〈解答〉　*103*

❖講　評

2019 年度は，例年どおり大問 5 題の出題で，試験時間は理科 2 科目で 150 分であった。論述問題は 2018 年度と同じく行数指定であり，語句を指定する出題もみられた。全体の難易度としては，2018 年度と同程度といえる。

1　恒星の寿命と質量光度比に関する出題。問 1 は空所補充の基本問題。問 2 も基本的な計算で，結果を問 3 に用いるためミスのないようにしたい。問 3 の計算は，題意を把握するのにやや手間取るかもしれないが，計算自体は容易である。また，論述は用語指定によって題意をとらえやすかった。

2　地震に伴う地殻変動に関する出題。問 1 は空所補充の基本問題。問 2 は簡易な計算であるが，正負に注意が必要であった。問 3 の論述は指定用語と行数がやや多いが基本的な内容であり，問 4 の論述も基礎レベルであった。

3　地球の層構造と岩石の組成に関する出題。問 1 は空所補充の基本問題。問 2 〜問 4 の論述はすべて 2 行以内の指定であり，基本的な事項を押さえておけばよいものであった。

4　地球内部の熱に関する出題。問 1 は空所補充の基本問題。問 2 も教科書記載の基本事項の確認であった。問 3 の計算もオーソドックスなもので，単位の換算を含めケアレスミスのないようにしたい。問 4 は「地震学的に」という指示から題意をとらえやすかった。

5　ホットスポットとプレート運動に関する出題。問 1 と問 2 は基本的な内容の論述であった。問 3 の計算は，細かい数値にやや手間取るかもしれないが，オーソドックスな内容であり，容易であった。問 4 は発展的な内容であるが，問題文中に示されたヒントにより考えやすくなっていた。

MEMO

 **MEMO**

 **MEMO**

2024年版
大学入試シリーズ

東北大学
理系−前期日程
理・医・歯・薬・工・農・経済〈理系〉学部

別冊
問題編

矢印の方向に引くと
本体から取り外せます

教学社

大学入試シリーズ

東北大学/理系-前期日程　別冊

目　次

問題編

2023年度	英　語 ……… 5	数　学 ……… 20	物　理 ……… 25
	化　学 ……… 38	生　物 ……… 51	地　学 ……… 68
2022年度	英　語 ……… 5	数　学 ……… 17	物　理 ……… 22
	化　学 ……… 38	生　物 ……… 51	地　学 ……… 68
2021年度	英　語 ……… 5	数　学 ……… 18	物　理 ……… 23
	化　学 ……… 37	生　物 ……… 50	地　学 ……… 64
2020年度	英　語 ……… 5	数　学 ……… 18	物　理 ……… 23
	化　学 ……… 35	生　物 ……… 49	地　学 ……… 65
2019年度	英　語 ……… 5	数　学 ……… 17	物　理 ……… 22
	化　学 ……… 33	生　物 ……… 48	地　学 ……… 67

※解答用紙は赤本ウェブサイト（akahon.net）に掲載しています。

2023年度

問題編

東北大-理系前期　　　　　　　　　　　　　　　　　2023 年度　問題　*3*

■前期日程

問題編

▶試験科目

学部・学科	教　科	科　　　目
経済（理系）・理・農	外国語	コミュニケーション英語Ⅰ・Ⅱ・Ⅲ，英語表現Ⅰ・Ⅱ
	数　学	数学Ⅰ・Ⅱ・Ⅲ・Ａ・Ｂ
	理　科	「物理基礎・物理」，「化学基礎・化学」，「生物基礎・生物」，「地学基礎・地学」から2科目選択
医 医	外国語	コミュニケーション英語Ⅰ・Ⅱ・Ⅲ，英語表現Ⅰ・Ⅱ
	数　学	数学Ⅰ・Ⅱ・Ⅲ・Ａ・Ｂ
	理　科	「物理基礎・物理」，「化学基礎・化学」，「生物基礎・生物」から2科目選択
保健	外国語	コミュニケーション英語Ⅰ・Ⅱ・Ⅲ，英語表現Ⅰ・Ⅱ
	数　学	〔看護学専攻〕 数学Ⅰ・Ⅱ・Ａ・Ｂ 〔放射線技術科学・検査技術科学専攻〕 数学Ⅰ・Ⅱ・Ⅲ・Ａ・Ｂ
	理　科	「物理基礎・物理」，「化学基礎・化学」，「生物基礎・生物」から2科目選択
歯	外国語	コミュニケーション英語Ⅰ・Ⅱ・Ⅲ，英語表現Ⅰ・Ⅱ
	数　学	数学Ⅰ・Ⅱ・Ⅲ・Ａ・Ｂ
	理　科	「物理基礎・物理」，「化学基礎・化学」，「生物基礎・生物」から2科目選択
薬・工	外国語	コミュニケーション英語Ⅰ・Ⅱ・Ⅲ，英語表現Ⅰ・Ⅱ
	数　学	数学Ⅰ・Ⅱ・Ⅲ・Ａ・Ｂ
	理　科	「物理基礎・物理」，「化学基礎・化学」

▶備　考

- 数学Bの出題範囲は「数列」,「ベクトル」とする。
- 医学部医学科では, このほか面接試験を行い, 医師としての適性を判断する。面接試験では, 小作文と面接を行う。小作文と出願書類は面接の参考に用いる。
- 医学部保健学科では, このほか面接試験を行い, 医療人としての適性を判断する。複数の面接員による評価を参考にして, 場合によっては, 複数回の面接をすることがある。
- 歯学部では, このほか面接試験を行い, 医療人としての適性を判断する。
- 医学部医学科では, 外国語でドイツ語, フランス語を選択することもできる（編集の都合上省略）。

▶配　点

学部・学科		外国語	数　学	理　科	面　接	合　計
経済（理系）・農		300	300	300		900
理		200	300	300		800
医	医	250	250	250	200	950
	保　健	200	200	200	150	750
歯		250	250	250	100	850
薬		300	400	400		1100
工		200	300	300		800

東北大-理系前期　　　　　　　　　　　　　2023 年度　英語　5

■■■英語■■■

（100 分）

I 次の英文を読み，下の問いに答えなさい。

'You can't code people, Millie. That's basically impossible.'

I was eleven, and arguing with my older sister. 'Then how do we all think?'

It was something I knew instinctively then, but would only come to understand properly years later: (A)<u>the way we think as humans is not so different from how a computer program operates.</u> Every one of you reading this is currently processing thoughts. Just like a computer algorithm, we ingest and respond to data — instructions, information and external stimuli. We sort that data, using it to make conscious and unconscious decisions. And we categorize it for later use, like directories within a computer, stored in order of priority. The human mind is an extraordinary processing machine, one whose awesome power is the distinguishing feature of our species.

We are all carrying a supercomputer around in our heads. But despite that, we get tripped up over everyday decisions. (Who hasn't agonized over what outfit to wear, how to phrase an email or what to have for lunch that day?) We say we don't know what to think, or that we are overwhelmed by the information and choices surrounding us.

That shouldn't really be the case when we have a machine as powerful as the brain at our disposal. If we want to improve how we make decisions, we need to make better use of the organ dedicated to doing just that.

Machines may be a poor substitute for the human brain — lacking its creativity, adaptability and emotional lens — but they can teach us a lot about how to think and make decisions more effectively. By studying the science of machine learning, we can understand the different ways to process information, and fine-tune our approach to decision making.

There are many different things computers can teach us about how to make decisions, which I will explore in this chapter. But there is also a singular, counter-intuitive lesson. To be better decision makers, we don't need to be more organized, structured or focused in how we approach and interpret information. You might expect machine learning to push us in that direction, but in fact the opposite is true. As I will explain, algorithms excel by their ability to be unstructured, to thrive *amid complexity and randomness and to respond effectively to changes in circumstance. By contrast, ironically, it is we humans who tend to seek conformity and straightforward patterns in our thinking, hiding away from the complex realities which machines simply approach as another part of the overall data set.

We need some of that clear-sightedness, and a greater willingness to think in more complex ways about things that can never be simple or straightforward. It's time to admit that your computer thinks outside the box more readily than you do. But there's good news too: it can also teach us how to do the same.

Machine learning: the basics

Machine learning is a concept you may have heard of in connection with another two words that get talked about a lot — artificial intelligence (AI). This often gets presented as the next big sci-fi nightmare. But it is merely a drop in the ocean of the most powerful computer known to humanity, the one that sits inside your head. The brain's capacity for conscious thought, intuition and imagination sets it apart from any computer program that has yet been engineered. An algorithm is incredibly powerful in its ability to *crunch huge volumes of data and identify the trends and patterns it is programmed to find. But it is also painfully limited.

Machine learning is a branch of AI. As a concept it is simple: you feed large amounts of data into an algorithm, which can learn or detect patterns and then apply these to any new information it encounters. In theory, the more data you input, the better able your algorithm is to understand and interpret equivalent situations it is presented with in the future.

Machine learning is what allows a computer to tell the difference between a cat and a dog, study the nature of diseases or estimate how much energy a household (and indeed the entire National Grid) is going to require in a given period. Not to mention its achievements in outsmarting professional chess and Go players at their own game.

These algorithms are all around us, processing unreal amounts of data to determine everything from what film Netflix will recommend to you next, to when your bank decides you have probably been *defrauded, and which emails are destined for your junk folder.

Although they *pale into insignificance to the human brain, these more basic computer programs also have something to teach us about how to use our mental computers more effectively. To understand how, let's look at the two most common techniques in machine learning: supervised and unsupervised.

Supervised learning

Supervised machine learning is where you have a specific outcome in mind, and you program the algorithm to achieve it. A bit like some of your maths textbooks, in which you could look up the answer at the back of the book, and the tricky part was working out how to get there. It's supervised because, as the programmer, you know what the answers should be. Your challenge is how to get an algorithm to always reach the right answer from a wide variety of potential inputs.

How, for instance, can you ensure an algorithm in a self-driving car will always recognize the difference between red and green on a traffic light, or what a pedestrian looks like? How do you guarantee that the algorithm you use to help diagnose cancer screens can correctly identify a tumour?

This is classification, one of the main uses of supervised learning, in which you are essentially trying to get the algorithm to correctly label something, and

8 2023 年度 英語   東北大-理系前期

to prove (and over time improve) its reliability for doing this in all sorts of real-world situations. Supervised machine learning produces algorithms that can function with great efficiency, and have all sorts of applications, but at heart they are nothing more than very fast sorting and labelling machines that get better the more you use them.

Unsupervised learning

By contrast, unsupervised learning doesn't start out with any notion of what the outcome should be. There is no right answer that the algorithm is instructed to pursue. Instead, it is programmed to approach the data and identify its *inherent patterns. For instance, if you had particular data on a set of voters or customers, and wanted to understand their motivations, you might use unsupervised machine learning to detect and demonstrate trends that help to explain behaviour. Do people of a certain age shop at a certain time in a certain place? What unites people in this area who voted for that political party?

In my own work, which explores the cellular structure of the immune system, I use unsupervised machine learning to identify patterns in the cell populations. I'm looking for patterns but don't know what or where they are, hence the unsupervised approach.

This is clustering, in which you group together data based on common features and themes, without seeking to classify them as A, B or C in a preconceived way. It's useful when you know what broad areas you want to explore, but don't know how to get there, or even where to look within the mass of available data. It's also for situations when you want to let the data speak for itself, rather than imposing pre-set conclusions.

(Adapted from C. Pang, *Explaining Humans: What Science Can Teach Us about Life, Love and Relationships*)

(注)

　*amid　～の中で

東北大-理系前期　　　　　　　　　　　　　　　　　　　　2023 年度　英語　*9*

＊crunch　（大量のデータを）高速処理する

＊defraud　金をだまし取る

＊pale into insignificance　（～に比べて）取るに足らない

＊inherent　内在する

問 1　下線部 (A) について，人間の思考とコンピュータ・プログラムの動作の類似
　　　点を，本文に即して 3 つ日本語で指摘しなさい。

問 2　下線部 (B) を日本語に訳しなさい。

問 3　下線部 (C) のように主張する理由を，本文に即して日本語で説明しなさい。

問 4　unsupervised learning に関係するものを，次の (ア)～(カ) の中から 3 つ選び，
　　　記号で答えなさい。

　　(ア)　classifying

　　(イ)　detecting trends in shopping

　　(ウ)　differentiating between red and green traffic lights

　　(エ)　grouping

　　(オ)　no outcome in mind

　　(カ)　preconceived outcome

問 5　本文の内容から正しいと判断できる英文を，次の (ア)～(オ) の中から 2 つ選
　　　び，記号で答えなさい。

　　(ア)　Machine learning tends to seek straightforward patterns in thinking,
　　　　　but humans do not.

　　(イ)　Machine learning is a subset of artificial intelligence that deals with
　　　　　pattern detection via large data sets processed by algorithms.

　　(ウ)　The human brain is a far less powerful information processing device than even basic computer programs.

(エ) Machine learning allows computers to defeat professional chess players, but not Go players.

(オ) We can learn how to make decisions more effectively by studying machine learning.

Ⅱ 次の英文を読み，下の問いに答えなさい。

What makes a man handsome — or beautiful? In past decades, the most famous icons of Western male beauty have been a rather narrow cohort — blue-eyed stars of the screen like Brad Pitt or Leonardo DiCaprio come to mind. But the idea of what the "perfect" male looks like is evolving as the film and fashion worlds embrace greater diversity, and the importance of representation is
(1)
understood by global brands.

All over the world, the idealised standard of the *sculpted male shape has
(ア)
rarely reflected the average man's body. However, social-media apps like TikTok are helping to change male beauty standards by showcasing men who
(イ)
previously would not have had a platform. British model, body-positive activist and TikTok star Ben James is changing the way we view larger men. In 2019, as a plus-sized model, he took part in an advertising campaign for clothing brand
(ウ)
Simply Be, appearing alongside other diverse models, and has worked with Ted Baker and Asos. James tells BBC Culture that his work "gives comfort and
(エ)
confident to boys and men alike. It tells them that they are wanted and they are worthy."

While plus-sized female stars such as Lizzo and model Ashley Graham have been widely celebrated, their male equivalents have been less in the spotlight.
(2)
However, recently Rihanna's lingerie brand Savage Fenty has helped to normalise and give a platform to larger men. Is this a sign of a growing
(A)
democratisation of male beauty? As Ben James puts it: "I'd like to see the

industry improved by having different body shapes used in never-before-seen ways. Why can't we have a 'dad bod' in a fragrance campaign, or a lead role in a film? The focus needs to shift from these unnaturally-attained physiques that even the actors themselves can't sustain."

Professor of anthropology at the University of Edinburgh, Alexander Edmonds, tells BBC Culture: "Due to the legacy of slavery and colonialism, Western images of the beautiful man have always been very white, and in the past, there were fewer barriers for this to change but this may be happening now." Black supermodels like Tyson Beckford and Alton Mason regularly grace the covers of *GQ* and other magazines, and the fashion world is gradually becoming more diverse, perhaps in part because global social changes such as the Black Lives Matter movement have made brands recognise the need for diversity.

"Stereotypical male aesthetics and behaviours are changing," says Edmonds. "They're no longer the ideal for younger people. Generation Z *champion androgyny. This is happening a lot in East Asia, especially in South Korean pop culture." In South Korea, the ideal has become more feminine, with the rise of K-Pop bands such as BTS, known for their vibrant hair and make-up. This type of beauty would be deemed unorthodox by traditional Western standards — but is now widely sought after and highly influential in mainstream media.

And as with every ethnicity, East Asian beauty standards are also diverse. US-Korean model Dae Na says: "When I first started, there was a handful of Asian models but now you see multiples. Exponentially, it just kind of grew as the industry geared more towards Asian buyers or the Asian market." With a large population of high-net-worth individuals in Asia, brands want to make models like Dae the face of their campaigns, to create a connection with consumers.

（中略）

And the conventional notion of the Mediterranean "tall, dark and handsome" type is still in demand, despite growing diversity. The phrase came to use in

Europe in the early 1900s, and then was commonly used in Hollywood during the 1920s to describe Italian star Rudolph Valentino. It has remained a frequently used idiom, although the exact meaning and inference of "tall, dark and handsome" is now more closely <u>scrutinised</u> and debated. Anthropologist Shafee Hassan tells BBC Culture: "Mediterranean men have a huge advantage in having dark eyebrows and dark facial hair. You can grow a full beard... dark hair is associated with *virility." Beautiful by these standards is Italian actor Michele Morrone. From Puglia, Southern Italy, he was working until last year as a gardener in Rome and auditioning for acting roles. His life changed overnight when he was cast as the lead in Netflix film *365 Days*, which became one of the most-watched films on the platform of 2020. He plays the smouldering Mafia boss Massimo, a figure of fantasy for his many fans.

Morrone tells BBC Culture: "I can't deny my looks helped me in getting the role, because I fit the exact characteristics of Massimo; he's tall with brown hair. But if they chose another actor, would it be the same? You can have the look but if you don't know how to dance..." According to Morrone, he initially found it hard to get acting work because of his looks. "It's very difficult for a good-looking guy to get work as a serious actor because people think to be an actor you should not be this good looking. I don't know why they have this concept. I had a casting every week for 10 years. I did not get the roles."

Yet despite the continuing success of the traditionally handsome, the norm of the male beauty standard is opening up. Older models have seen a significant rise in popularity. Of course, we're used to conventionally handsome "silver foxes" such as Pierce Brosnan and George Clooney gracing our screens, but now older male models are frequently used in advertising campaigns and on *runways, among them Anthony Varrecchia, Wang Deshun (who became known as "China's hottest grandpa"), Ron Jack Foley and Lono Brazil. The 87-year-old model René Glémarec appeared, along with his 86-year-old wife Marie-Louise, at Paris fashion week dressed in gender-neutral clothes made by his grandson Florentin Glémarec.

東北大-理系前期   2023 年度　英語　*13*

The male model Orlando Hobechi recently told *The Guardian*: "About four years ago I noticed an increase in the use of older models. Suddenly there was interest in older people's stories." Longer lifespans have made the difference, according to Hobechi. "Age isn't the *turn-off it used to be. Over the last 30 years, we've seen cool young people age — you can be older now and still cool and relevant... People want to see people who look like themselves represented."
                         (C)
(Adapted from Myra Ali, "What does the perfect man look like now?" *BBC Culture*, July 8, 2021)

（注）

　　*sculpted　彫りの深い

　　*champion androgyny　両性具有性(男女両方の特長を合わせもつこと)を擁護・
　　　　　　　　　　　　　　支持する

　　*virility　男らしさ

　　*runway　ファッションショーでモデルが歩く細長いステージ

　　*turn-off　興味を失わせるもの

問 1　第 2 段落の下線部㈠～㈢のうち，文法的な間違いを含むものを 1 つ選び，
　　記号で答えなさい。

　　㈠　has rarely reflected

　　㈡　are helping to change

　　㈢　an advertising campaign

　　㈣　gives comfort and confident

問 2　下線部(A)はどのような現象なのか，文章全体をふまえて日本語で説明しな
　　さい。

問 3　下線部(B)の They の内容に当てはまるものを，次の㈠～㈢の中から 1 つ選
　　び，記号で答えなさい。

14 2023 年度 英語   東北大-理系前期

(ア) Western images of the beautiful man

(イ) black supermodels

(ウ) *GQ* and other magazines

(エ) brands

問 4 Michele Morrone について，本文の内容と一致するものを，次の (ア)〜(エ) の中
　　から 1 つ選び，記号で答えなさい。

(ア) He had some real-life experience of being a mafia boss in Southern Italy.

(イ) He is categorized into the Mediterranean "tall, dark and handsome"
　　type.

(ウ) He played a role of gardener in his debut Netflix movie *365 Days*.

(エ) He is one of the older actors, who are gaining more popularity.

問 5 下線部 (C) は具体的に何を主張しているのか，本文に即して日本語で説明し
　　なさい。

問 6 下線部 (1)〜(4) の意味と最も近い意味をもつ語を，それぞれ (ア)〜(エ) の中から
　　1 つ選び，記号で答えなさい。

(1) embrace   (ア) enlist   (イ) require

　　　　　　　　　　　(ウ) accept   (エ) emerge

(2) equivalents   (ア) connections   (イ) celebrities

　　　　　　　　　　　(ウ) equalities   (エ) counterparts

(3) legacy   (ア) tradition   (イ) importance

　　　　　　　　　　　(ウ) reason   (エ) revolt

(4) scrutinised   (ア) defined   (イ) deduced

　　　　　　　　　　　(ウ) examined   (エ) related

東北大-理系前期   2023 年度 英語 *15*

Ⅲ   Read the conversation below between Charles and Rebecca and answer
questions 1) and 2) at the end of the passage.

Charles: Hi Rebecca, can I ask you a favor?

Rebecca: Sure, what can I do for you?

Charles: You work at the coffee shop on campus, don't you? Do you think you
could ask your boss if he is hiring?

Rebecca: Sure! Are you looking for a job? I thought you got a loan to help
pay for tuition.

Charles: Well, I thought I could get one, but it   ①   that my father makes too
much money, so I didn't qualify.

Rebecca: Oh, well then can't you ask your father to help pay for some of your
tuition?

Charles: I suppose I could, but my brother is also in college right now, and I
don't want to burden him. I decided that it would be better for me to get a
part-time job anyway. If I take out an expensive loan now, I will   ②
paying a lot of interest on the loan, so if possible, I want to pay for school
myself.

Rebecca: Wow, that's certainly ambitious of you. But I'm worried that you'll
have to work too much and won't be able to focus on your studies.

Charles: I know what you mean, and I think you're right that it will be very
difficult at first. But if I can just   ③   the first year, I think I will be okay.
The first year we have a lot of classes, but we have far fewer the second
year, and in my department, third- and fourth-year students do a lot of
independent research, which means that I can decide my own schedule.

Rebecca: That might be true, but just because you have control of your
schedule, that doesn't mean that you have less work to do. Are you sure
you're going to have the time to do everything?

Charles: I think so! If I don't participate in any club activities and focus just
on studying and work, I should be fine.

16 2023 年度 英語　　　　　　　　　　　　　　　　　　　　東北大-理系前期

Rebecca: You aren't going to do any club activities? Didn't the soccer club offer to make you a starting player for their team?

Charles: They did, but I haven't given them an answer yet...

Rebecca: You might want to tell them soon. I think they are expecting you to join the team because of your experience playing in high school.

Charles: You're right, I had better ___④___ their offer soon so that they have enough time to find a replacement.

Rebecca: I suppose that's the best thing for the soccer team, but... don't you think you should spend at least a little bit of your time doing something you like?

Charles: I'll have plenty of time for that after school.

Rebecca: I guess...

1) What phrase most likely goes in each of the blanks? Choose the letter of the best answer and write it on your answer sheet.

　　① (A) turned through　　　　　　(B) came through

　　　　(C) turned out　　　　　　　　(D) came by

　　② (A) wind up　　　　　　　　　(B) get up

　　　　(C) have up　　　　　　　　　(D) make up

　　③ (A) get on　　　　　　　　　　(B) come up

　　　　(C) get through　　　　　　　(D) make across

　　④ (A) take on　　　　　　　　　(B) flip over

　　　　(C) go out　　　　　　　　　　(D) turn down

2) Imagine that you want to have a part-time job during your first year at university but only the following three are available. Which one would you

東北大-理系前期 2023 年度 英語 **17**

choose and why? Give at least three reasons based on the information in the chart and support each reason with at least one personal detail. Your response should be written in English and at least 80 words long.

Characteristic	Convenience Store	Restaurant	Bookstore
Hourly Wage	1,200 yen	1,200 yen	900 yen
Working Hours	4 A.M. ～ 8 A.M. (4 hours)	10 A.M. ～ 3 P.M. (5 hours)	6 P.M. ～ 10 P.M. (4 hours)
Schedule	Monday, Friday	Saturday, Sunday	Tuesday, Wednesday, Thursday
Benefits	None	1 free meal per shift	Includes transportation fee, 10% store discount
Travel to University	10 minutes (walking)	30 minutes (train)	20 minutes (bus)
Travel Home	10 minutes (walking)	20 minutes (train)	30 minutes (walking)

Ⅳ 次の文章を読み，下の問いに答えなさい。

　現代の学びは急速に変わりつつある。知識は人に学ばなくても，本を読まなくても，インターネットですぐに入手できる。だから，学生は知識を学びに大学に来る必要はない。では，何を学びに来るのか。いまの時代にわかっていることではなく，わからないことは何かを知るために，そして自分と異なる個性を持った人との出会いを通して自分の可能性と向き合うために来るのである。インターネットを通じて既知のものは手に入るが，未知のものはわからない。この世界はまだ多くの未知のことが眠っている。それは，適切な問いを立てなければ見えてこない。

　大学の教員とは，自らの研究を通じてその問いを立て続けてきた経験者である。それらの問いに対する答えはインターネットではなく，それぞれの研究者の中にある。それを学んで自分の問いを立て，自分の答えを見つける。それが自分のアイデンティティになり，自分の可能性を導いてくれる。大学の学びとは，用意された問いと答えの中に自分を見つけるのではなく，未知の世界の中に未知の自分を発見す

18　2023 年度　英語　　　　　　　　　　　　　　　　　　東北大-理系前期

る作業なのだ。大学という環境，教職員，そして学友たちがそれを後押ししてくれる。

　だから，大学の教員は自分の学問分野の中でこれまで立てられた問いや答えとともに，自分独自の問いと答えを持っていなければならない。大学の教員には教員免許はない。研究者であるという自負と実績があるだけである。その理由は，小中高の教育のように既存の知識を教えるのではなく，未知の答えにたどり着く方法を教え，未知の自分に出会う道へと学生を送り出すことが求められているからだ。そのために，大学の教員は常に自分の学問分野の広がりと深さについて熟知し，自分も未知への挑戦を続けていなくてはならない。大学教育で学んだ学生は，これから社会に順応するだけではなく，これから新しい社会や世界を作っていかねばならない。大学はその可能性を広げる場である。

　　　　　(山極寿一『京大というジャングルでゴリラ学者が考えたこと』より一部改変)

問 1　下線部(A)の英訳として最も適切な文となるように，次の(ア)～(コ)から 8 つを
　　　選び，並べ替えて，英文を完成させなさい。解答は空欄(　①　)(　②　)
　　　(　③　)に入るものを記号で答えなさい。同じ選択肢を複数回使用しないこ
　　　と。

　　　We can easily obtain knowledge on the Internet (　　　)(　①　)(　　　)
　　　learn (　②　)(　　　)(　③　)(　　　)(　　　).

　　　(ア) books　　(イ) without　　(ウ) to　　(エ) and　　(オ) from　　(カ) or
　　　(キ) others　　(ク) having　　(ケ) read　　(コ) have

問 2　下線部(B)を英語に訳しなさい。

問 3　下線部(C)の内容から正しいと判断できるものを，次の(ア)～(エ)の中から 1 つ
　　　選び，記号で答えなさい。

　　　(ア)　University teachers are asked to help students by teaching them how to

東北大-理系前期   2023 年度　英語　*19*

answer unsolved questions and guide them to discovering unknown parts of themselves.

(イ)　University teachers are asked to send away students who have answered unsolved questions and guided themselves to discovering unknown parts of themselves.

(ウ)　University teachers are asked to help students by teaching them the answers to unsolved questions and how to journey by themselves.

(エ)　University teachers are asked to send away students who have learned the answers to unsolved questions and know how to journey by themselves.

■数学■

◀経済(理系)・理・医(医・保健〈放射線技術科学・
　検査技術科学〉)・歯・薬・工・農学部▶

(150 分)

$\boxed{1}$　赤玉 4 個と白玉 5 個の入った，中の見えない袋がある。玉はすべて，色が
区別できる他には違いはないものとする。A，B の 2 人が，A から交互に，袋から
玉を 1 個ずつ取り出すゲームを行う。ただし取り出した玉は袋の中に戻さない。A
が赤玉を取り出したら A の勝ちとし，その時点でゲームを終了する。B が白玉を
取り出したら B の勝ちとし，その時点でゲームを終了する。袋から玉がなくなっ
たら引き分けとし，ゲームを終了する。

(1) このゲームが引き分けとなる確率を求めよ。

(2) このゲームに A が勝つ確率を求めよ。

$\boxed{2}$　関数 $f(x) = \sin 3x + \sin x$ について，以下の問いに答えよ。

(1) $f(x) = 0$ を満たす正の実数 x のうち，最小のものを求めよ。

(2) 正の整数 m に対して，$f(x) = 0$ を満たす正の実数 x のうち，m 以下のもの
　の個数を $p(m)$ とする。極限値 $\displaystyle\lim_{m \to \infty} \frac{p(m)}{m}$ を求めよ。

東北大-理系前期   2023 年度　数学　*21*

$\boxed{3}$　s を実数とし，数列 $\{a_n\}$ を

$$a_1 = s, \quad (n+2)a_{n+1} = na_n + 2 \quad (n = 1, 2, 3, \cdots)$$

で定める。以下の問いに答えよ。

(1) a_n を n と s を用いて表せ。

(2) ある正の整数 m に対して $\displaystyle\sum_{n=1}^{m} a_n = 0$ が成り立つとする。s を m を用いて
　　表せ。

$\boxed{4}$　実数 $a = \dfrac{\sqrt{5}-1}{2}$ に対して，整式 $f(x) = x^2 - ax + 1$ を考える。

(1) 整式 $x^4 + x^3 + x^2 + x + 1$ は $f(x)$ で割り切れることを示せ。

(2) 方程式 $f(x) = 0$ の虚数解であって虚部が正のものを α とする。α を極形式
　　で表せ。ただし，$r^5 = 1$ を満たす実数 r が $r = 1$ のみであることは，認めて
　　使用してよい。

(3) 設問 (2) の虚数 α に対して，$\alpha^{2023} + \alpha^{-2023}$ の値を求めよ。

$\boxed{5}$　四面体 OABC において，$\vec{a} = \overrightarrow{OA}$, $\vec{b} = \overrightarrow{OB}$, $\vec{c} = \overrightarrow{OC}$ とおき，次が成り
立つとする。

$$\angle AOB = 60°, \quad |\vec{a}| = 2, \quad |\vec{b}| = 3, \quad |\vec{c}| = \sqrt{6}, \quad \vec{b} \cdot \vec{c} = 3$$

ただし $\vec{b} \cdot \vec{c}$ は，2 つのベクトル $\vec{b}$ と $\vec{c}$ の内積を表す。さらに，線分 OC と線
分 AB は垂直であるとする。点 C から 3 点 O, A, B を含む平面に下ろした垂線を
CH とし，点 O から 3 点 A, B, C を含む平面に下ろした垂線を OK とする。

(1) $\vec{a} \cdot \vec{b}$ と $\vec{c} \cdot \vec{a}$ を求めよ。

(2) ベクトル $\overrightarrow{OH}$ を $\vec{a}$ と $\vec{b}$ を用いて表せ。

(3) ベクトル $\vec{c}$ とベクトル $\overrightarrow{HK}$ は平行であることを示せ。

$\boxed{6}$ 関数 $f(x) = -\dfrac{1}{2}x - \dfrac{4}{6x+1}$ について，以下の問いに答えよ。

(1) 曲線 $y = f(x)$ の接線で，傾きが 1 であり，かつ接点の x 座標が正であるものの方程式を求めよ。

(2) 座標平面上の 2 点 $\mathrm{P}(x, f(x))$, $\mathrm{Q}(x+1, f(x)+1)$ を考える。x が $0 \leqq x \leqq 2$ の範囲を動くとき，線分 PQ が通過してできる図形 S の概形を描け。また S の面積を求めよ。

東北大-理系前期　　　　　　　　　　　　　　　　　　　2023 年度　数学　23

◀医〈保健〈看護学〉〉学部▶

（100 分）

$\boxed{1}$　赤玉 4 個と白玉 5 個の入った，中の見えない袋がある。玉はすべて，色が区別できる他には違いはないものとする。A，B の 2 人が，A から交互に，袋から玉を 1 個ずつ取り出すゲームを行う。ただし取り出した玉は袋の中に戻さない。A が赤玉を取り出したら A の勝ちとし，その時点でゲームを終了する。B が白玉を取り出したら B の勝ちとし，その時点でゲームを終了する。袋から玉がなくなったら引き分けとし，ゲームを終了する。

(1) このゲームが引き分けとなる確率を求めよ。

(2) このゲームに A が勝つ確率を求めよ。

$\boxed{2}$　平面上の半径 1 の円 C の中心 O から距離 4 だけ離れた点 L をとる。点 L を通る円 C の 2 本の接線を考え，この 2 本の接線と円 C の接点をそれぞれ M, N とする。以下の問いに答えよ。

(1) 三角形 LMN の面積を求めよ。

(2) 三角形 LMN の内接円の半径 r と，三角形 LMN の外接円の半径 R をそれぞれ求めよ。

$\boxed{3}$　a を実数とし，2 次関数 $f(x) = x^2 + 2ax - 3$ を考える。実数 x が $a \leqq x \leqq a+3$ の範囲を動くときの $f(x)$ の最大値および最小値を，それぞれ $M(a)$ および $m(a)$ とする。以下の問いに答えよ。

(1) $M(a)$ を a を用いて表せ。

(2) $m(a)$ を a を用いて表せ。

(3) a がすべての実数を動くとき，$m(a)$ の最小値を求めよ。

$\boxed{4}$ 関数 $f(x)$ に対して，座標平面上の 2 つの点 $\mathrm{P}(x, f(x))$, $\mathrm{Q}(x+1, f(x)+1)$ を考える。実数 x が $0 \leqq x \leqq 2$ の範囲を動くとき，線分 PQ が通過してできる図形の面積を S とおく。以下の問いに答えよ。

(1) 関数 $f(x) = -2|x-1| + 2$ に対して，S の値を求めよ。

(2) 関数 $f(x) = \dfrac{1}{2}(x-1)^2$ に対して，曲線 $y = f(x)$ の接線で，傾きが 1 のものの方程式を求めよ。

(3) 設問 (2) の関数 $f(x) = \dfrac{1}{2}(x-1)^2$ に対して，S の値を求めよ。

物理

（2 科目 150 分）

1 地球からの万有引力を受けて運動する小球の運動を考える。地球は点 O を中心とする質量 M，半径 R の一様な密度の球で，自転や公転，大気の影響はないものとする。万有引力定数を G として，以下の問(1)～(4)に答えよ。解答は解答用紙の所定の場所に記入せよ。また，結果だけでなく，考え方や計算の過程も説明せよ。

問(1) 図 1 のように，質量 m の小球が，地表からの高さ h の軌道を保ったまま，点 O を中心とする円運動をしている。

   (a) 小球にはたらく万有引力の大きさ F_1 を，G，m，M，h，R を用いて表せ。

   (b) 小球の速さ V を，G，m，M，h，R の中から必要なものを用いて表せ。

   (c) 小球の円運動の周期 T_1 を，G，m，M，h，R の中から必要なものを用いて表せ。

問(2) 図 2 のように，地球の中心 O を通る直線状のトンネルを作った。トンネルは十分に細く，これによる地球の質量の変化は無視できるものとする。質量 m の小球をトンネルの入り口の点 A から静かにはなした後の小球の運動について考える。小球とトンネルとの間に摩擦はなく，小球には地球との万有引力のみがはたらくものとする。

   地球の中心 O から距離 $r(r \leqq R)$ の位置にある小球が地球から受ける万有引力は，中心 O から半径 r の球内の質量 M' が点 O に集まったとして，それと小球が受ける万有引力に等しく，半径 r の球の外側の部分は，この位置での重力には無関係であることが知られている。

(a) 半径 r の球内の質量 M' が，$M' = \dfrac{r^3}{R^3} M$ となることを示せ。

(b) 小球が地球の中心 O から距離 $r(r < R)$ の位置にあるとき，小球にはたらく万有引力の大きさ F_2 を，G，m，M，r，R を用いて表せ。

(c) 小球は単振動をする。単振動の周期 T_2 を，G，m，M，r，R の中から必要なものを用いて表せ。

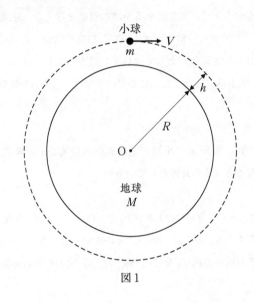

図1

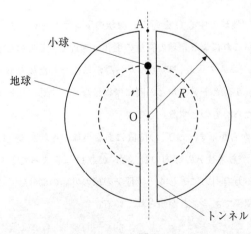

図2

東北大-理系前期 2023 年度　物理　27

問(3)　図 3 のように，点 A の位置から距離 h の高さに点 H をとる。小球を点 H から静かにはなし，地球の中心 O まで落下させる。

(a)　小球が点 H から点 A まで落下する間に万有引力がする仕事 W_1 を，G，m，M，R，h を用いて表せ。

(b)　小球が点 A からトンネルを通り，地球の中心 O まで落下する間に万有引力がする仕事 W_2 を，G，m，M，R，h の中から必要なものを用いて表せ。

(c)　問(3)(a) および問(3)(b) の結果に，仕事と運動エネルギーの関係を用いて，地球の中心 O における小球の速さ v を，G，m，M，R，h の中から必要なものを用いて表せ。

(d)　地球の中心 O から距離 $r(r < R)$ の位置における万有引力による位置エネルギー U を，G，m，M，r，R を用いて表せ。ただし，位置エネルギーの基準点は無限遠とする。

問(4)　図 4 のように，点 A から小球 1 を速さ V_0 で水平に投射すると同時に，もう 1 つの同じ質量の小球 2 を点 A から静かにトンネル内に落下させた。この時刻を $t = 0$ とする。小球 1 および小球 2 は，紙面内で運動し，時刻 t_0 に地球の反対側の点 B において弾性衝突した。

　衝突直後に小球 1 が静止した場合，小球 1 および小球 2 について中心 O からの距離 r の時間変化を表すグラフを，それぞれ，図 5 の(あ)～(く)の中から一つ選び記号で答えよ。また，その記号を選んだ理由を説明せよ。

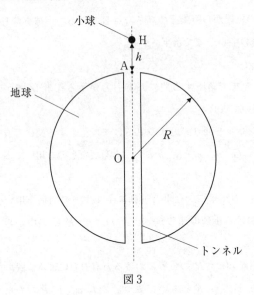

図 3

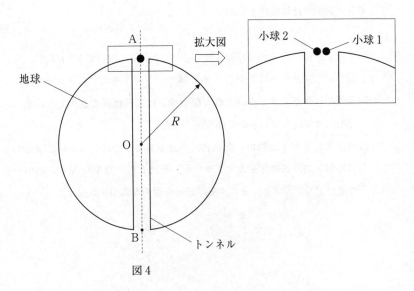

図 4

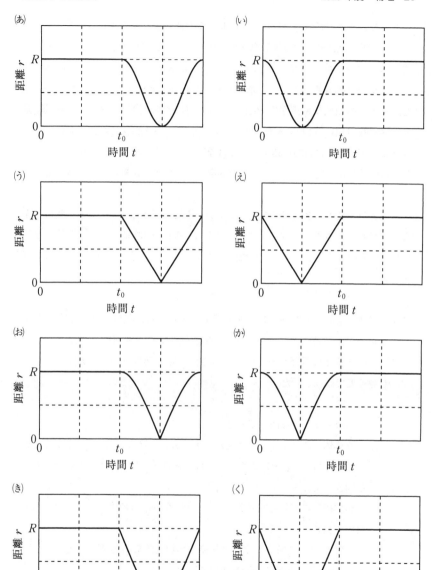

図5

30 2023 年度 物理 　　　　　　　　　　　　　　　　　　東北大-理系前期

2　　図1のように，互いに平行な2本のレールが間隔 ℓ で配置されている。2本の
　　レールは電気抵抗が無視できる導体でできている。これらの2本のレール上に，
　　質量 m，電気抵抗 r の導体棒1がレールに対し垂直に置かれている。導体棒1
　　はレールから外れることなく，なめらかにレールに沿って平行移動できる。ま
　　た，すべての領域に磁束密度 $B(B>0)$ の一様かつ時間的に変動しない磁場（磁
　　界）が紙面に対して垂直に表から裏向きにかかっている。レールは十分に長く，
　　導体棒1がレールの右端に達することはない。レールと導体棒1の接点における
　　電気抵抗は無視してよい。また，自己誘導や空気による影響は無視できるものと
　　する。
　　　力および速度の向きは右向きを正とする。また，導体棒1に流れる電流は下か
　　ら上に流れる向きを正とする。このとき以下の問(1)〜(3)に答えよ。解答は解答
　　用紙の所定の場所に記入せよ。また，結果だけでなく，考え方や計算の過程も説
　　明せよ。

　問(1)　図2のように，レールの右側の端子にそれぞれ電気抵抗 r の抵抗 A およ
　　　　び抵抗 B，スイッチ，起電力 E_0 の電池からなる電気回路が接続されてい
　　　　る。導体棒1に外部から力をかけ続け，一定の速度 $v_0(v_0>0)$ でレール上
　　　　を等速度で運動させた。

　　　(a)　はじめスイッチは開いていた。
　　　　(ⅰ)　導体棒1に発生する誘導起電力 E を，v_0，B，ℓ，m，r の中から必要
　　　　　　なものを用いて表せ。ただし，E は導体棒1中に正の電流を流そうとす
　　　　　　る向きを正とする。
　　　　(ⅱ)　導体棒1に流れる電流 I_1 を，v_0，B，ℓ，m，r の中から必要なものを
　　　　　　用いて表せ。
　　　　(ⅲ)　速度を一定に保つように導体棒1へ加えている力 F を，v_0，B，ℓ，
　　　　　　m，r の中から必要なものを用いて表せ。

　　　(b)　次にスイッチを閉じた。このとき抵抗 A に流れる電流 I_A，および抵抗
　　　　B に流れる電流 I_B を，E，E_0，r を用いて表せ。ただし，I_A，I_B は図2の
　　　　矢印の向きに流れる場合を正とする。

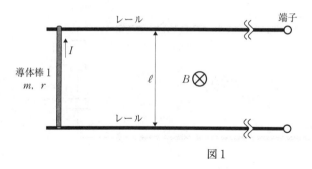

図1

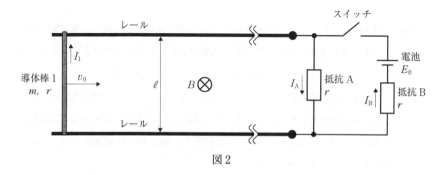

図2

問(2) 図3のように，レールの右側の端子に電気抵抗 R の抵抗と電気容量 C のコンデンサーが接続されている。はじめコンデンサーには電荷がない状態で，導体棒1に外部から力をかけ続け，一定の速度 $v_0(v_0 > 0)$ でレール上を等速度で運動させた。

(a) 十分に時間が経過した後に，導体棒1に流れる電流 I_2 は0となった。このときコンデンサーに蓄えられた電気量の大きさ Q を，v_0, B, ℓ, m, r, R, C の中から必要なものを用いて表せ。

(b) 導体棒1が等速度運動を始めてから $I_2 = 0$ となるまでの間に，電気抵抗 R の抵抗で発生したジュール熱 J を，v_0, B, ℓ, m, r, R, C の中から必要なものを用いて表せ。

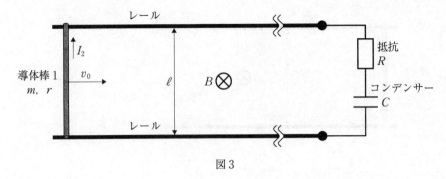

図3

問(3) 図4のように，2本のレールの上に，質量 $2m$，電気抵抗 r の導体棒2がレールに対し垂直に置かれている。導体棒2もレールから外れることなく，なめらかにレールに沿って平行移動できる。また，導体棒1と同様に，レールと導体棒2の接点における電気抵抗は無視してよい。導体棒1と導体棒2は互いに十分離れており，接触しないものとする。また，レールの右端は開放されている。導体棒2が静止した状態で，導体棒1に初速度 $v_0 (v_0 > 0)$ を与え，レールの上をすべらせた。

(a) 導体棒1および導体棒2の速度がそれぞれ v_1 および v_2 のとき，導体棒1に流れる電流 I_3 を，v_1, v_2, B, ℓ, m, r の中から必要なものを用いて表せ。

(b) 問(3)(a)の状態から微小時間 Δt が経過した。このとき導体棒1および導体棒2の速度はそれぞれ $v_1 + \Delta v_1$ および $v_2 + \Delta v_2$ になった。力積と運動量変化の関係を用いて，Δv_1 および Δv_2 を，それぞれ $\Delta t, I_3, B, \ell, m, r$ の中から必要なものを用いて表せ。ただし，Δt の時間内における電流 I_3 の変化量は小さく無視できるものとする。

(c) 十分に時間が経過した後に，導体棒1および導体棒2の速度はそれぞれ一定速度 V_1 および V_2 に達した。V_1 および V_2 を，v_0, B, ℓ, m, r の中から必要なものを用いて表せ。

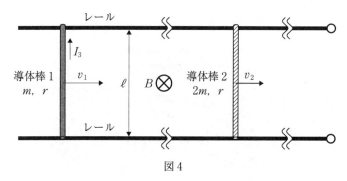

図4

3 図1のように，なめらかに動くピストンをもった一様な断面積 S のシリンダーが，シリンダーの底面を鉛直上側に向けて液体中に浮いている。シリンダーには質量の無視できる n [mol] の単原子分子理想気体（以下，気体とよぶ）が封入されている。シリンダー外部の大気圧は P_0，温度は T_0 であり，一様で変化しないものとする。

シリンダーの質量は m であり，厚さは無視できる。ピストンの質量，厚さも無視できる。シリンダーの底面以外の部分およびピストンは断熱材でできている。シリンダーの底面は熱を伝える素材で作られているが，底面外側に質量の無視できる断熱板を取り付けることにより，熱を通さないようにすることもできる。シリンダーの底面内側には体積，質量および熱容量の無視できるヒーターが取り付けられており，シリンダー内の気体を一様に加熱することができる。

シリンダーは鉛直方向にのみ動き，鉛直方向に対して傾くことはない。シリンダーは十分に長く，ピストンがシリンダーから外れることはない。また，シリンダーおよびピストンの動きによって，シリンダー外部の液面の高さが変化することはない。

液体の密度を ρ，重力加速度の大きさを g，気体定数を R として以下の問(1)～(4)に答えよ。なお，解答に際しては，液面から深さ x における液体の圧力が $P_0 + \rho g x$ となることを用いてよい。解答は解答用紙の所定の場所に記入せよ。また，結果だけでなく，考え方や計算の過程も説明せよ。

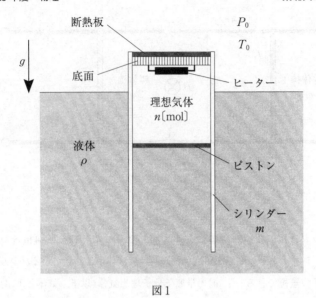

図1

問(1) 図2のように，底面外側に断熱板が取り付けられたシリンダーが液体中に浮かんで静止しているとき，シリンダー内の気体の温度は T_0，圧力は P_1，ピストンから底面までの距離は L_1 であった。この状態を状態1とする。

(a) L_1 を，P_1, S, R, T_0, n を用いて表せ。

(b) シリンダー外部の液面とピストンの高さの差 d を，m, ρ, S を用いて表せ。

(c) P_1 を，P_0, m, g, S を用いて表せ。

状態 1

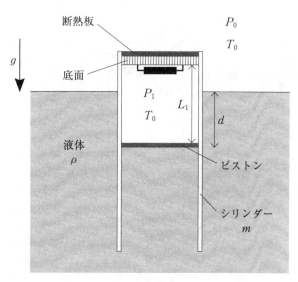

図 2

問(2) 状態 1 から気体をヒーターで加熱したところ,シリンダーがゆっくりと上昇し始めた。その後,加熱をやめると,図 3 のように,ピストンから底面までの距離が L_2 となったところでシリンダーが静止した。この状態を状態 2 とする。

(a) 状態 2 における気体の温度 T_2 を,T_0,L_1,L_2 を用いて表せ。

(b) 状態 1 から状態 2 までに気体がした仕事 W を,P_0,P_1,L_1,L_2,S の中から必要なものを用いて表せ。

(c) 状態 1 から状態 2 までにヒーターが気体に与えた熱量 Q を,P_0,P_1,L_1,L_2,S の中から必要なものを用いて表せ。

状態2

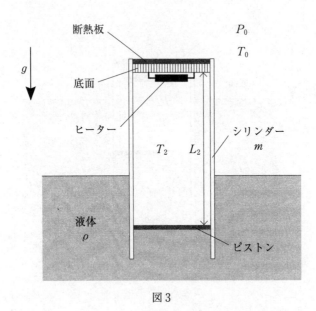

図3

問(3) 状態2において底面の外側に質量の無視できるひもを取り付け，底面の位置が下がらないように天井に固定した。その後，底面外側の断熱板をはずしたところ，ピストンがゆっくりと動き始め，図4のように，ピストンとシリンダー外部の液面の高さが一致したところで静止した。この状態を状態3とする。

(a) 状態3におけるピストンから底面までの距離 L_3 を，P_0, P_1, L_1, L_2 の中から必要なものを用いて表せ。

(b) 状態2から状態3までの過程で，ピストンから底面までの距離が L のときの気体の圧力を P_L とする。P_L を，L, L_3, P_0, ρ, g を用いて表せ。

(c) 状態2から状態3までに気体が外部からされた仕事 W' を，P_0, P_1, L_3, S および問(1)(b)の d の中から必要なものを用いて表せ。

(d) 状態2から状態3までに気体がシリンダー外部に放出した熱量 Q' を，W' および問(2)(b)の W を用いて表せ。

問(4) 状態 3 において再び底面外側に断熱板を取り付けた後,ひもの固定をはずし,ひもがたるまないように保持したままシリンダーを液面に向けてゆっくりと下ろしていった。やがて,ひもがたるみ,シリンダーは液体に浮かんで静止した。この状態を状態 4 とする。

状態 4 におけるピストンから底面までの距離を L_4 とする。L_4 と L_1 の関係を表す式として正しいものを以下の(あ)〜(う)の中から一つ選び,その記号を選んだ理由とともに答えよ。

(あ) $L_4 > L_1$　　(い) $L_4 = L_1$　　(う) $L_4 < L_1$

状態 3

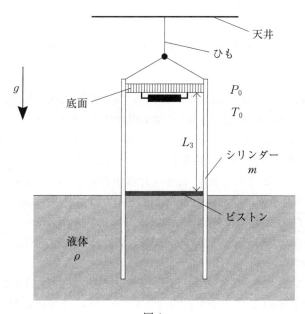

図 4

化学

（2 科目 150 分）

計算のために必要な場合には，以下の数値を使用せよ。

原子量　H = 1.0　C = 12.0　N = 14.0　O = 16.0　Cl = 35.5
　　　　Ca = 40.0　Cu = 63.6　Zn = 65.4

アボガドロ定数　$6.02 \times 10^{23}/mol$

気体定数　$8.31 \times 10^3\, Pa \cdot L/(mol \cdot K)$

ファラデー定数　$9.65 \times 10^4\, C/mol$

絶対零度　$-273\,℃$

1　次の文章〔I〕，〔II〕を読み，問1から問7に答えよ。特に指示がない場合は，解答欄に単位を書かなくてよい。

〔I〕　純物質の状態は，温度と圧力で決まる。ある温度と圧力において，物質がどのような状態をとるかを示した図は状態図とよばれる。水と二酸化炭素の状態図は，3本の曲線によって3つの領域に分けられ，それぞれが固体，液体，気体のいずれかの状態を表す。3本の曲線の交点は　ア　とよばれ，そこでは，固体，液体，気体の3つが共存する。3本の曲線のうち，液体と気体を分ける曲線は，ある温度と圧力の点で途切れる。この点は　イ　とよばれ，それ以上の温度と圧力では，物質は気体とも液体とも区別がつかない中間的な性質をもつ状態となる。この状態の物質は　ウ　とよばれる。

　　ここで，物質の状態（固体，液体，気体）のうち，液体に着目する。純粋な液体（純溶媒）に，塩化ナトリウムやグルコースのような不揮発性物質を溶かすと，溶液の凝固点は純溶媒の凝固点よりも低くなることが知られている。この性質は凝固点降下とよばれ，自動車エンジンの冷却水用の不凍液や道路の凍結防止剤などに利用されている。また，一定量の溶媒に不揮発性物質を溶かしていく場合に，ある量以上になるとこの物質が溶けなくなる。この一

東北大-理系前期 2023 年度 化学 *39*

定量の溶媒に対する限度の量は溶解度とよばれ，溶解度と温度の関係を表した曲線を溶解度曲線という。

問 1　空欄　ア　から　ウ　に入る最も適切な語句を書け。

問 2　水と二酸化炭素の状態変化について，次の記述のうち正しいものをすべて選び，解答欄の記号を○で囲め。

(a) 水に加わる圧力が，大気圧(1.013×10^5 Pa)よりも小さいと，水は 100 ℃ より低い温度で沸騰し，逆に，大気圧よりも大きいと，水は 100 ℃ より高い温度で沸騰する。

(b) 二酸化炭素は大気圧(1.013×10^5 Pa)のもとで昇華するが，水はそれに加わる圧力がどのような値でも昇華しない。

(c) ある温度および圧力で，水は固体(氷)であるとする。この状態から，温度を一定に保ち圧力を上げていった場合，いずれの温度でも，固体は別の状態に変化することはない。

(d) ある温度および圧力で，二酸化炭素は固体であるとする。この状態から，温度を一定に保ち圧力を上げていった場合，いずれの温度でも，固体は別の状態に変化することはない。

問 3　下線部①であげた凍結防止剤として利用されている代表的な物質は，塩化カルシウム $CaCl_2$ である。水 100 g に塩化カルシウム 1.11 g を溶かして塩化カルシウム水溶液をつくり，25 ℃ からゆっくりと冷却すると，0 ℃ より低い温度で凝固が始まった。このとき，純粋な水が凝固する場合と異なり，混合物の温度が徐々に下がり続けた。この凝固過程では，氷と水溶液が共存しており，ある時点において生じている氷の質量は 28 g であった。このときの水溶液の温度〔℃〕を計算し，その数値を有効数字 2 桁で書け。ただし，この時点までの凝固過程において，水のモル凝固点降下は 1.85 K・kg/mol で一定とする。また，塩化カルシウムは水溶液中で完全に電離しているとし，氷の中には存在しないとする。

問 4　下線部②に関連して，塩化カルシウム無水物の溶解度曲線は図1のようになるとする。質量パーセント濃度が 40 % の塩化カルシウム水溶液を 100 g 作製し，25 ℃ からゆっくりと −20 ℃ まで冷却すると，塩化カルシウム六水和物 $CaCl_2 \cdot 6H_2O$ が水溶液中に析出した。このときに析出した塩化カルシウム六水和物の質量〔g〕の値を有効数字2桁で書け。また，導出過程も書け。

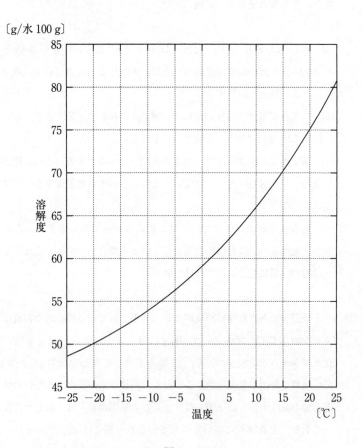

図1

〔Ⅱ〕　大気圧下，27 ℃ において，図2(a)のように半透膜で仕切ったU字管の
　　　　a)　　　　b)
左側のA室に 450 mL の純水を入れ，x〔mg〕のグルコース $C_6H_{12}O_6$ を純水
　　　　　　　　　　　　　　　　　　　c)

に溶かして作った 450 mL の水溶液を右側の B 室に入れた。この場合、純水とグルコース水溶液の間で ア が半透膜を通って水溶液中に拡散し、液面差を生じる。U 字管の両側の液面の高さが変化しなくなるまで待ったところ、A 室の純水と B 室のグルコース水溶液の間の液面差は 10 cm になった（図 2 (b)）。一般に、溶媒が半透膜を通って浸透しようとする圧力を浸透圧という。希薄な溶液の場合、浸透圧、溶液の体積、溶質の物質量、絶対温度の間には、理想気体の状態方程式と同じ形の式が成り立つ。この関係は、 イ の法則とよばれる。

以下の問 5 から問 7 では、U 字管の断面積は一定であり、10.0 cm² とする。また、水の蒸発は無視できるとし、水とグルコース水溶液の密度はいずれも 1.00 g/cm³ とする。

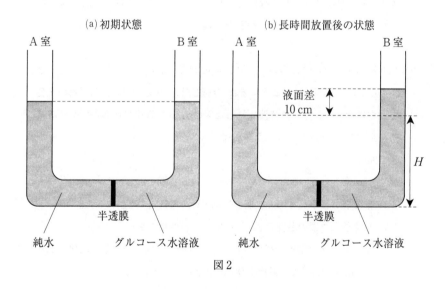

図 2

問 5　空欄 ア と イ に入る最も適切な語句を書け。

問 6　図 2 (b) の状態について、以下の (1) から (3) に答えよ。物質に働く重力は、次式のように物質の質量と重力加速度の積で与えられる。

重力〔N〕＝ 質量〔kg〕× 重力加速度〔m/s^2〕

ただし，1 Pa ＝ 1 N/m^2 であり，重力加速度は 9.80 m/s^2 とする。

(1) B室のグルコース水溶液の液柱において，A室の液面と同じ高さ H の面には，その上部にある 10 cm の液柱に働く重力による圧力 P が生じる。この圧力 P〔Pa〕を求め，その数値を有効数字 2 桁で書け。

(2) 長時間放置した後に 10 cm の液面差が生じた際の，B室に存在するグルコース水溶液の浸透圧 Π〔Pa〕を，x（グルコースの質量〔mg〕）を含んだ式で表せ。また，導出過程も書け。式の中に含まれる数値の有効数字は 2 桁とする。

(3) B室のグルコース水溶液に含まれるグルコースの質量 x〔mg〕の値を計算し，その数値を有効数字 2 桁で書け。

問 7 下線部 a）から c）について，図 2(a) の状態において，外気圧，温度，溶質を以下の a）から c）のようにそれぞれ独立に変化させた。それぞれの変化を独立に加えたとき，長時間放置した後の A室と B室の液面差に関する適切な記述を，下の(あ)から(う)の中からそれぞれ 1 つ選び，解答欄の記号を○で囲め。

a） U字管の置かれている空間の外気圧を，大気圧の 2 倍にした。

b） U字管と周囲の温度を 27 ℃ から 7 ℃ に変化させた。

c） グルコース水溶液の代わりに，グルコースと同じ物質量の塩化ナトリウム NaCl が溶けた 450 mL の水溶液を B室に入れた。

(あ) 10 cm になった。

(い) 10 cm よりも大きくなった。

(う) 10 cm よりも小さくなった。

東北大-理系前期   2023 年度　化学　*43*

2　次の文章を読み，問 1 から問 9 に答えよ。

　酸素は反応性に富み，多くの元素と化合して酸化物をつくる。酸化物は酸性酸化物，塩基性酸化物，両性酸化物に大別され，金属元素の酸化物は　ア　結合で，非金属元素の酸化物は　イ　結合でできているものが多い。
　酸性酸化物が水と反応するとオキソ酸を生じる。同一元素のオキソ酸であっても，中心原子の酸化数の異なるいくつかのオキソ酸がある。例えば，硫黄 S のオキソ酸には，硫黄の酸化数が +4 の亜硫酸 H_2SO_3 と +6 の硫酸 H_2SO_4 がある。酸にはマグネシウムや亜鉛などの金属を，水素を発生しながら溶解する性質がある。また，オキソ酸の中には塩酸には溶解しない金属を溶解する性質を持つものがある。
　アルカリ金属元素の酸化物はすべて塩基性酸化物であり，水と反応して水酸化物となる。水酸化ナトリウムは空気中の二酸化炭素を吸収して，白色の固体で水によく溶ける炭酸ナトリウム Na_2CO_3 に変化する。
　アルミニウムの酸化物である酸化アルミニウム Al_2O_3 は両性酸化物である。アルミニウムの工業的製造では，Al_2O_3 を主成分とし少量の酸化鉄 Fe_2O_3 などを含むボーキサイトとよばれる鉱物が原料として使用されている。両性元素（両性金属）である亜鉛は，ボルタ電池，ダニエル電池のほか，市販のマンガン乾電池やアルカリマンガン乾電池などでも活物質として使用されている。マンガン乾電池では塩化亜鉛と塩化アンモニウムの水溶液が，アルカリマンガン乾電池では水酸化カリウムの水溶液がそれぞれ　ウ　として使われている。

問 1　文中の空欄　ア　から　ウ　に入る最も適切な語句を書け。

問 2　下線部 a）に関連して，水素の酸化物である水 H_2O を考える。次の①と②の反応では，ブレンステッド・ローリーの酸と塩基の定義に従うと，H_2O は酸と塩基のいずれとして働いているか。解答欄①および解答欄②にそれぞれ書け。

　①　塩化水素 HCl が H_2O に溶解して，塩化物イオン Cl^- を生成する反応。

　②　アンモニア NH_3 が H_2O に溶解して，アンモニウムイオン NH_4^+ を生成する反応。

問3 下線部 b)に関連して，塩素のオキソ酸のうち，①最も強い酸の物質名と化学式を解答欄①に，②最も弱い酸の物質名と化学式を解答欄②にそれぞれ書け。ただし，物質名は解答欄(あ)に，化学式は解答欄(い)に書くこと。

問4 下線部 c)に関連して，濃塩酸の入ったビーカーに亜鉛の金属片を入れると，亜鉛片は直ちに濃塩酸と反応し水素を発生しながら溶けたが，銅の金属片を入れても，銅片と濃塩酸とが反応する様子は見られなかった。この現象について述べた以下の文中の空欄 | エ | から | ク | に入る最も適切な語句を次の語群から選択して書け。

語群　可逆　イオン　電気陰性度　エネルギー　電子　酸塩基
　　　イオン化傾向　酸化還元　電離平衡　大き　小さ

亜鉛は水素より | エ | が | オ | いため濃塩酸に溶けるが，銅は水素より | エ | が | カ | いため濃塩酸に溶けない。亜鉛が濃塩酸に溶けるとき，亜鉛は | キ | の一部を失い亜鉛イオンに，水素イオンは | キ | を受け取り気体の水素となる。このように水素の発生と金属の濃塩酸への溶解は同時に起こり， | キ | の授受を伴うので， | ク | 反応のひとつといえる。

問5 下線部 d)に関連して，以下の問いに答えよ。

(1) 銅が①希硝酸および②濃硝酸に溶解する反応を，イオン式を含まない化学反応式で，解答欄①および解答欄②にそれぞれ書け。

(2) 鉄やアルミニウムは，濃硝酸には溶けない。この理由として正しいものを以下の(a)から(c)の中から1つ選び，解答欄の記号を○で囲め。

(a) 鉄やアルミニウムが濃硝酸と反応すると，その表面が硝酸塩の緻密な被膜で覆われるため。

(b) 鉄やアルミニウムが濃硝酸と反応すると，その表面が窒化物(窒素との化合物)の緻密な被膜で覆われるため。

(c) 鉄やアルミニウムが濃硝酸と反応すると，その表面が酸化物の緻密な被膜で覆われるため。

東北大–理系前期 2023 年度 化学 **45**

問 6 下線部 e)に関連して，以下の問いに答えよ。

(1) Na_2CO_3 の水溶液の液性として正しいものを以下の(a)から(c)の中から 1 つ選び，解答欄の記号を○で囲め。

(a) 酸性

(b) 中性

(c) 塩基性

(2) Na_2CO_3 の水溶液の液性を決定する反応のうち主要なもの 1 つを，イオン式を含む化学反応式で書け。ただし，反応物は Na_2CO_3 と水 H_2O とすること。

問 7 下線部 f)に関連して，アルミニウムの工業的製造では，ボーキサイトから純粋な酸化アルミニウムを得る必要がある。ボーキサイトに含まれる酸化アルミニウムと酸化鉄の分離操作を表す記述として適切なものを以下の(a)から(f)の中から 1 つ選び，解答欄の記号を○で囲め。

(a) ボーキサイトを濃塩酸に入れて加熱しながら撹拌（かくはん）すると，酸化鉄は溶解せずに沈殿し，酸化アルミニウムのみが溶解する。

(b) ボーキサイトを濃塩酸に入れて加熱しながら撹拌すると，酸化アルミニウムは溶解せずに沈殿し，酸化鉄のみが溶解する。

(c) ボーキサイトを濃硫酸に入れて加熱しながら撹拌すると，酸化鉄は溶解せずに沈殿し，酸化アルミニウムのみが溶解する。

(d) ボーキサイトを濃硫酸に入れて加熱しながら撹拌すると，酸化アルミニウムは溶解せずに沈殿し，酸化鉄のみが溶解する。

(e) ボーキサイトを濃い水酸化ナトリウム水溶液に入れて加熱しながら撹拌すると，酸化鉄は溶解せずに沈殿し，酸化アルミニウムのみが溶解する。

(f) ボーキサイトを濃い水酸化ナトリウム水溶液に入れて加熱しながら撹拌すると，酸化アルミニウムは溶解せずに沈殿し，酸化鉄のみが溶解する。

46 2023 年度 化学　　　　　　　　　　　　　　　　　　　　東北大-理系前期

問 8　下線部 g)に関連して，以下の問いに答えよ。

(1)　亜鉛が水酸化ナトリウムの水溶液に溶解する反応を，イオン式を含まない化学反応式で書け。

(2)　亜鉛イオンを含む水溶液にアンモニア水を加えると，水酸化亜鉛 $Zn(OH)_2$ の沈殿が生じる。さらに過剰のアンモニア水を加えると，$Zn(OH)_2$ は溶解する。$Zn(OH)_2$ がアンモニア水に溶解する反応を，イオン式を含む化学反応式で書け。

問 9　下線部 h)に関連して，以下の問いに答えよ。

図 1 のように，金属 A の板とそれを浸した金属 A の硫酸塩の水溶液と，金属 B の板とそれを浸した金属 B の硫酸塩の水溶液との間を素焼き板で仕切って電池を作った。使用した硫酸塩中の金属原子の酸化数はいずれも +2 であり，水溶液中の硫酸塩の濃度はいずれも 1 mol/L とする。

(1)　金属 A に鉄 Fe を用い，金属 B として (a)銅 Cu，(b)亜鉛 Zn，(c)スズ Sn を用いたとき，金属 A が正極に，金属 B が負極となるのはどれか。(a)，(b)，(c)の中からあてはまるものをすべて選び，解答欄の記号を○で囲め。

(2)　金属 A に Zn を用い，金属 B に Cu を用い，これらを硫酸亜鉛および硫酸銅(II)の水溶液にそれぞれ浸した電池を作った。この電池で，0.100 A の一定電流を 1.00 時間取り出した。① Zn 板と② Cu 板の質量変化〔g〕を有効数字 3 桁でそれぞれ求めよ。質量が増加した場合は符号＋を，減少した場合は符号－を用いて表すこととし，符号と数値を合わせて解答欄①および解答欄②にそれぞれ書け。ただし，この電池で生じる反応は金属の溶解と析出のみであり，Zn の溶解や析出は Zn 板と硫酸亜鉛水溶液との間でのみ生じ，Cu の溶解や析出は Cu 板と硫酸銅(II)水溶液との間でのみ生じるものとする。また，反応に関わる電子はすべて外部に接続した導線中を通るものとする。

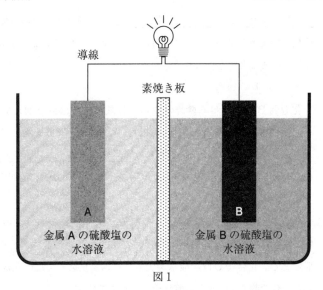

図1

3 炭素，水素，酸素原子のみから構成される化合物Aがある。実験1から実験10に関する以下の文章を読み，問1から問11に答えよ。シス-トランス異性体は区別するが，不斉炭素原子により生じる立体異性体は区別しない。構造式や不斉炭素原子の表示(＊)を求められた場合は，(例1)にならって書け。また，高分子化合物の構造式は，(例2)にならって書け。

(例1) (例2)

実験1　化合物Aを水酸化ナトリウムで完全に加水分解し，希塩酸を加えて酸性にすると，化合物B，C，Dが得られた。

実験2　化合物Bに金属ナトリウムを加えると，水素が発生した。化合物Bと

濃硫酸を混ぜ $130 \sim 140\,^\circ\mathrm{C}$ に加熱すると，常温常圧で無色の液体である有機化合物 E が得られた。化合物 B はグルコース $C_6H_{12}O_6$ に適切な酵素を作用させることでも得られる。

実験 3　化合物 B に二クロム酸カリウムの硫酸酸性水溶液を加えて加熱すると，化合物 F が得られた。化合物 F にフェーリング液を加えて加熱すると，赤色沈殿が生じた。化合物 F は，<u>炭化カルシウムに水を作用させて</u>_{b)}得られる化合物 G に，触媒を用いて水を付加させることでも得られる。

実験 4　化合物 C の分子式は $C_6H_6O_4$ である。化合物 C のすべての炭素原子は，交互に単結合と二重結合で結合しており，二重結合はすべてトランス形である。化合物 C は炭酸水素ナトリウムと反応して二酸化炭素を発生した。化合物 C 1 mol を水酸化ナトリウムで中和すると，2 mol の水酸化ナトリウムと過不足なく反応した。

実験 5　化合物 C に適切な触媒を用いて水素を付加させると，分子量が 4.0 増加した化合物 H が得られた。化合物 C に適切な条件で臭素を付加させると，水素を付加させたときと同じ物質量の臭素が付加した化合物 I が得られた。

実験 6　化合物 H よりメチレン基 $-CH_2-$ が 1 つ少ない化合物 J を加熱すると，分子内で脱水反応を起こし，六員環の環状化合物 K が得られた。

実験 7　化合物 D は 4 つの置換基をもつ芳香族化合物であり，分子量は 160 以下であった。化合物 D 7.5 mg を完全に燃焼させたところ，二酸化炭素 22.0 mg と水 6.3 mg のみが得られた。

実験 8　化合物 D は $FeCl_3$ 水溶液による呈色反応を示さなかった。

実験 9　化合物 D を適切な酸化剤を用いて酸化すると，化合物 L が得られた。

東北大-理系前期 2023年度 化学 *49*

化合物 L を加熱すると，分子量が 36.0 減少した化合物 M が得られた。分析装置を用いて，化合物 L のベンゼン環の炭素原子に結合している 2 つの水素原子の位置を調べたところ，化合物 L は，2 つの水素原子が互いに *p*-(パラ)位にある構造をもっていた。

実験10　化合物 M 1 mol とアニリン 2 mol を適切な条件で反応させると，化合物 N と化合物 O のみが得られた。

問 1　下線部 a)の反応により有機化合物 E が得られる。化合物 E の構造式を書け。

問 2　化合物 F の構造式を書け。

問 3　下線部 b)の反応により化合物 G が得られる。この反応の反応式を書け。

問 4　化合物 G に触媒を用いて塩化水素を付加させて得られる化合物 P とアクリロニトリルの共重合を行ったところ，共重合体 Q が得られた。

　(1)　共重合体 Q の構造式を書け。

　(2)　以下の文中の空欄　ア　に入る最も適切な語句を解答欄に漢字 2 字で書け。

　　　高分子化合物をつくる重合反応には，共重合体 Q のように，不飽和結合をもつ単量体を反応させ，分子間で次々に付加反応が起こって高分子化合物が生成する付加重合と，分子内に 2 個以上の官能基をもつ単量体を反応させ，分子間で水などの簡単な分子がとれて次々に　ア　反応が起こって高分子化合物が生成する　ア　重合がある。

　(3)　共重合体 Q の平均分子量は 1.78 × 10⁴ であった。共重合体 Q に含まれる化合物 P に由来する構成単位とアクリロニトリルに由来する構成単位

50　2023 年度　化学　　　　　　　　　　　　　　　　　　　　　東北大-理系前期

の個数の割合が 2：1 の場合，共重合体 Q に含まれる化合物 P に由来する
構成単位の平均個数を解答欄(あ)に，アクリロニトリルに由来する構成単
位の平均個数を解答欄(い)に，それぞれ有効数字 3 桁で書け。なお，重合
度は大きく末端の影響は無視できる。

問 5　化合物 I の構造式を書け。不斉炭素原子に＊印をつけよ。

問 6　化合物 K の構造式を書け。

問 7　化合物 D の分子式を書け。

問 8　化合物 D の構造式を書け。

問 9　化合物 M の構造式を書け。

問10　化合物 N と化合物 O は構造異性体の関係にある。これらのうち，1 つの
　　　構造式を書け。

問11　化合物 A の構造式を書け。

東北大-理系前期　　　　　　　　　　　　　　　　　　2023 年度　生物　*51*

生物

（2 科目 150 分）

1　次の文章を読み，以下の問(1)〜(3)に答えよ。

　　多細胞生物である動物の体が機能するためには，体を構成する多くの細胞が協調的に働くことが不可欠である。動物の体を構成する細胞どうしの情報伝達は，このような協調的な働きに重要な役割をはたしている。細胞が体の他の細胞に情報を送るとき，情報を発信する細胞の周囲に位置する細胞だけでなく，体内の遠くの場所にある細胞へも情報を素早く送ることが必要とされる。体内の離れた場所へ情報を送る手段は複数存在する。<u>1つは情報を担う物質を細胞内で輸送し，その細胞に隣接した細胞に届けるというやり方</u>(a)である。また，血液などを通じて情報物質を遠く離れた細胞に届けるというやり方もある。その他の手段として，<u>他の細胞に情報を送ることに特化した細胞である，神経細胞を使って情報を伝えるというやり方</u>(b)もある。

問(1)　下線部(a)について，次の文章内の　ア　〜　カ　に適切な語句を記せ。

　　細胞内で物質を輸送する方法は，エネルギーを利用しない方法と，エネルギーを利用する方法に分けられる。一般的に，物質はその濃度が高い側から低い側へ移動する性質がある。このように，エネルギーを消費せずに物質が濃度勾配に従って分散し，移動することを　ア　という。エネルギーを消費して，より素早く物質を移動させる方法の1つとして細胞骨格に沿った能動輸送がある。細胞骨格の1つである　イ　は，そのマイナス端が核のそばに存在する細胞小器官の1つである　ウ　に位置し，そこから細胞の辺縁へプラス端を伸ばす。エネルギー物質として　エ　を使用して

52 2023 年度　生物　　　　　　　　　　　　　　　　　　　　　東北大-理系前期

プラス端側へ移動するモータータンパク質である　オ　は，物質や小胞
などを細胞の辺縁へ素早く運ぶことができる。一般的にエネルギー消費なし
に隣の細胞に物質を送ることはできないが，隣り合う細胞どうしのコネクソ
ンが形成する細胞間結合である　カ　結合を通じ，イオンや小分子など
は行き来できる。

問(2)　下線部(b)について，次の文章を読み，以下の(i)～(v)に答えよ。

　神経細胞は細長い突起である軸索をもつことが特徴で，それを通じて迅速
に情報を伝えることができる。軸索は次に情報を伝える細胞と接触する必要
があるため，神経細胞は細胞全体のサイズが大きくなる場合がある。現在生
息している動物において最もサイズの大きな細胞は，シロナガスクジラの運
動制御にかかわる中枢神経系の神経細胞と考えられる。この細胞は脳から尾
部の脊髄までにわたって軸索をのばし，最大級の個体でその長さはおおよそ
30 m にもなると推測される。

(i)　30.0 m の軸索をもつこの細胞の軸索内を，能動輸送によって物質を輸
　　送する速度が 2.00 μm/秒であるとする。この場合，脳にある細胞体か
　　ら，尾部にある軸索の先端まで物質を輸送するのに必要な日数を，有効数
　　字 3 桁で記せ。

(ii)　30.0 m の軸索をもつこの細胞の軸索を，活動電位が伝導する速度が
　　120 m/秒であるとする。この場合，脳にある細胞体から，尾部にある軸
　　索の先端まで情報が伝わるのに必要な秒数を，有効数字 3 桁で記せ。

(iii)　仮に，脳から尾部まで，30.0 m の軸索をもつこの細胞と同じ長さの銅
　　線を用意し，そこに電流を流す実験を行うとする。以下の①～④から最も
　　適切な記述を 1 つ選び，その番号を記せ。

① この細胞の軸索が有髄神経繊維であった場合，電気ケーブルを電流が伝わる速さと，軸索中を活動電位が伝わる速さはほぼ等しい。
② 電気ケーブル中を伝わる電流は距離に応じて減衰するが，生体の軸索中を伝わる活動電位の振幅は，長い距離でも減衰せずに伝わる。
③ 無髄神経繊維と有髄神経繊維で活動電位が伝わる速さに違いはない。
④ 軸索は細いほど活動電流が生じやすく，活動電位の伝導速度が上がる。

(iv) 活動電位は発生した場所の近位の細胞膜を興奮させることで伝導するが，興奮が軸索の途中で逆に進み，発生した場所に戻ることはない。これはなぜか，理由を4行以内で説明せよ。　〔解答欄〕1行：約16.7cm

(v) 細胞体で発生した活動電位が t 秒間に X m 進み，図1の矢印の場所に位置した。この細胞において図2のように，軸索の2ヶ所で同時に活動電位が発生したとする。この場合 t 秒後の活動電位が位置する場所として最も適しているものを図2の①〜④から1つ選び，その番号を記せ。

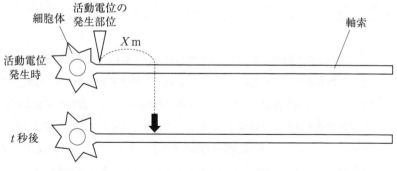

図1

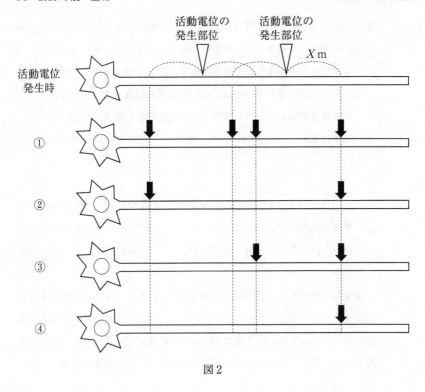

図2

問(3) 下線部(b)について，次の文章を読み，以下の(i)～(iii)に答えよ。

　　カエルから運動神経をつけたまま骨格筋を取り出し，リンガー液*注に浸して神経筋標本を用意した。この標本において1本の神経繊維のみを電気刺激すると，筋収縮が観察された。このとき，細胞内に入れた記録電極によって骨格筋の膜電位変化を観察すると図3Aのようになった。次に，細胞外のリンガー液に，ある神経伝達物質受容体の阻害剤であるクラーレを入れると，電気刺激しても筋収縮が見られなくなり，この際に筋の膜電位の変化は完全に消失した(図3B)。次に，別の神経筋標本を用意し，1本の神経繊維を電気刺激した際に筋収縮がおこることを確認した後，細胞外のリンガー液のCa^{2+}濃度を大幅に減少させると，刺激した際の筋収縮は見られなくなり，電気刺激に対する筋の膜電位の変化もほとんど見られなくなった。この条件におい

て，何度も電気刺激を繰り返すと，たまに電気刺激に応じて筋の膜電位の小さな変化が観察された(図3C)。たとえば，図3Dに表されているように，4回の刺激を行うと，2回目のみ小さな膜電位変化がおこった。同様の刺激実験を多数回行い，膜電位の変化の振幅とその頻度をグラフにすると，図4のようになり，微小な電位変化の振幅は特定の値の整数倍である傾向があった。

＊注　リンガー液：体液(細胞外液)と同様のイオン組成・浸透圧をもつ人工の溶液

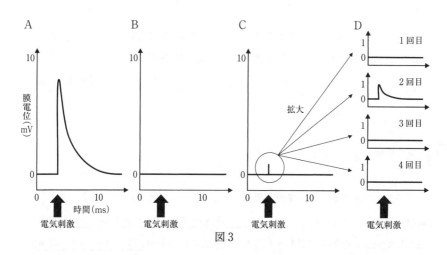

図3

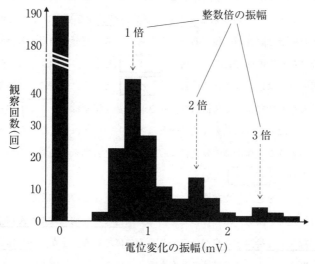

図4

56　2023年度　生物　　　　　　　　　　　　　　　　　東北大-理系前期

(i)　文章中の阻害剤クラーレは，どの神経伝達物質の受容体に作用すると考えられるか記せ。

(ii)　細胞外のリンガー液の Ca^{2+} 濃度を減少させた際に，電気刺激に対する筋の膜電位の変化がほとんど見られなくなったのはなぜか，理由を3行以内で記せ。

〔解答欄〕1行：約16.7cm

(iii)　図3C，3Dや，図4で観察された微小な電位変化は何を表し，振幅が整数倍で観察されたのはなぜか，5行以内で説明せよ。

〔解答欄〕1行：約16.7cm

2　次の文章を読み，以下の問(1)~(7)に答えよ。

　アポトーシスのように，管理・調節された自発的な細胞死のことを　ア　細胞死という。アポトーシスは，多細胞生物が生きていく上で欠かせない役割を果たしている。近年，アポトーシスの研究が盛んに行われ，アポトーシスの特徴だけでなく，アポトーシスが起きるしくみがわかってきた。アポトーシスを起こすには，カスパーゼと呼ばれるタンパク質分解酵素が必要であることがわかった。カスパーゼは酵素の一種であることから，カスパーゼが作用する特異的な基質と結合するための構造として，活性　イ　をもつ。このような，酵素が特定の物質のみにはたらきかける性質を　ウ　という。一般に，高温や強いアルカリ性のもとで酵素の立体構造を変化させると，酵素は　エ　することから，カスパーゼの立体構造を変化させればアポトーシスは起きなくなると考えられる。このような立体構造の変化によってタンパク質本来の性質が失われる現象をタンパク質の　オ　という。

　アポトーシスを起こした細胞は，マクロファージなどの食作用をもつ細胞に取りこまれ消化・分解される。このしくみは，細菌などの病原体やがん細胞を非自己として認識して排除する自然免疫のしくみに似ている。また，病原体が感染した細胞はアポトーシスを起こすことがある。このように，アポトーシスは病原体

東北大-理系前期   2023 年度　生物　57

に感染した場合の免疫応答にも役立っている。一方で，アポトーシスのはたらき
の異常は，さまざまな病気の原因になることもわかってきた。
　　　　　　　　　　　　　　　　　(f)

問(1)　　ア　～　オ　に適切な語句を記せ。

問(2)　下線部(a)について，アポトーシスは動物の発生において重要な役割を果
　　たしている。発生の過程でアポトーシスが起こっている具体例を 1 つ記せ。

問(3)　下線部(b)の例として適切なものを，次の①～⑤から 2 つ選び，その番号
　　を記せ。

　　①　細胞膜の破裂

　　②　減数分裂

　　③　原形質分離

　　④　DNA の断片化

　　⑤　染色体の凝集

問(4)　下線部(c)について，消化酵素の中で，タンパク質の分解に関わる酵素の
　　名称を 2 つ記せ。

問(5)　下線部(d)について，マクロファージが食作用によって細菌を取りのぞく
　　しくみについて，「受容体」と「炎症」というキーワードを用いて 4 行以内で記
　　せ。　　　　　　　　　　　　　　　　　〔解答欄〕1 行：約 16.7 cm

問(6)　下線部(e)について，病原体に感染した細胞がアポトーシスを起こす利点
　　について，適切なものを，次の①～⑤から 2 つ選び，その番号を記せ。

　　①　細胞内に感染したウイルスにもアポトーシスを起こす。

　　②　周囲の細胞が感染するのを防ぐ。

　　③　T 細胞受容体を不活性化する。

58　2023 年度　生物　　　　　　　　　　　　　　　　　　東北大-理系前期

④　病原体の増殖を止める。

⑤　免疫グロブリンを分解する。

問(7)　下線部(f)に関して，次の文章を読み，以下の(i)～(iii)に答えよ。

　アポトーシスは，必要のない細胞を除去するだけでなく，がん細胞のような有害な細胞を除去するしくみでもある。何らかの理由でアポトーシスのはたらきが弱まると，有害な細胞を十分に除去できなくなる可能性がある。逆に，アポトーシスのはたらきが強くなりすぎると，必要な細胞にアポトーシスが起きてしまう可能性もある。したがって，アポトーシスのはたらきは常に正しく管理される必要がある。

　私たちの身の回りには，アポトーシスを引き起こす化合物(アポトーシス誘導剤)がたくさん存在するが，それぞれの化合物に対する感受性(アポトーシスの起こしやすさ)は，細胞の種類によって異なる。また，がん細胞はアポトーシス誘導剤に対する感受性が低い(アポトーシスを起こしにくい)場合が多い。そこで，正常な細胞と 5 種類のがん細胞について，アポトーシス誘導剤に対する感受性を調べた。人工的にアポトーシスを起こすことができる化合物 X と化合物 Y をそれぞれの細胞に投与し，アポトーシスを起こした細胞の割合を測定し，その結果を図 1 と図 2 にグラフで示した。ただし，化合物の濃度は同じとする。

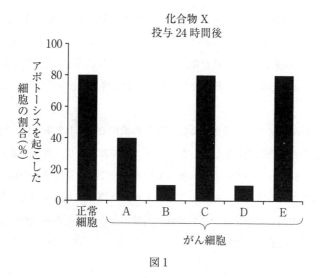

図1

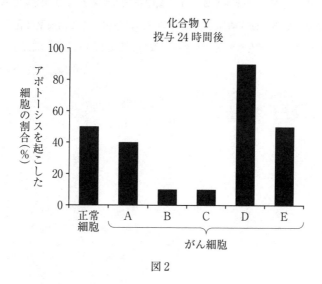

図2

(i) 以下に示された実験結果の考察で**誤っているもの**を，次の①〜⑤から1つ選び，その番号を記せ。

① 正常細胞は，化合物 Y よりも化合物 X に対する感受性が高い。

60 2023 年度 生物 東北大-理系前期

 ② がん細胞 A は正常細胞に比べ，化合物 X に対する感受性が低い。

 ③ がん細胞 E はがん細胞 A に比べ，化合物 X に対する感受性が低い。

 ④ がん細胞 D は，化合物 Y よりも化合物 X に対する感受性が低い。

 ⑤ がん細胞 C は，化合物 X に対する感受性が正常細胞と同等である。

(ii) がん細胞 B は，投与する化合物 X の濃度を高くしても，化合物 X に対する感受性は変化しなかった。一方，がん細胞 B は，遺伝子 Z のはたらきが弱まっていることがわかっている。そこで，遺伝子 Z のはたらきを回復させる薬剤と一緒に化合物 X をがん細胞 B に投与すると，アポトーシスの起こしやすさが正常細胞と同等になった。この結果から考えられる，遺伝子 Z の役割について 4 行以内で記せ。〔解答欄〕1 行：約 16.7 cm

(iii) 化合物 X と化合物 Y が，がん細胞を除去するための治療薬であると仮定したとき，がん細胞 D をより効率的に除去できる治療薬は化合物 X と化合物 Y のどちらであるかをその根拠とともに 4 行以内で記せ。

〔解答欄〕1 行：約 16.7 cm

東北大-理系前期　　　　　　　　　　　　　　　　　　　2023 年度　生物　*61*

3　次の文章を読み，以下の問(1)〜(7)に答えよ。

　　植物を食物としている昆虫(植食性昆虫)は植物との間で，食う(昆虫)－食われ
(a)
る(植物)という相互作用を通じて，互いの進化に影響を及ぼしながら進化してき
た。植物では昆虫に食べられることを避けるために，トゲや硬さなどの物理的な
防御機構や毒物質の生産などの化学的な防御機構が進化してきた。植食性昆虫で
は植物のもつ物理的または化学的防御に対抗するために，口器の形状や解毒機構
などが進化してきた。すなわち，植物では植食性昆虫による被害から身を守るた
(b)
めの防御機構が，植食性昆虫では植物の防御機構を克服するための適応機構が相
互に進化してきた。その結果，植食性昆虫が食物として利用できる植物種は，一
(c)
般的に，昆虫種ごとに決まったある限られた範囲になったと考えられる。
　　植食性昆虫が食物となる植物を適切にみつけだす際に重要な役割をするのが，
視覚，嗅覚，味覚，触覚である。動物において，光や音，化学物質などの外界か
(d)　　(e)　　(f)
らの刺激を受け取る器官を　ア　とよぶ。　ア　には，それぞれの刺激
を敏感に感知する特殊化した感覚細胞がある。　ア　で受け取った情報を統
合処理するのが　イ　で，　イ　から筋肉などの　ウ　へと情報が
伝えられて，刺激に対する反応が生じる。情報は，　ア　→　イ　→
　ウ　へと，電気信号などのかたちで　エ　を伝わっていく。

問(1)　　ア　〜　エ　に適切な語句を記せ。

問(2)　下線部(a)のように，異なる生物種が互いに生存や繁殖などで影響を及ぼ
　　　　し合いながら進化していく現象を何とよぶか記せ。

問(3)　下線部(b)に関して，次の文章を読み，以下の(i)と(ii)に答えよ。

　　　日本のヤブツバキ(以下，ツバキ)の果実は分厚い果皮をもち，ツバキシギ
　　　ゾウムシ(以下，ゾウムシ)の雌は長い口吻を用いて，この果皮に穴を開けて
　　　果実内の種子に産卵する(図１A)。日本の各地に生息するツバキとゾウムシ

の集団で，ツバキの果実の果皮の厚さとゾウムシの口吻の長さの関係を調べたところ，図1Bのようになっていた。

(i) 図1Bのグラフから，ツバキの果実の果皮の厚さとゾウムシの口吻の長さにはどのような関係性があるといえるか記せ。

(ii) ツバキの果実の果皮の厚さとゾウムシの口吻の長さは，なぜ，図1Bのような関係になったと考えられるか。ゾウムシが口吻を長くすることで，また，ツバキが果皮を厚くすることで，ゾウムシとツバキのそれぞれが得られる利益と払うコスト(損失)との関係から8行以内で記せ。

〔解答欄〕1行：約16.7cm

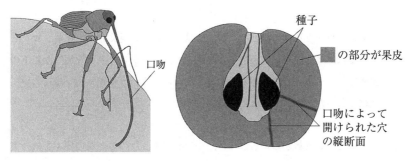

A ツバキの果実に口吻で穴を開けるゾウムシ　被害果実を縦に切った断面

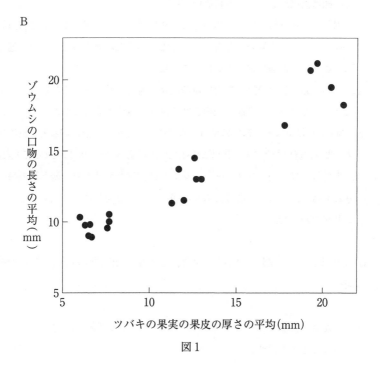

図1

問(4)　下線部(c)に関連して，植食性昆虫にとって，他の昆虫種が食物として利用できない植物種を利用することの利点として考えられることを2行以内で記せ。

〔解答欄〕1行：約16.7 cm

問(5) 下線部(d)に関して，次の文章を読み，以下の(i)～(iii)に答えよ。

　モンシロチョウは雌雄とも，ヒトには同じように見えるが，モンシロチョ
ウの雄は雌雄を簡単に識別できる。そこで，モンシロチョウを用いた以下の
実験を行い，1～6のことがわかった。なお，1～5はキャベツ畑において
実験を行った。

1．飛んでいる雄がわかるように，モンシロチョウの雌と雄の標本を翅の裏
　側が見えるように置いたところ，雄は雌の標本にだけ集まった。
2．雌の胴体と翅を切り離し，別々に置いたところ，雄は翅にだけ集まっ
　た。翅は裏側が見えるように置いていた。
3．胴体から切り離した雌と雄の翅を，無色透明のラップフィルムで密封し
　て匂いを遮断して置いたところ，雄は雌の翅にだけ集まった。また，違う
　形に切り取った雌の翅にも雄は集まった。
4．雄の後翅(後ろの翅)の裏面に雌の後翅を裏側が見えるように貼り付けて
　飛ばしたところ，雄は雌の後翅を貼り付けた雄に集まってきた。
5．300 nm以上の光を適度に反射する白色の紙を後翅の形に切って，雄に見
　えるように置いたところ，雄はこの後翅の形に切った紙切れに集まってきた。
6．赤外線だけを通すフィルターをレンズに付けたカメラで，雌と雄の翅の
　写真を撮ったところ，雌雄どちらの翅も赤外線を同じように反射している
　ことがわかった。

(i) 上記2と4の実験結果から，雄による雌雄の識別についてわかることを
　記せ。

(ii) 上記3の実験結果から，(i)に加えて，雄による雌雄の識別についてわ
　かることを2つ記せ。

(iii) 上記1～6の実験結果から，雄のモンシロチョウは，雌雄をどのように
　識別していると考えられるか，ヒトとモンシロチョウの眼の適刺激の違い
　を考慮して5行以内で記せ。　　　　　　　　　〔解答欄〕1行：約16.7cm

東北大-理系前期 2023 年度 生物 *65*

問(6) 下線部(e)について,次の文章を読み,以下の(i)～(iii)に答えよ。

　　嗅覚は昆虫が自分の食物を探すときだけでなく,異性を探すときにも重要
な役割をしていることが多い。配偶行動にはたらく化学物質で,同種の異性
から放出される物質を性フェロモンという。また,性フェロモンのように,
動物に特定の行動を引き起こさせる外界からの刺激を　　オ　　という。雌
のカイコガに対する雄のカイコガの行動を観察したところ,図2のような行
動が観察された。雄のカイコガは,ジグザグターンや回転,直進歩行をみせ
ながら,雌のカイコガに近づいた。雄のカイコガが雌のカイコガに近づくと
_(g)
きにみられる羽ばたきや歩行などのパターン化された運動を　　カ　　パ
ターンとよぶ。また,図2にみられるように,刺激源に対して一定の方向に
移動する行動を　　キ　　という。　　カ　　パターンは　　ク　　発生器
とよばれる神経回路により生じる。雄のカイコガは性フェロモンを触角上に
ある毛状感覚子とよばれる感覚毛で受容する。この毛状感覚子の側面には多
_(h)
くの小孔がある。
しょうこう

(i)　　オ　　～　　ク　　に適切な語句を記せ。

(ii)　雌のカイコガに近づくときに,なぜ,雄は下線部(g)のような行動をみ
　　せるのか5行以内で記せ。　　　　　　　　〔解答欄〕1行：約16.7cm

(iii)　下線部(h)で,この毛状感覚子に多くの小孔がある理由として考えられ
　　ることを3行以内で記せ。　　　　　　　　〔解答欄〕1行：約13.4cm

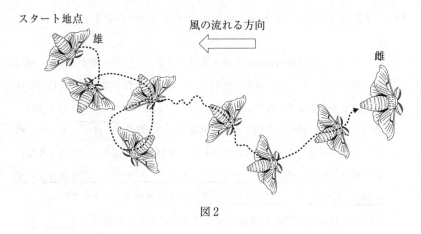

図2

問(7) 下線部(f)について，次の文章を読み，以下の(i)と(ii)に答えよ。

　　ある植食性昆虫が味物質を受容する感覚毛に，単一化合物からなる味物質Xを作用させて神経応答を調べたところ，図3の電位の記録がとれた。

(i) 味物質Xの濃度を高くして，同一の感覚毛で神経応答を調べた場合，どのような電位の記録がとれるか，図4の①〜⑥の中から最も適切なものを1つ選び，その番号を記せ。ただし，濃度を高くすることによるこの感覚毛の障害や味物質Xの受容に対する阻害はないものとし，また，この感覚毛において味物質Xに応答する細胞は1個とする。

(ii) 味物質Xの濃度を低くして，同一の感覚毛で神経応答を調べた場合，どのような電位の記録がとれるか，図4の①〜⑥の中から考えられるものをすべて選び，その番号を記せ。

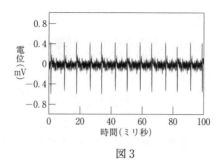

図3

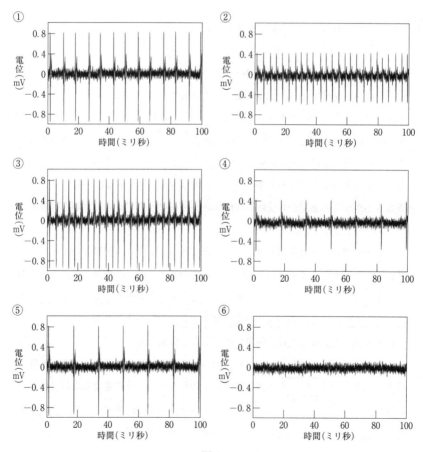

図4

地学

（2 科目 150 分）

計算のために必要な場合には，以下の数値を使用せよ。

$$\pi = 3.1$$

1　次の文章を読み，以下の問 1 ～ 5 に答えよ。

　太陽は莫大なエネルギーを放射している。太陽が毎秒放射する光の全エネルギーが太陽の光度である。地球が受け取る放射エネルギーは，太陽の光度のごく一部だけである。地球の大気上端に入射する太陽放射は，放射に垂直な面に対し約 1400 W/m² であり，この太陽放射の値は　ア　と呼ばれる。地球以外の太陽系の惑星が受ける太陽放射は，太陽から惑星までの距離に応じて変わる。また，太陽は恒星の一つであるが，恒星の光度はさまざまである。一般に，恒星をまわる惑星がその恒星から受ける放射エネルギーは，恒星からの距離と恒星の光度によって決まる。

　光度と同様に恒星の表面温度もさまざまである。恒星の表面温度によって，恒星表面から最も強く放射される光の波長は変わり，その光の波長と表面温度の関係は　A　により表される。また，恒星の単位表面積から毎秒放射される光のエネルギーと恒星の表面温度の関係は　B　で与えられる。

　恒星の光度や表面温度は，恒星の進化とともに変化していく。たとえば，太陽や太陽と同程度の質量をもつ恒星が主系列星の段階を終えると，高い光度と低い表面温度をもつ　イ　へ進化する。その後，そのように進化した恒星の外層は放出されて　ウ　になり，残った中心部分は白色矮星になる。白色矮星の光度は時間とともに減少していき，恒星はその一生を終える。

問 1　　ア　～　ウ　に適切な語句を入れよ。

東北大-理系前期　　　　　　　　　　　　　　　　　　　　　　2023 年度　地学　*69*

問 2　　$\boxed{\quad A \quad}$，$\boxed{\quad B \quad}$　に入る最も適切な語句を次から 1 つずつ選んで解
　　　答欄に記入せよ。

　　　　{ ハッブルの法則，シュテファン・ボルツマンの法則，質量光度関係，

　　　　ケプラーの第 3 法則，ウィーンの変位則 }

問 3　下線部(a)に関連して，火星について考える。火星大気上端の放射に垂直
　　　な面で受ける太陽放射は，地球の場合の何倍か，有効数字 2 桁で答えよ。計
　　　算の過程も示せ。ただし，火星の軌道は円軌道で，軌道半径は 1.5 天文単位
　　　とする。

問 4　下線部(b)に関連して，恒星の光度は恒星の表面温度と半径で決まる。あ
　　　る白色矮星 X の表面温度は太陽の表面温度の 3.0 倍で，絶対等級は 9.8 等
　　　級であった。次の問(1)，(2)に答えよ。ただし，太陽の絶対等級は 4.8 等級
　　　とする。

　(1)　白色矮星 X の半径は太陽の半径の何倍か，有効数字 2 桁で答えよ。計
　　　　算の過程も示せ。

　(2)　白色矮星 X のまわりを半径 0.20 天文単位の円軌道で公転する惑星があ
　　　　り，その惑星は大気をもつ。この惑星の大気上端の放射に垂直な面で受け
　　　　る，白色矮星 X からの放射は何 W/m^2 か，有効数字 2 桁で答えよ。計算
　　　　の過程も示せ。

問 5　下線部(c)の理由を 3 行以内で説明せよ。ただし，白色矮星の半径は時間
　　　が経っても変わらないとする。　　　　　　　　　〔解答欄〕1 行：約 16.7 cm

70　2023年度　地学　　　　　　　　　　　　　　　東北大-理系前期

2　次の文章を読み，以下の問1〜4に答えよ。

　大気下層に存在する水蒸気を含んだ未飽和の空気塊が，気流の収束域などで強
制的に持ち上げられる場合を考える。高度上昇とともに空気塊の温度が低下し続
け，ある高さで空気塊が飽和して水蒸気が　　ア　　し，雲が形成される。その
後も空気塊が上昇を続けると，大気の状態が不安定となって積乱雲が発達する場
合がある。

　雲は，　　ア　　核や氷晶核に水蒸気が凝集した　　イ　　が，1 cm³ あたり
$10^2 \sim 10^3$ 個浮いているものである。雨や雪が降るためには，　　イ　　が直径
1 mm 程度の雨粒や雪に成長する必要がある。約 -10℃ 以下の大気中では雲の
中に氷晶と過冷却水滴が共存していることが多いが，氷晶が選択的に成長し，上
昇気流で支えきれなくなったときに落下し，落下途中で融けたものが雨になる。
このような雨を　　ウ　　という。

問 1　　ア　〜　ウ　に適切な語句を入れよ。

問 2　下線部(a)に関して，温度が低下する理由を1行で説明せよ。

問 3　下線部(b)に関して，次の問(1)，(2)に答えよ。

　(1)　雲の形成後に，大気の状態が不安定になる条件を1行で説明せよ。

　(2)　積乱雲の雲頂高度はどのように決まるか，2行以内で説明せよ。

問 4　下線部(c)に関して，氷晶が選択的に成長する理由について，次の語句を
　　　すべて用いて4行以内で説明せよ。
　　　{水蒸気圧，昇華，蒸発}

　　　〔解答欄〕問2・問3(1)(2)　1行：約16.0cm　　問4　1行：約16.7cm

東北大-理系前期   2023 年度　地学　*71*

3　次の文章を読み，以下の問 1 ～ 5 に答えよ。

　紀元前 3 世紀にギリシャのエラトステネスは，夏至の日の正午に，同一経線上に存在する 2 地点の太陽高度から，<u>2 地点の緯度の差を求め，同一経線上の円の中心角と 2 地点の距離（弧の長さ）が比例することを基に，地球の形を推定した</u>。
(a)
その後，測量技術の発達により，<u>地球の形は，地球楕円体やジオイドで表される</u>
(b)
ことが明らかになった。また，<u>ジオイドや重力の大規模な空間的変化から，地球深部の活動の様子が推定できる</u>。このような大規模な変化はマントル対流などで
(c)
説明されている。

　マントル対流などのマントルの動きが地表面に現れたのがプレート運動である。プレートの運動は地球の中心を通る軸のまわりの回転運動となる。そのため，プレートの運動速度は回転軸から離れるほど　　ア　　なり，プレートの回転軸の方向は　　イ　　の走向に直交する。プレートの運動速度は，<u>海洋底に記録された磁気異常の縞模様からも推定することができる</u>。
(d)

問 1　　ア　，　イ　に入る最も適切な語句を次から 1 つずつ選んで解
　　　答欄に記入せよ。

　　　｛正断層，逆断層，トランスフォーム断層，海溝，火山前線，大きく，

　　　小さく｝

問 2　下線部(a)と類似の方法を使って，あるプレート上の地点 A におけるプ
　　　レートの運動速度を考える。地点 A は 400 万年かけて，北緯 60 度線上で経
　　　度 3.6 度移動した。この地点 A の運動速度は何 cm/年か，有効数字 2 桁で
　　　答えよ。計算の過程も示すこと。ただし，地球は完全な球体で，その半径を
　　　6400 km とする。

問 3　下線部(b)の地球楕円体とジオイドとは何か，2 行以内で説明せよ。

〔解答欄〕1 行：約 13.8cm

問 4　下線部(c)に関連して，アフリカ南部に中心をもつ大きなジオイドの高い

72　2023年度　地学　　　　　　　　　　　　　　　　　東北大-理系前期

領域があるのはなぜか，その理由を2行以内で説明せよ。

〔解答欄〕1行：約13.8cm

問5　下線部(d)に関して，海洋底に地磁気の縞模様が存在するのはなぜか，また，その縞模様が海嶺をはさんで対称的に存在しているのはなぜか，合わせて4行以内で説明せよ。　　　　　〔解答欄〕1行：約13.8cm

---

4　次の文章を読み，以下の問1～5に答えよ。

　火成岩は，超苦鉄質岩，苦鉄質岩，中間質岩，ケイ長質岩に分類される。苦鉄質岩に分類される火山岩は　ア　であり，ケイ長質岩に分類される火山岩はデイサイトと　イ　である。　ア　には斑晶鉱物としてかんらん石が含まれることが多い。かんらん石は，その結晶構造を変えずに化学組成の　A　成分と　B　成分の割合を連続的に変えることができる　ウ　の性質をもつ鉱物である。また，　イ　には斑晶鉱物として石英が含まれることが多い。
(a)

　火山岩はマグマが急冷されて固結したものであり，火山の形にはマグマの粘性が反映されることが多い。また，噴火の様式の違いは，マグマの粘性やマグマ中
(b)　　　　　　　　　　　　　　　　　　　　　　　(c)
の揮発性成分の量から説明されている。

問1　　ア　，　イ　に適切な岩石名を，　ウ　に適切な語句を入れよ。

問2　　A　，　B　に適切な元素記号を入れよ。

問3　下線部(a)に関して，石英の結晶構造を2行以内で説明せよ。

〔解答欄〕1行：約16.7cm

問4　下線部(b)に関連して，次の問(1)，(2)に答えよ。

(1)　雲仙岳や昭和新山に代表される火山の形の名称を答えよ。

東北大-理系前期　　　　　　　　　　　　　　　　　　　2023 年度　地学　73

　　(2)　マグマ中の SiO_2 量が増加するとマグマの粘性は増加する。その理由を
　　　　2 行以内で説明せよ。　　　　　　　　　〔解答欄〕1 行：16.0 cm

　問 5　下線部(c)に関連して，爆発的な噴火はどのように引き起こされるか，次
　　　　の語句をすべて用いて 6 行以内で説明せよ。　　〔解答欄〕1 行：約 16.7 cm
　　　　　　{ 粘性, 揮発性成分, 減圧, 体積, 気泡 }

5　次の文章を読み，以下の問 1～5 に答えよ。

　　地球は約　　ア　　億年前に誕生した。約 27 億年前に初めて酸素発生型光合
成が始まり，原生代初期に縞状鉄鉱層が集中的に形成された。原生代の期間に少
なくとも 3 回の全球凍結が起きた。カンブリア紀には硬い外骨格をもつ動物群が
　　　　　　　(a)
数多く現れた。たとえば，中国南部で発見された　　A　　動物群やカナダ西部
で発見された　　B　　動物群が有名である。古生代を通して進化した多様な動
物・植物の多くは，古生代末の約　　イ　　億年前に一斉に絶滅した。三畳紀中
ごろまでには新しいタイプの生物が多く現れた。ジュラ紀の末ごろに脊椎動物の
　　C　　が進化してきた。　　C　　は現在の地球にも生息し，酸素が乏しい
ところで生きていくことができる呼吸器系を有している。中生代末の約
　　ウ　　億年前に，海洋でアンモナイトやプランクトンの多くの種類が絶滅し
た。新生代になり生物の多様性は回復し，始新世は温暖な気候になった。漸新世
までに南半球で起きた大陸移動によって南極周極流が誕生し，漸新世前期には南
　　　(b)
極大陸には氷床が形成された。

　問 1　　ア　　～　　ウ　　に入る最も適切な数値を次から 1 つずつ選んで解
　　　　答欄に記入せよ。
　　　　　{ 0.23, 0.34, 0.56, 0.66, 1.5, 2.0, 2.5, 3.0, 3.6, 4.2, 4.4, 4.9,
　　　　　5.4, 6.0, 35, 40, 46, 50 }

　問 2　　A　　～　　C　　に適切な語句を入れよ。

74 2023 年度　地学　　　　　　　　　　　　　　　　　　　　東北大-理系前期

問 3　下線部(a)の証拠を 1 行で説明せよ。　　　　〔解答欄〕1 行：16.0 cm

問 4　顕生代で最大規模の絶滅が起きたのは古生代末と中生代末のどちらか，ま
　　　た，その時期に海洋で起きた環境変化は具体的にどのようなものであった
　　　か，合わせて 3 行以内で説明せよ。　　　　　〔解答欄〕1 行：約 16.7 cm

問 5　下線部(b)に関して，どのような大陸移動によって南極周極流が誕生した
　　　か，大陸の名称をあげて 2 行以内で説明せよ。　〔解答欄〕1 行：約 16.7 cm

MEMO

MEMO

2022年度

問題編

東北大-理系前期　　　　　　　　　　　　　　　　　　　　　2022 年度　問題　*3*

■前期日程

問題編

▶試験科目

学部・学科	教科	科　　　目
経済・理・農（理系）	外国語	コミュニケーション英語Ⅰ・Ⅱ・Ⅲ，英語表現Ⅰ・Ⅱ
	数学	数学Ⅰ・Ⅱ・Ⅲ・A・B
	理科	「物理基礎・物理」，「化学基礎・化学」，「生物基礎・生物」，「地学基礎・地学」から2科目選択
医（医）	外国語	コミュニケーション英語Ⅰ・Ⅱ・Ⅲ，英語表現Ⅰ・Ⅱ
	数学	数学Ⅰ・Ⅱ・Ⅲ・A・B
	理科	「物理基礎・物理」，「化学基礎・化学」，「生物基礎・生物」から2科目選択
医（保健）	外国語	コミュニケーション英語Ⅰ・Ⅱ・Ⅲ，英語表現Ⅰ・Ⅱ
	数学	〔看護学専攻〕 数学Ⅰ・Ⅱ・A・B 〔放射線技術科学・検査技術科学専攻〕 数学Ⅰ・Ⅱ・Ⅲ・A・B
	理科	「物理基礎・物理」，「化学基礎・化学」，「生物基礎・生物」から2科目選択
歯	外国語	コミュニケーション英語Ⅰ・Ⅱ・Ⅲ，英語表現Ⅰ・Ⅱ
	数学	数学Ⅰ・Ⅱ・Ⅲ・A・B
	理科	「物理基礎・物理」，「化学基礎・化学」，「生物基礎・生物」から2科目選択
薬・工	外国語	コミュニケーション英語Ⅰ・Ⅱ・Ⅲ，英語表現Ⅰ・Ⅱ
	数学	数学Ⅰ・Ⅱ・Ⅲ・A・B
	理科	「物理基礎・物理」，「化学基礎・化学」

4 2022年度 問題 東北大-理系前期

▶備　考

- 数学Bの出題範囲は「数列」,「ベクトル」とする。
- 医学部医学科では，このほか面接試験を行い，医師としての適性を判断する。面接試験では，小作文と面接を行う。小作文と出願書類は面接の参考に用いる。
- 医学部保健学科では，このほか面接試験を行い，医療人としての適性を判断する。複数の面接員による評価を参考にして，場合によっては，複数回の面接をすることがある。
- 歯学部では，このほか面接試験を行い，医療人としての適性を判断する。
- 医学部医学科では，外国語でドイツ語，フランス語を選択することもできる（編集の都合上省略）。

▶配　点

学部・学科		外国語	数　学	理　科	面　接	合　計
経済（理系）・農		300	300	300		900
理		200	300	300		800
医	医	250	250	250	200	950
	保　健	200	200	200	150	750
歯		250	250	250	100	850
薬		300	400	400		1100
工		200	300	300		800

東北大-理系前期　　　　　　　　　　　　　　　　　　　　2022 年度　英語　*5*

■英語■

（100 分）

I　次の英文を読み，下の問いに答えなさい。（⃞1⃞～⃞10⃞は段落番号を示す。）

⃞1⃞　　The local ward administrator says that a health clinic, a technical college, five schools, seven churches, 48 shops and 1,250 houses — home to nearly a third of the population — have been destroyed. Thousands in the Rift Valley lakes region have been forced from their homes. They are part of a new, global movement of refugees fleeing not conflict but climate change.

⃞2⃞　　"If you just lose your income that is one thing, because you can adapt. You find another job or another field," says Meyerhoff. "But once you lose everything — your home, your school, your clinic, your road, your church — then it's an impossible situation. You become an environmental migrant because you have
　　　　　　　　　　　　　　　　　　　　　　(A)
to find those facilities in some other place." She is no detached observer; her own home for the past 40 years is just a few inches away from being swallowed by Baringo's rising waters. In her notebook, she carries a photo of her teenage children leaping from her garden's cliffside edge into the lake 40 ft. (12 m) below. Now in their 30s, they could sit in the same spot and *dabble their feet in the water. They are begging her to pack up and leave; if she does, she will need to get a boat — the road to her house is already underwater.

⃞3⃞　　Some 24 million people — more than three times the number fleeing armed conflict — are displaced each year by ecological disasters such as floods, droughts, hurricanes, heat waves and rising sea levels, according to an October 2020 analysis by the Institute for Economics and Peace, a global think tank headquartered in Sydney. In the next 30 years, some 1.2 billion more people could be displaced if greenhouse-gas emissions continue on an upward *trajectory, accelerating global warming and amplifying climate impacts, particularly in rural areas where livelihoods are dependent on the kind of agriculture most affected by changing weather patterns.

4   For a long time, experts have seen this kind of migration as flowing from the failure of *carbon-spewing nations to *rein in their emissions, along with the inability of poorer governments to protect their citizens through adequate adaptation measures. But that view is changing: there comes a point where no amount of infrastructure can hold back the sea, bring back the seasonal rains or cool the global climate. At that point, "migration *becomes* the adaptation strategy," says Vittoria Zanuso, executive director of the Mayors Migration Council (MMC), a global organization that works with cities to develop comprehensive urban-migration programs. For many of these climate migrants, cities and towns will be their final destination.

5   Wealthy countries are not exempt. A 2018 study, published in the University of Chicago's *Journal of the Association of Environmental and Resource Economists*, predicts that climate change will push 1 in 12 Southern and Midwestern residents of the U.S. to move to less affected areas in the Northeast and Northwest over the next 45 years. "It's no longer a question of if climate migration is happening but rather who, how much, where and when," says Alex Randall of the U.K.-based Climate and Migration Coalition. "Up until now, the focus has been on stopping people from migrating in the first place. Now the focus needs to be on how to make them an asset rather than a burden for the places they are going."

6   Cities need migrants in order to grow, but chaotic, undirected migration can be as *disruptive as an influx of salt into a freshwater lake. That means preparing towns for a new generation of climate migrants by building up infrastructure and increasing services from sanitation to education and health care — often a pricey undertaking for cash-strapped *municipalities. New York City's annual budget per resident is approximately $9,500; Nairobi's is around $74.

7   Several cities — including Orlando; Dhaka, Bangladesh; and Freetown, Sierra Leone — have launched programs to build climate *resilience while making sure new arrivals have opportunities for both safe housing and fair employment.

These programs are usually funded by the municipality, but in order for them to expand, more investment is needed. International climate funds should play more of a role, says Randall. "Once you accept that moving is a form of adaptation, we would potentially get to a point where climate-adaptation finance could be spent on helping people move safely, or making sure cities had the necessary infrastructure for coping with rapid growth."

8   As part of the discussions that led to the Paris Agreement, wealthier nations committed to contribute $100 billion a year to help poorer countries combat climate change through loans, grants, cash and private investments. The Green Climate Fund, as it is known, is the world's largest fund dedicated to addressing climate change, but so far, only 20% of global contributions have gone toward adaptation, with the rest largely going to greenhouse-gas-reduction projects — despite a stated goal of 50-50 allocation. (Donor nations make the final decision on project financing.)

9   To developing nations that typically bear a lesser responsibility for the climate crisis, it's an *egregious oversight. "When it comes to a country like Bangladesh or Kenya, where our emissions are small to start with, telling us to use the money to reduce emissions doesn't make sense," says Saleemul Huq, director of the Dhaka-based International Centre for Climate Change and Development (ICCCAD). "We need the money for adaptation; that should be the priority." Zanuso, of the MMC, estimates that urban-adaptation projects —
(D)
enabling cities to absorb migrants in a way that helps them and their host communities flourish — receive only 3% to 5% of the adaptation funding that has been made available.

(中略)

10   Most important is making sure that rural migrants are able to transition to urban livelihoods. "We don't want to see cattle herders begging on street corners because they don't have the skills to thrive in the city," says Oucho. "The only way climate migrants can become a positive factor in urban growth is if they have the retraining and skills transfer that will allow them to adapt and

survive and find new opportunities."

(Adapted from *Time*, April 26 / May 3, 2021: *Climate Is Everything*)

(注)

*dabble　(手足を)パチャパチャさせる

*trajectory　軌道

*carbon-spewing　炭素を吐き出す

*rein　抑制する

*disruptive　問題を引き起こす

*municipality　地方自治体

*resilience　回復力

*egregious　実にひどい

問1　下線部(A)の「an environmental migrant(環境難民)」とは，どのような人々のことを指すか，解答欄(1)に日本語で具体的に述べなさい。また，人々はどのような状況で環境難民になるか，第2段落の内容に即して，解答欄(2)に日本語で具体的に述べなさい。

問2　下線部(B)について，専門家の見方がどのように変化してきているか，変化の前後がわかるように日本語で説明しなさい。

問3　下線部(C)は，具体的にどのようなことを意味しているか，第6段落の内容に即して，日本語で説明しなさい。その際，asset および burden とはそれぞれ何を指すかを明らかにすること。

問4　次の英文は，下線部(D)の内容を説明したものである。文中の空欄（　①　）（　②　）（　③　）に，第9段落から最も適切な語を1語ずつ選んで入れ，英文を完成させなさい。

Using money for (　　①　　) should have priority over using money to (　　②　　) (　　③　　).

問 5　本文の内容から正しいと判断できる英文を，次の(ア)～(カ)の中から2つ選び，記号で答えなさい。

(ア)　Meyerhoff had to leave the rural area where she lived, just because she lost her home.

(イ)　The number of people fleeing ecological disasters is over three times more than that of those fleeing armed conflicts, and there might be more in the next 30 years.

(ウ)　One 2018 study suggests that 1 out of every 12 Southern and Midwestern residents of the U.S. will be forced to move to less affected areas over the next 45 years due to climate change.

(エ)　Cities such as Dhaka, Orlando, and Freetown have been able to spend climate adaptation finances on helping people to move and building infrastructure thanks to an abundance of money from international assistance.

(オ)　According to the author, Bangladesh and Kenya are opposed to using the fund to prepare towns for environmental migrants.

(カ)　Oucho says that climate migrants should not come into the city without having the skills to live there.

II 次の英文を読み，下の問いに答えなさい。

Symbols of Humankind

Many thousands of years ago, (①). He moved the stick slowly back and forth and up and down, carefully guiding it through curves and straight lines. He gazed upon what he had made, and a gentle satisfaction lighted his face.

Other people noticed this man drawing on the sand. They gazed upon the figures he had made, and though they at once recognized the shapes of familiar things such as fish or birds or humans, (②). Understanding what he had done, they nodded or smiled in recognition.

This small band of humans didn't realize what they were beginning. The images these people left in the sand would soon be swept away by the wind, but (③). These people had discovered writing.

Writing, early people would learn, could contain much more information than human memory could and contain it more accurately. It could carry thoughts much farther than mere sounds could — farther in distance and in time. (A) Profound thoughts born in a single mind could spread and endure.

The first written messages were simply pictures relating familiar objects in some meaningful way — pictographs. Yet there were no images for much that was important in human life. What, for instance, was the image for sorrow or bravery? So from pictographs humans developed ideograms to represent more abstract ideas. An eye flowing with tears could represent sorrow, and a man with the head of a lion might be bravery.

The next leap occurred when the figures became independent of things or ideas and came to stand for spoken sounds. Written figures were free to lose all resemblance to actual objects. Some societies developed syllabic systems of writing in which several hundred signs corresponded to several hundred spoken sounds. Others discovered the much simpler alphabetic system, in which a (C) handful of signs represented the basic sounds the human voice can make.

東北大-理系前期   2022 年度　英語　*11*

At first, ideas flowed only slightly faster when written than they had through speech. But as technologies evolved, humans embodied their thoughts in new ways: through the printing press, in Morse code, in electromagnetic waves bouncing through the atmosphere and in the *binary language of computers.

Today, when the Earth is covered with a swarming interchange of ideas, we are even trying to send our thoughts beyond our planet to other minds in the Universe. Our first efforts at sending our thoughts beyond Earth have taken a very ancient form: (　④　). The first message, on *plaques aboard Pioneer spacecraft launched in 1972 and 1973, featured a simple line drawing of two humans, one male and one female, the male holding up his hand in greeting. Behind them was an outline of the Pioneer spacecraft, from which the size of the humans could be judged. The plaque also included the "address" of the two human figures: a picture of the solar system, with a spacecraft emerging from the third planet. Most *exobiologists believe that when other civilizations attempt to communicate with us they too will use pictures.

All the accomplishments since humans first scribbled in the sand have led us back to where we began. Written language only works when two individuals know what the symbols mean. We can only return to the simplest form of symbol available and work from there. In *interstellar communication, we are at the same stage our ancestors were when they used sticks to trace a few simple images in the sand.

We still hold their sticks in our hands and draw pictures with them. But the stick is no longer made of wood; over the ages that piece of wood has been transformed into a massive radio telescope. <u>And we no longer scratch on sand;</u>
<u>(D)</u>
<u>now we write our thoughts onto the emptiness of space itself.</u>

　　　　（Adapted from E. Penfield. *Short Takes: Model Essays for Composition*）

出典追記：Symbols of Humankind by Don Lago

12 2022 年度　英語　　　　　　　　　　　　　　　　　　　　　　東北大-理系前期

(注)

　　*binary　二進法の

　　*plaque　銘板(文字の書かれた板)

　　*exobiologist　宇宙生物学者

　　*interstellar　星間の

問 1　空欄(①)(②)(③)に入る最も適切な文を次の(ア)～(ウ)の中から
　　それぞれ 1 つ選び，記号で答えなさい。

　　(ア)　their new idea would slowly grow until it had remade the human
　　　　species

　　(イ)　a man quietly resting on a log reached down and picked up a stick and
　　　　with it began scratching upon the sand at his feet

　　(ウ)　they took a bit longer to realize what the man had meant to say by
　　　　arranging these familiar shapes in this particular way

問 2　下線部(A)について，It が指すものを明らかにして，日本語に訳しなさい。

問 3　下線部(B)と下線部(C)の違いを本文に即して日本語で説明しなさい。

問 4　空欄(④)に入る最も適切な語句を次の(ア)～(エ)の中から 1 つ選び，記号
　　で答えなさい。

　　(ア)　pictographs　　　　　　　(イ)　ideograms
　　(ウ)　syllabic systems　　　　　(エ)　alphabetic systems

問 5　下線部(D)はどのようなことを意味しているか，本文に即して日本語で説明
　　しなさい。

東北大-理系前期   2022 年度　英語　*13*

Ⅲ　Read the conversation below between Josh and Sabrina and answer
questions 1) and 2) at the end of the passage.

Josh:　Hey, Sabrina, how've you been?

Sabrina:　Good, thanks for asking.　Are you excited for the new semester?

Josh:　Well...not really, if I'm being honest.

Sabrina:　What?　I thought you were really looking forward to starting your
research at Professor Smith's laboratory in April.

Josh:　I was.　I mean, I am.　I think I'll enjoy the new laboratory and can't wait
to start my own research...

Sabrina:　Then what's the problem?

Josh:　Well, the thing is...　I failed Basic Calculus last semester, so now I have to
retake it.

Sabrina:　That's not such 　①　, is it?　It's just one extra class.

Josh:　It's not the extra class or course work — it's that the classes for first year
students are on a different campus than my new laboratory.　I will have to
go all the way over to another campus just for that one class.

Sabrina:　I'll admit, that's pretty annoying.　But chin up!　You'll 　②　.　It will
just be for one semester.

Josh:　I guess...　Say, do you still have your old motor bike?　Maybe you could
lend it to me so that I can get back and forth more easily.

Sabrina:　In your dreams!

Josh:　Oh come on, it will also help me get to school since I moved.

Sabrina:　I didn't realize you had moved.　What prompted that?

Josh:　The lease on my old apartment 　③　 and I wanted to try living
somewhere new.

Sabrina:　Didn't you like your apartment?

Josh:　It was alright, I suppose, but I couldn't 　④　 the noise.

Sabrina:　Hmm, that's something I didn't consider.　Actually, I'm thinking about
moving as well, and could use some help deciding what to do.

Josh: I think the first step is to think about what is really important to you in an accommodation. For example, when I moved, I knew that I had to find somewhere quiet so that I could really focus on studying.

Sabrina: Well, I guess there are a lot of things that I should consider... Space, utilities, transportation, price...

Josh: Why don't you make a chart of all of the places you are thinking about moving to with data about each of the points that you think are important? That should help make the choice clear.

Sabrina: Wow, that's a great idea, Josh, thanks!

1) What phrase most likely goes in each of the blanks? Choose the letter of the best answer and write it on your answer sheet.

   ① (a) a final decision   (b) a new idea

       (c) an easy task   (d) a big deal

   ② (a) make it through   (b) never pass

       (c) have a hard time   (d) have your way

   ③ (a) ran through   (b) ran out

       (c) came through   (d) came out

   ④ (a) stop with   (b) help out with

       (c) stand with   (d) deal with

2) Imagine that you have to choose one of the following accommodations for your first year at university. Which one would you choose and why? Give at least three reasons based on the information in the chart and support each reason with at least one personal detail. Your response should be in English and at least 80 words long.

Characteristic	Apartment	Dormitory	Share-house
Space	15 m^2	8 m^2 (bedroom)	11 m^2 (bedroom)
Shared spaces	None	Shared bedroom and bathroom, no kitchen	Personal bedroom, shared bathroom and kitchen
Free utilities	None	Electricity and water	Internet
Time to university* (distance)	15-minute subway ride (10 km)	30-minute bus ride** (5 km)	15-minute walk (1 km)
Closest public transportation	Subway station (5-minute walk)	Bus stop only (10-minute walk)	Subway station (5-minute walk)
Price	¥50,000 / month	¥10,000 / month	¥20,000 / month

*Only includes time spent on public transportation

**The bus stops at the university subway station.

Ⅳ　次の文章を読み，下の問いに答えなさい。

　誰も立てたことのない問いを立てる……ことを，オリジナルな問いと言います。オリジナルな問いには，オリジナルな答えが生まれます。それがオリジナルな研究になります。

　ところでオリジナリティとは何でしょうか？

　<u>オリジナリティとはすでにある情報の集合に対する距離のことを言います。距離</u>
(A)
は英語では distance ですが，つまりすでにある知の集合からの遠さ distance を自分の立ち位置 stance というのです。

　誰も立てたことのない問いを立てるには，すでに誰がどんな問いを立て，どんな答えを出したかを知らなければなりません。すでにある情報の集合を知識として知っていることを，「教養」とも呼びます。教養がなければ，自分の問いがオリジナルかどうかさえわかりません。ですから，<u>オリジナルであるためには教養が必要な</u>
(B)
のですが，教養とオリジナリティはしばしば相反することがあります。<u>教養は努力すれば身につけることができますが，オリジナリティはセンスです。</u>ですから教養

16 2022 年度　英語　　　　　　　　　　　　　　　　　　　　　　東北大-理系前期

とオリジナリティ，どちらが大事？　と言われたら，どちらも大事だけれども，ど
ちらかといえば教養があってオリジナリティに欠けるよりも，オリジナリティが
あって教養に欠けるほうがまだまし，と言ってきました。なぜなら，オリジナリ
ティのある人はあとから教養を身につける事ができるのに対し，教養のある人が，
あとからオリジナリティを身につけるのはむずかしいからです。

(上野千鶴子『情報生産者になる』より一部改変)

問 1　下線部(A)の英訳として最も適切な文となるように，次の(ア)～(ケ)の9つの語
　　句のうち8つを選び，並べ替えて，英文を完成させなさい。ただし，文頭にく
　　るものも小文字にしてある。解答は空欄(　①　)(　②　)(　③　)に入るもの
　　を記号で答えなさい。同じ選択肢を複数回使用しないこと。

　　(　　　)(　①　)(　　　)(　　　)(　②　)(　　　)(　　　)(　③　).

　　(ア) from　　(イ) to　　(ウ) indicates　　(エ) a set of　　(オ) refers
　　(カ) information　　(キ) distance　　(ク) known　　(ケ) originality

問 2　下線部(B)を英語に訳しなさい。ただし，問3では「教養」を "kyoyo" と表記
　　しているが，問2でこの表記を使ってはならない。

問 3　下線部(C)の内容から正しいと判断できるものを次の(ア)～(エ)の中から1つ選
　　び，記号で答えなさい。

　　(ア)　"Kyoyo" and originality are better than nothing.
　　(イ)　Originality is less preferable than "kyoyo."
　　(ウ)　"Kyoyo" is unimportant in the end.
　　(エ)　It's preferable to have originality as opposed to "kyoyo."

東北大-理系前期   2022 年度　数学　*17*

数学

◀経済（理系）・理・医（医・保健〈放射線技術科学・
　　検査技術科学〉）・歯・薬・工・農学部▶

（150 分）

$\boxed{1}$　K を 3 より大きな奇数とし，$l+m+n=K$ を満たす正の奇数の組 (l,m,n) の個数 N を考える。ただし，たとえば，$K=5$ のとき，$(l,m,n)=(1,1,3)$ と $(l,m,n)=(1,3,1)$ とは異なる組とみなす。

(1) $K=99$ のとき，N を求めよ。

(2) $K=99$ のとき，$l,\,m,\,n$ の中に同じ奇数を 2 つ以上含む組 (l,m,n) の個数を求めよ。

(3) $N>K$ を満たす最小の K を求めよ。

$\boxed{2}$　a を実数とし，実数 x の関数 $f(x)=(x^2+3x+a)(x+1)^2$ を考える。

(1) $f(x)$ の最小値が負となるような a のとりうる値の範囲を求めよ。

(2) $a<2$ のとき，$f(x)$ は 2 つの極小値をもつ。このとき，$f(x)$ が極小となる x の値を $\alpha_1,\,\alpha_2\ (\alpha_1<\alpha_2)$ とする。$f(\alpha_1)<f(\alpha_2)$ を示せ。

(3) $f(x)$ が $x<\beta$ において単調減少し，かつ，$x=\beta$ において最小値をとるとする。このとき，a のとりうる値の範囲を求めよ。

$\boxed{3}$ 正の整数 n に対して，

$$S_n = \sum_{k=1}^{n} \left(\sqrt{1 + \frac{k}{n^2}} - 1 \right)$$

とする。

(1) 正の実数 x に対して，次の不等式が成り立つことを示せ。

$$\frac{x}{2+x} \leqq \sqrt{1+x} - 1 \leqq \frac{x}{2}$$

(2) 極限値 $\displaystyle \lim_{n \to \infty} S_n$ を求めよ。

$\boxed{4}$ xy 平面の第 1 象限内において，直線 $\ell : y = mx \ (m > 0)$ と x 軸の両方に接している半径 a の円を C とし，円 C の中心を通る直線 $y = tx \ (t > 0)$ を考える。また，直線 ℓ と x 軸，および，円 C のすべてにそれぞれ 1 点で接する円の半径を b とする。ただし，$b > a$ とする。

(1) m を用いて t を表せ。

(2) t を用いて $\dfrac{b}{a}$ を表せ。

(3) 極限値 $\displaystyle \lim_{m \to +0} \frac{1}{m} \left(\frac{b}{a} - 1 \right)$ を求めよ。

東北大-理系前期　　　　　　　　　　　　　　　　　　　　　　2022 年度　数学　*19*

$\boxed{5}$　座標空間内において，ベクトル

$$\vec{a} = (1, 2, 1),\ \vec{b} = (1, 1, -1),\ \vec{c} = (0, 0, 1)$$

が定める 2 直線

$$\ell : s\vec{a},\quad \ell' : t\vec{b} + \vec{c}\qquad (s, t\ は実数)$$

を考える。点 A_1 を原点 $(0, 0, 0)$ とし，点 A_1 から直線 ℓ' に下ろした垂線を $A_1 B_1$ とおく。次に，点 $B_1(t_1 \vec{b} + \vec{c})$ から直線 ℓ に下ろした垂線を $B_1 A_2$ とおく。同様に，点 $A_k(s_k \vec{a})$ から直線 ℓ' に下ろした垂線を $A_k B_k$，点 $B_k(t_k \vec{b} + \vec{c})$ から直線 ℓ に下ろした垂線を $B_k A_{k+1}$ とする手順を繰り返して，点 $A_n(s_n \vec{a})$, $B_n(t_n \vec{b} + \vec{c})$（$n$ は正の整数）を定める。

(1) s_n を用いて s_{n+1} を表せ。

(2) 極限値 $S = \lim\limits_{n \to \infty} s_n$, $T = \lim\limits_{n \to \infty} t_n$ を求めよ。

(3) (2) で求めた S, T に対して，点 A, B をそれぞれ $A(S\vec{a})$, $B(T\vec{b} + \vec{c})$ とおくと，直線 AB は 2 直線 ℓ, ℓ' の両方と直交することを示せ。

$\boxed{6}$　　半径 1 の円を底面とする高さが $\sqrt{3}$ の直円柱と，半径が r の球を考える。直円柱の底面の円の中心と球の中心が一致するとき，直円柱の内部と球の内部の共通部分の体積 $V(r)$ を求めよ。

◀医〈保健〈看護学〉〉学部▶

（100分）

$\boxed{1}$　K を 3 より大きな奇数とし，$l+m+n=K$ を満たす正の奇数の組 (l,m,n) の個数 N を考える。ただし，たとえば，$K=5$ のとき，$(l,m,n)=(1,1,3)$ と $(l,m,n)=(1,3,1)$ とは異なる組とみなす。

(1) $K=99$ のとき，N を求めよ。

(2) $K=99$ のとき，l,m,n の中に同じ奇数を 2 つ以上含む組 (l,m,n) の個数を求めよ。

(3) $N>K$ を満たす最小の K を求めよ。

$\boxed{2}$　実数 t の関数

$$F(t) = \int_0^1 \left| x^2 - t^2 \right| \, dx$$

について考える。

(1) $0 \leqq t \leqq 1$ のとき，$F(t)$ を t の整式として表せ。

(2) $t \geqq 0$ のとき，$F(t)$ を最小にする t の値 T と $F(T)$ の値を求めよ。

$\boxed{3}$　a,b を正の実数とし，xy 平面上の直線 $\ell : ax+by-2=0$ を考える。

(1) 直線 ℓ と原点の距離が 2 以上であり，直線 ℓ と直線 $x=1$ の交点の y 座標が 2 以上であるような点 (a,b) のとりうる範囲 D を求め，ab 平面上に図示せよ。

(2) 点 (a,b) が (1) で求めた範囲 D を動くとする。このとき，$3a+2b$ を最大にする a,b の値と，$3a+2b$ の最大値を求めよ。

東北大-理系前期   2022 年度　数学　*21*

$\boxed{4}$　xyz 空間内の点 O$(0,0,0)$, A$(1,\sqrt{2},\sqrt{3}\,)$, B$(-\sqrt{3},0,1)$, C$(\sqrt{6},-\sqrt{3},\sqrt{2}\,)$
を頂点とする四面体 OABC を考える。3 点 OAB を含む平面からの距離が 1 の点
のうち，点 O に最も近く，x 座標が正のものを H とする。

(1) H の座標を求めよ。

(2) 3 点 OAB を含む平面と点 C の距離を求めよ。

(3) 四面体 OABC の体積を求めよ。

物理

（2科目150分）

1 図1のように，水平な床の上に傾きの角度 θ の十分に長い斜面をもつ可動台が置かれている。可動台の斜面上方には支柱が固定されている。支柱にはゴムひもの一端が取り付けられており，ゴムひものもう一端には質量 m の物体がつながっている。力が加わっていない状態でのゴムひもの長さ（自然長）は L であり，ゴムひもの両端間の距離が L より長いときには，ばねと同じように自然長からの伸びに比例する弾性力が生じ，両端間の距離が L より短いときには，たるんで力を及ぼさないものとする。ゴムひもの弾性力の比例定数は $k(k > 0)$ である。ゴムひもが自然長にあるときの物体の位置を原点（$x = 0$）とし，ゴムひもの伸びる向きを正とする x 座標を考える。物体の運動はたるんだゴムひもにより妨げられることはない。重力加速度の大きさを g とし，物体の大きさ，ゴムひもの質量，空気による抵抗は無視できるものとして，以下の問(1)〜(3)に答えよ。解答は解答用紙の所定の場所に記入せよ。また，結果だけでなく，考え方や計算の過程も説明せよ。

問(1) はじめ，可動台は留め具によって水平な床に対し固定されており，物体は斜面上を x 軸に沿って摩擦なく動くことができるものとする。

(a) 物体を $x = x_0 (x_0 > 0)$ の位置に置き，静かに手をはなしたところ，物体は静止し続けた。x_0 を，m，k，g，θ を用いて表せ。

(b) 物体を $x = -\ell_0 (0 < \ell_0 < L)$ の位置に置き，静かに手をはなしたところ，物体は斜面下方にすべりはじめた。物体が $x = 0$ を下向きに通過するときの速さ V を，m，k，g，θ，ℓ_0 の中から必要なものを用いて表せ。

(c) $x \geqq 0$ における，物体にはたらく重力による位置エネルギーとゴムひもの弾性力による位置エネルギーの和 U を，m，k，g，θ，x を用いて表せ。なお，重力および弾性力による位置エネルギーは $x = 0$ を基準とする。

(d) 問(1)(b)の場合，物体が達する最下点の座標 x_1 を，m，k，θ，x_0，ℓ_0 の

中から必要なものを用いて表せ。ただし，g が必要な場合は，問(1)(a)の結果を用いて，g を含まない形に表すこと。

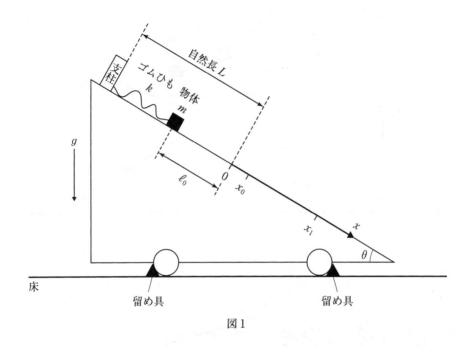

図1

問(2) 図2のように，可動台の留め具を取り外し，可動台に水平方向左向きの等加速度運動をさせた。このときの加速度の大きさは $A (A > 0)$ であった。この運動において，ゴムひもをたるみのない状態で自然長から d だけ伸ばし，水平な床とゴムひものなす角度が $\phi (\phi < \theta)$ となるような場所に物体を置いたところ，可動台とともに動く人から見て物体は静止したままだった。

(a) ゴムひもの伸び d，および，加速度の大きさ A を，それぞれ m, k, g, θ, ϕ の中から必要なものを用いて表せ。

(b) ある瞬間にゴムひもを切った。可動台とともに動く人から見た，その後の物体の軌跡として最も適切なものを，図3の(あ)〜(お)の中から1つ選び，記号で答えよ。解答は記号のみでよい。

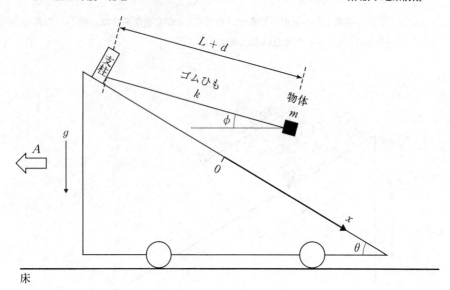

図2

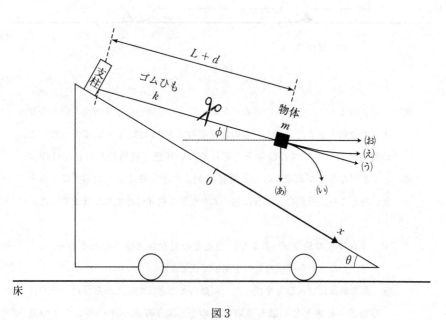

図3

東北大-理系前期   2022 年度　物理　25

問(3)　図 4 のように，可動台を留め具によって再び水平な床に対し固定し，斜面
　　　上の $x \leqq 0$ の領域のみ摩擦のある面（摩擦面）に変更した。摩擦面と物体の
　　　動摩擦係数は μ である。斜面の摩擦面以外では，物体と斜面の間に摩擦は
　　　なく，また，摩擦面においても物体の運動はたるんだゴムひもにより妨げら
　　　れることはない。物体を $x = 0$ の位置に静止させ，斜面上方に大きさ v_0 の
　　　初速度を与えたところ，物体は摩擦面をのぼり，最高点に達した後，斜面を
　　　くだって行った。

(a)　$x \leqq 0$ における物体に対する x 軸方向の運動方程式から，物体が摩擦面
　　を上向きにのぼるときの加速度 a を，m, g, θ, μ の中から必要なものを
　　用いて表せ。ただし，加速度 a は斜面下方を正の向きとする。

(b)　原点 $x = 0$ から物体が達する最高点までの距離 ℓ_1 を，k, a, x_0, v_0 の
　　中から必要なものを用いて表せ。

(c)　斜面をくだった物体は最下点に達したところで反転し，再び斜面をのぼ
　　り，$x = 0$ を速さ v_1 で上向きに通過した。v_1 を，θ, μ, v_0 を用いて表せ。

(d)　その後，物体は斜面を上下に往復運動する。問(3)(c)で物体が $x = 0$ を上
　　向きに通過したときを 1 回目の通過とする。物体が N 回目（$N = 2, 3, \cdots$）
　　に $x = 0$ を上向きに通過するときの速さ v_N を，v_0, v_1, N を用いて表せ。

(e)　十分に時間が経過した後の，物体の位置 x と時間の関係を表すグラフ
　　として最も適切なものを，図 5 の (ア)〜(ク) の中から 1 つ選び，記号で答え
　　よ。また，その記号を選んだ理由を，問(3)(d)の結果に注意して説明せよ。

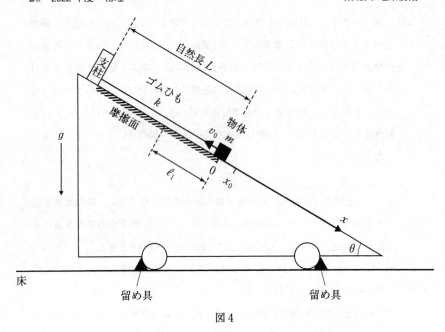

図 4

(ア)
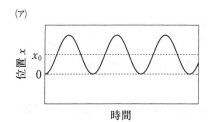

(イ)
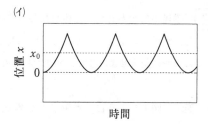

(ウ)
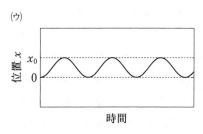

(エ)
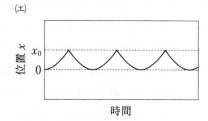

(オ)
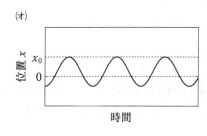

(カ)
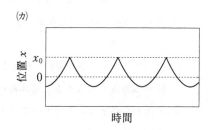

(キ)
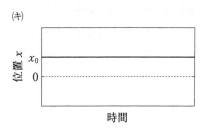

(ク)
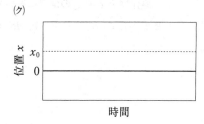

図 5

28 2022 年度　物理　　　　　　　　　　　　　　　　　　　　　　　　　東北大-理系前期

2 　磁場中に置かれた導体棒を含む回路に関する以下の問(1)～(3)に答えよ。ただ
し，電磁波の発生，空気抵抗，重力は無視できるとする。解答は解答用紙の所定
の場所に記入せよ。また，結果だけでなく，考え方や計算の過程も説明せよ。

問(1)　図1のように，電圧が V の電池と抵抗値が R の抵抗，質量が m の導体
棒，間隔 ℓ で平行に並んだ十分に長い導電性のレール2本が接続された回路
がある。ただし，導体棒は2本のレールの上にまたがって垂直に置かれ，
レールから外れることなく，なめらかにレールに沿って平行移動できる。さ
らに，ばね定数 k の絶縁体の軽いばねによって導体棒は固定壁と接続され
ており，導体棒はレールに沿う方向にばねからの力を受ける。導体棒の可動
領域には，磁束密度 $B(B>0)$ の一様かつ時間的に変動しない磁場(磁界)が
紙面に対して垂直に裏から表向きにかかっている。導体棒やレール，導線の
電気抵抗は無視できるとする。導体棒の位置 x を表す座標軸は右向きを正
にとり，ばねが自然長となるときの導体棒の位置を $x=0$ とする。

(a)　導体棒を $x=0$ の位置で動かないように指で押さえたとき，導体棒に
流れる電流の大きさ I_0 と導体棒が磁場から受ける力 F_0 を，V, R, ℓ, B
の中から必要なものを用いて表せ。ただし，F_0 は右向きの場合を正とす
る。

(b)　導体棒を $x=x_0$ の位置に置いて静かに指をはなすと，導体棒はそのま
ま静止していた。x_0 を，V, R, m, ℓ, k, B の中から必要なものを用い
て表せ。

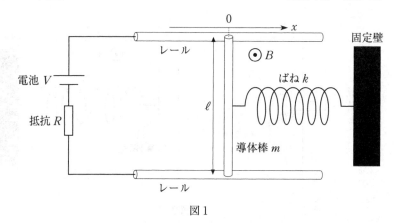

図 1

問(2) 図 2 のように，図 1 の電池と抵抗の部分を電気容量が C のコンデンサーに置き換え，導体棒を $x=0$ から離れた位置で動かないように指で押さえた。このとき，コンデンサーに電荷はないとする。その後，時刻 $t=0$ で静かに指をはなしたところ，導体棒は動き出した。時刻 $t(t>0)$ における導体棒の位置を x，速度を v（右向きを正とする）とし，コンデンサーの上側の極板にたくわえられている電気量を Q とする。

(a) $v>0$ のとき，導体棒に生じる誘導起電力の大きさ V_1 と，電気量 Q を，v, C, ℓ, B の中から必要なものを用いて表せ。

(b) 時刻 t のとき，導体棒およびばねの力学的エネルギーとコンデンサーにたくわえられている静電エネルギーの和 E を，x, v, C, m, ℓ, k, B の中から必要なものを用いて表せ。

(c) 導体棒の運動は $x=0$ を中心とする単振動となる。問(2)(b)の結果を使って，この単振動の周期 T を，C, m, ℓ, k, B の中から必要なものを用いて表せ。

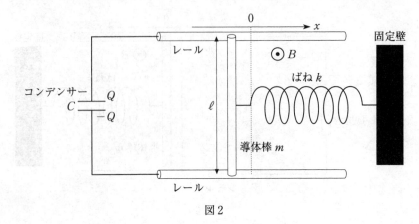

図 2

問(3) 図3のように，図2のコンデンサーの部分を自己インダクタンスがLのコイルで置き換え，導体棒を$x = x_1 (x_1 < 0)$の位置で動かないように指で押さえた。このとき，回路に電流は流れていなかった。その後，時刻$t = 0$で静かに指をはなしたところ，導体棒は$x = x_1$の位置から動き出した。以降では，電流Iが図3の矢印の向きに流れる場合を$I > 0$と定義する。

(a) ある時刻$t (t > 0)$から$t + \Delta t$までの微小な時間Δtの間に，電流はIから$I + \Delta I$に変化したとする。このときにコイルに生じる誘導起電力の大きさV_2を，$L, I, \Delta I, \Delta t$の中から必要なものを用いて表せ。

(b) 問(3)(a)と同じ微小な時間Δtの間に，導体棒の位置がxから$x + \Delta x$に変化したとすると，導体棒の速度を$v = \dfrac{\Delta x}{\Delta t}$とみなすことができる。導体棒に生じる誘導起電力に着目すると，ある定数cを使って$\Delta I = c \Delta x$と書ける。cを，x_1, L, ℓ, Bの中から必要なものを用いて表せ。

(c) 問(3)(b)の結果によれば，Iとxの間には定数αと定数βを使って$I = \alpha(x - \beta)$という関係式が成り立つ。$t = 0$でのIの値に注意して，αとβを，x_1, L, ℓ, Bの中から必要なものを用いて表せ。

(d) 導体棒の位置がxのとき，導体棒にはたらく力Fを，x, x_1, L, ℓ, k, Bの中から必要なものを用いて表せ。ただし，Fは右向きの場合を正とする。

(e) 電流Iの大きさの最大値$|I|_{\max}$を，x_1, L, ℓ, k, Bの中から必要なものを用いて表せ。

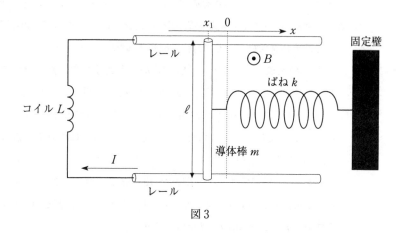

図3

3

電磁波は電場(電界)と磁場(磁界)の振動が波動となって空間を伝わる波である。光やX線(エックス線)も電磁波の一種であり，干渉などの現象が生じる。また，ある場所における光やX線の強さ(強度)は，その場所での電場の振幅の2乗に比例することが知られている。

以下の問(1), (2)に答えよ。解答は解答用紙の所定の場所に記入せよ。また，結果だけでなく，考え方や計算の過程も説明せよ。

問(1) 2つのスリットS_1, S_2が平行に並んだスリット板と，スリット板に平行なスクリーンが，図1に示すように置かれている。十分に遠方の単一光源から発した波長λの位相のそろった平行な光を，スリット板に垂直に入射させると，2つのスリットを出た回折光は干渉して，干渉縞を作る。ただし，スリット板の厚みとスリットの幅は無視できるものとする。

図1において，スリット板とスクリーンはいずれも紙面に垂直とする。2つのスリットS_1, S_2の間隔をdとし，スリット板とスクリーンまでの距離をLとする。スクリーン上にx軸をとり，S_1, S_2から同じ距離にあるx軸

上の点を原点 O とする。

(a) スクリーン上で光の強さを測定したところ，スクリーン上に，干渉によって強めあってできる明るい線(明線)と弱めあってできる暗い線(暗線)が，それぞれ原点 O に対して対称に観測された。

(i) 点 X の座標を x，スリット S_1，S_2 から点 X までの距離をそれぞれ L_1，L_2 とするとき，$\Delta L = L_2 - L_1$ を，d，L，x を用いて表せ。ただし，スリット板とスクリーンとの距離 L は $|x|$，d に比べて十分大きいとし，計算においては，$|\alpha|$ が 1 に比べて十分小さい場合に成り立つ近似式 $\sqrt{1+\alpha} \fallingdotseq 1 + \dfrac{1}{2}\alpha$ を用いよ。

(ii) $x > 0$ において観測された明線の x 座標を a_k とする。ここで，k は正の整数で，原点 O に近い方から，$k = 1, 2, 3, \cdots$ と番号をつけるものとする。a_k を，k，λ，L，d を用いて表せ。

(iii) $x > 0$ において観測された暗線のうち，原点 O に最も近い暗線の x 座標を b とする。b を，λ，L，d を用いて表せ。

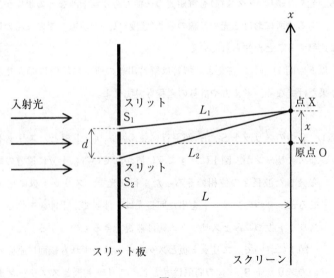

図 1

(b) 図2のように,スリットS_2の入射光側に非常に薄い板Fを置いた。スリットS_1を通過し,原点O近傍に到達した光の電場の振幅は,xによらず一定値E_0とみなすことができる。スリットS_2を通過して原点O近傍に到達した光の電場の振幅は,板Fによって振幅の大きさがr倍$(0 < r < 1)$され,rE_0となる。ただし,板Fによる位相の変化は無視できるものとする。

板Fを置く前の,原点Oにおける光の強さをI_0とするとき,板Fを置いた後の,$x = a_1$,$x = b$の位置における光の強さ$I(a_1)$,$I(b)$を,I_0,rを用いて,それぞれ表せ。

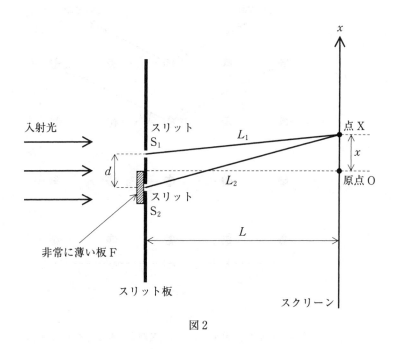

図2

問(2) 波長λのX線を結晶に照射し,結晶から反射されるX線を測定する。結晶内には,規則正しく並んだ原子を含む平行な面(格子面)がいくつも存在し,X線は,格子面上に存在する原子によって散乱される。図3に示すように,入射するX線と格子面のなす角,測定するX線と格子面のなす角は,ともにθであるとする。隣りあう格子面で反射されるX線が干渉によって強

めあう場合に，強いX線が観測される。

(a) 図3のように，原子Aが，x方向，y方向いずれも間隔Dで整列している結晶に，波長λのX線を入射した。

(i) 図3で，隣りあう格子面によって反射されるX線の道のりの差（経路差）$\Delta \ell$を，D，θを用いて表せ。

(ii) 問(2)(a)(i)の結果を用いて，強いX線が観測されるための条件式を，D，λ，θ，正の整数mを用いて表せ。

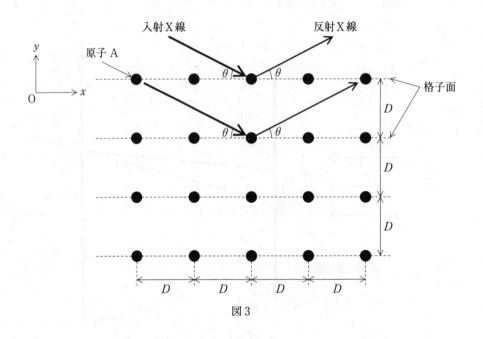

図3

(b) この結晶に対して，図4のように，X線をx軸と平行に入射したところ，y軸と平行な方向に反射X線が観測された。実験で用いたX線の波長λは，$\lambda = 1.54 \times 10^{-10}$ m であり，この結晶では，Dが2.0×10^{-10} m から4.0×10^{-10} m の間にある。Dを有効数字2桁で求めよ。単位も記すこと。

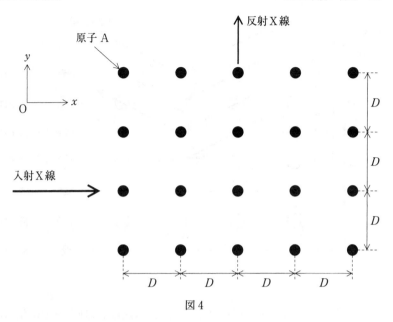

図 4

(c) 図 5 のように，原子 A のみからなる格子面 (格子面 1，3，5，…) と原子 B のみからなる格子面 (格子面 2，4，6，…) が等間隔で並んだ結晶を考える。隣りあう格子面の間隔は $\dfrac{D}{2}$ である。

このような結晶からの波長 λ の X 線の反射を考える。反射した X 線を，間隔 D で並ぶ原子 A のみからなる格子面 (格子面 1，3，5，…) からの反射 X 線 (X_1) と，同じ間隔 D で並ぶ原子 B のみからなる格子面 (格子面 2，4，6，…) からの反射 X 線 (X_2) に分ける。観測される X 線は X_1 と X_2 の重ねあわせの結果である。X_1，X_2 の振幅をそれぞれ A_1，A_2 とするとき，定数 $R\,(0 < R < 1)$ を用いて $A_2 = R A_1$ と表されるものとする。原子の大きさは無視できるものとし，X 線が反射されるときの位相の変化は，原子によらず同じと仮定する。

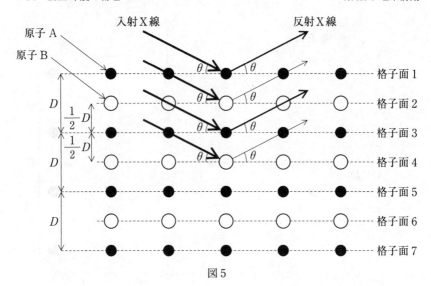

図 5

(i) 角度 θ を，$\theta > 0$ のごく小さな角度から徐々に増加させながら，反射されたX線の強度を測定した。X線が観測された角度を，角度の小さい順に，θ'_1，θ'_2，θ'_3，…と名づけた。

角度 θ が $\theta = \theta'_1$ であるとき，図5の格子面1と格子面2で反射されるX線の経路差 $\Delta \ell'$ を，λ を用いて表せ。

(ii) 観測されたX線の強さ I を，横軸 θ のグラフとして表したとき，その概形として最も適切なものを，図6の(ア)～(カ)の中から1つ選び，記号で答えよ。解答は図の記号のみでよい。

(ア)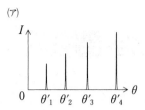

(イ)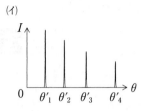

(ウ)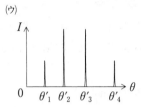

(エ)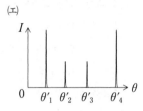

(オ)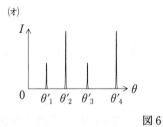

(カ)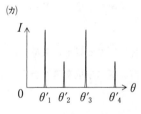

図6

化学

（2科目150分）

計算のために必要な場合には，以下の数値を使用せよ。

原子量　H = 1.0　B = 10.8　C = 12.0　O = 16.0　Na = 23.0

Cl = 35.5　Fe = 55.9　Cu = 63.6　Br = 79.9　Ag = 108

I = 127

気体定数　$R = 8.31 \times 10^3$ Pa·L/(mol·K)

アボガドロ定数　6.02×10^{23}/mol

絶対零度　-273℃

1　気体に関する以下の文章を読み，問1から問5に答えよ。特に指示がない場合は，解答欄に単位を書かなくてよい。

気体の状態方程式 $pV = nRT$ に厳密に従う仮想的な気体を理想気体という。ここで p は圧力，V は体積，n は物質量，R は気体定数，T は絶対温度である。これに対して，実際に存在する気体（実在気体）では気体の状態方程式は厳密には成り立たない。すなわち，理想気体では $Z = (pV/nRT)$ の値が1であり，実在気体ではこの値が1からずれる。このように実在気体が理想気体からずれる主な因子には，(1)圧力，(2)温度，(3)分子の性質が考えられる。(1)については，圧力が高くなると単位体積当たりの分子数が増加して分子自身の　ア　が無視できなくなり，実際に気体が運動できる空間が小さくなることによる。(2)については，温度を低くすると，分子の熱運動が弱くなるので，　イ　の影響が大きくなることによる。(3)については，分子量が　ウ　，極性が　エ　分子からなる気体は，　イ　が弱いために理想気体に近くなる。

問1　文中の空欄　ア　および　イ　に入る適切な語句を書け。

問 2　文中の空欄　ウ　，　エ　に入る語句の組み合わせとして最も適
　　　切なものを次の(a)から(d)の中から1つ選び，解答欄の記号を○で囲め。

	ウ	エ
(a)	大きく	あ る
(b)	大きく	な い
(c)	小さく	あ る
(d)	小さく	な い

問 3　実在気体のZの値に関する(a)から(d)の記述について，正しいものには
　　　○，誤りを含むものには×を解答欄に記入せよ。

　　(a)　標準状態($0\,℃$，$1.0 \times 10^5\,Pa$)におけるアンモニアのZの値は，理想気
　　　　体における値($Z = 1$)よりも小さくなる。

　　(b)　$300\,K$，$5.0 \times 10^5\,Pa$の水素と，$400\,K$，$1.0 \times 10^4\,Pa$の水素では，Zの
　　　　値は前者の方が理想気体($Z = 1$)からのずれが大きい。

　　(c)　$0\,℃$における二酸化炭素のZの値は，圧力をゼロから増加させていく
　　　　と単調に増加する。

　　(d)　$0\,℃$における水素や窒素のZの値は，圧力をゼロから増加させていく
　　　　と一旦減少してから増加に転じる。

問 4　温度と容積が調節可能な密閉容器に$0.090\,mol$のエタノールと$0.110\,mol$
　　　の窒素のみを入れ，全圧$p = 1.0 \times 10^5\,Pa$，温度$t_0 = 77\,℃$とした。このと
　　　き，この混合物は一様に気体の状態で，体積は$V_0〔L〕$となった。この混合
　　　気体を圧力一定($1.0 \times 10^5\,Pa$)の条件を保つように，容積を調節しながら
　　　ゆっくりと冷却した。すると，温度$t_1〔℃〕$まで冷却したところでエタノール
　　　の凝縮が始まった。エタノールの蒸気圧曲線(図1)を参考にして，次の(1)
　　　から(4)に答えよ。気体はすべて理想気体として扱ってよい。また，窒素の
　　　エタノールへの溶解は無視できるものとする。

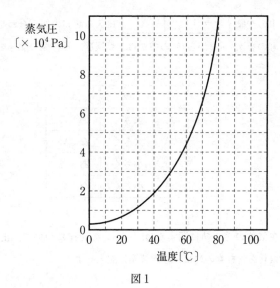

図 1

(1) 冷却し始めた時の混合気体の体積 V_0〔L〕の値を有効数字 2 桁で答えよ。

(2) 温度 t_1〔℃〕の値を有効数字 2 桁で答えよ。導出過程も簡単に記せ。

(3) 再び $t_0 = 77$ ℃ まで加熱して最初の状態に戻した。その後，今度は体積一定の条件で，ゆっくりと冷却した。すると，温度 t_2〔℃〕まで冷却したところでエタノールの凝縮が始まった。容器内に気体のみが存在する温度 t $(t < t_0)$ で，体積一定の条件で冷却した場合の体積 V_0〔L〕と圧力一定の条件で冷却した場合の体積 V_1〔L〕の間には オ の関係がある。したがって，この温度でのエタノールの分圧について，体積一定条件での分圧 p_{A0}〔Pa〕と圧力一定条件での分圧 p_{A1}〔Pa〕の間には カ の関係がある。この分圧の関係と図 1 の蒸気圧曲線から，温度 t_1 と t_2 の間には キ の関係があることがわかる。

上の空欄 オ ， カ ， キ に入る適切な関係式を，それぞれ下の (a) から (c)，(d) から (f)，(g) から (i) の中から 1 つ選び，解答欄の記号を○で囲め。

オ	の選択肢	(a) $V_0 < V_1$	(b) $V_0 = V_1$	(c) $V_0 > V_1$
カ	の選択肢	(d) $p_{A0} < p_{A1}$	(e) $p_{A0} = p_{A1}$	(f) $p_{A0} > p_{A1}$
キ	の選択肢	(g) $t_1 < t_2$	(h) $t_1 = t_2$	(i) $t_1 > t_2$

(4) 上の(3)の過程における全圧と絶対温度の関係を表すグラフとして最もふさわしいものを図2の(a)から(f)の中から1つ選び，解答欄の記号を○で囲め。ただし，温度は $T_3 = 150$ K まで下げたものとし，図には $T_0 = (t_0 + 273)$ K, $T_2 = (t_2 + 273)$ K および T_3 の位置が示してある。

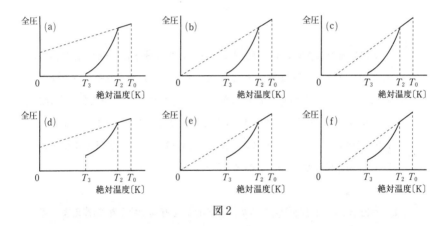

図2

問5 水へのメタン CH_4 の溶解について考える。温度27℃で，図3の状態①のように，液体の水1.00 L を満たした容器Aと気体のメタンを圧力 1.0×10^5 Pa で2.24 L 満たした容器Bを連結した。次に，つないでいるコックを開いて容器Bから容器Aにメタンをすべて押し込み，コックを閉じた。続いて容器Aのピストンの位置を調整して，容器A内の体積を3.24 L とした（図3の状態②）。この状態で，ピストンを固定して容積一定となった密閉容器をよく振ってメタンを水に溶解させ，溶解平衡の状態にしたところ，容器A内の圧力は p [Pa] となった。次の(1)，(2)に答えよ。ただし，状態②で容器Aの内部以外の場所に残った気体は無視できるとする。また，気体はすべて理想気体として扱うことができ，水の蒸気圧は無視できるものとする。

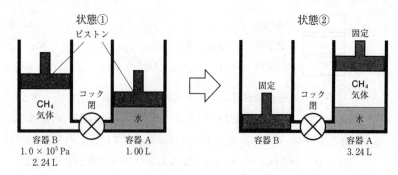

図 3

(1) 溶解平衡の状態で気相に存在するメタンの物質量を n_1 [mol], 水に溶解しているメタンの物質量を n_2 [mol] とする。n_1, n_2 をそれぞれ p を含んだ式で表し, n_1 については解答欄(あ)に, n_2 については解答欄(い)に記せ。なお, 式の中で使う数値は有効数字 2 桁で書くこと。ただし, 27 ℃, 1.0×10^5 Pa において, メタンは標準状態 (0 ℃, 1.0×10^5 Pa) に換算して水 1.00 L に 3.0×10^{-2} L 溶解するとする。

(2) 容器 A 内の圧力 p [Pa] を求め, その数値を有効数字 2 桁で答えよ。導出過程も簡単に記せ。

2 次の文章〔Ⅰ〕と〔Ⅱ〕を読み，問1から問10に答えよ。

〔Ⅰ〕 炭酸ナトリウム Na_2CO_3 は図1に示すアンモニアソーダ法（ソルベー法）によって得られる。図1はアンモニアソーダ法の全工程と各工程での物質の変化や工程間の物質の移動を表している。空欄 ア から カ はそれぞれ物質を示す。なお，水や水蒸気の移動の表記は省略している箇所がある。

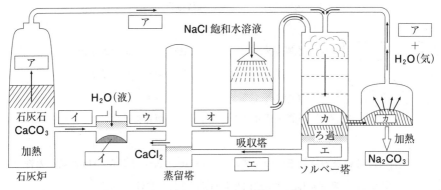

図1 アンモニアソーダ法の工程

問1 空欄 ア から カ に入る最も適切な物質の化学式を書け。

問2 ソルベー塔の中で起きている反応の反応式を書け。

問3 蒸留塔の中で起きている反応について，反応式を解答欄(1)に書け。また，その反応において，ブレンステッド・ローリーの定義による酸として働く物質の化学式を解答欄(2)に書け。

問4 アンモニアソーダ法の全工程の化学反応は式①で表される。

$$CaCO_3 + 2\,NaCl \rightarrow Na_2CO_3 + CaCl_2 \quad ①$$

式①にはアンモニアは含まれていない。アンモニアソーダ法におけるアンモニアの役割を述べた次の文中の，空欄 キ および ク に入る最も適切な語句をそれぞれの選択肢から選び，解答欄の記号を〇で囲め。

「アンモニアは NaCl 飽和水溶液を キ とし， ア から ク を生成しやすくする。」

キ ：(a) 強酸性　　(b) 弱酸性　　(c) 中 性
　　(d) 弱塩基性　　(e) 強塩基性

ク ：(a) 水素イオン　　　　(b) アンモニウムイオン
　　(c) ナトリウムイオン　　(d) カルシウムイオン
　　(e) 水酸化物イオン　　　(f) 炭酸イオン
　　(g) 炭酸水素イオン　　　(h) 塩化物イオン

問 5　NaCl 結晶の単位格子の体積は $1.79 \times 10^{-22}\,\mathrm{cm^3}$ である。NaCl 結晶の密度〔$\mathrm{g/cm^3}$〕を計算し，その数値を有効数字 2 桁で書け。

問 6　$0.05\,\mathrm{mol/L}$ の NaOH 水溶液 $20\,\mathrm{mL}$ を入れたビーカーと $0.05\,\mathrm{mol/L}$ の Na_2CO_3 水溶液 $20\,\mathrm{mL}$ を入れたビーカーがある。滴定実験によってこれらの溶液を区別したい。次の(a)から(d)の滴定実験のうち，2 つの溶液で滴定の結果に違いが生じる実験を選択肢の中からすべて選び，解答欄の記号を〇で囲め。

(a)　それぞれの溶液にフェノールフタレインを指示薬として添加し，$0.1\,\mathrm{mol/L}$ の HCl 水溶液で中和滴定する。

(b)　それぞれの溶液にメチルオレンジを指示薬として添加し，$0.1\,\mathrm{mol/L}$ の HCl 水溶液で中和滴定する。

(c)　それぞれの溶液に $0.1\,\mathrm{mol/L}$ の HCl 水溶液を $30\,\mathrm{mL}$ 加え混合する。次に，それぞれの溶液にフェノールフタレインを指示薬として添加し，

0.1 mol/L の NaOH 水溶液で中和滴定する。

(d) それぞれの溶液に 0.1 mol/L の HCl 水溶液を 30 mL 加え混合する。次に，それぞれの溶液にメチルオレンジを指示薬として添加し，0.1 mol/L の NaOH 水溶液で中和滴定する。

〔Ⅱ〕 銅 Cu は黄銅鉱（主成分 $CuFeS_2$）などを製錬して得られる。代表的な製錬法の工程を図2に示す。製錬は大きく分けると溶錬，製銅，電解精錬からなる。<u>溶錬は，黄銅鉱にケイ砂や石灰石を加え，空気を吹き込み，1200 ℃ 以上で反応させる工程</u>①である。ここで，鉄，ケイ素，カルシウムを多く含む液相（スラグ）と硫化銅（Ⅰ）を多く含む液相（マット）が生成する。スラグは，マットに比べ密度が小さく，液状のマットの上に浮かぶため除去することができる。次の製銅では，<u>マットに空気を吹き込み加熱して純度が 99 % 程度の粗銅を得る</u>②。粗銅を成形して作製した陽極を，<u>陰極と共に酸性にした硫酸銅（Ⅱ）$CuSO_4$ 水溶液に浸し，直流電流を流して電解精錬を行う</u>③。この操作によって陰極に純度が 99.99 % 以上の純銅が析出する。

なお，溶錬や製銅の工程で発生した排ガスは回収され，酸を製造するための原料として利用されている。すなわち上の下線部①や②で発生する気体を，ア を触媒として酸化して イ を得る。イ を ウ に吸収させて，エ が得られる。エ を オ と混合して ウ とする。

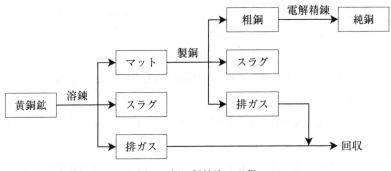

図2　銅の製錬法の工程

問 7　下線部①に関連して，$CuFeS_2$ と酸素から硫化銅（Ⅰ）と酸化鉄（Ⅱ）を生じる反応の反応式を書け。

問 8　下線部②に関連して，硫化銅（Ⅰ）に空気を吹き込み加熱して銅が生じる反応の反応式を書け。

問 9　空欄　ア　および　イ　に入る最も適切な物質の化学式を書け。また，空欄　ウ　から　オ　に入る最も適切な酸の名称を書け。

問10　下線部③の手順を参考に，電解精錬のモデルとなる実験を次のように行った。これに関して，下記の(1)から(3)に答えよ。なお，陰極に析出する物質は銅のみである。また，金属が反応する場合，その反応は電極上でのみ生じ，それぞれ次の反応式に従うものとする。

$$Fe \rightleftharpoons Fe^{2+} + 2\,e^-$$
$$Cu \rightleftharpoons Cu^{2+} + 2\,e^-$$
$$Ag \rightleftharpoons Ag^+ + e^-$$

〔実験〕　Cu と Fe と Ag からなる合金を陽極，純銅を陰極とした。希硫酸に十分な量の硫酸銅（Ⅱ）$CuSO_4$ を溶解して得た溶液に，これらの電極を浸して 0.3 V で電解精錬を行った。このとき，陽極の質量は 48.60 g 減少し，陰極の質量は 47.70 g 増加した。また，1.67 g の陽極泥を得た。

(1)　陽極から陰極へ流れた電子の物質量〔mol〕を計算し，その数値を有効数字 2 桁で書け。

(2)　陽極泥となった金属の物質量〔mol〕を計算し，その数値を有効数字 2 桁で書け。

(3)　陽極から溶け出した Cu の物質量〔mol〕を計算し，その数値を有効数字 2 桁で書け。

東北大-理系前期　　　　　　　　　　　　　　　　　　　　2022 年度　化学　47

3　次の鈴木-宮浦クロスカップリング反応に関する説明と，実験 1 から実験 7，
　　および実験 8 から実験 15 に関する記述を読み，問 1 から問 5，および問 6 から
　　問 10 に答えよ。

　　　なお，立体異性体に関して，不斉炭素原子に由来する立体異性体は区別しない
　　が，炭素間の二重結合に由来するシス-トランス異性体は区別することとする。
　　構造式や不斉炭素原子の表示(*)を求められた場合は，次の(例 1)にならって書
　　け。

（例 1 ）

　　　鈴木-宮浦クロスカップリング反応は，炭素－炭素結合を作るための反応とし
　　て知られている(2010 年ノーベル化学賞)。①式に，2 つのベンゼン環を結合さ
　　せる鈴木-宮浦クロスカップリング反応の例を示す。鈴木-宮浦クロスカップリン
　　グ反応では，ベンゼン環に $-B(OH)_2$ が結合した化合物とベンゼン環に $-Br$ が結
　　合した化合物とを適切な触媒を用いて反応させると，ホウ素原子 B が結合して
　　いた炭素原子と臭素原子 Br が結合していた炭素原子との間で結合が形成される。

　　実験 1　炭素，水素，酸素のみからなる芳香族化合物 A 1 mol を水酸化ナトリウ
　　　　　　ム水溶液で完全に加水分解した後，酸性になるまで希塩酸を加えたとこ
　　　　　　ろ，化合物 B，C，D がそれぞれ 1 mol ずつ得られた。

48 2022 年度　化学　　　　　　　　　　　　　　　　　　　　　　　東北大-理系前期

実験2　化合物 C と D は分子量 150 以下で炭素，水素，酸素のみからなる。化合物 C と D はどちらも 200 mg を完全に燃焼させたところ，二酸化炭素 528 mg と水 216 mg のみが生成した。

実験3　化合物 C にヨウ素と水酸化ナトリウム水溶液を加えて温めると，特異<u>臭をもつ黄色沈殿を生じた。</u>[a] 一方，化合物 D は同様の反応条件で黄色沈殿を生じなかった。

実験4　化合物 C と D はどちらも金属ナトリウムと反応して水素を発生した。

実験5　化合物 C は不斉炭素原子を 2 つもつ。化合物 C に適切な触媒を用いて水素を付加させたところ，分子量が 2.0 増加した化合物 E が得られた。

実験6　化合物 C を濃硫酸と加熱すると，<u>分子量が 18.0 減少した化合物</u>[b]が得られた。

実験7　化合物 D は炭素原子 5 個以上からなる環状構造をもつ。化合物 D を適切な条件で酸化すると，分子量が 2.0 減少した化合物 F が得られた。化合物 F は銀鏡反応を示した。

問1　化合物 C の分子式を書け。

問2　次の文章を読み，　ア　および　イ　にあてはまる構造を（例2）にならって書け。

（例2）

$$CH_3-CH_2-\overset{\displaystyle O}{\overset{\|}{C}}-O-$$

実験3の下線部 a ）の反応はヨードホルム反応とよばれる。ヨードホルム反応は，分子中に　ア　の構造をもつケトンやアルデヒド，または酸化

によって　ア　の構造となる　イ　の構造をもつアルコールに特有
の反応である。

問3　化合物Cの構造式を書け。不斉炭素原子には＊印をつけよ。

問4　実験6の下線部b）の化合物として考えられる異性体の構造式をすべて書
　　け。不斉炭素原子が存在する場合は，不斉炭素原子に＊印をつけよ。

問5　化合物Dの構造式を書け。不斉炭素原子が存在する場合は，不斉炭素原
　　子に＊印をつけよ。

実験8　鉄粉を触媒として適切な条件でトルエンと臭素を反応させたところ，ベ
　　　ンゼン環に結合している水素原子1個が臭素原子 Br に置換した化合物 G
　　　が得られた。

実験9　適切な反応を用いて，化合物 G の臭素原子 Br を $-B(OH)_2$ に置換した
　　　化合物 H を合成した。

実験10　過マンガン酸カリウムを酸化剤として化合物 H を酸化したところ，化
　　　　合物 I が得られた。この反応で置換基の $-B(OH)_2$ は変化しなかった。

実験11　化合物 I とブロモベンゼンを鈴木-宮浦クロスカップリング反応させて
　　　　化合物 J を合成した。化合物 J のベンゼン環に結合している水素原子のい
　　　　ずれか1個を塩素原子に置き換えた構造として可能なものは，全部で5種
　　　　類であった。

実験12　化合物 J にエタノールと濃硫酸を加えて加熱したところ，ベンゼン環を
　　　　もつ化合物 K が得られた。この際，化合物 J のベンゼン環は変化しな
　　　　かった。

実験13　ベンゼン環をもつ分子式 C_8H_{10} の化合物 L を，実験8と同様に鉄粉を

50 2022 年度 化学 東北大-理系前期

触媒として適切な条件で臭素と反応させたところ，ベンゼン環に結合している水素原子 1 個が臭素原子 Br に置換した化合物 M が得られた。

実験14　化合物 M と H を鈴木-宮浦クロスカップリング反応させて化合物 N を合成した。

実験15　適切な条件で化合物 N を酸化したところ，化合物 B が得られた。化合物 B はベンゼン環を 2 つもち，2 つのベンゼン環の結合の仕方は化合物 N と同じであった。化合物 B のベンゼン環に結合している水素原子のいずれか 1 個を塩素原子に置き換えた構造として可能なものは，全部で 2 種類であった。なお，化合物 B は実験 1 で得られたものと同じである。

問 6　化合物 G と同じ分子式をもつ化合物の中で，ベンゼン環をもつ異性体は化合物 G を含めて何種類か，その数字のみを書け。

問 7　化合物 I の構造式を書け。

問 8　化合物 K の構造式を書け。

問 9　化合物 N の構造式を書け。

問10　化合物 B の構造式を書け。

生物

（2科目150分）

1 次の〔Ⅰ〕，〔Ⅱ〕の文章を読み，以下の問(1)～(5)に答えよ。

〔Ⅰ〕 多くの被子植物では，おしべのやくの中で花粉母細胞($2n$)が減数分裂することで，4個の細胞(n)の集まった ┃ ア ┃ ができる。この4個の細胞はそれぞれが花粉となり，成熟した花粉の中には2個の精細胞がつくられる。精細胞のうち1つは，胚のう母細胞からつくられる配偶子である ┃ イ ┃ と融合して受精卵となり，もう一方の精細胞は中央細胞と融合して胚乳細胞となる。胚乳細胞の核相は ┃ ウ ┃ である。

　被子植物であるシロイヌナズナでは，受精卵は一方向に伸長し，非対称に分裂する。その後も細胞分裂が続くことで，葉，茎，根といった器官ができる。植物ホルモンの1つであるオーキシンは，茎の先端部で合成され，根に向かって運ばれる。この方向性をもった輸送は ┃ エ ┃ とよばれる。このような遠距離の物質輸送に加え，隣り合う細胞どうしも物質を交換することがある。たとえば，細胞壁のところどころに空いた ┃ オ ┃ とよばれる穴を通して，代謝産物や，特定の mRNA やタンパク質を移動させる働きが知られている。

　根の先端には幹細胞を含む ┃ カ ┃ があり，ここで活発な細胞分裂が行われることで，根は成長を続ける。

問(1) ┃ ア ┃ ～ ┃ カ ┃ に適切な語句を記入せよ。

問(2) 下線部(a)について，植物細胞は一般的に，オーキシンとジベレリンの作用によって一方向に細長く成長する。それぞれの植物ホルモンが細胞内にどのような変化を生じさせることで，細胞の成長を促進するか，説明せよ。

〔Ⅱ〕 植物の根は一般的に，細長い円柱状の形をしている。シロイヌナズナの根は特に単純な構造をしており，中央にある中心柱という組織を取り囲むように，それぞれ1細胞の厚さの層である，内皮，皮層，表皮という組織が存在する。図1は，野生型，x変異体，y変異体の根の横断面を示した模式図である。x変異体では，X遺伝子に変異が生じた結果，産生するXタンパク質の働きが失われ，皮層がつくられなくなった。y変異体では，Y遺伝子に変異が生じた結果，Yタンパク質の働きが失われ，x変異体と同様に皮層がつくられなくなった。

X遺伝子とY遺伝子の働きを詳しく調べるために，以下の実験1と2を行った。

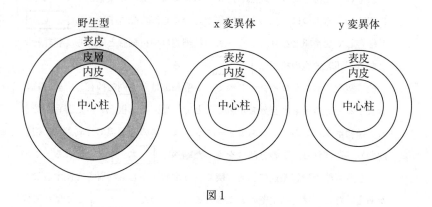

図1

実験1

X遺伝子を転写させるのに必要十分な転写調節領域が見つかった。これをX領域とよぶ。X領域とX遺伝子のあとに緑色蛍光タンパク質(GFP)の遺伝子をつなげ，Xタンパク質とGFPタンパク質がつながったタンパク質(X-GFPタンパク質)をつくらせる人工遺伝子①を作製した(図2)。この人工遺伝子をもつプラスミドを野生型の植物に導入したトランスジェニック植物をつくったところ，中心柱と内皮の両方の組織がGFPの蛍光を発した。一方，X領域とGFP遺伝子をもつが，X遺伝子を含まない人工遺伝子②をもつプラスミドも作製した(図2)。これを野生型の植物に導入したトランスジェニック植物では，中心柱のみがGFP

の蛍光を発した。なお，これらのプラスミドには，遺伝子発現に必要なプロモーターなどの基本要素はすべてそろっており，X-GFP タンパク質は，X タンパク質と GFP タンパク質の本来の発現調節や働きを保持しているとする。また，トランスジェニック植物では，すべての細胞が人工遺伝子をもつとする。

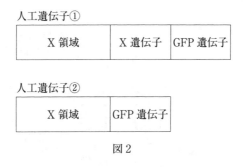

図 2

問(3) 実験 1 の結果から，X 遺伝子は次の文章のような発現調節を受けると考えられる。　キ　と　ク　に適切な組織の名称を記入せよ。

　　X 遺伝子は　キ　の細胞で転写される。X の mRNA あるいはタンパク質の一部は　ク　の細胞まで移動するが，1 細胞分しか移動できないので，　ク　よりも外側の組織には存在しない。

実験 2
　Y 遺伝子を転写させるのに必要十分な転写調節領域(Y 領域)も見つかった。X タンパク質は，Y 領域に結合して転写を促進する調節タンパク質であることがわかった(図 3)。また，Y タンパク質は，細胞分裂を誘導する働きをもつが，細胞分裂の直後に分解されるものであった(図 4)。つまり，Y 遺伝子を転写した細胞は，一度だけ細胞分裂する。また，この細胞分裂で生じた細胞のうち，根の内側(中心柱がある方向)にできた細胞は元の性質を保つが，根の外側(表皮がある方向)にできた細胞は皮層の細胞に分化することもわかった。なお，X タンパク質は中心柱では Y 遺伝子の転写を促進しないこともわかった。

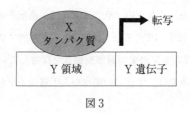

図3

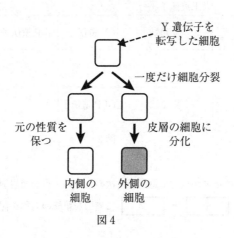

図4

　Y領域にX遺伝子をつないだ人工遺伝子③をもつプラスミドを作製した(図5)。このプラスミドを野生型の植物に導入してトランスジェニック植物を作製すると，1細胞分の層ではなく多数の細胞層をもつ皮層組織がつくられた(図6)。一方，人工遺伝子③をもつプラスミドをy変異体に導入したトランスジェニック植物を作製すると，y変異体と同様に，皮層をもたない根がつくられた。なお，すべての細胞がこの人工遺伝子をもつとし，組織の性質の違いといった，X遺伝子やY遺伝子以外の影響は無視してよい。

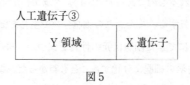

図5

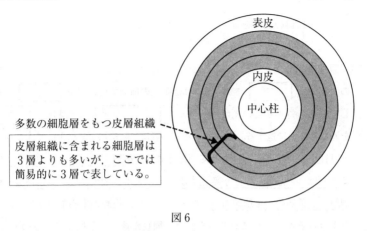

図6

問(4) 下線部(b)について，人工遺伝子③の働きで，どのようにして野生型では多数の細胞層をもつ皮層組織ができると考えられるか，説明せよ。

問(5) 下線部(c)について，人工遺伝子③は，なぜy変異体では皮層の増加を引き起こさないと考えられるか，説明せよ。

56 2022年度 生物　　　　　　　　　　　　　　　　　　　東北大-理系前期

2　次の〔Ⅰ〕～〔Ⅲ〕の文章を読み，以下の問(1)～(8)に答えよ。

〔Ⅰ〕　眼球は，光の受容器である。ヒトの眼球はほぼ球形をしていて，その最外層
　　の大部分は　　ア　　であり，これは眼球の前面では透明な　　イ　　に移行
　　している。外界からの光は，　イ　，　ウ　，水晶体，　エ
　　を通って網膜に達する。眼球に入る光の量は，虹彩の働きによって　ウ
　　の直径が変化することによって調節される。網膜上に外界の光が鮮明に像を
　　結ぶのは，水晶体の厚さが変化することによる。網膜には，桿体細胞と錐体
　　　　　　　　　　　　(a)　　　　　　　　　　　　　　　　（かんたい）　　　（すいたい）
　　細胞の2種類の視細胞がある。網膜において，視野の中心を担う部分は黄斑
　　　(b)　　　　　　　　　　　　　　　　　　　　　　　　　　　　　（おうはん）
　　とよばれるが，さらにその中心部は，網膜が薄く少し凹んでいるので中心
　　　　　　　　　　　　　　　　　　　　　　　　（くぼ）　　　　　　　　（ちゅうしん）
　　窩とよばれる。網膜の各部から伸びる視神経繊維は，盲斑に集まって眼球の
　　（か）　　　　　　　　　　　　　　　　　　　　　（もうはん）
　　　　　　　　　　　　　　　　　　　　　　　　　　(c)
　　外に出る。

　　　このような眼球の構造上の特性により，網膜上に結ばれる像は，外界を上
　　下左右に反転させたものとなる。すなわち，視野の上半分は中心窩よりも下
　　側の網膜に，下半分は中心窩よりも上側の網膜に投影される。また，視野の
　　左半分は中心窩よりも右側の網膜に，右半分は中心窩よりも左側の網膜に投
　　影される。

問(1)　　ア　　～　　エ　　に適切な語句を記入せよ。

問(2)　下線部(a)について，水晶体の厚さを変化させて焦点を調節するしくみに
　　ついて説明した以下の文章について，　　オ　　～　　コ　　に入れるべき
　　語句として最も適切なものを，それぞれ選択肢より選び，その番号を記せ。

　　　近くを見るときには，毛様体筋(毛様筋)が　　オ　　することにより，チ
　　ン小帯の張力が　　カ　　し，水晶体の厚みが　　キ　　する。また，遠く
　　を見るときには，毛様体筋が　　ク　　することにより，チン小帯の張力が
　　　ケ　　し，水晶体の厚みが　　コ　　する。

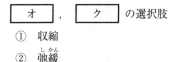

オ , ク の選択肢
① 収縮
② 弛緩

カ , キ , ケ , コ の選択肢
③ 増加
④ 減少

問(3) 下線部(b)について，ヒトの2種類の視細胞のうち，桿体細胞よりも錐体細胞の特徴としてふさわしいものを，以下の①〜⑤からすべて選べ。

① 光受容タンパク質としてロドプシンを含む。
② 暗いところでわずかな光に反応する。
③ 色覚に関与する。
④ 網膜の視野の中心を担う部分に多く存在する。
⑤ 網膜上のすべての視細胞のうち，数で高い割合を占める。

問(4) 下線部(c)について，一般に，網膜の盲斑の部分に入った光は感じることができない。その理由について説明せよ。

〔Ⅱ〕 ヒトにおいて，眼球から脳に至る視覚経路の概要は，図1に示すとおりである。視神経細胞の軸索は，網膜の盲斑から眼球を出て視神経となり，視交さを通って視床の一部である外側膝状体に至る。視交さでは，中心窩よりも耳側の視神経細胞から伸びた軸索は交差せずに同じ側の外側膝状体に至り，中心窩よりも鼻側の視神経細胞から伸びた軸索は交差して反対側の外側膝状体に至る。外側膝状体の神経細胞は，すべて同じ側の大脳皮質の一次視覚野に軸索を伸ばしている。

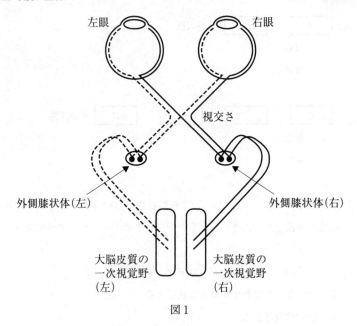

図1

　視覚刺激に対する脳の反応を調べるために，磁気共鳴機能画像法[注1]を用いて脳活動を計測する実験を行った。薄暗い照明の下で，測定対象となるヒトに両眼でスクリーンの中央を見つめさせ，5ヘルツの閃光刺激[注2]を，スクリーンの広い範囲に一定の時間映した(図2A)。その結果，閃光刺激を映しているときには，スクリーンになにも映していないときに比べて，左と右の大脳皮質の一次視覚野の神経活動が上昇していることが示された。

＊注1　磁気共鳴機能画像法：磁気現象を用いた測定によって，生体を傷つけないよう，安全に脳活動を計測する方法の1つ。計測装置の中に測定対象となるヒトに入ってもらい，頭部を動かないように固定する。そのうえで，視覚刺激を映すためのスクリーンを目の前に設置する。

＊注2　5ヘルツの閃光刺激：1秒間に5回繰り返される光の点滅。

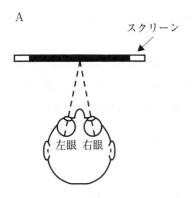

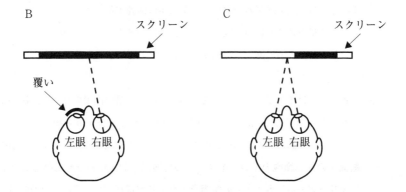

スクリーンの黒の塗りつぶしは閃光刺激を映した範囲を，点線は視線の方向を示す。

図2

問(5) 左眼を覆って右眼だけでスクリーンの中心を見つめさせながら，スクリーンの広い範囲に閃光刺激を映すと(図2B)，大脳皮質の一次視覚野の神経活動は，スクリーンになにも映していないときに比べてどうなると考えられるか。以下の①〜④から最も適切なものを1つ選べ。

① 左と右の大脳皮質の一次視覚野が同様に活発に活動する。
② 主に右の大脳皮質の一次視覚野が活発に活動する。
③ 主に左の大脳皮質の一次視覚野が活発に活動する。

④ 左と右の大脳皮質の一次視覚野において同様に活動が低下する。

問(6) 両眼でスクリーンの中心を見つめさせながら，スクリーンの正中(スクリーン中心を通る垂直線)よりも少し右側からスクリーン右端近くまでの範囲に閃光刺激を映すと(図2C)，大脳皮質の一次視覚野の神経活動は，スクリーンになにも映していないときに比べてどうなると考えられるか。以下の①～④から最も適切なものを1つ選べ。

① 左と右の大脳皮質の一次視覚野が同様に活発に活動する。
② 主に右の大脳皮質の一次視覚野が活発に活動する。
③ 主に左の大脳皮質の一次視覚野が活発に活動する。
④ 左と右の大脳皮質の一次視覚野において同様に活動が低下する。

〔Ⅲ〕 網膜における光受容のしくみを調べるため，薄暗い部屋のなかで，次のような実験を行った(図3)。ヒキガエルの眼球から網膜組織を摘出し，リンガー液*注3で満たしたシャーレの中に入れた。顕微鏡で観察しながら，網膜組織中の桿体細胞の1つを選び，その外節部に記録電極を刺し込むとともに，リンガー液にもう1つの電極を入れて基準電極とし，それらを増幅器につないで，細胞の内外の電位差である膜電位を測定した。

＊注3 リンガー液：体液(細胞外液)と同様のイオン組成・浸透圧をもつ人工の溶液

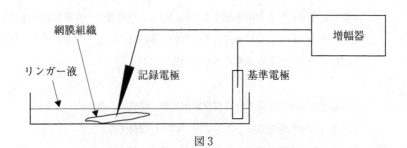

図3

薄暗い部屋のなかで，桿体細胞の膜電位の測定値は一定の値を示していたが，網膜組織に1秒間光を照射すると，図4Aに示すように，膜電位は急激な変化を示した後，もとの値に戻った。次に，シャーレ内のリンガー液を，その組成のうちナトリウムイオン(Na^+)すべてを同じ1価の陽イオンであるリチウムイオン(Li^+)に置き換えた溶液に入れ替えた。しばらくすると，薄暗い部屋のなかでの膜電位は，先ほどよりも大幅に低い値で安定した。また，網膜組織に1秒間光を照射しても，膜電位に大きな変化は生じなかった（図4B）。

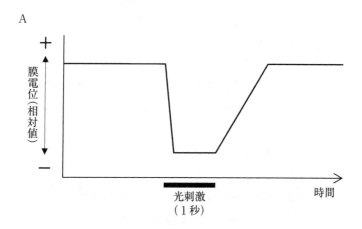

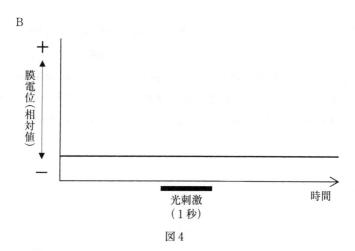

図4

62 2022年度 生物 　　　　　　　　　　　　　　　　東北大-理系前期

問(7)　この実験の結果から，生きたヒキガエルの網膜における，桿体細胞による
　　　光刺激の受容にかかわる現象として，どのようなことが生じていると推測さ
　　　れるか。以下の説明文の　サ　および　シ　に入れるべき語句とし
　　　て最も適切なもの1つを，それぞれ選択肢より選び，その番号を記せ。

　　　　暗い環境では，陽イオンチャネルが　　　　サ　　　　，膜電
　　　位が高い状態に保たれている。光刺激を受容すると，陽イオンチャネルが
　　　　　　　シ　　　　，膜電位が一時的に低い状態になる。この陽イ
　　　オンチャネルは，Na^+ を通すが，Li^+ は通さない。

　　　　サ　の選択肢
　　　①　閉じているので
　　　②　開いており，Na^+ が細胞外から細胞内に流入しているので
　　　③　開いており，Na^+ が細胞内から細胞外に流出しているので

　　　　シ　の選択肢
　　　①　閉じるので
　　　②　開き，Na^+ が細胞外から細胞内に流入するので
　　　③　開き，Na^+ が細胞内から細胞外に流出するので

問(8)　桿体細胞のシナプス部では，膜電位に応じた神経伝達物質の放出が行われ
　　　ていることが知られている。このことと，上記の実験の結果を踏まえると，
　　　生きたヒキガエルの網膜における桿体細胞からの神経伝達物質の放出量は，
　　　薄暗い部屋のなかでの膜電位が一定の値を示している状態から，一時的に光
　　　を照射したときに，どのように変化すると考えられるか，説明せよ。

東北大-理系前期 2022年度 生物 63

3 次の〔Ⅰ〕,〔Ⅱ〕の文章を読み,以下の問(1)〜(8)に答えよ。

〔Ⅰ〕 ヒトは,異物である微生物の侵入を阻止・排除する,生体防御とよばれる多層的なしくみを備えている。異物の体内への侵入はまず,体表で物理的・化学的な防御により防がれている。表皮の最外層を覆う角質層は,死んだ表皮の細胞の層であり,細菌やウイルスの侵入を防いでいる。
(a)

　体表を突破して侵入した異物は,さまざまな種類の白血球が連携しておこす免疫反応によって排除される。体内に細菌やウイルスなどの異物が侵入すると,これらの異物が共通してもつ特徴を認識する　ア　免疫が,すみやかに始動する。好中球や　イ　は体内に侵入した細菌を認識し,食作用とよばれる働きにより,細胞内に取り込んで消化・分解する。スタインマンによって1973年に発見された大型星状細胞である　ウ　も異物を取り込み,　エ　に移動して,分解によって断片化した異物の一部を細胞表面に提示する。これは　オ　提示とよばれる。提示された構造を認識するT細胞は活性化し,増殖した後にヘルパーT細胞やキラーT細胞となって病原体の除去に働く。生体防御による病原体の除去が不十分であることは,感染症の原因となる。

　さまざまな動物が,感染症の原因となる病原体を媒介する。節足動物であるマダニは哺乳類などの血液を栄養源とする。細菌R1とその近縁の細菌R2はどちらも,マダニが血液を吸う行動(吸血行動)のさいに,哺乳類の血中に入り込むことがあり,その後,血球細胞の食作用により細胞内に侵入し,分解されるしくみから逃れることで,細胞内で増殖する。
(c)

問(1)　　ア　〜　オ　に適切な語句を記入せよ。

問(2)　下線部(a)について,表皮の角質層は気管の上皮組織よりも,ウイルスの侵入を防ぐのに優れている。その理由を説明せよ。

問(3)　下線部(b)について,細胞内に取り込まれた細菌を分解する,細胞小器官

64 2022 年度 生物　　　　　　　　　　　　　　　　　　　　　東北大-理系前期

の名称を記せ。

問(4)　下線部(c)について，抗体は細胞内に侵入して増殖する細菌に細胞外で反
　　応できるが，いったん細胞内に侵入した細菌の，細胞内での増殖を防ぐこと
　　はできない。その理由を説明せよ。

〔Ⅱ〕　マダニは，ある種の細菌が体内に存在しても，病気を生じることなく，そ
　　れらを体内に保持し続ける。哺乳類の血球細胞に細菌 R1 または R2 が感染
　　している場合，この動物の血液をマダニが吸うことによって，細菌 R1 また
　　は R2 がマダニの体内に入り込み，全身の組織の細胞内に広がる。この状態
　　を「マダニが細菌を保有している」とよぶことにする。細菌 R1 と R2 は，マ
　　ダニからマダニへと直接伝わることもある。この場合，細菌 R1 と R2 は，
　　マダニの遺伝子とは独立に伝わる。

　　　A，B，C の 3 地域に同種のマダニが生息しており，それぞれの群は他の
　　群との交雑が全くないとする。それぞれの個体群を A 群，B 群，C 群とよ
　　ぶ。各群の複数の個体を採取し，細菌 R1 および R2 を保有している個体数
　　の割合(保有率)を測定すると，表 1 のようであった。

　　　細菌 R1 や R2 と，マダニやヒトの関係を明らかにするために，実験 1 ～
　　3 を行った。

表 1

個体群	細菌 R1 保有率	細菌 R2 保有率
A	100 %	0 %
B	0 %	100 %
C	0 %	0 %

実験 1
　個体群 A～C からマダニを採取し，実験室内でオスとメスを交配し，その子世
代の個体の細菌 R1 と R2 の保有率を測定すると，表 2 のようになった。

東北大-理系前期　　　　　　　　　　　　　　　　2022 年度　生物　*65*

表 2

子世代の細菌 R1 保有率			
		メス親の群	
		A	B	C
オス親の群	A	100 %	0 %	0 %
	B	100 %	0 %	0 %
	C	100 %	0 %	0 %

子世代の細菌 R2 保有率			
		メス親の群	
		A	B	C
オス親の群	A	0 %	100 %	0 %
	B	0 %	100 %	0 %
	C	0 %	100 %	0 %

問(5)　表 1，表 2 から，細菌 R1，R2 がマダニの親世代から子世代へどのように
　　　伝わると考えられるか，説明せよ。

実験 2

　マダニに，細菌を含んだ血液を吸わせる。これを「細菌を摂取させる」とよぶこ
とにする。細菌 R1 または R2 を摂取させると，一定の割合の個体に，細菌 R1 ま
たは R2 を保有させることができる。この時，摂取させた細菌 R1 と R2 はどちら
も，全身の組織の細胞内に侵入する。A～C それぞれの群から採取したマダニの
メスに，細菌 R1 または R2 を摂取させた後，どちらの細菌も保有していないオ
スと交配させて実験室内で飼育し，その子世代の個体の細菌 R1 と R2 の保有率
を測定すると，表 3 のようになった。

表 3

		メス親の群					
		A		B		C	
		子世代の細菌保有率		子世代の細菌保有率		子世代の細菌保有率	
		R1	R2	R1	R2	R1	R2
メス親に摂取させた細菌	R1	100 %	0 %	74 %	100 %	74 %	0 %
	R2	100 %	4 %	0 %	100 %	0 %	54 %

66 2022 年度　生物　　　　　　　　　　　　　　　　　　　　　　　東北大-理系前期

問(6)　地域 B(マダニ B 群の生息域)でマダニに吸血され細菌 R2 に感染したウシ
　　　の群れが，地域 A(マダニ A 群の生息域)，または地域 C(マダニ C 群の生息
　　　域)に移動したとする。このウシの血液中の細胞には，細菌 R2 が侵入して
　　　いる。地域 A または地域 C に住むヒトにとって，マダニを介して細菌 R2
　　　に感染する可能性が高いのは，表 3 の結果から，どちらの地域と考えられる
　　　か，その地域の記号を記せ。また，その理由を説明せよ。ただし，どの地域
　　　においても，マダニがヒトやウシを吸血する確率は等しく，かつ，地域間で
　　　のヒトの移動はないものとする。

実験 3

　マダニ，あるいはヒトの血球細胞を培養して，それぞれに細菌 R1 や R2 を侵
入させる実験を行った。細菌 R1 や R2 を培地に加えると，これらの細菌はマダ
ニ，あるいはヒトの血球細胞内に侵入する。培地に細菌を加えて，細菌を細胞内
に 30 分間侵入させた後，培地を交換して，新たに細胞内に細菌が侵入すること
がないようにして，さらに培養を続けた。実験の期間中，マダニとヒトの血球細
胞はどちらも増殖せず，細胞数は変化しなかった。

　以下の 3 つの条件で実験を行った。

①　培養開始後 3 日目に細菌 R1 を細胞内に侵入させて，さらに培養を続ける。

②　培養開始後 3 日目に細菌 R2 を細胞内に侵入させて，さらに培養を続ける。

③　培養を開始するときに細菌 R1 を細胞内に侵入させて 3 日間培養した後，細
　　菌 R2 をさらに侵入させて培養を続ける。

　培養開始直後(0 日目)から，細胞内の細菌 R1 および R2 の数を一定日数ごと
に測定し，その結果を図 1 に示した。矢印の時点が，培養開始後 3 日目である。

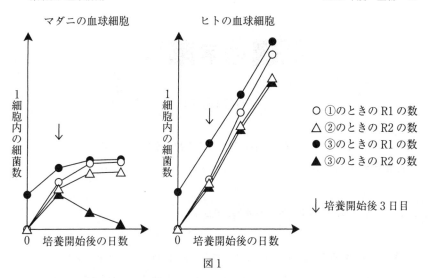
図1

問(7) 細菌R1とR2はどちらも，ヒトの体内で細胞に侵入したときに，ヒトの体内環境に悪影響を及ぼす。しかし，マダニの体内で細胞に侵入しても，マダニの体内環境を乱さない。図1の結果から，細菌の細胞内での増殖と，細菌R1やR2が体内環境に悪影響を及ぼすかどうかに，どのような関係があると考えられるか説明せよ。

問(8) 表3において，細菌R2を摂取させたメス親から生まれる子世代の細菌R2の保有率は，A群とC群で異なっていた。その原因を，図1の結果から考えて説明せよ。

地学

（2科目150分）

計算のために必要な場合には，以下の数値を使用せよ。

常用対数　$\log_{10} 2.0 = 0.30$，$\log_{10} 2.5 = 0.40$，$10^{0.3} = 2.0$，$10^{0.4} = 2.5$

1　次の文章を読み，以下の問1～4に答えよ。

　恒星の本来の明るさは恒星の光度で決まる。恒星の光度とは恒星から毎秒放射される光の全エネルギーである。恒星の光度は恒星の表面積に比例し，また，　ア　の法則より恒星の表面温度の　イ　乗に比例する。恒星の光度と表面温度は恒星の性質を示す重要な情報である。太陽などの主系列星の光の放射エネルギーは，水素の核融合反応の発熱により供給される。主系列星の寿命は核融合反応で全質量の10分の1の水素が消費されるまでの期間で決まる。恒星の(a)終末期には水素などの核融合反応でつくられたより重い元素の一部が宇宙空間に放出される。

　地球で観測される恒星の明るさや見かけの等級は，恒星の光度だけでなく地球から恒星までの距離によっても変わる。地球から恒星までの距離は変化させず，恒星の光度を100倍増加させた場合，見かけの等級は　ウ　等減少する。また，光度が一定で地球から恒星までの距離を100倍増加させた場合，見かけの等級は　エ　等増加する。見かけの等級に加え，恒星の光度だけで決まる指標として，絶対等級が用いられる。絶対等級は，恒星を仮想的に　オ　パーセクの距離においた場合の見かけの等級である。恒星の見かけの等級と距離がわか(b)れば，絶対等級や光度を求めることができる。

問1　　ア　に適切な語句を記入し，　イ　～　オ　には適切な数値を整数で記入せよ。

東北大-理系前期   2022 年度　地学　*69*

問 2　下線部(a)より恒星の寿命を推定することができる。ある主系列星 A の光
　　　度は太陽の 81 倍であった。主系列星の光度は質量の 4 乗に比例するとした
　　　場合，主系列星 A の寿命は何年であるか，有効数字 2 桁で答えよ。ただ
　　　し，太陽の寿命は 100 億年とし，計算の過程も示すこと。

問 3　下線部(b)について，ある恒星 B を観測したところ，その年周視差は
　　　5.0×10^{-3} 秒角で見かけの等級は 5.3 等であった。この恒星 B の光度は太
　　　陽の何倍か，有効数字 2 桁で答えよ。ただし，太陽の絶対等級を 4.8 等と
　　　し，計算の過程も示すこと。

問 4　恒星の絶対等級と表面温度から，ヘルツシュプルング・ラッセル図(HR
　　　図)上におけるその恒星の位置が決まる。さまざまな質量の主系列星は HR
　　　図上でほぼ線上に並ぶ。また，1 つの星団内の各恒星が HR 図上でどのよう
　　　に分布しているかを見ることで，その星団の性質を知ることができる。以下
　　　の問(1), (2)に答えよ。

　　(1)　散開星団は若い星の集まりで，球状星団は古い星の集まりである。この
　　　　散開星団と球状星団の年齢に関する情報は，各星団に含まれる主系列星の
　　　　ある性質からわかっている。それがどのような性質で，各星団の年齢の違
　　　　いがどのように推測されるのかを 4 行以内で説明せよ。

　　(2)　散開星団の恒星はヘリウムより重い元素を多く含んでいる。散開星団に
　　　　比べて球状星団の恒星はヘリウムより重い元素の量が少ない。散開星団と
　　　　球状星団それぞれの恒星に含まれるヘリウムより重い元素の量に，このよ
　　　　うな違いが生じる理由を 4 行以内で説明せよ。

2 次の文章を読み，以下の問1〜6に答えよ。

図1に示すように地下がX層とY層のみから構成されている地域がある。地点AとBは地表に，地点Cは鉄塔上にある。地点AとBの間の地下には，縦ずれ断層Zがある。縦ずれ断層Zの部分を除くX層とY層の境界面，地表，ジオイドは水平である。X層とY層の密度はそれぞれ均一で，X層はY層に比べて低密度である。鉄塔の質量は無視できるほど小さいものとする。

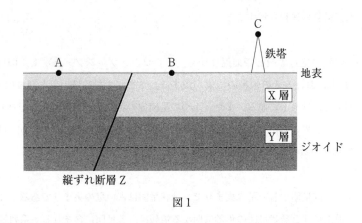

図1

問1 縦ずれ断層Zの種類を次の語句のなかから1つ選べ。
　　{正断層，逆断層}

問2 縦ずれ断層Zはどのような力が加わって形成されたか，1行で説明せよ。

問3 地点A，B，Cで実測された重力の大きさをそれぞれg_A，g_B，g_Cとする。これらの値はすべて異なっていた。g_A，g_B，g_Cを小さい順に並べよ。また，その順番になる理由を3行以内で説明せよ。

問4 重力異常は，実測値を補正して得たジオイドでの重力と標準重力の差である。①ジオイド，②標準重力とは何か，それぞれ1行で説明せよ。

問 5　ブーゲー異常を求めるために，実測された重力に対して行う補正が 3 種類ある。これら 3 種類の名称を<u>すべて</u>答え，それぞれの重力補正について 1 行で説明せよ。

問 6　図 1 の地域のブーゲー異常を求めたところ，一様ではない分布が得られた。解答欄の縦軸上向きをブーゲー異常の正として，地点 A から地点 C にかけてのブーゲー異常分布の概形を図示せよ。

〔解答欄〕

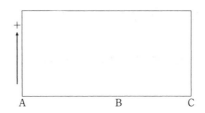

3　次の文章を読み，以下の問 1～4 に答えよ。

　火山を形成するマグマは，岩石が融解することにより発生する。地球では，地殻とマントルの岩石が通常は固体の状態であるため，どのような場所でもマグマが発生するわけではない。マグマが発生し，火山が形成されるためにはいくつかの条件が必要である。地球上で火山がある場所は，<u>プレート発散境界，プレート収束境界（またはプレート沈みこみ境界），ホットスポット</u>といった場所に限られる。<u>プレート発散境界の火山では，主に玄武岩質マグマが発生する</u>が，<u>プレート収束境界の火山では，玄武岩質マグマ以外に安山岩質マグマや花こう岩質マグマも多く発生する</u>。また，南太平洋の仏領ポリネシア付近では，5 つ程度のホットスポットが集まって分布している。この付近のマントルは，<u>地震波トモグラフィーによって周囲よりも高温であると推測され</u>，マントルの最下部から物質が上昇していると考えられている。

問 1　下線部(a)のマグマが発生する 3 種類の場所について，現在のマグマ生産

量が多い順にならべよ。

問2　下線部(b)で，玄武岩質マグマが発生する仕組みを，次の語句をすべて用いて4行以内で説明せよ。
　　｛マントル，中央海嶺，温度，減圧融解｝

問3　下線部(c)のようになる理由を，次の語句をすべて用いて4行以内で説明せよ。
　　｛マントル，地殻，マグマ混合，同化作用｝

問4　下線部(d)のように推測される理由を3行以内で説明せよ。

4　次の図1は新生代の酸素同位体比記録を示しており，おおむね過去の気温の変動を表している。以下の問1〜4に答えよ。

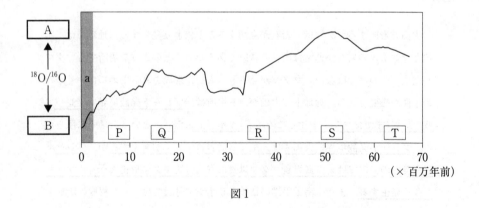

図1

問1　新生代の気候は長期的に寒冷化の傾向を示している。酸素同位体比記録は安定酸素同位体 ^{18}O と ^{16}O の比率を示しており，海洋堆積物中のある化石から求められた。次の(ア)〜(カ)のうち，図1のAとB，その化石の種類として正しい組み合わせを1つ選べ。

	A	B	化石の種類
(ア)	大	小	有孔虫
(イ)	大	小	放散虫
(ウ)	大	小	ケイ藻
(エ)	小	大	有孔虫
(オ)	小	大	放散虫
(カ)	小	大	ケイ藻

問2　新生代の寒冷化には氷床の発達が関わっている。図1のP～Tのうち，南極大陸と北半球に氷床が形成され始めた時期をそれぞれ1つずつ選べ。

問3　新生代の寒冷化にはヒマラヤ山脈の上昇も関わっている。ヒマラヤ山脈が上昇した理由とその上昇が寒冷化につながる理由について，次の語句を<u>すべて</u>用いて5行以内で説明せよ。

　　｛風化，アジア大陸，CO_2｝

問4　図1のaの時期について，さらに詳細な酸素同位体比記録を調べたところ，気候の寒暖の繰り返しがおよそ数万年～10万年の周期で起きていることがわかった。この周期的な気候変動について，次の語句を<u>すべて</u>用いて7行以内で説明せよ。

　　｛ミランコビッチ，氷床，離心率｝

74　2022年度　地学　　　　　　　　　　　　　　　　　東北大-理系前期

5　日本各地から採取された岩石の試料Ａ～Ｄを入手した。それぞれの試料の産地
と特徴に関する次の文章を読み，以下の問1～4に答えよ。

試料Ａ：愛知・岐阜県境を流れる木曽川沿いの美濃・丹波帯で採取された。二酸
化ケイ素を主成分とするケイ質ウーズが固結してできた岩石であった。

試料Ｂ：飛騨山脈で採取された。この試料では，比較的大きな石英や長石などの
無色鉱物と，黒雲母などの有色鉱物が，肉眼で見えるしま模様をつくって
いる。この試料に板状に割れやすい性質はなかった。この試料中の鉱物に
ついて放射年代を測定したところ，太古代や原生代の年代を示した。

試料Ｃ：鹿児島県の円錐形の山で採取された。細粒な結晶やガラスの物質のなか
に，大きな結晶がいくつもあった。細粒な結晶の種類は分からなかった
が，大きな結晶は斜長石，角閃石および輝石だった。かんらん石や黒雲母
の大きな結晶は見つからなかった。大きな結晶のうち斜長石では，鉱物本
来の形態をもった結晶が多かった。この試料全体の化学組成を調べたとこ
ろ，二酸化ケイ素は54重量％であった。

試料Ｄ：山口県の秋吉台で採取された。採取された場所はカルスト地形になって
いた。この試料に酢酸をスポイトでたらしたら，泡を出して表面が溶け
た。

問 1　試料Ａ～Ｄのなかに，地表における火山活動によってできた岩石が1つあ
る。次の問(1)，(2)に答えよ。

(1)　該当する試料をＡ～Ｄから1つ選び，記号を解答欄の①に，適切な岩石
名を1つ解答欄の②に記入せよ。

(2)　(1)で選んだ試料について，その岩石によく見られる火成岩の組織の名称
を1つ記入せよ。

問 2　試料Ａ～Ｄのなかに，化石が見つかる可能性のある岩石が2つある。該当

する試料をA～Dから2つ選び，解答欄の①に記号で記入せよ。選んだ記号に対応させて，適切な岩石名を解答欄の②に，見つかる可能性がある化石の名称を解答欄の③に，それぞれ1つずつ記入せよ。

問3 試料A～Dのなかに，広域変成岩が1つある。以下の問(1)，(2)に答えよ。

(1) 該当する試料をA～Dから1つ選び，記号を解答欄の①に，適切な岩石名を1つ解答欄の②に記入せよ。

(2) (1)で選んだ試料の岩石は，日本ではどのように形成されたと考えられるか。次の語句をすべて用いて3行以内で説明せよ。
　　{温度，プレート，圧力}

問4 試料A～Dは日本列島の地体構造と関係が深い。解答欄の日本列島の図に，①中央構造線，②糸魚川—静岡構造線，③棚倉構造線をそれぞれ実線で描け。ただし，それぞれの線がどれに該当するかを①，②，③を使って明示すること。なお，図では日本列島の一部を省略している。

〔解答欄〕

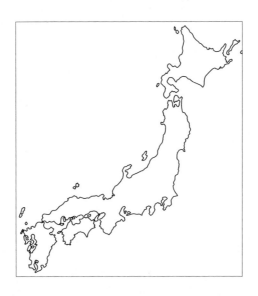

2021年度

問題編

東北大-理系前期   2021 年度　問題　*3*

■前期日程

問題編

▶試験科目

学部・学科		教　科	科　　　　　　　　　目
経済（理系）	・理・農	外国語	コミュニケーション英語Ⅰ・Ⅱ・Ⅲ，英語表現Ⅰ・Ⅱ
		数　学	数学Ⅰ・Ⅱ・Ⅲ・Ａ・Ｂ
		理　科	「物理基礎・物理」，「化学基礎・化学」，「生物基礎・生物」，「地学基礎・地学」から2科目選択
医	医	外国語	コミュニケーション英語Ⅰ・Ⅱ・Ⅲ，英語表現Ⅰ・Ⅱ
		数　学	数学Ⅰ・Ⅱ・Ⅲ・Ａ・Ｂ
		理　科	「物理基礎・物理」，「化学基礎・化学」，「生物基礎・生物」から2科目選択
	保健	外国語	コミュニケーション英語Ⅰ・Ⅱ・Ⅲ，英語表現Ⅰ・Ⅱ
		数　学	〔看護学専攻〕 数学Ⅰ・Ⅱ・Ａ・Ｂ 〔放射線技術科学・検査技術科学専攻〕 数学Ⅰ・Ⅱ・Ⅲ・Ａ・Ｂ
		理　科	「物理基礎・物理」，「化学基礎・化学」，「生物基礎・生物」から2科目選択
歯		外国語	コミュニケーション英語Ⅰ・Ⅱ・Ⅲ，英語表現Ⅰ・Ⅱ
		数　学	数学Ⅰ・Ⅱ・Ⅲ・Ａ・Ｂ
		理　科	「物理基礎・物理」，「化学基礎・化学」，「生物基礎・生物」から2科目選択
薬・工		外国語	コミュニケーション英語Ⅰ・Ⅱ・Ⅲ，英語表現Ⅰ・Ⅱ
		数　学	数学Ⅰ・Ⅱ・Ⅲ・Ａ・Ｂ
		理　科	「物理基礎・物理」，「化学基礎・化学」

4 2021 年度 問題 　　　　　　　　　　　　　　　　　東北大-理系前期

▶備 考

- 数学 B の出題範囲は「数列」,「ベクトル」とする。また, 数学 III は発展的な内容「微分方程式」からは出題しない。
- 物理について,「物理学が築く未来」の分野の知識を前提とした出題はしない。
- 医学部医学科は, このほか面接試験を行い, 医師としての適性を判断する。面接試験では, 小作文と面接を行う。小作文と出願書類は面接の参考に用いる。
- 医学部保健学科は, このほか面接試験を行い, 医療人としての適性を判断する。複数の面接員による評価を参考にして, 場合によっては, 複数回の面接をすることがある。
- 歯学部は, このほか面接試験を行い, 医療人としての適性を判断する。
- 医学部医学科では, 外国語でドイツ語, フランス語を選択することもできる（編集の都合上省略）。

▶配 点

学部・学科		外国語	数 学	理 科	面 接	合 計
経済 (理系)・農		300	300	300		900
理		200	300	300		800
医	医	250	250	250	200	950
	保 健	200	200	200	150	750
歯		250	250	250	100	850
薬		300	400	400		1100
工		200	300	300		800

東北大-理系前期　　　　　　　　　　　　　　　　　　　　　　2021 年度　英語　*5*

英語

（100 分）

I　次の英文を読み，下の問いに答えなさい。

　　The twin powers of print and industrial capitalism provide the mechanism for the process of defining national cuisines. Just as print is essential to the creation of nations, as Eric Hobsbawm and Benedict Anderson suggest, print helps transform these regional, class, or family foods into a national cuisine — that is, a creation that helps define a nation in the eyes of its own members or of the world. First and foremost are cookbooks, which both bring together separate foods into coherent wholes, and also refine what might once have been a whole series of different versions into a single accepted dish. While only some cookbook authors explicitly try to create national cuisines in a single volume, many others contribute pieces to the production of a national cuisine through their works. Enough cookbooks that feature the same basic recipes over and over, particularly if they discuss nationhood in the process, help create these national cuisines. And as Stephen Mennell points out, the cookbooks (and the press surrounding them) produced in different nations do not just eventually codify an array of dishes or modes of eating particular to given nations, but they can furthermore be read as indicative of significant differences between those nations more generally. That is, cookbooks and culinary writings illuminate not just the foods that make up national cuisines, but the nations themselves.

　　At the same time, new forms of economic production — revolutions in agriculture and food industries, as well as the growth of public eating establishments run by new kinds of entrepreneurs — also helped *reify certain foods, dishes, and manners of consumption as particular to and appropriate for a given nation. Hans J. Teuteberg has noted that industrialization alone had a

whole cascading series of effects on diet: factory work altered meal patterns, the diet of the middle classes became dominant in newly central towns, and new food technologies such as canning changed the availability of various foods. In so doing, industrialization served to create more uniform patterns of eating in
(B)
particular areas, often newly defined as nations, helping to create a new sense of national uniformity. At times, too, entrepreneurs and others more explicitly
(2)
sought to identify their products as "national" in order to build new markets. In modern nations, consumption societies nearly one and all, "it seems that 'national cuisines' may be most important to the people who stand to profit the most from their construction, especially politicians, food marketers, and other food professionals. ... It also seems clear that the idea of national cuisine is quite modern, even though the claim may seek to root itself in assertions of tradition, custom, soul, *terroir.*"

This junction of print and trade creates national cuisines in ways that speak to multiple audiences. First and foremost, they help to present conceptions of national cuisines, often simultaneously with other conceptions of the nation, to the citizens of these nations. Cuisine becomes one of possibly many invented traditions that help support the nation. This inward orientation happens in both
(C)
"old" and "new" nations. In parts of England with a history of distinct regional foods, the early modern period brought new printed cookbooks that helped to develop a more general sense of English cookery appropriate for people of middle status. In so doing, they supported the concept of identification with a broadly English social group rather than with a region that united people of different social standings. In the late nineteenth century, Pellegrino Artusi, the author of *Science in the Kitchen and the Art of Eating Well* (1891), wanted to describe the food of his new nation as something unified and unique — which meant something other than regional peasant food and heavily French elite food that then separately dominated. The cookbook sought to overcome regional divisions, class differences, and even a disjuncture between past and present, although in
(3)
practice, the dishes of Tuscany and Emilia-Romagna predominated. In so doing, it helped to create a new unified history of Italian cooking that supported the

new nation, reinforcing unequal power relations within it, particularly between north and south.

The national shift can also serve to look outward, to present nations to a wider international audience. The rise of French cuisine as an international elite standard — in fact, as the other against which Italian and English foods were at least partly defined — is certainly the most successful melding of national image and cuisine in the minds of outsiders, in large part because of its ability to present a coherent national image that had, at least initially, little to do with what most French people ate. The rise of *La Cuisinière Royale et Bourgoise* in the eighteenth century, and then of the famed master chefs such as Carême in the early nineteenth, gave French elite cuisine a new and broader market — the middle class, not just the aristocracy — and a new way to spread to them — through cookbook after cookbook, printed in France and translated and reprinted abroad. Furthermore, it was not just the printed cookbook, or even *gastronomic literatures more generally, that spread the notion of this unified, national French cuisine. Instead, so too did innovations in the world of trade, particularly the rise of the restaurant as a site for the transmission of cuisine to both a domestic and a foreign audience and the development of new and marketable conceptions of national authenticity based in the French land and landscape itself — the *terroir*. The result was a widely understood conception of France and French culinary culture that overcame regional differences, and furthermore stood for a particular identification of France and the rise of the *bourgeoisie.

These multiple audiences for conceptions of national cuisines interacted — and continue to interact — in complicated ways in *postcolonial nations. As Benedict Anderson notes, the "creole pioneers" who led national revolutions in the Americas at the turn of the nineteenth century based their new nations largely on administrative units left over from colonial times, a history that complicated the process of establishing national traditions and cultures. As a result, these nations saw, in a way, multiple conceptions of their national cuisines.

(Adapted from Alison K. Smith, "National Cuisines")

8　2021 年度　英語　　　　　　　　　　　　　東北大-理系前期

（注）

*reify　具体化する

*terroir　郷土，産地

*gastronomic　料理の，美食の

*bourgeoisie　資本家階級

*postcolonial　植民地的状態から脱した

問 1　下線部 (A) を日本語に訳しなさい。

問 2　下線部 (B) は，具体的にはどのようにしてつくり出されたのか，本文に即して日本語で説明しなさい。

問 3　下線部 (C) が指す内容を日本語で説明しなさい。

問 4　下線部 (1)〜(4) の意味として最も適切なものを，それぞれ与えられた選択肢から選び，記号で答えなさい。

(1)　illuminate　　(ア)　portray　　　　(イ)　collect

　　　　　　　　　(ウ)　elude　　　　　(エ)　brighten

(2)　explicitly　　(ア)　completely　　(イ)　generally

　　　　　　　　　(ウ)　hastily　　　　(エ)　specifically

(3)　disjuncture　(ア)　split　　　　　(イ)　affiliation

　　　　　　　　　(ウ)　parallel　　　　(エ)　discretion

(4)　melding　　　(ア)　breathtaking　(イ)　breaking

　　　　　　　　　(ウ)　blending　　　(エ)　borrowing

問 5　次の (ア)〜(カ) の文から，本文の内容から正しいと判断できるものを二つ選び，記号で答えなさい。

(ア) Eric Hobsbawm and Benedict Anderson think that cookbooks were insignificant in creating national cuisine that helps define that nation in the eyes of its own members.

(イ) Stephen Mennell suggests that cookbooks can both signify differences in countries and present the various dishes and ways of eating particular to each of those countries.

(ウ) *Science in the Kitchen and the Art of Eating Well* overcame the dishes of Tuscany and Emilia-Romagna because they were both Italian cuisines.

(エ) The renowned professional cooks in the early nineteenth century as well as *La Cuisinière Royale et Bourgoise* in the eighteenth helped popularize the food of the French elite within the middle class.

(オ) The concept of national authenticity was not of much use when restaurants were upsetting the idea of authentic French food inside and outside of France.

(カ) Benedict Anderson thinks that the new American nations of the nineteenth century should have relied more on leftover administrative units from colonial times to help establish national traditions and cultures.

10 2021 年度　英語　　　　　　　　　　　　　　　　　　東北大-理系前期

Ⅱ　次の英文を読み，下の問いに答えなさい。

Athletics produces marvelous mental accomplishments. Take this story of a competitive tennis player, who recounted that with a chance for victory at Wimbledon, she "lost confidence" just before the first game. As she bounced the ball, getting ready to serve, it hit her foot and rolled away. This surprise unsettled her, she felt insecure, and she lost Wimbledon (in her account). This is really an ordinary event, but it provides quite a challenge to any theory of mind. How exactly did the tennis player's mind take this small event, let it
(A)
spread in a web of personality, and in turn instruct tiny muscles to behave differently? How did a loss of confidence get from her mind into her left arm? Why — being conscious of the irrelevance of her tiny mistake — was she unable to control its effect on other subtle aspects of ability?

How, precisely, does the mind convey an emotion to a muscle? Surely we don't have, among the hundreds of muscles, one labeled "confident" and another labeled "not confident." Obviously the message "Don't be sure of yourself" was delivered to the tennis player's muscles differentially — but did it cause her to lose her grip on the racket, did it affect her hand-eye coordination, or both, or more? A natural reply would be, "The message sort of affects everything." But actually it almost always applies at the micro level. If someone said, "Whenever I lack self-confidence, I can't lift my left arm at all," we wouldn't believe him. We do not believe that a lack of self-confidence can completely immobilize major muscle groups. Gross motor ability is basically unaffected. But if someone said, "Whenever I lack self-confidence, my second serve tends to be a foot out," we might believe him, because "a foot out" is caused by a (　①　) shift in some muscle that produces a tennis serve. Implicitly, our culture has always accepted the idea that there is a connection between large mental states and microphysical states.

I have argued that our emotions can be projected into our body in subtle ways. Now let us consider a difficult question: do we each have slightly different

東北大-理系前期   2021 年度　英語　*11*

mechanisms, a slightly different formula, for linking our feelings or intentions to physical expressions?

Take a person who can juggle nine balls at once. Two ingredients are self-evident: precise tossing (and catching) and timing. But these are abilities all of us have: we can each throw a ball into the air to a fairly precise height, and we can each keep time. But <u>most people cannot juggle</u>. Why are these abilities not
                              (B)
sufficient to make us all jugglers? The answer is that there exists a third ability, which allows joint monitoring of two inherently different abilities. The fact that many jugglers can quickly add a fourth, fifth, and sixth ball suggests that a formula — which we cannot define, but roughly label "coordination" — is present that can easily generate more complex action.

The juggler uses a complex system of temporal organization, an implicit awareness of the principles of calculus, and a vast array of tiny muscle properties. Now comes a serious question: ＿＿＿＿＿＿＿＿＿＿＿＿＿＿＿＿　To
                                             (C)
answer the second part of the question: it certainly looks like the juggler has something not all of us have — and maybe each of us has something no one else has. So let's leap to the extreme and assert that every human being composes unique, unconscious formulas: every individual carries unique formulas that guide his or her actions. Let us leave the first part of the original question unanswered — whether, in principle, we are all capable of every kind of mental formula. Looking at what we can see, we note that our bodies have the same organs; it is reasonable to assume that our minds do as well. Where grammar is concerned, we are all in principle capable of acquiring the grammar of any language, though we actually learn only one or a few; all normally developing children have the inner formulas needed to acquire grammar, and their experience with the language around them determines which one they learn. More broadly, it seems natural to assume that maybe our unique inner formulas are the result of both an inborn architecture and our (　②　). There are deep and unresolved issues here. One could sum it up this way: when we say, "We are all human," just how much identity does that view entail?

Talk of formulas may seem "too mathematical" to the humanist reader, but

in a sense "formulas" are inevitable for at least what we can call "fast thought."
A formula where all the relations are fixed is like a mechanism, and every
mechanism allows instant translations. Just as a car could not run if there were
no machine inside it translating gasoline into movement on wheels, so no thought
or action that takes place in milliseconds could work so fast if there were no
mechanism behind it. Our fast thoughts must be mechanisms in order to be fast.
When we say that our whole being is involved in every act, what does that mean
for formulas? It means there must be a superformula into which we insert other
formulas. It synthesizes our "whole being" into a momentary summation of what
we think, say, or do at any given moment. Thus, before we choose a word or
phrase, an inherently *heterogeneous emotion must be constructed. Similar sorts
of inner surveys occur across different domains, and sometimes people arrive at
the (③) covering word for diverse mental states: a person answering the
question "How are you?" ("I'm OK, I guess"), a child reporting on a new pair of
skates ("They work OK"), a surgeon summing up a complex operation ("It went
OK"), a president glorifying five years of war ("We all did OK").

To take another example: a skilled stand-up comedian can glance at an
audience and somehow, from the looks on the faces she sees, select five from a
hundred jokes in her head. How does she connect face-looks and certain jokes?
Do the juggler, the comedian, and all of us have slightly different formulas,
different sets of ingredients underlying and motivating our (④)? My
hypothesis is that we do.

(Adapted from Tom Roeper, *The Prism of Grammar: How Child Language
Illuminates Humanism*, MIT Press)

(注)

　*heterogeneous　異質の

問 1　下線部(A)が指す内容を日本語で説明しなさい。

問 2　下線部(B)のように主張する理由は何か，本文に即して具体的に日本語で説
　　明しなさい。

東北大-理系前期　　　　　　　　　　　　　　　　　　　　2021 年度　英語　*13*

問 3　下線部(C)に入る文として最も適切なものを，次の(ア)～(エ)の中から選び，記
　　　号で答えなさい。

　　(ア)　do we all have that formula latently, or does the juggler command a
　　　　unique formula?

　　(イ)　does the juggler command a unique formula, or do we all have that
　　　　formula latently?

　　(ウ)　how does the juggler get that formula, or why don't we have that
　　　　formula?

　　(エ)　why don't we have that formula, or how does the juggler get that
　　　　formula?

問 4　下線部(D)を日本語に訳しなさい。

問 5　空欄①～④に入る語句として最も適切なものを，それぞれ与えられた選択肢
　　　から選び，記号で答えなさい。

　　①　(ア)　huge　　　　　　(イ)　confidently　　(ウ)　tiny　　　　　　(エ)　slightly

　　②　(ア)　life experience　　　　　　(イ)　physical bodies
　　　　(ウ)　mental minds　　　　　　(エ)　same organs

　　③　(ア)　different　　(イ)　same　　　　(ウ)　similar　　　(エ)　various

　　④　(ア)　feelings　　(イ)　muscles　　(ウ)　emotions　　(エ)　actions

14 2021 年度　英語　　　　　　　　　　　　　東北大-理系前期

Ⅲ **Read the conversation below between Nicole and Matt and answer questions 1) and 2) at the end of the passage.**

Nicole: Hi Matt!　　①

Matt: I'm not great actually.... Do you think you can give me a ride to the store?

Nicole: Sure. What do you need?

Matt: I was hoping to buy a new computer...

Nicole: What!? Didn't you get one just a few months ago? The university said that we should buy one before classes start.

Matt: 　②　, but I got really busy, so I just brought my old one from home and well... it's really slow.

Nicole: So why don't you get your current one fixed? Wouldn't that be much cheaper?

Matt: Don't you think I thought of that? I already went to the computer support center on campus.

Nicole: Couldn't they help you?

Matt: They said the computer isn't actually broken. Apparently, my computer doesn't have enough of something called RAM, and they can't increase it.

Nicole: RAM? What's that?

Matt: According to the support center staff, it stands for Random Access Memory. Apparently, having more RAM makes your computer work faster.

Nicole: So that is what's making your computer slow?

Matt: Yeah. Well, I mean, it's fast enough for writing reports, but we have to do a lot more than that with computers these days.

Nicole: Like what?

Matt: Well, several of our classes are online this semester, so I need it for watching lectures, participating in web-meetings and completing online assignments. My current computer can't do any of those things 　③　 anything fun.

Nicole: How much RAM do you think is enough?

Matt: Hmmm, 2 GB is enough for participating in online classes, but I want to

東北大-理系前期　　　　　　　　　　　　　　　　　　　2021 年度　英語　*15*

do fun things, so I'll probably need 8 GB.

Nicole:　So... you're just going to buy a whole new computer?

Matt:　What other option do I have?

Nicole:　Well, what are you looking for in a computer, other than RAM?

Matt:　Hmmm... I don't know. What sorts of things did you consider when you bought yours for entering university?

Nicole:　Well, there are a lot of options.... Of course, I thought about the brand, because I wanted to make sure I would get a high-quality one. But there were a lot of different models and options even after I had decided on a brand.

Matt:　I don't really care about brand so much. What were some of the options and differences in the models?

Nicole:　Well, there are a lot of important things to think about such as screen size and accessories, but I was most concerned with hard drive space.

Matt:　Hard drive space?

Nicole:　Right. The more hard drive space you have, the more files you can store.

Matt:　Why did you think that was important?

Nicole:　Well, my hobby is making videos. In order to edit them on my computer I have to store them, and they take up a lot of space.

Matt:　Hmmm... I don't do anything like that, but it seems like hard drive space might be pretty important to me too. I don't 　④　 and have to buy a new computer just a couple of years later. What else should I consider?

Nicole:　Well, I think it all depends on what you want to do with the computer. If you are just going to watch online lectures, you probably don't need such a great computer, but if you want to use it to play video games...

Matt:　It sounds like I have a lot to think about. Maybe I'd better just gather some information for now.

　　1) What phrase most likely goes in each of the blanks? Choose the letter of the best answer and write it on your answer sheet.

16 2021 年度　英語　　　　　　　　　　　　　　　　　　東北大-理系前期

① 　a．What's the story?　　　　　b．What's wrong?
　　c．How's it going?　　　　　　d．How's the weather?

② 　a．I should know that I have
　　b．I haven't known that I should
　　c．I shouldn't have known that
　　d．I know that I should have

③ 　a．on the other hand　　　　　b．not to mention
　　c．or in other words　　　　　d．without regards to

④ 　a．want to run out of it　　　　b．think I'll need it
　　c．hope it will come out　　　　d．like to waste

2) Imagine you are shopping for a computer for entering university and must select one of the following computers. Please explain your choice, giving at least three reasons based on the chart below and support each reason with at least one personal detail. You may also refer to the conversation when giving your answer.

	Computer A	Computer B	Computer C
Price	¥150,000	¥120,000	¥90,000
RAM	8 GB	8 GB	2 GB
Screen Size	13 inch	12 inch	16 inch
Disc Drive	CD and DVD	none	CD and DVD
Warranty	1-year full warranty	6-month partial warranty	1-year partial warranty
Accessories	None	Mouse, Headphones	Mouse only

東北大-理系前期　　　　　　　　　　　　　　　　　　　　　　2021 年度　英語　*17*

Ⅳ　次の文章を読み，下線部(A)，(B)を英語に訳しなさい。

　　まず最初に"志"ということについて考えてみよう。

　　現代は志というものの価値が下落してしまった時代だ。声を大にして志を述べる
人は少ないし，だいいち志という言葉じたいがオールドファッションになってし
まったようなところがある。三十歳を過ぎてからのことは，十代の頃には考えても
みないのがふつうだろう。いや，二十代の後半になっても，三十代のことを考える
人はほとんどいなくなってしまった。ところが，これは現代の若者の重大な盲点な
のだ。というのも，三十代以後のことを考えないということは，自分が何をしたい
と思っているのか，自分のライフワークは何か，をはっきりさせないで宙ぶらりん
の状態に自分の身を置くことだからだ。そういうモラトリアム(猶予期間)状態に身
をゆだねていれば，知らない間にベルトコンベアによって，きまりきった人生のな
かに運びこまれてしまうのは目に見えている。苦くみじめな青春の結末をむかえた
くなかったら，やはり，志ということについて考えたほうがいいだろう。

　　ふつう"志学"というと十五歳をいう。孔子の『論語』からでたことばで，"志をた
てる年齢"という意味につかわれている。この年齢は昔でいえば元服の時期でも
あって，一人前に成人するときだった。現代では二十歳が成人だけど，知的成熟か
らいえば，自我がつくられ，思考の基礎にある母語も確立される十五歳くらいを，
ぼくらは自分の知的スタートの時期としたいものだ。

　　　　　　　　　（花村太郎『知的トレーニングの技術［完全独習版］』(2015 年)より一部改変）

■数学■

◀経済(理系)・理・医(医・保健〈放射線技術科学・
　検査技術科学〉)・歯・薬・工・農学部▶

（150分）

1　a, b を実数とする。曲線 $y = ax^2 + bx + 1$ が x 軸の正の部分と共有点をもたないような点 (a,b) の領域を図示せよ。

2　a, b を $0 < a < 1,\ 0 < b < 1$ を満たす実数とする。平面上の三角形 ABC を考え，辺 AB を $a : 1-a$ に内分する点を P，辺 BC を $b : 1-b$ に内分する点を Q，辺 CA の中点を R とし，三角形 ABC の面積を S，三角形 PQR の面積を T とする。

(1) $\dfrac{T}{S}$ を a, b で表せ。

(2) a, b が $0 < a < \dfrac{1}{2},\ 0 < b < \dfrac{1}{2}$ の範囲を動くとき，$\dfrac{T}{S}$ がとりうる値の範囲を求めよ。

(3) p, q を 3 以上の整数とし，$a = \dfrac{1}{p},\ b = \dfrac{1}{q}$ とする。$\dfrac{T}{S}$ の逆数 $\dfrac{S}{T}$ が整数となるような p, q の組 (p, q) をすべて求めよ。

東北大-理系前期　　　　　　　　　　　　　　　　　　　　2021 年度　数学　*19*

3　　正八角形 $A_1 A_2 \cdots A_8$ について，以下の問いに答えよ。

(1) 3 個の頂点を結んでできる三角形のうち，直角三角形であるものの個数を求めよ。

(2) 3 個の頂点を結んでできる三角形のうち，直角三角形でも二等辺三角形でもないものの個数を求めよ。

(3) 4 個の頂点を結んでできる四角形のうち，次の条件 (∗) を満たすものの個数を求めよ。

　　　　(∗)　四角形の 4 個の頂点から 3 点を選んで直角三角形を作れる。

4　　座標平面において，次の条件 (∗) を満たす直線 ℓ を考える。

　　　　(∗)　ℓ の傾きは 1 で，曲線 $y = x^3 - 2x$ と異なる 3 点で交わる。

その交点を x 座標が小さなものから順に P, Q, R とし，さらに線分 PQ の中点を S とする。

(1) 点 R の座標を $(a, a^3 - 2a)$ とするとき，点 S の座標を求めよ。

(2) 直線 ℓ が条件 (∗) を満たしながら動くとき，点 S の軌跡を求めよ。

(3) 直線 ℓ が条件 (∗) を満たしながら動くとき，線分 PS が動いてできる領域の面積を求めよ。

$\boxed{5}$ z を複素数とする。複素数平面上の 3 点 O(0), A(z), B(z^2) について，以下の問いに答えよ。

(1) 3 点 O, A, B が同一直線上にあるための z の必要十分条件を求めよ。

(2) 3 点 O, A, B が二等辺三角形の頂点になるような z 全体を複素数平面上に図示せよ。

(3) 3 点 O, A, B が二等辺三角形の頂点であり，かつ z の偏角 θ が $0 \leqq \theta \leqq \dfrac{\pi}{3}$ を満たすとき，三角形 OAB の面積の最大値とそのときの z の値を求めよ。

$\boxed{6}$ 以下の問いに答えよ。

(1) 正の実数 a と正の整数 n に対して次の等式が成り立つことを示せ。ただし，e は自然対数の底とする。

$$e^a = 1 + a + \frac{a^2}{2!} + \cdots + \frac{a^n}{n!} + \int_0^a \frac{(a-x)^n}{n!} e^x \, dx$$

(2) 正の実数 a と正の整数 n に対して次の不等式を示せ。

$$\frac{a^{n+1}}{(n+1)!} \leqq \int_0^a \frac{(a-x)^n}{n!} e^x \, dx \leqq \frac{e^a a^{n+1}}{(n+1)!}$$

(3) 不等式

$$\left| e - \left(1 + 1 + \frac{1}{2!} + \cdots + \frac{1}{n!} \right) \right| < 10^{-3}$$

を満たす最小の正の整数 n を求めよ。 必要ならば $2 < e < 3$ であることは証明なしに用いてもよい。

◀医（保健〈看護学〉）学部▶

（100 分）

$\boxed{1}$　a, b を実数とする。曲線 $y = ax^2 + bx + 1$ が x 軸の正の部分と共有点をもたないような点 (a, b) の領域を図示せよ。

$\boxed{2}$　正八角形 $A_1 A_2 \cdots A_8$ について，以下の問いに答えよ。

(1) 3 個の頂点を結んでできる三角形のうち，直角三角形であるものの個数を求めよ。

(2) 3 個の頂点を結んでできる三角形のうち，直角三角形でも二等辺三角形でもないものの個数を求めよ。

(3) 4 個の頂点を結んでできる四角形のうち，次の条件 $(*)$ を満たすものの個数を求めよ。

$(*)$　四角形の 4 個の頂点から 3 点を選んで直角三角形を作れる。

$\boxed{3}$　平面において，2 つの点 O, A の間の距離が 1 であるとし，点 O と点 A を中心とする 2 つの円をそれぞれ C_1, C_2 とする。C_1 と C_2 は 2 点 P, Q において交わり，$\angle \text{OPA} = \dfrac{\pi}{3}$ であるとし，C_2 の半径 r は $r < 1$ を満たすとする。以下の問いに答えよ。

(1) C_1 の半径を求めよ。

(2) $r = \dfrac{\sqrt{3}}{3}$ のとき，$\angle \text{PAO}$ の大きさを求めよ。

(3) $r = \dfrac{\sqrt{3}}{3}$ のとき，円 C_1 の内部と円 C_2 の内部との共通部分の面積を求めよ。

22 2021 年度　数学　　　　　　　　　　　　　　　　　　　　　東北大-理系前期

$\boxed{4}$　　以下の問いに答えよ。

(1) 3 次関数 $y = x^3 + x^2$ のグラフと 2 次関数 $y = x^2 + 4x + 16$ のグラフの共通接線 (どちらのグラフにも接する直線) は 2 本ある。それらの方程式を求めよ。

(2) (1) で求めた 2 本の共通接線と 2 次関数 $y = x^2 + 4x + 16$ のグラフで囲まれた部分の面積を求めよ。

東北大-理系前期   2021 年度　物理　*23*

■物理■

（2 科目 150 分）

1　図 1 のように，穴のあいた質量 m の小球が半径 R のリングに通されている。
小球はリングに沿ってなめらかに動くことができる。リングの中心は常に原点
O の位置にある。鉛直下方の最下点 P から測った角度を θ（単位はラジアン）とす
る。角度 θ は反時計回りを正とし，$-\pi < \theta \leqq \pi$ である。重力加速度の大きさを
g とする。ただし，リングは変形することはなく，空気抵抗は無視できるものと
する。

　以下の問(1)〜(3)に答えよ。解答は解答用紙の所定の場所に記入せよ。また，
結果だけでなく，考え方や計算の過程を説明せよ。

問(1)　点 P において小球に水平右向きの初速 v_0 をあたえたところ，小球は固定
　　されたリングに沿って運動した。

　　(a)　小球が角度 θ の位置にあるときの重力による位置エネルギー U を，
　　　　m，g，v_0，R，θ の中から必要なものを用いて表せ。ただし，位置エネル
　　　　ギーは，$\theta = 0$ の位置を基準とする。

　　(b)　小球が角度 θ の位置にあるときの小球の速さを v とする。v を，m，
　　　　g，v_0，R，θ の中から必要なものを用いて表せ。

　　(c)　小球がリングの最高点（$\theta = \pi$）を超えて回転運動を続けるためには，初
　　　　速 v_0 の大きさはある値 v_1 より大きくなくてはならない。v_1 を，m，g，R
　　　　の中から必要なものを用いて表せ。

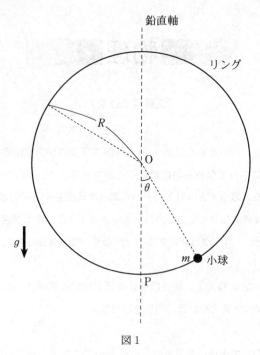

図 1

問(2) 図2のようにリングと小球がリングの中心 O を通る鉛直軸まわりに一定の角速度 $\omega\,(\omega>0)$ で回転する場合を考える。

(a) 小球が角度 $\theta\,(0<\theta<\dfrac{\pi}{2})$ の位置にあるとき，リングとともに回転する人から見たリング円周に沿って小球に作用する力 F を，m，g，ω，R，θ の中から必要なものを用いて表せ。ただし，力 F は θ が増加する向きを正とする。

(b) $|\theta|$ が十分小さく，かつ角速度 ω がある値 ω_0 より小さいとき，力 F は点 P へ向かう復元力となり，ω_0 より大きいとき，力 F は点 P へ向かう復元力とはならない。ω_0 を，m，g，R の中から必要なものを用いて表せ。ただし，$\sin\theta \fallingdotseq \theta$，$\cos\theta \fallingdotseq 1$ が成り立つとしてよい。

(c) $\omega<\omega_0$ のとき，小球を角度 $\theta_{\mathrm{i}}\,(\theta_{\mathrm{i}}>0)$ の位置で静かにはなすと，角度 θ_{i} が十分小さければ，リングとともに回転する人から見た小球の運動は点

Pを中心とした単振動となる。図2に示すように，小球が角度 θ の位置にあるとき，点Pから小球のリングに沿う変位 x が $R\theta$ であることを用いて，単振動の周期 T を，m, g, ω, R の中から必要なものを用いて表せ。

問(3) つぎに，リングの回転の角速度 ω が ω_0 より大きい場合を考える。小球の運動は，リングとともに回転する立場で観測するものとする。

(a) 小球は $\theta = \theta_0$ ($0 < \theta_0 < \dfrac{\pi}{2}$) の位置で静止していた。このときの角速度 ω を，m, g, R, θ_0 の中から必要なものを用いて表せ。

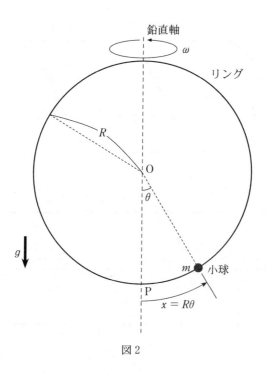

図2

(b) リング上の角度 $\theta = \dfrac{1}{2}\theta_0$ の位置において小球にリングの円周方向にさまざまな初速をあたえると，小球は初速の大きさに応じてさまざまな運動をする。このときの小球の位置 θ と時間の関係を表すグラフとして<u>不適切</u>なものを，図3の(あ)～(う)の中から一つ選び，記号で答えよ。また，その記号を選んだ理由を「復元力」という言葉を用いて説明せよ。なお，グラ

フ中の破線は角度 $\theta = \theta_0$ および $\theta = -\theta_0$ を表す。

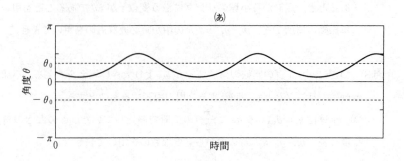

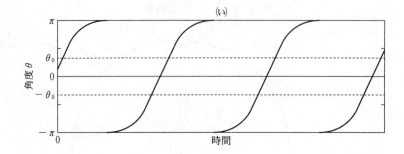

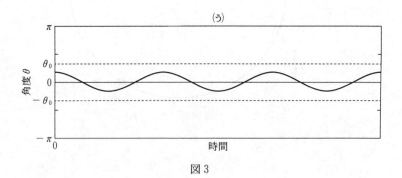

図 3

東北大-理系前期 2021 年度 物理 27

2 電場(電界)と磁場(磁界)の中での，質量 m，電気量 $q(q > 0)$ の粒子の運動について考える。粒子は真空中で運動し，重力の影響は無視できるものとする。以下の問(1)～(3)に答えよ。解答は解答用紙の所定の場所に記入せよ。また，結果だけでなく，考え方や計算の過程も説明せよ。

問(1) 中央に穴のある $n + 1$ 枚 $(n \geqq 2)$ の電極板 D_0，D_1，D_2，$\cdots$，D_n が，図 1 のように，y 軸に対して垂直に置かれている。$D_k (k = 0, 1, 2, \cdots, n)$ の電位は V_0 を正として $-kV_0$ であり，隣り合う電極板の間の電場は一様と見なせる。また，電極板 D_{j-1} と $D_j (j = 1, 2, 3, \cdots, n)$ の間の距離は d_j である。D_0 の中央で静止していた粒子が，電場で加速され y 軸に平行に進み始めた。電極板の厚みは無視できるとする。

(a) 電極板 D_0 と D_1 の間における，電場の大きさ E，粒子の加速度の大きさ a を，それぞれ d_1，m，q，V_0 の中から必要なものを用いて表せ。

(b) 粒子が D_0 の中央から進み始めてから D_1 の中央に到達するまでの時間 t_1 と，D_1 に到達したときの粒子の速さ v_1 を，それぞれ d_1，m，q，V_0 の中から必要なものを用いて表せ。

(c) 電極板 D_n に到達したときの粒子の速さ v_n を，n，v_1 を用いて表せ。

(d) 電極板 D_{n-1} と D_n の間を粒子が通過するのに要する時間が t_1 に等しいとき，D_{n-1} と D_n の距離 d_n を，d_1，n を用いて表せ。

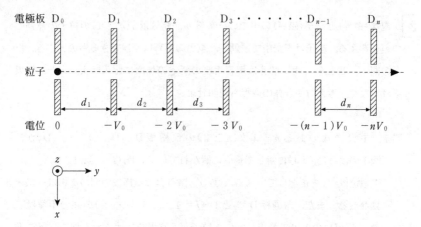

図1

問(2) 図2のように中空のまっすぐな管 G_1, G_2, 曲がった管 M_1, M_2(斜線の部分)，および，加速部 Z からなる装置の中での粒子の運動を考える。最初，管 G_1 の左端（点 O）から粒子を y 軸の正の向きに，速さ u_0 で等速運動させる。加速部 Z は，図3のように，中央に十分小さな穴がある平行な電極板 X と Y からなり，電極板間の電場は一様である。電極板間に粒子がいるときのみ Y の電位は $-V_0$ で，それ以外のとき Y の電位は 0 であり，X の電位は常に 0 である。また，M_1 と M_2 では，z 軸方向に一様な磁場をかけることができる。粒子は M_1 と M_2 の中で半径 r の円周上を進み，加速部 Z を通過して再び加速される。M_1 と M_2 における磁束密度の大きさを変えることで，粒子は破線上の軌道を何度も周回し，加速部 Z を通過するたびに加速される。N 回目($N=1, 2, 3, \cdots$)に加速部 Z を通過した直後から $N+1$ 回目に加速部 Z に到達する直前までを N 周目とし，N 周目での M_1 と M_2 の磁束密度を B_N とする。管 G_1 と G_2 の長さは ℓ で，加速部 Z の厚みは十分薄く，粒子が加速部を通過する時間は無視できるとする。

(a) M_1 の磁場は，z 軸の正負のいずれの向きであるか。粒子の電気量 q が正であることに注意し，解答用紙の正しい方に丸印を付けよ。紙面裏から表の向きが正の向きである。

(b) 一周目の粒子の速さ u_1 と M_1 における加速度の大きさ b_1 を，それぞれ ℓ, m, q, r, u_0, V_0 の中から必要なものを用いて表せ。

(c) N 周目の周回に要する時間 T_N を，N, ℓ, m, q, r, u_0, V_0 の中から必要なものを用いて表せ。

(d) B_N を，N, ℓ, m, q, r, u_0, V_0 の中から必要なものを用いて表せ。

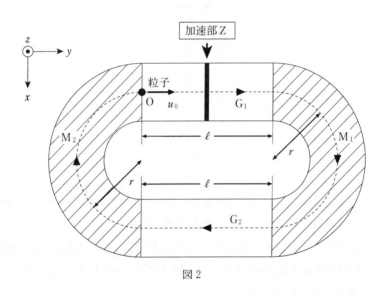

図 2

加速部Z

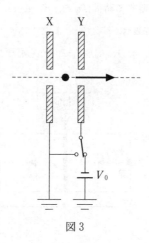

図3

問(3) 図4のように，質量 m，電気量 $q(q>0)$ の多数の粒子が，y 軸を中心軸とする円筒状の領域を，一様な広がりを持って平行に進んでいる。その先には，4つの同じ磁石が y 軸に対して対称に置かれている。この様子を，粒子の入射方向から磁石の方を見て，xz 面に投影した図が図5である。図5の破線は，磁場の影響を受ける前の粒子の広がりを表している。

(a) 図5の点Aと点Bをそれぞれ通る，磁力線の概形（磁石の中は除く）を解答用紙の図に記入せよ。

(b) 図5の点Aと点Bのそれぞれで，粒子が磁場から受ける力の向きを解答用紙の図に記入せよ。

〔(a)・(b)の解答欄〕

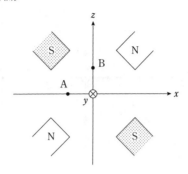

(c) 磁石の間を通過した多数の粒子は，磁石の端面に接着した蛍光板に到達して輝点として観測された。観測された輝点の分布として最も適切なものを，図6の(ア)～(カ)の中から1つ選び，記号で答えよ。解答は図の記号のみでよい。図中の破線は，磁場の影響を受ける前の粒子の広がりを表しており，粒子どうしにはたらく電気力は無視できるとする。

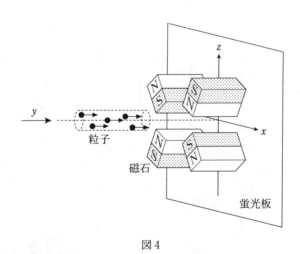

図4

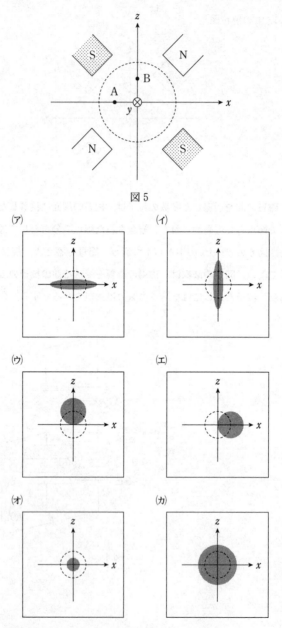

図5

図6

東北大-理系前期   2021 年度 物理 *33*

3 振動数 f の音波を発する音源が媒質（空気）中に置かれている。媒質中の音速を V とする。以下の問(1)～(3)に答えよ。解答は解答用紙の所定の場所に記入せよ。また，結果だけでなく，考え方や計算の過程も説明せよ。

問(1) 音源の位置を原点 O とすると，音源から x 軸の正の向きに伝わる音波による，時刻 t，位置 x における媒質の x 軸方向の変位 F は，

$$F = A \sin \left\{ 2\pi f \left(t - \frac{x}{V} \right) \right\}$$

で表される。ここで，変位 F は x 軸の正の向きを正とし，A は正の定数である。

図 1 のように，$x = d$ の位置に反射板を固定し，音源から x 軸の正の向きに伝わる音波を固定端反射させた。反射による音波の減衰は無視できるものとする。

(a) 音源から発する音波の波長 λ を，f と V の中から必要なものを用いて表せ。

(b) x 軸の負の向きに伝わる反射波による，時刻 t，位置 x における媒質の x 軸方向の変位 F_R は，

$$F_R = -A \sin \left\{ 2\pi f \left(t + \frac{x-a}{V} \right) \right\}$$

で表される。ここで，変位 F_R は x 軸の正の向きを正とし，a は定数である。$x = d$ において固定端の条件 $F = -F_R$ が成り立つことを利用して，a の値を d を用いて表せ。

(c) 問(1)(b)の結果を用いて，位置 x（$0 \leqq x \leqq d$）における，媒質の変位の最大値 A_S を，A, d, f, x, V の中から必要なものを用いて表せ。ここで，必要に応じて，$\sin\alpha \pm \sin\beta = 2 \sin\dfrac{\alpha \pm \beta}{2} \cos\dfrac{\alpha \mp \beta}{2}$（複号同順）の関係式を用いよ。

(d) 問(1)(c)の結果を用いて，$0 < x < d$ に定在波（定常波）の節ができるための d の条件を，f と V の中から必要なものを用いて表せ。

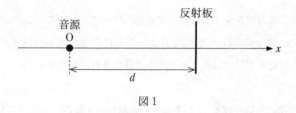

図1

問(2) 図2のように，観測者Pが一定速度 $u(u<V)$ で x 軸上 $(x>0)$ を正の向きに移動しながら，原点Oにある音源から伝わる音波を観測した。問(1)と同様に，音源から x 軸の正の向きに伝わる音波による，時刻 t ，位置 x における媒質の x 軸方向の変位 F は，
$$F = A \sin\left\{2\pi f\left(t - \frac{x}{V}\right)\right\}$$
で表される。観測者Pは時刻 t_0 のときに位置 x_0 を通過した。ただし，観測者Pによる音波の変化は無視する。

(a) 時刻 t_0 から短い時間 Δt だけ進んだ時刻 $t_0 + \Delta t$ における観測者Pの位置 x を，Δt, u, x_0 の中から必要なものを用いて表せ。

(b) 問(2)(a)と同じ時刻 $t_0 + \Delta t$ において，観測者Pが観測する音波による媒質の変位 F' を，A, f, t_0, Δt, u, V, x_0 の中から必要なものを用いて表せ。

(c) 問(2)(b)の結果を用いて，観測者Pが観測する音波の振動数 f' を，f, u, V の中から必要なものを用いて表せ。

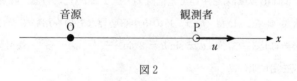

図2

問(3) 図3のように，観測者Pが一定速度 $u(u<V)$ で x 軸に平行な直線 $(y=y_0)$ 上を x 軸の正の向きに移動しながら，原点Oにある音源から全方位に伝わる音波を観測した。OP間の距離を r とし，線分OPと x 軸の正の

向きのなす角を θ ($0 < \theta < \pi$) とする。観測者Pは時刻 t_0 のときに位置 (x_0, y_0) を通過し，このとき $r = r_0$，$\theta = \theta_0$ であった。ただし，観測者Pによる音波の変化は無視する。

(a) 時刻 t_0 から短い時間 Δt だけ進んだ時刻 $t_0 + \Delta t$ における OP 間の距離 r を，r_0，Δt，u，θ_0 の中から必要なものを用いて表せ。ただし，Δt は十分に小さいため，Δt^2 の項が出てきた場合は無視できるとし，z を微小量としたときに成り立つ近似式 $\sqrt{1+z} \fallingdotseq 1 + \dfrac{1}{2}z$ を用いよ。

(b) 時刻 t において，原点Oから距離 r_0 の位置 (x_0, y_0) 付近の媒質の，音波による音波の伝わる方向の変位 F_r は，正の定数 A を用いて，
$$F_r = A \sin\left\{2\pi f\left(t - \dfrac{r}{V}\right)\right\}$$
で表されるとする。問(3)(a)と同じ時刻 $t_0 + \Delta t$ において，観測者Pが観測する音波による媒質の変位 F_r' を，A，f，r_0，t_0，Δt，u，V，θ_0 の中から必要なものを用いて表せ。

(c) 問(3)(b)の結果を用いて，原点Oから距離 r，角度 θ の位置において観測者Pが観測する音波の振動数 f' を，f，r，u，V，θ の中から必要なものを用いて表せ。また，観測者Pが x 軸方向の負の無限遠から正の無限遠に移動する間に観測する音波の振動数 f' について，音源から伝わる音波の振動数 f に対する比 $\dfrac{f'}{f}$ の，角度 θ に対する変化を表すグラフを解答用紙の所定欄に描け。

〔解答欄〕

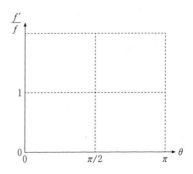

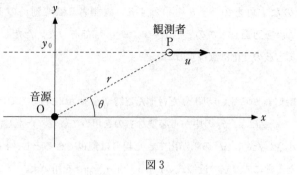

図 3

化学

（2科目 150分）

計算のために必要な場合には，以下の数値を使用せよ。

原子量　H = 1.0　C = 12.0　N = 14.0　O = 16.0　Si = 28.1

S = 32.1　Cl = 35.5　Ca = 40.1　Fe = 55.9　Ba = 137.3

気体定数　$R = 8.31 \times 10^3$ Pa·L/(mol·K)

アボガドロ定数　6.02×10^{23}/mol

ファラデー定数　9.65×10^4 C/mol

解答に字数の指定がある場合，以下の例に示すように，句読点，数字，アルファベット，および記号も1字として数えよ。なお，問題中の体積記号Lは，リットルを表す。

（例）

F	e	3	+	を	含	む	4	°	C	の	H	2	O	が	,

1　次の文章〔I〕と〔II〕を読み，問1から問11に答えよ。ただし，気体はすべて理想気体としてふるまうものとする。特に指定がない場合，解答欄に単位を書かなくてよい。

〔I〕　水は人類にとって最も身近な物質の一つである。水は生命の維持に不可欠であるだけでなく，その特異な化学的性質により，地球での生命体の誕生と
　　　　　　　　　　　　a)
進化の過程においても非常に重要な役割を果たしてきたと考えられている。

水分子内において，水素原子Hと酸素原子Oは　ア　結合を形成しているが，水素と酸素の　イ　の違いによりH原子がわずかに正の電荷を帯び，またO原子がわずかに負の電荷を帯びることにより，このO-H結合は極性をもつ。また分子の形状が折れ線形であることから結合の

38 2021年度　化学　　　　　　　　　　　　　　　　　　　　　　　　東北大-理系前期

極性が打ち消されず，水は分子全体としても極性をもつ。これにより，<u>液体の水は多くの物質を溶解する優れた溶媒となる</u>。
_{b)}

　大気圧下において，水の沸点は 100 ℃ であり，凝固点は 0 ℃ である。しかし，塩化ナトリウムなどを溶解した水溶液の沸点は 100 ℃ より高い。これは不揮発性物質を溶解した水溶液では　ウ　が起こることにより，沸点が上昇するためである。また，水溶液が凝固する際には凝固点降下が見られ，不揮発性物質を溶解した水溶液は 0 ℃ では凝固しない。この性質を利用し，<u>冬季の寒冷地では，不揮発性物質である塩化カルシウムを散布することで道路の凍結を防止している</u>。
_{c)}

問 1　空欄　ア　および　イ　に入る語句の組み合わせとして最も適切なものを次の(a)から(f)の中から 1 つ選び，解答欄の記号を○で囲め。

	ア	イ
(a)	水　素	電気陰性度
(b)	水　素	イオン化傾向
(c)	共　有	電気陰性度
(d)	共　有	イオン化傾向
(e)	イオン	電気陰性度
(f)	イオン	イオン化傾向

問 2　空欄　ウ　に入る最も適切な用語を書け。

問 3　下線部 a)について，水の特異な化学的性質の一つとして，融点(凝固点)において液体である水の方が固体である氷よりも高い密度をもつことが挙げられる。その理由として最も適切な記述を次の(a)から(d)の中から 1 つ選び，解答欄の記号を○で囲め。

　(a)　液体では一部の水分子が H^+ と OH^- に電離し，これらのイオンが水分

子を強く引き寄せているため。

(b) 水分子の熱運動は4℃にて最も小さく, 液体では固体よりも分子間力が強くはたらいて水分子が密に存在しているため。

(c) 固体では水分子どうしが水素結合により規則正しく並び, 液体よりもすき間の多い立体構造を形成しているため。

(d) 固体中の水分子間には, 正の電荷を帯びたH原子どうしの反発が強くはたらいているため。

問4 下線部b)について, たとえ難溶性の塩であっても, ごくわずかであるが水に溶解する。たとえば, 50.0 mL の硫酸バリウム $BaSO_4$ の飽和水溶液には, 25℃において $\boxed{\text{エ}}$ g の $BaSO_4$ が溶解している。

空欄 $\boxed{\text{エ}}$ に入る数値を求め, 有効数字2桁で書け。ただし, 25℃における $BaSO_4$ の溶解度積は $9.1 \times 10^{-11} (mol/L)^2$ であるとし, また計算に必要であれば以下の数値を使用せよ。

$$\sqrt{2} = 1.4, \ \sqrt{3} = 1.7, \ \sqrt{5} = 2.2, \ \sqrt{7} = 2.6, \ \sqrt{11} = 3.3, \ \sqrt{13} = 3.6$$

問5 下線部c)について, 塩化カルシウム 7.00 g を 0.500 kg の水に溶かした水溶液では, 純水に比べ凝固点が $\boxed{\text{オ}}$ K 低下する。

空欄 $\boxed{\text{オ}}$ に入る最も適切な数値を次の(a)から(d)の中から1つ選び, 解答欄の記号を○で囲め。ただし, 水のモル凝固点降下は 1.85 K・kg/mol であるとし, 使用した塩化カルシウムは結晶水を含んでおらず, また水溶液中で完全に電離しているものとする。

(a) 0.23   (b) 0.24   (c) 0.69   (d) 0.70

問6 下線部c)について, 塩化カルシウムの溶解熱(発熱)は大きいため, 粒状の塩化カルシウムを散布することにより, 凍結防止効果に加えて融雪効果も期待できる。25℃の塩化カルシウム 7.00 g を 25℃の水 0.500 kg に溶かしたとき, 塩化カルシウムを溶解する前の水と比べ, 塩化カルシウム水溶液の

温度は ┃ カ ┃ K 高くなる。

空欄 ┃ カ ┃ に入る数値を求め，有効数字2桁で書け。ただし，25℃の水に対する塩化カルシウムの溶解熱は82.0 kJ/molとする。また，塩化カルシウム水溶液の比熱は4.20 J/(g·K)とする。使用した塩化カルシウムは結晶水を含んでおらず，完全に水に溶解し，発生した熱はすべて水溶液の温度上昇に使われたものとする。

〔Ⅱ〕 過マンガン酸カリウムKMnO₄やニクロム酸カリウムK₂Cr₂O₇は，<u>酸性水溶液中で酸化剤として作用する</u>。河川や湖沼の水質汚濁を示す指標である
_{d)}
化学的酸素要求量の測定では，これらの酸化剤が用いられる。この測定において，河川水などに含まれる有機物を酸化するのに必要な酸化剤の量が少ないほど，その水は汚染が少ないとみなされる。

そこで有機物としてシュウ酸(COOH)₂を，酸化剤としてKMnO₄を用いて，シュウ酸水溶液の酸化還元滴定を行った。十分な量の硫酸によって酸性に調整したシュウ酸の水溶液50.0 mLをビーカーに入れた。<u>この水溶液を
_{e)}
45℃に保ち，これに0.0500 mol/LのKMnO₄水溶液をビュレットから数滴，十分にかき混ぜながら滴下したところ，KMnO₄水溶液の赤紫色はすぐに消えた</u>。これはMnO₄⁻が還元され，Mnの酸化数が＋7から＋2に減少したためである。さらに滴定を続けると，滴下量が22.0 mLに達したところで，かすかに薄い赤紫色が残り，消えなくなった。<u>この実験により，酸性
_{f)}
水溶液中のシュウ酸の濃度を求めることができる</u>。なお，シュウ酸の酸化は，電子e⁻を含むイオン反応式では①式のように示される。

$$(COOH)_2 \rightarrow \boxed{\text{キ}} + 2H^+ + \boxed{\text{ク}}\ e^- \qquad ①$$

問7 K₂Cr₂O₇のCrの酸化数を解答欄(A)に書け。また，下線部d)の作用を示す電子e⁻を含むイオン反応式を解答欄(B)に書け。

問8 空欄 ┃ キ ┃ および ┃ ク ┃ を埋めてイオン反応式①を完成させよ。

東北大-理系前期   2021 年度　化学　*41*

問 9　下線部 e）について，シュウ酸の水溶液を温度 18 ℃ に保ち，同じ滴定実
　　　験を行ったところ，赤紫色が消えるまでの時間が遅くなった。これは温度を
　　　下げると反応が遅くなるためである。反応が遅くなる主要な理由は 2 つあ
　　　る。1 つ目の理由は，水溶液中の粒子（分子やイオン）どうしの衝突回数が減
　　　少するからである。もう 1 つの理由を 35 字以内で書け。

問10　下線部 e）で起こる反応は②式のように書ける。

　　　$2\ KMnO_4 + 5\ (COOH)_2 +$ 　ケ　 → 　　　　コ　　　　　　　②

　　　空欄　ケ　および　　　　コ　　　　を埋めて化学反応式
　　　を完成させよ。その際，イオン式は含めないこと。

問11　下線部 f）について，滴定前のビーカーに入っていた水溶液におけるシュ
　　　ウ酸の濃度は　サ　mol/L である。

　　　　空欄　サ　に入る数値を求め，有効数字 2 桁で書け。ただし，水の蒸
　　　発は無視できるものとする。また，酸化還元反応以外の反応は生じないもの
　　　とする。

2 次の文章〔Ⅰ〕と〔Ⅱ〕を読み，問1から問10に答えよ。

〔Ⅰ〕 元素の周期表の17族の元素はハロゲンと呼ばれ，価電子7個をもつ電子配置をとる。ハロゲン元素の単体はいずれも二原子分子からなり，それぞれ製造方法や性質が異なる。ハロゲン化水素の水溶液のうち，塩化水素，臭化水素，ヨウ化水素は強酸であるが，フッ化水素は水溶液中での ア 定数が小さいため弱酸である。またフッ化水素の水溶液(フッ化水素酸)はガラスの主成分である二酸化ケイ素 SiO_2 と反応する性質をもっており，ガラス加工や半導体製造プロセスのエッチング(腐食による加工)に用いられている。

　　ヨウ素単体は水には溶けにくいがヨウ化カリウム水溶液には イ イオンを生じて溶け，褐色のヨウ素ヨウ化カリウム水溶液(ヨウ素溶液)になる。ヨウ素溶液にデンプン水溶液を加えると，ヨウ素がデンプンのらせん構造に取りこまれることで青紫色に呈色する。この呈色反応は ウ と呼ばれ鋭敏に応答するため，微量のヨウ素またはデンプンの検出に利用される。

問1　文中の空欄 ア から ウ に入る最も適切な語句を書け。

問2　下線部a)に関して，以下の(1)から(3)の記述にあてはまるそれぞれの原子を下の(a)から(d)のうちからすべて選び，解答欄の記号を◯で囲め。

　(1)　1価の陰イオンになると Kr と同じ電子配置をもつ。
　(2)　最外殻電子が M 殻に入っている。
　(3)　N 殻に18個の電子が入っている。

　(a)　$_9F$　　　　　(b)　$_{17}Cl$　　　　(c)　$_{35}Br$　　　　(d)　$_{53}I$

問3　下線部b)について，以下の問いに答えよ。

(1) ハロゲン単体に関する以下の記述のうち，正しいものをすべて選び，解答欄の記号を○で囲め。

  (a) フッ素はホタル石を濃硫酸とともに加熱すると得られる。

  (b) 塩素は塩化ナトリウム水溶液の電気分解により得られる。

  (c) フッ素および塩素は水素との反応性が高く，低温・暗所でも爆発的に反応する。

  (d) 臭素は水素と低温・暗所および常温ではほとんど反応せず，加熱により反応が進行する。

  (e) 臭素は塩化カリウムと反応して塩素を遊離させる。

  (f) ヨウ素は臭化カリウムと反応して臭素を遊離させる。

(2) フッ素は水と激しく反応し，気体が発生する。この反応を化学反応式で書け。

問4 下線部c)に関して，以下の問いに答えよ。

(1) この反応を化学反応式で書け。

(2) SiO_2 のみから構成されているスライドガラス 10.0 g を，ある濃度のフッ化水素酸 100 mL に浸して常温で反応させた。その後，スライドガラスをビーカーから取り出し，水で十分に洗浄し乾燥させたところ，スライドガラスの重量は 3.99 g に変化していた。この実験で用いたフッ化水素の濃度〔mol/L〕の値を有効数字2桁で書け。また，導出過程も書け。なお，水溶液中のフッ化水素はすべてスライドガラスと反応したとする。

問5 ヨウ化カリウムとデンプンを含む水溶液に浸し乾燥させたろ紙をヨウ化カリウムデンプン紙といい，様々な物質の検出に用いられている。次の(a)から(d)の気体のうち，湿らせたヨウ化カリウムデンプン紙を呈色させるものをすべて選び，解答欄の記号を○で囲め。

(a) CO_2 (b) O_3 (c) Cl_2 (d) Br_2

〔II〕 元素の周期表で第 3 族から第 11 族の元素は遷移元素とよばれ，これらの元素の単体や化合物は触媒としてはたらくものが多い。

第 4 周期に属する鉄 Fe は，窒素と水素からアンモニアを合成する反応に触媒作用を示す。工業的なアンモニア合成プロセスでは，反応装置に<u>四酸化三鉄 Fe_3O_4 が投入され，反応中に水素により還元されて生じた鉄</u>が触媒としてはたらく。
a)

第 5 周期および第 6 周期の第 8 族から第 11 族には希少な元素が多い。その中でも，白金族元素である<u>白金 Pt</u>，　ア　，ロジウム Rh は，自動車
b)
エンジンから排出される有害物質である窒素酸化物，一酸化炭素，炭化水素を無害化する触媒として利用され，三元触媒とよばれる。

　ア　の塩化物および　イ　の塩化物は，エチレンを酸素で酸化してアセトアルデヒドを合成する反応の触媒としてはたらく。フェーリング液にアセトアルデヒドを加え加熱すると　イ　の酸化物が赤色沈殿として生じる。

問 6 遷移元素について，次の(a)から(e)の記述の中で正しいものをすべて選び，解答欄の記号を○で囲め。

(a) 第 4 周期に属する遷移元素では，原子番号の増加とともに最外殻の N 殻ではなく内側の M 殻に電子が収容されるため，N 殻の電子数は原子番号によらず変わらない。

(b) 金は展性・延性が銀の次に大きい。

(c) 酸化マンガン(IV)MnO_2 はアルカリマンガン乾電池の正極活物質として用いられる。

(d) 同一周期の隣り合う元素どうしは化学的性質が大きく異なることが多い。

(e) Fe^{2+} を含む水溶液にチオシアン酸カリウム水溶液を加えると，血赤色溶液となる。

東北大-理系前期　　　　　　　　　　　　　　　　　　　　2021 年度　化学　*45*

問 7　文中の空欄　ア　，　イ　に入る元素をそれぞれ元素記号で解答
　　欄に書け。

問 8　下線部 a ）に関して，以下の問いに答えよ。

　　(1)　水素により Fe_3O_4 が還元されるこの反応を化学反応式で書け。

　　(2)　Fe_3O_4 における Fe の酸化数をすべて書け。

問 9　下線部 b ）に関連し，白金 Pt とアルミニウム Al はどちらも銀白色の金属
　　であり，見た目での判別が難しい。化学的な性質の違いにより判別すること
　　を目的に，白金とアルミニウムを薬品(1)に浸漬したところ，アルミニウム
　　のみが気体(2)を発生しながら溶けた。薬品(1)および気体(2)として最も適
　　切なものを，以下の記号からそれぞれ 1 つ選択し，解答欄(1)，(2)の記号を
　　○で囲め。

　　(1)　(a)　王　水　　　　　　　　　(b)　濃硝酸
　　　　 (c)　水酸化ナトリウム水溶液　　(d)　塩化ナトリウム水溶液

　　(2)　(a)　水　素　　(b)　塩　素　　(c)　一酸化窒素　　(d)　二酸化窒素

問10　Ag^+，Zn^{2+}，Al^{3+}，Fe^{3+} のイオンを含む酸性に調整された水溶液があ
　　る。この水溶液から金属イオンを分離する実験(1)および(2)を行い，それぞ
　　れ(1)で Ag を，(2)で Al_2O_3 のみを得た。(1)，(2)の実験操作として最も操
　　作が少なく適切な手順を，以下の〔操作〕に示した選択肢 (A) から (I) を用い
　　て，〔解答例〕にならい，解答欄(1)および(2)に左から順にそれぞれ記号を書
　　け。必ずしも解答欄の空欄をすべて埋める必要はなく，同じ選択肢を複数回
　　使用してもよい。また，選択肢 (A) から (G) の操作に示した「水溶液」は，いず
　　れの操作も行っていない水溶液や，ろ液，反応後の水溶液のいずれかを示

す。

〔操作〕

(A) 水溶液に水酸化ナトリウム水溶液を過剰量加える。

(B) 水溶液にアンモニア水を過剰量加える。

(C) 水溶液に希塩酸を過剰量加える。

(D) 水溶液に少量の硫酸を加える。

(E) 水溶液に硫化水素を通じる。

(F) 水溶液を煮沸する。

(G) 水溶液をろ過し，沈殿物とろ液に分ける。

(H) ろ液から分離した沈殿物に十分に光を当てる。

(I) ろ液から分離した沈殿物を空気中で十分に加熱する。

〔解答例〕

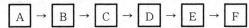

東北大-理系前期 2021 年度 化学 47

3 炭素，水素，酸素原子のみからなる分子量 300 以下の化合物 A がある。実験 1 から実験 12 に関する記述を読み，問 1 から問 12 に答えよ。なお，これらの実験ではシス-トランス異性体を区別するが，特に指定のない限り鏡像異性体を区別しない。構造式や不斉炭素原子の表示（*）を求められた場合は，次の例にならって書け。実験の過程で生じる気体は，理想気体としてふるまうものとする。

（例）

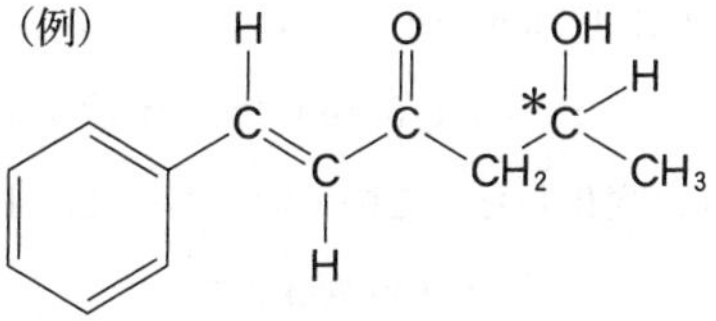

実験 1 化合物 A 105 mg を完全に燃焼させたところ，二酸化炭素 242 mg と水 63 mg のみが生じた。

実験 2 化合物 A を水酸化ナトリウム水溶液で完全に加水分解した後，酸性になるまで希塩酸を加えたところ，化合物 B，C，D が得られた。化合物 C は炭酸水素ナトリウムと反応して気体を生じたが，化合物 B，D は炭酸水素ナトリウムと反応しなかった。一方で化合物 B，D は金属ナトリウムと反応して，気体を生じた。化合物 B は不斉炭素原子をもっていたが，化合物 C，D は不斉炭素原子をもっていなかった。

実験 3 化合物 B に白金やニッケルを触媒として水素を作用させると，1 分子の化合物 B に対して 2 分子の水素が付加した化合物 E が得られた。化合物 E の分子式は $C_4H_{10}O$ であった。また，化合物 E は金属ナトリウムと
a)　　　　　　　　　　　　　　　　　　　　b)
反応して気体を発生した。

実験 4 化合物 E に硫酸酸性の二クロム酸カリウム水溶液を加えて酸化すると，分子量が 2.0 減少した化合物 F が得られた。化合物 E は不斉炭素原子をもっていたが，化合物 F は不斉炭素原子をもっていなかった。

48 2021 年度 化学 東北大-理系前期

実験 5 化合物 C を加熱すると分子量が 18.0 減少した化合物 G が得られた。

実験 6 触媒に酸化バナジウム (V) を用いてベンゼンを酸化すると，化合物 G が得られた。また，同じ触媒を用いてナフタレンを酸化すると，同様の反応が進行して化合物 H が得られた。化合物 G と H は部分的に同じ構造をもっていた。

実験 7 加熱した濃硫酸に 15.0 g の化合物 D を加えると，化合物 D は完全に分解し，0 ℃，1.01×10^5 Pa で 5.60 L の気体状の炭化水素 I と分子量 18.0 の化合物 J に変化した。この実験において，1 分子の化合物 D は 1 分子の炭化水素 I と 1 分子の化合物 J になった。

実験 8 炭化水素 I を重合すると合成樹脂が得られた。
c)

実験 9 化合物 D に硫酸酸性の二クロム酸カリウム水溶液を加えて酸化すると化合物 D より分子量が 14.0 増加した化合物 K が得られた。

実験 10 化合物 K に適切な脱水剤を加えて加熱すると化合物 L が得られた。

実験 11 化合物 L はアミノ酸 M と反応して化合物 K と N を生じた。この反応において 1 分子ずつの化合物 L とアミノ酸 M から 1 分子ずつの化合物 K と N が生じた。L 型のアミノ酸 M は生体のタンパク質を構成する主要な
d)
α-アミノ酸約 20 種類のうち，ヒトの体内で合成されないか合成されにくいものの 1 つであった。アミノ酸 M の分子量は 165 であった。

実験 12 アミノ酸 M を成分にもつタンパク質に濃硝酸を加えて加熱すると，黄色の呈色が見られた。さらに冷却後，適切な塩基を用いて塩基性にすると濃黄色 (橙黄色) への色調変化が見られた。

東北大-理系前期   2021 年度　化学　*49*

問 1　化合物 **A** の分子式を書け。

問 2　実験 3 の下線部 a），b）の条件をすべて満たす化合物の構造式をすべて書
　　　け。不斉炭素原子が存在する場合には不斉炭素原子に＊印をつけよ。

問 3　化合物 **B**，**F** の構造式を書け。不斉炭素原子が存在する場合には不斉炭素
　　　原子に＊印をつけよ。

問 4　化合物 **H** の名称を書け。

問 5　化合物 **C** の構造式を解答欄(a)に，名称を解答欄(b)に書け。

問 6　炭化水素 **I** の分子量を求め，その数値を整数で解答欄(a)に，炭化水素 **I**
　　　の分子式を解答欄(b)に，それぞれ書け。ただし，0 ℃，1.01×10^5 Pa にお
　　　ける 1 mol の気体の体積は 22.4 L とする。

問 7　実験 8 の下線部 c）の合成樹脂の名称を，略称を用いずに書け。

問 8　化合物 **D** の名称を書け。

問 9　化合物 **L** の構造式を書け。

問10　実験 11 の下線部 d）のアミノ酸を何とよぶか。最も適切な語句を書け。

問11　実験 12 に示したタンパク質の呈色反応を何とよぶか。最も適切な語句を
　　　書け。

問12　化合物 **N** の構造式を書け。不斉炭素原子が存在する場合には不斉炭素原
　　　子に＊印をつけよ。

生物

（2科目150分）

　　解答に字数の指定がある場合，字数には句読点，数字，アルファベット，
上付き・下付き文字，および記号も1字として数えよ。

1　次の文章を読み，以下の問(1)〜(7)に答えよ。

　　グルコースが細胞に取り込まれると，まず解糖系で代謝される。解糖系では，
ATPを1分子消費し，1分子のグルコースからグルコース-6-リン酸が生成され
る。その後，　ア　-3-リン酸を経て，2分子のピルビン酸に変換される。
続いて，ピルビン酸はミトコンドリアのマトリックスに移動した後，クエン酸回
路で種々の物質に変換される。クエン酸回路では，2分子のピルビン酸から
NADHが　イ　分子，$FADH_2$が　ウ　分子生成され，電子伝達系で最
大　エ　分子のATPが生成される。

　　電子伝達系ではNADHや$FADH_2$から電子が放出され，電子はミトコンドリ
アの　オ　に存在するタンパク質や補酵素に次々に受け渡されていき，最後
に酸素を還元する。電子が受け渡されている間に，プロトン(H^+)がマトリック
スから膜間腔へ輸送され，　オ　を隔てたプロトンの濃度勾配（濃度差）が
形成される。プロトンがマトリックスに戻る際のエネルギーを用いて，ATP
合成酵素がADPとリン酸からATPを合成する。このようなプロトンの濃度勾
配を用いたミトコンドリアのATP合成機構は，ピーター・ミッチェルによって
　カ　説として提唱され，酸化的リン酸化反応と呼ばれる。酸化的リン酸化
反応が安定的に行われている間は，電子伝達系における酸素消費速度は理論上，
一定の値になる。

　　グルコース以外にも様々な基質がATP産生に用いられる。例えば，中性脂肪
は細胞内においてリパーゼによってエステル結合が切れ，2分子の脂肪酸と1分

子の キ に分解された後，それぞれ別の経路で代謝される。細胞のATP
合成は好気環境下では主に酸化的リン酸化反応によって行われるが，嫌気環境下
では主に解糖系で行われる。また，動物の細胞では嫌気環境下では乳酸が生成す
る。なお，酵母では，嫌気環境下においてアルコール発酵を行うが， ク
濃度によってエタノール生成量が制御される現象を ケ 効果という。

問(1)　 ア ～ ケ に入る適切な語句あるいは数字を記入せよ。

問(2)　下線部(a)について，図1の下向きの矢印が示す箇所で，ATPが消費ある
　　　いは合成される。 コ ～ ス の空欄に入る適切な語句あるいは
　　　数字を記入せよ。 コ ， シ にはATPの分子数が，
　　　 サ ， ス には消費あるいは合成のいずれかが入るものとす
　　　る。

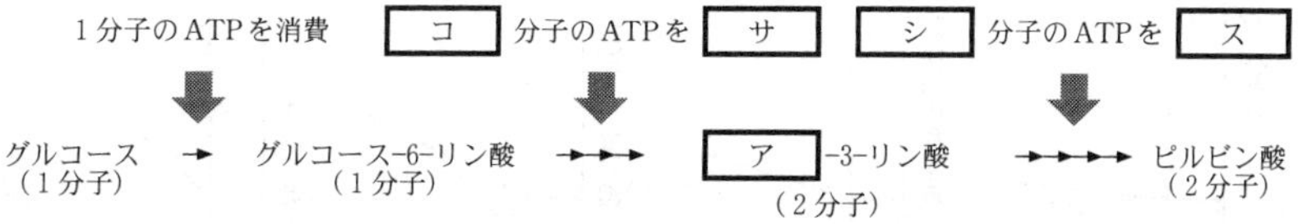

1分子のATPを消費　　 コ 分子のATPを サ 　 シ 分子のATPを ス

グルコース　→　グルコース-6-リン酸　→→→　 ア -3-リン酸　→→→　ピルビン酸
（1分子）　　　　（1分子）　　　　　　　　　（2分子）　　　　　　（2分子）

図1

問(3)　下線部(b)について，グルタミン酸がアミノ基転移酵素の働きによって，
　　　クエン酸回路で代謝される物質になる。その物質名を記入せよ。

問(4)　下線部(c)に関して，次の実験を行った。細胞よりミトコンドリアを単離
　　　し，図2に示す空気が入らない密閉装置の緩衝液(37℃，ADPおよびリン
　　　酸を含む)に懸濁した。この装置を4つ準備し，同一量の単離ミトコンドリ
　　　アを添加した。懸濁液を攪拌しながら，酸化的リン酸化反応を持続させるの
　　　に充分な濃度の①ピルビン酸，②クエン酸，③コハク酸，④ピルビン酸とコ
　　　ハク酸，のいずれかを各装置に添加した。このときの，ミトコンドリア懸濁
　　　溶液中の酸素濃度の時間変化を示すグラフを選択肢A～Hの中から選び，そ

の記号を記せ。なお，緩衝液に呼吸基質は含まれていないものとし，基質添加にともなう懸濁液量の増加は結果に影響しないものとする。また，グラフの上向きの矢印は基質を添加した時間を示す。

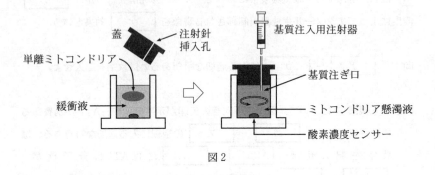

図2

【選択肢】

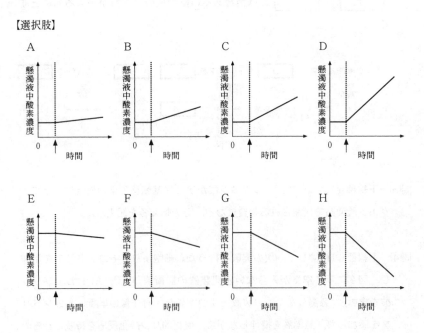

問(5) 下線部(d)について，①トリパルミチン($C_{51}H_{98}O_6$)および②パルミチン酸($C_{16}H_{32}O_2$)を基質として用いた際の呼吸商を計算し，四捨五入して小数点以下3桁でそれぞれ記入せよ。

問(6)　下線部(e)に関して，好気条件で培養されている細胞に添加することで，その細胞のATP産生状態を嫌気条件の細胞のATP産生状態へ誘導する物質がある。その物質として最も適切なものを①〜④から1つ選び，その番号を記せ。なお，細胞の培養液には呼吸基質としてグルコースのみを含んでいるものとする。

① 乳　酸
② ピルビン酸
③ オリゴマイシン（ミトコンドリアATP合成酵素阻害物質）
④ 2-デオキシグルコース（解糖系阻害物質）

問(7)　下線部(f)に関して，図3に示す実験を行った。動物の筋肉組織から筋細胞を取り出し，培養液に浸した後，充分量の①グルコースのみ，②グルコースとオリゴマイシン，③グルコースと2-デオキシグルコースのいずれかを添加し，5分間培養した。このとき，細胞内で乳酸が生成される量が多い順番に①〜③を並べよ。なお，培養液にはあらかじめいかなる呼吸基質も含まれていないものとする。

① グルコースのみ　　② グルコースと　　③ グルコースと
　　　　　　　　　　　　オリゴマイシン　　　2-デオキシグルコース

図3

54 2021 年度 生物　　　　　　　　　　　　　　　　　　　　　　　東北大-理系前期

2　次の〔Ⅰ〕から〔Ⅳ〕の文章を読み，以下の問(1)～(5)に答えよ。

〔Ⅰ〕　ホルモンとは，分泌された細胞から血液などの体液中を運ばれて離れた場
　　所にある細胞に対して情報を伝達し，種々の細胞応答を引き起こす物質であ
　　る。ホルモンには，よく知られている種類が2つあり，1つは，ステロイド
　　ホルモンであり，もう1つは，ペプチドホルモンである。

　　　ステロイドホルモンは，脂質に溶けやすい性質を示すため，　ア　を
　　透過することができる。この種類のホルモンの多くは細胞内に入り，
　　　イ　に存在する　ウ　と結合して複合体を形成する。その後，こ
　　の複合体は細胞の核に移動して特定の遺伝子の　エ　に結合する。その
　　結果，特定の遺伝子の　オ　が活性化され，mRNA（伝令RNA）がつく
　　られる。

　　　一方，ペプチドホルモンのような水溶性のホルモンは　ア　を透過で
　　きない。そのため，この種類のホルモンは　ア　にある　ウ　と結
　　合する。その結果，　ウ　の構造が変化して，近傍にある酵素などを活
　　性化することにより，細胞内に新たな情報伝達物質（シグナル分子）がつくら
　　れる場合が多い。このようなシグナル分子は　カ　とよばれ，細胞外の
　　情報を間接的に細胞内に伝える役割を担う。1つの例としては，ATPから
　　つくられるサイクリックAMP（cAMP）が知られる。

　　　問(1)　ア　～　カ　に適切な語句を記入せよ。

〔Ⅱ〕　多くの動物において卵巣内の卵は，排卵の直前まで減数分裂第一分裂ある
　　いは減数分裂第二分裂の途中で成熟分裂を休止しており，なんらかのきっか
　　けによって減数分裂が再開される。卵成熟の一連の過程は，動物の生殖にお
　　いて非常に重要な事象である。そこで，海産の棘皮動物イトマキヒトデ（以
　　下，ヒトデという）の卵巣を用いて卵成熟制御のメカニズムを明らかにする
　　試みがなされた。ヒトデの生殖巣は，5つある各腕の体腔中に形成される。
　　体腔は，体腔液で満たされている。各腕には放射神経が伸長している。

卵巣内では，減数分裂第一分裂前期で休止している卵母細胞が，ろほう細胞に取り囲まれた形で存在する。この時期の未成熟卵は「卵核胞」とよばれる大きな核を有している。ヒトデにおいても，引き金となる何らかの生体反応によって未成熟卵の成熟分裂が再開し，卵核胞が崩壊して減数分裂第一分裂は前期から中期へと移行する（図1）。この時，卵母細胞周囲のろほう細胞も退縮する（図1）。この結果，卵母細胞は，受精可能な成熟卵へと発達する。

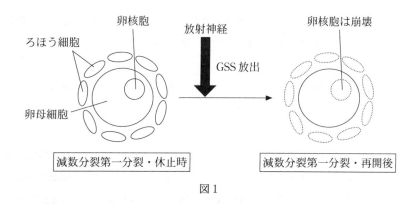

図1

ヒトデにも体腔液を通して他の細胞に作用するホルモンが存在する。ヒトデ各腕の放射神経から，ペプチドホルモンの生殖巣刺激物質(gonad-stimulating substance, GSS)が，体腔液中に放出される。GSSはろほう細胞に作用して，そのあと卵成熟が誘起される。この卵成熟のメカニズムは，以下に示す実験①から④を通して明らかにすることができる。なお，GSSは体腔液中だけでなく，海水中でも活性を失わない。

実験①　ろほう細胞を含む形で取り出した未成熟の卵母細胞をGSSを含む海水に浸した。

実験②　あらかじめ分離した未成熟の卵母細胞のみをGSSを含む海水に浸した。

実験③　あらかじめ分離した未成熟の卵母細胞の細胞質にGSSを注入した。

実験④　体外に取り出したろほう細胞と未成熟の卵母細胞のうち，ろほう細胞の細胞質に GSS を注入した。

　それぞれの実験の結果，ろほう細胞を含む形で取り出した未成熟の卵母細胞，あるいは，あらかじめ分離した未成熟卵の卵核胞はどうなるかを観察した。

問(2)　卵核胞は崩壊せず，減数分裂第一分裂前期のまま変化しないことが予想される実験番号をすべて選び，番号を記入せよ。

問(3)　卵核胞が崩壊して，減数分裂第一分裂が再開し，中期へ移行することが予想される実験番号をすべて選び，番号を記入せよ。

〔Ⅲ〕　GSS に刺激されたろほう細胞では，1-メチルアデニンという水溶性の物質が新たに産生・放出される。この 1-メチルアデニンは，卵母細胞の細胞膜にある受容体と結合し，卵母細胞の細胞質中に卵成熟を促進する因子を生成する。1-メチルアデニンの働きは，以下に示す実験⑤から⑧を通して明らかにすることができる。なお，1-メチルアデニンの活性は，海水中でも失われない。

実験⑤　分離した未成熟の卵母細胞のみを 1-メチルアデニンを含む海水に浸した。

実験⑥　分離した未成熟の卵母細胞に 1-メチルアデニンを注入した。

実験⑦　1-メチルアデニンの作用を受けて減数分裂を再開した成熟卵から細胞質を吸い出し，別に分離した未成熟の卵母細胞に注入した。

実験⑧　1-メチルアデニンの作用を受けて減数分裂を再開した成熟卵から細胞質を吸い出し，海水に懸濁した。その懸濁海水の中に，別に分離した未成熟の卵母細胞を浸した。

　それぞれの実験の結果，あらかじめ分離した未成熟卵の卵核胞はどうなる

東北大-理系前期   2021 年度　生物　*57*

　かを観察した。

問⑷　卵核胞は崩壊せず，減数分裂第一分裂前期のまま変化しないことを示
　　した実験はどれか。予想される実験番号をすべて選び，番号を記入せ
　　よ。

〔Ⅳ〕　1-メチルアデニンの働きにより減数分裂を再開して成熟の進んだヒトデ卵
　　母細胞は，減数分裂第一分裂中期に達すると海水中に放卵される。放出され
　　た未受精卵に対し，実験的に精子をかけた。その後，発生が進行して 2 細胞
　　期に至るまでの間に起こる現象を，順に並べると以下の図 2 になる。

　　　　| キ | → | ク | →第 1 極体放出（減数分裂第一分裂完了）→
　　　第 2 極体放出（減数分裂第二分裂完了）→ | ケ | → | コ | →
　　　　| サ | → | シ | →2 細胞期
　　　　　　　　　　　　　　図 2

問⑸　図 2 に示す | キ | 〜 | シ | に最も適する語句を，下記の
　　(a)〜(i)から 1 つずつ選び，その記号を記入せよ。

　　(a)　遺伝子組換え　　　(b)　DNA 複製　　　(c)　先体反応

　　(d)　星状体形成　　　　(e)　卵割　　　　　(f)　細胞質の増加

　　(g)　ゼリー層形成　　　(h)　卵核と精核の融合　(i)　受精膜形成

58 2021 年度 生物　　　　　　　　　　　　　　　　　　　　東北大-理系前期

3　次の〔I〕から〔III〕の文章を読み，以下の問(1)～(8)に答えよ。

〔I〕　ヒトなどの哺乳動物の場合，腎臓は2つの過程を経て，血しょうから不要な物質を取り除いて排出することで，体内環境を一定に保つはたらきをしている。1つは，腎臓へ送り込まれる動脈血を，血圧の力でこし出す過程である。この過程でこし出された液体を原尿という。もう1つは，原尿から，必要な成分を再び血液中に戻す再吸収である。この2つの過程を経てから，尿として不要な物質を排出する。腎臓には，毛細血管が複雑にからまった小球の　ア　と，これを包み込むような袋状の構造の　イ　があり，ア　と　イ　を合わせて　ウ　という。　イ　につながり，原尿の成分を調節する細尿管は，ループ状の部分を経由し，やがてほかの細尿管とともに集合管へとつながる。腎臓における尿生成の機能単位は，ウ　と細尿管で構成されており，　エ　とよばれる。ヒトが排泄する尿の量は内分泌腺から分泌されるホルモンにより調節されている。

　　（a）

　　哺乳動物の腎臓において，血しょうから尿が生成されるまでの過程における物質の移動を調べるため，次の実験を行った。

実験　実験用の哺乳動物にイヌリンを静脈注射し，30分後に血液と図1に示す①～③から原尿を採取した。さらに排泄された尿を回収した。血しょう，原尿，尿に含まれるイヌリン，Na^+，物質A，物質B，物質Cの濃度を測定し，これらの測定結果を図2に示した。正常な状態の場合，生体内に存在しないイヌリンはろ過され，再吸収・分泌されずに尿へ排泄される。

問(1)　ア　～　エ　に適切な語句を記入せよ。

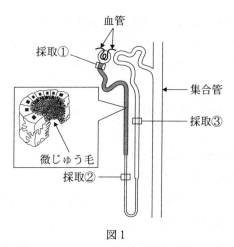

図1

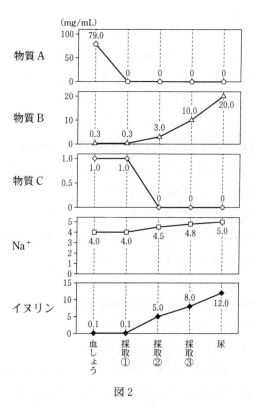

図2

問(2) 細尿管は場所によって上皮細胞の構造が異なっている。図1の採取①の領域を含む灰色で示した細尿管の部分では上皮細胞に微じゅう毛が密に存在する。その利点を40字以内で記せ。

問(3) 実験について，以下の(i)，(ii)，(iii)に答えよ。

(i) この動物の尿濃縮率は何倍になるか記せ。

(ii) この動物の1時間当たりの尿生成量が60.0 mLであった場合，1時間当たりに生成される原尿中のNa^+は何gになるか，小数点以下1桁で記せ。

(iii) (ii)の時，1時間で再吸収されるNa^+は何gになるか，小数点以下1桁で記せ。

問(4) グルコースは図2に示す物質A〜Cのうちどれか，最も適切なものを1つ選び，その記号を記せ。また，それを選んだ理由を吸収動態に着目して60字以内で記せ。

問(5) 下線部(a)のように，体液濃度や量の調節はホルモンで行われており，脳下垂体後葉から分泌されるバソプレシンと副腎皮質から分泌される鉱質コルチコイドがその役割を担っている。バソプレシンの異常な持続的分泌によってどのような状態が引き起こされるか。下記の①〜⑤から適切なものを1つ選び，その番号を記せ。この時，鉱質コルチコイドの分泌は正常なものとする。

① 腎臓における水の再吸収量が増加することで循環血しょう量が増加し，血液中のNa^+濃度が非常に低い状態になる。

② 腎臓におけるNa^+の再吸収量が増加することでNa^+と水が体内に貯留し，循環血しょう量が増加することで血圧が高くなる。

③ 腎臓におけるK^+の排泄量が増加することで血液中のK^+濃度が非常に低い状態になる。

④ 腎臓における水の再吸収量が減少することで尿の量が増加し，血液中のNa^+濃度が非常に高い状態になる。

⑤ 腎臓におけるNa^+の再吸収量が増加することで尿の量が増加し，血液中のNa^+濃度が非常に高い状態になる。

〔Ⅱ〕 血液は，収縮と弛緩を休みなく繰り返す心筋の活動により循環する。ヒトの血液の循環経路は，肺で新鮮な酸素を取り込む経路である オ 循環と，全身を循環する経路である カ 循環の2つに分けられる。

オ 循環は，

右心室→ キ → オ → ク →左心房の経路である。

カ 循環は，

左心室→ ケ →全身→ コ →右心房の経路である。

心臓の収縮リズムをつくっているのは，洞房結節である。洞房結節で活動電位が発生することにより心房筋と心室筋に興奮の伝導が起こり，収縮が引き起こされる。心筋細胞は，膜電位の上昇(脱分極)により興奮し，膜電位の低下(再分極)により静止状態に戻る。心筋細胞は脱分極と再分極のサイクルによって収縮と弛緩を繰り返している。

問(6) オ ～ コ に適切な語句を記入せよ。

問(7) 下線部(b)に示す洞房結節は，規則的に電気信号を発している。そのため，心臓は中枢神経と連絡を絶たれても，規則的なリズムで拍動することができる。このことを何とよぶか，その名称を記せ。

〔Ⅲ〕 K^+は細胞外と比べて細胞内で濃度が高く，Na^+，Ca^{2+}は細胞内と比べて細胞外で濃度が高い。心室筋細胞の活動電位は図3のような変化を示す。各相で起こる変化を次に示す。

0相：Na^+チャネル活性化にともなうNa^+の細胞内流入による脱分極の進行

1相：Na$^+$チャネル不活性化と，一過性のK$^+$の細胞外流出によるわずかな再分極

2相：Ca^{2+}チャネル活性化によるCa^{2+}の細胞内流入と，K$^+$チャネル活性化による，一時的に膜電位が変化しない状態

3相：Ca^{2+}チャネル不活性化と，2相から続くK$^+$チャネル活性化による再分極の進行

4相：ポンプなどによるNa$^+$，Ca^{2+}の細胞外排出とK$^+$の細胞内取り込み

(注) 各相で活性化するK$^+$チャネルは異なる。

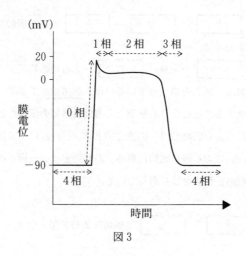

図3

問(8) 薬物A～Cはチャネルに結合して，イオンの細胞内外への流出入を変化させる作用をもつ。これらの薬物を投与すると図4のように活動電位が変化する。点線は正常な心室筋細胞の活動電位を表し，実線は薬物によって変化した心室筋細胞の活動電位を表している。薬物A～Cはどのような作用をもつと考えられるか，それぞれ最も適切なものを①～⑤から1つ選び，その番号を記入せよ。

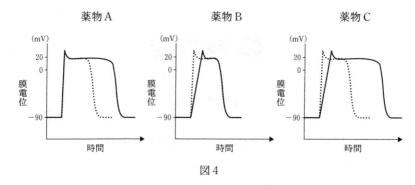

図 4

① 活性化 Na^+ チャネルに結合し，Na^+ の細胞内流入を抑制するが，K^+ チャネルに対する抑制作用はない。
② Na^+ チャネルに対する抑制作用はなく，2 相の活性化 K^+ チャネルに結合し，K^+ の細胞外流出を抑制する。
③ Na^+ チャネルに対する抑制作用はなく，2 相の活性化 K^+ チャネルに結合し，K^+ の細胞外流出を促進する。
④ Na^+ チャネルの不活性化を抑制し，さらに 2 相の活性化 K^+ チャネルに結合し，K^+ の細胞外流出を促進する。
⑤ 活性化 Na^+ チャネルに結合し，Na^+ の細胞内流入を抑制する。さらに 2 相の活性化 K^+ チャネルに結合し，K^+ の細胞外流出を抑制する。

64 2021 年度 地学　　　　　　　　　　　　　　　　　　　東北大-理系前期

地学

（2 科目 150 分）

計算のため必要な場合には，以下の数値を使用せよ。

常用対数　$\log_{10} 13 = 1.1$，$10^{0.3} = 2.0$，$\sqrt{0.1} = 0.3$，$\pi = 3.1$

1　次の文章を読み，以下の問 1 ～ 3 に答えよ。

　我々に最も身近な恒星である太陽では，その中心部で 4 つの水素原子核が 1 つのヘリウム原子核となる　ア　が起きている。中心部で発生したエネルギーは，まず放射によって外側に運ばれ，さらに　イ　によって　ウ　とよばれる我々が目にする太陽表面に到達する。　イ　の様子は　エ　とよばれる表面の模様として観測される。温度 6000 K の太陽表面からは，波長 0.5 μm にピークをもつ可視光としてエネルギーが放射される。地球の大気圏最上部に垂直に入射する放射エネルギーは約 1400 W/m² であり，この値を　オ　とよぶ。太陽の可視光での絶対等級は 4.8 等級である。

　恒星の質量が小さいほど，放射されるエネルギーは小さくなる。プロキシマ・ケンタウリは太陽系から 1.3 パーセク離れたところにあり，太陽から最も近い恒星であるが，可視光での見かけの等級は 11.1 等級しかない。プロキシマ・ケンタウリの周りには惑星が複数個発見されており，その中の一つは地球と同程度の質量をもつ惑星だと推定されている。惑星が主星から受け取る放射エネルギーの量は，惑星での生命存在の可能性を考える上で重要な値の一つである。

問 1　ア　～　オ　に適切な語句を記入せよ。

問 2　下線部(a)について，太陽が放射している総エネルギーは何 W か，有効数字 2 桁で答えよ。ただし，地球と太陽の間の距離は 1.5×10^{11} m とし，計算の過程も示せ。

東北大-理系前期   2021 年度　地学　*65*

問 3　下線部 (b) について，次の問 (1)〜(4) に答えよ。

(1)　プロキシマ・ケンタウリの可視光での絶対等級は何等級か，小数点以下
　　 1 桁まで答えよ。また，この明るさは絶対等級から考えられる太陽の可視
　　 光での明るさの何倍か，有効数字 1 桁で答えよ。それぞれ計算の過程も示
　　 せ。

(2)　プロキシマ・ケンタウリの表面温度は 3000 K，その半径は太陽の 15 ％
　　 と見積もられている。プロキシマ・ケンタウリの表面から放射される総エ
　　 ネルギーは太陽の何倍か，有効数字 1 桁で答えよ。計算の過程も示せ。

(3)　問 (1) の可視光での明るさの倍率と問 (2) の総エネルギーの倍率が異なる
　　 理由について 3 行以内で説明せよ。

(4)　プロキシマ・ケンタウリを主星とする惑星が，下線部 (a) で表される地
　　 球が太陽から受け取るのと同じ放射エネルギーを主星から受け取るとすれ
　　 ば，この惑星は主星から何天文単位のところにあるか，有効数字 1 桁で答
　　 えよ。計算の過程も示せ。

2 次の問1，2に答えよ。

問1 次の文章を読み，以下の問(1)，(2)に答えよ。

　　成層圏に形成されるオゾン層は，生物に有害な太陽からの ア を吸収し，遮蔽する役割をになってきた。オゾン層は，大気中の イ の増加によって安定して形成されるようになり，約4億年前には生物の ウ を可能にした。近年，南極・北極で観測される エ は，人工的な化合物の オ によって，成層圏でオゾン層の破壊が進んでいることを示している。 ア 量の増加による皮膚がんの発症や生態系への影響が懸念されることから， オ の製造・利用が規制されることとなった。

　　対流圏の気温は，通常 カ 付近で最も高く，成層圏との境界の キ 付近で最も低い。 キ の高度は約 ク km である。

(1) ア ～ キ に適切な語句を記入せよ。

(2) ク に入る最も適切な数値を次から1つ選んで解答欄に記入せよ。
　　{3，5，10，30，50，100，300}

問2 ある地点の高度3 km以下での空気塊のふるまいについて考えよう。周囲の気温の高度分布を図1に示す。乾燥断熱減率は1℃/100 m，湿潤断熱減率は0.5℃/100 m である。また，高度0 m での温度 T [℃]，露点 T_d [℃] の空気塊の凝結高度 h [m] は $h = 125(T - T_d)$ で与えられる。次の問(1)〜(3)に答えよ。

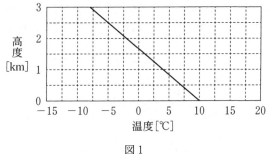

図 1

(1) 高度 500 m で周囲の気温と同じ温度だった空気塊 A を高度 400 m に断熱的に下降させたとする。この間，空気塊 A は水蒸気で飽和しない。周囲の気温に比べて空気塊 A の温度は高いか低いか。また，空気塊 A が受ける力は上向きか下向きか。正しい組合せを次の①〜④の中から 1 つ選べ。

	周辺の気温に対する空気塊 A の温度	空気塊 A が受ける力の向き
①	高　い	上向き
②	高　い	下向き
③	低　い	上向き
④	低　い	下向き

(2) 高度 0 m で露点が 7 ℃ の空気塊 B を 15 ℃ まで温めたところ，空気塊 B は上昇し雲を作った。各高度での空気塊 B の温度を，図 1 にならって実線で，解答欄の方眼に記入せよ。

〔解答欄〕

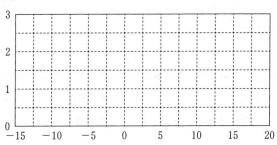

(3) 高度 0 m で露点が − 1 ℃ の空気塊 C を 15 ℃ まで温めたところ，空気塊 C は上昇したが，雲を作らなかった。考えられる理由を，3 行以内で説明せよ。

3　次の問 1 ～ 3 に答えよ。

問 1　次の文章を読み，│　ア　│ ～ │　カ　│ に適切な語句を記入せよ。

　　地球の誕生以降，さまざまな岩石がさまざまな時代に形成された。岩石の年代測定は，放射性同位体が一定の割合で安定な同位体に変わる放射性崩壊や，鉱物の放射線による損傷を利用して行われる。このようにして得られた年代を │　ア　│ 年代という。岩石中にはじめに含まれていた，ある放射性同位体の原子の数が，放射性崩壊により半分になるまでの時間を │　イ　│ という。岩石が形成されてから，その放射性同位体の原子の数が 64 分の 1 の数に減っていた場合，│　イ　│ の │　ウ　│ 倍の時間が経過したことになる。このような年代測定法には，ウラン・鉛法や，ルビジウム・│　エ　│ 法などがある。また，炭素 14 法は主に光合成で大気中の │　オ　│ を取り込んでいる植物の炭素 14 を用いた年代測定法である。│　ア　│ 年代に対し，各時代を特徴づける化石や，古地磁気の記録を照らし合わせて区分された年代を │　カ　│ 年代という。

問 2　次のうち，過去に起きたさまざまな地学的現象の年代を判定する手段として正しいものを<u>すべて</u>選べ。

A．泥岩層を不整合に覆う砂岩層があるとき，泥岩層に挟まれている火山灰層と，砂岩層に挟まれている火山灰層の鍵層対比

B．最初の大型生物とされるエディアカラ生物群化石の炭素 14 法による年代測定

C．花こう岩中に含まれるジルコン粒子のウラン・鉛法による年代測定

D. 褶曲した白亜紀の地層を貫く安山岩岩脈のカリウム・アルゴン法による年代測定

E. 新生代の有孔虫の殻に含まれる酸素の放射性同位体の対比

問 3　次に示すさまざまな地学的現象A～Fについて，時間スケールが長いものから順に並べ替えよ。

A. アジア大陸の東縁部において日本海が誕生し，東北日本や西南日本の島弧ができるまでの期間

B. チリ海溝でプレート境界型巨大地震が発生し，日本に津波が到達するまでの期間

C. パンゲア大陸がローレシア(ローラシア)大陸とゴンドワナ大陸にわかれ，さらに現在のように複数の大陸にわかれるまでの期間

D. 赤道上空の成層圏において，東西風の向きが反転する振動の周期

E. 産業革命以降，化石燃料を消費しはじめてから，大気中の温室効果ガスの濃度が上昇した期間

F. 温暖な気候により恐竜が巨大化し，海洋では大型海生爬虫類が繁栄していた期間

70 2021 年度 地学　　　　　　　　　　　　　　　東北大-理系前期

4 次の文章を読み，以下の問 1 ～ 4 に答えよ。

地球の内部は均質ではなく層構造をなしており，それぞれ地殻，マントル，

　ア　とよばれる。これらのうちマントルが最も体積が大きく，上部マント

ルは主にかんらん岩から構成されていると考えられている。地殻は大陸地殻では

上部が　イ　から，下部がはんれい岩から構成され，海洋地殻では主に

　ウ　とはんれい岩から構成されている。海洋地殻は中央海嶺でマグマが冷
　　　　　　　　　　　　　　　　　　　　　　　　　　　かいれい
え固まって形成されたと考えられている。
　　　　　　　　　　　　　　(a)

　岩石は鉱物の集合体であり，それぞれの岩石の種類によって構成する鉱物の種

類や割合が異なる。鉱物の性質として重要なものに，固溶体と多形があり，かん
　　　　　　　　　　　　　　　　　　　　　　　　　　　　　　　　　(b)
らん石や斜長石は固溶体の性質をもつ。また，ダイヤモンドの多形には

　エ　が，ケイ線石の多形には　オ　や　カ　がある。

問 1　　ア　には適切な語句を，　イ　と　ウ　には適切な岩石名

　　を，　エ　～　カ　には適切な鉱物名を記入せよ。

問 2　下線部(a)について，中央海嶺でマグマが発生する過程をプレートの動き

　　と関連づけながら 3 行以内で説明せよ。

問 3　岩石を構成する鉱物の多くはケイ酸塩鉱物とよばれるケイ素を含む鉱物で

　　ある。代表的なケイ酸塩鉱物の一つである輝石の結晶構造について，次の 3

　　つの語句をすべて用いて 2 行以内で説明せよ。
　　　　くさり
　　　{鎖状，酸素，SiO_4 四面体}

問 4　下線部(b)に関して，かんらん石の固溶体について，2 行以内で説明せ

　　よ。

東北大-理系前期   2021 年度　地学　71

5　次の文章を読み，以下の問 1 ～ 4 に答えよ。

　地層の堆積が続く場所では，一般に下位から上位へ地層は堆積する。しかし，
堆積後の地殻変動などによって，地層は褶 曲や断層で変形したり，上下が逆転
したりする場合がある。図 1 の(ア)～(カ)は，直立した崖の露頭で地層の断面を模
式的に示した図である。

問 1　図 1 の(ア)～(カ)それぞれについて，地層が逆転していると考えられる場合
　　　は①を，地層が逆転していないと考えられる場合は②を，どちらとも判定で
　　　きない場合は③を記入せよ。

問 2　図 1 の(ア)でみられる生痕化石はどのようにして形成されたか，形成過程
　　　を 2 行以内で説明せよ。

問 3　海底では，地震などをきっかけにして混濁 流が発生する場合がある。混
　　　濁流によって形成されたと考えられる堆積構造にはどのような特徴がある
　　　か，2 行以内で説明せよ。

問 4　地層や堆積岩の中には生物の化石が含まれることがあり，なかでも示準化
　　　石は地層の時代を決めるために利用される。示準化石に適する条件を 3 つ，
　　　それぞれ 1 行で説明せよ。

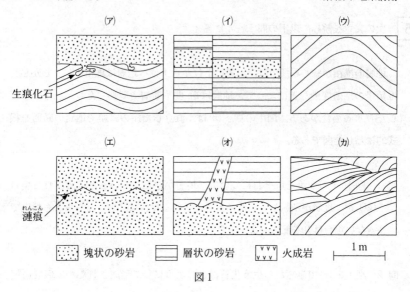

図1

2020年度

問題編

東北大-理系前期　　　　　　　　　　　　　　　　　　　　2020 年度　問題　*3*

■前期日程

問題編

▶試験科目

学部・学科	教科	科　　　　　目
経済（理系）・理・農	外国語	コミュニケーション英語Ⅰ・Ⅱ・Ⅲ，英語表現Ⅰ・Ⅱ
	数　学	数学Ⅰ・Ⅱ・Ⅲ・A・B
	理　科	「物理基礎・物理」，「化学基礎・化学」，「生物基礎・生物」，「地学基礎・地学」から2科目選択
医　医	外国語	コミュニケーション英語Ⅰ・Ⅱ・Ⅲ，英語表現Ⅰ・Ⅱ
	数　学	数学Ⅰ・Ⅱ・Ⅲ・A・B
	理　科	「物理基礎・物理」，「化学基礎・化学」，「生物基礎・生物」から2科目選択
保健	外国語	コミュニケーション英語Ⅰ・Ⅱ・Ⅲ，英語表現Ⅰ・Ⅱ
	数　学	〔看護学専攻〕 数学Ⅰ・Ⅱ・A・B 〔放射線技術科学・検査技術科学専攻〕 数学Ⅰ・Ⅱ・Ⅲ・A・B
	理　科	「物理基礎・物理」，「化学基礎・化学」，「生物基礎・生物」から2科目選択
歯	外国語	コミュニケーション英語Ⅰ・Ⅱ・Ⅲ，英語表現Ⅰ・Ⅱ
	数　学	数学Ⅰ・Ⅱ・Ⅲ・A・B
	理　科	「物理基礎・物理」，「化学基礎・化学」，「生物基礎・生物」から2科目選択
薬・工	外国語	コミュニケーション英語Ⅰ・Ⅱ・Ⅲ，英語表現Ⅰ・Ⅱ
	数　学	数学Ⅰ・Ⅱ・Ⅲ・A・B
	理　科	「物理基礎・物理」，「化学基礎・化学」

▶備 考

- 数学Bの出題範囲は「数列」,「ベクトル」とする。
- 医学部医学科は,このほか面接試験を行い,医師としての適性を判断する。面接試験では,小作文と面接を行う。小作文と出願書類は面接の参考に用いる。複数の面接員による評価を参考にして,場合によっては,複数回の面接をすることがある。
- 医学部保健学科は,このほか面接試験を行い,医療人としての適性を判断する。複数の面接員による評価を参考にして,場合によっては,複数回の面接をすることがある。
- 医学部医学科では,外国語でドイツ語,フランス語を選択することもできる(編集の都合上省略)。

▶配 点

学部・学科		外国語	数 学	理 科	面 接	合 計
経済(理系)・歯		200	200	200		600
理		200	300	300		800
医	医	250	250	250	200	950
	保 健	200	200	200	150	750
薬		300	400	400		1100
工		200	300	300		800
農		300	300	300		900

英語

（100 分）

I 次の英文を読み，下の問いに答えなさい。

The English Renaissance philosopher, politician, and scientist Francis Bacon is widely credited with establishing the fundamentals of the experimental method in science. 'The best demonstration by far is experience, if it go not beyond the actual experiment,' he wrote in his book *Novum Organum*. Bacon showed in words how science proceeds by trial and error, and in deed how some of its errors prove to be fatal. Travelling by coach and horse with one of the king's physicians to Highgate in London, it suddenly occurred to Bacon that the snow lying all around him might be as effective as salt at preserving flesh. Desiring to test the theory without delay, the pair went into a poor woman's house at the
(A)
bottom of Highgate Hill, bought a hen off her which they got her to *eviscerate, and then stuffed it with snow. In the process, however, Bacon caught such a sudden and extreme chill that he couldn't even make it home. The Earl of Arundel, who lived locally, put him up but unfortunately in a damp bed that did
(1)
more harm than good. A few days later, he died of pneumonia.

Given that Bacon helped establish the *empirical principle that conclusions should be grounded in evidence, it is ironic this well-known story about him is probably untrue. The irony, however, goes deeper than that. Bacon's supposed cause of death exemplifies the difficulties of taking a scientific, evidence-based approach in the first place. Folk wisdom has for centuries insisted that it is possible to 'catch a chill'. But when modern science examined the evidence for this, it seemed to be no more than a superstition. A number of laboratory experiments introduced cold viruses into people's noses, exposing some to cold air and others not, and they repeatedly showed that the temperature had no effect at all. The reason for this seemed simple enough: the common cold is caused by *rhinoviruses, flu by influenza viruses, pneumonia by bacteria. Temperature has nothing to do with it. If you get extremely cold for too long you can get *hypothermia, but you can't 'catch a chill'.

Then in January 2015, headlines like 'Mom Was Right: You'll Catch a Cold from Being Cold' appeared in serious newspapers and magazines. A team at Yale University led by Ellen F. Foxman had found that 'the innate immune response to the rhinovirus is <u>impaired</u> at the lower body temperature compared to the core body temperature.' In other words, whether the cold virus is present in your nose does not depend on the temperature, but your immune response to it does, and that means you may indeed be more likely to catch a cold if you get cold: or rather, more likely to *develop* a cold if your nose has already caught the virus.

<u>These examples</u> don't look like good evidence for the reliability of evidence-based truth. We are left without enough evidence to reach firm and final conclusions both on an historical question about the cause of a particular death and a scientific question about causes of deaths in general. We seek evidence but often, perhaps usually, it is elusive, absent, ambiguous and inconclusive. *Etymologically, empirical means 'from experience', and experience seems to be telling us that an empirical approach leaves us with uncertainty, rather than knowledge.

Far from being a weakness, however, <u>the open-endedness of empirical inquiry</u> is actually its strength. David Hume made this point wonderfully when he observed that 'all the objects of human reason or inquiry may naturally be divided into two kinds, namely, Relations of Ideas, and Matters of Fact.' Relations of ideas concern truths of mathematics, geometry, and pure logic. Such truths are, in effect, true by definition, but they tell us nothing about the real world. Matters of fact, in contrast, cannot be established by pure logic. That also means they cannot be established with 100 percent certainty. 'The contrary of every matter of fact is still possible,' warned Hume. 'That the sun

東北大-理系前期　　　　　　　　　　　　　　　　2020 年度　英語　*7*

will not rise tomorrow is no less <u>intelligible</u> a proposition, and implies no more
(3)
contradiction than the affirmation, that it will rise.' Indeed, we can easily imagine
circumstances in which we would have to accept that the sun is unlikely to rise
tomorrow, such as if a massive asteroid were about to hit the Earth.

　　A lack of certainty is therefore part of the deal with empirical truth. We
need to give up on it in order to take up the possibility of knowledge of the world.
Absolute certainties can only be obtained about purely conceptual matters, such
as *axioms of mathematics and laws of logic. If we want to know about the
world then there is potentially no end of discoveries — for ourselves or the entire
human race — that might force us to alter our opinions. <u>What we hold to be true</u>
(D)
<u>is constantly open to being tested, which makes the truths that pass the test</u>
<u>more reliable.</u> The strength of empirical truth resides in the fact that it is always
open to <u>scrutiny</u>, revision and rejection.
(4)
　(Adapted from Julian Baggini, "Empirical Truth," in *A Short History of Truth:*
Consolations for a Post-Truth World)

　(注)

　　*eviscerate　動物の内臓を抜く

　　*empirical　実証的な

　　*rhinoviruses　ライノウイルス(風邪を引き起こすウイルスの一種)

　　*hypothermia　低体温症

　　*etymologically　語源的には

　　*axioms　公理

問 1　下線部(A)が指す内容を日本語で説明しなさい。

問 2　下線部(B)は具体的にどのようなことを意味しているか，本文に即して日本
　　語で説明しなさい。

問 3　下線部(C)は具体的にどのようなことを意味しているか，本文に即して日本
　　語で説明しなさい。

8 2020 年度　英語　　　　　　　　　　　　　　　　　　　　　　東北大-理系前期

問 4　下線部 (D) を日本語に訳しなさい。

問 5　下線部 (1)〜(4) の意味として最も適切なものを，それぞれ与えられた選択肢
　　　から選び，記号で答えなさい。

　　(1)　damp　　　(ア)　cold　　　　　　　(イ)　dusty
　　　　　　　　　　(ウ)　moist　　　　　　　(エ)　uncomfortable

　　(2)　impaired　　(ア)　intoxicated　　　　(イ)　weakened
　　　　　　　　　　(ウ)　lacking　　　　　　(エ)　bruised

　　(3)　intelligible　(ア)　comprehensible　　(イ)　evident
　　　　　　　　　　(ウ)　irrational　　　　　(エ)　inexplicable

　　(4)　scrutiny　　(ア)　persuasion　　　　(イ)　investment
　　　　　　　　　　(ウ)　acceptance　　　　(エ)　inspection

II 次の英文を読み，下の問いに答えなさい。

The advance of consumer technology has been nothing short of breathtaking — even if we don't always recognize it. What's more, the introduction of consumer electronics — and in recent years powerful computational capabilities built into devices — has profoundly changed the way we watch movies and television, communicate, shop for goods, gather information, and navigate a huge amount of other tasks. It's safe to say that the world is a much better place as a result of technology innovation. It has delivered leisure time and helped drive societal gains. It has made our machines and cars safer, our medicine better, and created comforts that past generations could only dream about.

Some sociologists and cultural anthropologists, including Alvin Toffler and Daniel Bell, have advanced the idea that we're heading into a postindustrial age that places an emphasis on information and services rather than the mere consumption and use of goods. There's plenty of evidence to support this notion.
                                                                    (A)

(B)‾‾

‾‾

‾‾

‾‾

What's more, a growing percentage of individuals with smartphones, e-readers, Blue-ray players, and other devices, say that Internet connectivity and the ability to view content — in some cases across multiple devices — is a primary appeal.

    (C)‾‾

‾‾‾‾‾‾‾‾‾‾‾‾‾‾‾‾‾‾‾‾‾‾‾‾‾‾‾‾‾‾‾ A quarter century ago, the primary way to view a movie was to head to the movie theater and pay cash for each ticket. Today we purchase or rent movies from streaming media players attached to television sets or watch them wirelessly through tablets, smartphones, and gaming consoles. We view films and listen to music downloads on airplanes and

10 2020 年度　英語　　　　　　　　　　　　　東北大-理系前期

in coffee shops. No less significant: social media reviews and recommendations increasingly influence thinking and buying decisions.

Connected devices translate into connected people — along with entirely different relationships among groups of people. Yet these human connections, however important and profound, are only a piece of the *IoT (Internet of Things) puzzle. An individual device or thing connected to the Internet increases the power of that particular device — and often adds substantial value for the person using it. However, the ability to connect devices into a vast network — essentially the Internet of Things — rapidly increases the possibilities and capabilities.

(D) For instance, a light switch that is Internet enabled not only allows a homeowner to program on and off times with a smartphone and manually control it from the same phone, but it also can be connected to software that analyzes electrical consumption across all lights in the house and, by offering recommendations, save money. Scaling up even further, the same data could be used by a *utility to better understand consumption patterns and establish rates and incentives that drive more efficient usage patterns across a customer base. It's not difficult to identify similar possibilities in many other industries, including automobiles, health care, and financial services.

Moreover, attaching *RFID tags and other sensors to various objects and packages introduces remarkable capabilities. Suddenly it's possible for a kitchen cupboard to recognize when the supply of rice or salsa is low. A refrigerator can determine that the bread or butter has run out and it's time to buy more. A bathroom cabinet can alert a homeowner to buy more toilet paper or toothpaste — and even automatically add the items to a shopping list. Then, when the consumer steps into a grocery store and approaches the aisle with the desired product, he or she receives a smartphone alert or message — and perhaps even a coupon.

Of course, a greater number of connected devices translate into more data intersection points — and far more impressive possibilities. Realistically we've

東北大-理系前期 2020 年度 英語 *11*

only begun to enter the age of connected devices. Although home networks and Wi-Fi have been widely used for more than a decade — and fast cellular connectivity is increasingly common — the platform and infrastructure for supporting all these devices is only now beginning to mature. Too often in the past, various systems and devices did not communicate or play nicely with one another. What's more, without clouds that make sharing and connecting data far less complicated, fast and seamless data sharing simply wasn't possible.

Today the pace of innovation is accelerating rapidly and digital technologies are maturing. As data platforms take hold, analytics advances, clouds become a standard part of information technology, mobile applications grow in power and sophistication, and prices for RFID and other sensors go down, the foundation for the Internet of Things is taking shape. Clearly, our world will never be the same. We are entering a new era that promises to revolutionize everything we do.

(Adapted from Samuel Greengard, *Internet Of Things*)

(注) *IoT (Internet of Things)　様々な装置やセンサーなどがインターネット
　　　　　　　　　　　　　　　　に接続され情報交換する仕組み
　　　 *utility　電気，ガス，水道などの供給会社
　　　 *RFID tags　情報を埋め込んだタグ

問 1　下線部 (A) が指す内容を，日本語で説明しなさい。

問 2　下線部 (B) に次の (ア)～(エ) の文を入れるとき，それらをどの順序に並べるのが
　　　最も適切か，記号で答えなさい。

　　　(ア) However, the Organization for Economic Cooperation and Development (OECD) estimates that the figure will reach twenty by 2020.

　　　(イ) According to various market research reports, consumers now have about seven connected devices per household in the United States.

　　　(ウ) Market research firm NPD Group found that 88 percent of mobile device

12 2020 年度 英語   東北大-理系前期

owners are now aware of home automation systems.

(エ) What's more, the technology surrounding these devices is increasingly
important.

問 3 下線部 (C) に入るもっとも適切な文を，次の (ア)～(エ) の中から 1 つ選び，記号
で答えなさい。

(ア) Connected devices are transforming the way we interact with the world
around us, but they don't change the way people think about our society.

(イ) Connected devices are physical objects that can connect with each other
and with other computational systems via the Internet.

(ウ) Connected devices change the way we think about products and things,
and they drive enormous changes in behavior as well.

(エ) Connected devices have profoundly changed the way movies and
televisions are made around the world.

問 4 下線部 (D) を日本語に訳しなさい。

問 5 次の (ア)～(キ) の文から，本文の内容に一致するものを 3 つ選び，記号で答え
なさい。

(ア) Incredible advances in innovative consumer telemarketing technologies
have made automobiles safer, medicines more effective and created
comforts that have helped drive societal gains.

(イ) Our decision about which goods and services to purchase, for example,
which movies to watch and which music to listen to, is highly influenced
by online reviews.

(ウ) When a particular device is connected to the Internet, it not only
increases its power, it also often makes individual users substantially more
valuable.

(エ) Utilities could also benefit from homeowner consumption data to
establish prices, determine consumer motivation and offer customers

東北大-理系前期   2020 年度　英語　*13*

incentives to improve usage efficiency.

(オ)　RFID tags attached to kitchen and bathroom products in the home can alert consumers by a smartphone message from a store when it's time to go to purchase products that have almost run out — and even perhaps provide the consumer with a coupon.

(カ)　Because, for many years, we've had high-speed Internet and cellular phone connectivity, we have exhausted most of the ways that devices can connect to each other to benefit our lives.

(キ)　The establishment of data platforms, the reduction in the cost of sensors, the creation of sophisticated mobile applications, the improvement of analytics, as well as the standardization of cloud computing, are all shaping the foundation of the Internet of Things.

Ⅲ　Read the conversation below between Bradley and Kaede and answer questions 1) and 2) at the end of the passage.

Bradley:　Gee Kaede, it's been hard adapting to college life in Japan. I've had trouble meeting new people, and other than hanging out with you all the time, I have no social life whatsoever. I spend most of my free time just studying, so I'm thinking of joining a club.

Kaede:　Oh yeah, you should. If you join a club, it's guaranteed that you'll socialize more. However, keep in mind, clubs tend to make demands on your free time — not just to hang out — but to push you to excel at the sport, musical instrument or any other activity that each club sponsors. As you know, I'm a member of the equestrian club. I had never ridden a horse before I joined, but after two years and a lot of hard work, I'm a decent horse rider and I have learned a lot about horses. Joining opened up a whole new world to me.

Bradley:　But what about socializing?

14 2020 年度 英語   東北大-理系前期

Kaede: That's the best part. Not only have I learned a fun new sport, but I've also made tons of new friends and received a lot of valuable guidance and advice from my seniors that I've been able to pass on to my juniors. So, I think the time commitment has been worth it.

Bradley: I totally get that. "Club life" in Japan sounds similar to "Greek life" in the US.

Kaede: Eh? "Greek life." What's that?

Bradley: Almost every university in the States has a bunch of social organizations, called fraternities for men and sororities for women that students can join, somewhat like *bukatsu* in Japan.

Kaede: But why is it called "Greek life?"

Bradley: Because each fraternity and sorority is named after letters of the Greek alphabet like, "delta," "sigma," "phi," "omega," and so on. Unlike clubs in Japan though, there is no particular sport, music or activity associated with them. "Greek life" focuses on the social aspects of friendships, bonding and networking. Just like clubs in Japan, senior members counsel and mentor junior members. However, some "Greek life" organizations can be overly secretive, elitist or exclusive because they only cater to students of particular backgrounds, majors, religions or even races.
①

Kaede: Oh! I don't think I'd be accepted into a sorority in that case.

Bradley: Ah, sure, you would! I said some are like that, not all. Many are impartial and openly recruit from all interested students. So, if students really want to join, they can always find a fraternity or sorority that is suitable for them. In any case, I recently saw a study that emphasized that members of "Greek life" had significantly higher school marks than non-members. So, being part of "Greek life" has its academic advantages as well as its social benefits.

Kaede: I see. Do universities operate or control the fraternities? I ask because in Japan, clubs are pretty much student-managed by the *senpai-kōhai* system — that's the concept of senior members looking after and guiding

東北大-理系前期   2020 年度　英語　*15*

junior members. But, the system can generate a lot of peer pressure that can sometimes be rather harsh. For example, when I first joined the equestrian club, the only task my seniors allowed me to do was clean out the horse stalls!

Bradley: Hmm, that's interesting. Anyway, no. "Greek life" is not operated directly by the universities. Each fraternity and sorority is commonly affiliated with a national administrative organization, but they are generally
②
self-governing and student-run locally. Nevertheless, I know what you mean about the *senpai-kōhai* system and misusing authority. Because of a few senior power-harassment problems in the past, university administrators currently monitor "Greek Life" organizations very closely to prevent hazing.

Kaede: Hazing? What's that?

Bradley: Hazing occurs when seniors organize foolish, over-the-top, initiation
③
tests on juniors. Practical jokes and bothersome tasks are still part of the admission process though. Anyway, I do know what you mean about peer pressure. While you guys were forced to shovel out horse stalls when you first joined your club, when we first joined our fraternity we were all made to wear suits and ties to classes on hot days while all the other students were dressed in their usual ultra casual college clothes — shorts and tee shirts. It was very embarrassing.

Kaede: Ha! That's funny. It seems as though there are some definite similarities between Japanese "club life" and American "Greek life." Say, Bradley! Why don't you join the equestrian club and start engaging in an extremely enjoyable pastime.

Bradley: Thanks for asking. I'm inclined to take you up on your kind invitation, but I'm a little scared of horses so I can't imagine riding one. It is an intriguing idea though because I really like what you said about the social
④
aspects and the friendships that you guys enjoy.

1) For each underlined word or phrase ① to ④ in the conversation above,

choose the word or phrase that has the closest meaning. Write the letter
(a., b., c., d.) of your choice.

① a. consider   b. refuse
  c. debate   d. play with
② a. equal with   b. unapproved by
  c. attached to   d. operated in
③ a. natural   b. excessive
  c. sensible   d. moderate
④ a. confusing   b. frightening
  c. imaginary   d. fascinating

2) Based on the conversation above, answer BOTH (a) and (b) below.

(a) Using full English sentences, write between 50 and 70 words on why
Bradley might want to join the equestrian club. Give at least three
reasons discussed in the conversation. Indicate the number of words
you have written at the end of the composition.

(b) Using full English sentences, write between 50 and 70 words on why
Bradley might **NOT** want to join the equestrian club. Give at least three
reasons discussed in the conversation. Indicate the number of words
you have written at the end of the composition.

東北大-理系前期   2020 年度 英語 17

Ⅳ 次の文章を読み，下線部(A)，(B)を英語に訳しなさい。

　私たちには，どこか純粋に限界というものに挑戦したいという願望がある。も
し，人間の全細胞数という未知の＜知＞があるのであれば，何とかしてそれを知り
たい。知の限界があるのであれば，それを乗り越えたい。そんな願望は，何として
でも 100 メートルで 10 秒を切りたいという欲求とどこかで通じていないだろう
か。多くの人たちが，誰が 10 秒の壁を破れるかにわくわくしてきたが，10 秒を
0.01 秒でも切ることが，いったい何の役に立つのか，そんな問いを発する人は少
なかったはずである。

　誰もまだ到達したことのない未知の世界を究めてみたい，美術，音楽などの芸術
(A)
の世界から芸能の世界まで，そんな純粋な欲求が「文化」を支えている。スポーツを
含めて文化というものが，何の役に立つかという観点から論じられることはまずな
いと言ってもいいだろう。

　サイエンティストと呼ばれる一群の人々は，この知の限界に挑戦することを楽し
(B)
む人々である。その成果だけでなく，知の限界への挑戦のプロセスそのものを含め
て，それが「文化」なのだ。「文化」には役に立つ，立たないの区別は意味を持たな
い。役に立たなくとも，そんな「知りたいという欲求」を「文化」として支援してゆく
システムが必須である。

　　（永田和宏「＜知＞の限界を楽しむ心」『京都新聞』　2017 年 10 月 15 日より）

数学

◀経済(理系)・理・医(医・保健〈放射線技術科学・
　検査技術科学〉)・歯・薬・工・農学部▶

(150 分)

1　AB = 1, AC = 1, BC = $\dfrac{1}{2}$ である △ABC の頂点 B から辺 AC に下ろした垂線と辺 AC との交点を H とする。

(1) ∠BAC を θ と表すとき，$\cos\theta$, $\sin\theta$ の値を求めよ。

(2) 実数 s は $0 < s < 1$ の範囲を動くとする。辺 BH を $s : (1-s)$ に内分する点を P とするとき，$\mathrm{AP}^2 + \mathrm{BP}^2 + \mathrm{CP}^2$ の最小値およびそのときの s の値を求めよ。

2　a を 0 でない実数とする。xy 平面において，円 $C : x^2 - 2ax + y^2 - 4y + 4 = 0$，直線 $L : -4x + 3y + a = 0$，直線 $M : 3x + 4y - 7a = 0$ を考える。

(1) L と M の交点が C 上にあるような a の値を求めよ。

(2) C と L が異なる 2 つの共有点をもつような a の値の範囲を求めよ。

(3) 集合 $\{\mathrm{P} \mid$ 点 P は C と L の共有点$\} \cup \{\mathrm{P} \mid$ 点 P は C と M の共有点$\}$ の要素の個数が 3 となるような a の値をすべて求めよ。

東北大-理系前期   2020 年度　数学　*19*

$\boxed{3}$　　n を正の整数，a, b を 0 以上の整数とする。

(1) $n \geqq 3$ のとき不等式 $2^n + n^2 + 8 < 3^n$ が成り立つことを示せ。

(2) 不等式 $2^n + n^2 + 8 \geqq 3^n$ を満たす n をすべて求めよ。

(3) 等式 $2^n + n^2 + 8 = 3^n + an + b$ を満たす a, b, n の組 (a, b, n) をすべて求めよ。

$\boxed{4}$　　白玉 3 個，赤玉 2 個の合計 5 個の玉が入った箱と硬貨がある。箱から無作為に玉を 1 個取り出し，硬貨を投げて表が出たら，その玉を手元に残し，裏が出たら箱に戻す試行を行う。試行後に箱の中の玉がなくなったら試行は停止する。また，最初手元に玉はないものとする。

(1) 2 回の試行の結果，手元に白玉が 2 個ある確率を求めよ。

(2) 3 回の試行の結果，手元の玉が白玉 1 個，赤玉 1 個の計 2 個となる確率を求めよ。

(3) n を 5 以上の整数とし，ちょうど n 回目で試行が停止する確率 p_n を求めよ。

(4) (3) の確率 p_n が最大となる n を求めよ。

$\boxed{5}$　　実数 t に対して複素数 $z = \dfrac{-1}{t+i}$ を考える。ただし，i は虚数単位とする。

(1) z の実部と虚部をそれぞれ t を用いて表せ。

(2) 絶対値 $\left| z - \dfrac{i}{2} \right|$ を求めよ。

(3) 実数 t が $-1 \leqq t \leqq 1$ の範囲を動くとき，点 z はどのような図形を描くか，複素数平面上に図示せよ。

20　2020 年度　数学　　　　　　　　　　　　　　　東北大-理系前期

$\boxed{6}$　　正の整数 m, n に対して実数 $A(m, n)$ を次の定積分で定める。

$$A(m, n) = \int_0^{\frac{\pi}{2}} \cos^m x \sin^n x \, dx$$

(1) 次の等式が成り立つことを示せ。

$$A(m, n) = A(n, m), \quad A(m+2, n) + A(m, n+2) = A(m, n)$$

(2) $A(m, 1)$ を求めよ。

(3) 次の等式が成り立つことを示せ。

$$A(m, n+2) = \frac{n+1}{m+1} A(m+2, n)$$

(4) m または n が奇数ならば，$A(m, n)$ は有理数であることを示せ。

◀医〈保健〈看護学〉〉学部▶

（100 分）

$\boxed{1}$ a を $-2 \leqq a \leqq 3$ を満たす実数とする。次の性質をもつ関数 $f(x)$ を考える。

$$f(x) = \begin{cases} 0 & (x < -2 \text{ のとき}) \\ (x-a)(x+2) & (-2 \leqq x \leqq a \text{ のとき}) \\ 2(x-a)(x-3) & (a \leqq x \leqq 3 \text{ のとき}) \\ 0 & (x > 3 \text{ のとき}) \end{cases}$$

曲線 $y = f(x)$ と x 軸で囲まれる図形の面積を $S(a)$ とおく。

(1) $S(a)$ を求めよ。

(2) $S(a)$ が最大となる a の値を求めよ。また，$S(a)$ が最小となる a の値を求めよ。

$\boxed{2}$ n を正の整数，a, b を 0 以上の整数とする。

(1) $n \geqq 3$ のとき不等式 $2^n + n^2 + 8 < 3^n$ が成り立つことを示せ。

(2) 不等式 $2^n + n^2 + 8 \geqq 3^n$ を満たす n をすべて求めよ。

(3) 等式 $2^n + n^2 + 8 = 3^n + an + b$ を満たす a, b, n の組 (a, b, n) をすべて求めよ。

22　2020 年度　数学　　　　　　　　　　　　　　　　　　　　　東北大-理系前期

$\boxed{3}$　a を 0 でない実数とする。xy 平面において，円 $C : x^2 - 2ax + y^2 - 4y + 4 = 0$，
直線 $L : -4x + 3y + a = 0$，直線 $M : 3x + 4y - 7a = 0$ を考える。

(1) L と M の交点が C 上にあるような a の値を求めよ。

(2) C と L が異なる 2 つの共有点をもつような a の値の範囲を求めよ。

(3) 集合 $\{ \text{P} \mid$ 点 P は C と L の共有点 $\} \cup \{ \text{P} \mid$ 点 P は C と M の共有点 $\}$
　　の要素の個数が 3 となるような a の値をすべて求めよ。

$\boxed{4}$　6 枚の硬貨を同時に投げて，表がでた硬貨が s 枚，裏がでた硬貨が t 枚で
あったとき，ベクトル $\vec{p} = (x, y)$ を $\vec{p} = s(2, -1) + t(-1, 2)$ で定める。

(1) $x + y$ の値を求めよ。

(2) $\vec{p} = (0, 6)$ となる確率を求めよ。

(3) $\vec{p}$ と $\vec{q} = (3, 1)$ のなす角が $\dfrac{\pi}{6}$ 以下となる確率を求めよ。

物理

(2科目 150分)

1 図1のように,傾き30°の斜面をもつ質量 M の台を,水平でなめらかな床の上に置く。斜面上の点Aの鉛直上方,高さ h の位置から質量 m の小球を静かにはなしたときの,小球と台の運動を考える。なお,小球と台の衝突は弾性衝突とし,衝突の前後で小球と台の力学的エネルギーの和は保存するものとする。

重力加速度の大きさを g とする。小球の大きさ,台や床の変形,空気による抵抗,台と小球の間の摩擦は無視できるものとして,以下の問(1), (2)に答えよ。解答は解答用紙の所定の場所に記入せよ。また,結果だけでなく,考え方や計算の過程も記せ。

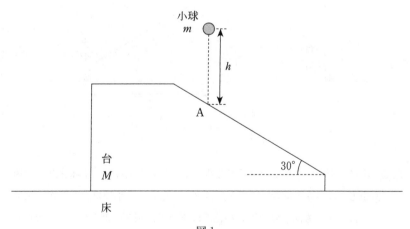

図1

問(1) まず,図2のように台を動かないよう固定し,点Aの鉛直上方,高さ h の位置から小球を静かにはなしたところ,小球は点Aで台と衝突し,はねかえったあと,台と衝突することなく斜面の右端の点Bに到達した。以下

では，台上の点Aを原点とし，水平右向きを x 軸正の向き，鉛直上向きを y 軸正の向きにとる。

(a) 小球が点Aで台に衝突する直前の小球の速さ v_0 を，m，g，h の中から必要なものを用いて表せ。

(b) 衝突直後の小球の速度の x 成分 v_x，y 成分 v_y を，それぞれ v_0 を用いて表せ。

(c) 点Aから点Bに到達するまでの小球の座標を (x, y) としたとき，y を，x，m，g，v_0 の中から必要なものを用いて表せ。

(d) AB間の水平方向の距離を L としたとき，L を，h を用いて表せ。

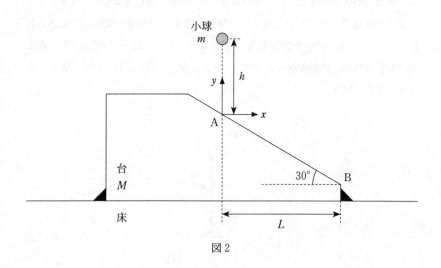

図2

問(2) 次に，図3のように台の固定を外した。問(1)と同様に，小球を点Aの鉛直上方，高さ h の位置から静かにはなしたところ，小球は台と点Aで衝突し，台は水平方向に動きはじめた。以下では，図3のように，床上の点Oを原点とし，水平右向きを x 軸正の向き，鉛直上向きを y 軸正の向きにとる。また，衝突によって，台は床からはなれることなく，x 軸に平行な方向にのみ運動するものとする。

(a) まず，点Aでの衝突による小球の運動の変化を考える。衝突は一瞬で起こり，衝突の際，図4のように，小球は斜面に対して垂直方向に大きさ

P の力積を受けた。運動量変化と力積の関係を用いて，衝突直後の小球の速度の x 成分 v'_x，y 成分 v'_y をそれぞれ，P, m, g, v_0 の中から必要なものを用いて表せ。ただし，v_0 は問(1)(a)で求めた点 A での衝突直前の小球の速さを表す。

(b) 点 A で台と小球が衝突する瞬間に，台が小球および床から受ける力積の大きさをそれぞれ P_1, P_2 とする。P_1, P_2 を，P, m, M の中から必要なものを用いて表せ。

(c) 衝突直後における台の x 軸方向の速度 V を，P, m, M の中から必要なものを用いて表せ。

(d) 力学的エネルギー保存則を利用することにより，P を，m, M, g, v_0 の中から必要なものを用いて表せ。

(e) 台に乗っている人から見たとき，衝突直後，小球は水平方向となす角 α で斜め上方にはねかえった。$M = 5m$ のとき，$\tan \alpha$ の値を求めよ。

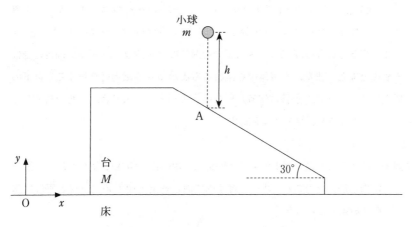

図 3

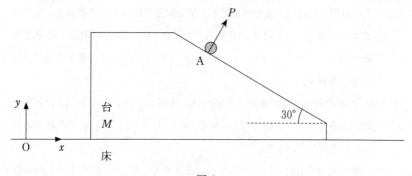

図 4

2 図1のように，十分に長い棒状の半導体が z 軸に沿って置かれている。半導体の断面は x 軸方向の長さが a，y 軸方向の長さが b ($a < b$) の長方形である。この半導体の内部に電場 (電界) や磁場 (磁界) を加えたときの，キャリア (電流の担い手) の運動を考える。キャリアは正の電荷 e ($e > 0$) をもつホールであり，半導体の単位体積あたりのホールの個数は n である。運動しているホールは，速さ v に比例する抵抗力 (大きさ kv，k は正の比例定数) を運動方向と反対の向きに受けるものとする。また，半導体中を流れる電流がつくる磁場は無視する。以下の問(1)，(2)に答えよ。解答は解答用紙の所定の場所に記入せよ。また，結果だけでなく，考え方や計算の過程も記せ。

問(1) 図2のように，図1の半導体内部に z 軸の正の向きに大きさ E の一様な電場を加えたところ，ホールはすべて同じ一定の速さ v_0 で z 軸と平行に運動するようになった。

(a) 速さ v_0 を，e，k，E の中から必要なものを用いて表せ。

(b) 時間 t の間に，半導体の z 軸に垂直な断面を通過するホールの個数 N を，e，n，v_0，a，b，t の中から必要なものを用いて表せ。

(c) 半導体内部に流れる電流 I を，e，n，v_0，a，b，t の中から必要なものを用いて表せ。

(d) 以下の文章の，①〜④に入る数式を答えよ。解答は結果を記すだけでよい。

「抵抗値 r の抵抗を m 本（m は正の整数）つないだときの合成抵抗は，直列の場合には（ ① ），並列の場合には（ ② ）となる。このことから，断面が長方形（縦の長さ a，横の長さ b）で長さが L の半導体の，長さ方向の抵抗値を r' とすると，比例定数 ρ を使って，$r' = \rho \times \dfrac{(\text{③})}{(\text{④})}$ と表される。ρ は半導体の材質や温度によって決まる定数で，抵抗率という。」

(e) 図1の半導体の抵抗率 ρ を，e, n, k の中から必要なものを用いて表せ。

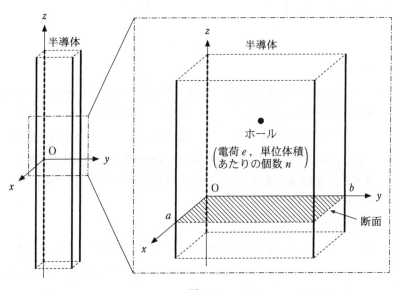

図1

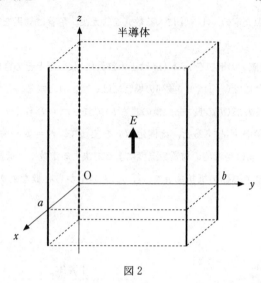

図 2

問(2) 次に，z 軸の正の向きの一様な電場（大きさ E）のほかに，図 3 のように x 軸の正の向きに磁束密度 B の一様な磁場を半導体内部に加えたところ，ホールの運動方向が yz 平面に平行な面内で変化した。ホールの運動が変化したことにより，y 軸に垂直な側面 P と側面 Q が互いに逆の符号に帯電し，電場 E と磁束密度 B に加えて，半導体の内部に y 軸の負の向きに大きさ E′ の一様な電場が生じた。

(a) 図 3 において，ホールの速度の y, z 成分がそれぞれ v_y, v_z のとき，ホールが受ける力の y 成分 F_y と z 成分 F_z を，e, k, E, E′, B, v_y, v_z の中から必要なものを用いて表せ。

(b) 磁場を加えてから十分に時間がたつと電場の大きさ E′ が一定の値 E″ になり，ホールはすべて同じ一定の速さ v_1 で z 軸と平行に運動するようになった。このときの，電場の大きさ E″ とホールの速さ v_1 を，e, k, E, B の中から必要なものを用いて表せ。

(c) 図 4 は，半導体の，$x = \dfrac{a}{2}$ における x 軸に垂直な断面を表している。問(2)(b) のとき，図 4 に示す点 R$(\dfrac{a}{2}, Y, Z)$ $(0 \leqq Y \leqq b)$ の電位 V を，

e, k, E, B, a, b, Y, Z の中から必要なものを用いて表せ。ただし、電位の基準は点 $S(\frac{a}{2}, 0, 0)$ にとる。

(d) 問(2)(c)において、図4に示す点 $T(\frac{a}{2}, b, 0)$ の電位 V_1 を電圧計で測定しようとしたが、誤って点 $U(\frac{a}{2}, b, c)$ ($c > 0$) の電位 V_2 を測定してしまった。電場 E と磁束密度 B の向きをどちらか片方だけ反対にして、十分に時間がたったときの点 U の電位 V_3 を測定すれば、V_2 と V_3 から電位 V_1 を求めることができる。E と B の向きのどちらを変えればよいか答えよ。また、電位 V_1 を、V_2 と V_3 から求める式を答えよ。

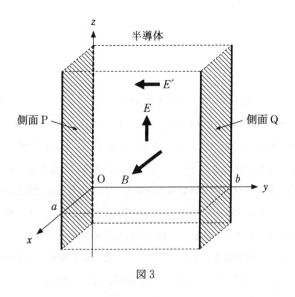

図 3

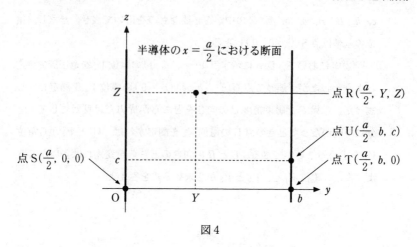

図4

3 図1のように，鉛直方向になめらかに動くピストンがついたシリンダーに，n〔mol〕の単原子分子理想気体が閉じ込められている。シリンダーは一定の断面積Sをもち，断熱材でできているとする。また，ピストンも断熱材でできており，質量や厚みを無視できるとする。ピストンの上部には水が貯められるようになっている。シリンダーの上部は外気と接しており，外気圧は常にP_0に保たれている。シリンダーには水を排水または注水するために，底面から高さ$2h$の位置にコックの付いた注水・排水口が設置されている。また，底面から高さ$2h$の位置にストッパーが設置されており，ピストンは注水・排水口の位置より上方に移動しない。シリンダー下部には温度調節器が設置してあり，シリンダー外部と熱のやりとりを行うことにより，シリンダー内部の気体を加熱もしくは冷却できる。注水・排水口につながれたパイプ，ストッパー，および温度調節器の体積は無視できる。また，水の蒸発は無視できるものとする。

はじめ，注水・排水口のコックは閉じておく。図1のように，ピストン上部に深さhの水を貯めたところ，ピストンはストッパーから下方hの位置で静止した。この状態を状態1とする。水の密度をρ，重力加速度の大きさをg，気体定数をRとして，以下の問(1)，(2)に答えよ。解答は解答用紙の所定の場所に記入せよ。また，結果だけでなく，考え方や計算の過程も記せ。

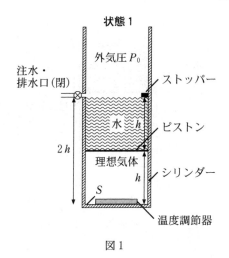

図1

問(1) 状態1から温度調節器で気体を加熱して，ピストンを押し上げる。図2のようにピストンがちょうどストッパーと接したときに加熱を止めた。加熱を止めたときの状態を状態2とする。

(a) はじめの状態1における気体の圧力 P_1 を，P_0, h, ρ, g を用いて表せ。

(b) 状態1における気体の温度 T_1 を，n, R, P_1, S, h を用いて表せ。

(c) 状態2における気体の温度 T_2 を，P_1, S, h, ρ, g, T_1 の中から必要なものを用いて表せ。

(d) 状態1から状態2までに，気体が外部にする仕事 W_1 を，P_1, S, h, ρ, g の中から必要なものを用いて表せ。

(e) 状態1から状態2までに，温度調節器によって気体に加えた熱量 Q_1 を，P_1, S, h, ρ, g の中から必要なものを用いて表せ。

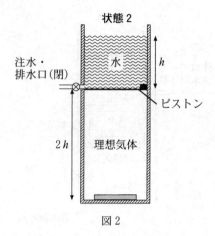

図 2

問(2) 状態 2 において，図 3 のように，断面積 S の補助シリンダーを注水・排水口に接続し，ピストン上部の水が行き来できるようにした。補助シリンダーの底面の高さは，注水・排水口の高さと一致している。また，補助シリンダーの上部も常に外気圧 P_0 の外気と接している。図 3 の状態からコックを開くと，ピストン上部から補助シリンダーに水が流入して図 4 の状態で静止した。この状態を状態 3 とする。状態 3 になってから，温度調節器を作動させて気体の温度を下げると，しばらくしてピストンがストッパーから離れてゆっくり下がりはじめた。ピストンが離れた瞬間の状態を状態 4 とする。温度調節器を作動させ続けたところ，気体の温度は下がり続け，ピストンもゆっくり下がった。ピストンがシリンダーの底面から高さ h まで下がったところで温度調節器を止め，コックを閉じて元の状態 1 に戻した。

(a) 状態 4 から元の状態 1 に戻るまでの過程で，図 5 に示すようにストッパーの位置から測ったピストンの移動量を x とする。移動量が x のときの気体の圧力 P_x を，x，P_0，h，ρ，g を用いて表せ。

(b) 状態 1 から状態 2，3，4 を経て元の状態 1 に戻る 1 サイクルにおける気体の P-V（圧力-体積）図として最も適切なものを，図 6 の(あ)〜(く)の中から 1 つ選び，記号で答えよ。解答は図の記号のみでよい。ただし，状態 1 における圧力を P_1，状態 4 における圧力を P_4 として図に示してある。

(c) 状態4から元の状態1に戻るまでに,気体が外部からされる仕事 W_4 を, P_0, S, h, ρ, g を用いて表せ。

(d) 状態1から状態2,3,4を経て元の状態1に戻る1サイクルにおいて,気体が温度調節器から受ける正味の熱量 Q_c を, S, h, ρ, g を用いて表せ。ここで,正味の熱量とは,温度調節器によって気体に熱量を加える場合の符号を正とし,気体から熱量を除去する場合の符号を負として,熱量の総和をとったものとする。

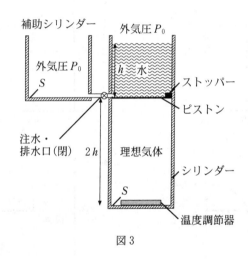

図3

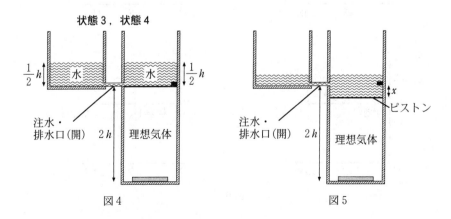

図4　　　　　　　　　　　　図5

(あ)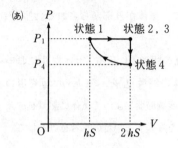

(い)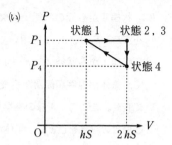

(う)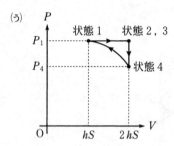

(え)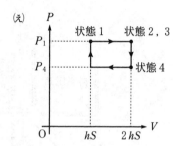

(お)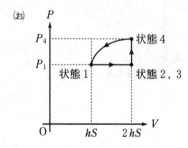

(か)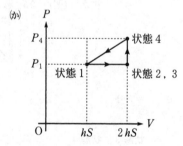

(き)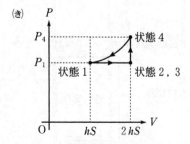

(く)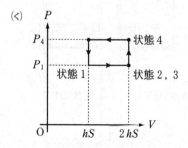

図6

東北大-理系前期　　　　　　　　　　　　　　　　2020 年度　化学　*35*

化学

（2 科目 150 分）

計算のために必要な場合には，以下の数値を使用せよ。

原子量　H = 1.00　C = 12.0　N = 14.0　O = 16.0　S = 32.1

Ar = 40.0　Zn = 65.4

気体定数　$R = 8.31 \times 10^3$ Pa·L/(mol·K)

アボガドロ定数　6.02×10^{23}/mol

解答に字数の指定がある場合，以下の例に示すように，句読点，数字，ア
ルファベット，および記号も 1 字として数えよ。なお，問題中の体積記号 L
は，リットルを表す。

（例）

F	e	3	+	を	含	む	4	°	C	の	H	2	O	が	,

1　次の文章を読み，問 1 から問 5 に答えよ。ただし，気体はすべて理想気体とし
てふるまうものとする。特に指定がない場合は，解答欄に単位を書かなくてよ
い。

　地球の大気は主に窒素と酸素からできており，そのほかにも微量のアルゴンや
　　　　　　　　a)
二酸化炭素などが含まれる混合気体である。大気の平均密度や成分気体の水への
　　　　　　　　　　　　　　　　　　　　　b)
溶解度は，温度・圧力や大気の組成によって変化する。二酸化炭素は，窒素や
　　　　　　　　　　　　　　　　　　　　　c)
酸素より水に溶け込みやすい。また，二酸化炭素は光合成によって植物に取り込
まれ，有機物へと変化する。植物の遺骸などの有機物は，長期間にわたって地下
の熱をうけて，化石燃料へと変化する。人間活動によって化石燃料が燃焼される
　　　　　　　　　　　　　　　　　　　d)
と，二酸化炭素は再び大気へと放出される。このように二酸化炭素などの大気の
成分は，存在する形態を変えながら循環している。

問1 下線部 a）に関する次の文 (a) から (e) の中から正しいものをすべて選び，解答欄の記号を○で囲め。

(a) 地殻には，窒素の方が酸素よりも，岩石などの成分元素として多く含まれる。

(b) 一般に N—H 結合の方が O—H 結合よりも，結合の極性が小さい。

(c) 窒素原子と酸素原子の K 殻に入る電子の数は，どちらもヘリウム原子と同じである。

(d) 窒素原子の方が酸素原子よりも，不対電子の数が少ない。

(e) 窒素原子と酸素原子のイオン化エネルギーは，どちらもフッ素原子より小さい。

問2 下線部 b）について，以下の問いに答えよ。ただし，空気は体積割合で窒素 79 %，酸素 20 %，アルゴン 1 % の混合気体とみなす。

(1) 次の文の空欄 　ア　 と 　イ　 に入る適切な数値を有効数字 2 桁で書け。

　　1.0 L の空気に含まれている酸素の質量はアルゴンの質量の 　ア　 倍である。空気の平均分子量は成分気体のモル分率と分子量から求めることができ，その空気の平均分子量を使うと，27 ℃，1.0×10^5 Pa において空気の平均密度は，　イ　 g/L と求められる。

(2) 酸素の水に対する溶解度は，温度が高くなると 　ウ　 なり，酸素分圧が高くなると 　エ　 なる。ある山の頂上における気温は 20 ℃ であり，大気の圧力は 7.0×10^4 Pa であった。この山頂で 1.0 L の水に溶け込む酸素の体積は，標準状態（0 ℃，1.0×10^5 Pa）に換算すると 　オ　 L である。ただし，空気の組成は山頂でも変わらず，また，20 ℃，酸素分圧 1.0×10^5 Pa において，1.0 L の水に溶け込む酸素の体積は，標準状態に換算すると 3.1×10^{-2} L である。水の蒸気圧は無視で

東北大-理系前期 2020 年度 化学 *37*

きるものとする。

　空欄　　ウ　　と　　エ　　に入る適切な語句の組み合わせとして最も
適切なものを，次の⒜から⒟の中から１つ選び，解答欄の記号を○で囲
め。また，空欄　　オ　　に入る適切な数値を有効数字２桁で書け。

	ウ	エ
⒜	大きく	大きく
⒝	大きく	小さく
⒞	小さく	大きく
⒟	小さく	小さく

問 3　下線部 c）に関して，次の文章を読み，以下の問いに答えよ。

　大気中の二酸化炭素 CO_2 は水に溶けると炭酸 H_2CO_3 になり，以下の平衡
が成り立っている。

$$CO_2 + H_2O \rightleftharpoons H_2CO_3$$

　また，炭酸は水中で２段階に電離して，炭酸水素イオン HCO_3^- と炭酸イ
オン CO_3^{2-} を生じ，以下の電離平衡が成り立つ。それぞれの電離定数 K_1，
K_2 は以下のように書くことができる。

$$H_2CO_3 \rightleftharpoons H^+ + HCO_3^- \quad K_1 = \frac{[H^+][HCO_3^-]}{[H_2CO_3]} \quad K_1 = 4.0 \times 10^{-7}\,\text{mol/L}$$

$$HCO_3^- \rightleftharpoons H^+ + CO_3^{2-} \quad K_2 = \frac{[H^+][CO_3^{2-}]}{[HCO_3^-]} \quad K_2 = 5.0 \times 10^{-11}\,\text{mol/L}$$

⑴　水に溶存した H_2CO_3，HCO_3^-，CO_3^{2-} の存在割合は pH によって変化
　する。pH が　　カ　　のとき H_2CO_3 と HCO_3^- のモル濃度は等しくな

り，pH が $\boxed{\ \text{キ}\ }$ のとき HCO_3^- と CO_3^{2-} のモル濃度は等しくなる。

空欄 $\boxed{\ \text{カ}\ }$ と $\boxed{\ \text{キ}\ }$ に入る適切な数値を小数点以下 1 桁まで書け。必要であれば，$\log_{10} 2 = 0.30$，$\log_{10} 5 = 0.70$ として計算せよ。

(2) 日本には，pH が 1 に近い酸性の温泉から pH が 10 を超える塩基性の温泉まで，様々な水質の温泉がある。炭酸とその電離したイオンは泉質を特徴づける成分の 1 つであり，炭酸カルシウム $CaCO_3$ の沈殿物である石灰華ができることもある。温泉水を模擬した，異なる pH の水溶液に炭酸カルシウムを溶解させる実験を行なった。

pH $= 1.0$ の HCl 水溶液の入ったビーカー A と pH $= 11.0$ の NaOH 水溶液が入ったビーカー B がある。どちらの水溶液にも十分に二酸化炭素を通じて二酸化炭素を飽和させた。そののち，少量の炭酸カルシウムを両方のビーカーに入れると，一方のビーカーから激しく気泡が発生して炭酸カルシウムが溶解した。実験を通じて pH の変化はないものとする。

気泡が激しく発生したのはビーカー $\boxed{\ \text{ク}\ }$ の水溶液であった。電離平衡が成り立っていたとすると H_2CO_3，HCO_3^-，CO_3^{2-} のうち，ビーカー $\boxed{\ \text{ク}\ }$ の水溶液中に最も多量に存在していた化学種は $\boxed{\ \text{ケ}\ }$ である。

空欄 $\boxed{\ \text{ク}\ }$ に A か B のどちらか適切な記号を書け。空欄 $\boxed{\ \text{ケ}\ }$ に適切な化学種の化学式を書け。

問 4　二酸化炭素 CO_2 と一酸化炭素 CO を黒鉛 C とともに，内容積を変えられるピストン付き密閉容器の中に封入した。高温下で十分な時間放置すると，次の反応が平衡に達した。

$$C\,(黒鉛) + CO_2\,(気体) \rightleftharpoons 2\,CO\,(気体)$$

そののち，容器内の全圧を一定に保ちながら温度を上げ，十分な時間放置すると，一酸化炭素の分圧が増加した。以下の問いに答えよ。

(1) この反応に伴うエネルギーの変化を表す模式図として最も適切なものを(a)から(f)の中から1つ選び，解答欄の記号を○で囲め。ただし，触媒を入れないときを実線，触媒を入れたときを破線で表している。

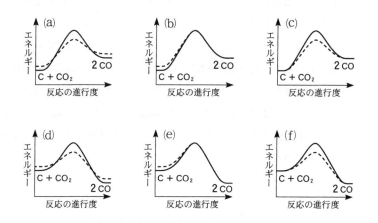

(2) この反応が平衡状態にあるときに，次の操作(a)から(e)を行った結果，平衡が移動しないものをすべて選び，解答欄の記号を○で囲め。なお，固体の体積は無視できるものとする。
  (a) ピストンを操作して，封入した気体の全圧を高くする。
  (b) 体積を一定に保ちながら，黒鉛を加える。
  (c) 体積を一定に保ちながら，アルゴンガスを加える。
  (d) 全圧を一定に保ちながら，アルゴンガスを加える。
  (e) 体積を一定に保ちながら，一酸化炭素のみを吸着させて取り除く。

問5 下線部d)に関して，原油や天然ガスにはいろいろな種類の炭化水素が不純物とともに含まれている。これらを工業プロセスによって精製して得られる物質は，エネルギー源や化学製品の原料として広く利用されている。たとえば，アセチレン C_2H_2 は大きな燃焼熱を持つ不飽和炭化水素であり，ガス

40 2020 年度　化学　　　　　　　　　　　　　　　　　　　　　　　　　東北大-理系前期

バーナーの燃料などに用いられている。以下の問いに答えよ。

⑴　化学式 C_nH_m の炭化水素 1 mol を完全燃焼させるのに必要な酸素 O_2 の
　最小の物質量を表す式を n と m を用いて書け。

⑵　酸素 O_2 より分子量が小さい炭化水素 A がある。炭化水素 A の気体と
　アセチレンの気体を 1：1 の体積比で混合させて混合気体 X をつくっ
　た。この混合気体 X を十分な量の空気とともに，なめらかに動くピスト
　ン付き密封容器に封入した。混合気体 X をすべて完全燃焼させると，温
　度が上昇して容器の体積が膨張したが，冷却して元の温度に戻したときに
　は，ピストンは再び元の位置に戻った。このとき，生成した物質はすべて
　気体の状態であったとする。炭化水素 A の化学式を解答欄に書け。

⑶　アセチレンに含まれる $C \equiv C$ 結合の結合エネルギー〔kJ/mol〕の値を計
　算し，有効数字 3 桁で書け。ただし，表 1 の生成熱，結合エネルギー，昇
　華熱の値を用いよ。

表 1

アセチレン（気体）の生成熱	− 227 kJ/mol
H—H の結合エネルギー	436 kJ/mol
C—H の結合エネルギー	415 kJ/mol
黒鉛の昇華熱	715 kJ/mol

東北大-理系前期　　　　　　　　　　　　　　　　2020 年度　化学　41

2　次の文章〔Ⅰ〕と〔Ⅱ〕を読み，問 1 から問 14 に答えよ。

〔Ⅰ〕　化学実験で使用する気体のいくつかは，実験室において適切な試薬と実験器具を用いて発生させることができる。表 1 に，様々な気体を実験室において発生させる方法を示す。このうち，<u>反応 1 で発生する塩素は，高度さらし粉（主成分 $Ca(ClO)_2 \cdot 2H_2O$）に塩酸を加えても得られる</u>。また，反応 2 で得られるアンモニアは，反応 3 および 4 で試薬として用いる希硝酸もしくは濃硝酸の原料となる。希硝酸や濃硝酸は，工業的にはオストワルト法により製造される。オストワルト法ではまず，<u>アンモニアを空気と混合し，白金触媒を用いて加熱酸化して一酸化窒素を得る</u>。次に，<u>得られた一酸化窒素を酸素で酸化して二酸化窒素とする</u>。最後に，<u>二酸化窒素を水と反応させて硝酸とする</u>。

表 1　様々な気体を実験室において発生させる方法

反応	得られる気体	試薬の組み合わせ
1	塩　素	ア ＋ 濃塩酸
2	アンモニア	塩化アンモニウム ＋ イ
3	一酸化窒素	ウ ＋ 希硝酸
4	二酸化窒素	ウ ＋ 濃硝酸
5	酸　素	ア ＋ 過酸化水素水
6	硫化水素	硫化鉄 ＋ 希硫酸
7	フッ化水素	フッ化カルシウム ＋ 濃硫酸

問 1　下線部①について，$Ca(ClO)_2 \cdot 2H_2O$ に塩酸を加えて塩素を発生させる反応を，イオン式を含まない化学反応式で書け。

問 2　空欄　ア　および　イ　に入る最も適切な試薬を，次の(a)から(f)より 1 つずつ選び，解答欄の記号を○で囲め。

(a) 酸化アルミニウム   (b) 酸化マンガン(Ⅳ)

(c) 水酸化カルシウム   (d) 硫酸ナトリウム

(e) 酸化鉄(Ⅲ)   (f) 炭酸カルシウム

問 3 下線部②から④の反応の化学反応式を1つにまとめた化学反応式を書け。

問 4 表1の反応3および4における気体の発生では，　ウ　の金属片が用
　　　いられる。空欄　ウ　に入る最も適切な金属を，次の(a)から(f)より
　　　1つ選び，解答欄の記号を○で囲め。

(a) アルミニウム   (b) 鉄   (c) ニッケル

(d) 銅   (e) 白金   (f) 金

問 5 表1の反応5について，過酸化水素の電子式を書け。

問 6 表1に示す反応により得られる気体のうち，最も適切な捕集法が反応6に
　　　おいて発生した硫化水素の捕集法と同じであり，かつ有色の気体はどれか。
　　　当てはまるものをすべて選び，その化学式を解答欄に書け。

問 7 表1の反応7で得られるフッ化水素やその水溶液であるフッ化水素酸につ
　　　いて，次の(a)から(e)の記述の中で正しいものをすべて選び，解答欄の記号
　　　を○で囲め。

(a) フッ化水素はハロゲン化水素のなかで最も沸点が低い。

(b) フッ化水素酸は弱酸である。

(c) フッ化水素は極めて酸化力の強い気体であり，水素と爆発的に反応す
　　る。

(d) 硝酸銀水溶液にフッ化水素酸を数滴加えるとフッ化銀が沈殿する。

(e) フッ化水素酸はガラスを溶かす。

東北大-理系前期   2020 年度　化学　43

〔Ⅱ〕　金属元素は，元素の周期表の中央部に位置する遷移元素とその左右に位置
する典型元素からなる。周期表の 1 族元素のうち H を除く元素は<u>アルカリ</u>
<u>金属元素</u>⑤と呼ばれ，2 族元素の Ca，Sr，Ba，Ra の 4 元素は<u>アルカリ土類</u>
<u>金属元素</u>⑥と呼ばれる。アルミニウム Al，<u>亜鉛 Zn</u>⑦，<u>スズ Sn</u>⑧，<u>鉛 Pb</u>⑨などの金
属は，<u>酸および強塩基の水溶液のどちらとも反応して，それぞれ塩を生じ</u>
<u>る</u>⑩。このことから，これらの元素は　エ　元素（金属）と呼ばれる。遷移
元素は，周期表の 3 族から 11 族に属し，すべて金属元素である。遷移元素
は，同族元素のみならず，同一周期の隣り合う元素との化学的性質の類似が
みられる。これは，<u>多くの遷移元素では，最外殻電子の数が 1 個または 2 個</u>
<u>でほとんど変わらないためである</u>⑪。

問 8　空欄　エ　に入る最も適切な語句を書け。

問 9　次の⒜から⒟の記述の中で，下線部⑤および⑥の金属のうち Na および
K に該当し，かつ，Ca および Ba には該当しない記述をすべて選び，解答
欄の記号を○で囲め。

　⒜　天然には，単体として存在することもある。

　⒝　単体は水あるいは熱水と反応して水素を発生する。

　⒞　水酸化物および炭酸塩は，いずれも水によく溶ける。

　⒟　炎色反応を示さないものがある。

問10　下線部⑦の亜鉛 Zn は主に閃亜鉛鉱として産出され，その主成分は ZnS で
ある。閃亜鉛鉱型 ZnS 結晶の単位格子を図 1 に示す。図 1 では，亜鉛イオ
ン Zn^{2+} は，単位格子の頂点と各面の中心に位置し，面心立方型の構造をと
る。

　⑴　単位格子の 1 辺の長さを 5.4×10^{-8} cm としたとき，閃亜鉛鉱型 ZnS
の密度〔g/cm³〕を有効数字 2 桁で求め，その数値を解答欄に書け。

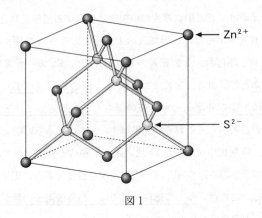

図 1

(2) 図1に単位格子を示す閃亜鉛鉱型の ZnS 結晶について，ある亜鉛イオンに着目すると，その亜鉛イオンの周囲にある，最も近い亜鉛イオン Zn^{2+} の数は オ 個，硫化物イオン S^{2-} の数は カ 個である。
空欄 オ および カ に入る数字をそれぞれ書け。

問11 下線部⑧のスズ Sn について，次の(a)から(e)の記述のなかで正しいものをすべて選び，解答欄の記号を○で囲め。

(a) 酸化数 +2 の状態が最も安定であるため，塩化スズ $SnCl_4$ は強い酸化作用を示す。
(b) 単体は，室温では銀白色の光沢をもち，展性・延性に富む。
(c) ブリキは鋼板にスズをめっきしたものであり，スズが鉄より先に酸化されることで鋼板の腐食が抑制される。
(d) 融点が低いことから，はんだの主成分として用いられる。
(e) 銅との合金は黄銅と呼ばれ，金管楽器に広く使われる。

問12 下線部⑨の鉛 Pb に関連し，塩化鉛 $PbCl_2$ の室温での溶解度積を $K_{sp} = 3.2 \times 10^{-8} (mol/L)^3$ としたとき，(A)純水および(B) 0.10 mol/L の塩

東北大-理系前期 　　　　　　　　　　　　　　　　　2020 年度 化学 *45*

　　酸への室温での PbCl₂ の溶解度〔mol/L〕を有効数字 2 桁で求め，その数値の
　　みを解答欄 (A) および (B) にそれぞれ書け。

問13　下線部⑩に関連し，アルミニウム Al の酸化物である酸化アルミニウム
　　も，塩酸および水酸化ナトリウム水溶液の両方と反応する。酸化アルミニウ
　　ムと (A) 塩酸および (B) 水酸化ナトリウム水溶液との反応を，イオン式を含ま
　　ない化学反応式で解答欄 (A) および (B) にそれぞれ書け。

問14　下線部⑪に関して，原子番号が増える際，最外殻電子の数がほとんど変わ
　　らない理由を 20 字以内で書け。

3　　炭素，水素，酸素のみからなる化合物 A がある。以下の文章と，実験 1 から
　　実験 9 に関する記述を読み，問 1 から問 11 に答えよ。構造式や不斉炭素の表示
　　（＊）を求められた場合は，下記の例にならって書け。なお，シス-トランス異性
　　体は区別しない。化合物 A から K および反応生成物が環状構造をもつ場合，
　　5 個以上の原子からなる環を 1 つもつものとする。

　　　（例）

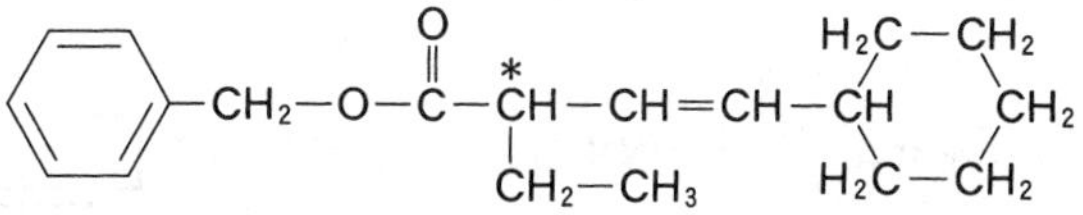

　　　炭素-炭素二重結合をもつ化合物を硫酸酸性の過マンガン酸カリウムで酸化す
　　ると，炭素に結合する置換基の違いによって次の①から④の式に示すようにケト
　　ン，カルボン酸，二酸化炭素が生成する。なお，R，R′，R″ は炭化水素基など
　　の置換基を表す。

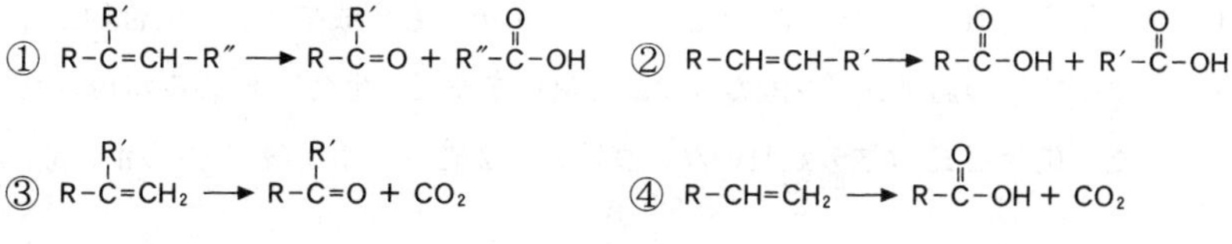

46 2020 年度 化学   東北大-理系前期

実験 1　化合物 **A** 2.31 g を 0.100 mol/L 水酸化カリウム水溶液で完全に加水分解した。このときに消費した水酸化カリウム水溶液は，150 mL であった。

実験 2　実験 1 の加水分解物には化合物 **B** および化合物 **C**，**D**，**E** のカリウム塩が含まれていた。この加水分解物を塩酸で弱酸性にしたところ，化合物 **C**，**D**，**E** が得られた。化合物 **B** は分子量 92.0 で炭素数 3 であり，天然の油脂を加水分解して得られる化合物と同じ物質だった。

実験 3　化合物 **C** 12.8 mg を完全燃焼させると，二酸化炭素 30.8 mg と水 10.8 mg のみが生成した。

実験 4　化合物 **C** を硫酸酸性の過マンガン酸カリウムで酸化したところ，二酸化炭素と化合物 **F** が生じた。化合物 **F** を加熱すると分子量が 18.0 減少した環状化合物が得られた。化合物 **C** は不斉炭素原子を 1 つもっていたが，化合物 **F** は不斉炭素原子をもっていなかった。

実験 5　化合物 **D** を硫酸酸性の過マンガン酸カリウムで酸化すると，化合物 **G** と化合物 **H** のみが等モルずつ生じた。

実験 6　デンプンを酵素で加水分解すると，二糖類である　　ア　　が生成した。これをさらに酵素で加水分解すると，単糖類である　　イ　　が得られた。嫌気性（酸素のない）条件で酵母に　　イ　　を与えたところ，　　ウ　　と二酸化炭素が生じた。　　ウ　　を過マンガン酸カリウムで酸化すると，　　エ　　を経て，最終的に　　オ　　が得られた。　　オ　　は，化合物 **G** と同じ物質だった。

実験 7　化合物 **H** は，分子式 C_6H_{10} の化合物 **I** からも合成できた。化合物 **I** を硫酸酸性の過マンガン酸カリウムで酸化すると，化合物 **H** のみが得られた。化合物 **H** は枝分かれのない直鎖状の 2 価カルボン酸（ジカルボン酸）

東北大-理系前期   2020 年度　化学　*47*

だった。

実験 8　化合物 E を硫酸酸性の過マンガン酸カリウムで酸化すると，マロン酸
　　　　(HOOC─CH$_2$─COOH) と化合物 J のみが得られた。化合物 E の分子式
　　　　は C$_9$H$_{14}$O$_2$ だった。化合物 J は，化合物 G を水酸化カルシウムで中和す
　　　　ることにより生じた化合物 K を乾留(空気を断って熱分解)する方法でも
　　　　合成できた。

実験 9　化合物 B と化合物 H の混合物に適切な触媒を用いて加熱すると，合成
　　　　樹脂が得られた。

問 1　化合物 A の分子量を求め，その数値を有効数字 3 桁で書け。

問 2　化合物 B の名称を解答欄(a)に，構造式を解答欄(b)に書け。

問 3　化合物 C の分子式を解答欄(c)に，構造式を解答欄(d)に書け。不斉炭素
　　　原子には＊印をつけよ。

問 4　実験 6 の記述を読み，以下の問いに答えよ。

　　(1)　文中の空欄　　ア　　と　　イ　　に入る適切な化合物名を書け。
　　(2)　文中の空欄　　ウ　　から　　オ　　にあてはまる化合物の構造式を書
　　　　け。
　　(3)　　イ　　は，酵母のはたらきによって　　ウ　　と二酸化炭素に分解
　　　　される。この反応の名称を答えよ。
　　(4)　文中の化合物　　ア　　から　　オ　　のなかから，フェーリング液に
　　　　加えて加熱すると赤色沈殿が生じるものをすべて選び，解答欄の記号を○
　　　　で囲め。

問 5　化合物 I の構造式を書け。

48 2020 年度 化学　　　　　　　　　　　　　　　　　　　　東北大-理系前期

問 6　化合物 **D** の構造式を書け。

問 7　実験 8 の下線部の反応を化学反応式で示せ。ただし，化合物 **K** は示性式
　　　で，化合物 **J** は構造式で書け。

問 8　化合物 **E** の構造式を書け。

問 9　化合物 **A** の分子式を書け。

問10　実験 9 のように，多価カルボン酸（またはその無水物）と多価アルコールと
　　　の縮合重合によってできる熱硬化性のポリエステルを　　カ　　樹脂とい
　　　う。空欄　　カ　　に入る最も適切な語句を書け。

問11　化合物 **B**，**C**，**D**，**E** の混合物を反応させて得られるエステルについて考
　　　える。不斉炭素原子により生じる立体異性体を区別しない場合，エステル結
　　　合を 3 つもつ化合物は理論上 18 種類ある。化合物 **B** に **C**，**D**，**E** のすべて
　　　が結合した化合物は　　キ　　種類できる。化合物 **B** に **C**，**D**，**E** のなかの
　　　2 種類が結合した化合物（たとえば，2 分子の **C** と 1 分子の **D** が化合物 **B**
　　　に結合）は　　ク　　種類できる。空欄　　キ　　および　　ク　　に入る
　　　適切な数字を書け。

東北大-理系前期　　　　　　　　　　　　　2020 年度　生物　49

生物

（2 科目 150 分）

　　解答に字数の指定がある場合，字数には句読点，数字，アルファベット，
および記号も 1 字として数えよ。

1　次の〔Ⅰ〕，〔Ⅱ〕の文章を読み，以下の問(1)～(7)に答えよ。

〔Ⅰ〕　陸上植物は主に土壌や大気から無機窒素化合物を獲得し，有機窒素化合物
　を合成することができる。
　　　土壌からおもに吸収される無機窒素化合物は硝酸イオンとアンモニウムイ
　(a)
　オンである。好気的な土壌では　　ア　　によってアンモニウムイオンは
　　イ　　を経て硝酸イオンとなる。植物に吸収された硝酸イオンは酵素 1
　により　　ウ　　されて　　イ　　に，さらに酵素 2 により　　ウ　　され
　てアンモニウムイオンとなる。アンモニウムイオンとグルタミン酸から，グ
　ルタミン合成酵素によりグルタミンが合成される。グルタミンと　　エ
　から 2 分子のグルタミン酸が合成され，　　オ　　のはたらきによってグル
　タミン酸といろいろな有機酸からアミノ酸がつくられていく。その後さまざ
　まな有機窒素化合物が合成される。除草剤にはグルタミン合成酵素を特異的
　(b)　　　　　　　　　　　　　　　　(c)
　に阻害するグルホシネートという化合物を主成分とするものがあり，海外で
　はグルホシネート耐性を付与した遺伝子組換え作物が広く栽培されている。
　　　植物はおもに無機窒素化合物を根から吸収するが，有機窒素化合物も直接
　根から吸収できることが知られている。低温や日照不足の条件において，イ
　　　　　　　　　　　　　　　　　　(d)
　ネでは無機窒素化合物よりもグルタミンをほどこすことで生育が促進される
　ことがある。

問(1)　　ア　～　オ　に適切な語句を記せ。

50 2020 年度 生物　　　　　　　　　　　　　　　　　　　　東北大-理系前期

問(2)　下線部(a)について，土壌に乾土 100 g 当たり 2.8 mg の窒素が含まれており，その窒素の 80 % が硝酸イオンであるとする。5 平方メートル，地表 15 cm の土壌から植物に供給されうる硝酸イオンの重さ(g)を有効数字 2 桁で記せ。土壌の仮比重(土壌 1 cm³ に含まれる乾燥重量)は 0.8 g/cm³，原子量は N = 14, O = 16 とする。

問(3)　下線部(b)について，植物において合成される有機窒素化合物を下記の中からすべて選び，番号を記せ。

① 硝酸イオン　　② 脂肪　　　　③ グルタミン合成酵素

④ クエン酸　　　⑤ RNA　　　　⑥ グルコース

⑦ フィトクロム

問(4)　下線部(c)にあるように除草剤に含まれるグルホシネートが植物を枯死させる原因として考えられる要因について，　カ　～　ケ　に適切な語句を記せ。

要因 1：植物に高濃度の　カ　が　キ　するため。

要因 2：窒素　ク　産物が　ケ　するため。

問(5)　グルタミン酸とグルタミンの化学式を下記の中からそれぞれ選んで番号を　コ　および　サ　に記せ。

① $(NH_4)_2CO_3$　　② $C_5H_{10}N_2O_3$　　③ $C_6H_{14}N_4O_2$

④ $C_6H_{12}O_6$　　　⑤ $C_4H_6O_5$　　　　⑥ $C_5H_9NO_4$

⑦ $C_2H_5NO_2$

グルタミン酸：　コ　，グルタミン：　サ

問(6)　下線部(d)が起こる原因について，「ATP」という語句を用いて 100 字以内で記せ。

東北大-理系前期　　　　　　　　　　　　　　　　　　　2020 年度　生物　51

〔Ⅱ〕　マメ科植物と根粒菌は共生し，根に根粒を形成する。根粒中の根粒菌は大
気中の窒素を固定し，アンモニウムイオンを宿主であるマメ科植物に供給す
る。<u>根粒着生数は地上部によっても制御されている。また，ダイズの超根粒
着生変異体(nts)では，同じ根粒菌を感染させても野生型よりも根粒が過剰
に形成されることが知られている。</u>
　　　　(e)

問(7)　下線部(e)のダイズの超根粒着生変異体(nts)は地上部による根粒着
生数の制御機構が失われた変異体である。このことを明らかにするため
に，接ぎ木を用いた実験を考案し，実験手法と結果を合わせて 100 字以
内で記せ。なお，接ぎ木とは，台木となる個体と穂木となる個体を，人
為的に切断し，切断面を接着することで，1 つの個体とすることであ
る。また，台木と穂木を栽培する土壌は滅菌処理したものを用いる。

2　次の〔Ⅰ〕から〔Ⅳ〕の文章を読み，以下の問(1)～(10)に答えよ。

〔Ⅰ〕　それぞれの種に特徴のある形態や性質をまとめて形質という。メンデル
は，親の形質が子に受け継がれる現象(遺伝)のもとになる要素を遺伝子とし
て仮定してその法則性を合理的に説明した。それから約 100 年を経て，染色
体に含まれる DNA が遺伝子の本体であることが明らかにされた。

問(1)　ヒトの細胞の 1 個あたりの DNA 量について考える。血液中のリンパ
球の DNA 量を 2 としたとき，下に示す細胞の相対的な DNA 量を整数
で記せ。ただし，ミトコンドリア DNA は除外する。
　　(ア)　赤血球　　　　(イ)　精細胞　　　　(ウ)　神経細胞　　　　(エ)　肝細胞

問(2)　RNA は，DNA の遺伝情報を形質として発現する過程で重要な役割を
果たしている。RNA もヌクレオチドを構成単位とするが，DNA と比較
して，細胞内でのおもな存在場所，および，ヌクレオチドの基本構成成
分が異なっている。
　　(オ)　RNA がおもに存在する場所はどこか記せ。
　　(カ)　DNA に見られない RNA に特徴的なヌクレオチドの構成成分を 2

つ記せ。

〔Ⅱ〕 ゲノム DNA には，CACACA…のように同じ塩基配列を繰返している領域がありマウスの系統によって繰返し配列の回数が異なる。この様な配列が多数存在することから，繰返し配列を挟む位置にあるプライマーをもちいて PCR 法で DNA を増幅させると系統特有の長さの DNA 断片が得られる。図1は，同一の常染色体上に近接する A，B および C 対立遺伝子座位について，繰返し配列の PCR 産物の長さにより電気泳動を用いてマウス X 系統と Y 系統を識別できること，さらにその雑種第1代交配 F_1 世代による電気泳動像を示している。図2は，雑種第1代のオスと X 系統のメスを交配させて得られた 200 匹の子孫が示した 6 群（G1－G6）に分類される PCR 産物の電気泳動像と各群の匹数を表している。ただし，同一染色体上の組換えは1箇所でのみ生じるものとし，G2 の群では各遺伝子座位間での組換えはない。

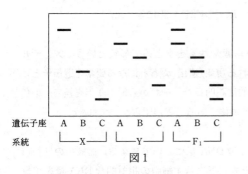

図1

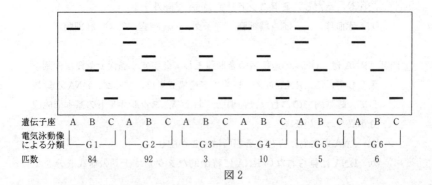

図2

問(3) 電気泳動像により分類された各群の匹数をもとに遺伝子座位間の組換え価を算出し，A，B および C 遺伝子座位の染色体地図(図 3)を完成させよ。ただし，A 遺伝子座位は(ケ)に記入できない。

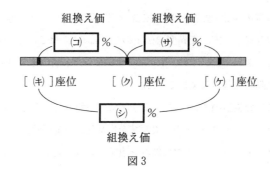

図 3

〔Ⅲ〕 突然変異によりヒトの病気に似た症状を示す実験動物は，疾患モデルとして，病因の解明あるいは診断法や治療・予防法の開発の目的で研究に用いられる。ある研究室で，銅の代謝に異常を示すマウスの系統が発見された。この系統の雄は胎児期に死亡する一方，雌はまだら模様の毛色を呈し繁殖力を維持しているものの成長遅延を示す。ゲノム DNA の塩基配列を解析したところ，銅輸送タンパク質遺伝子のイントロン 12 からエキソン 13 にわたる領域が連続的に欠失する変異が同定された。この変異により正常なスプライシングが行われなくなった結果，合成されるタンパク質が銅を輸送する機能を失う，という事実が示唆された。

問(4) 下線部(a)の症状から銅輸送タンパク質遺伝子はどの染色体に存在する可能性が高いか記せ。

問(5) 隣接するエキソンをつなぐだけでなく，いくつかのエキソンを越えて，特定のエキソンをつなぐ選択的スプライシングがある。この現象の意義を 60 字以内で記せ。

54 2020 年度　生物　　　　　　　　　　　　　　　　　　　　　　　　東北大-理系前期

問(6)　下線部(b)に関して，「エキソン 12 の 3′ 末端から 5′ 末端側へ 37 番目
の塩基」を A，また，「エキソン 13 の 5′ 末端から 3′ 末端側へ X 番目の
塩基」を B と仮定し，野生型並びに変異型遺伝子のゲノム DNA，および
び伝令 RNA(mRNA)を鋳型として合成された相補的 DNA の A–B 間の
領域の長さ(塩基対の数)を調べた。野生型は，1623 塩基対および 881
塩基対，一方，変異型遺伝子のゲノム DNA は 263 塩基対であった。ま
た，変異型遺伝子のイントロン 12 は，5′ 末端から 3′ 末端側へ 166 番目
以降の塩基が欠失していた。

(ス)　野生型のイントロン 12 を構成する塩基対の数を記せ。

(セ)　イントロン 12 の欠失領域を塩基対の数で記せ。

(ソ)　エキソン 13 の欠失領域を塩基対の数で記せ。

〔IV〕　胚性幹細胞に遺伝子操作をおこなうことにより，発生工学的技術を組み合
わせて特定の遺伝子に目的の変異を導入したマウスを作製することができ
る。次の実験では，あるタンパク質の遺伝子に変異を導入したマウスの作製
を試みた。図 4 にその mRNA の鋳型となる DNA に相補的な DNA の塩基
配列，タンパク質を構成しているペプチド鎖の N 末端から 43 番目～50 番目
のコドンを示した。

　　　　　　　　　　43　　44　　45　　46　　47　　48　　49　　50
　　　　5′　CAT – TTG – ATC – GTT – CAT – CAT – GAG – TCG　3′

図 4

問(7)　表 1「遺伝暗号表」に従って，図 4 の DNA 配列が指定するペプチドの
アミノ酸配列を記せ。

問(8)　1 塩基を挿入あるいは削除，置換することにより，他の部分を変える
ことなく 49 番目のアミノ酸だけをリシンに置き換えたい。どのような
変異操作を加えるか，「変異操作をおこなうコドンの位置(x 番目)」およ
び「変異操作後の塩基配列(XYZ)」について「x：XYZ」のように記せ。

東北大-理系前期　　　　　　　　　　　　　　　　2020 年度　生物　*55*

　　ただし，コドン XYZ を例にとると，1 塩基を置き換える場合は
"XXZ"，あるいは，1 塩基を削除する場合は "XZ"，さらに 1 塩基を付
加する場合は "XYYZ" などのように塩基配列を答えよ。いずれの塩基
でも良い場合は N で表すものとする。

問(9)　1 塩基を挿入することによって 45 番目のコドン ATC を ATCA に変
　　　異させた。この DNA 配列から合成されるペプチドのアミノ酸配列を記
　　　せ。

問(10)　図 4 の DNA 配列の中に 1 塩基の挿入あるいは削除，置換などの操作
　　　をおこない，もっとも短いペプチドを合成させたい。考えられるいくつ
　　　かの変異操作のうち，2 通りについて，問(8)と同様に(タ)および(チ)に
　　　記せ。

表1　遺伝暗号表

		2　番　目　の　塩　基				
		U	C	A	G	
1番目の塩基	U	フェニルアラニン	セリン	チロシン	システイン	U	3番目の塩基
		フェニルアラニン	セリン	チロシン	システイン	C
		ロイシン	セリン	終止	終止	A
		ロイシン	セリン	終止	トリプトファン	G
	C	ロイシン	プロリン	ヒスチジン	アルギニン	U
		ロイシン	プロリン	ヒスチジン	アルギニン	C
		ロイシン	プロリン	グルタミン	アルギニン	A
		ロイシン	プロリン	グルタミン	アルギニン	G
	A	イソロイシン	トレオニン	アスパラギン	セリン	U
		イソロイシン	トレオニン	アスパラギン	セリン	C
		イソロイシン	トレオニン	リシン	アルギニン	A
		メチオニン（開始）	トレオニン	リシン	アルギニン	G
	G	バリン	アラニン	アスパラギン酸	グリシン	U
		バリン	アラニン	アスパラギン酸	グリシン	C
		バリン	アラニン	グルタミン酸	グリシン	A
		バリン	アラニン	グルタミン酸	グリシン	G

3 次の〔Ⅰ〕～〔Ⅳ〕の文章を読み，以下の問(1)～(8)に答えよ。

〔Ⅰ〕 カエルの背腹軸は，精子の進入位置によって決まる。受精で精子が卵細胞内に入ると，その中心体から微小管が，表層の直下を伸びて植物極に達し，さらに動物極に向かって伸びる。このとき微小管の伸長にともなって，動物極と植物極を結ぶ軸に対して表層が約30度回転する。これが表層回転である。これにともない，微小管をつたって，卵の植物極側に局在するディシェベルドタンパク質と呼ばれる母性因子が，将来の背側で灰色三日月環のできる領域に移動する(図1B)。これとは別の母性因子でβカテニンと呼ばれるタンパク質は，未受精卵では卵全体に存在するが，表層回転の後に将来背側となる領域の細胞質に蓄積される(図1D)。卵割が進むと，背側の細胞質に蓄積されたβカテニンは核に移動し，調節タンパク質としてはたらくようになる。そして背側に特徴的なさまざまな遺伝子の発現を促す。

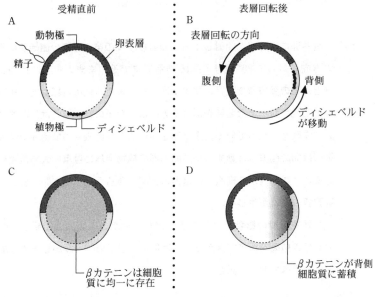

図1　表層回転とディシェベルド，βカテニンタンパク質

58 2020 年度 生物　　　　　　　　　　　　　　　　　　　　東北大-理系前期

問(1)　受精卵に紫外線を照射することによって，微小管の伸長を阻害することができる。この実験の結果どのようなことが起こるか，以下の①〜⑦から正しいものを選び，起こる順番に左から並べて記せ。なおβカテニンタンパク質は合成されては分解されるため，ほぼ一定の量で未受精卵の細胞質に存在しているとする。またディシェベルドにはβカテニンの分解を抑える働きがある。

①　表層回転が起こらなくなるが，灰色三日月環は形成される。

②　背側に特長的な遺伝子の発現が起きず，胚全体で腹側に特徴的な遺伝子が発現する。

③　背側だけでβカテニンの核への移動が起こる。

④　原腸形成が起きる。

⑤　ディシェベルドが植物極にとどまる。

⑥　背側でのβカテニンの蓄積が起こらなくなる。

⑦　βカテニンの分解が胚全体で抑えられる。

問(2)　受精卵に紫外線を照射しても，照射後すぐの第1卵割の開始前に重力の方向に対して90°傾けて，16細胞期までそのままの角度に保つと，ほとんどの受精卵で正常に発生が進んだ。また背側の組織は元の植物極側に形成された。なお卵を傾ける方向は，精子の侵入点とは無関係に決めて実験を行なっている。また卵を傾けると，卵表層の植物極であった箇所は卵の側方へ移動するが，卵内部の植物半球には重い大卵黄顆粒があるために，内部の細胞質は重力の方向へ戻ろうとして，卵表層と内部細胞質のずれが生じる。

　　紫外線照射の影響を打ち消すことができたこの実験の結果と，問(1)の実験の結果を比べて言えることは何か。以下の①〜⑤から当てはまるものをすべて選んで記せ。

①　精子の侵入点は微小管の伸長が始まる場所を決めるとともに，背側の組織ができる場所を直接決めている。

② 卵内部の細胞質と卵表層とが相対的に変位することが，将来の背側を決めるために必要である。

③ 紫外線を照射した受精卵を傾けても，卵内部の細胞質は正常な受精卵のように再配置するので，元々細胞質に均一に存在する β カテニンが，局所的に蓄積することはない。

④ 精子の侵入点に関わらず，ディシェベルドが運ばれた場所が将来の胚の背側となる。

⑤ 受精前の卵にすでにある植物極と動物極の極性は，背腹軸の決定には影響を及ぼさない。

〔Ⅱ〕 動物の発生を理解する上で重要な概念に「誘導」という考え方がある。この概念が生まれる元となった実験の一つが，メキシコサンショウウオの胚を使ったニューコープの実験である。胞胚期中期のアニマルキャップと呼ばれる動物極周辺の予定外胚葉域と植物極にある予定内胚葉領域を取り出して別々に培養したところ，各部分はそれぞれ外胚葉性，内胚葉性の組織に分化した。しかし，アニマルキャップに予定内胚葉の部分を接着させて培養すると，アニマルキャップの中の予定内胚葉が接している部分に，中胚葉性と考えられる組織が形成された。このことから，予定内胚葉域が予定外胚葉域を中胚葉性の組織に誘導することが明らかになった。

　この実験をさらに進めて，図2に示すようにアニマルキャップと予定内胚葉の間に小さな孔をもつ膜（フィルター）を挟んで，両方の細胞が直接接することがないようにした。フィルターとして，(i)タンパク質などの高分子は通さず，低分子やイオンのみを透過させるフィルター，(ii)タンパク質などの高分子も透過させるフィルターの2種類を用いて，それぞれの効果を比較した。その結果，(i)ではアニマルキャップと予定内胚葉をそれぞれ単独で培養したのと同じ結果となり，(ii)ではフィルターを挟まないで接着させた場合と同じ結果となった。

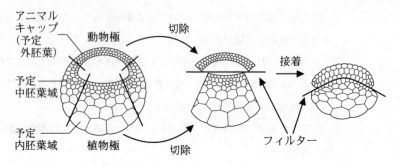

図2　ニューコープの実験の発展

問(3)　下線部(a)について，この実験の結果から誘導に関して言えることは何か。以下の①〜⑤から当てはまるものをすべて選んで記せ。

①　アニマルキャップと予定内胚葉域の細胞には単独で分化する能力はない。
②　アニマルキャップの細胞には誘導に応答する能力がある。
③　予定内胚葉域細胞とアニマルキャップの細胞の膜どうしの直接の接触は誘導には必要でない。
④　予定外胚葉域の細胞から分泌されてフィルターを通過できる物質が誘導に関わる。
⑤　誘導には高分子の物質が関わる。

〔Ⅲ〕　胚葉が分化したのち，さまざまな器官の形成では，種々の誘導作用が働きあう。また器官形成は，形成体のもつ誘導する能力だけでなく，誘導を受ける部位が誘導物質を受容し，それに反応する能力(反応能)がないと進行しない。

ニワトリの消化管は内胚葉由来の消化管上皮と中胚葉由来の間充織からなる。ヒトなどの哺乳類の消化管との大きな違いは，前胃と砂嚢という2つの胃が存在する事である。口に近い側には前胃が分化して，人の胃と同様に上皮が胃腺を形成し，胃腺の細胞は消化酵素ペプシンの前駆体であるペプシノーゲンや塩酸を分泌し化学的消化に関わっている。いっぽう，後方の砂嚢

は消化酵素を分泌する腺を持たないが，平滑筋を発達させ機械的消化を担う。

　孵卵6日目のニワトリ胚の消化管の前胃と砂嚢を上皮と間充織に分け，上皮だけを単独で培養すると，それぞれの予定運命にしたがって分化する。ところが，上皮と間充織を交換して本来とは異なる組み合わせで接着させて培養すると，以下のような結果となった。前胃の間充織と砂嚢の上皮を組み合わせた場合，腺形成とペプシノーゲン発現が誘導された。また，砂嚢の間充織と前胃の上皮を組み合わせた場合は，腺形成とペプシノーゲン発現が抑制された(図3)。

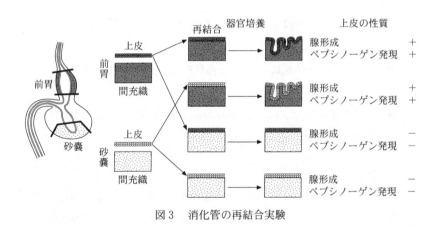

図3　消化管の再結合実験

　これと似た実験に，ニワトリの皮膚の再結合実験がある。ニワトリの皮膚は外胚葉由来の表皮と中胚葉由来の真皮からなり，背中や腹部の皮膚は羽毛を，肢の皮膚はうろこを形成している。孵卵5日目および8日目のニワトリ胚からは背中の表皮を，10日目，13日目，15日目のニワトリ胚からは肢の真皮を切り出し，複数の組み合わせをつくって培養した。その結果，5日目の胚からの表皮を13日目，15日目の胚からの真皮に結合すると，表皮は真皮からの誘導作用に反応してうろこへと分化した。いっぽう，8日目の胚からの表皮を13日目，15日目からの真皮に結合すると，表皮は真皮からの誘導作用に反応せず，予定運命通り羽毛へと分化した(図4)。

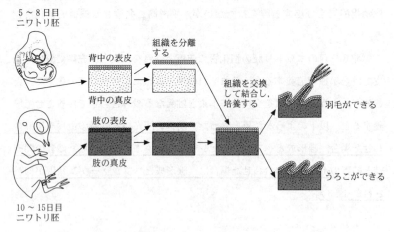

図4　皮膚の再結合実験

問(4)　下線部(b)の実験結果から導き出せる結論を35字以内で記せ。

問(5)　下線部(c)に関して，肢の真皮からの誘導作用に対する表皮の反応能についてわかることを40字以内で記せ。

〔Ⅳ〕　動物の発生の過程では，様々な遺伝子が正しい場所で正しい時期に発現して働くことが重要である。その発現が乱れたり機能を失ったりすると発生異常がおこる。ショウジョウバエがもつ，ある1つの遺伝子が突然変異して機能を失うことによって，本来触角であるべき場所に肢が形成されたり，本来は胸部に一対しかない翅が二対形成されることがある（図5）。このような変異をホメオティック変異とよぶ。また，このような変異の原因となる遺伝子をホメオティック遺伝子とよぶ。

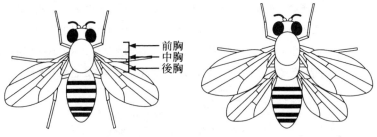

図5　正常なショウジョウバエとバイソラックス変異体

　哺乳類であるマウスでも人工的にホメオティック変異をもつ個体を得ることが可能となった。例としてショウジョウバエのホメオティック遺伝子の1つである *AbdB* と相同なマウスの遺伝子について考える。ショウジョウバエの *AbdB* は腹部体節で発現しており、この遺伝子に変異がおきると、腹部第5〜7体節がより前側の腹部第3〜4体節の性質をもつような変異がおこる。*AbdB* 遺伝子に相当するマウスの遺伝子は *Hoxa10*, *Hoxc10*, *Hoxd10* の3つあり、それぞれ異なる染色体上に存在する。これらは進化の過程で染色体の重複により生じたと考えられている。ところで、マウスではこれら3つのうちのどれか1つの遺伝子に変異をおこしてその機能を失わせても、椎骨の形態に劇的な変化は見られなかった。いっぽう、これら3つすべての遺伝子の機能を失ったマウスでは、腰の部分の椎骨がすべて胸部の椎骨の形態をとり、その近傍に本来は胸部にしかない肋骨のような骨が形成された。つまり腰の部分の骨を形成するべき細胞群が胸部の性質をもつようになる変異が観察された。
　　　　　　　　　　　　　　　　　(f)

問(6)　下線部(d)の変異体はバイソラックス変異体と呼ばれる。この変異体では *Ubx* 遺伝子が機能を失った結果、3つある胸部体節のうちの後胸が中胸に変化して中胸がもつ翅をもう1対もつようになったと考えられる。しかし、*Ubx* が後胸の性質を付与する遺伝子だとしても、その機能が失われただけで *Ubx* が発現していた場所が中胸の性質をもつのはどうしてだろうか？　じつはこれには前胸や中胸の性質を付与して翅を形成する遺伝子 *Antp* が関わっている。図6に示した *Ubx* 遺伝子と *Antp*

遺伝子の発現領域の重なり具合から，なぜUbx遺伝子の機能が失われると後胸が中胸の性質を示すようになったのかを，30字以内で記せ。なお，ホメオティック遺伝子の産物は調節タンパク質であり，遺伝子の発現を促進するものもあれば抑制するものもあることを考慮せよ。

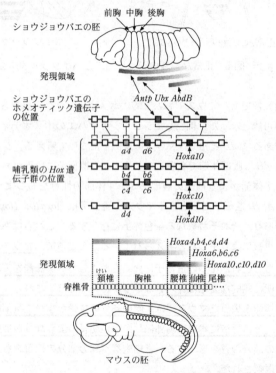

図6　ホメオティック遺伝子とその発現領域

問(7)　下線部(e)に関して，ホメオティック遺伝子が共通して持つ180塩基対の配列をなんとよぶか，その名称を記せ。

問(8)　下線部(f)に関して，なぜマウスでは1つの遺伝子の変異だけでは劇的な形態の変化が見られなかったのか。3つの遺伝子が重複によって生じ，それぞれがよく似た働きをもつと考えられている点を考慮して，その理由を25字以内で記せ。

東北大-理系前期   2020 年度　地学　*65*

地学

（2 科目 150 分）

計算のため必要な場合には，以下の数値を使用せよ。

円周率 $\pi = 3.1$

1　次の文章を読み，以下の問 1 ～ 5 に答えよ。

　以下にあげる結果は，人類が太陽系外の惑星 A と名付けられた地球型惑星に
移住した遠い将来の仮想的な状況での，観測結果である。惑星 A の公転周期は
1 年で，公転軌道は主星を中心とした半径 1 AU（天文単位）の円軌道であ
る。主星は，太陽と同じ質量をもつ。主星からの最大離角が 30 度の内惑
星 B が存在する。惑星 B は公転周期 P，公転軌道半径 R の円軌道を運動す
る。したがって，$R/(1\,\mathrm{AU}) = \boxed{\quad \text{ア} \quad}$ となる。ケプラーの第 3 法則より
$R^3/P^2 = \boxed{\quad \text{イ} \quad}$（$\mathrm{AU^3/年^2}$）が成り立つ。また，主星を 1 つの焦点とする短軸
の長さ b，長軸の長さ a の楕円軌道を公転周期 P で運動する彗星が観測された。
                                                                        (a)
この彗星が主星に最も近づいた公転軌道上の点を近日点と呼ぶことにする。近日
点での公転速度 V と b を用いてこの彗星の面積速度は $\boxed{\quad \text{ウ} \quad}$ と表される。
ケプラーの第 2 法則より，面積速度は P, a, b を用いて $\boxed{\quad \text{エ} \quad}$ とも表せ
る。さらに，ある球状星団の年齢を測定したところ 6×10^{17} 秒であった。ハッ
                                            (b)   (c)
ブル定数の測定値は 60（km/秒）/Mpc（メガパーセク）であった。
　必要なら，1 pc（パーセク）$= 3.0 \times 10^{16}$ m を用いよ。

問 1　$\boxed{\quad \text{ア} \quad}$ と $\boxed{\quad \text{イ} \quad}$ に適切な数値を記入せよ。

問 2　$\boxed{\quad \text{ウ} \quad}$ と $\boxed{\quad \text{エ} \quad}$ に適切な式を記入せよ。

66 2020 年度　地学　　　　　　　　　　　　　　　　　東北大-理系前期

問 3　下線部 (a) について，$a = 100\,\text{AU}$，$b = 0.1\,\text{AU}$ で V が惑星 A の公転速度
　　　と等しかった。この彗星の公転周期を年単位で有効数字 1 桁で求めよ。計算
　　　の過程も示せ。

問 4　下線部 (b) について，この球状星団中で主系列星として観測されうる恒星
　　　のスペクトル型を次の記号からすべて選べ。

　　　　{A, B, F, K, M, O}

問 5　下線部 (b) と (c) について，ハッブル定数の逆数から推定される宇宙年齢よ
　　　り年齢の長い球状星団が存在することから，宇宙が加速膨張をしていると推
　　　定される。この事実からなぜ加速膨張していると推定できるのか 7 行以内で
　　　論証せよ。　　　　　　　　　　　　　　　　　（解答欄：1 行 16.6 cm）

2　次の文章を読み，以下の問 1 ～ 6 に答えよ。

　　大気圏の上端に入射する太陽放射は放射に垂直な面に対して約
$1.4 \times 10^3\,\text{W/m}^2$ であり，この値を　ア　とよぶ。図 1 は地球のエネルギー
収支を示している。図中の数値は，大気上端で受ける太陽放射を地球全体で平均
した量を 100 としたときの相対値を示している。地球に入射する太陽放射の一部
は，雲や大気によって散乱されたり，地表で反射されたりして，大気圏外に出て
(a)
いく。太陽放射のうち，紫外線のほとんどは　A　の酸素や　B　のオ
ゾンでほとんど吸収され，地表まで届くエネルギーは　C　の割合が高い。
地表や大気からは赤外線が放射されている。地表から放射される赤外線のほとん
どは，大気下層のガスや雲に吸収される。暖められた大気は赤外線を再放射し，
地表を暖めている。これを大気の　イ　効果とよぶ。地表から大気へは，潜
熱輸送や熱の伝導によってもエネルギーが運ばれている。
(b)

問 1　　ア　と　イ　に適語を記入せよ。

問 2　A 〜 C に入る適語を次の語群から選んで解答欄に記入せよ。

　　{対流圏, 成層圏, 中間圏, 熱圏, 赤外線, 可視光線, X 線}

問 3　下線部(a)について, 地球から宇宙空間に出て行く太陽放射エネルギーの総量[W]を有効数字1桁で求めよ。ただし, 地球の半径を 6.4×10^6 m とし, 計算の過程も示せ。

問 4　図1中の ウ と エ に入る適切な数値を求めよ。

問 5　下線部(b)について, 潜熱輸送とは何か, 2行以内で説明せよ。

（解答欄：1行 16.6 cm）

問 6　赤道付近では地球が受け取る太陽放射エネルギーの方が宇宙空間に放出する地球放射エネルギーよりも多くなっている。しかし, 赤道付近で温度が上がり続けることはない。その理由を2行以内で説明せよ。

（解答欄：1行 16.6 cm）

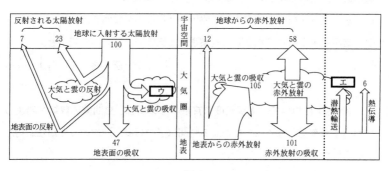

図 1

68 2020 年度　地学　　　　　　　　　　　　　　　　　　　　　東北大-理系前期

3　次の文章を読み，以下の問 1 ～ 4 に答えよ。

　　宇宙空間には星間物質が濃い雲となっている領域がある。このようなガスの塊
を星間雲という。星間ガスは　ア　と　イ　が主成分元素である。およ
(a)
そ 50 億年前，星間雲の濃い部分が収縮して原始太陽が誕生した。さらに収縮が
進み，中心部の温度が 1000 万 K 以上になると，核融合反応が始まって主系列星
　　　　　　　　　　　　　　　　　　　　　　　　　　　　　　(b)
となった。原始太陽のまわりでは，ガスが回転して原始太陽系星雲となった。原
始太陽系星雲の中では，塵が衝突と合体を繰り返して直径 10 km 程度の微惑星
が誕生した。さらに，微惑星が衝突と合体を繰り返して原始惑星が形成された。
微惑星に含まれていたガス成分は衝突の際に放出され，原始大気となった。初期
地球では表層の岩石が融けてマグマの海で覆われ，マグマオーシャンとなった。
(c)
初期地球において原始海洋が誕生する直前での原始大気の主成分は　ウ　と
　エ　であった。

問 1　　ア　～　エ　に適語を記入せよ。

問 2　下線部(a)について，星間雲には散光星雲や暗黒星雲として観察されるも
　　のがある。それらについて，次の問(1)，(2)に答えよ。
　(1)　散光星雲が輝いて観察される原因を 2 行以内で説明せよ。
　(2)　暗黒星雲が暗い領域として観察される原因を 2 行以内で説明せよ。

　　　　　　　　　　　　　　　　　　　　　　　　　　　(解答欄：1 行各 15.9 cm)

問 3　下線部(b)について，太陽程度の質量の星の場合，星間雲の収縮が始まっ
　　てから主系列星になるまでにかかる時間はどの程度か，次のうちから適切な
　　ものを 1 つ選べ。
　　{約 4000 年，約 40 万年，約 4000 万年，約 40 億年}

問 4　下線部(c)について，岩石が融けるほど温度が上がった原因は何か，2 行
　　以内で説明せよ。　　　　　　　　　　　　　　　　(解答欄：1 行 16.6 cm)

東北大-理系前期   2020 年度　地学　*69*

4　次の文章を読み，以下の問 1 ～ 3 に答えよ。

　火成岩は，超苦鉄質からケイ長質まで様々な組成をもつ。このような組成の違
いは，岩石をつくったマグマの組成に関係している。マグマの多くはマントル中
で　ア　が部分溶融してできると考えられている。溶融により発生した直後
の状態を初生マグマという。初生マグマの化学組成の違いは，材料となった岩石
　　　　　　　　　　　　(a)
を構成していた鉱物の種類や化学組成，溶融する深さや温度の違いを反映する。
　マグマは地表へ向かって上昇する過程においても化学組成は変化していく。マ
グマが上昇し周囲の岩石から冷やされるとマグマの温度が下がり結晶が晶出す
る。この過程において，一つのマグマからいろいろな化学組成のマグマができる
ことを　イ　作用という。しかし，マグマの上昇時にはこの作用だけではな
く，同化作用(マグマの混染)やマグマ混合などもおこり，これもマグマ組成の多
　　(b)
様性の要因になっている。

問 1　　ア　に岩石名を　イ　には適語を記入せよ。

問 2　下線部(a)について，デイサイト質マグマが初生マグマとして形成される
　　過程を 3 行以内で説明せよ。　　　　　　　　　　(解答欄：1 行 15.6 cm)

問 3　下線部(b)について，同化作用(マグマの混染)とマグマ混合それぞれを 3
　　行以内で説明せよ。なお，解答欄(1)には同化作用を，解答欄(2)にはマグマ
　　混合を記せ。　　　　　　　　　　　　　　　　(解答欄：1 行各 15.9 cm)

70 2020 年度　地学　　　　　　　　　　　　　　　　　　　　東北大-理系前期

5　次の文章を読み，以下の問 1 ～ 4 に答えよ。

　　陸上では，物理的あるいは化学的風化により地表付近の岩石が細かく砕かれた
　　　　　　　　(a)
り，分解されたりして生産された土砂が，おもに川によって運搬される。標高が
　　　　　　　　　　　　　　　　　　　　　　　　　　　　　　　　　　　(b)
高く傾斜が急な山地では，川底を削る　　ア　　侵食と運搬作用が優勢になり，
谷底が深く削られた　　イ　　が形成される。河川が山地から平野に出てくる場
所では，堆積作用が優勢になり，　　ウ　　が形成される。平野のように傾斜の
　　　　　　(c)
緩い平坦な場所では川幅を広げる　　エ　　侵食と堆積作用が優勢になる。河川
の流路は蛇行し，流路にそって砂を主体とした地形の高まりである　　オ　　が
つくられる。河川が海に達すると，運ばれてきた砕屑物の多くが河口付近に堆積
し，　　カ　　ができる。

問 1　　ア　　～　　カ　　に適語を記入せよ。

問 2　下線部(a)について，2 種類の風化現象のうち 1 つについて現象名とその
　　　内容を 3 行以内で説明せよ。　　　　　　　　　　　（解答欄：1 行 16.6 cm）

問 3　下線部(b)について，急峻な山地に豪雨や地震動が加わると，斜面崩壊
　　　（がけ崩れ），地すべり，土石流が発生する場合がある。これらの現象のうち
　　　1 つについて現象名とその内容を 3 行以内で説明せよ。

　　　　　　　　　　　　　　　　　　　　　　　　　　　（解答欄：1 行 16.6 cm）

問 4　下線部(c)について，図 1 を参考にして堆積作用が優勢になる理由を 3 行
　　　以内で説明せよ。　　　　　　　　　　　　　　　　（解答欄：1 行 16.6 cm）

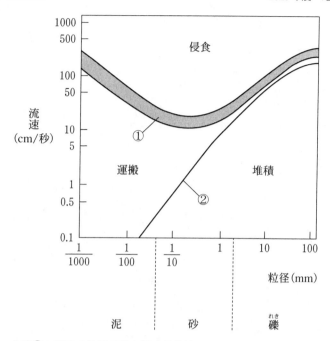

曲線①：川底の粒子が動き始める流速
曲線②：運ばれていた粒子が川底に沈む流速の上限

図1

2019年度 問題編

■前期日程

▶試験科目

学部・学科	教科	科目
理・農	外国語	コミュニケーション英語Ⅰ・Ⅱ・Ⅲ，英語表現Ⅰ・Ⅱ
	数学	数学Ⅰ・Ⅱ・Ⅲ・A・B
	理科	「物理基礎・物理」，「化学基礎・化学」，「生物基礎・生物」，「地学基礎・地学」から2科目選択
医 / 医	外国語	コミュニケーション英語Ⅰ・Ⅱ・Ⅲ，英語表現Ⅰ・Ⅱ
	数学	数学Ⅰ・Ⅱ・Ⅲ・A・B
	理科	「物理基礎・物理」，「化学基礎・化学」，「生物基礎・生物」から2科目選択
医 / 保健	外国語	コミュニケーション英語Ⅰ・Ⅱ・Ⅲ，英語表現Ⅰ・Ⅱ
	数学	〔看護学専攻〕 数学Ⅰ・Ⅱ・A・B 〔放射線技術科学・検査技術科学専攻〕 数学Ⅰ・Ⅱ・Ⅲ・A・B
	理科	「物理基礎・物理」，「化学基礎・化学」，「生物基礎・生物」から2科目選択
歯	外国語	コミュニケーション英語Ⅰ・Ⅱ・Ⅲ，英語表現Ⅰ・Ⅱ
	数学	数学Ⅰ・Ⅱ・Ⅲ・A・B
	理科	「物理基礎・物理」，「化学基礎・化学」，「生物基礎・生物」から2科目選択
薬・工	外国語	コミュニケーション英語Ⅰ・Ⅱ・Ⅲ，英語表現Ⅰ・Ⅱ
	数学	数学Ⅰ・Ⅱ・Ⅲ・A・B
	理科	「物理基礎・物理」，「化学基礎・化学」

4 2019 年度 問題　　　　　　　　　　　　　　　　　　　　東北大-理系前期

▶備　考

- 数学Bの出題範囲は「数列」,「ベクトル」とする。
- 医学部医学科は，このほか面接試験を行い，医師としての適性を判断する。面接試験では，小作文と面接を行う。小作文と出願書類は面接の参考に用いる。なお，複数の面接員による評価を参考にして，場合によっては，複数回の面接をすることがある。
- 医学部保健学科は，このほか面接試験を行い，医療人としての適性を判断する。複数の面接員による評価を参考にして，場合によっては，複数回の面接をすることがある。
- 医学部医学科では，外国語でドイツ語，フランス語を選択することもできる（編集の都合上省略）。

▶配　点

学部・学科		外国語	数　学	理　科	面　接	合　計
理		200	300	300		800
医	医	250	250	250	200	950
	保　健	200	200	200	150	750
歯		200	200	200		600
薬		300	400	400		1100
工		200	300	300		800
農		300	300	300		900

英語

（100 分）

I 次の英文を読み，下の問いに答えなさい。

Remember what you were taught about the right way to make important decisions? You were probably told to analyze a problem thoroughly, list all your different options, evaluate those options based on a common set of criteria, figure out how important each criterion is, rate each option on each criterion, do the math, and compare the options against each other to see which of your options best fit your needs. The decision was simply a matter of selecting the option with the highest score.

This is the classical model of decision making, and there is something very appealing and reassuring about it. It is based not on whims or hunches, but on solid analysis and logic. It is methodical rather than *haphazard. It guarantees that you won't miss anything important. It leaves nothing to chance. It promises you a good decision if you follow the process properly. It allows you to justify your decision to others. There is something scientific about it.

The whole thing sounds very comforting. Who would not want to be thorough, systematic, rational, and scientific?

The only problem is that the whole thing is a myth. The reality is that the
(A)
classical model of decision making doesn't work very well in practice. It works tolerably well in the research labs which use undergraduate test subjects making trivial decisions, but it doesn't do so well in the real world, where decisions are more challenging, situations are more confusing and complex, information is scarce or inconclusive, time is short, and *stakes are high. And in that environment, the classical, analytical model of decision making falls flat.

That's why people rarely use the classical model — even though they may say they believe in it. And I think the truth is that deep down we all know this. Practically anybody who has even limited experience making tough decisions, in practically any field, realizes that formal analytical decision making doesn't work very well in practice. Most real-life decisions are simply not subject to this approach. Even when we try to keep an open mind and consider several options, we usually know from the beginning which option we really prefer, so the whole process becomes nothing more than comparing what we know we want to two or three other made-up distracters.

So how *do* we make decisions? Well, largely through a process based on intuition. Think about the times when you had a sense about something, even though you couldn't quite explain it. *Can a junior staff member handle a tough project?* You can't imagine it working out without some disaster. Better give the job to someone else. *Why is a customer late with a payment?* You have a hunch that the customer may be having a cash flow problem. *Is a contract going well?* The reports and expenditure rates look fine but you aren't picking up any signs of excitement from the project team. Maybe you should look more deeply into it.

What is it that sets off these alarm bells inside your head? It's your intuition, built up through repeated experiences that you have unconsciously linked together to form a pattern.

A "pattern" is a set of cues that usually chunk together so that if you see a few of the cues you can expect to find the others. When you notice a pattern you may have a sense of familiarity — yes, I've seen that before! As we work in any area, we accumulate experiences and build up a collection of recognized patterns. The more patterns we learn, the easier it is to match a new situation to one of the patterns in our collection. When a new situation occurs, we recognize the situation as familiar by matching it to a pattern we have encountered in the past.

For instance, a firefighter sees the color of the smoke and the force with which it is *billowing, and suspects that toxic chemicals may be burning. A manager sees an increase in small errors from a normally careful employee,

東北大-理系前期   2019 年度 英語 7

some loss of speech fluency, less predictable work hours, a slight increase in irritability, and wonders if an employee is having some problems with alcohol or drugs.

The ability to detect patterns is easy to take for granted but hard to learn. Some of the leading researchers in psychology, including the Nobel *laureate Herbert Simon, have demonstrated that pattern recognition explains how people can make effective decisions without conducting a deliberate analysis.

Once we recognize a pattern, we gain a sense of a situation: We know what *cues* are going to be important and need to be monitored. We know what types of *goals* we should be able to accomplish. We have a sense of what to *expect* next. And the patterns include routines for responding — *action scripts*. If we see a situation as typical then we can recognize the typical ways to react. That's how we have hunches about what is really going on, and about what we should do about it.

Intuition is the way we translate our experiences into judgments and decisions. It's the ability to make decisions by using patterns to recognize what's going on in a situation and to recognize the typical action script with which to react. Once experienced intuitive decision makers see the pattern, any decision they have to make is usually obvious.

(C)The more patterns and action scripts we have available, the more expertise we have, and the easier it is to make decisions. The patterns tell us what to do and the action scripts tell us how. Without a collection of patterns and action scripts, we would have to painstakingly think out every situation from the beginning.

Because pattern matching can take place in an instant, and without conscious thought, we're not aware of how we arrived at an intuitive judgment. That's why it often seems mysterious to us.

Even if the situation isn't exactly the same as anything we have seen before, we can recognize similarities with past events and so we automatically know what to do, without having to deliberately think out the options. We have a

8 2019 年度 英語　　　　　　　　　　　　　　　　　　東北大-理系前期

sense of what will work and what won't. Basically, it's at this point that we have

become intuitive decision makers.
　　　　　　(D)

(Adapted from Gary Klein, *The Power of Intuition: How to Use Your Gut*
Feelings to Make Better Decisions at Work)

(注)　*haphazard　でたらめの　　　　　　*stake　危険の度合い

　　　　*billow　大波のようにうねる　　　　*laureate　受賞者

問 1　下線部(A)について，the whole thing が指す具体的な内容を明らかにして，
　　　日本語で説明しなさい。

問 2　下線部(B)を日本語に訳しなさい。

問 3　下線部(C)を日本語に訳しなさい。

問 4　下線部(D)について説明した以下の文章の中で，空欄①~④ に入る最も適切
　　　な語句をそれぞれの選択肢から 1 つ選び，記号で答えなさい。

　　　If you have had repeated experiences with a situation, you will be able
to make a connection between them （　①　） so that you can （　②　） about
what's going on now. This will enable you to get to know （　③　） will have
to be monitored, what kind of goals are attainable, and what will happen
next. If you can collect a sufficient amount of action scripts, under any
encounter with a new situation you can （　④　） a previously learned pattern
and find typical ways to react to it. If you have attained such an ability, you
will be referred to as an intuitive decision maker.

空欄①　(ア)　deliberately　　　　　　　(イ)　unconsciously

　　　　(ウ)　painstakingly　　　　　　　(エ)　normally

空欄②　(ア)　make a decision　　　　　　(イ)　evaluate options

東北大-理系前期   2019 年度　英語　*9*

(ウ)　recognize a pattern	(エ)　miss something important

空欄③　(ア)　that situation　　　　　　(イ)　what patterns

　　　　(ウ)　the typical ways　　　　　(エ)　what cues

空欄④　(ア)　match it to　　　　　　　(イ)　reconsider

　　　　(ウ)　keep an open mind against　(エ)　respond to

Ⅱ　次の英文を読み，下の問いに答えなさい。

　　The increasing standardization of education conflicts with the most natural way in which people of all ages learn, and especially young children: through play. Play in its many forms has fundamental roles in all phases of life and especially in the physical, social, emotional, and intellectual development of children. The importance of play has been recognized in all cultures; it has been widely studied and endorsed in the human sciences and demonstrated in practice in enlightened schools throughout the world. And yet the standards movement in many countries treats play as a trivial and unimportant extra in schools — a distraction from the serious business of studying and passing tests. <u>The exile of play is one of the great tragedies of standardized education.</u>
_(A)

　　Peter Gray is a research professor of psychology at Boston College. He has been studying play from a biological evolutionary perspective, and he notes that human young, when they are free from other responsibilities, play much more than other mammals, and that they benefit from this tremendously. A few years back, he began a survey of anthropologists who had been studying hunter-gatherer cultures. All of the anthropologists surveyed pointed out that children in these cultures were allowed to play without adult guidance all day. The adults considered unsupervised play essential to learning skills that lead to becoming responsible grown-ups. "Some of these anthropologists told us that the children they observed in these cultures are among the brightest, happiest, most cooperative, most well-adjusted, most resilient children that they had ever observed anywhere," Dr. Gray said. "So from a biological evolutionary perspective, play is nature's means of insuring that young mammals, including young human beings, acquire the skills that they need to acquire to develop successfully into adulthood."

Compare this with how most developed cultures organize their children's education. As Dr. Gray points out in his book *Free to Learn*, children start school at ever-younger ages. "We now have not only kindergarten, but prekindergarten in some districts. And preschools, which precede kindergarten or prekindergarten, are structured more and more like elementary schools — with adult-assigned tasks replacing play." The school day has grown longer, and now there are renewed calls to extend the school year. Along the way, opportunities for free play within the school day have largely been eliminated. "Not only has the school day grown longer and less playful, but school has intruded ever more into home and family life. Assigned homework has increased, eating into time that would otherwise be available for play."

Peter Gray considers this a tragic loss for our children. He stands in a long tradition of psychologists, philosophers, anthropologists, and educators who argue that children "are designed, by nature, to play and explore on their own, independently of adults. They need freedom in order to develop; without it they suffer. The drive to play freely is a basic, biological drive."

Lack of free play may not kill the physical body, says Dr. Gray, as would lack of food, air, or water, but it kills the spirit and stops mental growth. "Free play is the means by which children learn to make friends, overcome their fears, solve their own problems, and generally take control of their own lives. It is also the primary means by which children practice and acquire the physical and intellectual skills that are essential for success in the culture in which they are growing. Nothing that we do, no amount of toys we buy or 'quality time' or special training we give our children, can compensate for the freedom we take away. The things that children learn through their own initiatives, in free play, cannot be taught in other ways."

東北大-理系前期   2019 年度　英語　*11*

I couldn't agree with him more. Children have a powerful, innate ability to learn. Left to their own devices, they will explore options and make choices that we can't, and shouldn't, make for them. Play is absolutely fundamental to learning: it is the natural fruit of curiosity and imagination. And yet the standards movement is (　D　).

When I was a child, we had regular breaks in the school day where we could play on our own and with each other, indulge our imaginations, and experiment with a range of practical skills and social roles. Now, perhaps a fifteen-minute recess is *shoehorned into the elementary school schedule and is the first thing to go if the schedule is disrupted. Meanwhile, politicians *lobby for longer school days and longer school years.

Many of the problems in raising achievement in schools are rooted in how school is done and the extent to which the conventions conflict with the rhythms of natural learning. If your shoes hurt, you don't polish them or blame your feet; you take the shoes off and wear different ones.
(E)

(Adapted from Ken Robinson and Lou Aronica, *Creative Schools*)

(注)　*shoehorn　狭い所へ押し込む
　　　*lobby　働きかける

問 1　下線部 (A) のように主張する理由は何か，本文に即して日本語で答えなさい。

問 2　下線部 (B) を日本語に訳しなさい。

問 3　下線部 (C) を日本語に訳しなさい。

問 4　空欄 (D) に入る最も適切な語句を，次の (ア)〜(エ) の中から 1 つ選び，記号で答

12 2019年度 英語　　　　　　　　　　　　　　東北大-理系前期

えなさい。

(ア) positively persuading more parents to participate in school activities

(イ) sensitively giving more playtime to children within the curriculum

(ウ) actively eliminating opportunities for play in schools

(エ) aggressively encouraging teachers to make changes in schools

問 5　下線部 (E) に次の (ア)～(ウ) の文を入れるとき，それらをどの順序で並べるのが最も適切か，記号で答えなさい。

(ア) Work with them to change it so that it does work.

(イ) If the system doesn't work, don't blame the people in it.

(ウ) The people who are best placed to make the change are those who, in the right conditions, can have the most impact on the quality of learning: ── the teachers.

Ⅲ　次の英文を読み，下の問いに答えなさい。

　　Prof. Jones runs a seminar class for the debating team at his university in America. The main class objective is to prepare students for the national debate competition that takes place annually in the state of California. His students are practicing their debating skills and have been split into two teams.

Prof. Jones: The theme of today's debate is technology and how it has shaped the way we communicate. There are numerous online SNS platforms such as Facebook and Twitter, and apps such as What's App and Line. These all allow us to communicate with each other on our smartphone predominantly through texting. However, some would say that instead of uniting us, this technology has actually isolated us from society and that devices such as the smartphone are actually hindering real face-to-face socializing. Therefore, the proposition that has been put to our two debating teams today is:

"Communication technology has left us more isolated."

Team Red will support this proposition and Team Blue will argue against it. Team Red will initially make a brief opening argument for the proposition and this will be followed by Team Blue's argument. So let's get started. Team Red has won the toss and has elected to go first.

Team Red captain: We argue that yes, communication technology has made us more isolated. This has been an issue for a number of years now and popular online videos such as "Look Up" and "Disruptions" have specifically addressed this problem. They have received more than 51 and 61 million views respectively. This alone shows us that this problem has attracted huge attention and is a cause for concern. Some people have a better relationship with their smartphone than with real people. I am sure you have seen situations of couples or friends outside who don't actually talk to each other, but are instead too absorbed in what is going on within their smartphone.

Platforms such as Instagram give the illusion that people have numerous friends and followers. However, they will most likely never meet any of these people. This communication platform gives a distinct fantasy-like lifestyle of the people who create them. We believe that what you see on the screen and the real lives of these people are completely different. The technology has in fact made them more alone.

Would you rather share a special moment with close friends, to talk and laugh with them in real time? Or, would you rather upload a picture onto Instagram by yourself and then constantly check to see if people have posted a reply? I read recently that a CNN report mentioned that teenagers check their social media over 100 times a day and spend 9 hours on their smartphone every day.

Is that living? Or, is that being a slave to your smartphone? We suggest that people are too obsessed with their smartphone and that this culture is ruining communication between people. People simply don't talk to each other anymore. Isn't it better to live life for real rather than view it through a small 4.7 inch screen? Surely, it is the former. The focus here is on the fact that people prefer to have relationships with superficial things such as how many "likes" you receive on Facebook and it does not reflect the user's real life. I know people who have thousands of followers on Twitter but have very few people around them who they could call true friends.

This technology has created a fantasy world that leaves us more alone and isolated. Technology cannot replace real life dialogue and interaction. This concludes our opening argument.

Prof. Jones: A big thank you to the Team Red captain. You have certainly given us an interesting perspective on the issue. Now the Team Blue captain will present their ideas that counter the proposition that communication technology has left us more isolated.

Team Blue captain: _____

_____

_____

_____

_____

_____

問 1　次の(1)~(5)から本文の内容と合うものを 2 つ選び，記号で答えなさい。

(1) The national debate takes place every other year, and Prof. Jones's students have won it three years consecutively.

(2) Team Red states that people are too engaged with their smartphone, and this influences their relationships with real people.

(3) Prof. Jones believes that smartphones are negatively influencing real face-to-face communication.

東北大-理系前期   2019 年度　英語　*15*

⑷　Team Red argues that digital online communication is an illusion and is no match for real face-to-face communication.

⑸　According to Team Red, a CNN report has suggested that spending 9 hours on your smartphone a day is an unusual way to live.

問 2　次の指示に<u>英語</u>で答えなさい。

Imagine you are the Team Blue captain.　State your opinion giving at least two reasons.

(解答欄：14cm×8行)

Ⅳ　次の文章を読み，下線部(A), (B)を英語に訳しなさい。

　人間には，グライダー能力と飛行機能力とがある。<u>受動的に知識を得るのが前者，自分でものごとを発明，発見するのが後者である。</u>_(A)<u>両者はひとりの人間の中に同居している。</u>グライダー能力をまったく欠いていては，基本的知識すら習得できない。何も知らないで，独力で飛ぼうとすれば，どんな事故になるかわからない。

　しかし，現実には，グライダー能力が圧倒的で，飛行機能力はまるでなし，という"優秀な"人間がたくさんいることもたしかで，しかも，そういう人も"翔べる"という評価を受けているのである。

　学校はグライダー人間をつくるには適しているが，飛行機人間を育てる努力はほんのすこししかしていない。

（中略）

　指導者がいて，目標がはっきりしているところではグライダー能力が高く評価されるけれども，新しい文化の創造には飛行機能力が不可欠である。それを学校教育はむしろ抑圧してきた。急にそれをのばそうとすれば，さまざまな困難がともなう。

　他方，現代は情報の社会である。グライダー人間をすっかりやめてしまうわけにも行かない。それなら，グライダーにエンジンを搭載するにはどうしたらいいのか。学校も社会もそれを考える必要がある。

16 2019 年度 英語   東北大−理系前期

(中略)

　グライダー専業では安心していられないのは，コンピューターという飛び抜けて
(B)優秀なグライダー能力のもち主があらわれたからである。自分で翔べない人間はコ
ンピューターに仕事をうばわれる。

(外山滋比古『思考の整理学』より)

　(注)　グライダー　glider

数学

◀理・医(医・保健〈放射線技術科学・検査技術科学〉)・
歯・薬・工・農学部▶

(150 分)

1 xy 平面における曲線 $y = \sin x$ の 2 つの接線が直交するとき,その交点の y 座標の値をすべて求めよ。

2 a を 1 ではない正の実数とし,n を正の整数とする。次の不等式を考える。

$$\log_a(x - n) > \frac{1}{2} \log_a(2n - x)$$

(1) $n = 6$ のとき,この不等式を満たす整数 x をすべて求めよ。

(2) この不等式を満たす整数 x が存在するための n についての必要十分条件を求めよ。

3 a を実数とし,数列 $\{x_n\}$ を次の漸化式によって定める。

$$x_1 = a, \quad x_{n+1} = x_n + x_n^2 \quad (n = 1, 2, 3, \cdots)$$

(1) $a > 0$ のとき,数列 $\{x_n\}$ が発散することを示せ。

(2) $-1 < a < 0$ のとき,すべての正の整数 n に対して $-1 < x_n < 0$ が成り立つことを示せ。

(3) $-1 < a < 0$ のとき,数列 $\{x_n\}$ の極限を調べよ。

$\boxed{4}$　実数を係数にもつ整式 $A(x)$ を x^2+1 で割った余りとして得られる整式を $[A(x)]$ と表す。

(1) $[2x^2+x+3]$, $[x^5-1]$, $[[2x^2+x+3][x^5-1]]$ をそれぞれ求めよ。

(2) 整式 $A(x)$, $B(x)$ に対して，次の等式が成り立つことを示せ。

$$[A(x)B(x)] = [[A(x)][B(x)]]$$

(3) 実数 θ に対して，次の等式が成り立つことを示せ。

$$[(x\sin\theta+\cos\theta)^2] = x\sin 2\theta + \cos 2\theta$$

(4) 次の等式を満たす実数 a, b の組 (a, b) をすべて求めよ。

$$[(ax+b)^4] = -1$$

$\boxed{5}$

(1) 次の等式が成り立つことを示せ。

$$\int_{-1}^{1} \frac{\sin^2(\pi x)}{1+e^x}\,dx = \int_{0}^{1} \sin^2(\pi x)\,dx = \frac{1}{2}$$

(2) 次の等式を満たす関数 $f(x)$ を求めよ。

$$(1+e^x)f(x) = \sin^2(\pi x) + \int_{-1}^{1}(e^x - e^t + 1)f(t)\,dt$$

東北大-理系前期 2019 年度 数学 *19*

6 　10 個の玉が入っている袋から 1 個の玉を無作為に取り出し，新たに白玉 1 個を袋に入れるという試行を繰り返す。初めに，袋には赤玉 5 個と白玉 5 個が入っているとする。この試行を m 回繰り返したとき，取り出した赤玉が全部で k 個である確率を $p(m, k)$ とする。2 以上の整数 n に対して，以下の問いに答えよ。

(1) $p(n+1, 2)$ を $p(n, 2)$ と $p(n, 1)$ を用いて表せ。

(2) $p(n, 1)$ を求めよ。

(3) $p(n, 2)$ を求めよ。

◀医〈保健〈看護学〉〉学部▶

（100 分）

$\boxed{1}$　a, b, c を実数とし，a は 0 でないとする。xy 平面上の直線 $y = ax$ と放物線 $y = x^2 + a$ が相異なる 2 点 $P(b, ab)$, $Q(c, ac)$ で交わっているとする。$c = b^2$, $b < 0$ のとき，a と b を求めよ。

$\boxed{2}$　a を 1 ではない正の実数，n を正の整数とする。次の不等式を考える。

$$\log_a(x - n) > \frac{1}{2}\log_a(2n - x)$$

(1) $n = 6$ のとき，この不等式を満たす整数 x をすべて求めよ。

(2) この不等式を満たす整数 x が存在するための n についての必要十分条件を求めよ。

$\boxed{3}$　数列 $\{a_n\}$ を次の漸化式によって定める。

$$a_1 = 1, \quad a_2 = 3, \quad a_{n+2}\,a_n = 2a_{n+1}^2 \quad (n = 1, 2, 3, \cdots)$$

(1) すべての正の整数 n について，a_n は正であることを示せ。

(2) 一般項 a_n を求めよ。

$\boxed{4}$ n を 2 以上の整数とする。金貨と銀貨を含む n 枚の硬貨を同時に投げ，裏が出た金貨は取り去り，取り去った金貨と同じ枚数の銀貨を加えるという試行の繰り返しを考える。初めは n 枚すべてが金貨であり，n 枚すべてが銀貨になった後も試行を繰り返す。k 回目の試行の直後に，n 枚の硬貨のなかに金貨が j 枚だけ残る確率を $P_k(j)$ $(0 \leqq j \leqq n)$ で表す。

(1) $P_1(j)$ を求めよ。

(2) $P_k(j)$ $(k \geqq 2)$ を求めよ。

(3) $n = 3$ とする。2 回目の試行の直後では金貨が少なくとも 1 枚残るが，3 回目の試行の直後には 3 枚すべてが銀貨になる確率を求めよ。

物理

（2科目 150分）

1　図1のように，水平に置かれた円板上の点Oに，鉛直軸OO′から角度 θ（$0 < \theta < \dfrac{\pi}{2}$）だけ傾いた状態で細い棒が固定されている。円板は鉛直軸OO′のまわりに一定の角速度で回転できるようになっており，円板が回転すると，円板と一体となって棒も回転する。棒には穴のあいた小球A（質量 m）がなめらかに動くように通されている。小球Aには棒に沿って伸び縮みするばね（自然長 L，ばね定数 k）が取り付けられており，ばねの他端は点Oに固定されている。棒は十分に長く，小球Aが棒から外れることはない。

　重力加速度の大きさを g とし，小球の大きさ，ばねの質量，棒の変形，空気による抵抗，ばねと棒の間の摩擦は無視できるものとして，以下の問(1)，(2)に答えよ。解答は解答用紙の所定の場所に記入せよ。また，結果だけでなく，考え方や計算の過程も記せ。

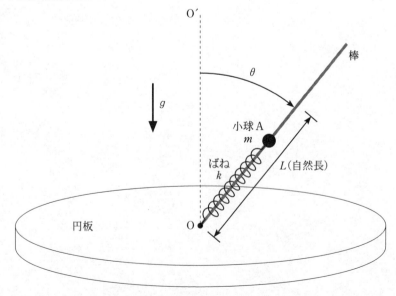

図1

問(1) 円板が回転しないように固定されている場合を考える。図2のように，小球Aをつりあいの位置で静止させ，小球Aと同じ質量 m の小球Bを棒の上部に通して手で支えた。小球Aのつりあいの位置を基準とした小球Bの高さは h であった。小球Bを静かにはなしたところ，小球Bは棒に沿ってなめらかに落下した。その後，小球Bは小球Aと衝突し，衝突後に小球Aと小球Bは一体となって運動を始めた。

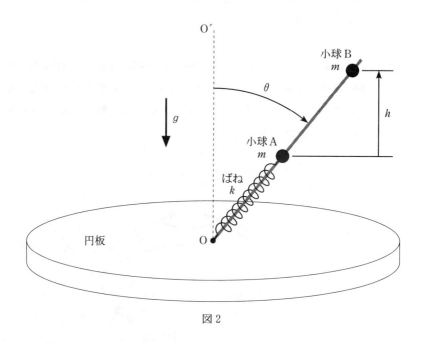

図2

(a) 衝突前に小球Aがつりあいの位置にあるときの，自然長からのばねの縮み d_0 を，m, g, k, θ を用いて表せ。

(b) 衝突直前の小球Bの速さ V を，m, g, h の中から必要なものを用いて表せ。

(c) 衝突直後の一体となった小球の速さ v_0 を，m, V の中から必要なものを用いて表せ。

(d) 衝突後，自然長からのばねの縮みが d のときの小球の速さを v とす

る。一体となった2つの小球とばねの力学的エネルギーの和 E を，m, v, k, d, d_0 の中から必要なものを用いて表せ。重力加速度の大きさ g が必要な場合は，問(1)(a)の結果を使って，g を含まない形に表すこと。なお，重力および弾性力による位置エネルギーは $d = 0$ のときを基準とする。

(e) 力学的エネルギー保存則を問(1)(d)の結果に適用して，衝突後，ばねが最も縮んだときの自然長からのばねの縮み d_1 を，m, k, d_0, v_0 の中から必要なものを用いて表せ。

問(2) 図3のように，棒から小球Bを取り除いて小球Aを静止させたのち，鉛直軸 OO′ を回転軸として一定の角速度 $\omega(\omega > 0)$ で円板を回転させた。なお，以下では点Oを原点として棒に沿って上向きに x 軸をとり，小球Aの位置を座標 x を使って表す。

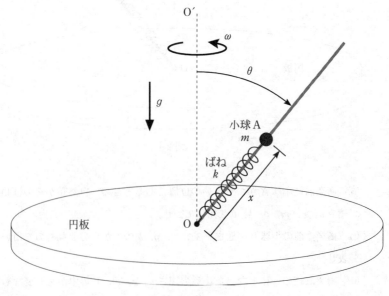

図3

(a) 小球 A の位置が x のとき，円板とともに回転している人から見た小球 A にはたらく力の，棒に沿った方向の成分 F を，m, g, k, x, L, θ, ω の中から必要なものを用いて表せ。ただし，x が増加する方向を力の正の向きとする。

(b) 円板とともに回転している人から見て，小球 A が $x = x_0$ の位置に静止して見えた。x_0 を，m, g, k, L, θ, ω の中から必要なものを用いて表せ。

(c) 問(2)(a)で求めた力 F が復元力になるためには，ω がある値 ω_0 よりも小さくなければならない。ω_0 を，m, g, k, L, θ の中から必要なものを用いて表せ。

(d) $\omega < \omega_0$ のとき，小球 A の位置を $x = x_0$ からわずかにずらすと，小球 A は $x = x_0$ を中心とする単振動を始めた。小球 A の単振動の周期 T を，m, g, k, L, θ, ω の中から必要なものを用いて表せ。

(e) 円板の外部で静止している人から見て，小球 A の運動の軌跡が図 4 のような閉じた曲線に見えた。このときの ω の値を，m, g, k, L, θ の中から必要なものを用いて表せ。

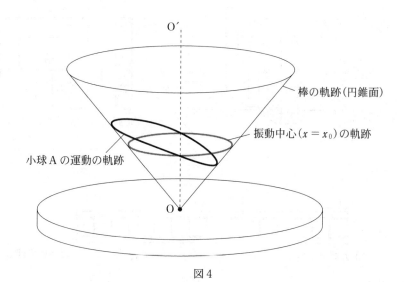

図 4

[2] 図1のように，N極の端面とS極の端面が平行に向かい合う磁石が，水平でなめらかな床面上にある。N極とS極の端面の形状は，幅 a，高さ b（$a < b$）の長方形である。磁束密度 B の一様な磁場（磁界）がN極とS極の端面のすき間のみに存在し，磁場の向きは端面に垂直で，床面に平行であるとする。床面上には，磁石のN極とS極の間を通り，磁場と垂直な方向に，x 軸をとる。なお，床面は十分に広いものとする。

図2のように，1辺の長さ a の1回巻きの正方形コイルが，絶縁体でできた十分に長い2本の棒の間に，棒の全長にわたって固定されている。正方形コイルをつくる導線の太さは無視でき，隣り合う正方形コイルの間隔は a である。また，正方形コイル1周の電気抵抗は R である。以後，図2に示す装置を「はしごコイル」と呼ぶ。はしごコイルは，常に x 軸を含む鉛直面内にあり，磁石のN極とS極のすき間を運動する。

正方形コイルの自己インダクタンスや正方形コイル間の相互インダクタンス，および，電磁波の発生は無視できるものとして，以下の問(1)，(2)に答えよ。解答は解答用紙の所定の場所に記入せよ。また，結果だけでなく，考え方や計算の過程も記せ。

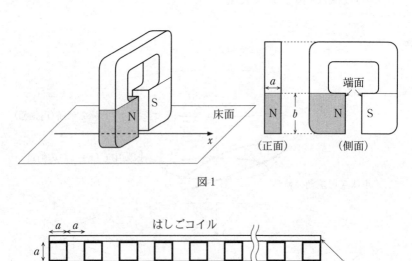

図1

図2

問(1) 図3のように，はしごコイルを床面上でx軸の正の向きに一定の速さvで動かした。はしごコイルは，床面上に固定されている磁石のN極とS極のすき間を，磁石に触れることなく通過する。図4のように，最初の正方形コイルが磁石のすき間にさしかかった時刻を$t = 0$とする。

(a) 時刻tが$0 < t < \dfrac{a}{v}$の範囲のとき，最初の正方形コイルを貫く磁束Φを，a, R, B, v, tの中から必要なものを用いて表せ。

(b) 時刻tが$0 < t < \dfrac{a}{v}$の範囲のとき，最初の正方形コイルに生じる誘導起電力Eを，a, R, B, v, tの中から必要なものを用いて表せ。ただし，誘導起電力Eは，図4に示す向きを正の向きとする。

(c) 時刻tが$0 < t < \dfrac{a}{v}$の範囲のとき，最初の正方形コイルに流れる電流Iを，a, R, B, v, tの中から必要なものを用いて表せ。ただし，電流Iは，図4に示す向きを正の向きとする。

(d) 時刻tが$0 < t < 2\dfrac{a}{v}$の範囲のとき，最初の正方形コイルで単位時間当たりに発生するジュール熱Jを，a, R, B, vの中から必要なものを用いて表せ。

(e) はしごコイルが磁石のすき間を通過する間，速さvを一定に保つためには，x軸方向に一定の外力Fをはしごコイルにはたらかせる必要がある。この外力Fを，a, R, B, vの中から必要なものを用いて表せ。ただし，外力Fは，図4に示すvと同じ向き(右向き)を正の向きとする。

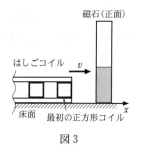

図3

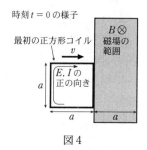

図4

28 2019 年度 物理 　　　　　　　　　　　　　　　　　　東北大-理系前期

問(2)　図 5 のように，長さ L の伸び縮みしない 2 本の軽い糸を用いて，はしご
コイルを磁石の N 極と S 極のすき間に水平につるす。糸がたるむことはな
く，はしごコイルは常に水平を保ったまま，磁石に触れることなく運動す
る。糸が鉛直方向となす角を θ（反時計回りを正，単位はラジアン），はしご
コイルの x 軸方向の変位を X（右向きを正）とする。また，はしごコイルの質
量を M，重力加速度の大きさを g とする。

(a)　磁石が床面上に固定された場合を考える。はしごコイルを $\theta = \theta_0$ の位
置まで動かして静かに手をはなしたところ，はしごコイルは振動を始めた
が，徐々に振幅が小さくなっていった。手をはなしてから振動が止まるま
でに，はしごコイルで発生するジュール熱の総量 Q を，a，R，B，L，
M，g，θ_0 の中から必要なものを用いて表せ。

(b)　磁石が床面上を運動する場合を考える。磁石が床面上を x 軸の正の向き
に一定の速さ u で運動しているとき，はしごコイルは $\theta = \theta_1$，$X = X_1$ と
なって静止していた。この変位 X_1 を，a，R，B，u，L，M，g の中から
必要なものを用いて表せ。ただし，$|\theta_1|$ は十分に小さく，$\sin \theta_1 \fallingdotseq \theta_1$，
$\cos \theta_1 \fallingdotseq 1$ が成り立つものとする。また，はしごコイルは十分に長く，磁
石がはしごコイルの端に到達することはないものとする。

(c)　問(2)(b)に引き続き，時刻 $t = 0$ に磁石の運動の向きを変えずに磁石の
床面に対する速さを u から $\dfrac{u}{4}$ へ変化させたところ，はしごコイルは振
動を始めた。時刻 $t > 0$ においてはしごコイルの変位 X が時間変化する様
子をもっとも適切に表したグラフを，図 6 の(あ)～(え)の中から 1 つ選び，
記号で答えよ。また，そのグラフを選んだ理由も記述せよ。ただし，はし
ごコイルは十分に長く，磁石がはしごコイルの端に到達することはないも
のとする。

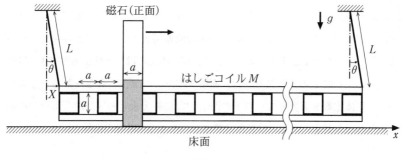

図 5

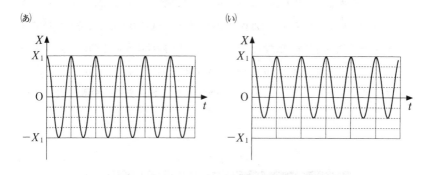

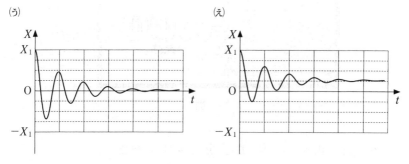

図 6

3 なめらかに動くピストン付きのシリンダーに閉じ込められた単原子分子理想気体について考える。シリンダーは，一定の断面積 S をもち，厚さが無視できる断熱材でできているとする。また，シリンダー内部には，体積が無視できるばねが組み込まれている。ピストンは，面積 S で厚さが無視できる断熱材でできている。気体定数を R として，以下の問(1)，(2)に答えよ。解答は解答用紙の所定の場所に記入せよ。また，結果だけでなく，考え方や計算の過程も記せ。

問(1) 図1のような，左右に動くピストンによって2つの空間に仕切られたシリンダーがある。ピストンとシリンダーの右の壁は，ばね定数 K_0 のばねでつながれている。ピストンには栓がついており，はじめ栓は閉じられていて気体も熱も通さない状態にあった。シリンダー内部の左の空間には温度 T の単原子分子理想気体 1 mol が閉じ込められていて，右の空間は真空であった。このとき，シリンダーの左の壁からピストンまでの距離は L であった。

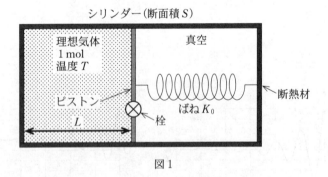

図1

(a) 気体の内部エネルギー U を，R, T を用いて表せ。
(b) 気体の圧力 P_0 を，R, T, S, L で表せ。
(c) ばねは自然長から Δx 縮んでいる。Δx を，R, T, K_0, L で表せ。
(d) 栓を開けて気体が右の空間に流れ込み，十分に時間を経た後の気体の温度を T' とする。T' を，T, Δx, K_0, R を用いて表せ。

問(2) 図2のような，左右に動く2つのピストンによって3つの空間(空間A，B，C)に仕切られたシリンダーがある。2つのピストンは，ばね定数K_1のばねでつながれている。空間A，Cには，それぞれ1 molの単原子分子理想気体が閉じ込められているが，空間Bは真空である。空間Aには体積が無視できるヒーターが設置されている。

 はじめ，空間A，Cの気体は，ともに温度T_1で，空間A，B，Cの幅は，図2のようにすべてLであった。空間Aを，温度を一様に保ちつつ，ヒーターで加熱したところ，ピストンはゆっくり移動した。加熱をやめるとピストンが停止し，図3のように，空間A，Cの幅がそれぞれ$\frac{3}{2}L$，$\frac{2}{3}L$となった。

 なお，ゆっくりとした断熱変化では，(圧力)×(体積)$^\gamma$=一定であることが知られている。ここで，γは比熱比と呼ばれる定数である。

(a) 加熱前の空間Cの気体の圧力をP_1とする。加熱後の空間Cの気体の圧力P_1'を，γ，P_1を用いて表せ。
(b) 加熱後の空間Cの気体の温度T_2を，γ，T_1を用いて表せ。
(c) 加熱後の空間Aの気体の温度T_3を，γ，T_1を用いて表せ。
(d) K_1を，L，R，T_1，γを用いて表せ。
(e) 加熱前後のばねの弾性エネルギーの変化量ΔEを，R，T_1，γを用いて表せ。

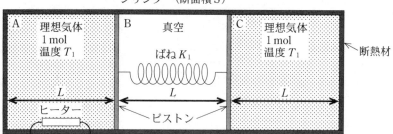

図2

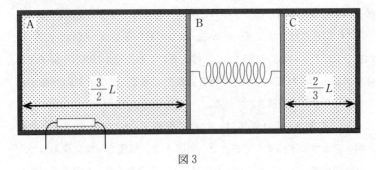

図 3

東北大-理系前期　　　　　　　　　　　　　　　　　　　　2019 年度　化学　*33*

化学

（2 科目 150 分）

計算のために必要な場合には，以下の数値を使用せよ。

原子量　H = 1.00　C = 12.0　N = 14.0　O = 16.0　Mg = 24.3

S = 32.1　Cl = 35.5　K = 39.1　Ti = 47.9

気体定数　$R = 8.31 \times 10^3 \, \text{Pa·L/(mol·K)}$

アボガドロ定数　$6.02 \times 10^{23}/\text{mol}$

ファラデー定数　$9.65 \times 10^4 \, \text{C/mol}$

解答に字数の指定がある場合，以下の例に示すように，句読点，数字，アルファベット，および記号も 1 字として数えよ。なお，問題中の体積記号 L は，リットルを表す。

（例）

F	e	3	+	を	含	む	4	°	C	の	H	2	O	が	,

1　次の文章を読み，問 1 から問 5 に答えよ。ただし，気体はすべて理想気体としてふるまうものとする。特に指定がない場合は，解答欄に単位を書かなくてよい。

物質には気体，液体，固体の 3 つの状態がある。分子からなる物質の場合，分子を散らばらせる働きのある　ア　と分子を引き付けようとする分子間力の大小関係で物質の状態は決まる。分子間力には（静電気的引力を含む）ファンデルワールス力や水素結合がある。低温では分子間力が　ア　に勝るため，分子
　　　　　a)
は特定の場所にとどまり，物質は固体となる。温度が上昇すると，　ア　は活発化する。これにより分子の規則正しい配置が乱れ，その結果，物質は液体となる。温度がさらに上昇し，　ア　によって分子が周囲の分子からの分子間

34 2019 年度　化学　　　　　　　　　　　　　　　　　　　東北大-理系前期

力を振り切って自由に動くと，物質は気体になる。<u>このような温度変化に伴う状</u>
<u>態変化は，いずれも熱の吸収や放出を伴う。</u>
　　　　　　　　　　　　b)

　温度と圧力によっては，2 つの状態が平衡状態として共存できる場合がある。
気体（蒸気）と液体が平衡にあるとき，この気体の圧力は蒸気圧とよばれる。同様
に固体からも大きなエネルギーをもつ分子が飛び出すことがあり，気体と固体の
間にも平衡が成り立つ場合がある。<u>このときの気体の圧力を固体の蒸気圧とよぶ</u>
<u>ことにする。</u>
　　　　　c)

問 1　文中の空欄　│　ア　│　に入る適切な語句を書け。

問 2　下線部 a）について，次の文章の空欄　│　イ　│　に入る適切な数字を書
　　　け。

　　　　メタノール分子間の水素結合においては，ヒドロキシ基の水素原子と隣接
　　　分子の非共有電子対が 1 対 1 で対を作ることにより結びつく。このとき，メ
　　　タノール分子は最大　│　イ　│　個の周囲の分子と水素結合を形成することが
　　　できる。

問 3　下線部 b）について，以下の問いに答えよ。なお，表 1 にメタノールおよ
　　　びエタノールの融解熱，蒸発熱の値を示す。

表 1

	融解熱〔kJ/mol〕	蒸発熱〔kJ/mol〕
メタノール	3	35
エタノール	5	39

⑴　融解熱と蒸発熱に関する次の記述 (a) から (f) の中から，正しいものをす
　　べて選び，解答欄の記号を○で囲め。

(a) 一般に同じ物質では，蒸発熱は融解熱より大きい。

(b) 一般に同じ物質では，融解熱は蒸発熱より大きいが，アルコールはその例外である。

(c) 一般に融解熱，蒸発熱はともに正の値をとる。

(d) 一般に融解熱は正の値をとるが，蒸発熱の値は負になることが多い。

(e) 蒸発熱が大きい物質の沸点は高くなる傾向がある。

(f) 極性分子の蒸発熱は近い分子量をもつ無極性分子の蒸発熱よりも小さくなる傾向がある。

(2) 次の文章を読み，空欄　ウ　から　オ　に入る適切な数値を有効数字2桁で書け。

　　アルコール分子では，分子間力としてファンデルワールス力と水素結合が同時にはたらいている。ファンデルワールス力と水素結合の強さはそれぞれ，分子どうしを結び付けているエネルギーの大きさとして表すことができる。いま，以下の条件(i)から(v)を仮定する。

(i) アルコール分子間にはたらく分子間力はファンデルワールス力と水素結合のみである。

(ii) ファンデルワールス力と水素結合は独立にはたらく。

(iii) メタノールとエタノールでは水素結合の強さは同一である。

(iv) ファンデルワールス力の強さは分子量に比例する。

(v) 融解熱と蒸発熱以外の温度変化に伴う熱の出入りはすべて無視できる。

　　以上の仮定と表1の値を用いて考える。固体のメタノール1.0 molをすべて気体にするために必要なエネルギーは　ウ　kJとなる。また，固体のメタノール1.0 molあたりのファンデルワールス力と水素結合によるそれぞれのエネルギーを求めると

　　　　ファンデルワールス力　　　エ　kJ
　　　　水素結合　　　　　　　　　オ　kJ

となる。

問 4　下線部 c)について，二酸化炭素の固体を用いて以下の実験を行った。

【実験操作A】　真空にした容積 1.00 L の密閉容器をある一定の温度に保ち，圧力が 0.600×10^5 Pa になるまで窒素で満たした。温度を保ちながら，この容器内に 4.40 g の二酸化炭素の固体を入れ，十分な時間静置した。

図1に固体の二酸化炭素の蒸気圧曲線を示す。この図を参考に，以下の問いに答えよ。ただし，固体の蒸気圧は液体の蒸気圧と同様の性質を示すと考えてよい。

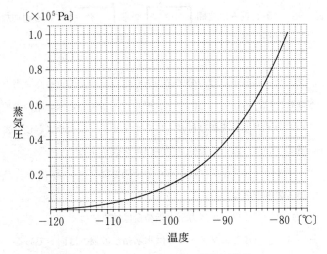

図1　二酸化炭素固体の蒸気圧曲線

(1) 【実験操作A】を行ったのちに，容器内の気体を分析したところ，気体に含まれる窒素と二酸化炭素の重量比は

　　窒素：二酸化炭素 = 1.00：0.524

であった。このときの容器の温度は　カ　℃である。空欄　カ　に入る適切な数値を有効数字2桁で符号を含めて書け。ただし，固体の二酸化炭素の体積は無視できるものとする。また，この実験条件では窒素は気体としてのみ存在する。

東北大-理系前期　　　　　　　　　　　　　　　　　　2019 年度　化学　*37*

(2)　炭素がすべて同位体 ^{13}C である二酸化炭素の固体を【実験操作A】で使用する二酸化炭素と同じ物質量だけ用意した。まず，通常の二酸化炭素固体を用いて【実験操作A】を行ったのち，容器内に残った二酸化炭素固体のみを容器から取り出した。つづいて，容器の温度を保ったまま，上で述べた炭素がすべて同位体 ^{13}C である二酸化炭素固体を容器に入れて十分な時間静置した。そののちに，容器内の固体と気体を取り出して，その中に含まれる炭素同位体の分析を行った。その結果として最も適切なものを以下の(a)から(e)の中から1つ選び，解答欄の記号を〇で囲め。ただし，同位体 ^{14}C の存在は無視できるものとする。

(a)　固体と気体に含まれる炭素はともにすべて ^{13}C であった。

(b)　固体に含まれる炭素はすべて ^{13}C，気体に含まれる炭素は ^{12}C と ^{13}C の混合物であった。

(c)　固体に含まれる炭素は ^{12}C と ^{13}C の混合物，気体に含まれる炭素はすべて ^{13}C であった。

(d)　固体と気体に含まれる炭素はともに ^{12}C と ^{13}C の混合物であった。

(e)　固体に含まれる炭素はすべて ^{13}C，気体に含まれる炭素はすべて ^{12}C であった。

問 5　イオン結晶は一般に融点が高く，常温では固体である。しかし，これを水と混合すると常温でも溶解して溶液となることがある。その例として，塩化カリウム結晶の水への溶解を考える。図2に塩化カリウムの水への溶解度曲線を示す。この図を参考に，以下の問いに答えよ。

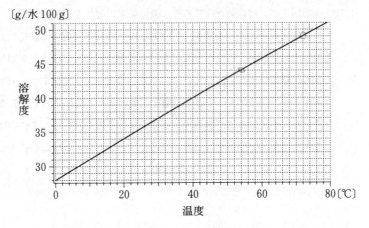

図2 塩化カリウムの溶解度曲線

(1) 温度72℃の塩化カリウム飽和水溶液100gを冷却したところ，6.1gの塩化カリウムが析出した。このとき，温度は キ ℃である。空欄 キ に入る適切な数値を有効数字2桁で書け。ただし，塩化カリウムの結晶は結晶水をもたない。

(2) 塩化カリウムの水への溶解は吸熱反応あるいは発熱反応のいずれであるかを解答欄(a)に書け。また，その判断の根拠を60字以内で解答欄(b)に書け。

東北大-理系前期　　　　　　　　　　　　　　　　　　　　2019 年度　化学　*39*

2　次の文章〔Ⅰ〕と〔Ⅱ〕を読み，問 1 から問 14 に答えよ。

〔Ⅰ〕　単体の硫黄は火山地帯に多く存在し，石油精製の際にも多量に得られる。

硫黄の単体には斜方硫黄，単斜硫黄，ゴム状硫黄などの同素体があり，その
中で斜方硫黄および単斜硫黄は　ア　個の硫黄原子が　イ　に結合
した分子からなる。硫黄を含む化合物には二酸化硫黄，硫酸，硫化水素など
①
がある。

硫黄を空気中で熱すると青色の炎をあげて燃焼し，二酸化硫黄を生成す
る。二酸化硫黄は酸化バナジウム(V)V_2O_5存在下では空気中の酸素と反応
a)
し X を生成する。X を濃硫酸に吸収させ，その中の水と反応させることで
発煙硫酸が得られ，これを希硫酸でうすめて濃硫酸を得る。市販の濃硫酸は
濃度約 98 ％ で，無色で粘性の高い液体であり，脱水作用などの特徴があ
③
る。加熱した濃硫酸(熱濃硫酸)は強い酸化作用をもつことから，熱濃硫酸に
b)
は銅は気体を発生しながら溶けるが，希硫酸には銅は溶けない。一方，酸化
銅(Ⅱ)は希硫酸に溶ける。
c)

問 1　空欄　ア　に入る適切な数値を書け。

問 2　空欄　イ　に入る最も適切な語句を次の(a)から(e)より 1 つ選び，解
答欄の記号を○で囲め。

　(a)　平面状　　　　　(b)　管　状　　　　　(c)　環　状

　(d)　はしご状　　　　(e)　直鎖状

問 3　下線部①について，リンも同素体をもつ元素である。リンの同素体のう
ち，白リン(黄リン)以外の同素体の名称を 1 つ書け。

問 4　下線部②について，次の 3 つの化合物 A，B，C の中の硫黄原子の酸化数
を書け。なお，酸化数が正の場合は＋を，負の場合は－を付けて書くこと。

A：二酸化硫黄　　　　B：硫　酸　　　　C：硫化水素

問5　下線部a)，b)，c)の反応をそれぞれ化学反応式で書け。

問6　下線部③について，次の(a)から(d)のうち，濃硫酸の脱水作用による反応をすべて選び，解答欄の記号を○で囲め。

(a)　塩化ナトリウムに濃硫酸を加えて熱すると塩化水素が発生した。

(b)　スクロースに濃硫酸を加えると炭化した。

(c)　濃硫酸に湿った二酸化炭素を通じると乾燥した二酸化炭素が得られた。

(d)　エタノールに濃硫酸を加えて約170℃で加熱するとエチレンが生成した。

問7　硫酸を用いる次の(a)から(e)の実験操作のうち，<u>不適切な操作</u>をすべて選び，解答欄の記号を○で囲め。

(a)　デシケーター中で吸湿性の高い固体試薬を保管するために，乾燥剤として濃硫酸を用いた。

(b)　約0.1 mol/Lの硫酸を調製するために，濃硫酸に純粋な水を滴下した。

(c)　使用前のホールピペットを純粋な水で洗浄後に，すぐに硫酸をはかり取るために100℃の乾燥庫に入れて乾燥した。

(d)　滴定実験用に0.1 mol/L硫酸から0.01 mol/L硫酸を調製する際に，純粋な水で濡れたままのメスフラスコを用いて，希釈した。

(e)　0.1 mol/L硫酸は十分に希薄なので，実験後に残った0.1 mol/L硫酸をそのまま直接下水に流して廃棄した。

〔Ⅱ〕　チタンTiは軽量，高強度であり，耐食性に優れることから，工業用から家庭用まで幅広く利用されている。たとえば近年，浅草寺本堂の屋根瓦がチタン瓦に葺き替えられた。チタンが耐食性に優れているのは，アルミニウム

やクロムと同様，表面に緻密な ウ 膜を形成するためである。

チタンは天然には酸化物として存在する。酸化物からのチタンの製錬は困難であったが，1930年代後半にクロール法が開発され，製錬が行われるようになった。酸化チタン(Ⅳ)を含む鉱石を用いたクロール法は以下の3つの工程からなる。これらの工程を図1に示す。

工程1　酸化チタン(Ⅳ)を含む鉱石とコークスを高温に加熱し，塩素ガスを下から吹き込むことで，酸化チタン(Ⅳ)から塩化チタン(Ⅳ)を得る。

工程2　蒸留された塩化チタン(Ⅳ)を<u>マグネシウム</u>により還元し，チタンを得る。
　　　　　　　　　　　　　　　　④

工程3　工程2で得られる副生成物を電気分解し，工程1および工程2で再利用する塩素ガスとマグネシウムを得る。

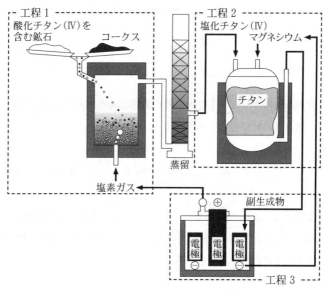

図1

一方，工程1で得られた塩化チタン(Ⅳ)を高温において酸素と反応させることで，純度の高い酸化チタン(Ⅳ)を得ることができる。酸化チタン(Ⅳ)は

安定であり，それ自体は分解せずに光触媒として作用することが知られている。たとえば，図2に示すように，希硫酸に浸した酸化チタン(Ⅳ)電極Aと白金電極Bを抵抗で接続し，酸化チタン(Ⅳ)表面に紫外光(紫外線)を照射すると電流が流れる。そのとき，酸化チタン(Ⅳ)電極Aでは酸素が，白金電極Bでは水素が発生する(本多・藤嶋効果)。
　　　　　　　　　　　　　　　　　　　d

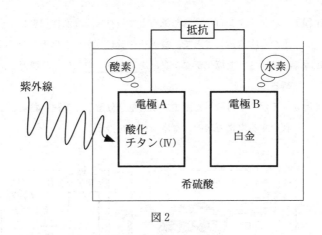

図2

問8　文中の空欄　ウ　に入る最も適切な語句を次の(a)から(e)より1つ選び，解答欄の記号を○で囲め。

(a) 窒化　　(b) 酸化　　(c) 炭化　　(d) 水酸化　　(e) 塩化

問9　工程1では酸化チタン(Ⅳ)，コークスおよび塩素ガスが反応して塩化チタン(Ⅳ)となる。工程1の反応を化学反応式で書け。その際，副生成物として二酸化炭素のみが生成するものとする。

問10　工程2の反応を化学反応式で書け。

問11　浅草寺本堂のチタン瓦の総重量は約15 t(トン)である。15 tのチタンをクロール法にて得るために必要な酸化チタン(Ⅳ)を含む鉱石の質量[t]を有効

東北大-理系前期   2019 年度 化学 *43*

数字 2 桁で求め，その数値のみを解答欄に書け。ただし，鉱石中にはチタンは酸化チタン(Ⅳ)としてのみ存在しており，鉱石中の酸化チタン(Ⅳ)の質量での含有率は 50 % とする。

問12 下線部④について，工程 2 で用いたマグネシウムは周期表の第 3 周期に属する元素である。第 3 周期に属するマグネシウム，アルミニウムおよびナトリウムの陽イオンの大きさを比べたとき，大きいものから順にイオン式を用いて，例にならって左から右に解答欄 (A) に書け。また，そのような順番となる理由も 60 字以内で解答欄 (B) に書け。

$$例 \quad X^{a+} > Y^{b+} > Z^{c+}$$

問13 下線部 d)について，電極 A および電極 B では酸素および水素のみがそれぞれ発生した。このときの電極 A および電極 B での反応を，電子 e^- を含むイオン反応式で書け。

問14 図 2 の回路の電極 A に紫外光を 3 時間 13 分照射すると，電極 B から水素が発生した。発生した水素の量は標準状態(0 ℃，1.013×10^5 Pa)での体積に換算すると 2.00 mL であった。このとき回路に流れた電流〔mA〕を有効数字 2 桁で求め，その数値のみを解答欄に書け。ただし，紫外光照射開始と同時に電流が流れ，照射中の電流は一定であり，照射終了と同時に電流は流れなくなったものとする。

44 2019 年度　化学　　　　　　　　　　　　　　　　　　　　　　東北大-理系前期

3　　次のバイヤー・ビリガー酸化に関する説明と，実験に関する記述〔Ⅰ〕と〔Ⅱ〕を
　読み，問 1 から問 12 に答えよ。なお，これらの実験では鏡像異性体は区別しな
　い。構造式や不斉炭素原子の表示（＊）を求められた場合は，次の例にならって書
　け。

(例)

$$\underset{\underset{H}{\overset{H}{|}}}{C}=\overset{O}{\overset{||}{C}}-CH_2-\overset{OH}{\overset{|}{\underset{CH_3}{\overset{*}{C}}}}\overset{H}{}$$

〔バイヤー・ビリガー酸化〕

　ケトン **X** に適切な酸化剤を作用させて酸化すると，カルボニル基のとなりに
1 つの酸素原子が導入されて，エステル **Y** または **Z** が生成する。この反応はバ
イヤー・ビリガー酸化とよばれ，ケトンからエステルを合成する有用な方法であ
る。①式にその例を示す。

$$R^1-\overset{O}{\overset{||}{C}}-R^2 \xrightarrow{\text{酸化剤}} R^1-\overset{O}{\overset{||}{C}}-O-R^2 \quad \text{または} \quad R^1-O-\overset{O}{\overset{||}{C}}-R^2 \qquad ①$$

$$\quad\; \mathbf{X} \qquad\qquad\qquad \mathbf{Y} \qquad\qquad\qquad\quad \mathbf{Z}$$

$$R^1, R^2 = 炭化水素基など$$

　カルボニル基に別々の炭化水素基がついたケトンのバイヤー・ビリガー酸化で
は，②式に示すように，カルボニル基のとなりの炭素原子において，<u>より多くの
枝分れをもつ炭素原子とカルボニル基の間に酸素原子が導入されたエステルが主
に生じる</u>。エステルはそれ以上反応しない。

$$CH_3-\overset{\overset{\textstyle CH_3}{|}}{CH}-\overset{O}{\overset{||}{C}}-CH_2-\overset{\overset{\textstyle CH_3}{|}}{CH}-CH_3 \xrightarrow{\text{酸化剤}}$$

$$CH_3-\overset{\overset{\textstyle CH_3}{|}}{CH}-O-\overset{O}{\overset{||}{C}}-CH_2-\overset{\overset{\textstyle CH_3}{|}}{CH}-CH_3 \qquad ②$$

〔I〕 化合物 A は炭素，水素，酸素原子のみからなる分子量 200 以下のケトンである。

実験1　化合物 A 182 mg を完全に燃焼させたところ，二酸化炭素 572 mg と水 90 mg のみが生じた。化合物 A は芳香族化合物で，不斉炭素原子をもっていなかった。

実験2　化合物 A をバイヤー・ビリガー酸化すると，化合物 B のみが得られた。

実験3　化合物 B を水酸化ナトリウム水溶液で完全に加水分解し，希塩酸で酸性にしたのち，ジエチルエーテルで抽出したところ，2 つの芳香族化合物 C と D が得られた。このジエチルエーテル溶液に，炭酸水素ナトリウム水溶液を加えてよくふりまぜたところ，化合物 C がジエチルエーテル層から得られた。残った水層を希塩酸で酸性にしたのちに，ジエチルエーテルで抽出したところ，化合物 D が得られた。

実験4　化合物 C に $FeCl_3$ 水溶液を加えると紫色に呈色した。

実験5　化合物 C に金属ナトリウムを反応させ，その生成物と二酸化炭素を高温・高圧のもとで反応させたのち，酸性になるまで希硫酸を加えると，分子量 138 の　ア　が得られた。　ア　をアセチル化した化合物は解熱鎮痛剤として用いられる。

実験6　化合物 C に臭素水を加えて十分に反応させると白色沈殿が生じた。このときベンゼン環で　イ　反応が起こり，1 分子の化合物 C に対して 3 分子の臭素が反応していた。

実験7　化合物 D は，分子式 C_8H_8 の芳香族炭化水素 E を過マンガン酸カリウム水溶液で酸化した後，酸性になるまで希硫酸を加える方法でも

合成できた。この化合物 E は，　ウ　重合とよばれる反応に
よって，熱を加えるとやわらかくなり，冷やすと再び硬くなる性質を
　　　　b)
もつ高分子化合物 F になった。高分子化合物 F は食品用透明容器な
どとして使われるプラスチックである。

問 1　化合物 A の分子式を書け。

問 2　化合物 C と化合物 D の構造式を書け。

問 3　空欄　ア　に入る最も適切な化合物名を書け。

問 4　空欄　イ　および　ウ　に入る最も適切な語句をそれぞれ漢字
　　　2 文字で書け。

問 5　化合物 A の構造式を書け。

問 6　実験 6 の下線部 a）の白色沈殿の化合物名を書け。

問 7　化合物 E の構造式を書け。

問 8　高分子化合物 F の名称を書け。

問 9　実験 7 の下線部 b）の性質を何とよぶか。その性質を表す最も適切な語句
　　　を書け。

〔II〕　化合物 G は炭素，水素，酸素原子のみからなる分子量 200 以下のケトン
　　　である。

　　実験 8　化合物 G 224 mg を完全に燃焼させたところ，二酸化炭素 616 mg

東北大-理系前期　　　　　　　　　　　　　　　　　2019 年度　化学　47

と水 216 mg のみが生じた。

実験 9　化合物 G は，3 つ以上の炭素原子と結合している炭素原子を 1 つ
　　　　のみもつ。その炭素原子は不斉炭素原子であった。

実験10　化合物 G をバイヤー・ビリガー酸化すると，化合物 H が主に得ら
　　　　れた。

実験11　化合物 H を水酸化ナトリウム水溶液と完全に反応させたところ，
　　　 c)
　　　　化合物 I のナトリウム塩のみが得られた。化合物 I はヨードホルム反
　　　　応を示した。

問10　化合物 G の分子式を書け。

問11　化合物 G の構造式を書け。不斉炭素原子に＊印をつけよ。

問12　実験 11 の下線部 c）の反応を化学反応式で示せ。ただし，化合物 H と化
　　　合物 I のナトリウム塩は構造式で書け。化学反応式中の化合物に，不斉炭素
　　　原子が存在する場合には，不斉炭素原子に＊印をつけよ。

48　2019 年度　生物　　　　　　　　　　　　　　　　　　　　　東北大-理系前期

生物

（2 科目 150 分）

　　解答に字数の指定がある場合，字数には句読点，数字，アルファベット，
および記号も 1 字として数えよ。

1　次の〔Ⅰ〕と〔Ⅱ〕の文章を読み，以下の問(1)～(8)に答えよ。

〔Ⅰ〕　ヒトをはじめ，多くの真核生物の 1 つの体細胞には，形や大きさが同じ染
　　色体が 2 本ずつある。この 1 対の染色体を　ア　という。ヒトの体細胞
　　の染色体は通常 46 本あるが，そのうちの 44 本は男女に共通して見られ，
　　イ　という。残りの 2 本は　ウ　という。染色体に占める遺伝子
　　の位置のことを　エ　という。また，1 つの　エ　に複数の形質に
　　対応する遺伝子が存在する場合，それらの遺伝子を対立遺伝子といい，A や
　　a のような記号で表す。対立遺伝子が A と a の 2 種類の場合，体細胞の
　　ア　にある遺伝子の組合せは，AA と Aa と aa の 3 通りである。この
　　ような遺伝子の組合せを遺伝子型という。遺伝子型に基づいて実際に現れる
　　形質を　オ　という。

　　　DNA の塩基配列の変化が形質に影響する例として，フェニルケトン尿症
　　がある。フェニルケトン尿症は，フェニルアラニン水酸化酵素(PAH)（フェ
　　ニルアラニンにヒドロキシル基を 1 つ付加させてチロシンを合成する酵素)
　　の遺伝子変異に基づく単一遺伝子病である。PAH の遺伝子(PAH)は第 12
　　番染色体に位置し，13 個のエキソンが存在する。フェニルケトン尿症で
　　は，PAH 遺伝子の変異により PAH の酵素活性が消失する。このため，フェ
　　　　　　　　　　　　　　　　　　　　　　　　　　　　　　　　(a)
　　ニルアラニンからチロシンが合成できなくなり，体内に多量のフェニルアラ
　　ニンが蓄積し，フェニルケトンに変化して尿中に排出される。出生時はなん
　　ら異常を示さないが，乳児期以降の症状としては，フェニルアラニン過剰に

よると考えられる精神発達遅滞，難治性けいれん，脳波異常，チロシン代謝抑制による色白の皮膚，赤毛などがあげられる。近年，*PAH* 遺伝子の塩基変異を PCR（ポリメラーゼ連鎖反応）法によって解析することにより，フェニルケトン尿症の遺伝子診断が可能になった。遺伝子変異の中には，12 番目のイントロンのはじめにあるグアニンがアデニンに変化すると，スプライシングの際に 12 番目のエキソン（エキソン 12）が除かれてしまい，その分のアミノ酸配列が失われて正常な PAH タンパク質が合成されないタイプがある。フェニルケトン尿症の治療は，フェニルアラニンの摂取制限によりおこなう。具体的には，フェニルアラニンのみを除去し，その他の栄養成分が過不足なく配合された特殊な栄養ミルクを用いる。一方，必要量のフェニルアラニンは，一般粉乳，牛乳，一般食品などのフェニルアラニンを含む自然タンパク質から摂取する。このようにして，フェニルアラニンの摂取量を制限することができる。フェニルアラニン除去ミルクと一般食品の摂取量は，血中フェニルアラニン濃度を定期的に測定しながら調整する。

問(1)　　ア　～　オ　に適切な語句を入れよ。

問(2)　下線部 (a) について，フェニルアラニン (A) とチロシン (B) の化学構造式はそれぞれどれか。図１の①〜⑧から適切なものを１つずつ選び，それぞれ番号を記せ。

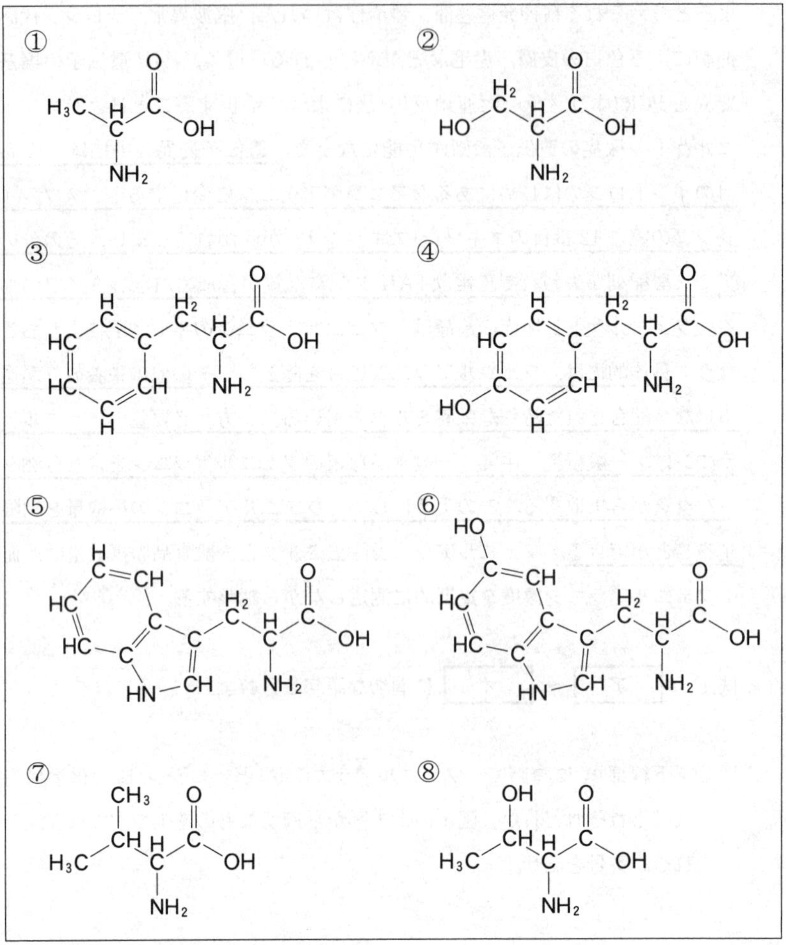

①
H_3C—C—C
        | ‖
        NH₂ O
             OH

②
HO—CH₂—C—C
         | ‖
         NH₂ O
             OH

③

④

⑤

⑥

⑦

⑧

図1

問(3) 下線部(b)について，エキソン 12 が欠失することを，患者由来の細胞から抽出した RNA を利用して確かめることができる。どのような方法が適切か，次の①〜④から適切なものを1つ選び，番号を記せ。

① tRNA（転移 RNA）のアンチコドンの情報から，エキソン 12 の欠失を確かめる。

② rRNA（リボソーム RNA）のサブユニット構造の変化から，エキソ

ン 12 の欠失を確かめる。

③ mRNA(伝令 RNA)から逆転写酵素により相補的な塩基配列をもつ DNA(cDNA)を合成し，その配列情報から，エキソン 12 の欠失を確かめる。

④ tRNA，rRNA および mRNA の混合物から RNA ポリメラーゼにより PAH タンパク質を合成し，そのアミノ酸配列から，エキソン 12 の欠失を確かめる。

問(4) 下線部(C)について，フェニルケトン尿症の治療において，フェニルアラニン除去ミルクだけでなく，一般粉乳，牛乳，一般食品などのフェニルアラニンを含む自然タンパク質を摂取する理由を 60 字以内で記せ。

〔Ⅱ〕 タンパク質は，多数のアミノ酸が縮合してできている。1 つのアミノ酸のアミノ基(-NH₂)と別のアミノ酸のカルボキシル基(-COOH)との間で水分子が 1 つとれて生じる -CO-NH- 結合を カ 結合という。多数のアミノ酸が カ 結合によりつながった分子を キ という。 キ 鎖の分子中に水素結合ができ，らせん状になった構造を ク という。また，複数の キ 鎖が平行に並び，となりどうしで水素結合してびょうぶ状に折れ曲がった構造を ケ という。酵素はタンパク質でできており，体内で起こる物質の合成・分解の化学反応において重要な役割を果たしている。たとえば，過酸化水素に コ という酵素を作用させると，過酸化水素が水と酸素に分解される。このとき，添加した コ 自身は変化しない。このように自身は変化せずに，特定の化学反応を促進する物質を触媒という。酵素は触媒作用をもち，酵素が作用する物質を基質という。酵素が特定の基質にしか作用しない性質のことを サ という。

シトクロム P450 2C19(CYP2C19)は，主に肝細胞の小胞体に存在する酵素で，薬物の代謝に関与している。たとえば，一部の消化性潰瘍治療薬を酸化して，薬物活性のない構造に代謝する反応を触媒する。CYP2C19 タンパク

質をコードする遺伝子(*CYP2C19*)は，第10番染色体に位置し9個のエキソンが存在する。日本人集団では，酵素活性を有するCYP2C19の遺伝子(*CYP2C19*1*)の他に，一塩基多型を有する対立遺伝子(CYP2C19*2 および *CYP2C19*3*)の3種類が存在する。*CYP2C19*2* および *CYP2C19*3* 由来のCYP2C19変異タンパク質は酵素活性を持たない。したがって，*CYP2C19*2/CYP2C19*2*，*CYP2C19*3/CYP2C19*3* および *CYP2C19*2/CYP2C19*3* の遺伝子型のヒトでは消化性潰瘍治療薬が分解されにくいため，*CYP2C19*1/CYP2C19*1* の遺伝子型のヒトよりも薬の効果が得られやすい。

問(5) カ ～ サ に適切な語句を入れよ。

問(6) 日本人集団における *CYP2C19* の対立遺伝子頻度(括弧内の数値)がそれぞれ，*CYP2C19*1*(0.6)，*CYP2C19*2*(0.3)，*CYP2C19*3*(0.1)であることがわかった。500人中の各遺伝子型(表1)(C)～(H)の推定人数をそれぞれ求めよ。ただし，ハーディー・ワインベルグの法則が成り立つと仮定する。

表1

	遺伝子型
(C)	*CYP2C19*1/CYP2C19*1*
(D)	*CYP2C19*1/CYP2C19*2*
(E)	*CYP2C19*1/CYP2C19*3*
(F)	*CYP2C19*2/CYP2C19*2*
(G)	*CYP2C19*2/CYP2C19*3*
(H)	*CYP2C19*3/CYP2C19*3*

問(7) 下線部(d)について，被験者の白血球からゲノムDNAを抽出し，
CYP2C19 の遺伝子型を調べた。図2は *CYP2C19*1* の塩基配列の一部
であるが，*CYP2C19*2* は，この塩基配列中の119番目のグアニンがア
デニンに置換されている。図2に示すDNA配列全長(168塩基対)を
PCR法によって増幅し，PCR産物を制限酵素で処理した。

(ⅰ) *CYP2C19*2* の存在を調べるために適切な制限酵素はどれか。図3
の選択肢①〜⑤の中から1つ選び，番号を記せ。

(ⅱ) 被験者の遺伝子型が *CYP2C19*1/CYP2C19*2* のヘテロ接合体で
あった場合，PCR産物を(ⅰ)で選択した制限酵素で処理した後のDNA
断片は，ゲル電気泳動で何本検出されるかを記せ。ただし，制限酵素
はその認識するDNA配列をすべて完全に切断することとする。

```
              10         20         30         40         50
5´- AATTACAACC  AGAGCTTGGC  ATATTGTATC  TATACCTTTA  TTAAATGCTT
3´- TTAATGTTGG  TCTCGAACCG  TATAACATAG  ATATGGAAAT  AATTTACGAA

              60         70         80         90        100
    TTAATTTAAT  AAATTATTGT  TTTCTCTTAG  ATATGCAATA  ATTTTCCCAC
    AATTAAATTA  TTTAATAACA  AAAGAGAATC  TATACGTTAT  TAAAAGGGTG

             110        120        130        140        150
    TATCATTGAT  TATTTCCCGG  GAACCCATAA  CAAATTACTT  AAAAACCTTG
    ATAGTAACTA  ATAAAGGGCC  CTTGGGTATT  GTTTAATGAA  TTTTTGGAAC

             160        168
    CTTTTATGGA  AAGTGATA -3´
    GAAAATACCT  TTCACTAT -5´

    A(アデニン)，T(チミン)，G(グアニン)，C(シトシン)
```

図2

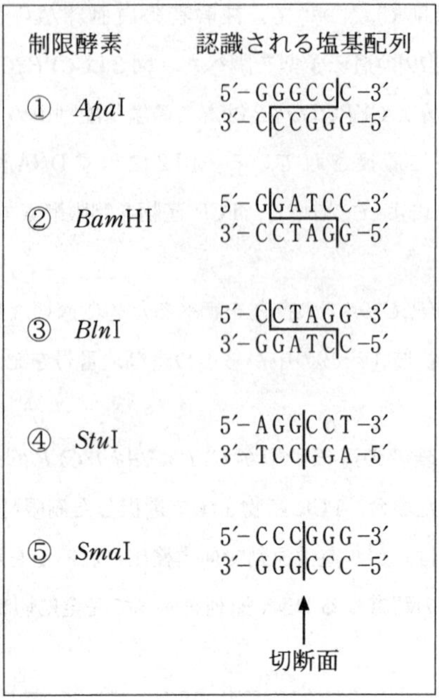

54　2019 年度　生物　　　　　　　　　　　　　　　　　　　　　　東北大-理系前期

```
      制限酵素        認識される塩基配列

                   5′- G G G C C｜C -3′
  ①  ApaI
                   3′- C｜C C G G G -5′


                   5′- G｜G A T C C -3′
  ②  BamHI
                   3′- C C T A G｜G -5′


                   5′- C｜C T A G G -3′
  ③  BlnI
                   3′- G G A T C｜C -5′


                   5′- A G G｜C C T -3′
  ④  StuI
                   3′- T C C｜G G A -5′


                   5′- C C C｜G G G -3′
  ⑤  SmaI
                   3′- G G G｜C C C -5′

                              ↑
                            切断面
```

図 3

問(8)　*CYP2C19*＊*1* に由来する CYP2C19 タンパク質を人工的に合成し，水
　　素イオン指数(pH)7.4，37 ℃ の条件下で CYP2C19 タンパク質の酵素濃
　　度を一定に保ち，基質濃度を変化させて試験管内で反応速度を測定した
　　ところ，図 4 のようになった。曲線上の黒丸●は，各基質濃度を反応さ
　　せたときの反応速度をプロットしたものである。次に，この曲線をもと
　　に，横軸に基質濃度の逆数(1 /基質濃度)，縦軸に反応速度の逆数(1 /
　　反応速度)をプロットすると，図 5 のような直線になった。ただし，縦
　　軸と直線の交点は最大反応速度の逆数(1 /最大反応速度)とする。試験
　　管内に CYP2C19 タンパク質の基質薬物と同時に，ある競争的阻害物質
　　を一定量加えた場合，図 5 の直線は阻害物質がない場合と比較してどの
　　ように変化するか，図 6 の①～⑥から最も適切なものを 1 つ選び，番号
　　を記せ。

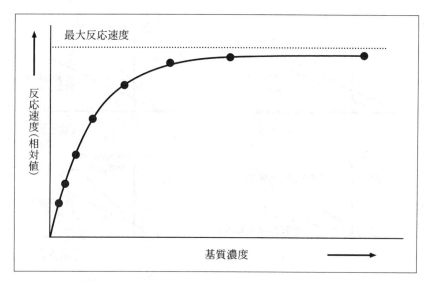

図4

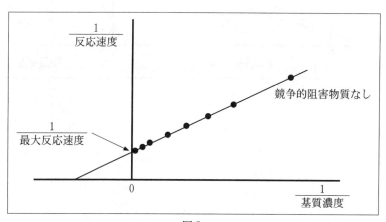

図5

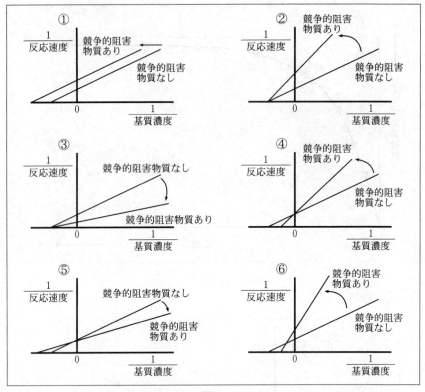

図6

東北大-理系前期　　　　　　　　　　　　　　　　2019 年度　生物　*57*

2　次の文章を読み，以下の問(1)～(7)に答えよ。

　生体防御機構のひとつとして，獲得免疫があり，<u>抗体などによる体液性免疫</u>
_(a)
と，免疫担当細胞が直接作用する細胞性免疫がある。体液性免疫では抗原が侵入
するとマクロファージや樹状細胞が抗原を取りこみ，その情報をヘルパー T 細
胞に伝える。ヘルパー T 細胞は，サイトカインを放出し，B 細胞を活性化す
る。活性化された B 細胞は　　ア　　に分化し，その抗原特異的な抗体を産生
し，抗体が抗原と結合して抗原抗体反応を起こす。細胞性免疫では，抗原の情報
はマクロファージや樹状細胞により未活性の T 細胞に伝えられ，未活性の T 細
胞はキラー T 細胞やサイトカインを産生するヘルパー T 細胞となる。サイトカ
インは，マクロファージなどの貪食細胞の作用を活性化する。また，増殖したキ
ラー T 細胞は，非自己として認識した移植片の細胞，がん細胞，ウイルスに感
染した細胞を攻撃して破壊する。

　抗体は，免疫グロブリンと総称されるタンパク質で，そのおもなものは IgG
であり，H 鎖と L 鎖が対になったものが 2 組結合した構造をしている。H 鎖と
L 鎖の先端部分は，抗原に応じて部分的にアミノ酸配列が異なっており，
　　イ　　とよばれる。それ以外の部分は，アミノ酸配列が一定で，　　ウ　　
とよばれる。抗体遺伝子には V 領域，D 領域，J 領域が存在し，その後に C 領域
が並んでいる。VDJ 領域は抗体の機能を決定し，C 領域は抗体のクラス（IgM，
IgG など）を決定する。

問(1)　　ア　～　　ウ　に適切な語句を入れよ。

問(2)　抗体について考えてみる。仮に，H 鎖の遺伝子領域の中には，V 遺伝子
　　　が 51 種類，J 遺伝子が 6 種類あり，また，L 鎖の遺伝子領域の中では，V 遺
　　　伝子が 40 種類および J 遺伝子が 5 種類あるとする。この条件で再編成され
　　　た抗体遺伝子の組合せが 1,530,000 種類できるとすれば，D 遺伝子は理論
　　　上何種類あると考えられるか。この際，遺伝子への塩基の挿入や欠失は起こ
　　　らないものとする。また，H 鎖と L 鎖の遺伝子領域はそれぞれ 1 つである
　　　とする。

58 2019年度 生物　　　　　　　　　　　　　　　　　　　　　東北大-理系前期

問(3) ワクチンは，免疫反応を利用しているものである。結核は，ヒトに対して
毒性を示す結核菌が感染することにより起こる疾病である。結核菌はマクロ
ファージのような貪食細胞内に寄生する特徴がある。日本では，ウシ型結核
菌の実験室培養を繰り返して弱毒化したBCG菌を結核に対するBCGワクチ
ンとして接種している。BCG菌の接種により結核菌に対しての抵抗性を得
ることができる。この際の作用を下の①～⑩から正しいものをすべて選び，
反応する順に番号を左から並べて記せ。

① 活性化された抗体がサイトカインを分泌する。

② マクロファージがToll（トル）様受容体からの刺激をうけT細胞へと
変化する。

③ マクロファージがBCG菌を貪食する。

④ 活性化されたT細胞が抗体を産生する。

⑤ BCG菌に反応するT細胞が増殖する。

⑥ T細胞の一部が記憶細胞として残る。

⑦ マクロファージがBCG菌を分解する。

⑧ マクロファージがT細胞にBCG菌の一部を提示する。

⑨ 活性化されたT細胞がBCG菌の一部を提示する。

⑩ マクロファージが抗体を産生する。

問(4) BCGワクチンの接種を受けて免疫を獲得している人が，結核菌に感染し
た時の作用機序を下の①～⑩から正しいものをすべて選び，反応する順に番
号を左から並べて記せ。

① マクロファージがB細胞を活性化する。

② サイトカインがマクロファージに作用する。

③ マクロファージが結核菌を分解し，T細胞に結核菌の一部を提示する。

④ 好中球のT細胞受容体が活性化され，結核菌の殺菌作用を増加する。

⑤ 活性化された記憶B細胞が，サイトカインを産生し好中球を活性化す
る。

⑥ 結核菌に反応する記憶T細胞が増殖する。

⑦ マクロファージが好中球に結核菌の一部を提示する。

東北大-理系前期 2019 年度 生物 59

⑧ マクロファージが結核菌を貪食する。

⑨ 増殖した結核菌特異的に反応する T 細胞がサイトカインを産生する。

⑩ 活性化されたマクロファージが殺菌作用を増強し結核菌の増殖を抑制する。

問(5) 結核菌に対しての生体防御反応は，下線部 (a) による効果が低いことが知られている。その理由について 40 字以内で記せ。

問(6) 自己と非自己の識別は，自己に固有な主要組織適合抗原(MHC 抗原)によりおこなわれている。ヒトでは，ヒト白血球型抗原(HLA)とよばれている。HLA は多様性があり個人ごとに異なる。他人からの臓器移植などにより移植された組織由来の HLA は非自己と認識される。子には両親から 1 セットずつ異なる *HLA* 遺伝子が伝わるので，臓器移植をおこなう場合，親子間では HLA が完全に一致せず拒絶反応が起きるが，兄弟姉妹間であれば拒絶反応を起こさず移植できる可能性がある。以下の (i) と (ii) に答えよ。ただし，両親は近親者ではなく，兄弟姉妹は一卵性双生児ではない。

(i) 兄弟姉妹間で拒絶反応が起こらず移植できる確率は何％か記せ。

(ii) なぜ(i)の確率で移植が可能なのか 100 字以内で記せ。

問(7) *MHC* 遺伝子がホモ接合である A 系統マウスと B 系統マウス，および A 系統と B 系統を交配させてできた第 1 世代(F_1)を用意した。それぞれのマウスでお互いに交換皮膚移植を行った。以下の (i) と (ii) に答えよ。

(i) 移植した皮膚が生着するのはどれか，次の表 1 の (ア)〜(ケ)からすべて選べ。

60 2019 年度 生物　　　　　　　　　　　　　　　　　東北大-理系前期

表 1

ドナー

レシピエント		A 系統	B 系統	F_1
	A 系統	(ア)	(イ)	(ウ)
	B 系統	(エ)	(オ)	(カ)
	F_1	(キ)	(ク)	(ケ)

(ii) あるマウスでは交換皮膚移植をおこなった後，皮膚の脱落が移植後 2 週間で起きた。このマウスに，以前移植したのと同じマウスからの皮膚片を移植した。移植片は，どうなるか。30 字以内で記せ。

3 次の〔Ⅰ〕から〔Ⅲ〕の文章を読み，以下の問(1)～(9)に答えよ。

〔Ⅰ〕 植物は発芽したのち，茎・葉・根の形態形成をおこない，成長する。この植物の成長の調節には植物ホルモンが関与しているが，なかでもオーキシンが重要な働きを担っている。オーキシンは植物の伸長成長に関わる一群の化学物質の総称だが，植物が合成する天然のオーキシンは ［ ア ］ という物質である。

　　植物の茎が成長するとき，オーキシンはその先端部で合成される。合成されたオーキシンは茎の中を基部方向に移動し，下部の組織の細胞に作用する。このような方向性をもったオーキシンの移動は，［ イ ］ とよばれる。
(a)

　　植物は環境からの刺激を受けたときに，屈曲する反応を示すことがあり，光屈性や重力屈性などがある。光屈性においては，［ ウ ］ 色光受容体のフォトトロピンによって光を感知し，屈曲が起こる。
(b)

問(1) ［ ア ］ ～ ［ ウ ］ に適切な語句を入れよ。

問(2) 下線部(a)に関して，オーキシンは植物体内を先端部から基部に一方向のみに移動する。その機構について下記の語群の用語をすべて用いて 80 字以内で説明せよ。

東北大-理系前期 2019 年度　生物　*61*

〔語群〕　排出輸送体　　　排出　　　細胞膜

問(3)　図 1 (例)のように，マカラスムギ(アベナ)の幼葉鞘に一方向から光
を照射すると，幼葉鞘の成長にともない屈曲する。下線部(b)の光屈性
について調べるため，マカラスムギ(アベナ)の幼葉鞘の先端部にさまざ
まな処理をおこない，図 1 (例)と同様に一方向から光を照射した。

(i)　図 1 中の a から h のうち，幼葉鞘が屈曲するものに○，屈曲しな
いものに×を記せ。

(ii)　図 1 中の b から h において，幼葉鞘先端部におけるオーキシン濃
度について調べたところ，光を当てた側と反対側でオーキシン濃度に
差が出ないと考えられるのはどれか，b から h の中からすべて選ん
で，記せ。

(例)

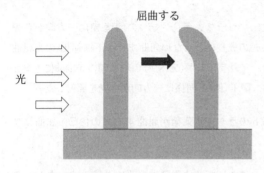

図1

東北大-理系前期　　　　　　　　　　　　　　　　　　　　　　2019 年度　生物　*63*

〔Ⅱ〕　植物は動物のようには移動せず，生育場所の環境変化に応じて形態などを
　　　変化させることで，成長や生殖をおこなっている。アジアの洪水地域で栽培
　　　される浮きイネは，洪水の時期に急激に草丈を伸ばすことにより，水面から
　　　葉を出すことができる。浮きイネはジベレリンを合成する酵素タンパク質の
　　　一つ SD1 タンパク質を多量に生産することで多量のジベレリンを合成し，
　　　草丈の急激な伸長を引き起こしている。逆に SD1 遺伝子の機能を失ったイ
　　　ネはジベレリン含量が低くなるため矮性（背丈が低い形質）になる。フィリピ
　　　ンで育成された IR8 などの高収量品種では SD1 遺伝子に変異が生じてお
　　　り，肥料をたくさん与えても倒伏しにくいため収量が増加する。
　　　　この SD1 遺伝子に変異が生じて矮性を示すイネ品種 A，変異の原因遺伝
　　　子はわからないが矮性の形質を示す品種 B および品種 C がある。ジベレリ
　　　ン生合成には複数の酵素が関係しているが，これら 3 つの矮性品種はジベレ
　　　リン生合成に関わるいずれかの酵素の遺伝子に変異が生じていることがわ
　　　かっている。これら 3 つの矮性品種を用いて実験をおこない，以下の結果が
　　　得られた。

　　　結果 1.　3 つの矮性品種の SD1 遺伝子の塩基配列を解析したところ，品種
　　　　　　　A では SD1 遺伝子の一部に欠失があったが，品種 B および品種 C の
　　　　　　　SD1 遺伝子にはこの欠失は見られなかった。
　　　結果 2.　3 つの矮性品種 A，B，C を用い，矮性を示さない野生型のイネ品
　　　　　　　種 D とそれぞれ交配した結果，それぞれの雑種第一代（F_1）は矮性を
　　　　　　　示さなかった。
　　　結果 3.　品種 A と品種 B を交配して得られた F_1 は，すべて矮性を示した。
　　　結果 4.　品種 A と品種 C を交配して得られた F_1 は，すべて矮性を示さな
　　　　　　　かった。

　　　問(4)　ジベレリンの働きを示す現象として適切なものを以下の①～⑦からす
　　　　　　べて選び，番号を記せ。
　　　　　①　密閉した容器に未熟なバナナと成熟したリンゴを一緒に入れるとバ
　　　　　　　ナナの成熟が促進される。

② 乾燥状態になると，孔辺細胞の浸透圧が低下して気孔が閉じる。

③ 受粉することなく子房を成長させ，種子のないブドウの果実を作ることができる。

④ 秋になると，落葉樹では葉柄の付け根に離層が形成され，落葉する。

⑤ 昆虫などから摂食され，傷害を受けた植物では，防御物質に関わる遺伝子が活性化される。

⑥ 植物の横方向への成長が促進されて茎が肥大する。

⑦ 頂芽の成長が活発なときは，側芽の成長が抑えられている。

問(5) 品種Bと品種Cを交配して得られるF_1の形質はどのようになると考えられるか。以下の①〜③から最も適切なものを1つ選び，番号を記せ。

① すべて野生型（矮性を示さない）を示す。

② 矮性と野生型（矮性を示さない）が3：1に分離する。

③ 矮性と野生型（矮性を示さない）が1：3に分離する。

問(6) 結果3により得られる品種Aと品種BのF_1を自殖させて得られる後代（F_2）の形質はどのようになると考えられるか。以下の①〜③から最も適切なものを1つ選び，番号を記せ。

① すべて野生型（矮性を示さない）を示す。

② すべて矮性を示す。

③ 矮性と野生型（矮性を示さない）が1：3に分離する。

〔III〕 遺伝子組換え植物を作出するときは，組織培養の技術が利用されることが多い。イネなどの植物では，組織の一部をオーキシンと栄養分などを含む培地で培養すると，植物の細胞は　エ　分化して増殖し，　オ　とよばれる未分化な細胞塊をつくる。この細胞塊を適当な栄養分と植物ホルモンを含む培地上に置くと，再び分化して根や葉ができ，完全な個体まで発生する。このように生物の一部の組織が完全な個体を形成する性質は　カ

とよばれる。

　植物の遺伝子組換えにはアグロバクテリウムとよばれる微生物が利用される。アグロバクテリウムは身近に存在する土壌細菌で，この菌が植物に感染すると，腫瘍が形成される。この腫瘍は<u>クラウンゴール</u>とよばれ，
(c)
　オ　のような無秩序な細胞塊である。この腫瘍の形成には植物ホルモンが関係している。

　アグロバクテリウムがもつプラスミド DNA 上の T–DNA 領域にはオーキシン合成に関わる遺伝子と<u>サイトカイニン合成に関わる遺伝子</u>があり，アグ
(d)
ロバクテリウムが植物に感染すると，この T–DNA 領域が植物ゲノムに組み込まれ，植物ホルモンを合成するために腫瘍が形成される。植物への遺伝子導入は，アグロバクテリウムがもつこのしくみを利用した方法で，導入したい遺伝子を T–DNA 領域に組み込んだアグロバクテリウムを植物細胞に感染させることで，目的の遺伝子を植物に導入することができる。

問(7)　　エ　～　カ　に適切な語句を入れよ。

問(8)　下線部(c)のクラウンゴールのみを植物から切り取り，除菌したのちに，ある培地上で生育させたところ，クラウンゴールは未分化のまま成長を続けた。このとき用いた培地はどのような培地と考えられるか。以下の①～⑥から最も適切なものを1つ選び，番号を記せ。

①　栄養分は含まれないがオーキシンとサイトカイニンが含まれる培地。

②　栄養分とオーキシンが含まれる培地。

③　栄養分とサイトカイニンが含まれる培地。

④　栄養分は含まれないがオーキシンが含まれる培地。

⑤　栄養分は含まれないがサイトカイニンが含まれる培地。

⑥　栄養分は含まれるが植物ホルモンを含まない培地。

問(9)　下線部(d)のサイトカイニン合成に関わる遺伝子に変異が生じ，この遺伝子が機能しなくなったアグロバクテリウムを用い，未分化なタバコ

の細胞に感染させた。この細胞を培養した場合，細胞はどのようになる
と考えられるか。以下の①〜⑤から最も適切なものを 1 つ選び，番号を
記せ。

① 未分化なタバコ細胞は小さくなり，やがて枯死する。

② 未分化なタバコ細胞から芽が分化する。

③ 未分化なタバコ細胞から根が分化する。

④ 未分化なタバコ細胞から芽と根が分化する。

⑤ タバコ細胞は未分化のまま成長を続ける。

地学

（2 科目 150 分）

1 次の文章を読み，以下の問 1 ～ 3 に答えよ。

　主系列状態にある恒星内部では，4 個の水素の原子核が核融合反応を起こして
1 個のヘリウム原子核が生成されている。この過程で発生するエネルギーが，光
として宇宙空間に放射される。燃料となる水素が尽きると恒星は主系列から離れ
る。太陽では，全質量の約 10 % の水素が核融合反応を起こすと考えられてい
(a)
る。恒星が主系列状態から離れる晩年の姿は，その質量によって異なる。太陽程
度の質量の恒星は，表面温度が低く半径が大きな　　ア　　になる。外側のガス
は星間空間に流れ出し，惑星状星雲として観測される。中心部は収縮して
　　イ　　になる。太陽より 8 倍以上質量の大きな恒星は，　　ウ　　と呼ばれ
る爆発現象を起こし，中心部に　　エ　　やブラックホールが残る。

問 1 　　ア　　～　　エ　　に適語を記入せよ。

問 2 　主系列状態にある恒星の光度は，その質量の 4 乗に比例する。以下 $M_\odot$
を太陽の質量とする。質量 $2\,M_\odot$ の恒星および質量が $0.5\,M_\odot$ のそれぞれの
恒星が主系列状態に滞在する時間 t_2 および $t_{0.5}$ を求めよ。ただし，恒星の質
量によらず下線部 (a) で与えた条件が適応できるとし，太陽の主系列状態の
滞在時間を 100 億年として計算せよ。計算の過程も示せ。

問 3 　銀河は様々な質量の恒星を含んでいる。ここでは，銀河を構成する主系列
状態にある全恒星の総質量 M_G と総光度 L_G の比 M_G/L_G を質量光度比とよ
ぶことにする。また，総質量 M_G と総光度 L_G には，主系列星以外の星，星
間物質および暗黒物質の寄与は含めない。質量光度比は太陽の質量 $M_\odot$ と光

度 $L_\odot$ の比 $M_\odot/L_\odot$ を単位で表す。たとえば，銀河中の恒星が全て太陽と同じ質量であれば，質量光度比は $1\,M_\odot/L_\odot$ である。

　簡単のため，銀河について以下のモデル化を行う。

・　銀河中の恒星は，質量 $2\,M_\odot$，$1\,M_\odot$，$0.5\,M_\odot$ の3種類のみである。

・　銀河の中で恒星が誕生するとき，質量 $2\,M_\odot$ の恒星1個に対して，質量 $1\,M_\odot$ の恒星は5個，質量 $0.5\,M_\odot$ の恒星は25個の割合で作られる。

・　新しい恒星の誕生が起きている期間では，銀河全体で単位時間あたりに誕生する恒星の全質量は時間変化しない。

・　主系列状態にある恒星の質量と光度の関係は時間変化しない。

　これらの条件がすべて適用されるとして，銀河について次の問(1)～(3)に答えよ。以下では，銀河の誕生から現在までの経過時間すなわち現在の銀河の年齢は，125億年とする。

(1)　ある銀河 A では，銀河の誕生から50億年までの間，恒星の誕生が続き，以後新しい恒星の誕生が一切起こらなかった。この銀河 A に現在も存在する，主系列状態にある質量 $2\,M_\odot$，$1\,M_\odot$，$0.5\,M_\odot$ の恒星は，銀河の誕生以来現在までに誕生したそれぞれの質量の恒星の何％か答えよ。解答は，解答欄の左から順に質量 $2\,M_\odot$，$1\,M_\odot$，$0.5\,M_\odot$ の恒星の割合を記入せよ。

(2)　銀河 A の現在の質量光度比を有効数字2桁（けた）まで求めよ。計算の過程も示せ。

(3)　ある銀河 B では銀河の誕生から現在まで新しい星の生成が継続した。現在の銀河 B が，現在の銀河 A より青い主系列星の割合が多く観測されることを次の語句をすべて用いて3行以内で説明せよ。

　　{ウィーンの変位則，恒星の表面温度，波長}

(解答欄：1行 15.9 cm)

東北大-理系前期   2019 年度　地学　*69*

2　次の文章を読み，以下の問 1 ～ 4 に答えよ。

　　地震に伴う急激な地殻変動や，よりゆっくりとした地殻変動現象は，さまざま
な観測方法によって計測される。日本では 1883 年以降，既知の点からの上下方
向の相対変動量を計測する水準測量および，基準点どうしの水平方向の角度を計
測する　　ア　　測量が開始された。こうした測量を異なる時期に行い，その測
量結果を比較することによって，地殻変動を調べることができる。現在では地球
の周囲を回る，複数の人工衛星からの電波を受信して基準点の位置をきめる
　　イ　　を用いた測量が活用され，日々の地殻変動が高い精度で測定されてい
る。
　　地殻変動が大きい地域では，地殻変動が地形の形成に影響をおよぼす。平均隆
起速度が正の値（隆起方向）を持つ沿岸地域では，海岸段丘と呼ばれる何段もの階
段状の地形を見ることができる。反対に長期間にわたって沈降している地域では
多くの島が見られる多島海や，沿岸部ではせまい湾が複雑に入り組んだ
　　ウ　　と呼ばれる地形を確認することができる。

問 1　　ア　　～　　ウ　　に適語を記入せよ。

問 2　下線部 (a) について考える。図 1 に示すような水準点 A，B，C，D におい
　　　て水準測量を 1 年間の時間間隔で 2 回実施し，表 1 に示すような水準点間の
　　　上下方向の相対変動量を得た。2 回の水準測量間における，水準点 A を基
　　　準としたときの水準点 D の上下方向の相対変動量を，有効数字 2 桁で示
　　　せ。ただし隆起方向を正，沈降方向を負とし，各年の水準測量はすべての水
　　　準点間で同時に行われたものとする。

問 3　下線部 (b) について考える。図 2 に四国の室戸岬における 1895 年を基準と
　　　したときの，1946 年南海地震前後の上下方向の地殻変動量を，時系列で示
　　　す。図 2 を見ると，1895 年から 1946 年南海地震までは沈降傾向を示す一方
　　　で，1946 年南海地震では大きく隆起している。なぜ 1946 年の南海地震以前
　　　では室戸岬は沈降傾向を示し，地震にともなって大きく隆起したのか，その
　　　理由を以下の語句をすべて用いて，5 行以内で説明せよ。
　　　　{海溝型巨大地震，固着，沈降，隆起，プレート境界，ひずみ，
　　　アスペリティ}　　　　　　　　　　　　　　　　（解答欄：1 行 16.6 cm）

問 4　下線部(b)について考える。なぜこのような何段もの階段状の地形が形成されるのか。その理由を2行以内で説明せよ。　　（解答欄：1行 16.6 cm）

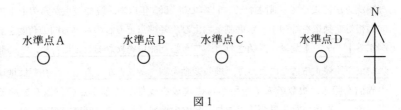

図1

表1

Aを基準とした時のCの上下方向の相対変動量	− 1.2 cm
Dを基準とした時のBの上下方向の相対変動量	＋ 1.4 cm
Cを基準とした時のBの上下方向の相対変動量	＋ 0.3 cm

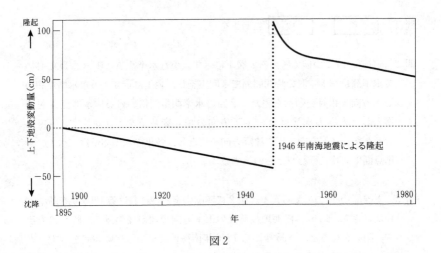

図2

東北大-理系前期   2019 年度　地学　*71*

3　次の文章を読み，以下の問 1 ～ 4 に答えよ。

　地球内部は，核，マントル，地殻に分かれている。核はおもに金属でできてお
り，マントルと地殻はおもに岩石でできている。核を構成する元素のうち，
(a)
　　ア　　が重量比で最も多く，次にニッケルが多い。一方，地殻のおもな構成
元素は　　イ　　，ケイ素，アルミニウムであり，これらのうち重量比で最も多
い元素は　　イ　　である。また，マントルでは地殻よりもマグネシウムが多
い。このためマントル上部の大部分は，有色鉱物として　　ウ　　や　　エ　　
を多く含む　　オ　　岩でできている。マントル上部の岩石が融け始めると，玄
(b)
武岩質のマグマが発生する。玄武岩中には有色鉱物が多く含まれるが，無色鉱物
である斜長石も含まれる。
(c)

問 1　　　ア　　～　　オ　　に適語を記入せよ。

問 2　下線部(a)の地球の層構造の形成過程について，次の語句をすべて用いて
　　　2 行以内で説明せよ。

　　　　{マグマオーシャン，密度}　　　　　　　　（解答欄：1 行 16.6 cm）

問 3　下線部(b)について，マントル上部の岩石が融けて発生するマグマの化学
　　　組成が　　オ　　岩の化学組成と異なる理由を 2 行以内で説明せよ。

　　　　　　　　　　　　　　　　　　　　　　　　（解答欄：1 行 16.6 cm）

問 4　下線部(c)について，玄武岩に含まれる斜長石と流紋岩に含まれる斜長石
　　　の化学組成の違いを 2 行以内で説明せよ。　　（解答欄：1 行 16.6 cm）

4 次の文章を読み，以下の問 1 ～ 4 に答えよ。

　地球では地下深くになるにつれて温度が上昇する。この温度上昇率のことを，
　ア　　とよぶ。地表から深さ 30 km ぐらいまでは，平均して 1 km あたり
　イ　　℃程度の割合で上昇し，地球の内部から地表に向かって常に熱が放出
されている。日本列島においては，　　ア　　から推定できる地殻熱流量は，
　ウ　　付近で最も低く，　　エ　　付近で高くなる。地球から放出される熱
エネルギーの原因は主に 2 つ考えられている。このような地球内部の豊富な熱が
(a)
マントルの熱対流を促している。
(b)

問 1　　ア　～　エ　に入る適切な語句を以下から選択せよ。
　　　 {日本海溝，火山前線，3，30，300，リソスフェア，アセノスフェア，
　　　 地温勾配}

問 2　下線部(a)について，地球の熱エネルギーの 2 つの原因をそれぞれ説明せ
　　　よ。

問 3　大陸の平均的な地殻熱流量は $Q_c = 0.065\,\mathrm{Wm^{-2}}$，海洋の平均地殻熱流量
　　　は $Q_o = 0.10\,\mathrm{Wm^{-2}}$ である。大陸の面積 $A_c = 2.0 \times 10^8\,\mathrm{km^2}$ と海洋の面積
　　　$A_o = 3.1 \times 10^8\,\mathrm{km^2}$ として，次の問(1), (2)に答えよ。有効数字は 2 桁で，
　　　結果だけでなく計算の過程も示せ。
　　　(1)　地球全体での総発熱量を[W]単位で求めよ。
　　　(2)　地球全体での平均熱流量を[Wm^{-2}]単位で求めよ。

問 4　下線部(b)に関して，地震学的にマントル内部の温度分布を推定する方法
　　　を 3 行以内で説明せよ。
　　　　　　　　　　　　　　　　　　　　　（解答欄：1 行 16.6 cm）

東北大-理系前期　　　　　　　　　　　　　　　　　　　　2019 年度　地学　73

5　次の文章を読み，以下の問 1 ～ 4 に答えよ。

　図 1 はハワイ－天皇海山列における，海山の配列を示している。これらの海山
はハワイ・ホットスポットにより形成された火山島のなごりで，多くの海山の頂
部には浅海で形成された石灰岩が堆積している。

問 1　天皇海山列では，大局的には，北側に位置する海山ほど水深が深い。この
　　　理由を 3 行以内で説明せよ。　　　　　　　　　　（解答欄：1 行 16.6 cm）

問 2　ハワイ－天皇海山列は，大覚寺海山付近で折れ曲がっている。ホットス
　　　ポットが，プレートの運動に対して不動である。つまりホットスポットはマ
　　　ントルに固定された座標系と仮定すると，この折れ曲りは，どのようにして
　　　生じたと考えられるか。2 行以内で説明せよ。　　（解答欄：1 行 16.6 cm）

問 3　デトロイト海山から大覚寺海山まで海山列が形成されたときのプレートの
　　　平均速度(cm/年)を有効数字 2 桁で求めよ。ただし，これらの海山列は同一
　　　経線(東経 170°)に並んでいるものとみなし，地球は完全な球体で，その半
　　　径は 6370 km とする。解答には結果だけでなく，計算の過程も示せ。

問 4　ハワイ－天皇海山列において，ホットスポットがプレートの運動に対して
　　　不動ではなく，マントル中を動くことができるとする仮説を検証するために
　　　は，何をどのように調べればよいか，4 行以内で説明せよ。ただし，ハワ
　　　イ－天皇海山列の形成時に地磁気の北極の位置は変化しなかったと仮定す
　　　る。　　　　　　　　　　　　　　　　　　　　　（解答欄：1 行 13.8 cm）

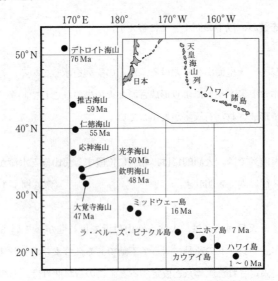

図1　ハワイ－天皇海山列の拡大図。数値は，形成年代を表しており，Maは百万年前を意味する。

MEMO

教学社 刊行一覧

2024年版 大学入試シリーズ（赤本）
国公立大学（都道府県順）

378大学555点
全都道府県を網羅

全国の書店で取り扱っています。店頭にない場合は，お取り寄せができます。

No.	大学名
1	北海道大学（文系-前期日程）
2	北海道大学（理系-前期日程）医
3	北海道大学（後期日程）
4	旭川医科大学（医学部〈医学科〉）医
5	小樽商科大学
6	帯広畜産大学
7	北海道教育大学
8	室蘭工業大学／北見工業大学
9	釧路公立大学
10	公立千歳科学技術大学
11	公立はこだて未来大学 総推
12	札幌医科大学（医学部）医
13	弘前大学 医
14	岩手大学
15	岩手県立大学・盛岡短期大学部・宮古短期大学部
16	東北大学（文系-前期日程）
17	東北大学（理系-前期日程）医
18	東北大学（後期日程）
19	宮城教育大学
20	宮城大学
21	秋田大学 医
22	秋田県立大学
23	国際教養大学 総推
24	山形大学 医
25	福島大学
26	会津大学
27	福島県立医科大学（医・保健科学部）医
28	茨城大学（文系）
29	茨城大学（理系）
30	筑波大学（推薦入試）医 総推
31	筑波大学（前期日程）
32	筑波大学（後期日程）
33	宇都宮大学
34	群馬大学 医
35	群馬県立女子大学
36	高崎経済大学
37	前橋工科大学
38	埼玉大学（文系）
39	埼玉大学（理系）
40	千葉大学（文系-前期日程）
41	千葉大学（理系-前期日程）医
42	千葉大学（後期日程）
43	東京大学（文科）DL
44	東京大学（理科）DL 医
45	お茶の水女子大学
46	電気通信大学
47	東京医科歯科大学 医
48	東京外国語大学 DL
49	東京海洋大学
50	東京学芸大学
51	東京藝術大学
52	東京工業大学
53	東京農工大学
54	一橋大学（前期日程）DL
55	一橋大学（後期日程）
56	東京都立大学（文系）
57	東京都立大学（理系）
58	横浜国立大学（文系）
59	横浜国立大学（理系）
60	横浜市立大学（国際教養・国際商・理・データサイエンス・医〈看護〉学部）
61	横浜市立大学（医学部〈医学科〉）医
62	新潟大学（人文・教育〈文系〉・法・経済科・医〈看護〉・創生学部）
63	新潟大学（教育〈理系〉・理・医〈看護を除く〉・歯・工・農学部）医
64	新潟県立大学
65	富山大学（文系）
66	富山大学（理系）医
67	富山県立大学
68	金沢大学（文系）
69	金沢大学（理系）医
70	福井大学（教育・医〈看護〉・工・国際地域学部）
71	福井大学（医学部〈医学科〉）医
72	福井県立大学
73	山梨大学（教育・医〈看護〉・工・生命環境学部）
74	山梨大学（医学部〈医学科〉）医
75	都留文科大学
76	信州大学（文系-前期日程）
77	信州大学（理系-前期日程）医
78	信州大学（後期日程）
79	公立諏訪東京理科大学 総推
80	岐阜大学（前期日程）医
81	岐阜大学（後期日程）
82	岐阜薬科大学
83	静岡大学（前期日程）
84	静岡大学（後期日程）
85	浜松医科大学（医学部〈医学科〉）医
86	静岡県立大学
87	静岡文化芸術大学
88	名古屋大学（文系）
89	名古屋大学（理系）医
90	愛知教育大学
91	名古屋工業大学
92	愛知県立大学
93	名古屋市立大学（経済・人文社会・芸術工・看護・総合生命理・データサイエンス学部）
94	名古屋市立大学（医学部）医
95	名古屋市立大学（薬学部）
96	三重大学（人文・教育・医〈看護〉学部）
97	三重大学（医〈医〉・工・生物資源学部）医
98	滋賀大学
99	滋賀医科大学（医学部〈医学科〉）医
100	滋賀県立大学
101	京都大学（文系）
102	京都大学（理系）医
103	京都教育大学
104	京都工芸繊維大学
105	京都府立大学
106	京都府立医科大学（医学部〈医学科〉）医
107	大阪大学（文系）DL
108	大阪大学（理系）医
109	大阪教育大学
110	大阪公立大学（現代システム科学域〈文系〉・文・法・経済・商・看護・生活科〈居住環境・人間福祉〉学部-前期日程）
111	大阪公立大学（現代システム科学域〈理系〉・理・工・農・獣医・医・生活科〈食栄養〉学部-前期日程）医
112	大阪公立大学（中期日程）
113	大阪公立大学（後期日程）
114	神戸大学（文系-前期日程）
115	神戸大学（理系-前期日程）医
116	神戸大学（後期日程）
117	神戸市外国語大学 DL
118	兵庫県立大学（国際経済・社会情報科・看護学部）
119	兵庫県立大学（工・理・環境人間学部）
120	奈良教育大学／奈良県立大学
121	奈良女子大学
122	奈良県立医科大学（医学部〈医学科〉）医
123	和歌山大学
124	和歌山県立医科大学（医・薬学部）医
125	鳥取大学 医
126	公立鳥取環境大学
127	島根大学 医
128	岡山大学（文系）
129	岡山大学（理系）医
130	岡山県立大学
131	広島大学（文系-前期日程）
132	広島大学（理系-前期日程）医
133	広島大学（後期日程）
134	尾道市立大学 総推
135	県立広島大学
136	広島市立大学
137	福山市立大学 総推
138	山口大学（人文・教育〈文系〉・経済・医〈看護〉・国際総合科学部）
139	山口大学（教育〈理系〉・理・医〈看護を除く〉・工・農・共同獣医学部）医
140	山陽小野田市立山口東京理科大学 総推
141	下関市立大学／山口県立大学
142	徳島大学 医
143	香川大学 医
144	愛媛大学 医
145	高知大学 医
146	高知工科大学
147	九州大学（文系-前期日程）
148	九州大学（理系-前期日程）医
149	九州大学（後期日程）
150	九州工業大学
151	福岡教育大学
152	北九州市立大学
153	九州歯科大学
154	福岡県立大学／福岡女子大学
155	佐賀大学 医
156	長崎大学（多文化社会・教育〈文系〉・経済・医〈保健〉・環境科〈文系〉学部）
157	長崎大学（教育〈理系〉・医〈医〉・歯・薬・情報データ科・工・環境科〈理系〉・水産学部）医
158	長崎県立大学 総推
159	熊本大学（文・教育・法・医〈看護〉学部）
160	熊本大学（理・医〈看護を除く〉・薬・工学部）医
161	熊本県立大学
162	大分大学（教育・経済・医〈看護〉・理工・福祉健康科学部）
163	大分大学（医学部〈医学科〉）医
164	宮崎大学（教育・医〈看護〉・工・農・地域資源創成学部）
165	宮崎大学（医学部〈医学科〉）医
166	鹿児島大学（文系）
167	鹿児島大学（理系）
168	琉球大学 医

2024年版　大学入試シリーズ（赤本）

国公立大学 その他

169 〔国公立大〕医学部医学科 総合型選抜・学校推薦型選抜 医総推
170 看護・医療系大学〈国公立 東日本〉
171 看護・医療系大学〈国公立 中日本〉
172 看護・医療系大学〈国公立 西日本〉
173 海上保安大学校／気象大学校
174 航空保安大学校
175 国立看護大学校
176 防衛大学校 総推
177 防衛医科大学校（医学科） 医
178 防衛医科大学校（看護学科）

※No.169〜172の収載大学は赤本ウェブサイト（http://akahon.net/）でご確認ください。

私立大学①

北海道の大学（50音順）
201 札幌大学
202 札幌学院大学
203 北星学園大学・短期大学部
204 北海学園大学
205 北海道医療大学
206 北海道科学大学
207 北海道武蔵女子短期大学
208 酪農学園大学（獣医学群〈獣医学類〉）

東北の大学（50音順）
209 岩手医科大学（医・歯・薬学部） 医
210 仙台大学 総推
211 東北医科薬科大学（医・薬学部） 医
212 東北学院大学
213 東北工業大学
214 東北福祉大学
215 宮城学院女子大学 総推

関東の大学（50音順）
あ行（関東の大学）
216 青山学院大学（法・国際政治経済学部－個別学部日程）
217 青山学院大学（経済学部－個別学部日程）
218 青山学院大学（経営学部－個別学部日程）
219 青山学院大学（文・教育人間科学部－個別学部日程）
220 青山学院大学（総合文化政策・社会情報・地球社会共生・コミュニティ人間科学部－個別学部日程）
221 青山学院大学（理工学部－個別学部日程）
222 青山学院大学（全学部日程）
223 麻布大学（獣医、生命・環境科学部）
224 亜細亜大学
225 跡見学園女子大学
226 桜美林大学
227 大妻女子大学・短期大学部

か行（関東の大学）
228 学習院大学（法学部－コア試験）
229 学習院大学（経済学部－コア試験）
230 学習院大学（文学部－コア試験）
231 学習院大学（国際社会科学部－コア試験）
232 学習院大学（理学部－コア試験）
233 学習院女子大学
234 神奈川大学（給費生試験）
235 神奈川大学（一般入試）
236 神奈川工科大学
237 鎌倉女子大学・短期大学部
238 川村学園女子大学
239 神田外語大学
240 関東学院大学
241 北里大学（理学部）
242 北里大学（医学部） 医
243 北里大学（薬学部）
244 北里大学（看護・医療衛生学部）
245 北里大学（未来工・獣医・海洋生命科学部）
246 共立女子大学・短期大学
247 杏林大学（医学部） 医
248 杏林大学（保健学部）
249 群馬医療福祉大学 新
250 群馬パース大学 総推

251 慶應義塾大学（法学部）
252 慶應義塾大学（経済学部）
253 慶應義塾大学（商学部）
254 慶應義塾大学（文学部） 総推
255 慶應義塾大学（総合政策学部）
256 慶應義塾大学（環境情報学部）
257 慶應義塾大学（理工学部）
258 慶應義塾大学（医学部） 医
259 慶應義塾大学（薬学部）
260 慶應義塾大学（看護医療学部）
261 工学院大学
262 國學院大學
263 国際医療福祉大学 医
264 国際基督教大学
265 国士舘大学
266 駒澤大学（一般選抜T方式・S方式）
267 駒澤大学（全学部統一日程選抜）

さ行（関東の大学）
268 埼玉医科大学（医学部） 医
269 相模女子大学・短期大学部
270 産業能率大学
271 自治医科大学（医学部） 医
272 自治医科大学（看護学部）／東京慈恵会医科大学（医学部〈看護学科〉）
273 実践女子大学 総推
274 芝浦工業大学（前期日程〈英語資格・検定試験利用方式を含む〉）
275 芝浦工業大学（全学統一日程〈英語資格・検定試験利用方式を含む〉・後期日程）
276 十文字学園女子大学
277 淑徳大学
278 順天堂大学（医学部） 医
279 順天堂大学（スポーツ健康科・医療看護・保健看護・国際教養・保健医療・医療科・健康データサイエンス学部） 総推
280 城西国際大学 新
281 上智大学（神・文・総合人間科学部）
282 上智大学（法・経済学部）
283 上智大学（外国語・総合グローバル学部）
284 上智大学（理工学部）
285 上智大学（TEAPスコア利用方式）
286 湘南工科大学
287 昭和大学（医学部） 医
288 昭和大学（歯・薬・保健医療学部）
289 昭和女子大学
290 昭和薬科大学
291 女子栄養大学・短期大学部
292 白百合女子大学
293 成蹊大学（法学部－A方式）
294 成蹊大学（経済・経営学部－A方式）
295 成蹊大学（文学部－A方式）
296 成蹊大学（理工学部－A方式）
297 成蹊大学（E方式・G方式・P方式）
298 成城大学（経済・社会イノベーション学部－A方式）
299 成城大学（文芸・法学部－A方式）
300 成城大学（S方式〈全学部統一選抜〉）
301 聖心女子大学
302 清泉女子大学

303 聖徳大学・短期大学部
304 聖マリアンナ医科大学 医
305 聖路加国際大学（看護学部）
306 専修大学（スカラシップ・全国入試）
307 専修大学（学部個別入試）
308 専修大学（全学部統一入試）

た行（関東の大学）
309 大正大学
310 大東文化大学
311 高崎健康福祉大学 総推
312 拓殖大学
313 玉川大学
314 多摩美術大学
315 千葉工業大学
316 千葉商科大学
317 中央大学（法学部－学部別選抜）
318 中央大学（経済学部－学部別選抜）
319 中央大学（商学部－学部別選抜）
320 中央大学（文学部－学部別選抜）
321 中央大学（総合政策学部－学部別選抜）
322 中央大学（国際経営・国際情報学部－学部別選抜）
323 中央大学（理工学部－学部別選抜）
324 中央大学（6学部共通選抜）
325 中央学院大学
326 津田塾大学
327 帝京大学（薬・経済・法・文・外国語・教育・理工・医療技術・福岡医療技術学部）
328 帝京大学（医学部） 医
329 帝京科学大学 総推
330 帝京平成大学 総推
331 東海大学（医〈医〉学部を除く一般選抜）
332 東海大学（文系・理系学部統一選抜）
333 東海大学（医学部〈医学科〉） 医
334 東京医科大学（医学部〈医学科〉） 医
335 東京家政大学・短期大学部 総推
336 東京経済大学
337 東京工科大学
338 東京工芸大学
339 東京国際大学
340 東京歯科大学
341 東京慈恵会医科大学（医学部〈医学科〉） 医
342 東京情報大学
343 東京女子大学
344 東京女子医科大学（医学部） 医
345 東京電機大学
346 東京都市大学
347 東京農業大学
348 東京薬科大学（薬学部） 総推
349 東京薬科大学（生命科学部） 総推
350 東京理科大学（理学部〈第一部〉－B方式）
351 東京理科大学（創域理工学部－B方式・S方式）
352 東京理科大学（工学部－B方式）
353 東京理科大学（先進工学部－B方式）
354 東京理科大学（薬学部－B方式）
355 東京理科大学（C方式、グローバル方式、理学部〈第一部〉－B方式）
356 東京理科大学（C方式、グローバル方式、理学部〈第二部〉－B方式）

2024年版　大学入試シリーズ（赤本）
私立大学②

第1列

357 東邦大学（医学部）医
358 東邦大学（薬学部）
359 東邦大学（理・看護・健康科学部）
360 東洋大学（文・経済・経営・法・社会・国際・国際観光学部）
361 東洋大学（情報連携・福祉社会デザイン・健康スポーツ科・理工・総合情報・生命科・食環境科学部）
362 東洋大学（英語〈3日程×3カ年〉）新
363 東洋大学（国語〈3日程×3カ年〉）新
364 東洋大学（日本史・世界史〈2日程×3カ年〉）新
365 東洋英和女学院大学
366 常磐大学・短期大学 総推
367 獨協大学
368 獨協医科大学（医学部）医

な行（関東の大学）

369 二松学舎大学
370 日本大学（法学部）
371 日本大学（経済学部）
372 日本大学（商学部）
373 日本大学（文理学部〈文系〉）
374 日本大学（文理学部〈理系〉）
375 日本大学（芸術学部）
376 日本大学（国際関係学部）
377 日本大学（危機管理・スポーツ科学部）
378 日本大学（理工学部）
379 日本大学（生産工・工学部）
380 日本大学（生物資源科学部）
381 日本大学（医学部）医
382 日本大学（歯・松戸歯学部）
383 日本大学（薬学部）
384 日本大学（医学部を除く-N全学統一方式）
385 日本医科大学 医
386 日本工業大学
387 日本歯科大学
388 日本社会事業大学 新総推
389 日本獣医生命科学大学
390 日本女子大学
391 日本体育大学

は行（関東の大学）

392 白鷗大学（学業特待選抜・一般選抜）
393 フェリス女学院大学
394 文教大学
395 法政大学（法〈法律・政治〉・国際文化・キャリアデザイン学部-A方式）
396 法政大学（法〈国際政治〉・文・経営・人間環境・グローバル教養学部-A方式）
397 法政大学（経済・社会・現代福祉・スポーツ健康学部-A方式）
398 法政大学（情報科・デザイン工・理工・生命科学部-A方式）
399 法政大学（T日程〈統一日程〉・英語外部試験利用入試）

ま行（関東の大学）

401 武蔵大学
402 武蔵野大学
403 武蔵野美術大学
404 明海大学
405 明治大学（法学部-学部別入試）
406 明治大学（政治経済学部-学部別入試）
407 明治大学（商学部-学部別入試）
408 明治大学（経営学部-学部別入試）
409 明治大学（文学部-学部別入試）
410 明治大学（国際日本学部-学部別入試）
411 明治大学（情報コミュニケーション学部-学部別入試）
412 明治大学（理工学部-学部別入試）

第2列

413 明治大学（総合数理学部-学部別入試）
414 明治大学（農学部-学部別入試）
415 明治大学（全学部統一入試）
416 明治学院大学（A日程）
417 明治学院大学（全学部日程）
418 明治薬科大学 総推
419 明星大学
420 目白大学・短期大学部

ら・わ行（関東の大学）

421 立教大学（文系学部-一般入試〈大学独自の英語を課さない日程〉）
422 立教大学（国語〈3日程×3カ年〉）
423 立教大学（日本史・世界史〈2日程×3カ年〉）
424 立教大学（文学部-一般入試〈大学独自の英語を課す日程〉）
425 立教大学（理学部-一般入試）
426 立正大学
427 早稲田大学（法学部）
428 早稲田大学（政治経済学部）
429 早稲田大学（商学部）
430 早稲田大学（社会科学部）
431 早稲田大学（文学部）
432 早稲田大学（文化構想学部）
433 早稲田大学（教育学部〈文科系〉）
434 早稲田大学（教育学部〈理科系〉）
435 早稲田大学（人間科・スポーツ科学部）
436 早稲田大学（国際教養学部）
437 早稲田大学（基幹理工・創造理工・先進理工学部）
438 和洋女子大学 総推

中部の大学（50音順）

439 愛知大学
440 愛知医科大学（医学部）医
441 愛知学院大学・短期大学部
442 愛知工業大学 総推
443 愛知淑徳大学
444 朝日大学 総推
445 金沢医科大学（医学部）医
446 金沢工業大学
447 岐阜聖徳学園大学・短期大学部 総推
448 金城学院大学
449 至学館大学 総推
450 静岡理工科大学
451 椙山女学園大学
452 大同大学
453 中京大学
454 中部大学
455 名古屋外国語大学 総推
456 名古屋学院大学 総推
457 名古屋学芸大学 総推
458 名古屋女子大学・短期大学部 総推
459 南山大学（外国語〈英米〉・法・総合政策・国際教養学部）
460 南山大学（人文・外国語〈英米を除く〉・経済・経営・理工学部）
461 新潟国際情報大学
462 日本福祉大学
463 福井工業大学
464 藤田医科大学（医学部）医
465 藤田医科大学（医療科・保健衛生学部）
466 名城大学（法・経営・経済・外国語・人間・都市情報学部）
467 名城大学（情報工・理工・農・薬学部）
468 山梨学院大学

近畿の大学（50音順）

469 追手門学院大学 総推
470 大阪医科薬科大学（医学部）医
471 大阪医科薬科大学（薬学部）総推
472 大阪学院大学 総推

第3列

473 大阪経済大学 総推
474 大阪経済法科大学 総推
475 大阪工業大学 総推
476 大阪国際大学・短期大学部 総推
477 大阪産業大学 総推
478 大阪歯科大学（歯学部）
479 大阪商業大学 総推
481 大阪成蹊大学・短期大学 総推
482 大谷大学 総推
483 大手前大学・短期大学 総推
484 関西大学（文系）
485 関西大学（理系）
486 関西大学（英語〈3日程×3カ年〉）
487 関西大学（国語〈3日程×3カ年〉）
488 関西大学（文系選択科目〈2日程×3カ年〉）
489 関西医科大学（医学部）医
490 関西医療大学 総推
491 関西外国語大学・短期大学部 総推
492 関西学院大学（文・社会・法学部-学部個別日程）
493 関西学院大学（経済・人間福祉・国際学部-学部個別日程）
494 関西学院大学（神・商・教育・総合政策学部-学部個別日程）
495 関西学院大学（全学部日程〈文系型〉）
496 関西学院大学（全学部日程〈理系型〉）
497 関西学院大学（共通テスト併用日程・英数日程）
498 畿央大学 総推
499 京都外国語大学・短期大学 総推
500 京都光華女子大学・短期大学部 総推
501 京都産業大学（公募推薦入試）総推
502 京都産業大学（一般選抜入試〈前期日程〉）
503 京都女子大学 総推
504 京都先端科学大学
505 京都橘大学 総推
506 京都ノートルダム女子大学 総推
507 京都薬科大学 総推
508 近畿大学・短期大学部（医学部を除く-推薦入試）総推
509 近畿大学・短期大学部（医学部を除く-一般入試前期）
510 近畿大学（英語〈医学部を除く3日程×3カ年〉）新
511 近畿大学（理系数学〈医学部を除く3日程×3カ年〉）新
512 近畿大学（国語〈医学部を除く3日程×3カ年〉）新
513 近畿大学（医学部-推薦入試・一般入試前期）医
514 近畿大学・短期大学部（一般入試後期）医
515 皇學館大学 総推
516 甲南大学 総推
517 神戸学院大学 総推
518 神戸国際大学 総推
519 神戸女学院大学 総推
520 神戸女子大学・短期大学 総推
521 神戸薬科大学 総推
522 四天王寺大学・短期大学部 総推
523 摂南大学（公募制推薦入試）総推
524 摂南大学（一般選抜前期日程）
525 帝塚山学院大学 新総推
526 同志社大学（法、グローバル・コミュニケーション学部-学部個別日程）
527 同志社大学（文・経済学部-学部個別日程）
528 同志社大学（神・商・心理・グローバル地域文化学部-学部個別日程）
529 同志社大学（社会学部-学部個別日程）

2024年版　大学入試シリーズ（赤本）
私立大学③

530	同志社大学〈政策・文化情報〈文系型〉・スポーツ健康科〈文系型〉学部－学部個別日程〉	546	立命館大学（英語〈全学統一方式3日程×3カ年〉）	564	安田女子大学・短期大学 総推
531	同志社大学〈理工・生命医科・文化情報〈理系型〉・スポーツ健康科〈理系型〉学部－学部個別日程〉	547	立命館大学（国語〈全学統一方式3日程×3カ年〉）		**四国の大学（50音順）**
		548	立命館大学（文系選択科目〈全学統一方式2日程×3カ年〉）	565	徳島文理大学
532	同志社大学（全学部日程）			566	松山大学
533	同志社女子大学 総推	549	立命館大学（IR方式〈英語資格試験利用型〉・共通テスト併用方式）／立命館アジア太平洋大学（共通テスト併用方式）		**九州の大学（50音順）**
534	奈良大学 総推			567	九州産業大学
535	奈良学園大学 総推			568	九州保健福祉大学 総推
536	阪南大学	550	立命館大学（後期分割方式・「経営学部で学ぶ感性＋共通テスト」方式）／立命館アジア太平洋大学（後期方式）	569	熊本学園大学
537	姫路獨協大学			570	久留米大学（文・人間健康・法・経済・商学部）
538	兵庫医科大学（医学部） 医	551	龍谷大学・短期大学部（公募推薦入試） 総推	571	久留米大学（医学部〈医学科〉） 医
539	兵庫医科大学（薬・看護・リハビリテーション学部） 総推	552	龍谷大学・短期大学部（一般選抜入試）	572	産業医科大学（医学部） 医
			中国の大学（50音順）	573	西南学院大学（商・経済・法・人間科学部－A日程）
540	佛教大学	553	岡山商科大学 総推		
541	武庫川女子大学・短期大学部	554	岡山理科大学 総推	574	西南学院大学（神・外国語・国際文化学部－A日程／全学部－F日程）
542	桃山学院大学／桃山学院教育大学	555	川崎医科大学 医		
543	大和大学・大和大学白鳳短期大学部 総推	556	吉備国際大学 総推	575	福岡大学（医学部医学科を除く－学校推薦型選抜・一般選抜系統別日程） 総推
544	立命館大学（文系－全学統一方式・学部個別配点方式）／立命館アジア太平洋大学（前期方式・英語重視方式）	557	就実大学 総推		
		558	広島経済大学	576	福岡大学（医学部医学科を除く－一般選抜前期日程）
		560	広島国際大学		
		561	広島修道大学	577	福岡大学（医学部〈医学科〉－学校推薦型選抜・一般選抜系統別日程） 医
545	立命館大学（理系－全学統一方式・学部個別配点方式・理系型3教科方式・薬学方式）	562	広島文教大学		
		563	福山大学／福山平成大学	578	福岡工業大学
				579	令和健康科学大学

医 医学部医学科を含む
総推 総合型選抜または学校推薦型選抜を含む
DL リスニング音声配信　新 2023年 新刊・復刊

掲載している入試の種類や試験科目、収録年数などはそれぞれ異なります。詳細については、それぞれの本の目次や赤本ウェブサイトでご確認ください。

akahon.net

赤本｜ 検索

難関校過去問シリーズ

出題形式別・分野別に収録した
「入試問題事典」
19大学 71点
定価 2,310～2,530円（本体2,100～2,300円）

先輩合格者はこう使った！
「難関校過去問シリーズの使い方」

61年, 全部載せ！
要約演習で、総合力を鍛える
東大の英語 要約問題 UNLIMITED

国公立大学		私立大学
東大の英語25カ年 [第11版]	一橋大の国語20カ年 [第5版]	東北大の化学15カ年 [第2版]	早稲田の英語 [第10版]
東大の英語リスニング20カ年 [第8版] DL	一橋大の日本史20カ年 [第5版]	名古屋大の英語15カ年 [第8版]	早稲田の国語 [第8版]
東大の英語 要約問題 UNLIMITED	一橋大の世界史20カ年 [第5版]	名古屋大の理系数学15カ年 [第8版]	早稲田の日本史 [第8版]
東大の文系数学25カ年 [第11版]	京大の英語25カ年 [第12版]	名古屋大の物理15カ年 [第2版]	早稲田の世界史
東大の理系数学25カ年 [第11版]	京大の文系数学25カ年 [第12版]	名古屋大の化学15カ年 [第2版]	慶應の英語 [第10版]
東大の現代文25カ年 [第11版]	京大の理系数学25カ年 [第12版]	阪大の英語20カ年 [第9版]	慶應の小論文 [第2版]
東大の古典25カ年 [第11版]	京大の現代文25カ年 [第2版]	阪大の文系数学20カ年 [第3版]	明治大の英語 [第8版]
東大の日本史25カ年 [第8版]	京大の古典25カ年 [第2版]	阪大の理系数学20カ年 [第9版]	明治大の国語
東大の世界史25カ年 [第8版]	京大の日本史20カ年 [第3版]	阪大の国語15カ年 [第2版]	明治大の日本史
東大の地理25カ年 [第8版]	京大の世界史20カ年 [第3版]	阪大の物理20カ年 [第8版]	中央大の英語 [第8版]
東大の物理25カ年 [第8版]	京大の物理25カ年 [第9版]	阪大の化学20カ年 [第6版]	法政大の英語 [第8版]
東大の化学25カ年 [第8版]	京大の化学25カ年 [第9版]	九大の英語15カ年 [第8版]	同志社大の英語 [第10版]
東大の生物25カ年 [第8版]	北大の英語15カ年 [第8版]	九大の理系数学15カ年 [第7版]	立命館大の英語 [第10版]
東工大の英語20カ年 [第7版]	北大の理系数学15カ年 [第8版]	九大の物理15カ年 [第2版]	関西大の英語 [第10版]
東工大の数学20カ年 [第9版]	北大の物理15カ年 [第2版]	九大の化学15カ年 [第2版]	関西学院大の英語 [第10版]
東工大の物理20カ年 [第4版]	北大の化学15カ年 [第2版]	神戸大の英語15カ年 [第9版]	
東工大の化学20カ年 [第4版]	東北大の英語15カ年 [第8版]	神戸大の数学15カ年 [第5版]	
一橋大の英語20カ年 [第8版]	東北大の理系数学15カ年 [第8版] DL	神戸大の国語15カ年 [第3版]	
一橋大の数学20カ年 [第8版]	東北大の物理15カ年 [第2版]		DL リスニングCDつき　改 2023年 改訂

共通テスト対策関連書籍

共通テスト対策も赤本で

❶ 過去問演習

2024年版 共通テスト赤本シリーズ 全13点

A5判／定価1,210円（本体1,100円）

- これまでの共通テスト本試験 全日程収載!!＋プレテストも
- 英語・数学・国語には，本書オリジナル模試も収載！
- 英語はリスニングを11回分収載！ 赤本の音声サイトで本番さながらの対策！

- 英語 リスニング／リーディング※1 DL
- 数学Ⅰ・A／Ⅱ・B※2
- 国語※2
- 日本史B
- 世界史B
- 地理B
- 現代社会
- 倫理, 政治・経済／倫理
- 政治・経済
- 物理／物理基礎
- 化学／化学基礎
- 生物／生物基礎
- 地学基礎

付録：地学

DL 音声無料配信　※1 模試2回分収載　※2 模試1回分収載

---

❷ 自己分析

赤本ノートシリーズ　過去問演習の効果を最大化

▶共通テスト対策には

赤本ノート（共通テスト用）　赤本ルーズリーフ（共通テスト用）

共通テスト赤本シリーズ　Smart Startシリーズ　全28点に対応!!

▶二次・私大対策には

赤本ノート（二次・私大用）

大学入試シリーズ　全555点に対応!!

---

❸ 重点対策

Smart Startシリーズ　共通テスト スマート対策 3訂版

基礎固め＆苦手克服のための**分野別対策問題集!!**

- 英語（リーディング）DL
- 英語（リスニング）DL
- 数学Ⅰ・A
- 数学Ⅱ・B
- 国語（現代文）
- 国語（古文・漢文）
- 日本史B
- 世界史B
- 地理B
- 現代社会
- 物理
- 化学
- 生物
- 化学基礎・生物基礎
- 生物基礎・地学基礎

共通テスト本番の内容を反映！　全15点 好評発売中！

DL 音声無料配信

A5判／定価1,210円（本体1,100円）

手軽なサイズの実戦的参考書

目からウロコのコツが満載！　直前期にも！

満点のコツシリーズ　赤本ポケット

いつも受験生のそばに──赤本

大学入試シリーズ＋α
入試対策も共通テスト対策も赤本で

入試対策
赤本プラス

赤本プラスとは、過去問演習の効果を最大にするためのシリーズです。「赤本」であぶり出された弱点を、赤本プラスで克服しましょう。

- 大学入試 すぐわかる英文法
- 大学入試 ひと目でわかる英文読解
- 大学入試 絶対できる英語リスニング DL
- 大学入試 すぐ書ける自由英作文
- 大学入試 ぐんぐん読める英語長文(BASIC)
- 大学入試 ぐんぐん読める英語長文(STANDARD)
- 大学入試 ぐんぐん読める英語長文(ADVANCED)
- 大学入試 最短でマスターする
  数学Ⅰ・Ⅱ・Ⅲ・A・B・C 新 ◎
- 大学入試 突破力を鍛える最難関の数学 新
- 大学入試 ちゃんと身につく物理 新
- 大学入試 もっと身につく物理問題集
  ①力学・波動 新 ◎
- 大学入試 もっと身につく物理問題集
  ②熱力学・電磁気・原子 新 ◎

入試対策
英検®
赤本シリーズ

英検®（実用英語技能検定）の対策書。
過去問集と参考書で万全の対策ができます。

▶過去問集（2023年度版）
- 英検®準1級過去問集 DL
- 英検®2級過去問集 DL
- 英検®準2級過去問集 DL
- 英検®3級過去問集 DL

▶参考書
- 竹岡の英検®準1級マスター DL
- 竹岡の英検®2級マスター CD DL
- 竹岡の英検®準2級マスター CD DL
- 竹岡の英検®3級マスター CD DL

入試対策
赤本プレミアム

「これぞ京大！」という問題・テーマのみで構成したベストセレクションの決定版！

- 京大数学プレミアム [改訂版]
- 京大古典プレミアム

CD リスニングCDつき　DL 音声無料配信
新 2023年刊行　◎ 新課程版

入試対策
赤本メディカル
シリーズ

過去問を徹底的に研究し、独自の出題傾向をもつメディカル系の入試に役立つ内容を精選した実戦的なシリーズ。

- [国公立大]医学部の英語 [3訂版]
- 私立医大の英語（長文読解編）[3訂版]
- 私立医大の英語（文法・語法編）[改訂版]
- 医学部の実戦小論文 [3訂版]
- [国公立大]医学部の数学
- 私立医大の数学
- 医歯薬系の英単語 [4訂版]
- 医系小論文 最頻出論点20 [3訂版]
- 医学部の面接 [4訂版]

入試対策
体系シリーズ

国公立大二次・難関私大突破へ、自学自習に適したハイレベル問題集。

- 体系英語長文
- 体系英作文
- 体系数学Ⅰ・A
- 体系数学Ⅱ・B
- 体系現代文
- 体系古文
- 体系日本史
- 体系世界史
- 体系物理 [第6版]
- 体系物理 [第7版] 新 ◎
- 体系化学 [第2版]
- 体系生物

入試対策
単行本

▶英語
- Q&A即決英語勉強法
- TEAP攻略問題集 CD
- 東大の英単語 [新装版]
- 早慶上智の英単語 [改訂版]

▶数学
- 稲荷の独習数学

▶国語・小論文
- 著者に注目！現代文問題集
- ブレない小論文の書き方 樋口式ワークノート

▶理科
- 折戸の独習物理

▶レシピ集
- 奥薗壽子の赤本合格レシピ

入試対策 | 共通テスト対策
赤本手帳

- 赤本手帳（2024年度受験用）プラムレッド
- 赤本手帳（2024年度受験用）インディゴブルー
- 赤本手帳（2024年度受験用）ナチュラルホワイト

入試対策
風呂で覚える
シリーズ

水をはじく特殊な紙を使用。いつでもどこでも読めるから、ちょっとした時間を有効に使える！

- 風呂で覚える英単語 [4訂新装版]
- 風呂で覚える英熟語 [改訂新装版]
- 風呂で覚える古文単語 [改訂新装版]
- 風呂で覚える古文文法 [改訂新装版]
- 風呂で覚える漢文 [改訂新装版]
- 風呂で覚える日本史（年代）[改訂新装版]
- 風呂で覚える世界史（年代）[改訂新装版]
- 風呂で覚える倫理 [改訂版]
- 風呂で覚える化学 [3訂新装版]
- 風呂で覚える百人一首 [改訂版]

共通テスト対策
満点のコツ
シリーズ

共通テストで満点を狙うための実戦的参考書。重要度の増したリスニング対策は「カリスマ講師」竹岡広信が一回読みにも対応できるコツを伝授！

- 共通テスト英語（リスニング）満点のコツ CD DL
- 共通テスト古文 満点のコツ
- 共通テスト漢文 満点のコツ
- 共通テスト化学基礎 満点のコツ
- 共通テスト生物基礎 満点のコツ

入試対策 | 共通テスト対策
赤本ポケット
シリーズ

▶共通テスト対策
- 共通テスト日本史（文化史）

▶系統別進路ガイド
- デザイン系学科をめざすあなたへ
- 心理学科をめざすあなたへ [改訂版]

英語の過去問、解きっぱなしにしていませんか？

大学合格のカギとなる勉強サイクル
STEP.1 解く!!
STEP.2 分析!!
STEP.3 対策!!

過去問を解いてみると、自分の弱い部分が見えてくる！

受験生は、英語のこんなことで悩んでいる…!?

[文法編]
- 😟 英文法の基礎に自信が持てない…
- 😊 入試で大事なところを反復しよう
- 😟 英文法の文法用語自体が難しい…
- 😊 シンプルな説明で整理しながら覚えよう！

[英文読解編]
- 😟 単語をつなぎ合わせて読んでます…
- 😊 まずは頻出の構文パターンを頭に叩き込もう
- 😟 下線部訳が苦手…
- 😊 SVOCを丁寧に分析できるようになろう

[英語長文編]
- 😟 いつも時間切れになってしまう…
- 😊 速読を妨げる原因を見つけよう
- 😟 何度も同じところを読み返してしまう…
- 😊 展開を予測しながら読み進めよう

[リスニング編]
- 😟 リスニングの勉強の仕方がわからない…
- 😊 まずはディクテーションから始めよう
- 😟 勘で解いてます…
- 😊 シャドーイングで英語の音声の特徴を知ろう

[自由英作文編]
- 😟 何から手をつけたらよいの…？
- 😊 志望校の出題形式や頻出テーマをチェック！
- 😟 自由と言われてもどう書き始めたらよいの…？
- 😊 自由英作文特有の「解答の型」を知ろう

こんな悩み😟をまるっと解決😊してくれるのが、赤本プラスです。

大学入試 すぐわかる 英文法
基礎から応用まで大事なところをカバー！

大学入試 ひと目でわかる 英文読解
英文構造がビジュアルで理解できる！

大学入試 ぐんぐん読める 英語長文 BASIC/STANDARD/ADVANCED
6つのステップで、英語が"正確"に"速く"読めるようになる！

大学入試 絶対できる 英語リスニング
問題演習＋シャドーイングで英語耳をつくる！

大学入試 すぐ書ける 自由英作文
頻出テーマ×重要度順最大効率で対策できる！

今、知りたい情報をお届け！

赤本チャンネル & 赤本ブログ

スキマ時間にぴったり！

▶ 赤本チャンネル

大学別講座や共通テスト対策など、**受験に役立つ動画**を公開中！

YouTubeやTikTokで受験対策！

YouTube　　TikTok

竹岡広信先生 特別講座
「過去問を最大限に活用する方法はコレです。」

登木健司先生による
英文読解特別授業

山添玉基先生と
宮下卓也先生による
共通テスト英語対策

✎ 赤本ブログ

先輩合格者や有名予備校講師の
オススメ勉強法など、**受験に役立つ記事**が充実。

詳しくはこちら

玉置全人先生 特別講義
「過去問の完璧な活用法」

住吉千波先生に聞く
「苦手な人のための受験数学」

2022年度先輩合格者に聞く
失敗談やアドバイス